여러분의 합격을 응원하 해커스공무원의 특별 혜택

KB136498

FREE 공무원 교정학 **특강**

해커스공무원(gosi.Hackers.com) 접속 후 로그인 ▶ 상단의 [무료강좌] 클릭 ▶ [교재 무료특강] 클릭

 해커스공무원 온라인 단과강의 **20% 할인쿠폰**

245EDFE5CE44A8R5

해커스공무원(gosi.Hackers.com) 접속 후 로그인 ▶ 상단의 [나의 강의실] 클릭 ▶
좌측의 [쿠폰등록] 클릭 ▶ 위 쿠폰번호 입력 후 이용

* 등록 후 7일간 사용 가능(ID당 1회에 한해 등록 가능)

합격예측 **온라인 모의고사 응시권 + 해설강의 수강권**

4EF29D64C8963C56

해커스공무원(gosi.Hackers.com) 접속 후 로그인 ▶ 상단의 [나의 강의실] 클릭 ▶
좌측의 [쿠폰등록] 클릭 ▶ 위 쿠폰번호 입력 후 이용

* ID당 1회에 한해 등록 가능

해커스 회독증강 콘텐츠 **5만원 할인쿠폰**

9B2F58AA6BBC4B22

해커스공무원(gosi.Hackers.com) 접속 후 로그인 ▶ 상단의 [나의 강의실] 클릭 ▶
좌측의 [쿠폰등록] 클릭 ▶ 위 쿠폰번호 입력 후 이용

* 등록 후 7일간 사용 가능(ID당 1회에 한해 등록 가능)
* 특별 할인상품 적용 불가
* 월간 학습지 회독증강 행정학/행정법총론 개별상품은 할인대상에서 제외

쿠폰 이용 관련 문의 **1588-4055**

단기 합격을 위한
해커스 커리큘럼

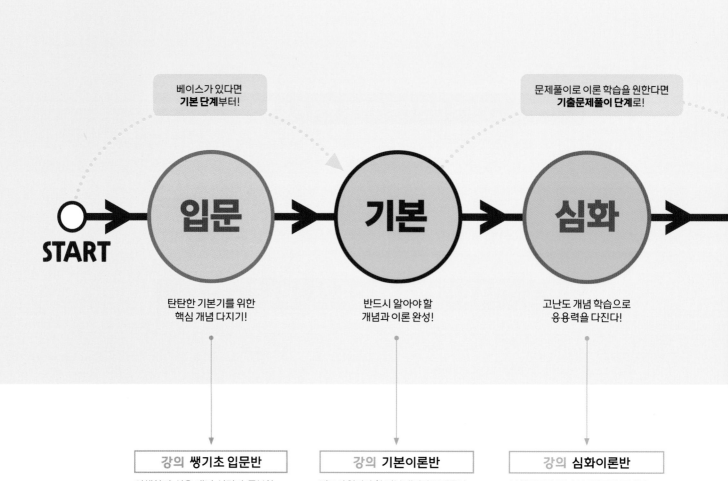

베이스가 있다면 **기본 단계**부터!

문제풀이로 이론 학습을 원한다면 **기출문제풀이 단계**로!

START

입문
탄탄한 기본기를 위한
핵심 개념 다지기!

기본
반드시 알아야 할
개념과 이론 완성!

심화
고난도 개념 학습으로
응용력을 다진다!

강의 쌩기초 입문반

이해하기 쉬운 개념 설명과 풍부한
연습문제 풀이로 부담 없이 기초를
다질 수 있는 강의

강의 기본이론반

반드시 알아야 할 기본 개념과 문제풀이
전략을 학습하여 핵심 개념 정리를
완성하는 강의

강의 심화이론반

심화이론과 중·상 난이도의 문제를
함께 학습하여 고득점을 위한 발판을
마련하는 강의

단계별 교재 확인 및
수강신청은 여기서!

gosi.Hackers.com

* 커리큘럼은 과목별·선생님별로 상이할 수 있으며, 자세한 내용은 해커스공무원 사이트에서 확인하세요.

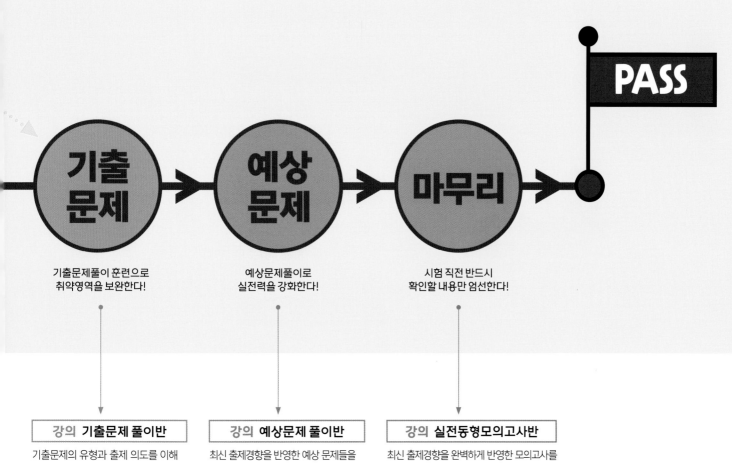

기출문제

기출문제풀이 훈련으로
취약영역을 보완한다!

예상문제

예상문제풀이로
실전력을 강화한다!

마무리

시험 직전 반드시
확인할 내용만 엄선한다!

PASS

강의 기출문제 풀이반

기출문제의 유형과 출제 의도를 이해
하고, 본인의 취약영역을 파악 및 보완
하는 강의

강의 예상문제 풀이반

최신 출제경향을 반영한 예상 문제들을
풀어보며 실전력을 강화하는 강의

강의 실전동형모의고사반

최신 출제경향을 완벽하게 반영한 모의고사를
풀어보며 실전 감각을 극대화하는 강의

강의 봉투모의고사반

시험 직전에 실제 시험과 동일한 형태의
모의고사를 풀어보며 실전력을 완성하는 강의

5천 개가 넘는
해커스토익 무료 자료!

대한민국에서 공짜로 토익 공부하고 싶으면 | 해커스영어 Hackers.co.kr ▾ | 검색

RC 정수진 | **RC 이상길**

강의도 무료

베스트셀러 1위 토익 강의 150강 무료 서비스,
누적 시청 1,900만 돌파!

문제도 무료

토익 RC/LC 풀기, 모의토익 등
실전토익 대비 문제 3,730제 무료!

LC 한승태 | **RC 김동영**

최신 특강도 무료

2,400만뷰 스타강사의
압도적 적중예상특강 매달 업데이트!

공부법도 무료

토익 고득점 달성팁, 비법노트,
점수대별 공부법 무료 확인

*미션 달성 시

가장 빠른 정답까지!

615만이 선택한 해커스 토익 정답!
시험 직후 가장 빠른 정답 확인

더 많은 토익무료자료

보기 ▶

해커스공무원

노신
교정학

기본서

해커스공무원

노신
___

약력

고려대학교 법과대학 법학과 졸업
제주대학교 법학전문대학원 졸업
변호사
현 | 해커스공무원 교정학 · 형사정책 강의
현 | 해커스경찰 범죄학 강의

저서

해커스공무원 노신 교정학 기본서
해커스공무원 노신 교정학 단원별 기출문제집
해커스공무원 노신 교정학 법령집
해커스공무원 노신 교정학 핵심요약집
해커스공무원 노신 교정학 실전동형모의고사
해커스공무원 노신 형사정책 기본서
해커스공무원 노신 형사정책 단원별 기출문제집
해커스공무원 노신 형사정책 법령집
해커스공무원 노신 형사정책 핵심요약집
해커스공무원 노신 형사정책 실전동형모의고사
해커스경찰 노신 범죄학 기본서
해커스경찰 노신 범죄학 단원별 기출+실전문제집

공무원 시험 합격을 위한 필수 기본서!

공무원 공부, 어떻게 시작해야 할까?

누구에게나 첫 시작, 첫 도전은 설렘 반, 걱정 반일 것입니다. 특히 인생의 중요한 전환점에 선 여러분들에게 '교정학'이라는 과목은 어쩌면 큰 부담일지도 모릅니다. 하지만 우리가 학습하여야 하는 '교정학'은 수백년 동안 축적된 전공으로서의 교정학이 아닌, 수험 목적의 교정학입니다. 즉, 이제까지 출제된 내용을 기반으로 시험에 합격할 수 있도록 전략적으로 학습하는 것이 중요합니다. 『해커스공무원 노신 교정학 기본서』는 수험생 여러분들의 소중한 하루하루가 낭비되지 않도록 올바른 수험생활의 길을 제시하고자 노력하였습니다.

이에 『해커스공무원 노신 교정학 기본서』는 다음과 같은 특징을 가지고 있습니다.

첫째, 교정학의 핵심을 빠르고 쉽고 정확하게 이해할 수 있도록 구성하였습니다.
수험생 여러분들의 효율적인 학습을 위해 기본 개념부터 심화 이론까지 차근차근 이해하며 따라갈 수 있도록 교정학의 핵심 내용만을 짜임새 있게 구성하였습니다. 이를 통해 기본서 하나만으로도 교정학의 내용을 정확히 이해하고, 수험생활 전반에 걸쳐 본인의 학습 수준에 맞게 기본서를 활용할 수 있습니다.

둘째, 다양한 학습장치를 통해 수험생 여러분들의 입체적인 학습을 지원합니다.
교정학은 핵심 이론 외에도 관련 법령과 판례를 정확히 학습하는 것이 중요하므로, 이론을 중심으로 법령, 판례를 체계적으로 수록함으로써 빈틈없는 학습이 가능하도록 하였습니다. 또한 심층적인 학습을 할 수 있도록 심화이론을 담은 '참고' 및 이론과 제도를 비교하여 정리할 수 있는 '핵심 POINT'를 수록하였고, 본문에서 학습한 내용을 다시 한번 확인하고 스스로 실력을 점검할 수 있도록 철저한 기출 분석을 기반으로 한 '기출 · 실전문제 OX'를 수록하였습니다.

더불어, 공무원 시험 전문 사이트 해커스공무원(gosi.Hackers.com)에서 교재 학습 중 궁금한 점을 나누고 다양한 무료학습 자료를 함께 이용하여 학습 효과를 극대화할 수 있습니다.

부디 『해커스공무원 노신 교정학 기본서』와 함께 공무원 교정학 시험 고득점을 달성하고 합격을 향해 한걸음 더 나아가시기를 바랍니다.

『해커스공무원 노신 교정학 기본서』가 공무원 합격을 꿈꾸는 모든 수험생 여러분에게 훌륭한 길잡이가 되기를 바랍니다.

노신

목차

이 책의 구성   6

Ⅰ 교정학의 이해

01 교정에 대한 기본 이론
1 교정의 의의   10
2 교정의 이념 등   11
3 교정의 특성과 한계   15
4 교정에 대한 종합적 이해   17
기출 · 실전문제 OX   18

02 교정처우 모델
1 범죄인처우   19
2 수용자처우 모델   20
3 범죄인처우의 새로운 동향   22
기출 · 실전문제 OX   27

03 교정의 연혁
1 교정학의 발전   29
2 교정의 역사   29
기출 · 실전문제 OX   37

04 우리나라의 교정사
1 조선시대 이전의 행형   38
2 조선시대의 행형   39
3 근대의 행형   42
4 현대의 교정행정   43
5 교정조직   47
기출 · 실전문제 OX   56

05 교정시설과 수용제도
1 교정시설   58
2 우리나라의 교정시설   61
3 수용자 구금제도   63
4 교도소 사회   65
기출 · 실전문제 OX   69

06 수용자의 법적 지위와 권리구제
1 수용자의 법적 지위   71
2 수용자의 권리구제   75
기출 · 실전문제 OX   86

07 수형자의 분류와 처우
1 수형자의 분류   88
2 누진처우제도   90
3 기타 처우제도   92
기출 · 실전문제 OX   97

08 과밀수용, 교정사고, 교정의 발전
1 과밀수용   99
2 교정사고   103
3 교정의 발전   104
기출 · 실전문제 OX   105

Ⅱ 시설 내 처우

01 형집행법의 이해
1 서론   108
2 형집행법 총칙   109
기출 · 실전문제 OX   116

02 교정시설 수용
1 수용의 의의 및 요건   118
2 수용절차   119
3 수용의 원칙   121
4 이송   125
기출 · 실전문제 OX   129

03 물품지급, 금품관리, 위생과 의료
1 물품지급   132
2 금품관리   138
3 위생과 의료   142
기출 · 실전문제 OX   147

04 접견, 편지수수, 전화통화

1 외부교통권   150
2 접견   151
3 편지수수   161
4 전화통화   165
기출 · 실전문제 OX   168

05 종교와 문화, 특별한 보호

1 종교   171
2 문화   174
3 특별한 보호   179
기출 · 실전문제 OX   185

06 수형자의 처우와 분류심사

1 수형자의 처우 통칙   188
2 분류심사   193
기출 · 실전문제 OX   206

07 교육과 교화 프로그램

1 교육   211
2 교화 프로그램   216
기출 · 실전문제 OX   221

08 교도작업과 직업훈련

1 교도작업   223
2 직업훈련   233
기출 · 실전문제 OX   238

09 미결수용자와 사형확정자의 처우

1 미결수용자의 처우   242
2 사형확정자의 처우   251
기출 · 실전문제 OX   256

10 안전과 질서

1 계호의 일반이론   258
2 교정장비   264
3 기타 안전과 질서   284
기출 · 실전문제 OX   291

11 규율과 상벌, 벌칙

1 상우제도   296
2 징벌제도   297
3 벌칙   318
기출 · 실전문제 OX   320

12 수용의 종료

1 교정처우의 종료   322
2 가석방   322
3 석방   335
4 사망   340
기출 · 실전문제 OX   342

13 교정의 민간참여와 민영교도소

1 교정의 민간참여   344
2 민영교도소   347
3 민영교도소 등의 설치 · 운영에 관한 법률   349
기출 · 실전문제 OX   356

Ⅲ 처우의 사회화

01 사회적 처우(개방처우)

1 서론   360
2 사회적 처우의 종류   362
기출 · 실전문제 OX   373

02 지역사회교정

1 서론   377
2 중간처우제도   379
3 중간처벌제도   381
기출 · 실전문제 OX   386

03 협의의 사회 내 처우   389

기출 · 실전문제 OX   393

이 책의 구성

『해커스공무원 노신 교정학 기본서』는 수험생 여러분들이 교정학 과목을 효율적으로 정확하게 학습할 수 있도록 상세한 내용과 다양한 학습장치를 수록·구성하였습니다. 아래 내용을 참고하여 본인의 학습 과정에 맞게 체계적으로 학습 전략을 세워 학습하시기 바랍니다.

1 단원별 출제 경향을 파악하고 학습방향 설정하기

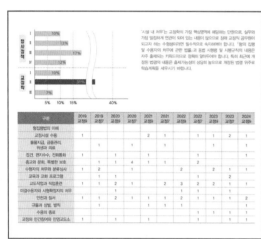

학습의 우선순위를 설정할 수 있는 단원별 출제경향

각 대단원 도입부마다 해당 단원의 출제경향을 한 눈에 파악할 수 있도록 최근 6년간의 9·7급 교정직 기출문제를 분석한 출제경향을 수록하였습니다. 실제 시험에서 어느 단원이 빈출되고 있는지 확인함으로써 학습의 우선순위를 설정하고, 중점을 두어 학습해야 할 부분은 무엇인지 미리 파악이 가능합니다.

2 이론의 세부적인 내용을 정확하게 이해하기

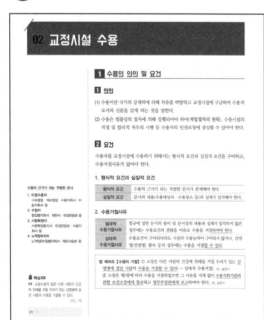

최신 출제 경향 및 개정 법령을 반영한 이론

1. 최신 출제 경향 반영
최신 공무원 시험의 출제 경향을 철저히 분석하여 자주 출제되거나 출제가 예상되는 내용 등을 엄선하여 수록하였습니다. 출제 경향을 토대로 방대한 교정학 과목의 내용 중 시험에 나오는 이론들의 효과적인 학습이 가능합니다.

2. 개정 법령 및 최신 판례 수록
교재 내 관련 이론에 최근 개정된 법령과 최신 판례들을 전면 반영하였습니다. 기본서만으로도 교정학 관련한 이론과 법령, 판례를 충분히 학습할 수 있어 실전에 효율적으로 대비할 수 있습니다.

③ 다양한 학습장치를 활용하여 이론 완성하기

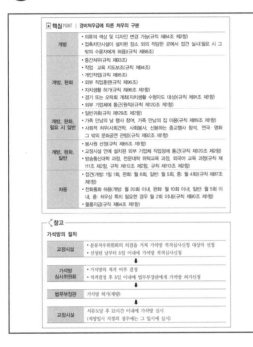

한 단계 실력 향상을 위한 핵심 POINT 및 참고

1. 핵심 POINT
주요 개념들을 비교·정리하고, 이론들 간의 공통점과 차이점, 특이사항을 표로 요약·정리하여 '핵심 POINT'에 수록하였습니다. 학습한 내용을 일목요연하게 정리하고, 유사하거나 대비되는 개념들을 서로 비교하며 학습할 수 있습니다.

2. 참고
본문 내용 중 더 알아두면 이해에 도움이 될 만한 내용이나 심화된 이론 등을 '참고'에 담아 제시하였습니다. 교정학 이론의 큰 흐름 속에서 이해가 어려웠던 부분의 학습을 '참고'를 통해 보충하고, 심화된 내용까지 학습하시기 바랍니다.

④ 기출·실전문제 OX와 해설을 통해 다시 한번 이론 정리하기

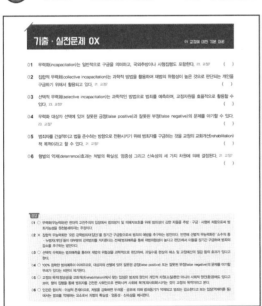

기출·실전문제 OX와 상세한 해설

1. 기출·실전문제 OX
9·7급 교정직 등 다양한 교정학 기출문제 중 공무원 시험에 재출제 될 가능성이 높고 우수한 퀄리티의 문제들을 엄선한 후, OX 문제로 변형하여 수록하였습니다. 기출되었던 지문을 풀면서 학습한 이론을 다시 한번 점검할 수 있습니다.

2. 상세한 해설
각 문제마다 상세한 해설을 수록하였습니다. 문제를 풀고 해설을 확인하는 과정을 통해 학습한 내용을 복습하고 스스로 실력 점검을 하시기 바랍니다.

단원별 출제비중 *최근 6개년 교정직 기출 분석

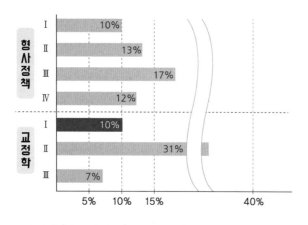

본 단원은 교정학의 서론에 해당하며, 모든 단원에서 고른 출제가능성을 보이고 있기 때문에 꼼꼼하게 학습하는 것이 필요합니다. 특히 우리나라의 교정사, 교정시설과 수용제도, 수용자의 법적 지위와 권리구제 등은 최근 자주 출제되는 키워드이므로, 이를 중심으로 학습하면 좋습니다. 또한 수용자의 법적 지위와 권리구제와 관련된 판례 문제가 출제될 가능성이 있으므로, 본서에 수록된 판례의 결론은 반드시 숙지하여 학습하시기 바랍니다.

구분	2019 교정9	2019 교정7	2020 교정9	2020 교정7	2021 교정9	2021 교정7	2022 교정9	2022 교정7	2023 교정9	2023 교정7	2024 교정9
교정에 대한 기본 이론				1		2				1	
교정처우 모델						1	1				1
교정의 연혁		1									
우리나라의 교정사		1		1		1		1			1
교정시설과 수용제도	1					1			1		1
수용자의 법적 지위와 권리구제	1		1	1		1		1	1	1	
수형자의 분류와 처우	1	2				1	1				
과밀수용, 교정사고, 교정의 발전	1						1				

I

교정학의 이해

01 교정에 대한 기본 이론

02 교정처우 모델

03 교정의 연혁

04 우리나라의 교정사

05 교정시설과 수용제도

06 수용자의 법적 지위와 권리구제

07 수형자의 분류와 처우

08 과밀수용. 교정사고. 교정의 발전

01 교정에 대한 기본 이론

1 교정의 의의

1 개념

교정(矯正)이란 반사회적 · 반규범적 행위를 한 범죄자의 일탈된 성격 · 행동 등을 바로잡아 건전한 사회인으로 복귀(재사회화)시키는 일체의 활동이다.

2 범위

* 본 교재에서 '형집행법' 또는 '법'은 「형의 집행 및 수용자의 처우에 관한 법률」을 의미하고, '영'은 동 법률의 시행령을, '규칙'은 동 법률의 시행규칙을 각각 의미한다.

구분	대상	법적 규율
최협의	자유형(징역 · 금고 · 구류) 수형자, 노역장유치 명령을 받은 사람	형집행법*상 수형자
협의	최협의 + 미결수용자, 사형확정자, 기타 수용자	형집행법상 수용자
광의	협의 + 자유박탈적 수용처분의 대상자	형집행법, 「치료감호 등에 관한 법률」, 「보호소년 등의 처우에 관한 법률」
최광의	광의 + 사회 내 처우의 대상자(보호관찰 · 갱생보호 등)	형집행법, 「치료감호 등에 관한 법률」, 「보호소년 등의 처우에 관한 법률」, 「보호관찰 등에 관한 법률」 등

3 교정영역의 확대 경향

1. 의의

(1) 미국에서는 대체로 교정을 최광의로 이해하나, 우리나라와 일본은 교정과 보호가 제도적으로 분리되어 있어 '시설 내 처우'만을 교정으로 보는 것이 일반적이다(협의의 교정).

(2) 오늘날에는 일관되고 체계적인 교정처우 프로그램을 확립하기 위하여 '사회 내 처우'까지 포함하는 **최광의의 개념으로 교정을 이해하려는 경향이 강조**되고 있다.

2. 우리나라의 경우

우리나라는 법무부 산하에 교정본부와 범죄예방정책국을 두고 있으며, 교정시설에서의 처우는 교정본부에서 관장하고, 사회 내 처우 및 소년보호에 대해서는 범죄예방정책국이 관장하는 등 교정업무가 이원화되어 있다.

4 교정과 행형의 구분

(1) 행형(行刑)은 본래 응보형주의를 전제로 형을 집행하는 구금작용을 의미하며, 역사적으로 구금작용을 강조하던 시대에는 행형이라는 용어를 널리 사용하였다.

(2) 2차 대전 이후 교화개선을 통한 사회복귀가 강조되고, 각종 국제회의에서 범죄자 처우가 중요하게 다루어지면서 교정(矯正)이라는 용어가 등장하게 되었다.

(3) 행형은 교정의 **형식적·법률적 측면**을 강조하는 입장이고, 교정은 행형의 실질적·이념적 측면을 강조하는 입장이다.

(4) 행형은 교화개선의 목적 외에 응보, 일반예방 등의 목적도 평균적으로 내포하는 개념이나, 교정은 교화개선의 목적을 다른 목적보다 중요시하는 개념이다.

2 교정의 이념 등

1 교정의 이념과 목적

1. 응보형주의

형벌의 목적을 응보로 이해하여, 행형의 본질적 목적은 자유의 박탈이라고 본다.
21. 교정7☆

2. 목적형주의

형벌은 그 자체가 목적이 아니라, 범죄인을 사회에서 격리시켜 사회의 안전을 유지하고 범죄자를 보호 및 교화개선(재사회화)하는 수단이라고 본다. 11. 교정7

3. 교육형주의

형벌을 통한 범죄인의 자유박탈과 사회로부터의 격리는 교육을 위한 수단이라고 본다. 21. 교정7☆

4. 「형의 집행 및 수용자의 처우에 관한 법률」의 목적 21. 교정7

> 제1조 【목적】 이 법은 수형자의 교정교화와 건전한 사회복귀를 도모하고, 수용자의 처우와 권리 및 교정시설의 운영에 관하여 필요한 사항을 규정함을 목적으로 한다.

2 처벌의 정당성

1. 처벌의 목적

응보	범죄에 대한 도덕적 평가로서, 범죄에 상응한 처벌을 의미한다.
공리	범죄를 처벌함으로써 일정한 가치(목적)를 추구하는 것을 의미한다. 예 일반제지·특별제지, 교화개선, 무능력화

2. 공리적 목적에 의한 처벌이론

(1) 제지(억제, Deterrence)

① 인간은 합리적·이성적 존재이므로, 처벌을 강화하면 두려움·공포에 의해 범죄동기가 억제되고 범죄는 감소한다는 입장이다.

② 범죄억제의 요소로서, 처벌의 확실성·엄중성·신속성을 제시한다. 21. 교정7

③ 일반제지와 특별제지

일반제지	범죄자에 대한 처벌을 통해 일반시민이 범죄비용을 인식하게 하여 일반시민의 범죄를 줄이는 것
특별제지	형벌을 통해 범죄자의 처벌에 대한 민감성을 자극하여 범죄자의 재범을 줄이는 것

(2) 교화개선(Rehabilitation)

① 범죄의 원인은 개인적 차원(소질)뿐만 아니라 사회적 원인(환경)에도 있다고 보아, 형의 집행을 통해 범죄자를 건전한 사회인으로 변화시켜 사회에 복귀(재사회화)시키는 것이 교정의 목적이라는 입장이다. 21. 교정7☆

② 범죄자의 교화개선뿐만 아니라 동시에 지역사회의 변화를 강조하는 재통합 모형이 새로운 교화개선의 모형으로 강조된다.

③ 자유박탈에 의한 자유의 교육은 모순이라는 비판, 국가형벌권을 자의적으로 확장할 위험성에 대한 우려, 범죄자가 사회규범에 적응하도록 강제로 교육하는 것은 인간의 존엄에 반한다는 비판 등이 제기된다. 12. 교정7

(3) 무능력화(무력화, Incapacitation)

① 의의

㉠ 무능력화란 현대적 고전주의의 입장에서 범죄방지 및 피해자보호를 위해 범죄성이 강한 자들을 추방·구금·사형에 처함으로써 범죄가능성을 원천봉쇄하자는 주장이다. 23. 교정7☆

㉡ 무능력화는 응보와 달리 미래지향적이고, 일반제지와 달리 범죄자의 특성에 기초하며, 목적형·교육형주의와 달리 범죄로부터 사회방위에 목적을 두고 있다는 점에 특징이 있다.

㉢ 무능력화는 대상자에 따라 집합적 무능력화와 선별적 무능력화로 분류할 수 있다.

② 집합적 무능력화 23. 교정7☆

㉠ 집합적 무능력화란 모든 **강력범죄자(집단)**를 장기간 구금함으로써 범죄의 예방을 추구하는 방안이다.

㉡ 가석방의 요건 강화, 정기형제도에서 강제양형제도의 시행, 선시제도의 기준 강화 등을 통해 강력범죄자의 석방시기를 지연시키는 것도 포함된다.

③ 선별적 무능력화 23. 교정7☆

㉠ 선별적 무능력화란 소수의 **중·누범자(개인)**들이 대부분의 강력범죄를 저지른다는 전제(재범위험성이 높다고 판단)에서 이들을 장기간 구금하여 범죄의 감소를 추구하는 방안이다(P. Greenwood).

㉡ 재범의 위험성이 높은 강력범죄자에 대한 부정기형의 시행도 포함된다.

㉢ 장·단점

장점	단점
ⓐ 중·누범자들의 장기간 구금을 통해 범죄를 감소시킬 수 있다.	ⓐ 중·누범자들이 구금된 빈자리를 다른 범죄자들이 대신하는 경우에는 범죄감소 효과를 기대하기 어렵다 (범죄자 대체효과를 야기).
ⓑ 교정시설의 과밀수용 현상을 해소할 수 있다.	ⓑ 범죄위험성의 판단 기준을 과거의 범죄전력에 두어 대상자를 선별한다.
ⓒ 경미범죄자나 재범위험성이 낮은 범죄자의 사회 내 처우를 확대시킨다.	ⓒ 잘못된 긍정 또는 잘못된 부정의 문제를 야기할 우려가 있다.
ⓓ 집합적 무능력화에 비해 교정 예산의 절감에 도움이 된다.	

④ 무능력화와 범죄예측

㉠ 선별적 무능력화의 가장 중요한 문제는 대상자의 선별에 있다.

㉡ 이는 범죄예측을 통해 행해지므로, **잘못된 긍정**(False Positive) 또는 **잘못된 부정**(False Negative)의 문제가 야기될 수 있다. 23. 교정7☆

구분	잘못된 긍정(False Positive)	잘못된 부정(False Negative)
내용	차후 범죄가 있을 것이라고 예측하였지만 실제로는 그렇지 않은 경우	차후 범죄가 없을 것이라고 예측하였지만 실제로 범죄를 저지른 경우
피해발생	개인의 인권 침해	사회와 구성원의 피해

3 교정의 실현원리

1. 격리의 과학화

(1) 격리의 확보는 범죄자의 개선 목적을 실현하기 위한 가장 기본적인 수단이다.

🏛 **핵심 OX**

03 선별적 무능력화는 잘못된 부정 (False Negative)과 잘못된 긍정(False Positive)의 문제를 야기할 수 있다.

(○, ×)

03 ○

(2) 처우의 개별화는 수형자에 대한 과학적 분류제도가 확립되는 것을 전제로 한다.

(3) 우리나라의 경우 각 교정시설에 분류심사과 또는 분류전담실을 설치 · 운영하고 있으며, 「형의 집행 및 수용자의 처우에 관한 법률」에서는 "법무부장관은 수형자를 과학적으로 분류하기 위하여 분류심사를 전담하는 교정시설을 지정 · 운영할 수 있다."고 규정하고 있다(제61조).

2. 처우의 개별화

(1) 범죄인의 교육적 개선을 목적으로 하는 교육형주의에 입각하여 형벌의 **특별예방작용**을 중시하는 것이다.

(2) 각기 다른 범죄요인을 가진 수형자들에게 알맞은 개별적 처우를 행하여 재사회화를 도모해야 한다.

(3) 이를 위해서는 과학적 분류처우 기법의 개발, 양형의 합리화, 판결 전 조사제도의 도입, 수용시설의 다양화, 전문인력의 확보, 충분한 재정지원 등이 전제되어야 한다.

3. 처우의 사회화

(1) 교정의 궁극적 목적은 수형자의 재사회화에 있다. 따라서 수형자를 외부 사회로부터 완전히 단절시켜서는 아니 되며, 가능한 한도에서 외부 사회와의 접촉은 계속 유지되어야 한다.

(2) 행형에서의 생활조건은 시설 밖의 일상생활과 가능한 한 유사하게 이루어지도록 해야 하고, 특히 수형자의 자존심을 침해할 수 있는 것은 최대한 축소하여야 한다. 08. 교정7

수용자의 사회접근	귀휴, 외부 통근, 외부 통학, 개방처우, 중간처우소 등
사회자원의 활용	교정위원, 자매결연, 가족합동접견, 각종 위원회의 외부위원 등

4. 처우의 인도화

수용자의 경우에도 인간의 존엄성과 최소한의 생활조건 등은 보장되어야 한다.

5. 관리의 적정화

(1) 사회보호 · 보안을 위한 격리작용을 침해하지 않으면서 재사회화를 위한 교육 · 훈련을 효율적으로 할 수 있도록 시설의 운영 · 관리와 교육 · 훈련을 적절히 조화시켜야 한다.

(2) 재사회화를 지향하는 과정에서 처우의 목적과 보안의 목표가 충돌할 때에는 처우의 목적을 우선하는 것이 바람직하다. 08. 교정7

(3) 행형은 구금에 따른 지위 변화, 박탈감 그리고 교도소에 고유한 하위문화의 형성 등 구금에 따른 부작용들을 상쇄하도록 이루어져야 한다. 08. 교정7

3 교정의 특성과 한계

1 교정의 특성

1. 복잡성

(1) 교정은 자유형의 집행과 교도소의 운영 이상의 다양한 의미를 지니고 있으며, 처벌의 목적인 응보·억제 및 교화개선·무력화 등도 시대·장소에 따라 상이하다.

(2) 현대사회의 복잡성·다원성으로 인해 범죄 및 범죄자의 유형도 다양하게 나타나므로, 이에 대한 교정처우도 다양성과 복잡성의 특성을 갖는다.

2. 종합과학성

(1) 역사학적 관점

① 의의: 교정의 발전 과정을 분석하고 미래의 교정발전방향을 탐구하는 측면이다.

② 로스만(D. Rothman)의 『수용소의 발견(The Discovery of Asylum)』이 대표적 연구이다. 여기에서 그는 "교도소란 원래 범죄인을 처벌하기 위해서가 아니라 그들의 행위증진을 돕기 위해 탄생하였다."고 주장하였다.

(2) 사회학적 관점

① 의의: 교도소를 하나의 사회로 보아서 그 안에서 행해지는 것들을 교도소 문화로서 연구하는 입장이다.

사이크스 (G. Sykes)	㉠ 『수인의 사회(Society of Captives)』에서 수용자와 교도관의 관계를 설명한다. ㉡ <u>교도관과 수용자는 상호의존적</u>이므로 교도소는 권력과 복종이 아니라 수용자의 암묵적 동조와 순응에 의해 통제된다. 수용자는 공개적으로 권위에 도전하지 않고 교도소 유지에 필요한 일상적 임무를 수행하며, 반대급부로 교도관은 수용자들이 구금의 고통을 견디기 위해 행하는 상호작용을 방해하지 않는다.
고프만 (E. Goffman)	㉠ 『보호수용소(Asylum)』에서 소사회로서 수용소의 연구를 강조한다. ㉡ 수용소는 외부와 단절된 물리적 환경에서 수용자의 모든 욕구가 충족되어야 하는 하나의 <u>총체적 기관(Total Institution)</u>이다. 이는 구성원들을 일정기간 외부와 격리시키고 공식적으로 규격화·통제화된 생활을 하게 하여 개인의 개별성을 약화시키려고 하는 조직을 의미한다. ㉢ 통제하는 사람과 통제받는 사람 간의 상호작용을 바탕으로 인간의 자아개념의 구성과 사회통제의 관계에 대한 이론을 제시하였다. 12. 경채

MMPI(Minnesota Multiphastic Personality Inventory) 19. 교정9

1. 하서웨이와 맥킨리(S. Hathaway & J. Mckinley)가 개발한 다면적 인성검사(MMPI)로서, 수용자의 행위에 대한 합리적 예측가능성을 측정하는 도구로 활용되어 보안 수준과 교정 프로그램에 수용자를 합리적으로 배정하는 데 기여하였다.
2. MMPI는 원래 정신의학과 일반의료의 분야에서 환자들의 임상진단에 관한 정보를 제공하려는 목적으로 개발된 성격 검사도구이다. 이에 의하면 10개의 임상척도 중 4번 척도(정신병리적 일탈, Pd 척도)는 반항, 가족관계분열, 충동성, 학업·직업문제, 범법행위, 약물중독 등 반사회적 행동을 나타낸다고 한다.

I-Level(대인적 성숙도검사) 19. 교정9

워렌(M. Warren)이 개발한 것으로, 비행청소년의 대인적 성숙도를 7단계로 구분하여 소년범죄자에게 각자의 성숙 정도에 맞는 처우 프로그램을 적용하기 위하여 활용되었다. 이는 검사방법이 복잡하여 전문가가 실시하는 방법이어서 비용이 많이 든다는 단점이 있다.

② 교도소화와 그로 인한 수용자들의 하위문화 유형에 대한 연구인 교도소 부문화의 연구가 진행되어 박탈모형 · 유입모형 등을 제시하였다.

(3) 심리학적 관점

① 의의: 범죄인의 심리를 파악하여 범죄원인분석 및 범죄자처우 모델을 제시하고 형벌 과정에 대한 수용자와 교도관의 행동반응 등을 규명하는 입장이다.

② 공헌: 교정(Corrections)이라는 용어 자체가 심리학에서 유래한 것으로 교정처우의 대부분이 상담 등의 심리학적 방법에서 기인하였다고 보며, **교정학의 발전에 가장 큰 공헌을 한 것으로 평가된다.**

③ 연구: 하서웨이와 맥킨리(S. Hathaway & J. Mckinley)의 MMPI, 워렌(M. Warren)의 I-Level 등이 대표적 연구이다.

④ 비판: 마틴슨(R. Martinson)이 'Nothing works'라고 표현한 것처럼, 심리학이 수용자의 처우에 있어서 기대만큼의 성과를 거두지 못하였다는 비판이 있다. 18. 승진

(4) 규범학적 관점

교정은 수사 · 재판과 함께 형사사법절차의 한 축을 형성하고 있으며 헌법, 「형법」, 「형사소송법」, 「형의 집행 및 수용자의 처우에 관한 법률」 등의 형사사법체계는 교정학의 중요한 연구대상이다.

3. 상호연관성

(1) 교정의 영역은 형사사법기관의 활동과 밀접한 연관성을 가지고 있다.

(2) 교정은 종합적 · 간학문적 · 학제적 성격을 가지므로, 관련 학문을 활용한 체계적 · 종합적 연구가 필요하다.

2 교정의 한계

1. 교정 목적의 실현에 대한 제약

완전히 교화 · 개선되지 않은 범죄자일지라도 형기가 종료되면 사회로 복귀된다는 점(형벌의 책임주의)이 가장 본질적인 제약이다.

2. 사회적 인식의 부족

범죄자와 교정시설에 대한 거부감 등으로 인해 교정에 대한 사회적 인식이 부족하다.

3. 빈약한 재정지원

국가재정상 교정시설과 전문인력이 부족하여 교정의 효율적 운영이 어렵다.

4 교정에 대한 종합적 이해

1 교정조직의 특성

교정은 사람을 대상으로 하므로 교정기법의 효과가 불확실하다. 따라서 교정 · 교화적인 측면보다는 관리 · 운영에 치중한 **보안을 중시**하기 쉬운 경향이 있다.

2 교정의 복잡성과 갈등

교정은 범죄자에 대한 공정한 처벌과 지역사회 보호 등 복합적이고 갈등적인 목표를 추구하고 있을 뿐만 아니라, 교정조직 내부에서 보안과 처우 사이의 갈등 및 형사사법기관 간에도 갈등이 초래될 수 있다.

3 형사정책학과 교정학의 관계

1. 의의

형사정책학은 범죄의 원인과 현상을 탐구하여 효율적인 범죄방지 대책을 제시하는 학문이다. 이에 비해 교정학은 형벌의 집행과 처우 등에 관한 학문이다. 오늘날에는 형사정책학과 교정학을 각각 **독립된 학문**으로 인정하는 것이 일반적이다.

2. 교정학의 성격

교정학은 범죄자와 범죄의 위험성이 있는 자를 연구하는 경험과학(사실학)의 성격을 본질로 하면서, 교정의 가치와 효율적인 운영원리를 탐구하는 가치학문(규범학 · 정책학)의 요소를 함께 가지고 있다.

3. 연구 대상

형사정책학에서의 범죄는 **실질적 범죄개념**을 중시한다. 반면에 교정학에서의 범죄는 **형식적 범죄개념**(형법상의 범죄개념)을 중시한다.

🏛 **핵심OX**
04 교정학은 교화개선 및 교정행정과 관련된 일련의 문제들을 이론적 · 과학적으로 연구하는 학문이다.　　(○, ×)

04 ○

01 무력화(incapacitation)는 일반적으로 구금을 의미하고, 국외추방이나 사형집행도 포함한다. 23. 교정7 ( )

02 집합적 무력화(collective incapacitation)는 과학적 방법을 활용하여 재범의 위험성이 높은 것으로 판단되는 개인을 구금하기 위해서 활용되고 있다. 21. 교정7 ( )

03 선택적 무력화(selective incapacitation)는 과학적인 방법으로 범죄를 예측하며, 교정자원을 효율적으로 활용할 수 있다. 23. 교정7 ( )

04 무력화 대상자 선택에 있어 잘못된 긍정(false positive)과 잘못된 부정(false negative)의 문제를 야기할 수 있다. 23. 교정7 ( )

05 범죄자를 건설적이고 법을 준수하는 방향으로 전환시키기 위해 범죄자를 구금하는 것을 교정의 교화개선(rehabilitation)적 목적이라고 할 수 있다. 21. 교정7 ( )

06 형벌의 억제(deterrence)효과는 처벌의 확실성, 엄중성 그리고 신속성의 세 가지 차원에 의해 결정된다. 21. 교정7 ( )

정답

01 ○ 무력화(무능력화)란 현대적 고전주의의 입장에서 범죄방지 및 피해자보호를 위해 범죄성이 강한 자들을 추방 · 구금 · 사형에 처함으로써 범죄가능성을 원천봉쇄하자는 주장이다.

02 × 집합적 무능력화란 '모든 강력범죄자(집단)'를 장기간 구금함으로써 범죄의 예방을 추구하는 방안이다. 반면에 선별적 무능력화란 '소수의 중 · 누범자(개인)'들이 대부분의 강력범죄를 저지른다는 전제(범죄예측을 통해 재범위험성이 높다고 판단)에서 이들을 장기간 구금하여 범죄의 감소를 추구하는 방안이다.

03 ○ 선택적 무력화는 범죄예측을 통하여 재범의 위험성을 과학적으로 판단하며, 과밀수용 현상의 해소 및 교정예산의 절감 등의 효과가 있다고 한다.

04 ○ 100% 정확한 범죄예측이 어려우므로, 대상자의 선별에 있어 잘못된 긍정(false positive) 또는 잘못된 부정(false negative)의 문제를 야기할 우려가 있다는 비판이 제기된다.

05 ○ 교정의 목적(정당성)을 교화개선(rehabilitation)에서 찾는 입장은 범죄의 원인이 개인적 차원(소질)뿐만 아니라 사회적 원인(환경)에도 있다고 보아, 형의 집행을 통해 범죄자를 건전한 사회인으로 변화시켜 사회에 복귀(재사회화)시키는 것이 교정의 목적이라고 본다.

06 ○ 인간은 합리적 · 이성적 존재이므로, 처벌을 강화하면 두려움 · 공포에 의해 범죄동기가 억제되고 범죄는 감소한다고 보는 입장(억제이론 등)에서는 범죄를 억제하는 요소로서 처벌의 확실성 · 엄중성 · 신속성을 제시한다.

02 교정처우 모델

1 범죄인처우

1 처우의 형태

사법처우	재판 단계에서 처우의 개별화를 추구하는 것 예 양형이론, 판결 전 조사제도, 재판 전 전환제도 등
교정처우	교정시설 내에서의 수용자에 대한 처우(협의의 범죄인 처우) 예 시설 내 처우 등
보호처우	사법처우와 연계하거나 교정처우 이후에 행해지는 범죄인의 재사회화를 목적으로 하는 사회 내 처우 예 보호관찰, 사회봉사명령, 수강명령, 갱생보호 등

2 기본원칙

1. 의의

범죄인의 처우에 있어서 안전에 대한 침해가능성에 대비하여 일정한 원칙을 수립하여 범죄인 처우에 적용하기 위한 원칙이다.

2. 내용

(1) 인도적 처우

수용자에 대한 처우는 인간의 존엄성을 침해하지 않는 범위 내에서 이루어져야 한다.

> 법 제4조【인권의 존중】이 법을 집행하는 때에 수용자의 인권은 최대한으로 존중되어야 한다.

(2) 공평한 처우

수용자에 대한 처우는 '법 앞에 평등'이라는 헌법의 기본이념에 충실해야 한다. 이 경우의 평등은 절대적 평등이 아니라, 상대적 평등을 의미한다.

> 법 제5조【차별 금지】수용자는 합리적인 이유 없이 성별, 종교, 장애, 나이, 사회적 신분, 출신지역, 출신국가, 출신민족, 용모 등 신체조건, 병력, 혼인 여부, 정치적 의견 및 성적 지향 등을 이유로 차별받지 아니한다. 15. 경채

발전 과정 19. 교정9

1. **19세기 중반 이후**
   하워드(J. Howard) 등에 의한 행형개량운동 및 신고전학파에 의한 형벌의 개별화운동 등을 통해 자유형의 응보적 집행을 반성하면서 처우의 개념이 등장하기 시작하였다.

2. **19세기 후반**
   실증학파 등의 근대 형법이론이 등장하면서 범죄에서 범죄인으로 관심이 전환되고 교육형 · 목적형 · 개선형사상이 확립되면서 처우의 중요성이 강조되었다.

3. **20세기**
   UN 범죄방지 및 범죄자처우회의 등 각종 국제회의를 통해 범죄인처우의 문제를 중요의제로 다루면서 처우의 개념이 보편화되어 현대 교정의 일반적인 흐름이 되었다.

「수용자 처우에 관한 UN최저기준규칙」
제2조 ① 본 규칙은 공평하게 적용되어야 한다. 수용자의 인종, 피부색, 성별, 언어, 종교, 정치적 또는 그 밖의 견해, 국적, 사회적 신분, 재산, 출생 또는 그 밖의 지위에 의하여 차별이 있어서는 안 된다. 수용자의 종교적 신념과 도덕률은 존중되어야 한다.

영 제101조【접견 횟수】미결수용자의 접견 횟수는 매일 1회로 하되, 변호인과의 접견은 그 횟수에 포함시키지 않는다.

영 제58조【접견】③ 수형자의 접견 횟수는 매월 4회로 한다.

(3) **개선 목적에 적합한 처우**

수용자에 대한 처우는 교화개선을 통한 사회복귀라는 교정의 궁극적 목적에 적합해야 한다.

(4) **법적 지위에 상응한 처우**

수용자는 그 법적 지위에 따라 시설 내에서의 권리와 의무가 다르게 처우된다.

예 무죄추정의 원칙이 적용되는 미결수용자와 유죄가 확정된 수형자의 접견 횟수의 차이

2 수용자처우 모델

1 개관

수용자의 사회복귀(재사회화)를 실현하기 위한 처우 모델에는 그 모델이 어떠한 이념에 의하는가에 따라 여러 형태가 있으며, 대표적으로 구금 모델, 의료 모델, 개선 모델, 재통합 모델, 정의 모델 5가지로 나눌 수 있다.

처벌을 위한 교정	구금 모델
교화개선을 위한 교정	의료 모델, 개선 모델, 재통합 모델
사법정의를 위한 교정	정의 모델

2 처벌을 위한 교정 – 구금 모델

(1) 응보형사상을 전제로 하고, 고전주의학파의 자유의사론(비결정론)에 입각하여 정기형주의를 강조하는 입장이다.

(2) 교정시설의 보안·훈육·질서유지를 위한 행동규제를 강조하고, 수용자는 응보·제지·무능력화를 위하여 구금된다고 본다.

(3) 1970년대 이후에는 정의 모델로 발전하였다.

(4) 비인간적이고 불공정한 처우가 될 우려가 있고, 사회복귀를 위한 처우 모델로는 부적합하다는 단점이 있다.

3 교화개선을 위한 교정

1. **의료 모델(치료 모델, 갱생 모델)**

(1) 실증주의학파의 결정론적 관점에서 1920년대 말과 1930년대 초에 미국 교정국 등의 주도로 발전한 모델로서 범죄자를 인격이나 사회화에 결함이 있는 환자로 보아 처벌보다는 치료(처우)의 대상으로 보는 입장이다(F. Allen). 24. 교정9☆

(2) 처벌은 범죄자 문제를 해결하는 데 전혀 도움이 되지 않고, 오히려 범죄자의 부정적 관념을 강화시킬 수 있으므로 범죄자를 치료할 수 있는 치료 프로그램을 개발하고 적용하는 것이 필요하다고 주장한다.

(3) 수용자에 대한 **처우를 강제적으로 실시**하고, 교정시설에 광범위한 재량권을 부여한다. 18. 교정9

(4) 판결 전 조사제도를 중시하며, 미국의 **부정기형과 가석방제도의 이론적 기초**가 되었다. 24. 교정9☆

(5) 치료효과의 측정이 어렵고, 수용자가 단순히 치료의 객체로 취급되기 쉬워 인권침해의 우려가 있다는 비판을 받는다. 18. 교정9

2. 개선 모델(경제 모델, 적응 모델)

(1) 교육형사상 및 실증주의에 기초하여, 범죄인의 교화 · 개선을 통한 범죄방지에 목적을 두고 종교교회 · 상담 · 직업훈련 등을 통한 수용자의 사회복귀를 도모하는 입장이다. 18. 교정9☆

(2) 범죄인을 처벌의 대상이 아닌 처우의 대상으로 보고, **부정기형을 인정**한다.

(3) 의료모형과 같이 범죄자를 환자로 보아 처우를 행해야 한다고 보지만, 의료모형과 달리 범죄자도 자신의 **행위에 대해 책임**을 질 수 있고 **준법 여부에 대한 의사결정능력**이 있는 자라고 본다. 24. 교정9☆

(4) 범죄인의 사회적응에 중점을 두어 수형자자치제에 의한 보충적 운영을 강조하고, **지나친 시설 내 처우의 이용을 반대**한다.

(5) 시설 내 처우의 경우에 교정처우기법으로는 현실요법, 교류분석, 집단지도상호작용, 환경요법, 요법처우공동체, 행동수정 등을 활용한다. 24. 교정9☆

(6) 개선의 정도를 파악하기 어렵고, 시설 내 **처우를 통한 개선효과에 한계**가 있다는 비판을 받는다.

3. 재통합 모델

(1) 구금의 부정적 요인을 최소화하면서 지역사회에 재적응을 돕는 모델이다.

(2) **범죄자의 교화개선** 외에 범죄를 유발하는 **사회의 변화**도 수반되어야 하며, 사회와 범죄자가 통합되어야 범죄문제는 해결될 수 있다고 본다. 24. 교정9☆

(3) **지역사회와의 유대관계**를 중시하고, **지역사회에 기초한 교정을 강조**한다. 24. 교정9☆

(4) **수용자의 주체성과 자율성을 인정**하여 수용자의 동의와 참여하에 처우 프로그램을 **결정**한다. 14. 교정7☆

(5) 과학적 처우기법 및 사회적 처우와 사회 내 처우의 확대가 필요하다(예 귀휴, 외부 통근 등).

(6) 지역사회의 협조 및 교정에 대한 인식 변화가 없으면 효과를 거두기 어렵다.

🏛 **핵심 OX**

01 재통합 모델은 수형자의 주체성과 자율성을 중시하여 수형자를 처우의 객체가 아니라 처우의 주체로 보기 때문에 처우행형과 수형자의 법적 지위확립은 조화를 이루기 어렵다고 본다. (○, ×)

02 재통합 모델에 의하면 수형자의 처우 프로그램은 교도관과 수형자의 공동토의에 의해 결정되므로 처우 프로그램에 수형자를 강제로 참여시키는 것은 허용되지 않는다고 본다. (○, ×)

01 ×
02 ○

4 사법정의를 위한 교정 – 정의 모델(사법 · 공정 모델)

(1) 극단적인 개선 모델이나 의료 모델에 의해 야기되는 인권침해의 문제를 고려하고 응보의 측면을 강조하여 등장한 것으로서 범죄인의 법적 권리보장, 처우의 공정성 확보 및 사법정의의 실현에 중점을 두는 입장이다(D. Fogel). 24. 교정9☆

(2) 자유의사를 존중하는 현대적 고전주의의 접근방법으로, 수용자의 개선보다 교정제도의 개선을 강조한다(적법절차의 강조). 18. 교정7☆

(3) 부정기형과 가석방제도를 폐지하고 정기형으로 복귀 및 선시제도의 채택, 법관의 재량권 제한, 미결구금일수의 형기산입, 수형자자치제의 확대, 옴부즈만 제도의 채택, 교도소 처우의 공개 등을 주장한다. 24. 교정9☆

(4) 응보형주의로 회귀할 우려가 있고, 범죄자의 교화개선을 경시하는 경향이 있다는 비판을 받는다.

(5) 제도

강경책	마약과의 전쟁, 정기형의 복귀, 부정기형 및 가석방의 제한, 삼진법의 도입, 강제양형제도, 법관의 재량권을 축소하는 양형지침
수용인원 조절	선별적 무능력화, 선시제도(적용요건은 강화) 15. 교정7
인권보장	민원조사관제, 범죄자의 피해자에 대한 배상, 교도소 처우의 공개, 교정시설의 소규모화, 수형자자치제의 확대, 미결구금일수의 형기 산입

3 범죄인처우의 새로운 동향

1 범죄인의 인권보호에 대한 인식의 확대

형법의 보장적 기능에 대한 재인식과 행형법정주의의 강조를 통해 범죄자에 대한 인권침해의 반성이 강조된다.

2 일반예방의 강조와 범죄방지 대책에 대한 관심

(1) 교정교화를 목적으로 하는 대책(교육형주의, 개선 모델 등)들에 대한 비판(재범방지의 효과에 대한 의문)으로 형벌의 일반예방 기능이 강조된다(응보형주의, 정의 모델의 등장).

(2) 조기비행예측, 지역사회의 조직화, 사회복지정책 등 범죄에 대한 사전방지대책에 관심이 집중된다.

3 불개입주의와 다이버전

1. 불개입주의

형사재판의 영역을 축소시켜 범죄 문제를 공식절차가 아니라 우회방식으로 해결하자는 이론이다(E. Schur).

2. 다이버전(전환제도, Diversion)

범죄에 대하여 공식적 형사절차에서 이탈시켜 새로운 절차(사회 내 처우)로 이행시키는 것을 말한다.

예 경찰단계에서 훈방, 검찰단계에서 기소유예, 재판단계에서 집행유예와 선고유예, 보호관찰, 사회봉사명령, 전자감시제도 등

4 비범죄화

1. 의의

형법의 보충성과 공식적 사회통제 기능의 부담가중을 고려하여 일정한 '범죄' 유형을 형벌에 의한 통제로부터 제외시키는 경향을 말하며, 이를 통해 실질적 일반예방효과와 형법의 보충성을 강화할 수 있는 효과가 있다.

2. 논의 대상

비범죄화의 논의 대상으로 비영리적 공연음란죄, 음화판매죄, 단순도박죄, 피해자 없는 범죄로서 매춘, 경미한 마약사용 등이 있다.

3. 비범죄화의 유형

사실상 비범죄화	법규는 존재하지만 단속하지 않는 경우
재판상 비범죄화	판례의 변경을 통하여 처벌하지 않는 경우
입법상 비범죄화	법률의 폐지·변경에 의한 경우

5 중간처우 및 사회 내 처우의 발전

범죄자의 재범방지 및 사회복귀의 관점에서 처우의 다원화, 교정의 사회화, 시설 내 처우에서 사회 내 처우로의 전환 등으로 사회복귀의 이념이 강조되고, 교정영역에 민영교도소, 지역사회교정 등에 대한 민간인 참여가 확대되고 있다. 12. 경채

비형벌화
1. 의의
   범죄자에 대하여 형벌의 완화 또는 형벌 이외의 처분을 하는 것을 말한다.
   예 범죄소년에 대해 형벌 대신 보호처분의 부과, 단기자유형 대신 벌금형 부과 등
2. 특징
   비범죄화와 달리 범죄행위 자체는 인정하나, 범죄자에 대한 형벌부과의 타당성이나 처우효과를 고려하여 비형벌적 제재를 과한다는 특징이 있다.

6 신종범죄와 암수범죄에 대한 대응

(1) 경제범죄, 마약범죄, 환경범죄, 컴퓨터범죄 등 현대사회의 신종범죄에 대한 대처방안이 필요하다.

(2) 범죄통계에서 암수범죄의 문제를 해결함으로써 범죄에 대한 정확한 분석을 통해 합리적 범죄방지대책을 수립할 수 있다.

7 회복적 사법의 등장 14. 경채

1. 의의

(1) 회복적 사법(Restortive Justice)이란 범죄로 인한 피해자와 가해자, 그 밖의 관련자 및 지역사회가 함께 **범죄로 인한 피해를 치유**하고 해결하는 데에 적극적으로 참여하는 **사회재통합을 추구**하는 절차를 의미한다(회복주의 정의 개념). 16. 사시☆

(2) 회복적 사법과 유사한 개념으로 지역사회사법, 긍정적 사법, 재통합적 사법, 공동사법, 배상적 사법, 관계적 사법, 전환적 사법 등의 다양한 용어가 사용되고 있다. 12. 경채

(3) 연혁적으로 피해자 권리운동의 발전과 관련하여 1970년대 이후 미국과 유럽에서 시행되고 있는 다양한 형태의 배상명령제도 및 가해자 · 피해자의 화해(중재와 화합) 프로그램 등이 기원이라고 한다. 12. 교정9

(4) 국제연합(UN)은 회복적 사법의 개념을 다음의 세 가지로 분류한다. 16. 사시☆

대면 개념 (Encounter Conception)	범죄의 피해자와 가해자가 함께 만나 범죄에 대하여 이야기를 하고 이를 시정하기 위하여 어떠한 일을 하여야 하는가에 대해서 토론하는 것
회복 개념 (Restorative Conception)	범죄로부터 받은 피해를 회복하는 데에 중점을 두는 것 예 피해자의 공판절차 참여, 법원의 피해회복적 조치 등
변환 개념 (Transformative Conception)	가장 넓은 의미의 회복적 사법으로서 범죄원인의 구조적 · 개인적 불의의 시정을 통해 변화를 가져오는 것 예 빈곤문제나 차별적 교육제도의 개선 등

(5) 브레이스웨이트(Braithwaite)의 재통합적 수치이론은 회복적 사법의 이론적 근거가 되었는데, 처벌을 통해 범죄자가 반성을 하면서 지역사회의 구성원으로 재통합하려는 노력을 병행하여 장래의 범죄 가능성을 줄이도록 하겠다는 입장이다. 22. 교정7

응징적 및 회복주의 패러다임의 비교

구분	응징적 패러다임	회복주의 패러다임
초점	법의 위반	인간관계의 위반
내용	응징적	복구적
방식	강제적	협조적
주체	정부, 범죄자	(정부), 지역사회, 가해자, 피해자, 가족 12. 교정9
장소	시설 내	사회 내
시기	사후 대응적	사전 예방적
관심	적법절차의 준수	참여자의 만족을 극대화
역점	공식적 절차를 통한 개인의 권리를 보호	비공식적 절차를 통한 범죄자의 책임감 강조와 집단적 갈등의 해결

2. 목표

(1) 가해자의 처벌만이 능사가 아니라, 피해자의 피해회복을 통하여 사회적 화합을 성취하는 것이 중요하다(범죄예방 및 통제에서 비처벌적 방식을 주장). 15. 교정7☆

(2) 가해자에게 사회복귀의 기회와 가능성을 열어주고 재범을 방지하며, 낙인의 부정적 효과를 감소시킨다. 12. 보호7☆

(3) 가해자와 피해자의 재활을 지원하여 범죄를 방지할 수 있는 지역사회를 건설한다. 12. 교정9

(4) 형사사법체계의 운용 및 절차지연으로 인한 사회적·경제적 비용을 절감한다.

(5) 회복적 사법은 과거의 응징적·강제적·사후대응적 사법제도에 대한 반성에서 출발하여 범죄를 인간관계의 침해로 보아(범죄를 개인 간의 갈등으로 인식), 범죄자가 생산적이고 책임감 있는 시민이 되도록 능력개발이 이루어져야 한다는 목표를 지향한다. 15. 교정7

3. 유형 15. 교정7

내부 프로그램	형사사법제도 안에서 행해지는 경우(명문규정 有) 예 피해자와 가해자의 조정제도
외부 프로그램	형사사법제도 밖에서 행해지는 경우(명문규정 無) 예 지역공동체와 가족그룹 간의 협의, 원탁양형, 평화조성 서클, 회복적 보호관찰, 지역사회위원회 등

4. 현행법상 회복적 사법 관련 제도

(1) 형사조정제도

① 형사조정제도는 형사사건에 대해 형사절차를 거치지 않고 분쟁을 해결한다는 점에서 대안적 분쟁해결 프로그램이며 광의의 회복적 사법으로 볼 수 있다.

② 현행 「범죄피해자 보호법」에 형사조정에 관한 조문이 신설되었다(동법 제41조 이하).

(2) 화해권고제도

① 화해권고제도는 소년보호사건에서 활성화되어 있는 제도로, 법관이 전문적인 지식과 경험이 있는 사람을 화해권고위원으로 위촉하여 가해자에게 피해자의 피해를 배상하고 화해하도록 권고하는 대신 보호처벌을 완화할 수 있도록 하고 있다.

② 현행 「소년법」에서 화해권고제도를 규정하고 있다(동법 제25조의3).

🏛 **핵심 OX**

04 회복적 사법은 피해자가 입은 상처에 대해 진단하고 피해자의 욕구를 반영하는 접근이다. (O, ×)

05 회복적 사법은 공식적 형사사법체계가 가해자에게 부여하는 낙인효과를 줄일 수 있다. (O, ×)

04 ○
05 ○

(3) **회복적 경찰활동**

① 회복적 경찰활동은 지역사회에서 범죄·분쟁이 발생하였을 때 경찰이 범인을 검거·처벌함에 그치지 않고, 당사자의 동의를 전제로 가해자와 피해자 간 회복적 대화모임을 제공하여 상호 대화를 통해 근본적 문제해결 방안을 모색할 수 있도록 지원하는 활동이다(경찰수사규칙 제82조).

② 회복적 경찰활동은 지역경찰 또는 수사부서에서 피해회복·재발방지 등을 위해 상호 대화가 필요한 사건을 발굴하여 전담부서에 연계하면 전담부서와 전문기관에서 사안을 검토하여 회복적 대화모임 진행 여부를 결정한다.

(4) **배상명령제도와 형사소송 절차에서의 화해제도**

① 회복적 사법과 관련한 현행법상 제도 중 공판 절차와 관련된 제도는 「소송촉진 등에 관한 특례법」(소송촉진법)상의 배상명령신청제도(동법 제25조 제2항)와 형사소송에서의 화해제도(동법 제36조)가 있다.

② 소송촉진법상 배상명령신청제도와 형사소송에서의 화해제도는 형사사건에서 피고인과 피해자가 합의를 한 경우 합의 사실을 판결문 내지 조서에 기재하여 그 권리를 공적으로 인정해 주는 방식을 취하고 있다(확정판결과 같은 효력을 부여).

01 교화개선모형에 의하면 범죄자의 형기는 범죄행위에 대한 것이 아니라 범죄자를 교화개선시키는 데 요구되는 시간이 되어야 한다. 21. 교정7 ( )

02 의료모형(medical model)은 1920년대 말과 1930년대 초에 미국 교정국 등의 주도 하에 발전한 모델로 범죄 원인은 개인에게 있으므로 진단하고 치료할 수 있다고 본다. 22. 교정9 ( )

03 의료모델(Medical Model)은 치료를 통한 사회복귀를 목적으로 하는 것으로, 가석방제도를 중요시한다. 24. 교정9 ( )

04 적응모형(adjustment model)의 처우기법은 주로 지역사회에 기초한 사회복귀프로그램이다. 21. 교정7 ( )

05 적응모델(Adjustment Model)은 정의모델에 대한 비판·보완을 위해 등장한 것으로, 교정처우기법으로 현실요법과 교류분석을 중요시한다. 24. 교정9 ( )

정답

01 ○ 수용자처우모델(범죄자처우모형) 중 교화개선을 위한 교정(교화개선모형, '의료모델'·'개선모델'·'재통합모델')은 실증주의에 기초한 입장으로서, 일반적으로 범죄자의 형기는 범죄행위에 대한 것이 아니라(정기형 부정) 범죄자를 교화개선시키는 데 요구되는 시간이 되어야 한다(부정기형 인정)고 본다.

02 ○ 의료모형은 실증주의학파의 결정론적 관점에서 범죄자를 인격이나 사회화에 결함이 있는 환자로 보아 처벌보다는 치료(처우)의 대상으로 보는 입장이다.

03 ○ 의료모델은 범죄자를 인격이나 사회화에 결함이 있는 환자로 보아 처벌보다는 치료(처우)의 대상으로 보는 입장으로, 미국의 부정기형과 가석방제도의 이론적 기초가 되었다.

04 ✕ 교화개선모형 중 지역사회와의 유대관계를 중시하고 지역사회에 기초한 교정을 강조하는 입장은 '재통합모델'이다.

05 ✕ 적응모델(개선모델)은 '의료모델에 대한 비판'과 함께 등장한 것으로, 의료모형과 같이 범죄자를 환자로 보아 처우를 행해야 한다고 보지만, 의료모형과 달리 범죄자도 자신의 행위에 대해 책임을 질 수 있고 준법 여부에 대한 의사결정능력이 있는 자라고 본다. 이 모델은 교정처우기법으로는 현실요법, 교류분석, 집단지도상호작용, 환경요법, 요법처우공동체, 행동수정 등을 활용할 것을 주장한다.

06 재통합모형(reintegration model)에서는 처벌은 범죄자 문제를 해결하는 데 전혀 도움이 되지 않고, 오히려 범죄자의 부정적 관념을 강화시킬 수 있으므로 범죄자를 치료할 수 있는 치료 프로그램을 개발하고 적용하는 것이 필요하다고 본다. 22. 교정9 ( )

07 교화개선모형 중 재통합모델에 의하면 범죄자의 사회재통합을 위해서는 지역사회와의 의미 있는 접촉과 유대관계가 전제되어야 한다. 21. 교정7 ( )

08 재통합모델(Reintegration Model)은 사회도 범죄유발의 책임이 있으므로 지역사회에 기초한 교정을 강조한다. 24. 교정9 ( )

09 교화개선모형에 입각한 대부분의 처우 프로그램은 효과가 없다고 비판받는다. 21. 교정7 ( )

10 정의모델(Justice Model)은 범죄자의 법적 지위와 권리보장이라는 관점에서 처우의 문제에 접근하는 것으로, 형집행의 공정성과 법관의 재량권 제한을 강조한다. 24. 교정9 ( )

정답

06 ✕ 재통합모형은 구금의 부정적 요인을 최소화하면서 지역사회에 재적응할 수 있도록 하는 모델로서, 범죄자의 교화개선 외에 범죄를 유발하는 사회의 변화도 수반되어야 하며, 사회와 범죄자가 통합되어야 범죄문제는 해결될 수 있다고 보아, 지역사회와의 유대관계를 중시하고, 지역사회에 기초한 교정을 강조한다. 지문의 내용은 의료모형에 대한 설명이다.

07 ○ 교화개선모형 중 재통합모델에서는 범죄자의 교화개선 외에 범죄를 유발하는 사회의 변화도 수반되어야 하며, 사회와 범죄자가 통합되어야 범죄문제는 해결될 수 있다고 본다.

08 ○ 재통합모델은 범죄자의 교화개선 외에 범죄를 유발하는 사회의 변화도 수반되어야 하며, 사회와 범죄자가 통합되어야 범죄문제는 해결될 수 있다고 보아, 지역사회와의 유대관계를 중시하고, 지역사회에 기초한 교정을 강조한다.

09 ○ 교화개선모형에 따른 처우의 효과에 대한 비판으로, 이후 정의모델이 등장하는 계기가 되었다.

10 ○ 정의모델은 극단적인 개선 모델이나 의료 모델에 의해 야기되는 인권침해의 문제를 고려하고 응보의 측면을 강조하여 등장한 것으로서 범죄인의 법적 권리보장, 처우의 공정성 확보 및 사법정의의 실현에 중점을 두는 입장이다. 이 모델은 부정기형과 가석방제도를 폐지하고 정기형으로 복귀 및 선시제도의 채택, 법관의 재량권 제한, 미결구금일수의 형기산입, 수형자자치제의 확대, 옴부즈만제도의 채택, 교도소 처우의 공개 등을 주장한다.

03 교정의 연혁

1 교정학의 발전

교정학은 감옥학에서 시작되어 행형학, 교정처우론(교정교육학), 교정보호론(신응보론) 등의 명칭으로 발전해왔다. 14. 교정7

감옥학	1870년대 유럽을 중심으로 발전하여 수용시설 내의 질서와 권위에 의한 감옥의 관리를 중시하는 입장이다.
행형학	제1차 세계대전 이후 교육형주의를 기초로 감옥학을 수형자 중심으로 발전시킨 것으로서, 제도가 아닌 사람을 대상으로 하여 <u>범죄인에 대한 교육을 중시</u>한다(인간감옥학).
교정처우론 (교정교육학)	범죄자를 환자와 같이 보아 심신상의 문제점을 치료해야 한다는 개별처우론에 근거하여, 개별·집단치료요법을 시행하고 <u>교화개선·사회복귀</u>에 중점을 둔 입장이다.
교정보호론 (신응보론)	1970년대 중반 이후 개별처우에 대한 비판(비용부담의 증가, 특별예방효과에 대한 회의, 인권침해)이 제기되면서, 제지·억제이론에 근거한 응보형으로 복귀를 주장하고, <u>정의에 입각한 처벌과 범죄인의 법률적 보호</u>를 강조하는 입장이다.

2 교정의 역사

1 교정의 역사적 발전 19. 교정7☆

단계	시기	주요 내용
복수적 단계	원시~ 고대	① 탈리오법칙(Talio Law, 동해보복사상) ② 사형벌(私刑罰) 위주(형벌의 사유화) ③ 속죄형제도
위하적 단계	고대~ 18C	① 국가적 형벌관의 확립(형벌의 국가화) ② 일반예방에 입각한 심리강제, 위하를 위한 가혹하고 준엄한 형벌의 부과(죄형전단주의) ③ 행형제도의 낙후(비위생적 시설에 수용 등) ④ 카롤리나 형법전이 대표적

📖 선생님 TIP

교정의 역사적 발전
복/위/교/과/새(국)

🏛 핵심 OX

01 교정학은 감옥학에서 시작되어 행형학, 교정교육학, 교정보호론의 명칭으로 발전해왔다. (○, ×)

01 ○

교육적 개선 단계	18C 말~ 19C 중	① 죄형법정주의(형벌의 법률화) ② 응보·위하의 목적에서 교정·개선의 목적으로 변화 ③ 암스테르담 노역장(근로에 의한 교화개선 도모) ④ 수용제도의 발전(펜실베니아제, 오번제) ⑤ 누진제도 ⑥ 생명형·신체형 위주에서 자유형 위주로 전환
과학적 처우 단계	19C 말~ 20C 초	① 형벌의 개별화 ② 교육·개선을 통한 재사회화를 도모 ③ 과학적 분류심사를 통한 개별적 처우 가능
사회적 권리보장 단계	제2차 대전 후	① 재통합을 전제로 한 사회 내 처우 강조 　예 보호관찰, 가석방, 중간처우 등 ② 수형자의 권리보장을 위한 교정제도의 개선 ③ 국제적 협력단계 – 수용자의 인권향상 ④ UN 피구금자 처우 최저기준규칙

2 교정 관련 주요 국제회의

국제형법 및 형무회의(IPPC)	① 1872년부터 정부 간의 공적인 대표들로 구성·개최 ② 1950년에 'UN 범죄예방 및 범죄인처우회의'로 승계
UN 범죄예방 및 범죄인처우회의	① '국제형법 및 형무회의'를 계승 ② 정부단위의 국제협력체 ③ UN 사회방위국과 개최국 정부의 공동협력으로 개최 ④ 1955년 제1회 회의에서 'UN 피구금자 처우 최저기준규칙'을 결의
아·태 교정국장 회의(APCCA)	① 아시아·태평양지역 국가의 교정책임자들이 모여 교정활동을 비교· 연구함으로써 효율적인 교정정책을 강구하고 교정협력을 강화 ② 2005년에 우리나라에서 제25차 회의를 개최

3 「수용자 처우에 관한 UN최저기준규칙」

1. 연혁

(1) 1955년 스위스 제네바에서 개최된 제1회 UN 범죄예방 및 범죄인처우회의에서 'UN 피구금자 처우 최저기준규칙'이 채택된 이후, 오랫동안 개정작업이 진행되지 아니하다가 2012년부터 2015년까지 4회에 걸쳐 정부 간 전문가 회합을 개최하여 개정에 대한 논의가 행해졌다. UN 범죄예방 및 형사사법위원회는 2015년 5월 18일부터 22일까지 오스트리아 비엔나에서 개최된 제24차 회의에서 동 규칙에 대하여 합의를 하고, 같은 해 12월 17일 UN 총회에서 정식으로 채택하여 오랜 개정의 숙원사업을 달성하였다.

(2) 또한 규칙명을 「수용자 처우에 관한 UN최저기준규칙(United Nations Standard Minimum Rules for the Treatment of Prisoners)」*이라고 하고 인권과 평등, 민주주의, 평화를 위해 싸우며 27년간 수감생활을 한 남아프리카공화국의 전 대통령인 넬슨 만델라의 업적을 기리기 위하여 규칙의 부제를 '만델라 규칙(The Mandela Rules)'으로 명명한 전문가 단체의 권고를 승인하였다.

2. 주요 내용

서칙

제1조 본 규칙이 의도하는 바는 교정시설의 모범적 체계를 세세한 점까지 기술하고자 하는 것은 아니다. 이것은 오직 이 시대의 사조로서 일반적으로 합의된 바와 현재로서 가장 적합한 체계를 위한 필수적인 요소들을 기준으로 하여 일반적으로 수용자에 대한 처우와 교정시설의 운영에서 올바른 원칙과 관행으로서 받아들여지고 있는 것을 명백히 하고자 하는 것일 뿐*이다.

제3조 ① 본 규칙 제1부는 교도소 운영 일반을 다루며 법관이 명한 '보안처분' 또는 교정처분하에 있는 수용자를 포함하여 형사범이나 민사범, 미결수용자나 수형자 등 모든 범주의 '수용자'에게 적용될 수 있다.

제1부 통칙

제1조 모든 수용자는 인간의 존엄성과 가치에 입각하여 존중을 받아야 한다. 어떠한 수용자도 고문, 기타 잔인하거나 비인간적이거나 모욕적인 처우 또는 처벌을 받지 않도록 보호되어야 하고 어떠한 경우도 이를 정당화할 수 없다. 수용자와 직원, 용역 제공자, 방문자들의 안전과 보안은 항시 유지되어야 한다.

제2조 ① 본 규칙*은 공평하게 적용되어야 한다. 수용자의 인종, 피부색, 성별, 언어, 종교, 정치적 또는 그 밖의 견해, 국적, 사회적 신분, 재산, 출생 또는 그 밖의 지위에 의하여 차별이 있어서는 안 된다. 수용자의 종교적 신념과 도덕률은 존중되어야 한다.

제11조 상이한 종류의 수용자는 그 성별, 연령, 범죄경력, 구금의 법률적 사유 및 처우상의 필요를 고려하여 분리된 시설이나 또는 시설 내의 분리된 구역에 수용되어야 한다.

　가. 남자와 여자는 가능한 한 분리된 시설에 구금해야 한다. 남자와 여자를 함께 수용하는 시설에서는 여자용으로 사용되는 설비의 전체를 완전히 분리해야 한다.

　나. 미결수용자는 수형자와 분리하여 구금해야 한다.

　다. 채무로 인하여 수용된 자 및 그 밖의 민사범은 형사범과 분리하여 구금해야 한다.

　라. 소년은 성년과 분리하여 구금해야 한다.

제12조 ① 취침시설이 각 거실마다 설치되어 있을 경우, 개개의 수용자별로 야간에 독거실이 제공되어야 한다. 일시적인 과잉수용 등과 같은 특별한 이유로 중앙교정당국이 이 규정에 대한 예외를 둘 필요가 있을 때에도 독거실에 2명의 수용자를 수용하는 것은 바람직하지 못하다.

* 개정된 UN최저기준규칙은 형사사법의 인간화와 인권보호에 대한 UN의 지속적인 노력에 입각하여 1955년 이후 수용자 처우에 관련된 국제법의 점진적인 발전을 반영하였다. 한편, 수용자 처우와 관련된 UN의 각종 규칙과 소년사법과 여성 등 특수한 상황의 수용자에 대한 UN의 각종 성과에 입각하고, 유럽·미주·아프리카 등 수용자 처우에 관한 각 지역의 원칙과 기준을 반영하였다. 또한 수용자의 안전과 보안, 인도적 환경을 유지하면서 최근 교정학 분야의 진보를 반영하였다.

* 의무준수사항이 아닌 권고사항에 불과하다는 의미로 해석된다(서칙 제1조).

* 형집행법과 달리 UN최저기준규칙에서는 공평한 처우와 관련하여 '합리적 이유'의 유무가 규정되어 있지 않다(제2조 제1항).

② 혼거실이 사용되는 때에는 그 환경에서 서로 사이좋게 지낼 수 있는 수용자를 신중하게 선정하여 수용하여야 한다. 이때에는 시설의 성격에 맞추어 야간에 정기적인 감독이 수행되어야 한다.

제15조 위생설비는 모든 수용자가 청결하고 단정하게 생리적 욕구를 해소하기에 적합해야 한다.

제16조 적당한 목욕 및 샤워설비를 마련하여 모든 수용자가 계절과 지역에 따라 일반 위생상 필요한 만큼 자주 기후에 알맞은 온도로 목욕하거나 샤워할 수 있게 하며, 수용자에게 그렇게 할 의무가 부과될 수 있다. 다만, 온대기후의 경우 그 횟수는 적어도 매주 1회 이상이어야 한다.

제18조 ① 수용자에게는 신체를 청결히 유지할 의무를 부과하여야 하고, 이를 위하여 건강 및 청결 유지에 필요한 만큼의 물과 세면용품이 지급되어야 한다. 12. 교정7

제19조 ③ 예외적인 상황에서 수용자가 정당하게 인정된 목적을 위하여 시설 밖으로 나갈 때에는 언제나 자신의 사복 또는 너무 눈에 띄지 아니하는 의복을 입도록 허용되어야 한다.

제22조 ② 음료수는 모든 수용자가 필요로 할 때 언제나 제공되어야 한다.

제23조 ① 실외작업을 하지 아니하는 모든 수용자는 날씨가 허락하는 한 매일 적어도 1시간의 적당한 실외운동을 하도록 해야 한다. 12. 교정7
② 소년수용자 및 적당한 연령과 체격을 가진 그 밖의 수용자에게는 운동시간 중에 체육 및 오락훈련을 받도록 해야 한다. 이 목적을 위하여 필요한 공간, 설비 및 장비가 제공되어야 한다.

제24조 ① 국가는 수용자의 보건의료를 책임져야 한다. 수용자는 지역사회에서 제공하는 것과 동일한 수준의 보건의료 혜택을 누릴 권리가 있으며 법적 신분으로 인한 차별을 받지 않고 필요한 보건의료 서비스를 무상으로 이용할 수 있어야 한다.

제25조 ① 모든 구금시설에서는 수용자의 육체적 또는 정신적 건강을 진단 · 증진 · 유지할 수 있도록 보건의료 관련 조치가 마련되어 있어야 하고 특별한 주의를 요구하거나 건강상 문제가 있는 수용자에게 각별한 주의를 기울여야 한다.
② 보건의료 서비스는 충분한 자격을 갖춘 의료전문가와 심리학과 정신과학 분야의 전문성을 갖춘 인력으로 구성된 팀에 의해 이루어져야 한다. 자격을 갖춘 치과의사의 의료서비스도 모든 수용자들에게 제공되어야 한다. 12. 교정7

제27조 ① 모든 수용자는 응급상황발생 시 즉시 의료지원을 받을 권리가 있다. 특수한 치료 또는 수술을 요하는 수용자의 경우 해당 의료시설이나 민간 병원으로 이송되어야 한다. 의료시설을 갖춘 구금시설의 경우 해당 의료시설은 원활한 치료와 업무를 진행할 수 있도록 적정한 인력과 장비를 갖춰야 한다.
② 의료와 관련된 결정은 권한이 있는 보건의료 전문가가 내려야 하며 의료분야에 종사하지 않는 구금시설의 직원은 그 결정을 거부하거나 간과해서는 안 된다.

제28조 여자교도소에서는 산전 및 산후의 모든 간호 및 처치를 위하여 필요한 특별한 설비가 갖추어져 있어야 한다. 가능한 경우에는 항상 시설 밖의 병원에서 분만할 수 있도록 조치를 강구해야 한다. 아이가 시설 내에서 태어난 경우 그 사실을 출생증명서에 기재해서는 안 된다.

제29조 ① 수용자의 자녀를 구금시설 내에서 수용자와 함께 생활하는 것에 대한 판단을 내릴 때에는 해당 자녀의 이익을 최우선적으로 고려해야 한다. 다음의 경우에 한하여 수용자의 자녀를 구금시설 내에서 생활하는 것을 허용한다.

　가. 수용자가 자녀를 돌보지 못할 때 적정 인력을 갖춘 내부 또는 외부 보육시설에 자녀를 위탁할 수 있는 경우

　나. 전문가가 입소에 대한 건강검진 및 자녀의 발육에 대한 지속적인 모니터링을 포함한 어린이의 특별한 보건의료 서비스를 제공할 수 있는 경우

　② 구금시설에서 생활하는 수용자의 자녀는 어떠한 경우에도 수용자로 처우해서는 안 된다.

제31조 의사 또는 자격을 갖춘 보건의료 전문가는 질환을 앓고 있거나 육체적 또는 정신적 문제를 호소하거나 각별한 주의를 요하는 모든 수용자를 매일 확인해야 하고 모든 의료검사에 대해 철저한 보안을 유지해야 한다.

제36조 규율 및 기타 규범은 안전과 질서를 유지하기 위하여 필요한 한도를 넘지 않는 범위 내에서 유지되어야 한다.* 13. 경채

제37조 다음 각 호는 항상 법률 또는 권한 있는 행정관청의 규칙으로 정해야 한다.

　가. 규율 위반을 구성하는 행위

　나. 부과할 처벌의 종류 및 그 기간

　다. 처벌을 부과할 권한이 있는 기관

　라. 독방수용, 격리, 분리, 특수 관리시설, 구속시설 등과 같이 규율적 처벌 또는 질서 및 보안 유지를 위해 다른 수용자들로부터 강제적으로 분리 수용하는 행위로 이에 대한 정책 및 검토사항을 적용하는 경우 등을 포함함

제39조 ① 수용자는 제37조에 명시된 법규와 공정성과 합당한 절차에 입각하여 처벌을 받아야 한다. 수용자는 동일한 규율 위반에 대하여 이중으로 처벌받아서는 안 된다. 13. 경채

제40조 ① 어떠한 수용자라도 교도소의 업무를 부여받거나 규율권한이 부여되어서는 안 된다. 13. 경채

　② 그러나 본 규칙은 특정한 사회적 교육 또는 스포츠 활동이나 책임을 직원의 감독하에 처우 목적을 위하여 그룹으로 분류된 수용자 자치제도의 적절한 활용을 배제하지 아니한다. 13. 경채

제41조 ① 규율 위반에 대한 모든 혐의는 관련 기관에 즉시 보고되어야 하고 이를 보고 받은 기관은 즉시 이에 대한 조사를 실시해야 한다.

　② 수용자는 수용자가 이해할 수 있는 언어로 자신에 대한 혐의사실에 대하여 통고를 받고 자신을 변호할 수 있는 적당한 시간과 시설을 제공받아야 한다. 13. 경채

　④ 수용자는 자신에게 부과된 처벌에 대하여 사법심사를 요구할 기회를 가져야 한다.

제43조 ① 구속 또는 규율 위반에 대한 처벌은 어떠한 경우에도 고문 또는 기타 잔인하거나 비인간적이거나 모욕적인 처우 또는 처벌로 대체되어서는 안 되며 다음과 같은 행위는 금지되어야 한다. 13. 경채

　가. 무기한 독거실에 수용하는 행위

　나. 장기간 독거실에 수용하는 행위

　다. 어둡거나 지속해서 밝혀져 있는 공간에 수용하는 행위

* 교정시설의 규율 및 질서에 관한 '비례성'의 원칙을 규정하고 있다(제36조).

🏛 핵심OX

03 「수용자 처우에 관한 UN최저기준규칙」상 규율 및 질서는 엄정히 유지되어야 하나, 구금의 안전과 질서를 위하여 필요한 한도를 넘어서는 안 된다. (○, ×)

04 「수용자 처우에 관한 UN최저기준규칙」상 피구금자는 동일한 규율 위반에 대해 이중으로 징벌받지 아니한다. (○, ×)

05 「수용자 처우에 관한 UN최저기준규칙」상 징벌대상인 피구금자는 항변할 적절한 기회를 부여받지 아니하고는 징벌을 받아서는 아니 된다. (○, ×)

03 ○
04 ○
05 ○

라. 체벌 또는 식사나 식수의 공급을 제한하는 행위

마. 집단 처벌하는 행위

② 규율 위반에 대한 처벌로 결박장치를 사용해서는 안 된다.

③ 규율 위반에 대한 처벌 또는 구속조치로 가족과의 연락을 금지해서는 안 된다. 가족과의 연락을 금지하는 행위는 제한된 시간에 한하여 보안 또는 질서의 유지를 위한 경우에만 허용된다.

제44조 본 규칙에서 일반적인 독거수용이라 함은 타인과의 접촉이 없이 수용자를 22시간 또는 하루 이상 수용하는 것을 의미하고 장기 독거수용이라 함은 15일을 초과하여 연속으로 수용자를 독거실에 수용하는 것을 의미한다.

제46조 ① 보건의료 담당자는 규율 위반에 대한 처벌 또는 구속조치를 부과할 수 없다. 그러나 보건의료 담당자는 매일 강제적으로 분리 수용된 수용자를 방문하고 수용자 또는 직원의 요청에 따라 의료지원을 제공하는 등 수용자의 건강상태에 각별한 주의를 기울여야 한다.

② 규율 위반에 대한 처벌이나 구속조치가 수용자의 육체적 또는 정신적 건강상태에 부정적인 영향을 미치는 경우 보건의료 담당자는 이를 즉시 교도소장에게 보고하고 처벌조치의 중단이나 조정에 대하여 의견을 제시해야 한다.

제47조 ① 본질적으로 악화 또는 고통을 주는 사슬, 발목수갑 또는 보호장비의 사용은 금지되어야 한다.

② 그 밖의 보호장비는 다음 각 호의 경우를 제외하고는 사용되어서는 안 된다.

가. 호송 중 도주에 대한 예방책으로 사용되는 때. 다만, 사법 또는 행정당국에 출석할 때에는 보호장비를 해제해야 한다.

나. 수용자가 자기 또는 다른 사람에게 침해를 가하거나 재산에 손해를 주는 것을 다른 수단으로써는 방지할 수 없어서 소장이 명령하는 때. 이때에는 소장은 지체 없이 의사 또는 다른 자격이 있는 보건의료 전문가에게 주의를 환기시키고 상급 행정관청에 보고해야 한다.

제52조 ① 알몸수색과 체강검사와 같이 불편함을 유발할 수 있는 검사는 꼭 필요한 경우에 한하여 실시되어야 한다. 교정당국은 이러한 검사를 대체할 수 있는 수단을 강구해야 하며 이러한 검사를 실시할 때에는 단독으로 교육을 받은 동성의 교도관이 실시해야 한다.

제54조 모든 수용자에게는 입소 즉시 다음과 같은 정보가 서면으로 제공되어야 한다.

가. 구금시설에 대한 관련 법규

나. 정보 검색, 법률구조를 통한 법률자문을 받을 권리 등 수용자의 권리와 불복 또는 요구절차

다. 수용자의 의무사항과 규율 위반에 대한 처벌

라. 구금시설에서의 생활에 적응하는 데 필요한 기타 모든 사항

제55조 ② 수용자가 문맹인 경우 해당 정보를 구두로 제공해야 한다. 만일 수용자가 감각장애를 가지고 있는 경우 가능한 방식으로 해당 정보를 전달해야 한다.

③ 교정당국은 해당 정보의 개요를 구금시설 내의 공용지역에 비치해야 한다.

제56조 ① 모든 수용자에게는 매일 교도소장 또는 그를 대리할 권한을 가진 교정직원에게 청원 또는 불복신청을 할 기회가 주어져야 한다.

② 수용자는 자신에 대한 조사 중에 조사관에게 청원 또는 불복신청을 할 수 있어야 한다. 수용자에게는 소장 또는 그 밖의 직원의 참여 없이 담당조사관 또는 다른 조사관에게 말할 기회가 주어져야 한다.

③ 모든 수용자는 내용의 검열을 받지 아니하고 적합한 형식에 맞추어 허가된 경로에 따라 검토 또는 구제 권한을 부여받은 사람을 포함하여 중앙교정당국, 사법기관 또는 그 밖의 권한이 있는 기관에 청원하거나 불복신청을 하도록 허용되어야 한다.

제57조 ① 모든 요구 또는 불복은 즉시 처리되고 회답되어야 한다. 만일 요구 또는 불복이 거부되거나 부당하게 지체되는 경우에는 이를 제기한 수용자는 사법기관 또는 관련 기관에 이를 회부할 수 있다.

② 수용자들이 요구 또는 불복을 안전하게 제기하고 기밀이 유지될 수 있도록 보안장치가 마련되어 있어야 한다. 수용자 또는 제56조 제4항에 명시된 자(→ 수용자의 법률자문가, 수용자의 가족, 사건에 대한 지식이 있는 제3자)는 요구 또는 불복을 제기하였다는 이유로 위협 또는 불이익을 당하거나 보복의 위험에 노출되지 않아야 한다.

제59조 수용자는 가능하면 가정이나 사회적 재활 지역과 근접한 곳에 수용되어야 한다.

제61조 ① 수용자는 자신이 선택한 법률자문가 또는 법률구조 제공자와 접견, 소통, 상담할 수 있는 적절한 기회와 시간, 장소가 지체 없이 주어져야 하며 자국의 법규에 따라 검열 또는 차단을 받지 않고 기밀이 유지되어야 한다. 법률상담 진행 시 교정직원의 감시는 허용되나 감청은 불가능하다.

제81조 ① 남녀 수용자를 함께 수용하고 있는 시설에서는 여성 전용구역에 여자 책임자를 두고 해당 구역의 모든 열쇠를 관리하도록 해야 한다.

② 남자 직원은 여자 직원의 동반 없이 여성 전용구역에 출입할 수 없다.

③ 여자 직원만이 여성 수용자를 관리해야 한다. 그러나 남자 직원, 특히 의사와 교사가 교정시설이나 여성 전용구역에서 직무를 수행하는 것을 제한하지 않는다. 14. 교정7☆

제82조 ③ 직무상 수용자와 직접 접촉하는 교정시설의 직원들은 특별한 경우를 제외하고 무기를 소지해서는 안 된다. 더구나 무기의 사용에 관한 훈련을 받지 아니한 직원에게는 어떠한 상황에서도 무기를 지급해서는 안 된다.

제2부 특별한 범주에 적용되는 규칙

제89조 ① 이들 원칙들을 집행하는 데 있어서는 처우의 개별화와 이 목적을 위하여 수형자를 그룹으로 분류*하는 신축성 있는 제도가 필요하다. 그러므로 이들 그룹은 각각의 처우에 적합한 개별 교도소에 구분하여 수용되는 것이 바람직하다.

② 교도소가 모든 그룹에 대하여 동일한 정도의 보안조치를 할 필요는 없다. 상이한 그룹의 필요에 맞추어 다양한 수준의 보안조치를 취하는 것이 바람직하다. 개방교도소는 도주에 대한 물리적 보안조치 없이 수형자의 자율을 신뢰하는 바로 그 사실에 의하여, 신중하게 선발된 수형자의 사회복귀에 가장 유익한 상황을 제공한다.

③ 폐쇄교도소에서 수형자의 수는 개별처우가 방해받을 정도로 많지 않은 것이 바람직하다. 몇몇 나라에서는 이들 교도소의 수용인원이 500명을 넘지 않아야 하는 것으로 생각되고 있다. 개방교도소의 수용인원은 가능한 한 적어야 한다. 07. 경채

*개별처우의 원칙과 분류제도를 규정하고 있다(제89조 제1항).

🏛️ **핵심OX**

07 「수용자 처우에 관한 유엔최저기준규칙」에서는 여자피구금자는 여자직원에 의해서만 보호되고 감독되도록 하고 있으나, 남자직원 특히 의사 및 교사가 여자시설에서 직무를 행할 수 있도록 하고 있다. (○, ×)

08 UN최저기준규칙은 구금시설의 피수용자 인원은 500명을 초과하지 아니할 것을 권고하고 있다. (○, ×)

07 ○
08 ○

제93조 ② 상이한 그룹의 수형자의 처우에는 가능한 한 다른 교도소 또는 교도소의 다른 구역이 사용되어야 한다.

제95조 수형자의 그룹과 처우방법에 따라 각각 적합한 특전제도를 모든 교도소에 마련하여 수형자들에게 선행을 장려하고 책임감을 향상시키며 처우에 관한 그들의 관심과 협조를 불러일으키도록 해야 한다.

제97조 ① 교도작업은 성질상 고통을 주는 것이어서는 안 된다.

제100조 ① 시설의 공장 및 농장은 가능한 한 교정당국에 의하여 직접 운영되어야 하고* 개인 계약자에 의하여 운영되어서는 안 된다.

제101조 ② 직업병을 포함하여 산업재해로부터 수형자들을 보호하기 위한 규정이 마련되어야 하며, 이 규정은 법률에 의하여 자유노동자에게 인정되는 조건보다 불리한 것이어서는 안 된다.

제102조 ① 수형자의 하루 및 주당 최대 작업시간은 자유노동자의 고용에 관한 해당 지역의 기준과 관습을 참작하여 법률 또는 행정규칙으로 정해야 한다.

제103조 ① 수형자의 작업에 대한 공정한 보수제도*가 있어야 한다(→ 작업수입은 국고수입으로 한다는 규정은 없음).

제109조 ① 범죄의 위험이 없다고 판명되거나 심각한 정신장애 또는 정신질환을 진단받은 자로서 교정시설에서 생활하는 것이 상태를 악화시키는 경우 가능한 조속히 해당 수용자를 정신보건시설로 이송하는 조치를 취해야 한다.
② 정신장애 또는 정신질환을 가진 수용자들은 필요시 자격을 가진 보건의료 전문가의 감독하에 특수시설에서 관찰 및 치료를 받아야 한다.
③ 기타 정신병 치료를 필요로 하는 모든 수용자들에게는 해당 치료가 제공되어야 한다.

제111조 ② 유죄판결을 받지 아니한 수용자는 무죄로 추정*되고, 무죄인 자로서 처우되어야 한다.

제112조 ① 미결수용자는 수형자와 분리 수용되어야 한다. 12. 교정7
② 소년 미결수용자는 성인과 분리되며 원칙적으로 다른 시설에 구금되어야 한다.

제115조 미결수용자에게는 청결하고 적당한 사복을 입도록 허용되어야 한다. 미결수용자가 수용자복을 입는 경우에는 그 수용자복은 수형자에게 지급하는 것과는 다른 것이어야 한다.

제116조 미결수용자에게는 항상 작업의 기회가 주어져야 하나 작업의 의무가 부과되어서는 안 된다. 미결수용자가 작업을 선택한 경우 보수가 지급되어야 한다.

제120조 ① 미결수용자의 변호를 위한 법률자문가 또는 법률구조 제공자에 대한 권리와 지원 방식은 제61조에 명시된 원칙에 입각하여 결정되어야 한다.
② 미결수용자는 자신의 변호를 준비하기 위해 필기도구를 제공받을 것을 요청할 수 있으며 자신의 법률자문가 또는 법률구조 제공자에게 기밀로 요구사항을 전달할 수 있어야 한다.

01 복수적 단계에서는 일반예방에 입각한 심리강제와 가혹하고 준엄한 형벌부과를 강조하였다. 19. 교정7 　　(　)

02 과학적 처우 단계에서는 실증적인 범죄분석과 범죄자에 대한 개별적 처우를 실시하였다. 19. 교정7 　　(　)

03 사회적 권리보장 단계에서는 인간다운 삶의 권리, 법률구조, 종교의 자유 등 헌법상 보장된 기본적 인권을 수형자들에게도 폭넓게 인정하였다. 19. 교정7 　　(　)

04 위하적 단계에서는 공리주의의 영향을 받았으며, 국가형벌권의 행사에 있어서도 박애주의 사상이 도입되었다.
19. 교정7 　　(　)

05 「수용자 처우에 관한 유엔최저기준규칙」에서는 여자피구금자는 여자직원에 의해서만 보호되고 감독되도록 하고 있으나, 남자직원 특히 의사 및 교사가 여자시설에서 직무를 행할 수 있도록 하고 있다. 14. 교정7 　　(　)

정답

01 ✕ '위하적 단계'에 대한 설명이다.

02 ○ 과학적 처우 단계에서는 실증주의의 영향을 받아 형벌의 개별화를 추구하고, 재사회화를 도모하며, 과학적 분류심사를 통한 개별처우가 가능하게 되었다.

03 ○ 사회적 권리보장 단계에서는 수형자의 권리보장을 위한 교정제도의 개선을 추구하여, 수용자의 인권이 향상되었다.

04 ✕ '교육적 개선 단계'에 대한 설명이다.

05 ○ 「수용자 처우에 관한 유엔최저기준규칙」 제81조 제3항

04 우리나라의 교정사

1 조선시대 이전의 행형

1 고대의 행형

고조선	① 복수적 관념에 입각한 응보형이 주류(8조법금) ② 속죄형제도, 형벌노비제도가 존재
부여	① 응보주의에 입각하여 준엄한 형벌을 부과 ② 살인자 및 간음·투기를 한 부녀자는 사형 ③ 절도범은 12배로 배상(1책12법) ④ 구금시설인 원형옥(圓形獄)이 존재 20. 승진
삼한	소도(蘇塗)라는 치외법권 지역이 존재

2 삼국시대의 행형

(1) 응보형주의에 기초를 두고 있었으나, 형벌의 종류가 다양해지고 감옥제도가 정비되는 등 국가 공권력이 체계를 갖추게 되었다.

(2) 삼국시대의 감옥은 영어(囹圄)·뇌옥(牢獄)·형옥(刑獄)·수옥(囚獄) 등으로 불렀다.

(3) 주요 내용

고구려	① 형벌제도는 부여와 유사(예 1책12법 등) 12. 교정7 ② 범죄자는 제가평의회 결의로 즉결처분
백제	① 사형의 경우에는 복심(覆審)하고 왕의 재가를 얻어 집행(복심제도) ② 조정좌평(행형관장기구)
신라	행형에 있어 고유한 관습과 중국식 율령을 적절히 혼용

3 고려시대의 행형

(1) 응보 위주의 형벌에서 종교적인 인애사상이 가미된 정형주의를 확립하였다.

(2) 죄수의 구금업무를 전담하는 중앙관서로서 행형기관인 전옥서를 설치하였다.

(3) 전옥서만으로는 수용능력이 부족하여 임시수용시설을 설치하였는데, 이를 가옥(假獄)이라 한다.

(4) 형벌의 종류에는 태형·장형·도형·유형·사형이 있었다.

(5) 사형의 경우에는 삼복제를 실시하였다.

(6) 형 집행 중에 상(喪)을 당하거나 임부인 경우에는 일시 석방하는 제도가 있었다 (휼형제도).

(7) 일정범위 내에서 돈을 내고 형벌을 대신하는 속전(贖錢)제도가 있었다(속동 제도). 22. 교정7☆

2 조선시대의 행형

1 특징

(1) 유교적 인본주의의 색채를 반영하여 형 집행에 신중을 기하였고, 죄수를 보호 하는 휼수(恤囚)의 규정을 두었다.

(2) 사형의 경우에는 3회에 걸쳐 심사하고 왕의 재결을 받아 집행하는 삼복제를 시행하였다.

(3) 관찰사는 유형 이하, 수령은 장형 이하만 처리하도록 하여 형의 남용을 방지 하였다.

(4) 일정한 사유가 있는 경우에는 사형 · 유형 · 도형 · 장형 · 태형 대신 속죄금을 받을 수 있도록 하는 규정이 있었다(속전제도). 22. 교정7

2 주요 행형관장기관

장금사	감옥과 범죄수사를 담당
상복사	사형죄에 해당하는 중죄인의 복심(재심사)을 담당
전옥서	죄수의 구금을 담당
의금부	왕명에 의한 특수범죄를 담당
남간(南間)	사형수를 수용하는 시설

3 형벌제도 16. 교정7☆

1. 태형(笞刑)

(1) 10~50대까지 5등급으로 나누어 작은 회초리로 둔부를 치는 형벌이다. 20. 승진☆

(2) 70세 이상의 노인, 15세 이하의 어린이, 폐질환자, 임신부의 경우에는 속전 (贖錢)으로 대신하였다.

(3) 조선 말기 장형이 폐지된 후에도 존속되다가 1920년에 폐지되었다.

2. 장형(杖刑)

(1) 60~100대까지 5등급으로 나누어 큰 회초리로 둔부를 치는 형벌이다(곤장).

(2) 대체로 도형과 유형에 병과하였으며, 남형(濫刑)의 폐해가 가장 많았다.

(3) 70세 이상의 노인, 15세 이하의 어린이, 폐질환자, 임신부의 경우에는 속전(贖錢)으로 대신하였다.

(4) 갑오개혁 이후 행형제도의 개혁으로 1895년에 폐지되었다. 18. 교정7

3. 도형(徒刑)

(1) 범죄자를 관아에 구금하여 노역에 종사하게 하는 형벌이다(오늘날 유기징역과 유사).

(2) 장형이 병과되었고, 단기 1년에서 장기 3년까지 5종류로 구분하였다. 24. 교정9☆

(3) 도형 대신 군역에 복무하는 충군(充軍)으로 대신할 수 있었다.

4. 유형(流刑)

(1) 중죄인의 경우에 사형 대신 귀양(유배)을 보내는 형벌이다(오늘날 무기금고와 유사). 18. 교정7☆

(2) 장형이 병과되었고, 2000리 · 2500리 · 3000리의 3종류로 구분하였다.

(3) 대상자의 신분에 따라 유형의 종류는 다음과 같이 구분되었다.

중도부처		관원 · 유생에 대하여 일정지역을 지정하여 유거하게 하는 유형 19. 승진
안치 19. 승진☆		왕족 · 고위관리에게만 적용되어, 행동의 제약이 가장 많은 유형(외부 출입 금지)
	본향안치	죄인을 그의 고향에 유배시키는 유형(은전적 성격)
	절도안치	죄인을 외딴 섬에 격리시키는 유형
	위리안치	죄인의 집 주위에 가시나무 울타리를 치고 연금하는 유형 (거주지 제한, 외부인의 출입 금지)
	천극안치	위리안치된 죄인이 기거하는 방 둘레에 가시나무를 둘러친 유형
천사		일반 상민에 대하여 조선 초 북변개척을 위한 이민정책의 일환으로 죄인과 그의 가족을 강제이주시키고, 이주 후에는 일반 양민과 동등한 생활을 하도록 하는 유형 19. 승진

(4) 유배지에 가족을 동반할 수 있었고(위리안치는 제외), 유배자에 대한 계호 및 처우는 유배지의 지방관(수령)이 담당하였다. 20. 승진☆

5. 사형(死刑)

(1) 상복사(詳覆司)에서 전담하였고, 삼복제(三覆制)가 시행되었다.

(2) 교형 · 참형 · 능지처참 · 부관참시 · 사사(賜死)의 방법으로 집행되었다.

6. 부가형

기본형(5형)에 부가하여 행해진 형벌로서 자자형(刺字刑, 경면·삽루), 노비몰입, 재산몰수, 피해배상, 윤형(관리·승려의 신분 박탈), 금고(관리가 되는 자격을 정지·박탈) 등이 있었다. 19. 승진☆

4 기타 주요 내용

1. 법외의 형벌

(1) 조선시대는 **공형벌주의를 원칙**으로 하였으나, **예외적으로 사형벌이 시행**되었다.

(2) 주뢰(양 다리를 결박하여 주리를 틈), 압슬(무릎 위를 압력으로 고문), 낙형(불에 달군 쇠로 낙인), 난장(여러 명이 장으로 난타), 의비(코를 베어버림), 월형(아킬레스건을 절단), 비공입회수(코에 잿물을 주입), 팽형(삶아 죽임), 고족(발을 쪼개버림) 등이 있다.

2. 감옥제도

(1) 고려의 제도를 계승하여 형조에 소속되어 죄인의 구금을 담당하는 관서로서 전옥서가 있었다.

(2) 남옥과 여옥을 분리하였고, 법전에 구금기관과 구금요건을 상세히 규정하여 구금에 신중을 기하고 인권을 보호하고자 하였다.

3. 형구(옥구)

(1) 오늘날의 보호장비에 해당하는 것으로 태·장·신장·가·유·철색·요 등이 있다.

(2) 흠휼전칙에 사용방법·절차·규격 등을 상세히 규정하였다.

4. 휼형제도(휼수제도) 13. 교정7

범죄인에 대한 형사사법절차를 엄중하고 공정하게 진행하되, 처리를 신중하게 하고 범죄인을 불쌍히 여겨 보살피고 보호하는 제도이다. 24. 교정9

감강종경	형을 감하고 낮추는 것(사형 → 유형, 유형 → 도형, 도형 → 장형)으로서, 오늘날의 감형과 유사하다. 24. 교정9
보방제도	구금 중인 죄수의 건강이 좋지 않거나 친상을 당한 때에 일시 석방하여 불구속 상태로 재판을 받게 하거나 상을 치르고 난 후에 다시 구금하는 제도로서, 오늘날의 구속집행정지, 형집행정지, 귀휴제도와 유사하다. 24. 교정9
직수아문	남형을 방지하고 인권을 보호하는 취지에서 인신구속기관을 경국대전 등에 특별히 규정하였다. 이에 따라 형조, 병조, 한성부, 사헌부, 승정원, 장례원, 종부시, 관찰사, 지방수령, 비변사, 포도청 등이 인신구속기관으로 규정되었다. 24. 교정9

3 근대의 행형

1 감오개혁(1894년) 이후의 행형

(1) 재판소 구성법의 제정으로 행정권과 사법권(2심제)의 독립이 이루어졌다.

(2) 감옥규칙이 제정되어 미결감과 기결감을 분리, 판사와 검사의 감옥순시(시찰), 재감자의 준수사항 등을 규정하였다. 17. 교정7

(3) 분류 · 누진처우의 일종인 징역표가 제정되었다. 22. 교정7☆

(4) 징역처단례를 제정하여 장형을 폐지하고, 유형 · 도형을 징역형으로 변경하였다(예외적으로 국사범에 대해서는 유형을 존치). 24. 교정9

(5) 전옥서가 경무청 감옥서로 변경되어 감옥사무가 일원화되었다. 22. 교정7

(6) 징역형 중심의 근대적 자유형제도를 확립하였다. 12. 교정7☆

(7) 1908년 사형수를 제외한 모든 수형자를 대상으로 조건 없는 가석방제도를 실시하였다.

2 일제강점기의 행형

(1) 조선감옥령에 의해 태형제도(1920년에 폐지) · 예방구금 등을 인정하여 민족차별적이고 응보적인 행형을 시행하였다.

(2) 1923년에 감옥서를 개편하여 형무소로 변경하였다. 12. 경채

(3) 1917년에 간수교습규정의 제정으로 교도관학교를 설치 · 운영할 근거를 마련하였다. 22. 교정7

3 미군정시대의 행형

조선감옥령을 의용하였으나, 미국 교정의 교화이념을 도입하여 수형자의 인권을 보호하고 처우를 개선하려는 노력을 하였다.

우량수형자석방령	선행을 유지하면서 특정 작업에 종사하게 되면 석방시기가 단축되는 제도(선시제도, Good Time System) 18. 교정7☆
수용자석방 청원제도	공소제기가 되지 않고 구속 중인 피의자나 피고인이 확실한 증거 없이 30일 이상 수용된 경우에 석방이 가능하도록 하는 제도

> **참고**
>
> **구금시설의 명칭의 변천** 13. 경채
> 영어 · 뇌옥 · 형옥 · 수옥(삼국시대)
> ⇨ 전옥서(고려 · 조선시대)
> ⇨ 감옥서(감오개혁 이후)
> ⇨ 형무소(1923년 이후)
> ⇨ 교도소(1961년 이후) 18. 교정7

4 현대의 교정행정

1 행형법의 제정과 개정

(1) 1950년 행형법을 제정하고 이후 8차에 걸쳐 개정하였다. 17. 교정7

(2) 2007년 제9차 개정에서 「형의 집행 및 수용자의 처우에 관한 법률」로 명칭을 변경하고 전면 개정하였다.

우리나라의 교정행정 17. 교정7

1. 1991년 지방교정청을 신설하였다.
2. 2007년 교정국을 교정본부로 확대 개편하였다.

2 「형의 집행 및 수용자의 처우에 관한 법률」의 주요 내용

1. 개정이유

(1) 수형자 · 미결수용자 등 교정시설 수용자에 대한 차별 금지사유의 확대, 여성 · 노인 · 장애인 수용자에 대한 배려, 미결수용자에 대한 처우 개선, 서신(편지)검열의 원칙적인 폐지 등으로 수용자의 기본적인 인권 및 외부 교통권이 보호될 수 있도록 하기 위함이다.

(2) 수용자별 처우계획의 수립, 수용장비의 과학화, 보호장비의 개선, 징벌 종류의 다양화 등으로 수용관리의 효율과 수용자의 사회적응력을 높이기 위함이다.

(3) 그 밖에 청원제도 등 현행 제도의 미비점을 개선하여 수용자의 인권 신장과 수용관리의 과학화 · 효율화 및 교정행정의 선진화를 이루려는 것이다.

2. 주요 내용

(1) **차별 금지사유의 확대(법 제5조)**

장애, 나이, 출신지역, 출신민족, 신체조건, 병력, 혼인 여부, 정치적 의견 및 성적 지향 등을 차별 금지사유로 추가하였다.

(2) **서신(편지)검열제도 개선 및 집필 사전허가제 폐지(법 제43조 제3항 및 제49조 제1항)**

서신(편지)내용의 검열원칙을 무검열원칙으로 전환하고 집필에 대한 사전허가제를 폐지하였다. 10. 교정7

(3) **여성 · 노인 · 장애인 및 외국인 수용자의 처우(법 제50조부터 제54조까지)**

사회적 약자인 여성 · 노인 · 장애인 수용자를 특별히 보호하기 위하여 신체적 · 심리적 특성, 나이 · 건강상태 및 장애의 정도 등을 고려하여 그 처우에 있어 적정한 배려를 할 것을 명시하고, 외국인 수용자의 경우에는 언어 · 생활문화 등을 고려하여 적정한 처우를 하도록 하였다.

(4) **수형자 개별처우계획 수립 등(법 제56조 및 제57조)**

① 교정시설의 장은 수형자의 개별적인 특성에 알맞은 처우계획을 수립 · 시행하고, 분류심사 결과에 따라 그에 적합한 시설에 수용하도록 하며, 교정성적에 따라 그 처우가 상향 조정될 수 있도록 하였다.

② 수형자의 도주방지 등을 위한 수용설비와 계호의 정도에 따라 교정시설을 개방시설·완화경비시설·일반경비시설 및 중경비시설로 차등·구분함으로써 수형자의 교정 성적에 따라 다양한 처우를 실시할 수 있는 시설기반을 마련하였다.

(5) 분류심사 전담시설의 지정·운영(법 제61조)

수형자에 대한 과학적인 분류와 체계적인 처우계획의 수립·시행을 위하여 법무부장관으로 하여금 수형자의 인성·자질·특성 등을 조사·측정·평가하는 분류심사를 전담하는 교정시설을 지정·운영할 수 있도록 하였다.

(6) 미결수용자의 무죄추정에 합당한 지위 보장(법 제79조 및 제85조)

미결수용자는 무죄추정에 합당한 처우를 받는다는 것을 명시하고, 미결수용자가 교정시설 수용 중에 규율 위반으로 조사를 받거나 징벌집행 중인 경우라도 소송서류의 작성, 변호인과의 접견, 서신(편지) 수수 등 수사 및 재판 과정에서의 권리행사를 보장하도록 하였다.

(7) 전자장비의 사용 및 한계규정 마련(법 제94조)

(8) 보호장비의 종류 변경(법 제98조)

종전의 보호장비 중 사슬은 비인도적이므로 이를 보호장비에서 제외하는 대신, 수용자의 신체압박을 최소화하면서 필요한 신체부위에만 사용할 수 있는 현대적 보호장비인 보호복·보호침대·보호대 등을 보호장비에 추가하였다.

(9) 마약류사범·조직폭력사범 등에 대한 특별 관리(법 제104조)

마약류사범 및 조직폭력사범 등에 대하여는 수용자로서의 기본적인 처우가 보장되는 범위 안에서 다른 수용자와는 달리 법무부령이 정하는 바에 따라 별도의 관리를 할 수 있도록 하였다.

(10) 징벌종류의 확대(법 제108조)

징벌의 종류에 근로봉사, 공동행사 참가 정지, 전화통화 제한, 텔레비전 시청 제한, 자비구매물품 사용 제한 등 9종을 추가함으로써 규율 위반 등의 태양에 따라 다양한 징벌을 부과할 수 있도록 하였다. 10. 교정7

(11) 청원제도의 다양화(법 제117조)

처우에 관한 불복이 있는 수용자는 법무부장관 또는 순회점검공무원뿐만 아니라 관할 지방교정청장에게도 청원을 할 수 있도록 하였다.

(12) 교정자문위원회 제도 도입(법 제129조)

5명 이상 7명 이하의 순수 외부 인사로 구성되는 교정자문위원회를 교정시설별로 설치하여 수용자처우 및 교정시설 운영 등에 관하여 교정시설의 장에게 자문할 수 있도록 하였다. 10. 교정7

(13) 부정물품의 반입·수수 등에 대한 벌칙(법 제132조)

3. 이후 주요 개정내용

(1) 2008년 개정

① 사형확정자의 수용 규정 정비(법 제11조 및 제89조)

② 소년수용자 기준연령 하향 조정(법 제11조부터 제13조까지)

③ 사형확정자의 방어권 보장에 관한 규정 명시(법 제88조)

④ 사형확정자의 교육 · 작업 등 처우에 관한 규정 명시(법 제90조)

(2) 2010년 개정

① 교정시설에 근무하는 간호사가 야간 · 공휴일 등에 경미한 의료조치 가능 (법 제36조 제2항)

② 정보공개비용 예납제(법 제117조의2)

(3) 2014년 개정 – 여성수용자에 대한 처우의 개선을 강화

교정시설의 장은 여성수용자에 대하여 건강검진을 실시하는 경우에는 나이 · 건강 등을 고려하여 부인과질환에 관한 검사를 포함시키도록 의무화하고(제50조 제2항), 교정시설의 장은 생리 중인 여성수용자에 대해서는 위생에 필요한 물품을 지급하도록 의무화하였다(제50조 제3항).

(4) 2015년 개정

① 교정시설 신입자에게 교정시설의 장이 실시하는 건강진단을 받을 의무를 부여하였다(제16조 제3항 신설).

② 석방 시 수용자가 영치품을 한꺼번에 가져가기 어려운 경우 등 특별한 사정이 있으면 교정시설의 장에게 1개월 내의 기간을 정하여 영치품을 보관하여 줄 것을 신청할 수 있도록 하고 그 보관기간이 경과한 영치품의 귀속은 유류금품에 준하여 처리하도록 하였다(제29조).

③ 소년수용자에 대하여 나이 · 적성 등을 고려하여 적정한 처우를 하도록 하였다(제54조 제4항 신설).

④ 가석방 또는 형기 종료를 앞둔 수형자 중에서 일정한 요건을 갖춘 사람을 지역사회 또는 교정시설에 설치된 개방시설에 수용하여 적정한 처우를 할 수 있도록 하는 중간처우제도의 구체적인 근거를 마련하였다(제57조 제4항 신설, 제63조 제3항 및 제110조 제2항).

⑤ 수용자가 사망하였으나 가족 등이 시신을 인수하지 않거나 시신을 인수할 사람이 없는 경우에는 시신을 임시 매장하거나 화장한 후 봉안할 수 있게 하고, 임시 매장 또는 화장으로부터 2년이 지나도록 시신의 인도를 청구하는 사람이 없을 때에는 자연장을 할 수 있도록 하였다(제128조).

법 제88조 개정

형사재판의 피고인으로 출석하는 수형자 등에게 미결수용자의 사복착용에 관한 규정을 준용하지 않고 있는 법 제88조에 대하여 헌법불합치결정이 선고된 취지를 반영하였다.

법 제112조 제3항 개정

금치기간 중 원칙적으로 실외운동을 금지한 제112조 제3항에 대하여 위헌결정이 선고된 취지를 반영하였다.

(5) **2016년 개정**

① 수용자에 대한 정의를 명확히 하여 교정시설에 수용된 사람임을 명시하고, 「감염병의 예방 및 관리에 관한 법률」의 용어 변경에 따라 이 법에서 사용하는 관련 용어를 정비하였다(제2조 및 제35조).

② 형사사건으로 수사 또는 재판을 받고 있는 수형자, 사형확정자에 대하여도 수사, 재판 등에 참석할 때는 사복을 착용할 수 있도록 하였다(제88조).

③ 금치처분을 받은 자의 실외운동을 원칙적으로 허용하고 시설의 안전 또는 질서를 크게 해칠 우려가 있는 경우에만 예외적으로 실외운동을 금지할 수 있도록 하였다(제112조).

(6) **2017년 개정**

체포된 피의자를 교정시설에 가유치하는 경우 및 사전구속영장이 청구된 피의자를 피의자 심문을 위하여 교정시설에 유치하는 경우에는 신체·의류·휴대품 검사 및 건강진단과 같은 일반 수용자에 대한 신입자 입소절차를 적용하지 않고 필요한 경우 간이입소절차를 실시할 수 있도록 하였다(제16조의2).

(7) **2019년 개정**

① 법무부장관은 5년마다 형의 집행 및 수용자의 처우에 관한 기본계획을 수립·추진하도록 하였다(제5조의2).

② 수용자 접견은 원칙적으로 접촉차단시설이 설치된 장소에서 하도록 하고, 예외적으로 미결수용자가 변호인과 접견하거나 수용자가 소송사건의 대리인인 변호사와 접견하는 경우로서 교정시설의 안전 또는 질서를 해칠 우려가 없는 경우에는 접촉차단시설이 설치되지 아니한 장소에서 접견하도록 하되, 수용자가 미성년자인 자녀와 접견하는 등의 경우에는 접촉차단시설이 설치되지 아니한 장소에서 접견할 수 있도록 하였다(제41조 제2항 및 제3항).

③ 교정시설 내 소지와 반입이 금지되는 물품에 무인비행장치, 전자·통신기기, 그 밖에 도주나 다른 사람과의 연락에 이용될 우려가 있는 물품을 추가하되, 소장이 수용자의 처우를 위하여 허가하는 경우에는 소지할 수 있도록 하였다(제92조).

④ 종전에는 교정시설에 교정자문위원회를 설치하도록 하였으나, 앞으로는 지방교정청에 설치하여 수용자 관리 및 교정교화 사무에 대한 지방교정청장의 자문에 응하도록 하였다(제129조).

⑤ 소장의 허가 없이 무인비행장치, 전자·통신기기를 소지한 경우, 소장의 허가 없이 무인비행장치, 전자·통신기기를 반입한 경우, 소장의 허가 없이 교정시설 내부를 녹화·촬영한 경우 처벌하도록 하였다(제132조 제1항, 제133조 제1항, 제135조 신설).

(8) 2020년 개정

① 미결수용자에게 징벌을 부과한 경우에는 그 징벌대상행위를 양형(量刑) 참고자료로 작성하여 관할 검찰청 검사 또는 관할 법원에 통보할 수 있도록 하였다(제111조의2).

② 실외운동 정지의 징벌을 부과하는 경우 또는 실외운동을 제한하는 경우라도 수용자가 매주 1회 이상 실외운동을 할 수 있도록 하였다(제112조 제5항).

③ 석방될 수형자의 수용이력 또는 사회복귀에 관한 의견을 그의 거주지를 관할하는 경찰관서나 자립을 지원할 법인 또는 개인에게 통보할 수 있도록 하였다(제126조의2 제1항).

(9) 2022년 개정

① 수형자의 작업시간은 원칙적으로 1일에 8시간을, 1주에 52시간을 초과할 수 없도록 하되, 수형자가 신청하는 경우에는 1주의 작업시간을 8시간 이내에서 연장할 수 있도록 하고, 19세 미만 수형자의 작업시간은 1일에 8시간을, 1주에 40시간을 초과할 수 없도록 하며, 공휴일·토요일 등에 작업을 부과할 수 있는 사유를 공공의 안전이나 공공의 이익을 위하여 긴급히 필요한 경우나 수형자가 신청하는 경우 등으로 명시하였다(제71조).

② 위로금을 수형자가 석방될 때 지급하도록 하던 것을 앞으로는 지급 사유가 발생하면 언제든지 지급할 수 있도록 하였다(제74조 제2항).

③ 수용자의 재판청구권 등을 실질적으로 보장하기 위하여 대통령령으로 정하는 경우로서 교정시설의 안전 또는 질서를 해칠 우려가 없는 경우 수용자가 접촉차단시설이 설치되지 아니한 장소에서 접견하게 하고, 미결수용자가 접촉차단시설이 설치되지 아니한 장소에서 접견할 수 있는 변호인에 변호인이 되려는 사람까지 포함된다는 점을 명확히 하였다(제41조 제2항).

5 교정조직

1 교정조직의 현황

1. 교정본부

(1) 형정국(1948년), 교정국(1962년), 교정본부(2007년)의 순으로 개편되었다.

(2) 교정행정을 총괄하는 중앙기구로는 법무부장관과 법무부차관 아래에 교정본부장이 있고, 교정본부장을 보좌하는 교정정책단장과 보안정책단장이 있다.

| 교정정책단 | 교정기획과, 직업훈련과, 사회복귀과, 복지과 |
| 보안정책단 | 보안과, 분류심사과, 의료과, 심리치료과 |

심리치료과 신설

각종 중독범죄 수용자나 상습폭력 수용자 등 고위험 수용자의 재범 방지를 위하여 법무부 교정본부에 '심리치료과'를 신설하여 수용자에 대한 심리치료에 관한 기본계획의 수립·시행 등의 사무를 관장하도록 하였다(2016.9.5. '법무부와 그 소속 기관 직제' 일부 개정).

2. 지방교정청

교정본부와 일선교정기관의 중간에 위치하여 일선기관의 업무집행을 지휘·감독하는 중간감독기관으로, 서울·대전·대구·광주에 설치되어 있다(1991년 신설).

3. 일선교정기관

교도소	형의 집행 등 행형에 관한 사무를 주된 임무로 하며, 미결수용자에 관한 업무도 담당한다.
구치소	형사피의자 또는 형사피고인으로서 구속영장의 집행을 받은 자(미결수용자)의 수용 등을 담당한다.
개방교도소	모범수형자를 모아 수형자자치제를 허용하고 외부 통근제를 실시하여 출소 전 사회적응능력을 배양함을 목적으로 한다. 현재 <u>천안개방교도소</u>가 사회적응훈련원으로 지정되어 있다.

참고

교정기관 기구표

교정본부			
서울지방교정청	**대구지방교정청**	**대전지방교정청**	**광주지방교정청**
서울구치소	대구교도소	대전교도소	광주교도소
안양교도소	부산구치소	천안개방교도소	전주교도소
수원구치소	경북북부제1교도소	청주교도소	순천교도소
서울동부구치소	부산교도소	천안교도소	목포교도소
인천구치소	포항교도소	청주여자교도소	군산교도소
서울남부구치소	창원교도소	공주교도소	제주교도소
화성직업훈련교도소	진주교도소	충주구치소	장흥교도소
여주교도소	대구구치소	홍성교도소	해남교도소
의정부교도소	경북직업훈련교도소	서산지소	정읍교도소
서울남부교도소	안동교도소	논산지소	
춘천교도소	경북북부제2교도소		
원주교도소	김천소년교도소		
강릉교도소	경북북부제3교도소		
영월교도소	울산구치소		
강원북부교도소	경주교도소		
평택지소	통영구치소		
소망교도소(민영)	밀양구치소		
	상주교도소		
	거창구치소		

2 교정관계위원회 19. 교정7☆

종류	근거	내용
분류처우위원회	법 제62조	① 위원장 포함 5명 이상 7명 이하 ② 위원장은 소장, 교정시설에 설치 ③ 외부위원 없음
징벌위원회	법 제111조	① 위원장 포함 5명 이상 7명 이하 ② 위원장은 소장의 다음 순위자 ③ 외부위원 3명 이상, 교정시설에 설치
가석방심사위원회	법 제119조	① 위원장 포함 5명 이상 9명 이하 ② 위원장은 법무부차관, 법무부장관 소속
교정자문위원회	법 제129조	① 10명 이상 15명 이하의 외부 인사(성별 고려) ② 위원장은 호선(부위원장도 호선) ③ 지방교정청에 설치, 위원 중 4명 이상은 여성
수형자 취업지원협의회	영 제85조, 규칙 제144조	① 3명 이상 5명 이하의 내부위원(회장 포함) ② 10명 이상의 외부위원 ③ 회장은 소장, 교정시설에 설치
귀휴심사위원회	규칙 제131조	① 위원장 포함 6명 이상 8명 이하 ② 위원장은 소장 ③ 외부위원은 2명 이상, 교정시설에 설치
교도관회의	「교도관직무규칙」 제21조	① 소장, 부소장 및 과장과 소장이 지명하는 6급 이상의 교도관(지소의 경우에는 7급 이상) ② 의장은 소장 ③ 매주 1회 이상 소집, 교정시설에 설치
치료감호심의위원회	「치료감호 등에 관한 법률」	① 판사ㆍ검사ㆍ법무부의 고위공무원단에 속하 는 일반직 공무원, 변호사 6명 이내, 의사 3 명 이내 ② 위원장은 법무부차관
보호관찰심사위원회	「보호관찰 등에 관한 법률」	① 위원장 포함 5명 이상 9명 이하 ② 위원장은 고검장 또는 고검검사 중 장관이 임명
보안관찰처분 심의위원회	「보안관찰법」	① 위원장 1명과 6명의 위원 ② 위원장은 법무부차관
중앙급식관리위원회	수용자급식관리 위원회운영지침	위원장(교정본부장) 포함 7명 이상 9명 이하
지방급식관리위원회		위원장(수용기관의 장) 포함 5명 이상 7명 이하

의사정족수ㆍ의결정족수

1. 분류처우위원회와 분류처우회의는 재적위원 2/3 이상의 출석으로 개의하고, 출석위원 과반수의 찬성으로 의결ㆍ결정한다.
2. 기타 위원회 및 회의는 재적위원 과반수의 출석으로 개의하고, 출석위원 과반수의 찬성으로 의결ㆍ결정한다.

외부위원의 위촉

1. **장관 위촉**
   가석방심사위원회, 교정자문위원회, 수형자 취업지원협의회
2. **소장 위촉**
   징벌위원회(3명 이상), 귀휴심사위원회(2명 이상)
3. **외부위원 없음**
   분류처우위원회, 교도관회의

🏛 **핵심OX**

05 형의 집행 및 수용자의 처우에 관한 법령상 분류처우위원회, 징벌위원회는 교정시설에 둔다고 규정되어 있다.
(O, ×)

06 보호관찰심사위원회, 중앙급식관리위원회, 치료감호심의위원회는 일선 교정기관에 설치되어 있다. (O, ×)

05 ○
06 ×

교도관 관련 법령 개정

교정직렬 내 교정·교회·분류직류를 교정직류로 일원화하는 내용으로「공무원임용령」이 개정되고, 정부 인사관리의 효율성 제고를 위하여 공무원 직종구분에서 기능직을 폐지하고 별정직의 범위를 축소하는 등의 내용으로「국가공무원법」이 개정됨에 따라, 교회직 교도관, 분류직 교도관 등의 명칭을 삭제하고, 기능직 교도관을 관리운영직 교도관으로 변경하는 등 관련 규정 및 체계를 정비하였다(개정 2015.1.30.).

3 교도관

1. 유형

교정직 교도관	교정직렬공무원	
기술·관리운영 직군 교도관	① 보건위생직 교도관(의무직·약무직·간호직·의료기술직·식품위생직 교도관) ② 기술직 교도관 ③ 관리운영직 교도관	직무상 필요한 경우에 수용자를 동행·계호할 수 있음
직업훈련 교도관	―	

2. 「교도관직무규칙」의 주요 내용 15. 경채

(1) 목적 등

> 제1조【목적】 이 규칙은「형의 집행 및 수용자의 처우에 관한 법률」의 시행을 위하여 교도관의 직무에 관한 사항을 정함을 목적으로 한다.
>
> 제2조【정의】 이 규칙에서 사용하는 용어의 뜻은 다음과 같다.
> 1. '교도관'이란 다음 각 목의 어느 하나에 해당하는 업무를 담당하는 공무원을 말한다.
>   가. 수용자의 구금 및 형의 집행
>   나. 수용자의 지도, 처우 및 계호
>   다. 수용자의 보건 및 위생
>   라. 수형자의 교도작업 및 직업능력개발훈련
>   마. 수형자의 교육·교화 프로그램 및 사회복귀 지원
>   바. 수형자의 분류심사 및 가석방
>   사. 교도소·구치소 및 그 지소(이하 '교정시설'이라 한다)의 경계 및 운영·관리
>   아. 그 밖의 교정행정에 관한 사항
> 2. "교정직 교도관"이란「공무원임용령」별표 1에 따른 교정직렬공무원을 말한다.
> 3. "직업훈련 교도관"이란「전문경력관 규정」제2조 제1항에 따른 전문경력관 임용절차에 따라 임용된 사람으로서「국민 평생 직업능력 개발법」제33조에 따른 직업능력개발훈련교사를 말한다.
> 4. "보건위생직 교도관"이란「공무원임용령」별표 1에 따른 의무·약무·간호·의료기술·식품위생직렬공무원을 말하며, 해당 직렬에 따라 각각 의무직교도관, 약무직교도관, 간호직교도관, 의료기술직교도관, 식품위생직교도관으로 한다.
> 5. "기술직 교도관"이란「공무원임용령」별표 1에 따른 공업·농업·시설·전산·방송통신·운전직렬공무원을 말한다.
> 6. "관리운영직 교도관"이란「공무원임용령」별표 1에 따른 관리운영직군공무원을 말한다.
> 7. '상관'이란 직무수행을 할 때 다른 교도관을 지휘·감독할 수 있는 직위나 직급에 있는 교도관을 말한다.

8. '당직간부'란 교정시설의 장(이하 '소장'이라 한다)이 지명하는 교정직 교도 관으로서 보안과의 보안업무 전반에 걸쳐 보안과장을 보좌하고, 휴일 또는 야간(당일 오후 6시부터 다음 날 오전 9시까지를 말한다. 이하 같다)에 소장 을 대리하는 사람을 말한다. 21. 교정7

(2) 근무의 일반원칙

제5조【근무의 구분】 ① 교도관의 근무는 그 내용에 따라 보안근무와 사무근무로 구분하고, 보안근무는 근무 방법에 따라 주간근무와 주·야간 교대근무(이하 '교대근무'라 한다)로 구분한다.

제6조【직무의 우선순위】 수용자의 도주, 폭행, 소요, 자살 등 구금 목적을 해치는 행위에 관한 방지 조치는 다른 모든 직무에 우선한다. 20. 교정7☆

제7조【직무의 처리】 교도관은 직무를 신속·정확·공정하게 처리하고, 그 결과 를 지체 없이 상관에게 문서 또는 구두로 보고하여야 한다. 다만, 상관으로부터 특별히 명령받은 직무로서 그 직무 처리에 많은 시일이 걸리는 경우에는 그 중 간 처리상황을 보고하여야 한다. 19. 승진☆

제8조【근무장소 이탈 금지】 교도관은 상관의 허가 없이 또는 정당한 사유 없이 근무장소를 이탈하거나 근무장소 외의 장소에 출입하지 못한다.

제9조【교도관의 공동근무】 소장은 2명 이상의 교도관을 공동으로 근무하게 하는 경우에는 책임자를 지정하고 직무를 분담시켜 책임한계를 분명히 하여야 한다. 18. 승진

제10조【교도관의 지휘·감독】 교도관은 직무수행을 위하여 특히 필요하다고 인정되 는 경우에는 그 직무수행에 참여하는 하위직급의 다른 직군 교도관을 지휘·감독 할 수 있다. 19. 승진☆

제12조【수용자에 대한 호칭】 수용자를 부를 때에는 수용자 번호를 사용한다. 다 만, 수용자의 심리적 안정이나 교화를 위하여 필요한 경우에는 수용자 번호와 성명을 함께 부르거나 성명만을 부를 수 있다. 20. 교정7☆

제13조【수용기록부 등의 관리 등】 ② 교도관은 제1항에 따른 수용자의 신상 관계 서류를 공무상으로 사용하기 위하여 열람·복사 등을 하려면 상관의 허가를 받 아야 한다. 18. 승진

제14조【수용자의 손도장 증명】 ① 수용자가 작성한 문서로서 해당 수용자의 날인 이 필요한 것은 오른손 엄지손가락으로 손도장을 찍게 한다. 다만, 수용자가 오 른손 엄지손가락으로 손도장을 찍을 수 없는 경우에는 다른 손가락으로 손도장 을 찍게 하고, 그 손도장 옆에 어느 손가락인지를 기록하게 한다. 20. 교정7
② 제1항의 경우에는 문서 작성 시 참여한 교도관이 서명 또는 날인하여 해당 수용자의 손도장임을 증명하여야 한다.

제16조【소방기구 점검 등】 소장은 교도관으로 하여금 매월 1회 이상 소화기 등 소방기구를 점검하게 하고 그 사용법의 교육과 소방훈련을 하게 하여야 한다. 21. 교정7

🏛 **핵심OX**

07 소장은 교도관으로 하여금 매월 1회 이상 소화기 등 소방기구를 점검하게 하고 그 사용법의 교육과 소방훈련을 하게 하여 야 한다. (○, ×)

07 ○

(3) 근무시간

> **제18조 【보안근무자의 근무시간】** ① 보안근무자의 근무시간은 다음과 같다.
> 1. 주간근무: 1일 주간 8시간 18. 승진
> 2. 교대근무: 제1부, 제2부, 제3부 및 제4부의 4개 부로 나누어 서로 교대하여 근무하게 한다. 다만, 소장은 교정직 교도관의 부족 등 근무의 형편상 부득이한 경우에는 교대근무자를 제1부와 제2부의 2개 부 또는 제1부, 제2부 및 제3부의 3개 부로 나누어 근무하게 할 수 있다.
>
> **제20조 【근무시간 연장 등】** ① 소장은 교도관의 부족, 직무의 특수성 등 근무의 형편에 따라 특히 필요하다고 인정하는 경우에는 제18조와 제19조에도 불구하고 근무시간을 연장하거나 조정할 수 있고 휴일근무를 명할 수 있다.

(4) 교도관회의 16. 경채

> **제21조 【교도관회의의 설치】** 소장의 자문에 응하여 교정행정에 관한 중요한 시책의 집행 방법 등을 심의하게 하기 위하여 소장 소속의 교도관회의(이하 이 절에서 '회의'라 한다)를 둔다.
>
> **제22조 【회의의 구성과 소집】** ① 회의는 소장, 부소장 및 각 과의 과장과 소장이 지명하는 6급 이상의 교도관(지소의 경우에는 7급 이상의 교도관)으로 구성된다.
> ② 소장은 회의의 의장이 되며, 매주 1회 이상 회의를 소집하여야 한다.
>
> **제24조 【서기】** ① 소장은 회의의 사무를 원활히 처리하기 위하여 총무과(지소의 경우에는 총무계) 소속의 교도관 중에서 서기 1명을 임명하여야 한다.

(5) 교도관의 직무

> **제25조 【교정직 교도관의 직무】** ① 교정직 교도관은 다음 각 호의 사무를 담당한다.
> 1. 수용자에 대한 지도 · 처우 · 계호
> 2. 삭제
> 3. 교정시설의 경계
> 4. 교정시설의 운영 · 관리
> 5. 그 밖의 교정행정에 관한 사항
> ② 소장은 제1항에도 불구하고 교정시설의 운영을 위하여 특히 필요하다고 인정하는 경우에는 교정직 교도관으로 하여금 그 밖의 교도관의 직무를 수행하게 할 수 있다.
>
> **제32조 【수용자의 청원 등 처리】** ① 교정직 교도관은 수용자가 「형의 집행 및 수용자의 처우에 관한 법률」(이하 '법'이라 한다) 제117조에 따른 청원, 「국가인권위원회법」 제31조에 따른 진정 및 「공공기관의 정보공개에 관한 법률」에 따른 정보공개청구 등을 하는 경우에는 지체 없이 상관에게 보고하여야 한다. 10. 교정9
> ② 수용자가 상관 등과의 면담을 요청한 경우에는 그 사유를 파악하여 상관에게 보고하여야 한다. 10. 교정9
>
> **제34조 【계호의 원칙】** 교정직 교도관이 수용자를 계호할 때에는 수용자를 자신의 시선 또는 실력지배권 밖에 두어서는 아니 된다.

제35조【인원점검 등】 ① 소장은 당직간부의 지휘 아래 교정직 교도관으로 하여금 전체 수용자를 대상으로 하는 인원점검을 매일 2회 이상 충분한 사이를 두고 하게 하여야 한다. 15. 경채

③ 교정직 교도관은 자신이 담당하는 수용자를 대상으로 작업을 시작하기 전과 마친 후, 인원변동 시 등에 수시로 인원점검을 하여야 한다.

④ 교정직 교도관은 수용자가 작업 · 운동 등 동작 중인 경우에는 항상 시선으로 인원에 이상이 있는지를 파악하여야 한다.

제36조【야간 거실문의 개폐】 ① 교정직 교도관은 일과종료(작업 · 교육 등 일과를 마치고 수용자를 거실로 들여보낸 다음 거실문을 잠그는 것을 말한다. 이하 같다) 후부터 그 다음 날 일과 시작(작업 · 교육 등 일과를 위하여 수용자를 거실에서 나오게 하기 위하여 거실문을 여는 것을 말한다. 이하 같다) 전까지는 당직간부의 허가를 받아 거실문을 여닫거나 수용자를 거실 밖으로 나오게 할 수 있다. 다만, 자살, 자해, 응급환자발생 등 사태가 급박하여 당직간부의 허가를 받을 시간적 여유가 없는 경우에는 그러하지 아니하다.

② 제1항에 따라 거실문을 여닫거나 수용자를 거실 밖으로 나오게 하는 경우에는 사전에 거실 내 수용자의 동정(動靜)을 확인하여야 하고, 제1항 단서의 경우가 아니면 2명 이상의 교정직 교도관이 계호하여야 한다.

제37조【징벌대상행위의 보고 등】 ① 교정직 교도관은 수용자가 법 제107조 각 호의 어느 하나에 해당하는 행위(이하 '징벌대상행위'라 한다)를 하는 경우에는 지체 없이 상관에게 보고하여야 한다. 다만, 수용자가 도주, 소요, 폭동 등 특히 중대한 징벌대상행위를 한 경우에는 지체 없이 비상신호나 그 밖의 방법으로 보안관리과에 알리는 등 체포 및 진압을 위한 모든 수단을 동원함과 동시에 상관에게 보고하여야 한다.

② 교정직 교도관은 제1항에도 불구하고 도주하는 수용자를 체포할 기회를 잃을 염려가 있는 경우에는 지체 없이 그를 추격하여야 한다.

제40조【수용자의 호송】 ① 교정직교도관이 수용자를 교정시설 밖으로 호송(護送)하는 경우에는 미리 호송계획서를 작성하여 상관에게 보고하여야 한다. 21. 교정7

제41조【접견 참여 등】 ① 교정직 교도관이 「형의 집행 및 수용자의 처우에 관한 법률 시행령」(이하 이 조에서 '영'이라 한다) 제62조 제1항에 따라 수용자의 접견에 참여하는 경우에는 수용자와 그 상대방의 행동 · 대화내용을 자세히 관찰하여야 한다. 20. 교정7

제42조【정문근무】 ① 정문에 근무하는 교정직 교도관(이하 이 조에서 '정문근무자'라 한다)은 정문출입자와 반출 · 반입 물품을 검사 · 단속하여야 한다.

② 정문근무자는 제1항의 검사 · 단속을 할 때 특히 필요하다고 인정하는 경우에는 출입자의 신체와 휴대품을 검사할 수 있다. 이 경우 검사는 필요한 최소한도의 범위에서 하여야 하며, 출입자 중 여성에 대한 검사는 여성교도관이 하여야 한다.

④ 정문근무자는 수용자의 취침시간부터 기상시간까지는 당직간부의 허가 없이 정문을 여닫을 수 없다. 21. 교정7☆

제44조 【사형 집행】 사형 집행은 상관의 지시를 받은 교정직 교도관이 하여야 한다.

제49조 【당직간부의 편성】 ① 당직간부는 교대근무의 각 부별로 2명 이상 편성한다. 이 경우 정(正)당직간부는 1명, 부(副)당직간부는 1명 이상으로 한다.

② 당직간부는 교정관 또는 교감으로 임명한다. 다만, 교정시설의 사정에 따라 결원의 범위에서 교위 중 적임자를 선정해 당직간부에 임명할 수 있다.

제55조 【비상소집망 점검】 당직간부는 매주 1회 이상 교도관의 비상소집망을 확인하여 정확하게 유지하도록 하여야 한다. 18. 승진

제56조 【수용·석방사무의 감독】 ① 당직간부는 교정시설에 수용되거나 교정시설에서 석방되는 사람의 신상을 직접 확인하는 등 수용 및 석방에 관한 사무를 감독하여야 한다.

② 출정감독자는 법원에서 무죄판결 등 구속영장이 실효되는 판결이 선고되어 즉시 석방되는 사람의 신상을 직접 확인하는 등 석방에 관한 사무를 감독하여야 한다. 18. 승진

제63조 【교화상담】 ① 사회복귀업무 교도관은 수형자 중 환자, 계호상 독거수용자 및 징벌자에 대하여 처우상 필요하다고 인정하는 경우에는 수시로 교화상담(수형자 특성을 고려하여 적당한 장소와 시기에 하는 개별적인 교화활동을 말한다. 이하 같다)을 하여야 한다. 다만, 해당 수형자가 환자인 경우에는 의무직 교도관(공중보건의를 포함한다)의 의견을 들어야 한다.

② 사회복귀업무 교도관은 신입수형자와 교화상담을 하여야 한다. 다만, 다른 교정시설로부터 이송되어 온 수형자는 필요하다고 인정되는 경우에 할 수 있다. 18. 승진

③ 사회복귀업무 교도관은 사형확정자나 사형선고를 받은 사람의 심리적 안정을 위하여 수시로 상담을 하여야 하며, 필요하다고 인정하는 경우에는 외부인사와 결연을 주선하여 수용생활이 안정되도록 하여야 한다.

제68조 【분류검사】 분류심사업무 교도관은 개별처우계획을 수립하기 위하여 수형자의 인성, 지능, 적성 등을 측정·진단하기 위한 검사를 한다. 18. 승진

제79조 【수용자의 의사에 반하는 의료조치】 ① 의무관은 법 제40조 제2항(→ 수용자의 의사에 반하는 의료조치)의 조치를 위하여 필요하다고 인정하는 경우에는 의료과에 근무하는 교정직 교도관(의료과에 근무하는 교정직 교도관이 없거나 부족한 경우에는 당직간부)에게 법 제100조(→ 강제력의 행사)에 따른 조치를 하도록 요청할 수 있다.

제81조 【교정직교도관 등에 대한 의료교육】 ① 의무관은 의료과 및 의료수용동 등에 근무하는 교정직교도관에 대해 월 1회 이상 감염병 예방, 소독, 그 밖의 의료업무 수행에 필요한 소양교육을 해야 한다.

② 의무관은 간병수용자에 대해 간호방법, 구급요법 등 간호에 필요한 사항을 훈련시켜야 한다.

③ 의무관은 교도관에 대해 연 1회 이상 간호방법, 심폐소생술, 응급처치 등의 교육을 해야 한다.

⚖️ 관련 판례	교정시설에서 인원점검 시 점호행위의 기본권 침해 여부

피청구인이 2011.4.15.부터 2011.7.12.까지 공주교도소 사동에서 인원점검을 하면서 청구인을 비롯한 수형자들을 정렬시킨 후 차례로 번호를 외치도록 한 행위(이하 '이 사건 점호행위')가 청구인의 인격권 및 일반적 행동의 자유를 침해하는지 여부(소극) - 내용 생략

[헌재 2012.7.26, 2011헌마332] 18. 승진

01 고려와 조선시대에는 일정한 조건 아래 형을 대신하여 속전을 받는 제도가 있었다. 22. 교정7 ( )

02 조선시대 형벌 중 도형(徒刑)에는 태형(笞刑)이 병과되었으며, 도형을 대신하는 것으로 충군(充軍)이 있었다.
24. 교정9 ( )

03 조선시대에는 인신을 직접 구속할 수 있는 권한이 부여된 기관인 직수아문(直囚衙門)에 옥(獄)이 부설되어 있었다.
24. 교정9 ( )

04 휼형제도[恤刑制度, 또는 휼수제도(恤囚制度)]는 조선시대에 들어와서 더욱 폭넓게 사용되었으며, 대표적으로 감강
종경(減降從輕)과 보방제도(保放制度)가 있었다. 24. 교정9 ( )

05 조선시대 죄인의 수감을 담당하던 전옥서는 갑오개혁 이후 경무청 감옥서로 변경되었다. 22. 교정7 ( )

06 갑오개혁 시 근대적 행형제도의 도입으로 '간수교습규정'이 제정되어 교도관학교를 설치 · 운영할 근거가 마련되었다.
22. 교정7 ( )

07 1895년 「징역처단례」를 통하여 장형(杖刑)과 유형(流刑)을 전면적으로 폐지하였다. 24. 교정9 ( )

정답

01 ○ 고려시대에는 일정범위 내에서 돈을 내고 형벌을 대신하는 속전(贖錢)제도가 있었고(속동제도), 조선시대에도 일정한 사유가 있는 경우에는
사형 · 유형 · 도형 · 장형 · 태형 대신 속죄금을 받을 수 있도록 하는 규정이 있었다(속전제도).

02 ✕ 도형에는 '장형'이 병과되었다.

03 ○ 남형을 방지하고 인권을 보호하는 취지에서 인신구속기관을 경국대전 등에 특별히 규정한 것을 직수아문이라고 하며, 이에 의하여 형조, 병
조, 한성부, 사헌부, 승정원, 장례원, 종부시, 관찰사, 지방수령, 비변사, 포도청 등이 인신구속기관으로 규정되었다.

04 ○ 휼형제도(휼수제도)는 범죄인에 대한 형사사법절차를 엄중하고 공정하게 진행하되, 처리를 신중하게 하고 범죄인을 불쌍히 여겨 보살피고 보
호하는 제도로서, 고려시대부터 시작되어 조선시대에 더 확대되었다.

05 ○ 갑오개혁(1894년) 이후 전옥서가 경무청 감옥서로 변경되어 감옥사무가 일원화되었다.

06 ✕ '일제강점기(1917년)에 간수교습규정을 제정'하여 교도관학교를 설치 · 운영할 근거를 마련하였다.

07 ✕ 갑오개혁 이후 징역처단례를 제정하여 '장형을 폐지'하고, '유형 · 도형을 징역형으로 변경'하였으나, 예외적으로 '국사범에 관하여는 유형을
존치'하였다.

08 광무시대에 제정된 감옥규칙의 징역수형자 누진처우를 규정한 징역표는 범죄인의 개과촉진을 목적으로 수용자를 4종으로 분류하였다. 22. 교정7 ( )

09 당직간부란 보안과장이 지명하는 교정직교도관으로서 보안과의 보안업무 전반에 걸쳐 보안과장을 보좌하고, 휴일 또는 야간에 소장을 대리하는 사람을 말한다. 21. 교정7 ( )

10 수용자의 도주, 폭행, 소요, 자살 등 구금목적을 해치는 행위에 관한 방지 조치는 다른 모든 직무에 우선한다. 20. 교정7 ( )

11 수용자가 작성한 문서로서 해당 수용자의 날인이 필요한 것은 오른손 엄지손가락으로 손도장을 찍게 하는 것이 원칙이다. 20. 교정7 ( )

12 소장은 교도관으로 하여금 매주 1회 이상 소화기 등 소방기구를 점검하게 하고 그 사용법의 교육과 소방훈련을 하게 하여야 한다. 21. 교정7 ( )

13 교정직교도관이 수용자를 교정시설 밖으로 호송하는 경우에는 미리 호송계획서를 작성하여 상관에게 보고하여야 한다. 21. 교정7 ( )

14 교정직교도관이 수용자의 접견에 참여하는 경우에는 수용자와 그 상대방의 행동 · 대화내용을 자세히 관찰하여야 한다. 20. 교정7 ( )

15 정문근무자는 수용자의 취침 시간부터 기상 시간까지는 보안과장의 허가 없이 정문을 여닫을 수 없다. 21. 교정7 ( )

정답

08 ○ 1895년 감옥규칙에 의한 징역표가 우리나라 분류제의 시초이다. 이에 의하면 수형자를 4종류(보통자, 특수기능소지자, 노유자, 부녀자)로 분류하고 각각 5등급으로 구분하여 계구(보호장비)의 사용에 차이를 두어 기초적 분류 및 누진처우제도가 마련되었다.

09 ✕ 당직간부는 '교정시설의 장(소장)이 지명'한다(「교도관직무규칙」 제2조 제8호).

10 ○ 「교도관직무규칙」 제6조

11 ○ 「교도관직무규칙」 제14조 제1항

12 ✕ '매월 1회 이상' 소화기 등 소방기구를 점검하게 하고 그 사용법의 교육과 소방훈련을 하게 하여야 한다(교도관직무규칙 제16조).

13 ○ 「교도관직무규칙」 제40조 제1항

14 ○ 「교도관직무규칙」 제41조 제1항

15 ✕ '당직간부의 허가' 없이 정문을 여닫을 수 없다(교도관직무규칙 제42조 제4항).

05 교정시설과 수용제도

1 교정시설

1 서론

1. 개념

교정시설이란 형의 집행 및 형사소송절차의 원활한 집행을 위해 수용자(수형자·미결수용자·사형확정자 등)를 격리·구금하여, 교화·개선시키는 국가시설을 말한다.

2. 법적 지위

(1) 행정관청으로서의 지위

국가시설인 교정시설은 일정범위 내에서 행정작용의 주체로서 의사를 내부적으로 결정하고 외부적으로 표시할 수 있는 권한을 갖는 행정관청으로서의 지위에 있다.

(2) 공법상 영조물 이용관계

교정시설과 수용자와의 관계는 동의 여부에 관계없이 직접 법률에 의해 성립되는 특수관계로서 공법상 영조물 이용관계에 해당된다.

3. 기능

(1) 격리구금

교정시설은 수용자를 사회로부터 격리·구금하는 작용을 한다.

(2) 교정교화

교정시설은 수형자를 교화·개선하여 건전한 사회인으로 복귀시키는 것을 궁극적인 목표로 한다.

4. 배경

(1) 기원

교정시설의 기원은 일반적으로 16세기 후반에 유럽 각지에 설치된 **노역장**(Work House)에 있다. 처음에는 유랑자·걸인·매춘부 등 노동기피자를 수용하다가, 점차 불량소년·여자수형자·일반수형자를 수용하게 되면서 교도소로 발전하였다.

(2) 주요 연혁

브라이드웰 교정원 (1555년)	① 빈민·부랑자·절도범 등을 수용하여 장기간의 교정과 직업 훈련 등을 실시 ② 형벌 집행보다 노동 부과가 주된 수단으로 이용된 가장 오래된 최초의 교정시설 10. 특채
암스테르담 노역장 (1595년)	① 개선 가능한 범죄자의 교화를 목적으로 기도와 노동을 통한 교육을 실시하는 최초의 근대적 자유형을 시행 ② 여자조사장 설치(1597): 성별 분류의 시초 ③ 불량청소년숙식소 설치(1603): 연령별 분류의 시초
산 미케레 감화원 (1704년)	① 현대적·체계적인 연령별 분류의 시초가 된 소년교정시설 ② 최초의 분방식 구조, 최초로 독거수용 실시
간트 교도소 (1773년)	① 방사익형 구조 ② 분류수용을 보다 과학적으로 시행, 독거수용을 인정 ③ 가장 모범적인 근대교도소의 효시로 평가 10. 특채
월넛 구치소 (1790년)	① 미국 최초의 독거구금시설 ② 펜실베니아제도의 시초
오번 교도소 (1823년)	① 오번제도의 시초(Elam Lynds) ② 교정시설 최초의 수형자자치제 실시(T. Osborn)
엘마이라 감화원 (1876년)	① 최초의 상대적 부정기형 실시 ② 가석방제도를 운영

2 감옥개량운동

1. 하워드(J. Howard)의 감옥개혁안

(1) 수형자의 인권보장

(2) 수형자의 건강유지를 위한 위생시설의 확충

(3) 교도관의 공적 임명과 충분한 보수의 지급

(4) 독립된 행정관청에 의한 수형자 통제

(5) 연령과 성별에 따른 분리수용

(6) 독거제의 실시

(7) 강제노동을 통한 수형자의 개선 등

2. 기타

(1) 1776년 미국에서 펜(W. Pen)의 참회사상과 하워드의 독거제로부터 영향을 받아 프랭클린(B. Franklin)에 의해 '필라델피아 수용자구호협회'가 설립되었다.

(2) 1790년 소규모 독거시설인 월넛 구치소가 설치되어 '펜실베니아제'가 시작되었다.

(3) 1823년 오번 교도소의 소장인 엘람 린즈(Elam Lynds)가 새로운 혼거제를 실시하면서 '오번제'가 시작되었다.

3 교정시설의 구조

분방식	① 방사익형(radial design) ② 산 미케레 감화원, 엘마이라 감화원, 간트 교도소 등
파놉티콘식	① 벤담(Bentham)이 고안(실제 건립되지는 못함) ② 보안 기능 중심의 일망감시구조인 원형독거방의 형태 16. 경채☆
파빌리온식	① 푸신(Pussin)이 고안 10. 특채 ② 평렬·병렬식 구조로 전주형과 유사(분관식) ③ 수형자의 유형별 처우와 경비 기능에 유리하며 보건위생을 중시
전주형	① 경비 기능을 강화한 대규모의 구금시설에서 많이 이용 ② 사방을 일자로 배열한 병렬식 형태로서 자연위생 면에서 유리 ③ 우리나라 대부분의 교도소 형태
오번형	① 주간에 혼거작업하고 야간에 독거수용하기에 적합한 구조(내방식) ② 미국의 싱싱교도소가 대표적 10. 특채
고층형	① 부지를 확보하기 어려운 대도시에서 교정시설을 고층으로 건축 ② 우리나라에서는 현재 수원구치소(지상 9층), 인천구치소(지상 12층), 대구구치소(지상 10층) 등이 고층형에 해당
기타	정원형, 캠퍼스형 등

4 전통적 교정시설과 현대적 교정시설

1. 전통적 교정시설의 문제점과 개선방안

(1) **문제점** 10. 교정7

① 규모가 지나치게 크고 획일적이며 폐쇄적이다.

② 처우보다 보안이 중시된다.

③ 처우가 행해지더라도 획일적이고 비전문적인 수준의 처우에 불과하다.

④ 범죄자 개인에 대한 제재 및 개선에 중점을 두어 지역사회의 자원을 동원하거나 협력을 구함에 적극적이지 못하다.

⑤ 수용자처우 및 관리의 폐쇄성으로 인하여 교정의 투명성을 제고하지 못하여 계층적 성격이 강하다.

⑥ 새로운 교정 프로그램의 개발 및 변화에 쉽게 적응하지 못하여 교정의 보수화를 가져왔다.

⑦ 고립주의와 퇴행성으로 인해 사회 일반에 대한 노출을 꺼림에 따라 교정에 대한 잘못된 인식을 조장하였다.

(2) **개선방안**

① 수용자가 다시 복귀해야 할 **지역사회에 위치**하는 것이 바람직하다.

② 수용자의 특성에 따른 **전문화와 개방화**가 필요하다.

③ 보안수준·수용자의 특성·처우형태 등을 고려하여 시설을 **다양화**해야 한다.

④ 시설을 **소규모화**하여 전문적이고 안정적인 처우가 되도록 하여야 한다.

2. 현대적 교정시설의 요건

(1) 교정 이념에 부합하는 시설형태

① 수용자의 격리구금과 계호에 적합한 입지조건을 갖추어야 한다.

② 수형자의 교화개선과 개별처우가 가능한 시설구조를 갖추어야 한다.

(2) 과학적 분류와 개별처우

① 개별처우의 전제조건으로 과학적 분류가 선행되어야 한다.

② 자력적 교화방법에 의한 정신적 향상을 도모할 필요가 있다.

③ 작업을 중심으로 건전한 국민사상과 근로정신을 함양시켜야 한다.

(3) 시설규모의 적정화

① 처우의 과학화 · 개별화 · 사회화를 도모하고 수형자의 재사회화를 효과적으로 수행하기 위해서는 **교정시설의 소규모화** 및 **적정한 수용인원의 유지**가 필요하다.

② 폐쇄시설의 수용인원은 500명을 넘지 않는 것이 이상적이며, 개방시설도 100명 정도를 적정인원으로 보는 것이 일반적이다.

(4) 교정공무원의 자질향상

수형자의 교화 목적을 달성하기 위해서는 교양 및 교육훈련을 통한 교정공무원의 자질향상이 무엇보다도 중요하다.

---

2 우리나라의 교정시설

1 일반적 형태와 문제점

(1) 우리나라의 대부분의 교정시설은 **전주형**으로서, 위생상 유리하고 보안을 중시한 형태이다.

(2) 대규모 시설구조(시설당 평균 수용인원 1,000명 내외)로 수용질서의 확립과 개별처우가 곤란하다.

(3) 교도소 내 미결수용실을 두는 경우가 많아 교정행정업무가 복잡하여 처우의 일관성을 유지하는 것에 어려움이 있다.

(4) 형집행법상의 독거수용의 원칙이 무시되는 실태(전체 수용자 중 90% 이상이 혼거수용)를 보이고 있다.

(5) 점차적으로 치료 · 직업훈련 · 교육 등의 기능과 개별처우를 중심으로 교정시설을 건설하여 운영해 나가야 한다.

교정시설 수용인원 관련 규정

법 제6조 ① 신설하는 교정시설은 수용인원이 500명 이내의 규모가 되도록 하여야 한다. 다만, 교정시설의 기능·위치나 그 밖의 사정을 고려하여 그 규모를 늘릴 수 있다.

「수용자 처우에 관한 UN최저기준규칙」 제89조 ③ 폐쇄교도소에서 수형자의 수는 개별처우가 방해받을 정도로 많지 않은 것이 바람직하다. 몇몇 나라에서는 이들 교도소의 수용인원이 500명을 넘지 않아야 하는 것으로 생각되고 있다. 개방교도소의 수용인원은 가능한 한 적어야 한다.

2 교정시설의 분류

1. 판결의 확정 여부에 따른 분류

교도소	형이 확정된 수형자를 구금하는 장소이다.
구치소	형이 확정되지 않은 형사피고인·형사피의자(미결수용자)를 구금하는 장소이다.
경찰서 유치장	구치소나 미결수용실에 준하는 시설로서(대용교도소), 구류형의 집행을 하기도 한다. 현행법상 교정시설의 미결수용실로 보아 형집행법을 준용하고, 수형자를 30일 이상 수용할 수 없도록 규정하고 있다(법 제87조, 영 제107조).

2. 연령에 따른 분류

(1) 19세 이상 수형자는 교도소(일반교도소)에 수용하고, 19세 미만 수형자는 소년교도소에 수용한다(법 제11조).

(2) 수형자가 소년교도소에 수용 중에 19세가 된 경우에도 교육·교화 프로그램, 작업, 직업훈련 등을 실시하기 위하여 특히 필요하다고 인정되면 23세가 되기 전까지는 계속하여 수용할 수 있다(법 제12조 제3항).

3. 성별에 따른 분류

남성과 여성은 분리하여 수용한다(법 제13조).

분리주의	여성만의 교도소를 따로 독립하여 설치·운영(예 청주여자교도소)
분계주의	동일 교도소 내에서 남·여 사동을 구분하여 엄격히 분리·운영

4. 수용설비 및 계호 정도에 따른 분류

(1) 수형자의 처우등급 중 경비처우급에 따라 중경비시설·일반경비시설·완화경비시설·개방시설에 구분하여 수용하고 있다(법 제57조).

(2) 대표적 개방시설인 천안개방교도소는 2009년부터 사회적응훈련생으로 선정된 자와 개방처우 대상 과실범을 수용하여 개방처우를 실시하고 있으며, 주된 기능은 사회적응훈련을 실시하는 중간교도소의 역할을 하는 것이다.

5. 특수 기능에 따른 분류

외국인전담교도소(천안), 장애인전담교도소(군산·여주), 직업훈련생전담교도소(화성·경북) 등이 있다.

3 수용자 구금제도

1 서론

1. 분류

구금제도에는 여러 수형자를 동일한 거실 또는 작업장에서 함께 생활하게 하는 혼거제와 수형자를 혼자 구금하는 독거제가 있다.

2. 발달순서

'혼거제'는 가장 오래된 구금방식으로서, 존 하워드(J. Howard)가 혼거제의 폐단을 지적하면서 '독거제'를 주장하고 여기에 종교적 참회사상이 결부되면서 엄정독거제인 '펜실베니아제'가 창안되었다. 이후 엄정독거로 인한 구금성 정신질환 등의 부작용이 나타나자 이를 완화한 '오번제'가 등장하게 되었다.

2 독거제와 혼거제의 장·단점

구분	독거제	혼거제
장점	① 반성 및 참회의 기회를 부여 ② 악풍감염 예방 및 전염병 예방에 유리 ③ 수형자의 개별처우에 유리 ④ 수형자의 명예와 감정 보호에 유리 ⑤ 증거인멸 및 공모 방지에 유리 ⑥ 감시·감독 및 질서유지에 편리 ⑦ 도주 방지에 유리 20. 승진	① 수용자의 심신단련에 유리 ② 교정비용이 절감(건축비, 인건비 등) ③ 시설관리가 편리 ④ 형벌집행의 통일성 유지 ⑤ 사회적 훈련이 용이 ⑥ 자살 등 교정사고의 방지에 유리
단점	① 인간의 사회성 무시 ② 집단교육훈련 등 사회적 훈련에 부적합 ③ 신체적·정신적 장애의 우려 ④ 자살사고의 방지 곤란 ⑤ 다수의 감시·감독 필요 ⑥ 교정비용의 과다 소요	① 수용자 간 갈등의 우려 ② 악풍감염의 우려 ③ 개별처우의 곤란 ④ 출소 후 공모범죄 가능 ⑤ 감시·감독 및 질서유지에 곤란 ⑥ 비위생적이고 방역이 곤란

3 펜실베니아제 18. 교정9

1. 의의

펜실베니아제(Pennylvania System)란 절대침묵과 정숙을 유지하며 **주·야간 구분 없이 엄정한 독거수용**을 통해 회오·반성하는 것을 목적으로 하는 구금방식이다(엄정독거제, 분방제, 필라델피아제). 12. 경채

2. 연혁

(1) 퀘이커교도인 윌리엄 펜(W. Pen)의 참회사상과 존 하워드(J. Howard)의 독거제(감옥개량운동)의 영향을 받아 벤자민 프랭클린(B. Franklin)에 의해 필라델피아협회가 창립되었다. 12. 교정9☆

(2) 1790년 독거주의를 원칙으로 소규모 독거시설인 **월넛 구치소**가 설치되고, 1818년 서부감옥, 1821년 동부감옥이 설립되어 펜실베니아제가 완성되었다.

3. 장·단점 14. 교정9☆

장점	단점
① 수용자 간의 악풍감염의 폐해를 방지	① 교정교육이나 교도작업, 운동 등 사회적 훈련이 어려움
② 수용자 스스로의 정신적 개선작용으로 범죄에 대한 회오·반성	② 정신적·심리적 장애의 유발 우려
③ 개별처우에 적합	③ 행형경비가 많이 필요(재정부담의 문제)
④ 폭동·난동 등 교정사고를 방지하고, 계호 및 규율 유지에 용이	
⑤ 위생관리에 용이하며, 질병의 예방 및 확산 방지에 적합	

4 오번제 18. 교정9☆

1. 의의

오번제(Auburn System)란 **엄정독거제의 결점을 보완**하고 **혼거제의 폐해를 제거**하기 위한 목적으로 고안된 것으로서, **야간에는 독거구금하고 주간에는 침묵상태에서 혼거작업을 실시**하는 구금방식이다(침묵제, 완화독거제, 교담금지제). 20. 승진☆

2. 연혁

1823년 엘람 린즈(Elam Lynds)가 오번 교도소에서 새로운 혼거제를 실시하면서 시작되었다. 이는 당시 산업사회의 노동력 확보라는 시대적 요구에 부응하면서 수용자들에게 도덕적 개선보다는 일하는 습관을 심어줌으로써 재범을 방지하는 데 중점을 두는 것이었다. 20. 승진☆

3. 장·단점

장점	단점
① 사회적 처우가 어느 정도 가능 ② 작업 중 침묵을 강제하여 악풍감염의 문제가 해소 20. 승진 ③ 건강문제·자살위험 등 엄정독거제의 단점 감소	① 의사소통의 금지는 새로운 고통의 부과, 작업능률의 저하 ② 혼거로 인한 위생 및 방역에 어려움 ③ 개별처우의 곤란 ④ 계호 감시와 규율 유지에 어려움 ⑤ 수용자의 노동력 착취수단으로 변질될 우려 10. 특채

5 펜실베니아제와 오번제의 비교 12. 경채

구분	펜실베니아제	오번제
형태	주간·야간 엄정독거	주간 혼거, 야간 독거
목표	정직한 사람	복종적인 시민
수단	엄정독거를 통한 정신수양	침묵과 집단훈련을 통한 재사회화
생산성	종교적 수공업 사회	산업사회(20세기 산업교도소의 전신)
학자	윌리엄 펜	엘람 린즈
시초	월넛 구치소	오번 교도소, 간트 교도소

4 교도소 사회

1 교도관의 세계

1. 교도관의 임무

수용질서를 유지하고 각종 사고를 미연에 방지하면서 수형자를 교정교화하는 것이 교도관의 임무이다.

2. 교도관과 수용자의 관계

교도관은 수용자들에게 이용당할 우려가 있어서 수용자와의 친교를 배척하는 경향이 있다. 반면에 수용자는 동료로부터 협작꾼이라는 낙인을 피하기 위해 교도관과의 밀착을 꺼리는 경향이 있다.

3. 교도관의 부문화

(1) 교도관이 수용자의 처우에 대해 교정조직의 공식적 규범과 구별되는 부문화를 가지고 있는가에 대한 논의가 있다(Lombardo, Duffee 등).

교정학의 이해 해커스공무원 노신 교정학 기본서

(2) 일반적으로 교도관의 부문화는 존재하지 않는다고 하며, 만약 존재하더라도 극히 작은 부분에 불과하다고 본다. 12. 경채

4. 교도관의 현실적 문제점

통제력 약화	사회의 민주화 및 인권신장에 따라 수용자도 과거의 순응적 태도에서 자신의 권익을 적극적으로 요구하는 입장으로 변화함에 따라, 교도관의 권위가 약화되면서 무력감이 증대되고 수용자에 대한 통제력이 약화되었다.
외부 통제 및 간섭 확대	교정에 대한 법원의 입장이 무간섭(Hand-off) 정책에서 간섭(Hand-on) 정책으로 바뀜에 따라 더이상 특별권력관계에 의한 재량행위는 어렵게 되었고, 수용자의 기본권 제한에 대한 법적 근거의 확보 및 처우에 있어서 공정성과 투명성을 요구받게 되었다.
역할 갈등	구금을 통한 사회보호와 재사회화를 통한 교화개선이라는 상반된 임무의 추구는 교도관에게 역할에 대한 갈등을 야기하게 된다.
위험성 증대	수용자에 의한 폭력의 위험성은 수용인원의 증가로 인해 더욱 증대되고 있으며, 이로 인해 교도관의 인권보호를 위한 제도개선의 필요성이 강조된다.

2 수형자사회

1. 교도소화(Prisonization)

(1) 의의

① 교도소는 일반사회와 격리된 시설에서 다양한 유형의 수용자들이 공동생활을 하므로 교도소만의 독특한 사회가 형성되고 그들만의 문화가 조성된다.

② 클레머(D. Clemmer)는 『교도소 사회』에서 교도소화를 '수용자가 교정시설의 일반적 문화·관습·규범·민속 등을 어느 정도 취하는 것'이라고 하였다. 12. 경채

③ 신입수용자가 교정시설의 비공식적 규범과 가치(예 수형자강령)에 익숙해지고 이를 내재화하는 행위유형을 학습하는 과정을 말한다. 21. 교정7☆

④ 교도소화가 진행됨에 따라 수용자들은 범죄적 이념을 습득하게 되고, 교도소생활에 익숙하게 되며, 사회복귀에 대한 두려움을 갖게 된다고 한다.

(2) 교도소화의 정도 21. 교정7☆

클레머 (D. Clemmer)	수용자의 수용기간이 길수록 반교정적·반사회적·친범죄적 부문화로 교도소화되는 정도가 커진다고 주장하였다.
휠러 (S. Wheeler)	수형 단계에 따라 교도소화의 정도가 다름을 주장하였다(U형 곡선 이론). 12. 경채 ① 초기 단계의 수용자: 가장 높은 친교도관적 태도를 보인다. ② 중간 단계의 수용자: 친교도관적 태도가 가장 낮다. ③ 말기 단계의 수용자: 다시 친교도관적 태도를 보이며 수형자강령을 거부하는 경향을 나타낸다.

수형자강령 – 사이크스와 메신저(Sykes & Messinger)

1. **동료방해 금지**
   수용자들의 이익을 침해하지 말 것
2. **동료와 싸움 금지**
   동료 수용자들과 시비하지 말 것
3. **사익추구 금지**
   다른 수용자를 착취하지 말 것
4. **자기보전**
   스스로를 지킬 것
5. **존경심·권위인정 금지**
   교도관을 믿지 말 것

※ 수형자강령은 수형자 간의 비공식적인 규율이지만, 공식적인 규율보다 응집성이 강하고 엄격하게 준수된다는 특징을 나타낸다.

2. 교도소화의 설명 모형

(1) 박탈 모형(Deprivation Model) 12. 경채

① 수형자의 교도소화는 **수용에 의한 고통 및 각종 권리의 박탈 등으로 인한 수용의 직접적 결과**라고 보는 입장이다. 18. 교정7

② 수용자는 수용의 고통과 박탈을 최소화하기 위해 생존의 수단으로 수형자 문화를 계발하고 이에 적응한다고 본다.

> 박탈 + 제도적 지위 강등 → 교도소화 → 석방 후 실패

③ 박탈 모형은 교정시설을 범죄학교라고 비판하는 입장의 근거가 된다. 또한 수용에 따른 박탈의 정도를 줄이는 것(例 수형자자치제의 확대)이 재범 방지에 효과적이라는 주장의 근거를 마련한다.

④ 사이크스(M. Sykes)는 ㉠ 자유의 박탈, ㉡ 자율성의 박탈, ㉢ 이성관계의 박탈, ㉣ 안전성의 박탈, ㉤ 서비스(재화와 용역)의 박탈 등을 수용의 고통과 박탈로 제시하였다. 12. 경채

(2) 유입 모형(Importation Model)

① 교정시설 내에서 수용자의 행위유형(교도소화)은 **사회에서 형성된 범죄자 부문화가 수용자와 함께 들어온 것**으로 보는 입장이다. 18. 교정7

② 유입모형에서는 **수형생활지향·범죄생활지향·합법생활지향 부문화**를 제시하여 수용자의 개인적 특성을 강조한다. 12. 경채

> 교도소화 ← 입소 전 경험(범죄자 부문화에 노출) → 석방 후 실패

③ 유입 모형은 교정시설에서의 경험과 교정의 역할은 출소 후 미래의 범죄발생에는 별로 영향이 없다고 본다. 즉, 교정 프로그램이 범죄자의 개선에 도움이 되지 않는다는 것이다.

(3) 통합 모형(Integration Model)

① 통합 모형은 **유입 모형과 박탈 모형을 통합**하여 교도소화를 이해하는 입장이다.

② 수형자문화의 형성에는 시설적응의 영향이 크지만(박탈 모형), 교도소화되는 경향은 입소 전의 경험과 조건에 의해 좌우된다고 본다(유입 모형).

③ 출소 후 재범 여부는 수용시설에서의 경험과 입소 전의 경험으로부터 함께 영향을 받는다고 본다.

④ 대체적으로 자유주의의 입장에서는 박탈 모형을 지지하고, 보수주의의 입장에서는 유입 모형을 지지한다. 18. 교정7

🏛 **핵심OX**

04 박탈 모형에서 수용자의 폭력과 규율 위반행동은 구금으로 인한 박탈과 그 고통에 대한 수용자 적응의 한 형태로 설명할 수 있다. (○, ×)

04 ○

3. 수형자의 역할유형

슈랙(C. Schrag)은 교정시설의 수형자 집단에는 특수한 행동규범과 규범 위반에 의해 규정되는 다양한 유형의 사회적 역할이 존재한다고 본다. 이에 따라 수형자들이 교정시설에서 적응하는 방식에 따라 수형자의 역할유형을 분류한다. 18. 승진

고지식자	① 친사회적 수형자로서 교정시설의 규율에 동조하고 법을 준수한다. 19. 교정9 ② 화이트칼라 범죄자나 격정범죄자가 많다.
정의한	① 반사회적 수형자로서 범죄자의 세계를 지향한다. ② 하층계급 출신이 많고, 폭력성 강력범죄의 경우가 많다. ③ 수형자들 사이에서 통용되는 규율을 준수하며 동료수형자의 이익을 위해 앞장서면서 약한 수형자를 보호하므로 진정한 리더로 인정받는다.
정치인	① 가사회적 수형자로서 교정시설 내에서 자신의 이익을 위해 시설직원과 동료수형자를 이용한다. ② 사기나 횡령 등의 경제범죄인 경우가 많다.
무법자	① 비사회적 수형자로서 자신의 목적을 위해 폭력을 이용하고 동료수형자 및 직원을 모두 피해자로 만든다. ② 폭력 · 강력범죄 중 비정상적 · 비공리적 범행인 경우가 많다.

4. 수형자문화의 분류

서덜랜드와 크레세이(E. Sutherland & D. Cressey)는 수형자들이 지향하는 가치를 기준으로 수형자문화를 범죄지향적 부문화, 수형지향적 부문화, 합법지향적 부문화로 구분한다(유입 모형에서 제시). 23. 교정9

범죄지향적 부문화	외부에서 터득한 반사회적인 범죄자의 부문화를 고집하고 장래에도 계속 범죄생활을 할 것을 지향하며 나름대로의 권력조직과 인간관계를 유지한다(정의한 유형).
수형지향적 부문화 21. 교정7☆	① 교도소 사회의 모든 생활방식을 수용하고 적응하며 수용생활을 편하게 보내기 위해 교도소 내에서의 지위획득에 몰두하고 출소 후의 생활에는 관심이 없다(정치인 유형). ② 가장 교도소화가 쉽게 빨리 되는 유형이며 재입소율(재범률)이 가장 높은 유형이다.
합법지향적 부문화	입소 시에 범죄지향적 부문화에 속하지 않았고 수용 중에도 범죄 · 수형지향적 부문화를 받아들이지 않으며 재범률이 가장 낮은 유형이다(고지식자 유형).

01 오번제(Auburn system)는 1820년대 초 린즈(E. Lynds)에 의해 시행되었고 엄정독거제에 비하여 인간적이라는 평가가 있다. 20. 승진 ( )

02 오번제(Auburn system)는 주간에는 수형자를 공장에 혼거 취업하게 하되 상호 간의 교담을 엄격히 금지하고, 야간에는 독방에 구금하여 취침하게 하는 제도이다. 20. 승진 ( )

03 오번제(Auburn system)는 인간의 본성인 공동생활의 습성을 박탈하지 않으므로 공동작업 중 악풍감염의 폐단이 발생한다는 단점이 있다. 20. 승진 ( )

04 오번제(Auburn system)는 공모에 의한 도주 · 반항 등을 방지할 수 있다는 장점이 있다. 20. 승진 ( )

05 교도소화란 교정당국과 교도관에 대해 적대적인 태도를 학습하는 것을 말한다. 21. 교정7 ( )

06 클레머(Clemmer)는 수형기간이 증가함에 따라 수형자의 교도소화가 강화된다고 보았다. 21. 교정7 ( )

07 휠러(Wheeler)는 형기의 중간단계에서 수형자가 교도관에 대해 가장 적대적으로 된다고 보았다. 21. 교정7 ( )

정답

01 ○ 오번제는 1823년 엘람 린즈가 오번교도소에서 엄정독거제의 결점을 보완하고 혼거제의 폐해를 제거하기 위한 목적으로 고안 · 실시한 구금방식이다.

02 ○ 오번제는 야간에는 독거구금하고, 주간에는 침묵상태에서 혼거작업을 실시하는 형태이다(교담금지제).

03 ✕ 주간 혼거작업시 교담을 금지하고 야간에는 독거구금하므로, '악풍감염의 문제가 해소'된다는 장점이 있다고 평가된다.

04 ○ 오번제도 기본적으로 독거제에 속하고 주간 혼거작업시 교담을 금지하므로, 공모에 의한 도주 · 반항 등의 사고를 방지할 수 있다고 본다.

05 ○ 교도소화란 신입수용자가 교정시설의 비공식적 규범과 가치(수형자강령 등)에 익숙해지고 이를 내재화하는 행위유형을 학습하는 과정을 말하는데, 교도소화가 진행됨에 따라 수용자들은 범죄적 이념을 습득하게 되고, 교도소생활에 익숙하게 되며, 사회복귀에 대한 두려움을 갖게 된다고 한다.

06 ○ 클레머(Clemmer)는 수용자의 수용기간이 길수록 반교정적 · 반사회적 · 친범죄적 부문화로 교도소화되는 정도가 커진다고 주장한다.

07 ○ 휠러(Wheeler)는 수형 단계에 따라 교도소화의 정도가 다름을 주장하는데(U형 곡선이론), 초기 단계의 수용자는 가장 높은 친교도관적 태도를 보이고, 중간 단계의 수용자는 친교도관적 태도가 가장 낮으며, 말기 단계의 수용자는 다시 친교도관적 태도를 보이며 수형자강령을 거부하는 경향을 나타낸다고 주장한다.

08 슈랙(C. Schrag)은 재소자의 역할유형을 고지식자(square Johns), 정의한(right guys), 정치인(politicians), 무법자(outlaws)로 구분하고, 고지식자는 친사회적 수형자로서 교정시설의 규율에 동조하며 법을 준수하는 생활을 긍정적으로 지향하는 유형이라고 한다. 19. 교정9 ( )

09 쉬렉(C. Schrag)의 수용자 역할 유형 중 정의한(right guys)은 반사회적 수용자로서 교도소 부문화적 활동에 깊이 개입하며, 동료 수용자들로부터 범죄적 전문성으로 인해 존경받는 유형이다. 18. 승진 ( )

10 서덜랜드와 크레시(Sutherland & Cressey)는 수형자들이 지향하는 가치를 기준으로 하위문화를 구분했다. 23. 교정9
( )

11 수형지향적 하위문화에 속하는 수형자는 교도소 내의 지위획득에 관심이 없다. 21. 교정7 ( )

12 범죄 지향적 하위문화를 수용하는 수형자들은 교도소 내에서의 지위 확보에 관심을 가진다. 23. 교정9 ( )

13 수형자 하위문화 중 수형 지향적 하위문화를 수용하는 수형자들은 모범적으로 수형생활을 하며 성공적인 사회복귀의 가능성이 높다. 23. 교정9 ( )

14 수형자 하위문화 중 합법 지향적 하위문화를 수용하는 수형자들은 수형자의 역할 중 '정의한'에 가깝고, 교도관보다는 재소자와 긍정적인 관계를 유지하며 가급적 교정시설의 규율에 따른다. 23. 교정9 ( )

정답

08 ○ 슈랙(C. Schrag)은 수형자의 역할 유형을 고지식자(친사회적 수형자), 정의한(반사회적 수형자), 정치인(가사회적 수형자), 무법자(비사회적 수형자)로 분류하였다.

09 ○ 정의한은 반사회적 수형자로서 범죄자의 세계를 지향하며, 하층계급출신이 많고, 폭력성 강력범죄의 경우가 많다. 수형자들 사이에서 통용되는 규율을 준수하며 동료수형자의 이익을 위해 앞장서면서 약한 수형자를 보호하므로 진정한 리더로 인정되는 유형이다.

10 ○ 서덜랜드와 크레시(Sutherland & Cressey)는 수형자들이 지향하는 가치를 기준으로 수형자문화를 범죄지향적 부문화, 수형지향적 부문화, 합법지향적 부문화로 구분하였다.

11 × 서덜랜드와 크레세이(E. Sutherland & D. Cressey)는 수형자들이 지향하는 가치를 기준으로 수형자문화를 범죄지향적 부문화, 수형지향적 부문화, 합법지향적 부문화로 구분하며, 이 중 수형지향적 부문화에 속하는 수형자는 교도소 사회의 모든 생활방식을 수용하고 적응하며 수용생활을 편하게 보내기 위해 '교도소 내에서의 지위획득에 몰두'하고 출소 후의 생활에는 관심이 없는 유형이라고 한다.

12 × 범죄 지향적 하위문화에 속하는 수형자들은 외부에서 터득한 반사회적인 범죄자의 부문화를 고집하고 장래에도 계속 범죄생활을 할 것을 지향하며 나름대로의 권력조직과 인간관계를 유지한다. 지문의 내용은 '수형 지향적 하위문화'에 속하는 수형자들에 대한 설명이다.

13 × 수형 지향적 하위문화에 속하는 수형자들은 교도소 사회의 모든 생활방식을 수용하고 적응하며 수용생활을 편하게 보내기 위해 교도소 내에서의 지위획득에 몰두하고 출소 후의 생활에는 관심이 없다. 지문의 내용은 '합법 지향적 하위문화'에 속하는 수형자들에 대한 설명이다.

14 × 합법 지향적 하위문화에 속하는 수형자들은 입소 시에 범죄지향적 부문화에 속하지 않았고 수용 중에도 범죄·수형지향적 부문화를 받아들이지 않으며 재범율이 가장 낮은 유형이다. 지문의 내용은 '범죄 지향적 하위문화'에 속하는 수형자들에 대한 설명이다.

06 수용자의 법적 지위와 권리구제

1 수용자의 법적 지위

1 연혁

(1) 근대 이전에는 수형자를 법적 보호의 영역 밖에 있는 자로 보아, 처우의 대상이나 인권의 주체로 보지 않았고 형 집행의 객체로만 파악하였다.

(2) 19세기 이후에도 수형자의 생활조건을 개선하는 데 중점을 두기는 하였으나 법적 보호의 대상으로 보지는 않았다.

(3) 20세기에 들어와서 프로이덴탈(B. Freudenthal) 등에 의해 수형자의 법적 지위에 대한 주장이 제기되고, 제2차 세계대전 이후에는 수형자의 권리구제를 위한 권리신장운동이 발전되기 시작하였다. 11. 특채

(4) 1955년 제1회 'UN 범죄방지 및 범죄자처우회의'에서 '피구금자 처우 최저기준규칙'이 채택되어 행형에 있어서 국제적 기준이 제시되었다.

(5) 현행 「형의 집행 및 수용자의 처우에 관한 법률」에서도 수용자의 인권을 최대한으로 존중하며, 수용자는 합리적 이유 없이 차별받지 아니함을 규정하고 있다 (제4조, 제5조).

2 수용자의 법적 지위와 권리

1. 이론적 기초

(1) **특별권력관계이론**

수형자와 국가의 관계를 **포괄적 지배복종의 관계**로 보아, 수형자의 법적 지위와 권리에 대해서는 법치주의가 배제되는 교정당국의 재량 문제로 보는 입장이다. 11. 특채

(2) **특별권력관계 수정설**

수형자의 **중요한 기본권의 제한**은 구금의 본질과 목적에 비추어 합리성과 필요성이 인정되는 범위에서 허용되며 원칙적으로 **법률**에 의해야 한다는 입장으로, 특별권력관계에 있어서 법치행정의 도입을 주장한다.

(3) 특별권력관계 부정설

① 1972년 독일의 **연방헌법재판소**에서 국가와 수형자의 관계를 특별권력관계가 아닌 **일반권력관계로 판시**하여 수용자의 권리를 보장하였다. 11. 특채

② 1964년 미국에서는 '수형자의 연방시민법에 의한 보호를 받을 권리'를 인정하는 판결을 통해 수형자 권리보장의 계기가 형성되었다.

(4) 결론 – 수용자의 법적 지위와 권리의 보장

① 수용자의 지위는 헌법과 법률에 근거하며, 수용자의 권리는 법치주의에 입각하여 오직 법률에 근거가 있을 때에만 제한할 수 있다(법률유보의 원칙).

② 헌법 제10조의 인간의 존엄성 및 행복추구권은 수용자의 권리보장의 기본적인 근거가 된다. 13. 교정7

🔨 관련 판례 | **수용자의 자유 제한 허용 여부**

수형자나 피보호감호자를 수용함에 있어서 피구금자의 신체활동과 관련된 자유에 대하여 가하는 제한의 허용 범위 – 수형자나 피보호감호자를 교도소나 보호감호소에 수용함에 있어서 <u>신체의 자유를 제한하는 외에 교화 목적의 달성과 교정질서의 유지를 위하여 피구금자의 신체활동과 관련된 그 밖의 자유에 대하여 제한을 가하는 것도 수용조치에 부수되는 제한으로서 허용</u>된다고 할 것이나, 그 제한은 위 목적 달성을 위하여 꼭 필요한 경우에 합리적인 범위 내에서만 허용되는 것이고, 그 제한이 필요하고 합리적인가의 여부는 제한의 필요성의 정도와 제한되는 권리 내지 자유의 내용, 이에 가해진 구체적 제한의 형태와의 비교교량에 의하여 결정된다고 할 것이며, <u>법률의 구체적 위임에 의하지 아니한 행형법 시행령이나 계호근무준칙 등의 규정은 위와 같은 위법성 판단을 함에 있어서 참고자료가 될 수는 있겠으나 그 자체로써 수형자 또는 피보호감호자의 권리 내지 자유를 제한하는 근거가 되거나 그 제한조치의 위법 여부를 판단하는 법적 기준이 될 수는 없다.</u> [대판 2003.7.25, 2001다60392]

---

2. 수용자 권리의 내용

(1) 절차적 권리

① 수용자의 처우에 있어서는 **적법절차의 원칙**이 준수되어야 한다. 이러한 적법절차에 대한 관심은 교정시설에서 일관적인 법치행정을 위한 기초를 제공한다. 11. 특채

② 적법절차의 요구는 교정시설에 대한 법원의 개입 중 가장 중요한 것으로 평가된다.

(2) 실질적 권리

① **외부 교통권**: 언론의 자유 또는 표현의 자유의 측면에서 인정되는 수용자의 외부와의 교통은 교정시설의 보안문제와 충돌이 야기되므로 양자 간에 균형을 맞추어야 한다.

② **종교의 자유**: 수용자의 종교의 자유는 교정당국의 보안·질서유지·교화개선의 추구를 위하여 필요한 최소한의 범위에서 제한된다.

③ 잔혹하고 비정상적인 처벌의 금지: 일반적 기준에 비추어 충격적이거나 인간의 존엄성을 침해하는 형태의 처벌은 교정의 목표와 아무런 관련이 없으며 헌법에 위반되므로, 수용자에게 이러한 처벌을 행하는 것은 금지된다.

④ 처우받을 권리와 거부할 권리: 처우를 구금연장의 수단으로 보는 입장에서는 수용자가 처우를 거절할 권리와 그로 인해 처벌받지 않을 권리도 인정되어야 한다고 본다.

🔨 관련 판례 ｜ 수용자의 권리 관련

「국민건강보험법」 제49조 제4호 위헌확인

[1] 교도소에 수용된 때에는 국민건강보험급여를 정지하도록 한 「국민건강보험법」 제49조 제4호가 수용자의 건강권, 인간의 존엄성, 행복추구권, 인간다운 생활을 할 권리를 침해하는지 여부(소극) – 교도소에 수용된 때에는 국민건강보험급여를 정지하도록 한 「국민건강보험법」 제49조 제4호는 수용자에게 불이익을 주기 위한 것이 아니라, 국가의 보호·감독을 받는 수용자의 질병치료를 국가가 부담하는 것을 전제로 수용자에 대한 의료보장제도를 합리적으로 운영하기 위한 것이므로 입법목적의 정당성을 갖고 있다. 가사 국가의 예산상의 이유로 수용자들이 적절한 의료보장을 받지 못하는 것이 현실이라고 하더라도 이는 수용자에 대한 국가의 보건의무불이행에 기인하는 것이지 위 조항에 기인하는 것으로 볼 수 없다. 위 조항은 수용자의 의료보장수급권을 직접 제약하는 규정이 아니며, 입법재량을 벗어나 수용자의 건강권을 침해하거나 국가의 보건의무를 저버린 것으로 볼 수 없으므로 수용자의 건강권, 인간의 존엄성, 행복추구권, 인간다운 생활을 할 권리를 침해하는 것이라 할 수 없다.

[2] 위 조항이 미결수용자에게 있어서 무죄추정의 원칙에 위배되는지 여부(소극) – 위 조항은 수용자의 의료보장체계를 일원화하기 위한 입법 정책적 판단에 기인한 것이며 유죄의 확정판결이 있기 전인 미결수용자에게 어떤 불이익을 주기 위한 것은 아니므로 무죄추정의 원칙에 위반된다고 할 수 없다.

[3] 위 조항이 평등원칙에 위배되는지 여부(소극) – 위 조항은 수용자에게 의료급여를 정지함으로써 수용자를 차별하고 있으나, 이는 수용자에 대한 의료보장을 일괄적으로 국가가 부담하도록 하는 것을 전제로 하여 수용자 간 의료급여의 형평문제와 구금의 목적실현 등을 고려한 것으로 합리적 이유가 있으므로 평등원칙에 위배되지 않는다. [헌재 2005.2.24, 2003헌마31 등] 14. 교정7

「공직선거법」 제18조 제1항 제2호 위헌확인 등

집행유예기간 중인 자와 수형자의 선거권을 제한하고 있는 「공직선거법」(2005.8.4. 법률 제7681호로 개정된 것) 제18조 제1항 제2호 중 '유기징역 또는 유기금고의 선고를 받고 그 집행이 종료되지 아니한 자(이하 '수형자'라 한다)'에 관한 부분과 '유기징역 또는 유기금고의 선고를 받고 그 집행유예기간 중인 자(이하 '집행유예자'라 한다)'에 관한 부분 및 「형법」(1953.9.18. 법률 제293호로 제정된 것) 제43조 제2항 중 수형자와 집행유예자의 '공법상의 선거권'에 관한 부분(이 조항들을 함께 '심판 대상조항'이라 한다)이 헌법 제37조 제2항에 위반하여 청구인들의 선거권을 침해하고, 보통선거원칙에 위반하여 평등원칙에도 어긋나는지 여부(적극) – 심판 대상조항은 집행유예자와 수형자에 대하여 전면적·획일적으로 선거권을 제한하고 있다. (중략) 범죄자가 저지른 범죄의 경중을 전혀 고려하지

「공직선거법」의 개정

제18조 【선거권이 없는 자】 ① 선거일 현재 다음 각 호의 어느 하나에 해당하는 사람은 선거권이 없다.
　2. 1년 이상의 징역 또는 금고의 형의 선고를 받고 그 집행이 종료되지 아니하거나 그 집행을 받지 아니하기로 확정되지 아니한 사람. 다만, 그 형의 집행유예를 선고받고 유예기간 중에 있는 사람은 제외한다.

않고 수형자와 집행유예자 모두의 선거권을 제한하는 것은 침해의 최소성원칙에 어긋난다. 특히 집행유예자는 집행유예선고가 실효되거나 취소되지 않는 한 교정시설에 구금되지 않고 일반인과 동일한 사회생활을 하고 있으므로, 그들의 선거권을 제한해야 할 필요성이 크지 않다. 따라서 심판 대상조항은 청구인들의 선거권을 침해하고, 보통선거원칙에 위반하여 집행유예자와 수형자를 차별취급하는 것이므로 평등원칙에도 어긋난다(수형자에 관한 부분 - 헌법불합치, 집행유예자에 관한 부분 - 위헌). [헌재 2014.1.28, 2012헌마409 등] 22. 교정7☆

교정시설 수용자의 국민기초생활보장 대상 제외

[1] 기초생활보장제도의 보장단위인 개별가구에서 교도소·구치소에 수용 중인 자를 제외토록 규정한 「국민기초생활 보장법 시행령」 제2조 제2항 제3호 중 '「형의 집행 및 수용자의 처우에 관한 법률」에 의한 교도소·구치소에 수용 중인 자' 부분이 교도소·구치소에 수용 중인 자를 기초생활보장급여의 지급 대상에서 제외시켜 헌법상 인간다운 생활을 할 권리를 침해하는지 여부(소극) - (중략) 「형의 집행 및 수용자의 처우에 관한 법률」에 의한 교도소·구치소에 수용 중인 자는 해당 법률에 의하여 생계유지의 보호를 받고 있으므로 이러한 생계유지의 보호를 받고 있는 교도소·구치소에 수용 중인 자에 대하여 「국민기초생활 보장법」에 의한 중복적인 보장을 피하기 위하여 개별가구에서 제외키로 한 입법자의 판단이 헌법상 용인될 수 있는 재량의 범위를 일탈하여 인간다운 생활을 할 권리를 침해한다고 볼 수 없다.

[2] 이 사건 조항이 무죄추정의 원칙에 위배되는지 여부(소극) - 내용 생략 [헌재 2011.3.31, 2009헌마617]

공권력행사 위헌확인

피청구인이 출정비용납부 거부 또는 상계동의 거부를 이유로 청구인의 행정소송 변론기일에 청구인의 출정을 제한한 행위('이 사건 출정 제한행위')가 청구인의 재판청구권을 침해하는지 여부(적극) - (중략) 교도소장은 수형자가 출정비용을 예납하지 않았거나 영치금과의 상계에 동의하지 않았다고 하더라도, 우선 수형자를 출정시키고 사후에 출정비용을 받거나 영치금과의 상계를 통하여 출정비용을 회수하여야 하는 것이지, 이러한 이유로 수형자의 출정을 제한할 수 있는 것은 아니다. (중략) 청구인이 직접 재판에 출석하여 변론할 권리를 침해함으로써, 형벌의 집행을 위하여 필요한 한도를 벗어나서 청구인의 재판청구권을 과도하게 침해하였다고 할 것이다. [헌재 2012.3.29, 2010헌마475] 18. 승진

2 수용자의 권리구제

1 개관

1. 의의

(1) 수용자의 권리구제는 교정기관의 위법·부당한 처분이나 권리침해를 취소 또는 시정하도록 하여 수용자의 권리를 보장하고 행형의 적정을 기하는 불복제도를 말한다.

(2) 수용자의 권리구제수단은 **사법적 구제수단**과 **비사법적 구제수단**으로 구분할 수 있다.

2. 권리구제수단의 구분 15. 경채☆

구분	사법적 구제수단	비사법적 구제수단
종류	① 행정소송 ② 민사소송 ③ 형사소송 ④ 헌법소원	① 청원 ② 소장면담 ③ 행정심판 ④ 국가인권위원회 ⑤ 민원조사관제 ⑥ 중재 등
장점	소송은 가장 확실한 권리구제수단이다.	① 시간과 비용을 절감할 수 있다. ② 수용자의 요구에 보다 효과적으로 대응할 수 있다. ③ 문제가 심화되기 전에 처리할 수 있다.
단점	① 소송은 많은 시간과 비용을 필요로 한다. ② 교정당국의 지도력을 상실할 우려가 있다. ③ 수용자가 자신을 대변할 능력과 여건이 부족하다.	사법적 수단보다 확실하지 못하고, 공정한 결정을 기대하기 어렵다.

3. 권리구제를 위한 전제

(1) 신입자 등에 대한 고지사항

> **법 제17조 【고지사항】** 신입자 및 다른 교정시설로부터 이송되어 온 사람에게는 말이나 서면으로 다음 각 호의 사항을 알려 주어야 한다. 18. 승진☆
> 1. 형기의 기산일 및 종료일
> 2. 접견·편지*, 그 밖의 수용자의 권리에 관한 사항
> 3. 청원, 「국가인권위원회법」에 따른 진정, 그 밖의 권리구제에 관한 사항
> 4. 징벌·규율, 그 밖의 수용자의 의무에 관한 사항
> 5. 일과 그 밖의 수용생활에 필요한 기본적인 사항

(2) 수용자의 정보공개청구 16. 경채

청원과의 구별

청원의 상대방은 법무부장관, 순회점검공무원, 지방교정청장인 것과 구별을 요한다 (법 제117조 제1항).

> **법 제117조의2 【정보공개청구】** ① 수용자는 「공공기관의 정보공개에 관한 법률」에 따라 법무부장관, 지방교정청장 또는 소장에게 정보의 공개를 청구할 수 있다. 23. 교정7☆
> ② 현재의 수용기간 동안 법무부장관, 지방교정청장 또는 소장에게 제1항에 따른 정보공개청구를 한 후 정당한 사유 없이 그 청구를 취하하거나 「공공기관의 정보공개에 관한 법률」 제17조에 따른 비용을 납부하지 아니한 사실이 2회 이상 있는 수용자가 제1항에 따른 정보공개청구를 한 경우에 법무부장관, 지방교정청장 또는 소장은 그 수용자에게 정보의 공개 및 우송 등에 들 것으로 예상되는 비용을 미리 납부하게 할 수 있다(→ 정보공개비용 예납제). 14. 교정7☆
> ③ 제2항에 따라 정보의 공개 및 우송 등에 들 것으로 예상되는 비용을 미리 납부하여야 하는 수용자가 비용을 납부하지 아니한 경우 법무부장관, 지방교정청장 또는 소장은 그 비용을 납부할 때까지 「공공기관의 정보공개에 관한 법률」 제11조에 따른 정보공개 여부의 결정을 유예할 수 있다. 12. 경채
> ④ 제2항에 따른 예상비용의 산정방법, 납부방법, 납부기간, 그 밖에 비용납부에 관하여 필요한 사항은 대통령령으로 정한다. 13. 경채☆

> **영 제139조의2 【정보공개의 예상비용 등】** ① 법 제117조의2 제2항에 따른 예상비용은 「공공기관의 정보공개에 관한 법률 시행령」 제17조에 따른 수수료와 우편요금(공개되는 정보의 사본·출력물·복제물 또는 인화물을 우편으로 송부하는 경우로 한정한다)을 기준으로 공개를 청구한 정보가 모두 공개되었을 경우에 예상되는 비용으로 한다.
> ② 법무부장관, 지방교정청장 또는 소장은 법 제117조의2 제2항에 해당하는 수용자가 정보공개의 청구를 한 경우에는 청구를 한 날부터 7일 이내에 제1항에 따른 비용을 산정하여 해당 수용자에게 미리 납부할 것을 통지할 수 있다. 18. 승진☆
> ③ 제2항에 따라 비용납부의 통지를 받은 수용자는 그 통지를 받은 날부터 7일 이내에 현금 또는 수입인지로 법무부장관, 지방교정청장 또는 소장에게 납부하여야 한다. 13. 경채
> ④ 법무부장관, 지방교정청장 또는 소장은 수용자가 제1항에 따른 비용을 제3항에 따른 납부기한까지 납부하지 아니한 경우에는 해당 수용자에게 정보공개 여부 결정의 유예를 통지할 수 있다.

🧳 **핵심OX**

01 「공공기관의 정보공개에 관한 법률」에 따른 비용을 납부하지 아니한 사실이 2회 이상 있는 수용자가 정보공개청구를 한 경우에 법무부장관, 지방교정청장 또는 소장은 그 수용자에게 정보의 공개 및 우송 등에 들 것으로 예상되는 비용을 미리 납부하게 할 수 있다. (○, ×)

01 ○

⑤ 법무부장관, 지방교정청장 또는 소장은 제1항에 따른 비용이 납부되면 신속하게 정보공개 여부의 결정을 하여야 한다.

⑥ 법무부장관, 지방교정청장 또는 소장은 비공개 결정을 한 경우에는 제3항에 따라 납부된 비용의 전부를 반환하고 부분공개 결정을 한 경우에는 공개 결정한 부분에 대하여 드는 비용을 제외한 금액을 반환하여야 한다. 14. 교정7

⑦ 제2항부터 제5항까지의 규정에도 불구하고 법무부장관, 지방교정청장 또는 소장은 제1항에 따른 비용이 납부되기 전에 정보공개 여부의 결정을 할 수 있다. 14. 교정7

⑧ 제1항에 따른 비용의 세부적인 납부방법 및 반환방법 등에 관하여 필요한 사항은 법무부장관이 정한다.

⚖ 관련 판례 | **수용자의 정보공개청구**

교도소에 수용 중이던 재소자가 담당 교도관들을 상대로 가혹행위를 이유로 형사고소 및 민사소송을 제기하면서 그 증명자료 확보를 위해 '근무보고서'와 '징벌위원회 회의록' 등의 정보공개를 요청하였으나 교도소장이 이를 거부한 사안에서, 근무보고서는 「공공기관의 정보공개에 관한 법률」 제9조 제1항 제4호에 정한 비공개 대상 정보에 해당한다고 볼 수 없고, 징벌위원회 회의록 중 비공개 심사·의결 부분은 위 법 제9조 제1항 제5호의 비공개사유에 해당하지만 재소자의 진술, 위원장 및 위원들과 재소자 사이의 문답 등 징벌절차 진행 부분은 비공개사유에 해당하지 않는다고 보아 분리 공개가 허용된다. [대판 2009.12.10, 2009두12785] 18. 승진

---

2 사법적 구제수단

1. 행정소송

(1) 교정당국의 위법한 처분이나 공권력의 행사 또는 불행사로 인해 권리가 침해된 때에는 「행정소송법」에 따라 법원에 항고소송(취소소송·무효등확인소송·부작위위법확인소송)을 제기할 수 있다.

(2) 행정심판을 먼저 거치지 않고 직접 행정소송을 제기할 수 있다(「행정소송법」 제18조).

⚖ 관련 판례 | **보관품 사용신청 불허처분에 대한 행정소송 제기**

원고의 긴 팔 티셔츠 2개(앞 단추가 3개 있고 칼라가 달린 것, 이하 '이 사건 보관품'이라 한다)에 대한 사용신청 불허처분(이하 '이 사건 처분'이라 한다) 이후 이루어진 원고의 다른 교도소로의 이송이라는 사정에 의하여 원고의 권리와 이익의 침해 등이 해소되지 아니한 점, 원고의 형기가 만료되기까지는 아직 상당한 기간이 남아 있을 뿐만 아니라, 진주교도소가 전국 교정시설의 결핵 및 정신질환 수형자들을 수용·관리하는 의료교도소인 사정을 감안할 때 원고의 진주교도소로의 재이송가능성이 소멸하였다고 단정하기 어려운 점 등을 종합하면, 원고로서는 이 사건 처분의 취소를 구할 이익이 있다고 봄이 상당하다. [대판 2008.2.14, 2007두13203] 17. 교정7

2. 민사소송

공무원이 고의 또는 과실로 법령을 위반하여 수용자에게 손해를 가한 때에는 해당 공무원이나 국가를 상대로 「민법」상 불법행위에 기한 손해배상청구 또는 「국가배상법」상의 국가배상청구를 할 수 있다.

3. 형사소송

신체에 대한 직접적 강제나 보호장비 및 강제력 행사의 요건·절차상의 하자가 있을 때에는 형사상 처벌을 구하는 고소·고발을 할 수 있다.

4. 헌법소원

> **헌법재판소법**
> **제68조** ① 공권력의 행사 또는 불행사로 인하여 헌법상 보장된 기본권을 침해받은 자는 법원의 재판을 제외하고는 헌법재판소에 헌법소원심판을 청구할 수 있다. 다만, 다른 법률에 구제절차가 있는 경우에는 그 절차를 모두 거친 후가 아니면 청구할 수 없다. 13. 교정7

⚖️ **관련 판례** | **수용자의 헌법소원심판청구**

교도소장의 접견불허처분에 대한 헌법소원은 구제절차를 거친 후에 하여야 하는지 여부(적극) - 미결수용자 접견신청에 대한 교도소장의 불허처분에 대하여는 「행정심판법」, 「행정소송법」에 의하여 행정심판, 행정소송이 가능할 것이므로 이러한 구제절차를 거치지 아니하고 제기한 헌법소원은 부적법하다. [헌재 1998.2.27, 96헌마179] 18. 승진

미결수용자에게 재소자용 의류를 입게 한 행위에 대해 곧바로 청구된 헌법소원에서 보충성의 원칙에 대한 예외를 인정할 것인지 여부(적극) - 행형법 제6조의 청원제도는 그 처리기관이나 절차 및 효력면에서 권리구제절차로서는 불충분하고 우회적인 제도이므로 헌법소원에 앞서 반드시 거쳐야 하는 사전구제절차라고 보기는 어렵고, 미결수용자에 대하여 재소자용 의류를 입게 한 행위는 이미 종료된 권력적 사실행위로서 행정심판이나 행정소송의 대상으로 인정되기 어려울 뿐만 아니라 소의 이익이 부정될 가능성이 많아 헌법소원심판을 청구하는 외에 달리 효과적인 구제방법이 없으므로 보충성의 원칙에 대한 예외에 해당한다. [헌재 1999.5.27, 97헌마137] 12. 교정7

교정시설 내 난방시설설치 부작위 위헌확인
행정권력의 부작위에 대한 헌법소원의 경우에는, 공권력의 주체에게 헌법에서 유래하는 작위의무가 특별히 구체적으로 규정되어 이에 의거하여 기본권의 주체가 행정행위를 청구할 수 있음에도 공권력의 주체가 그 의무를 해태하는 경우에 허용되는 것이다. 기록에 의하면 이 사건 교정시설에서는 라디에이터 등 간접 난방시설이 설치되어 운용되고 있음이 인정되는바, 헌법의 규정상 또는 헌법의 해석상 특별히 피청구인에게

헌법소원심판청구의 보충성
사법적 권리구제로서 헌법소원을 제기하기 위해서는 법률에 정해진 기본권 구제절차를 거쳐야 하지만, 형집행법상의 청원을 거쳐야 할 필요는 없다는 의미이다.

청구인이 주장하는 바와 같은 직접 난방시설 등을 설치해야 할 작위의무가 부여되어 있다고 볼 수 없고, '형의 집행 및 수용자의 처우에 관한 법률' 및 관계 법령을 모두 살펴보아도 피청구인에게 위와 같은 작위의무가 있다는 점을 발견할 수 없다. 결국, 이 사건 헌법소원은 헌법의 명문상으로나 해석상으로도 피청구인의 작위의무가 인정되지 않는 공권력의 불행사에 대한 심판청구이므로 부적법하다고 할 것이다. [헌재 2012.5.8, 2012헌마328] 18. 승진

교정시설 내 특정취침자세 강요행위 위헌확인
교도관이 수형자에게 '취침 시 출입구 쪽으로 머리를 두면 취침하는 동안 CCTV나 출입문에 부착된 시찰구를 통해서도 얼굴 부위를 확인할 수 없으므로, 출입구 반대방향인 화장실 방향으로 머리를 두라'고 한 교정시설 내 특정 취침자세 강요행위는 교도관들의 우월적 지위에서 일방적으로 청구인에게 특정한 취침자세를 강제한 것이 아니므로, 헌법소원 심판의 대상인 공권력의 행사라고 보기 어렵다. [헌재 2012.10.26, 2012헌마750] 19. 승진

3 비사법적 구제수단

1. 청원

(1) 의의

수용자가 교정기관의 처우에 불복이 있을 경우에 법무부장관, 순회점검공무원 또는 관할 지방교정청장에게 호소하여 적절한 구제를 요청하는 것이다.

(2) 청원권자

① 수형자와 미결수용자, 내국인과 외국인을 불문하고 **수용자**이면 누구든지 청원할 수 있다. 따라서 석방자·가석방자는 청원권자에 해당하지 않는다.

② 수용자의 공동청원이나 이중청원은 허용되지 않는다.

(3) 청원사항

① 수용자는 그 **처우에 관하여 불복**하는 경우 청원할 수 있다(법 제117조 제1항).

② 교정시설 측의 위법·부당한 처우, 작위·부작위에 의해 수용자의 권리가 침해된 경우이거나 침해될 우려가 있는 경우에 청원할 수 있다.

③ 본인의 이익과 관계없는 다른 수용자에 대한 사항(타인의 처우에 대한 불복), 행형제도 전반에 관한 개선의견, 감정적 의견, 막연한 희망의 표시 등은 청원사항에 해당하지 않는다. 12. 교정7

(4) 현행법령의 태도 16. 경채

법 제117조 【청원】① 수용자는 그 처우에 관하여 불복하는 경우 법무부장관·순회점검공무원 또는 관할 지방교정청장에게 청원할 수 있다. 23. 교정7☆
② 제1항에 따라 청원하려는 수용자는 청원서를 작성하여 봉한 후 소장에게 제출하여야 한다. 다만, 순회점검공무원에 대한 청원은 말로도 할 수 있다. 21. 교정7☆

🏛 **핵심OX**
02 수용자는 그 처우에 관하여 불복하는 경우 법무부장관·순회점검공무원 또는 관할 지방교정청장에게 청원할 수 있다. (○, ×)

03 처우에 불복하여 청원하려는 수용자는 청원서를 작성하여 봉한 후 소장에게 제출하여야 하나, 순회점검공무원에 대한 청원은 말로도 할 수 있다. (○, ×)

02 ○
03 ○

③ 소장은 청원서를 개봉하여서는 아니 되며, 이를 지체 없이 법무부장관·순회점검공무원 또는 관할 지방교정청장에게 보내거나 순회점검공무원에게 전달하여야 한다. 21. 교정7☆

④ 제2항 단서에 따라 순회점검공무원이 청원을 청취하는 경우에는 해당 교정시설의 교도관이 참여하여서는 아니 된다. 23. 교정7☆

⑤ 청원에 관한 결정은 문서로 하여야 한다. 21. 교정7☆

⑥ 소장은 청원에 관한 결정서를 접수하면 청원인에게 지체 없이 전달하여야 한다. 16. 교정7☆

영 제139조 【순회점검공무원에 대한 청원】 ① 소장은 법 제117조 제1항에 따라 수용자가 순회점검공무원(법 제8조에 따라 법무부장관으로부터 순회점검의 명을 받은 법무부 또는 그 소속 기관에 근무하는 공무원을 말한다. 이하 같다)에게 청원하는 경우에는 그 인적사항을 청원부에 기록하여야 한다. 19. 교정9☆

② 순회점검공무원은 법 제117조 제2항 단서에 따라 수용자가 말로 청원하는 경우에는 그 요지를 청원부에 기록하여야 한다. 10. 특채

③ 순회점검공무원은 법 제117조 제1항의 청원에 관하여 결정을 한 경우에는 그 요지를 청원부에 기록하여야 한다.

④ 순회점검공무원은 법 제117조 제1항의 청원을 스스로 결정하는 것이 부적당하다고 인정하는 경우에는 그 내용을 법무부장관에게 보고하여야 한다.

⑤ 수용자의 청원처리의 기준·절차 등에 관하여 필요한 사항은 법무부장관이 정한다(→ 수용자 청원처리지침).

(5) 청원의 효과

① 불이익처우 금지

법 제18조 【불이익처우 금지】 수용자는 청원, 진정, 소장과의 면담, 그 밖의 권리구제를 위한 행위를 하였다는 이유로 불이익한 처우를 받지 아니한다. 13. 교정7☆

② 집행부정지의 원칙: 청원의 제기는 해당 처분에 영향을 주지 않는다. 다만, 법무부장관 등의 지휘·감독권의 발동을 기대함에 불과하다.

2. 소장 면담 16. 경채☆

(1) 의의

① 수용자가 그 처우에 관하여 소장에게 면담을 신청하여 해결하는 것이다(법 제116조).

② 주로 교도관의 위법·부당한 행위를 시정함에 있어 청원이나 소송제기 전에 조속한 시정을 위한 제도로 활용되며, 나아가 수용자의 개인사정을 조기에 처리하여 수용생활에 안정을 기할 수 있다는 점에 제도의 취지가 있다.

소장 면담의 사유

구 행형법 시행령에서는 소장 면담의 사유를 '처우 및 일신상의 사정에 관하여'라고 규정하고 있었다.

(2) 현행법령의 태도

> **법 제116조【소장 면담】** ① <u>수용자는</u> 그 <u>처우에 관하여</u> 소장에게 면담을 신청할 수 있다.
>
> ② 소장은 수용자의 면담신청이 있으면 다음 각 호의 어느 하나에 해당하는 사유가 있는 경우를 <u>제외하고는</u> 면담을 하여야 한다. 19. 승진☆
>
> 1. 정당한 사유 없이 면담<u>사유</u>를 밝히지 아니하는 때
>
> 2. 면담 목적이 법령에 명백히 <u>위</u>배되는 사항을 요구하는 것인 때
>
> 3. 동일한 사유로 면담한 사실이 있음에도 불구하고 정당한 사유 없이 <u>반</u>복하여 면담을 신청하는 때
>
> 4. 교도관의 직무집행을 <u>방</u>해할 목적이라고 인정되는 상당한 이유가 있는 때
>
> ③ 소장은 <u>특별한 사정이</u> 있으면 <u>소속 교도관으로</u> 하여금 그 면담을 대리하게 할 수 있다. 이 경우 면담을 대리한 사람은 그 결과를 소장에게 지체 없이 보고하여야 한다. 19. 승진
>
> ④ 소장은 면담한 결과 처리가 필요한 사항이 있으면 그 <u>처리결과를 수용자에게 알려야</u> 한다. 23. 교정7☆

> **영 제138조【소장 면담】** ① 소장은 법 제116조 제1항에 따라 수용자가 면담을 신청한 경우에는 그 인적사항을 면담부에 기록하고 특별한 사정이 없으면 신청한 순서에 따라 면담하여야 한다.
>
> ② 소장은 제1항에 따라 수용자를 면담한 경우에는 그 요지를 면담부에 기록하여야 한다.
>
> ③ 소장은 법 제116조 제2항 각 호의 어느 하나에 해당하여 수용자의 면담 신청을 받아들이지 아니하는 경우에는 그 사유를 해당 수용자에게 알려주어야 한다. 19. 승진

⚖ 관련 판례 | 수용자의 소장 면담 신청 관련

교도관의 교도소장 면담요구 거절이 직무유기죄에 해당하는지 여부 – 청구인이 <u>구체적 사유를 밝히지 않고 단순히 수용자의 처우 또는 일신상의 사정을 호소하기 위하여 교도소장을 면담하겠다거나, 원칙적으로 허가받을 수 없는 전화통화를 하기 위하여 교도소장 면담을 원하는 경우</u>이더라도, 위 피고소인들로서는 일단 계호근무준칙 제150조에 따라 보고문을 작성하여 관계과에 통보하는 등 면담절차를 밟아 주어야 할 것이고 그러한 절차 밟는 것 자체를 거절한 것은 결코 온당한 처사라고 할 수 없다. 그러나 위 피고소인들은 앞서 본 「교도관집무규칙」 규정에 따라 면담요청사유를 파악하여 상관에 보고하여야 할 직무상 의무를 부담할 뿐만 아니라, 기본적으로 교도관으로서 수형자에 대하여 형벌을 집행하고 그들을 교정교화하는 임무를 띠고 있는 자들이므로, 청구인이 교도소장을 면담하려는 사유가 무엇인지를 구체적으로 파악하여 <u>교도소장 면담까지 하지 않더라도</u> 그들 자신이나 그 윗선에서 단계적으로 해결할 수 있는 사항인지 혹은 달리 해결을 도모하여야 할 사항인지의 여부를 먼저 확인하는 것이 마땅하고, 또한 전화통화요구와 같이 교도소장을 면담하여도 허락받지 못할 것이 확실시되는 사항에 대하여는 <u>무용한 시도임을 알려</u> 이를 포기토록 하는 것 또한 그들의 직무

📑 선생님 TIP

소장 면담 제외사유
사/위/반/방

🏺 핵심OX

04 순회점검공무원이 청원을 청취하는 경우 해당 교정시설의 교도관이 참여하여서는 아니 된다. (O, X)

05 청원에 관한 결정은 문서로써 하여야 하며, 소장은 청원에 관한 결정서를 접수하면 청원인에게 지체 없이 전달하여야 한다. (O, X)

06 수용자가 정당한 사유 없이 면담사유를 밝히지 아니하고 면담을 신청한 경우 소장은 그 면담에 응하지 아니할 수 있다. (O, X)

04 ○
05 ○
06 ○

의 하나라고 할 것이지, 청구인이 교도소장 면담을 요청한다고 하여 기계적으로 그 절차를 밟아주어야 하고 그렇게 하지 아니하는 경우 막바로 「형법」상의 직무유기죄가 성립한다고 할 것은 도저히 아니다. [헌재 2001.5.31, 2001헌마85] 18. 승진

3. 행정심판

수용자 또는 일반인이 교정기관의 위법·부당한 처분 또는 부작위로 자신의 권리 또는 이익이 침해된 경우에 일선 교정기관의 직근 상급행정기관인 **지방교정청장** 에게 「행정심판법」에 의한 행정심판을 청구하는 것을 말한다. 12. 교정7

4. 국가인권위원회의 구제

(1) 시설의 방문조사

> **국가인권위원회법**
>
> **제24조 【시설의 방문조사】** ① 위원회(상임위원회와 소위원회를 포함한다. 이하 이 조에서 같다)는 필요하다고 인정하면 그 의결로써 구금·보호시설을 방문하여 조사할 수 있다.
> ② 제1항에 따른 방문조사를 하는 위원은 필요하다고 인정하면 소속 직원 및 전문가를 동반할 수 있으며, 구체적인 사항을 지정하여 소속 직원 및 전문가에게 조사를 위임할 수 있다. 이 경우 조사를 위임받은 전문가가 그 사항에 대하여 조사를 할 때에는 소속 직원을 동반하여야 한다.
> ④ 제2항에 따라 방문조사를 하는 위원 등은 구금·보호시설의 직원 및 구금·보호시설에 수용되어 있는 사람(이하 '시설수용자'라 한다)과 면담할 수 있고 구술 또는 서면으로 사실이나 의견을 진술하게 할 수 있다.
> ⑤ 구금·보호시설의 직원은 위원 등이 시설수용자를 면담하는 장소에 참석할 수 있다. 다만, 대화 내용을 녹음하거나 녹취하지 못한다. 12. 경채

(2) 시설수용자의 진정권 보장

> **국가인권위원회법**
>
> **제31조 【시설수용자의 진정권 보장】** ① 시설수용자가 위원회에 진정하려고 하면 그 시설에 소속된 공무원 또는 직원(이하 '소속 공무원 등'이라 한다)은 그 사람에게 즉시 진정서 작성에 필요한 시간과 장소 및 편의를 제공하여야 한다.
> ② 시설수용자가 위원 또는 위원회 소속 직원 앞에서 진정하기를 원하는 경우 소속공무원 등은 즉시 그 뜻을 위원회에 통지하여야 한다.
> ⑥ 시설에 수용되어 있는 진정인(진정을 하려는 사람을 포함한다)과 위원 또는 위원회 소속 직원의 면담에는 구금·보호시설의 직원이 참여하거나 그 내용을 듣거나 녹취하지 못한다. 다만, 보이는 거리에서 시설수용자를 감시할 수 있다.
> ⑦ 소속 공무원 등은 시설수용자가 위원회에 제출할 목적으로 작성한 진정서 또는 서면을 열람할 수 없다.

5. 기타 비사법적 구제수단

(1) 옴부즈만제도(민원조사관제) 23. 교정9

① 옴부즈만(Ombudsman)제도는 원래 정부관리에 대한 시민의 불평을 조사할 권한을 가진 스웨덴의 공무원에서 유래한 것으로, 현재 미국에서 교정 분야의 분쟁해결제도 중 가장 많이 활용되는 제도 중의 하나이다.

② 교정관련 옴부즈만은 수용자의 불평을 수리하여 조사하고 보고서를 작성하여 적절한 대안을 제시한다.

③ 우리나라에서도 교정시민옴부즈만제도를 2006년부터 시행하였으나 그 성과가 미미하고 다른 자문기구들과의 기능상 중복을 이유로 교정자문위원회로 통·폐합되었다.

④ 옴부즈만제도가 성공하기 위해서는 직무상 독립성, 정치적 중립성(비당파성), 전문성 등의 요건이 충족되어야 하며, 옴부즈만의 독립성과 전문성을 확보하기 위해서는 교정당국(행정기관)이 아닌 외부기관(주로 의회)에 의해 임명될 것을 요한다.

> **교정자문위원회**
> 종래의 교정행정자문위원회, 교정시민옴부즈만, 교정시설성폭력감시단 등이 교정자문위원회로 통·폐합되었다.

(2) 중재

① 중립적인 제3자가 분쟁당사자의 대립을 해결하도록 도와주는 합의적 과정으로서, 법률자문을 얻기 힘든 대부분의 수용자에게 유용한 제도이다.

② 문제의 실상을 파악할 수 있고 양 당사자가 합의할 수 있는 해결책을 찾는 데 도움을 주며 비용이 적게 든다는 장점이 있다.

(3) 수용자불평처리위원회

① 해당 기관에 불평이 접수되었으나 이를 제기한 수용자가 기관의 반응에 만족하지 못하면 상급기관에 다시 제기할 수 있고, 이때 수용자·담당직원 및 외부 인사가 위원회를 구성하여 검토·결정하는 방식이다.

② 현재 교정시설에서는 수용자의 처우상 불편사항을 신속·적절하게 처리하기 위해 수용자불평처리위원회와 유사한 형태로 수용자 고충처리반을 운영하고 있다.

(4) 감사원 심사청구 및 직무감찰

① 감사원 감사 대상 기관의 처분 등에 대한 이해관계인은 심사를 감사원에 청구할 수 있다(「감사원법」 제43조 제1항).

② 공무원의 직무에 관해 감사원이 직무감찰을 실시하여 수용자의 인권에 대한 침해를 구제할 수 있다(「감사원법」 제24조 제1항).

★ 핵심 POINT | 형집행법에서 대통령령(시행령)으로 정하도록(위임) 한 경우

법 제5조의3 【협의체의 설치 및 운영】 ② 제1항에 따른 협의체의 설치 및 운영 등에 필요한 사항은 대통령령으로 정한다.

법 제19조 【사진촬영 등】 ① 소장은 신입자 및 다른 교정시설로부터 이송되어 온 사람에 대하여 다른 사람과의 식별을 위하여 필요한 한도에서 사진촬영, 지문채취, 수용자 번호지정, 그 밖에 대통령령으로 정하는 조치를 하여야 한다.

법 제20조 【수용자의 이송】 ② 법무부장관은 제1항의 이송 승인에 관한 권한을 대통령령으로 정하는 바에 따라 지방교정청장에게 위임할 수 있다.

법 제33조 【운동 및 목욕】 ② 운동시간 · 목욕 횟수 등에 관하여 필요한 사항은 대통령령으로 정한다.

법 제34조 【건강검진】 ② 건강검진의 횟수 등에 관하여 필요한 사항은 대통령령으로 정한다.

법 제36조 【부상자 등 치료】 ② 제1항의 치료를 위하여 교정시설에 근무하는 간호사는 야간 또는 공휴일 등에 「의료법」 제27조에도 불구하고 대통령령으로 정하는 경미한 의료행위를 할 수 있다.

법 제41조 【접견】 ② 수용자의 접견은 접촉차단시설이 설치된 장소에서 하게 한다. 다만, 다음 각 호의 어느 하나에 해당하는 경우에는 접촉차단시설이 설치되지 아니한 장소에서 접견하게 한다.
  2. 수용자가 소송사건의 대리인인 변호사와 접견하는 경우 등 수용자의 재판청구권 등을 실질적으로 보장하기 위하여 대통령령으로 정하는 경우로서 교정시설의 안전 또는 질서를 해칠 우려가 없는 경우
  ③ 제2항에도 불구하고 다음 각 호의 어느 하나에 해당하는 경우에는 접촉차단시설이 설치되지 아니한 장소에서 접견하게 할 수 있다.
  2. 그 밖에 대통령령으로 정하는 경우
  ⑥ 접견의 횟수 · 시간 · 장소 · 방법 및 접견내용의 청취 · 기록 · 녹음 · 녹화 등에 관하여 필요한 사항은 대통령령으로 정한다.

법 제43조 【편지수수】 ④ 수용자가 주고받는 편지의 내용은 검열받지 아니한다. 다만, 다음 각 호의 어느 하나에 해당하는 사유가 있으면 그러하지 아니하다.
  4. 대통령령으로 정하는 수용자 간의 편지인 때
  ⑧ 편지발송의 횟수, 편지내용물의 확인방법 및 편지내용의 검열절차 등에 관하여 필요한 사항은 대통령령으로 정한다.

법 제49조 【집필】 ④ 집필용구의 관리, 집필의 시간 · 장소, 집필한 문서 또는 도화의 외부 반출 등에 관하여 필요한 사항은 대통령령으로 정한다.

법 제57조 【처우】 ⑦ 제2항 각 호의 시설(→ 교정시설)의 설비 및 계호의 정도에 관하여 필요한 사항은 대통령령으로 정한다.

법 제71조 【작업시간 등】 ⑤ 공휴일 · 토요일과 대통령령으로 정하는 휴일에는 작업을 부과하지 아니한다. 다만, 다음 각 호(생략)의 어느 하나에 해당하는 경우에는 작업을 부과할 수 있다.

법 제98조 【보호장비의 종류 및 사용요건】 ③ 보호장비의 사용절차 등에 관하여 필요한 사항은 대통령령으로 정한다.

법 제117조의2 【정보공개청구】 ④ 제2항에 따른 예상비용의 산정방법, 납부방법, 납부기간, 그 밖에 비용납부에 관하여 필요한 사항은 <u>대통령령</u>으로 정한다.

법 제126조의2 【석방예정자의 수용이력 등 통보】 ② 제1항에 따라 통보하는 수용이력 또는 사회복귀에 관한 의견의 구체적인 사항은 <u>대통령령</u>으로 정한다.

★ **핵심 POINT** | 형집행법에서 법무부장관이 정하도록 한 경우

법 제16조의2 【간이입소절차】 다음 각 호(생략)의 어느 하나에 해당하는 신입자의 경우에는 <u>법무부장관</u>이 정하는 바에 따라 간이입소절차를 실시한다.

법 제26조 【수용자가 지니는 물품 등】 ① 수용자는 편지* · 도서, 그 밖에 수용생활에 필요한 물품을 <u>법무부장관</u>이 정하는 범위에서 지닐 수 있다.

법 제39조 【진료환경 등】 ③ 외부의사는 수용자를 진료하는 경우에는 <u>법무부장관</u>이 정하는 사항을 준수하여야 한다.

법 제53조의2 【수용자의 미성년 자녀 보호에 대한 지원】 ③ 제1항에 따른 안내 및 제2항에 따른 보호조치 의뢰 지원의 방법 · 절차, 그 밖에 필요한 사항은 <u>법무부장관</u>이 정한다.

법 제57조 【처우】 ⑥ 학과교육생 · 직업훈련생 · 외국인 · 여성 · 장애인 · 노인 · 환자 · 소년 (19세 미만인 자를 말한다), 제4항에 따른 처우(이하 '중간처우'라 한다)의 대상자, 그 밖에 별도의 처우가 필요한 수형자는 <u>법무부장관</u>이 특히 그 처우를 전담하도록 정하는 시설(이 하 '전담교정시설'이라 한다)에 수용되며, 그 특성에 알맞은 처우를 받는다. 다만, 전담교정 시설의 부족이나 그 밖의 부득이한 사정이 있는 경우에는 예외로 할 수 있다.

법 제73조 【작업수입 등】 ② 소장은 수형자의 근로의욕을 고취하고 건전한 사회복귀를 지 원하기 위하여 <u>법무부장관</u>이 정하는 바에 따라 작업의 종류, 작업성적, 교정성적, 그 밖 의 사정을 고려하여 수형자에게 작업장려금을 지급할 수 있다.

법 제74조 【위로금 · 조위금】 ① 소장은 수형자가 다음 각 호(→ 생략)의 어느 하나에 해당 하면 <u>법무부장관</u>이 정하는 바에 따라 위로금 또는 조위금을 지급한다.

법 제105조 【규율 등】 ① 수용자는 교정시설의 안전과 질서유지를 위하여 <u>법무부장관</u>이 정 하는 규율을 지켜야 한다.

법 제126조 【귀가여비의 지급 등】 소장은 피석방자에게 귀가에 필요한 여비 또는 의류가 없 으면 <u>법무부장관</u>이 정하는 범위에서 이를 지급하거나 빌려 줄 수 있다.

법 제128조 【시신의 인도 등】 ⑤ 소장은 수용자가 사망하면 <u>법무부장관</u>이 정하는 범위에서 화장 · 시신인도 등에 필요한 비용을 인수자에게 지급할 수 있다.

* 종래 '서신'에서 '편지'로 개정되었다 (법 제26조 제1항).

01 사법적 권리구제수단으로는 행정소송, 민·형사소송, 청원, 헌법소원이 있다. 20. 교정7 ( )

02 수용자는 「공공기관의 정보공개에 관한 법률」에 따라 법무부장관, 순회점검공무원 또는 관할 지방교정청장에게 정보의 공개를 청구할 수 있다. 23. 교정7 ( )

03 청원권자는 수형자, 미결수용자, 내·외국인을 불문하고 「형의 집행 및 수용자의 처우에 관한 법률」상 수용자이다. 20. 교정7 ( )

04 수용자는 그 처우에 관하여 불복하는 경우 법무부장관·순회점검공무원 또는 소장에게 청원할 수 있다. 23. 교정7 ( )

05 소장은 청원서의 내용을 확인한 후, 이를 지체 없이 법무부장관·순회점검공무원 또는 관할 지방교정청장에게 보내거나 순회점검공무원에게 전달하여야 한다. 21. 교정7 ( )

06 수용자가 순회점검공무원에게 말로 청원하여 순회점검공무원이 그 청원을 청취하는 경우에는 해당 교정시설의 교도관이 참여한다. 23. 교정7 ( )

07 청원에 관한 결정은 문서로 하여야 한다. 21. 교정7 ( )

08 소장은 수용자가 관할 지방교정청장에게 청원하는 경우에는 그 인적 사항을 청원부에 기록하여야 한다. 19. 교정9 ( )

정답

01 X '청원'은 비사법적 권리구제수단이다(법 제117조 참조).
02 X 법무부장관, '지방교정청장 또는 소장'에게 정보의 공개를 청구할 수 있다(법 제117조의2 제1항).
03 O 청원권자는 '수용자'이다(법 제117조 제1항 참조). 따라서 수형자와 미결수용자, 내국인과 외국인을 불문하고 수용자이면 누구든지 청원할 수 있다.
04 X 법무부장관·순회점검공무원 또는 '관할 지방교정청장'에게 청원할 수 있다(법 제117조 제1항).
05 X 소장은 '청원서를 개봉하여서는 아니되므로', 청원서의 내용을 확인할 수 없다(법 제117조 제3항 참조)
06 X 해당 교정시설의 교도관이 '참여하여서는 아니 된다'(법 제117조 제4항).
07 O 법 제117조 제5항
08 X '순회점검공무원'에게 청원하는 경우에는 그 인적사항을 청원부에 기록하여야 한다(영 제139조 제1항).

09 소장은 수용자가 정당한 사유 없이 면담사유를 밝히지 아니하는 때에는 면담을 거부할 수 있다. 20. 교정9 (　　)

10 소장은 수용자의 신청에 따라 면담한 결과, 처리가 필요한 사항이 있으면 그 결과를 수용자에게 알려야 한다. 23. 교정7
(　　)

11 수용자가 순회점검공무원에게 말로 청원하여 순회점검공무원이 그 청원을 청취하는 경우에는 해당 교정시설의 교도관이 참여한다. 23. 교정7 (　　)

12 수용자는 청원, 진정, 소장과의 면담, 그 밖의 권리구제를 위한 행위를 하였다는 이유로 불이익한 처우를 받지 아니한다. 20. 교정9 (　　)

13 구금ㆍ보호시설의 직원은 국가인권위원회 위원 등이 시설에 수용되어 있는 진정인과 면담하는 장소에 참석할 수 없으며, 대화 내용을 듣거나 녹취하지 못한다. 다만, 보이는 거리에서 시설수용자를 감시할 수 있다. 20. 교정7 (　　)

14 옴부즈맨(Ombudsman)은 원래 정부 관리에 대한 시민의 불평을 조사할 수 있는 권한을 가진 스웨덴 공무원제도에서 유래하였다. 23. 교정9 (　　)

15 옴부즈맨(Ombudsman)은 재소자의 불평을 수리하여 조사하고 보고서를 작성하여 적절한 대안을 제시한다. 23. 교정9
(　　)

16 재소자 권리구제 제도로서 옴부즈맨(Ombudsman)의 성공 여부는 독립성, 비당파성 및 전문성에 달려있다. 23. 교정9
(　　)

17 옴부즈맨의 독립성과 전문성을 확보하기 위해서는 교정당국이 임명하여야 한다. 23. 교정9 (　　)

정답

09 ○ 법 제116조 제2항 제1호

10 ○ 법 제116조 제4항

11 ✕ 해당 교정시설의 교도관이 '참여하여서는 아니 된다'(법 제117조 제4항).

12 ○ 법 제118조

13 ○ 「국가인권위원회법」 제31조 제6항

14 ○ 옴부즈만제도는 스웨덴(최초), 핀란드, 덴마크, 노르웨이 등 북유럽을 중심으로 시작되어 발전된 제도로서, 공공기관이 법령상 책무를 적정하게 수행하고 있는지 여부를 국민을 대신하여 감시하기 위해 그 대리인으로 선출된 자를 의미한다.

15 ○ 교정관련 옴부즈만의 업무에 대한 설명이다.

16 ○ 옴부즈만제도가 성공하기 위해서는 직무상 독립성, 정치적 중립성(비당파성), 전문성 등의 요건이 충족되어야 한다.

17 ✕ 옴부즈만의 독립성과 전문성을 확보하기 위해서는 '교정당국(행정기관)이 아닌 외부기관(주로 의회)에 의해 임명'될 것을 요한다.

07 수형자의 분류와 처우

1 수형자의 분류

1 의의

(1) 분류란 수형자를 특성에 따라 유형별로 구분하여 각각 다른 교도소에 수용하고, 해당 교도소 내에서도 다시 몇 개의 집단으로 세분화하여 그에 상응한 처우를 하는 일련의 절차를 말한다.

(2) **수형자의 개별처우** 및 **교정교화의 과학화**를 이룩하기 위한 사전절차이자 전제조건이며, 수형자의 교화개선과 원만한 사회복귀에 도움이 된다. 19. 교정7

2 연혁

1. 전통적 의미의 분류(수용 분류)

수용 분류의 예
암스테르담 노역장, 산 미켈레 감화원, 간트 교도소 등

(1) 근대적 자유형의 탄생과 함께 출발한 것으로 **교도소의 질서유지 및 수용자의 관리와 악풍감염의 방지**라는 소극적인 의미에서 시행된 분류방식이다(유럽형 분류, 집단별 분류).

(2) 수용자의 성별·연령·형명·형기·죄질 등을 기초로 수용자의 보호·관리에 중점을 두는 분류를 의미한다.

(3) 암스테르담 노역장에서 남녀혼거수용의 폐해를 방지하기 위하여 성별에 따라 분리수용을 한 것(여자조사장을 설치)에서 유래하였다고 한다. 19. 교정9

2. 현대적 의미의 분류(처우 분류)

처우 분류의 예
포레스트 교도소(교정인류학 연구소), 싱싱 교도소(클리어링 하우스) 등 19. 교정7

(1) 실질적인 개별처우를 위한 분류로서 **재사회화를 목적으로 하는 과학적이고 적극적인 의미**에서 시행된 분류방식이다(미국형 분류, 개별적 분류). 19. 교정7

(2) 수용자의 적성·능력 등을 고려하여 교육·작업·직업능력개발훈련 등의 구체적 처우의 결정에 중점을 두는 분류를 의미한다.

3. 우리나라의 분류

(1) 1895년 감옥규칙에 의한 <u>징역표</u>가 우리나라 분류제의 시초이다. 이에 의하면 수형자를 4종류(보통자, 특수기능소지자, 노유자, 부녀자)로 분류하고 각각 5등급으로 구분하여 계구(보호장비)의 사용에 차이를 두어 기초적 분류 및 누진처우제도가 마련되었다. 22. 교정7☆

(2) 2008년 「형의 집행 및 수용자의 처우에 관한 법률」에 의해 '분류제도를 전면 실시'하고 '사실상 누진처우제도를 폐지'하는 개정이 행해졌다.

(3) 현재에는 수형자의 개별처우계획, 가석방심사신청 대상자 선정, 그 밖에 수형자의 분류처우에 관한 중요사항을 심의·의결하기 위하여 교정시설 내에 분류처우위원회를 두고(법 제62조 제1항), 소장은 분류처우위원회의 의결에 따라 수형자의 개별적 특성에 알맞은 교육·교화 프로그램, 작업, 직업훈련 등의 처우에 관한 계획(개별처우계획)을 수립하여 시행한다(법 제56조 제1항).

3 분류의 필요성 및 전제조건

1. 필요성

(1) 과학적인 처우를 위한 전제조건이다.

(2) 효과적인 처우로 교정사고를 방지할 수 있다.

(3) 계호인력이 절감되고 악풍감염을 방지할 수 있다.

(4) 개방처우 및 사회 내 처우의 유용한 자료가 될 수 있다.

(5) 가석방의 판단자료로 활용할 수 있다.

2. 전제조건

(1) 분류전문시설의 설치와 전문인력의 확보를 통한 분류의 과학화·전문화가 필요하다.

(2) 판결 전 조사제도의 결과를 교정에서 분류처우의 자료로 활용하여야 한다.

(3) 심리학·사회학·정신의학·교육학 등의 보조과학을 적극적으로 활용하여야 한다.

4 누진처우와 분류처우

1. 누진처우(종적 분류, 수직적 분류)

(1) **급별** 분류라고 하며 개선 정도에 따라 처우를 점차 완화하는 제도이다.

(2) 급별에 따라 일률적으로 처우하므로 개별처우가 곤란하고, 교활한 수형자가 악용할 우려가 있다는 단점이 있다.

2. 분류처우(횡적 분류, 평면적 분류)

(1) **유형별** 분류라고 하며 개별처우를 위한 과학적이고 적극적인 분류를 말한다.

(2) 2차 대전 이후 개별처우를 위한 분류제도가 핵심적인 가치로 등장하였다.

3. 누진제도와 분류제도의 관계

(1) 누진제도에서 분류제도로 이행(이행설, 일원설)

　① 누진제도를 폐지하고 과학적으로 분류하여 개별처우에 중점을 두는 것을 말한다.

　② 소규모 시설을 전제로 하며, 미국·스웨덴 등에서 발전하였다.

(2) 누진제도와 분류제도의 절충(병행설, 절충설)

　① 수용자를 과학적으로 분류하여 수용한 후 다시 시설 내에서 등급별로 누진제를 실시하는 것을 말한다.

　② 중·대규모 시설을 전제로 하며, 프랑스·일본 등에서 발전하였다.

(3) 우리나라의 경우

　① 우리나라는 재사회화를 목적으로 하는 실질적인 개별처우를 실시하기 위해 2007년 개정 시에 **누진처우제도를 폐지**하고 **현대적 분류제도를 도입**하였다.

　② 새로운 분류제도를 도입하면서 교정성적에 따라 경비처우급을 상향 또는 하향 조정될 수 있도록 하였으므로 분류제도에 누진처우의 요소가 가미된 형태로 볼 수 있지만, 현행법상 분류제도는 수형자의 개별특성에 알맞은 개별처우계획을 수립하여 교정교화를 도모하고 사회적응능력을 함양하는 현대적 분류제도를 바탕으로 하고 있다고 본다.

2 누진처우제도

1 서론

1. 의의

누진처우제도란 자유형의 기간 내에서 여러 단계의 계급을 두고 **수형자의 개선 정도**에 따라 상위계급으로 진급하게 하여 점차 **처우를 완화**하는 제도로서, 수형자에게 **자력적 개선**에 대한 노력을 촉구하여 수형자의 **사회복귀를 조장**함에 그 취지가 있다. 누진처우제도는 누진계급의 측정방법에 따라 크게 고사제와 점수제로 나눌 수 있다. 17. 교정9

2. 연혁 17. 교정9

(1) 1822년 영국의 스탠리와 그레이엄(L. Stanly & J. Graham)이 고사제(기간제)를 창안하였다.

(2) 1840년 마코노키(A. Machonochi)는 점수제를 도입해서 잉글랜드제를 실시하였다.

(3) 1854년 크로프톤(W. Crofton)은 마코노키(A. Machonochi)의 점수제를 수정하여 <u>아일랜드제</u>를 실시하였다.

(4) 아일랜드제의 영향으로 1870년 미국 신시내티주에서 개최된 '전미국형무회의'에서 누진제를 채택할 것을 결의하였다.

2 구분 14. 교정7

1. 고사제 – 스탠리와 그레이엄(L. Stanly & J. Graham)

(1) 일정기간 경과 후 그 기간 내의 행형성적을 담당교도관의 보고에 의해 교정위원회가 심사하여 진급을 결정하는 방식이다(기간제). 22. 교정9☆

(2) 수형자를 형기·위험성·개선가능성을 기준으로 3등급으로 분류하고 <u>4단계의 처우</u>를 행하였다(공공노역 → 개인기업에서 노역 → 가석방증을 주고 지역을 제한하여 자유노동 → 가석방 확정).

(3) 수용자의 자력개선에 도움이 된다는 장점이 있으나, <u>교도관의 주관적 의지가 개입될 가능성과 공평성을 저하시킬 우려가 있다는 비판</u>이 제기된다. 21. 교정7

2. 점수제 – 마코노키(A. Machonochi)

(1) 개별 수형자의 형기를 기준으로 책임점수를 부과한 후, 수용생활·작업·교육 등의 정도에 따라 획득한 점수로 책임점수를 완전히 소각하면 가석방하는 제도이다(점수소각제). 22. 교정9

(2) <u>수용자의 자력개선을 촉진한다는 장점</u>이 있으나, 부과된 점수만 소각하면 진급이 되므로 형식에 치우치기 쉽고 부적격자가 진급하는 경우가 발생할 수 있다는 비판이 제기된다.

잉글랜드제 21. 교정7☆	① <u>마코노키(A. Machonochi)</u>가 창안 ② <u>3단계 처우</u>(독거구금 → 혼거작업 → 가석방) ③ <u>5계급으로 분류</u>(고사급 → 제3급 → 제2급 → 제1급 → 특별급) ④ <u>소득점수를 매일 계산</u>
아일랜드제 21. 교정7☆	① <u>크로프톤(W. Crofton)</u>이 창안 ② <u>4단계 처우</u>(독거구금 → 혼거작업 → 중간교도소처우 → 가석방) ③ <u>5계급으로 분류</u>(고사급 → 제3급 → 제2급 → 제1급 → 최상급) ④ <u>소득점수를 매월 계산</u> ⑤ <u>가석방 후 경찰감시 실시</u>(보호관찰부 가석방의 시초로 평가)
엘마이라제 21. 교정7☆	① 1876년 <u>엘마이라 감화원</u>에서 최초로 실시 ② 수용자의 자력갱생에 중점을 둔 행형제도(감화제) ③ 잉글랜드제, 아일랜드제, 부정기형제도 및 보호관찰부 가석방을 결합 ④ 상대적 부정기형하에서 행형성적에 따라 진급하는 누진제를 채택 ⑤ <u>청소년 범죄자 중 초범자만을 대상</u>으로 하여, 수용자를 <u>3등급</u>으로 분류하고 <u>소득점수를 매월 계산</u>하여 가석방과 연계하고 6개월 동안 가석방 조건의 위반이 없으면 형을 면제

(3) 현재 우리나라의 경우에는 누진처우를 폐지하였지만, 4단계 처우를 하고 있다는 점과 소득점수를 매월 계산한다는 점에서 아일랜드제와 유사하고, 교도관회의(분류처우위원회 등)의 심사를 거쳐 처우등급 등을 결정한다는 측면에서 고사제의 성격이 가미되어 있다고 본다.

3 장·단점

장점	단점
① 수형자의 분발 및 자력적 개선의 노력을 촉진한다. ② 사회적응능력의 배양 및 시설 내 질서 유지에 효과적이다.	① 계급별 처우를 하므로 개별처우가 곤란하다. ② 수형자가 위선적·기망적·계산적 행위를 할 가능성이 있다. ③ 교정성적의 채점방식이 형식적이기 쉽고, 주관적 기준에 좌우될 우려가 있다. ④ 누진처우와 사회복귀를 위한 제도의 연결이 부족하다. ⑤ 실제에 있어 사회복귀보다 시설 내 적응에 중점을 둘 우려가 있다. ⑥ 단기수형자, 환자, 정신장애자 등에게는 효과가 미약하다.

3 기타 처우제도

1 수형자자치제도

1. 의의

(1) 수형자자치제도(Inmate Selfgovernment System)는 수형자의 자치의식과 책임감을 기반으로 하여 자기통제의 원리를 바탕으로 **계호주의의 결함을 보완**하고, 사회적응능력을 함양하여 건전한 사회인으로 복귀시키는 제도이다(교도 민주주의의 실험). 24. 교정9☆

(2) 교정시설 내의 생활 전반에 대해 실시하는 **전면자치제**와 교회·오락 등 부분적으로만 실시하는 **부분자치제**로 구분된다.

2. 연혁

(1) 1826년 웰즈(E. Wells)가 보스턴 소년감화원에서 자치제를 시도하였고, 1895년 조지(W. George)가 사설소년원에서 조지소년공화국을 창설하여 삼권분립을 모방한 자치제를 실시하였다.

(2) 20세기 초에 미국의 **오스본**(T. Osborne)이 자원수형자체험을 바탕으로 **오번교도소에서 전면적인 수형자자치제를 실시한 것이 교정시설 최초의 수형자자치제이다.** 24. 교정9☆

3. 전제조건

(1) **혼거제를 전제로 한다.** 13. 경채☆

(2) **과학적 조사와 분류가 선행되어야 한다**(상습범 · 누범 등 악풍감염의 우려가 있는 자는 제외). 24. 교정9☆

(3) **부정기형제도의 활용**이 필요하다. 24. 교정9☆

(4) 정기형제도하에서는 **가석방제도의 활용**이 필요하다.

(5) **소규모 시설에서 실시하는 것이 바람직하며 전문인력의 확보가 필요하다.** 13. 경채☆

(6) 교도관과 수형자 간의 **인간적 유대관계의 형성**이 필요하다.

4. 장 · 단점 13. 경채

장점	단점
① 독립자치정신, 상부상조정신, 단체책임 의식을 함양할 수 있다. 11. 교정7 ② 수형자의 명예심과 자존심을 자극하여 사회생활의 적응능력을 고취한다. ③ 교정시설의 계호부담을 경감한다. 11. 교정7	① 형벌의 위하성 · 존엄성이 약화된다. ② 교도관의 권위를 저하시킬 수 있고, 소수 수형자가 지도권을 장악하여 다수 수형자가 억압을 받을 우려가 있다. 24. 교정9☆ ③ 수형자자치제에 대한 전문인력의 확보가 어렵다. ④ 일반국민의 법감정에 배치되고, 교정비용이 증가될 우려가 있다. 11. 교정7

5. 현행법상의 수형자자치제도

(1) **대상**

> **규칙 제86조 【자치생활】** ① 소장은 개방처우급 · 완화경비처우급 수형자에게 자치생활을 허가할 수 있다. 18. 승진☆
>
> **규칙 제123조 【자치활동】** 소장은 외부 통근자의 사회적응능력을 기르고 원활한 사회복귀를 촉진하기 위하여 필요하다고 인정하는 경우에는 수형자자치에 의한 활동을 허가할 수 있다. 22. 교정9☆

수형자치활동과의 구별

개방처우급 · 완화경비처우급 수형자를 대상으로 하는 수형자자치제(규칙 제86조)와 외부 통근자를 대상으로 하는 수형자자치활동(규칙 제123조)은 구별을 요한다.

(2) **활동** 16. 경채

> 규칙 제41조 【수용자 준수사항 등】① 수용자는 소장이 지정한 장소에서 지정된 채널을 통하여 텔레비전을 시청하거나 라디오를 청취하여야 한다. 다만, 제86조에 따른 자치생활 수형자는 법무부장관이 정하는 방법에 따라 텔레비전을 시청할 수 있다. 18. 승진
>
> 규칙 제86조 【자치생활】② 수형자 자치생활의 범위는 인원점검, 취미활동, 일정한 구역 안에서의 생활 등으로 한다(→ 부분자치제). 18. 승진☆
> ③ 소장은 자치생활 수형자들이 교육실, 강당 등 적당한 장소에서 월 1회 이상 토론회를 할 수 있도록 하여야 한다. 18. 승진☆
> ④ 소장은 자치생활 수형자가 법무부장관 또는 소장이 정하는 자치생활 중 지켜야 할 사항을 위반한 경우에는 자치생활 허가를 취소할 수 있다. 12. 교정9☆
>
> 규칙 제91조 【경기 또는 오락회 개최 등】① 소장은 개방처우급·완화경비처우급 또는 자치생활 수형자에 대하여 월 2회 이내에서 경기 또는 오락회를 개최하게 할 수 있다. 다만, 소년수형자에 대하여는 그 횟수를 늘릴 수 있다. 24. 교정9☆

2 카티지제도

1. 의의

카티지제도(Cottage System)는 대규모 시설에서 획일적으로 운영되어 온 기존의 수형자 처우의 단점을 보완하기 위하여, 수용인원을 **소집단화하여 가족적인 처우**를 하는 제도를 말한다. 19. 교정7☆

2. 연혁

(1) 1854년에 미국의 오하이오 학교에서 최초로 실시하였고, 1904년에 뉴욕 청소년수용소에서 채택한 이래 점차 여자·소년·성인교도소로 확대·발전되었다.

(2) 1913년 캘빈 데릭에 의해 수형자자치제도와 결합되어 운영됨으로써 카티지제의 가정적인 공동생활 측면과 수형자자치제의 사회복귀 측면의 효과를 기대할 수 있게 되었고, 누진처우와도 연결되는 형태로 발전하였다. 12. 경채

3. 처우방법

(1) 과학적 분류제도에 의해 수형자를 적성에 따라 각각의 카티지로 분류하고, 카티지별로 자치활동을 하며, 엄격한 행동 제한 및 적정한 처우방법을 시행한다. 12. 교정9

(2) 20~35명 정도의 인원을 독립된 가옥(Cottage)에 분류수용하여 가족적인 생활을 영위하도록 한다.

4. 장·단점

장점	단점
① 점수제, 독거제 및 혼거제의 단점을 보완한다.	① 처우비용이 과다 소요되고, 국민의 법감정상 부적당하다.
② 상부상조의 정신을 함양하고 독립적인 자치심을 배양한다.	② 피해자의 감정을 자극할 수 있고, 전문요원의 확보가 어렵다.
③ 진정한 규율확립 및 교화개선에 유익하다.	
④ 누진제 및 자치제와 결합하여 개별처우에 적합하다.	

3 선시제도

1. 의의

(1) 개념

선시제도(Good Time System)란 규율을 준수하고 선행을 행하는 수형자에게 수형기간을 일정부분 감축시켜 석방시기를 앞당겨주는 제도이다(선행감형제, 선행보상제, 형기자기단축제). 19. 교정7

(2) 구별개념

① 선시제도는 은혜적 조치인 '감형'과 달리 형기 자체가 감경되는 것이 아니다.

② 선시제도는 형기의 실질적 단축인 석방이라는 점에서 형기 중 사회 내 처우로 형의 집행방법을 변경하는 '가석방'과 구별된다. 다만, 선시제도는 수형자의 선행업적에 따라 요건이 충족되면 별도의 심사 없이 석방되므로 재범의 위험성을 판단하여 행하는 가석방과 달리 사회방위의 관점에서 부정적이라는 지적이 있다.

2. 연혁

(1) 19세기 초에 정기형의 엄격성을 완화하기 위해서 스페인의 몬테시노스(Montesinos)가 고안하였다.

(2) 1817년 미국의 뉴욕주에서 선시법(선행보상법)이 최초로 제정되었다.

(3) 우리나라에서는 1948년 미군정하에서 **우량수형자석방령**으로 시행되었고, 1953년 「형법」이 제정되면서 폐지되었다. 18. 교정7☆

3. 적용 대상

(1) 무기형 수형자에 대해서는 부적합하므로 유기형 수형자에게 적용한다.

(2) 특정한 작업에 출역하는 수형자를 대상으로 한다.

(3) 단기자유형 수형자는 제외한다.

4. 장·단점

장점	단점
① 수형자의 개선의욕 및 선행이 장려된다. ② 교정시설의 질서유지 및 작업능률이 향상된다. ③ 정기형의 엄격성이 완화된다.	① 형기계산이 복잡하고, 사법권이 침해(3권분립 위반)된다. ② 교활한 수형자에게 유리할 수 있어 형사정책상 불합리하다. ③ 교화개선보다 수용자 관리 위주로 운영될 우려가 있다. ④ 처벌의 부정적 형태로 변화(노동력 착취)할 수 있다. ⑤ 재범의 위험성과 관계없이 석방되므로 사회방위상 가석방보다 불합리하다.

★ **핵심 POINT** | **선시제도와 가석방제도의 구별**

선시제도	가석방제도
형기를 실질적으로 단축시켜 석방하는 것을 말한다.	형기 중 남은 기간의 형 집행방법을 사회 내 처우로 변경하는 것을 말한다.
요건이 충족되면 반드시 석방해야 한다.	요건이 충족되더라도 재량에 의해 결정된다.
선행 등의 실적을 기준으로 실시한다.	행상이 양호하고 뉘우침이 뚜렷하여 재범의 위험성이 없다고 인정되는 때에 실시한다.
시설 내 처우의 일종이다.	사회 내 처우에 속한다.

01 수형자분류는 수형자에 대한 개별적 처우를 가능하게 함으로써 수형자의 교화개선과 원만한 사회복귀에 도움을 준다. 19. 교정7 ( )

02 수형자에 대한 분류는 1597년 네덜란드의 암스테르담 노역장에서 남녀혼거의 폐해를 막기 위하여 남자로부터 여자를 격리수용한 것에서부터 시작되었다고 한다. 19. 교정9 ( )

03 우리나라에서는 1894년 갑오개혁으로 「징역표」가 제정되면서 수형자 분류사상이 처음으로 도입되었다고 한다. 19. 교정9 ( )

04 누진계급(점수)의 측정방법인 고사제(기간제)는 일정 기간이 경과하였을 때에 그 기간 내의 수형자 교정성적을 담당교도관이 보고하고, 이를 교도위원회가 심사하여 진급을 결정하는 방법이다. 19. 교정7 ( )

05 누진계급의 측정 방법으로 점수제에 해당하는 것으로는 ㉠ 고사제(probation system), ㉡ 잉글랜드제(England system), ㉢ 아일랜드제(Irish system), ㉣ 엘마이라제(Elmira system) 등이 있다. 22. 교정9 ( )

06 누진처우 중 점수제에 대해서는 교도관의 자의가 개입되기 쉽고 공평성을 저하시킬 우려가 있다는 비판이 있다. 21. 교정7 ( )

정답

01 ○ 수형자의 분류란 수형자를 특성에 따라 유형별로 구분하여 각각 다른 교도소에 수용하고, 당해 교도소 내에서도 다시 몇 개의 집단으로 세분화하여 그에 상응한 처우를 하는 일련의 절차를 말하는데, 이는 수형자의 개별처우 및 교정교화의 과학화를 이룩하기 위한 전제조건이다.

02 ○ 최초의 근대적 자유형을 시행하였다고 평가되는 암스테르담 노역장에 여자조사장이 설치되어 성별 분류가 최초로 시행되었으며(1597), 이는 전통적 의미의 분류(수용분류, 유럽형 분류)의 시작으로 평가된다.

03 ○ 갑오개혁 이후 감옥규칙에 의한 징역표가 제정되어 기초적 분류 및 누진처우제도가 도입되었다.

04 ○ 고사제는 스탠리와 그레이엄에 의해 시작된 것으로 일정기간 형의 집행 후 행형성적을 담당교도관이 보고하여 교정위원회가 심사하여 진급을 결정하는 방식이다(기간제).

05 ✕ 고사제(㉠)는 1822년 영국의 스탠리와 그레이엄(L. Stanly & J. Graham)이 창안한 것으로 일정기간 경과 후 그 기간 내의 행형성적을 담당교도관의 보고에 의해 교정위원회가 심사하여 진급을 결정하는 방식이다(기간제). 점수제란 개별 수형자의 형기를 기준으로 책임점수를 부과한 후, 수용생활 · 작업 · 교육 등의 정도에 따라 획득한 점수로 책임점수를 완전히 소각하면 가석방하는 제도이다(점수소각제). 이는 다시 잉글랜드제(㉡), 아일랜드제(㉢), 엘마이라제(㉣) 등으로 구분할 수 있다.

06 ✕ '고사제'에 대하여 교도관의 주관적 의지가 개입될 가능성과 공평성을 저하시킬 우려가 있다는 비판이 제기된다.

07 점수제의 종류 중 하나인 잉글랜드제는 수형자를 최초 9개월간 독거구금을 한 후에 공역(公役)교도소에 혼거시켜 강제노역을 시키며, 수형자를 고사급 · 제3급 · 제2급 · 제1급의 4급으로 나누어 책임점수를 소각하면 상급으로 진급시켜 가석방하는 제도이다. 21. 교정7 　　　　　　　　　　　　　　　　　　　　　　　　　　(　)

08 점수제의 종류 중 하나인 아일랜드제는 매월의 소득점수로 미리 정한 책임점수를 소각하는 방법이며, 독거구금 · 혼거작업 · 가석방이라는 3단계에 반자유구금인 중간교도소를 추가한 것이다. 21. 교정7 　　　　　　　(　)

09 점수제의 종류 중 하나인 엘마이라제는 자력적 개선에 중점을 둔 행형제도로 일명 감화제도라고 한다. 엘마이라감화원은 16~30세까지의 재범자들을 위한 시설로서 수형자분류와 누진처우의 점수제, 부정기형과 보호관찰부 가석방 등을 운용하였다. 21. 교정7 　　　　　　　　　　　　　　　　　　　　　　　　　　　　(　)

10 오스본(T. Osborne)은 1914년 싱싱교도소(Sing Sing Prison)에서 행형시설 최초로 수형자자치제를 실시하였다. 24. 교정9 　　　　　　　　　　　　　　　　　　　　　　　　　　　　　　　　　　　　(　)

11 수형자자치제는 교도관의 권위를 저하시킬 수 있고, 소수의 힘 있는 수형자에 의해 대다수의 일반수형자가 억압 · 통제되는 폐단을 가져올 수 있다. 24. 교정9 　　　　　　　　　　　　　　　　　　　　　　　(　)

12 선시제도(good time system)는 대규모 시설에서의 획일적인 수용처우로 인한 문제점을 해소하기 위해 가족적인 분위기에서 소집단으로 처우하는 제도이다. 19. 교정7 　　　　　　　　　　　　　　　　　(　)

정답

07 X 마코노키(A. Machonochi)가 창안한 잉글랜드제에서는 3단계 처우(독거구금 → 혼거작업 → 가석방)를 하고 수형자를 '5계급'으로 분류(고사급 → 제3급 → 제2급 → 제1급 → '특별급')하였다.

08 ○ 크로프톤(W. Crofton)이 창안한 아일랜드제에서는 4단계 처우(독거구금 → 혼거작업 → '중간교도소처우' → 가석방)를 하고 소득점수를 '매월 계산'하였다.

09 X 엘마이라제는 '청소년 범죄자' 중 '초범자'만을 대상으로 하였다.

10 X 오스본(T. Osborne)이 자원수형자체험을 바탕으로 '오번 교도소'에서 전면적인 수형자자치제를 실시한 것이 교정시설 최초의 수형자자치제이다.

11 ○ 이외에도 수형자자치제에 대해서는 형벌의 위하성 · 존엄성이 약화된다는 점, 교도관의 권위를 저하시킬 수 있고, 소수 수형자가 지도권을 장악하여 다수 수형자가 억압을 받을 우려가 있다는 점, 수형자자치제에 대한 전문인력의 확보가 어렵다는 점, 일반국민의 법감정에 배치되고, 교정비용이 증가될 우려가 있다는 점 등이 단점으로 지적된다.

12 X 선시제도란 규율을 준수하고 선행을 행하는 수형자에게 수형기간을 일정부분 감축시켜 석방시기를 앞당겨주는 제도이다. 지문은 커티지제도에 대한 내용이다.

08 과밀수용, 교정사고, 교정의 발전

1 과밀수용

1 실태

우리나라의 1일 평균 수용인원은 1990년에 53,169명으로 그 후 소폭의 증감을 보이
다가 1998년에 67,883명으로 크게 증가하였고, 1999년에 68,087명으로 최다인원을
기록한 후 다시 점진적으로 감소하였으나, 최근에는 점차 증가하는 추세이다.

참고

1. 교정시설 1일 평균 수용인원(단위: 명)

구분			2014	2015	2016	2017	2018	2019	2020	2021	2022
수용 정원			46,430	46,600	46,600	47,820	47,820	47,990	48,600	48,980	48,990
1일 평균 수용인원			50,128	53,892	56,495	57,298	54,744	54,624	53,873	52,368	51,117
수용내용	기결구금자	소계	32,751	34,625	35,618	37,006	35,877	35,281	34,789	34,259	33,381
		수형자	30,727	32,649	33,791	35,382	34,380	33,813	33,392	33,548	32,610
		노역수	2,024	1,976	1,827	1,624	1,497	1,468	1,397	711	771
	미결구금자	소계	17,377	19,267	20,877	20,292	18,867	19,343	19,084	18,109	17,736
		피의자	747	847	864	753	643	632	558	496	526
		피고인	16,630	18,420	20,013	19,539	18,224	18,711	18,526	17,613	17,210

2. 인구대비 수용인원(단위: 명)

구분	인구	1일 평균 수용인원	인구대비 1일 평균 수용인원(%)	교도관 정원	교도관 대비 평균 수용인원
2014	51,327,916	50,128	0.097	15,934	3.1
2015	51,529,338	53,892	0.105	15,887	3.4
2016	51,696,216	56,495	0.109	15,892	3.6
2017	51,779,148	57,298	0.111	15,871	3.6
2018	51,824,477	54,744	0.106	15,999	3.4
2019	51,849,861	54,624	0.105	16,101	3.4
2020	51,829,023	53,873	0.103	16,482	3.3
2021	51,638,809	52,368	0.101	16,652	3.1
2022	51,439,038	51,117	0.099	16,668	3.1

2 원인과 결과

1. 원인

(1) 1960년대 베이비붐으로 **인구가 증가**하면서 1970~1980년대 이후 교정시설의 수용인원이 증가한 것이 주요 원인이다.

(2) 범죄율이 증가하고 사회문제로 대두되면서 강력범죄에 대한 언론의 보도와 범죄의 진상왜곡은 범죄의 공포를 증대시켰으며, 이에 **범죄에 대한 강력한 대응이 요구**되면서 형사정책의 보수화를 초래하였다.

(3) 교화개선을 위한 교정 모델로 인해 교정비용이 급증하였으나 범죄율과 재범률은 지속적으로 증가하였고, 이에 **처벌을 강화하는 모델**(정의 모델 등)이 다시 등장하여 법원의 양형이나 교정정책이 변화되었다.

(4) 처우 중심의 교정정책 실패와 범죄에 대한 공포의 증대로 인해 범죄와의 전쟁, 마약과의 전쟁 등을 내세우게 되어 범죄에 대한 강경대응책이 더욱 가속화되었다.

(5) 범죄에 대한 강력대처를 요구하는 여론에 따라 강제적 최소 양형법 등의 제정을 통한 **법원의 보수화**가 출현하였다.

(6) 선시제도의 조건을 강화하고 가석방의 요건을 강화하는 등 **교정정책의 변화**는 결과적으로 수용인원의 증가를 가져왔다.

2. 결과

(1) 교정시설의 중구금화 현상을 초래한다.
(2) 수용환경의 악화로 인한 교정사고의 가능성이 증대된다.
(3) 과다한 업무로 인한 교도관의 사기가 저하된다.
(4) 교정에 대한 법원의 개입을 초래(과밀수용 현상의 개선에 가장 큰 영향을 끼침)한다.
(5) 양형제도가 변화(예 선별적 무력화, 사회 내 처우의 확대 등)된다.

3 해소방안

1. 브럼스타인(A. Blumstein)의 과밀수용 해소방안 16. 교정9☆

(1) **무익한 전략**
  ① 별다른 대책 없이 교정시설이 증가하는 수용자를 더 수용할 수밖에 없다는 입장이다.
  ② 단기적으로는 추가비용의 부담 없이 쉽게 적용할 수 있는 방안이다.
  ③ 과밀수용을 장기간 방치할 경우 관리상 어려움 및 교도관의 사기저하로 인해 교화개선의 기능을 수행할 수 없기 때문에 근본적인 대책으로 볼 수 없다.

(2) **인**구감소전략

① 정문정책 19. 교정9

㉠ 교정시설의 수용 이전단계에서 비구금적 제재로 전환하는 것으로서, 경미한 범죄자나 초범자들에게 가능한 방안이다.

例 보호관찰, 가택구금, 벌금형, 배상처분, 사회봉사명령, 선도조건부 기소유예 등

㉡ 강력범죄자에게 적용하는 것이 적절하지 않고, 형사사법망의 확대를 초래한다는 비판이 있다.

② 후문정책 10. 특채

㉠ 교정시설에 수용된 범죄자를 새로운 입소자들을 위한 공간확보의 차원에서 형기종료 이전에 출소시키는 방안이다.

例 가석방, 선시제도, 사면, 감형 등

㉡ 형벌의 억제효과는 엄중성보다 확실성에 있으므로 장기구금은 낭비라고 보는 입장에 근거하나, 이에 대해서는 회전식 교도소문 증후군이라는 비판이 제기된다. 22. 교정9

(3) **선**별적 무능력화

① 강력범죄의 대부분을 차지하는 일부 중·누범자를 선별적으로 수용하여 범죄의 감소 및 과밀수용의 해소를 의도하는 방안이다. 22. 교정9☆

② 비구금 상태인 대다수의 범죄자들에 대한 통제방안이 부족하며, 범죄에 상응하는 처벌이 아니라 미래의 위험성을 기초로 가중 처벌하는 윤리적·법률적 문제가 발생한다는 비판이 있다.

(4) **교**정시설 증설

① 수용능력을 확충하여 수용밀도를 낮추는 방안이다.

② 경비부담의 문제가 발생하고, 교정당국의 관료제적 경향으로 인해 금방 과밀수용현상이 재현될 것이라는 비판이 제기된다. 22. 교정9

(5) **사**법절차·과정의 개선

① 경찰·검찰·법원·교정당국으로 구성되는 형사사법협의체에서 협조를 통해 교정시설의 수용능력을 감안하여 형사사법정책을 추진하는 방안이다. 22. 교정9

② 교정의 주체성 확보를 통한 과밀수용의 해소방안에 해당한다.

2. 과밀수용의 해소를 위한 현실적 대안

(1) 구속영장실질심사를 강화하고 불구속수사제도를 정착한다.

(2) 다양한 재판 전 석방 프로그램을 도입(例 보석 등)한다.

(3) 가석방제도를 탄력적으로 운용한다.

(4) 전자감시 가택구금을 선별적으로 실시(例 상습음주운전자, 일부 재산범 등)한다.

(5) 단기자유형을 폐지하고 벌금형을 확대한다.

(6) 교정의 민영화를 확대한다.

(7) 지역사회교정을 확대한다.

(8) 회복적 사법(원상회복적 처우)을 확대한다.

🔨 **관련 판례** **구치소 내 과밀수용행위 위헌확인**

[1] 인간의 존엄과 가치에서 비롯하는 국가형벌권 행사의 한계 − 헌법 제10조에서 보장하는 인간의 존엄과 가치는 국가가 형벌권을 행사함에 있어 사람을 국가행위의 단순한 객체로 취급하거나 비인간적이고 잔혹한 형벌을 부과하는 것을 금지하고, 행형(行刑)에 있어 인간 생존의 기본조건이 박탈된 시설에 사람을 수용하는 것을 금지한다. 구금의 목적 달성을 위하여 필요최소한의 범위 내에서는 수형자의 기본권에 대한 제한이 불가피하다 하더라도, 국가는 어떠한 경우에도 수형자의 인간의 존엄과 가치를 훼손할 수 없다.

[2] 구치소 내 과밀수용행위가 수형자인 청구인의 인간의 존엄과 가치를 침해하는지 여부(적극) − 수형자가 인간 생존의 기본조건이 박탈된 교정시설에 수용되어 인간의 존엄과 가치를 침해당하였는지 여부를 판단함에 있어서는 1인당 수용면적뿐만 아니라 수형자 수와 수용거실 현황 등 수용시설 전반의 운영 실태와 수용기간, 국가예산의 문제 등 제반 사정을 종합적으로 고려할 필요가 있다. 그러나 교정시설의 1인당 수용면적이 수형자의 인간으로서의 기본 욕구에 따른 생활조차 어렵게 할 만큼 지나치게 협소하다면, 이는 그 자체로 국가형벌권 행사의 한계를 넘어 수형자의 인간의 존엄과 가치를 침해하는 것이다. 이 사건의 경우, 성인 남성인 청구인이 이 사건 방실에 수용된 기간 동안 1인당 실제 개인 사용 가능 면적은, 2일 16시간 동안에는 1.06㎡, 6일 5시간 동안에는 1.27㎡였다. 이러한 1인당 수용면적은 우리나라 성인 남성의 평균 신장인 사람이 팔다리를 마음껏 뻗기 어렵고, 모로 누워 '칼잠'을 자야 할 정도로 매우 협소한 것이다. 그렇다면 청구인이 이 사건 방실에 수용된 기간, 접견 및 운동으로 이 사건 방실 밖에서 보낸 시간 등 제반 사정을 참작하여 보더라도, 청구인은 이 사건 방실에서 신체적·정신적 건강이 악화되거나 인격체로서의 기본 활동에 필요한 조건을 박탈당하는 등 극심한 고통을 경험하였을 가능성이 크다. 따라서 청구인이 인간으로서 최소한의 품위를 유지할 수 없을 정도로 과밀한 공간에서 이루어진 이 사건 수용행위는 청구인의 인간으로서의 존엄과 가치를 침해한다. [헌재 2016.12.29, 2013헌마142] 17. 교정7

2 교정사고

1 의의

1. 의의

교정사고란 수용시설 내에서 발생하는 교정기능의 수행을 저해하는 제반현상을 통칭하는 것으로, 일반적으로 도주·폭행·난동·자살·자해·화재·안전사고 등이 있다.

2. 법 규정 내용

형집행법 시행규칙에서는 교정사고를 "교정시설에서 발생하는 화재, 수용자의 자살·도주·폭행·소란, 그 밖에 사람의 생명·신체를 해하거나 교정시설의 안전과 질서를 위태롭게 하는 사고를 말한다."고 규정하고 있다(규칙 제67조 제2호).

2 원인과 대책

1. 원인

일반적으로 교정시설의 구조, 제도적 결함, 수용자의 특성, 문화적 가치관 등의 요소가 결합하여 각종 교정사고가 발생하는 것으로 본다.

2. 대책

수용여건의 개선	① 수용시설의 소규모화 ② 과밀수용의 해소 ③ 독거실의 증설
수용관리의 개선	① 과학적인 분류수용 ② 효과적인 개별처우 ③ 공정한 상벌제도의 실시 ④ 문제수형자의 별도 관리
처우의 개선	① 가석방 등의 혜택을 통한 동기부여 ② 자율적인 질서의식의 강화 등의 기본여건 조성 ③ 수용자 인권개선 및 처우의 질적 향상 ④ 처우의 공정성·형평성 확보

3 교정의 발전

1 교정조직의 전문화

(1) 교정본부의 외청 독립(교정청)
(2) 교정공무원법의 제정
(3) 교정교육기관의 독립
(4) 유관기관과의 협조체제 확립

2 교정시설의 다양화

(1) 교정시설의 소규모화
(2) 유형별로 단계적 처우를 위한 시설의 확충
(3) 구치소 · 구치지소의 증설
(4) 교정병원의 신설

3 교정처우제도의 개선

(1) 분류처우의 과학화
(2) 가석방의 확대 실시 및 선시제도의 도입
(3) 교정작업 및 직업훈련의 강화
(4) 사회복귀 준비제도의 강화
(5) 출소 후 사후관리의 강화

4 기타 방안

(1) 보안장비의 현대화
(2) 교도작업임금제의 도입
(3) 여자교도소 · 소년교도소의 증설
(4) 민영교도소의 증대
(5) 교정에 대한 관심과 지원의 확대

01 브럼스타인(A. Blumstein)이 주장한 교도소 과밀화 해소방안 전략 중 교정 이전단계에서 범죄자를 보호관찰, 가택구금, 벌금형, 배상처분, 사회봉사명령 등 비구금적 제재로 전환시킴으로써 교정시설에 수용되는 인구 자체를 줄이자는 전략으로, 강력범죄자에게는 적용이 적절하지 않기 때문에 일부 경미범죄자나 초범자들에게만 적용가능하다는 한계가 있는 방안은 후문정책(back-door policy)이다. 19. 교정9 ( )

02 '구금인구 감소전략'은 형벌의 제지효과는 형벌의 확실성보다 엄중성에 더 크게 좌우된다는 논리에 근거하고 있다. 22. 교정9 ( )

03 재범위험성이 높다고 판단되는 상습범죄자를 장기간 구금한다면 사회 내의 많은 범죄를 줄일 수 있다는 주장은 선택적 무력화에 대한 내용이다. 20. 교정7 ( )

04 '선별적 무력화'는 재범 위험이 높은 수형자를 예측하여 제한된 공간에 선별적으로 구금함으로써 교정시설의 공간을 보다 효율적으로 운영하려는 방안이다. 22. 교정9 ( )

05 과밀수용 해소방안 중 '교정시설의 증설'은 재정부담이 크고 증설 후 단기간에 과밀수용이 재연될 수 있다는 점에서 주의가 요망된다. 22. 교정9 ( )

정답

01 ✕ 인구감소전략 중 '후문정책'은 교정시설에 수용된 범죄자를 새로운 입소자를 위한 공간 확보의 차원에서 형기종료 이전에 출소시키는 방안이다. 이에 대해서는 회전식 교도소문 증후군이라는 비판이 제기된다. 반면에 인구감소전략 중 '정문정책'은 교정시설의 수용 이전단계에서 비구금적 제재로 전환하는 것으로서 경미범죄자나 초범자에게 가능한 방안이다. 이에 대해서는 강력범죄자에게는 적절하지 않고, 형사사법망의 확대를 초래한다는 비판이 제기된다.

02 ✕ 인구감소전략 방안은 교정시설의 수용 이전단계에서 비구금적 제재로 전환하는 것(정문정책)과 교정시설에 수용된 범죄자를 새로운 입소자들을 위한 공간확보의 차원에서 형기종료 이전에 출소시키는 것(후문정책)을 말하는데, 특히 후문정책은 '형벌의 억제효과는 엄중성보다 확실성에 있으므로 장기구금은 낭비'라고 보는 입장에 근거하고 있다.

03 ○ 선택적 무력화(선별적 무능력화)란 강력범죄의 대부분을 차지하는 일부 중 · 누범자를 선별적으로 수용하여 범죄의 감소 및 과밀수용의 해소를 의도하는 방안이다.

04 ○ 선별적 무력화 방안은 강력범죄의 대부분을 차지하는 일부 중 · 누범자를 선별적으로 수용하여 범죄의 감소 및 과밀수용의 해소를 의도하는 방안이다.

05 ○ 교정시설의 증설 방안은 수용능력을 확충하여 수용밀도를 낮추는 방안이다. 이에 대해서는 경비부담의 문제가 발생하고, 교정당국의 관료제적 경향으로 인해 금방 과밀수용현상이 재현될 것이라는 비판이 제기된다.

단원별 출제비중 *최근 6개년 교정직 기출 분석

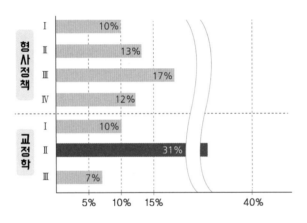

'시설 내 처우'는 교정학의 가장 핵심영역에 해당하는 단원으로, 실무와 가장 밀접하게 연관이 되어 있는 내용이 많으므로 장래 교정직 공무원이 되고자 하는 수험생이라면 필수적으로 숙지하여야 합니다. 「형의 집행 및 수용자의 처우에 관한 법률」과 동법 시행령 및 시행규칙의 내용은 자주 출제되는 키워드이므로 정확히 알아두어야 합니다. 특히 최근에 개정된 법령의 내용은 출제가능성이 상당히 높으므로 개정된 법령 위주로 학습계획을 세우시기 바랍니다.

구분	2019 교정9	2019 교정7	2020 교정9	2020 교정7	2021 교정9	2021 교정7	2022 교정9	2022 교정7	2023 교정9	2023 교정7	2024 교정9
형집행법의 이해											
교정시설 수용	1				2	1		1	1	2	1
물품지급, 금품관리, 위생과 의료		1		1		1			1		1
접견, 편지수수, 전화통화	1		1		1			1			1
종교와 문화, 특별한 보호		1	1	4	1	1		2			
수형자의 처우와 분류심사	1	2		1			2		2	1	1
교육과 교화 프로그램		1	1					1		2	
교도작업과 직업훈련	1	1	2	1		2	3	2	2	1	1
미결수용자와 사형확정자의 처우			1				1	1		1	
안전과 질서	1	1	2	1	1	1	2	1	1	1	2
규율과 상벌, 벌칙		1			1	1	1				1
수용의 종료									1	1	1
교정의 민간참여와 민영교도소	1		1		1			1		1	1

II

시설 내 처우

01 형집행법의 이해

02 교정시설 수용

03 물품지급, 금품관리, 위생과 의료

04 접견, 편지수수, 전화통화

05 종교와 문화, 특별한 보호

06 수형자의 처우와 분류심사

07 교육과 교화 프로그램

08 교도작업과 직업훈련

09 미결수용자와 사형확정자의 처우

10 안전과 질서

11 규율과 상벌, 벌칙

12 수용의 종료

13 교정의 민간참여와 민영교도소

01 형집행법의 이해

1 | 서론

1 의의

1. 개념

「형의 집행 및 수용자의 처우에 관한 법률」은 자유형, 사형, 구금의 집행 및 그 밖의 교정업무의 집행을 규정한 법규범으로서, 수용자에게는 마그나 카르타(대헌장, Magna Carta)로서의 성격을 가지고 있다.

2. 구성

법률	총칙, 수용자의 처우, 수용의 종료, 교정자문위원회 등, 벌칙
동법 시행령	총칙, 수용자의 처우, 수용의 종료, 교정위원
동법 시행규칙	총칙, 수용자의 처우, 수형자의 처우, 사형확정자의 처우, 안전과 질서, 가석방, 교정자문위원회

2 형집행법의 성격과 기능

1. 성격 10. 특채☆

공법	국가 또는 공공단체와 사인 간의 불대등 관계를 규율하는 법(↔ 사법)
절차법	형벌의 집행절차를 규정하는 법(↔ 실체법)
행정법	범죄자의 격리와 교화개선작용을 실현하는 법(↔ 사법법)
형사법	국가와 개인 간의 배분적 정의의 실현을 목적으로 하는 법(↔ 민사법)
강행법	형이 확정된 범죄인에 대한 강제적인 형의 집행에 관한 법(↔ 임의법)

2. 기능

규범적 기능	국가와 수용자 간에 발생하는 여러 사안에 대해 법적 평가를 하고 그에 상응하는 법적 효과를 부여한다. 형집행법은 교도관에게는 평가 규범으로 작용하고, 수용자에게는 의사결정 규범으로 작용한다.
강제적 기능	수용자에게 준수사항과 의무를 부과하고, 위반하는 경우에는 강제적으로 실현할 수 있는 기능이다.
보호적 기능	수용자에 대한 부당한 인권침해를 방지하고 최소한의 문화적 생활을 보장하는 기능이다(보장적 기능, 수형자를 위한 마그나 카르타).
형제적 기능	형집행법은 여러 교정 관련 제도를 제정·시행함에 근거가 된다.

2 형집행법 총칙

1 목적

> **법 제1조【목적】** 이 법은 <u>수형자의 교정교화와 건전한 사회복귀를 도모</u>하고, <u>수용자의 처우와 권리 및 교정시설의 운영</u>에 관하여 필요한 사항을 규정함을 목적으로 한다.

형집행법의 목적

구 행형법과 달리 현행 형집행법에서는 수형자의 '격리'는 목적으로 규정되어 있지 않다.

2 용어의 정의

> **법 제2조【정의】** 이 법에서 사용하는 용어의 뜻은 다음과 같다. 18. 교정9
> 1. '수용자'란 <u>수형자·미결수용자·사형확정자 등 법률과 적법한 절차에 따라 교도소·구치소 및 그 지소(이하 '교정시설'이라 한다)에 수용된 사람</u>을 말한다. 16. 사시☆
> 2. '수형자'란 <u>징역형·금고형 또는 구류형의 선고를 받아 그 형이 확정되어 교정시설에 수용된 사람과 벌금 또는 과료를 완납하지 아니하여 노역장유치명령을 받아 교정시설에 수용된 사람</u>을 말한다. 20. 승진☆
> 3. '미결수용자'란 <u>형사피의자 또는 형사피고인으로서 체포되거나 구속영장의 집행을 받아 교정시설에 수용된 사람</u>을 말한다.
> 4. '사형확정자'란 <u>사형의 선고를 받아 그 형이 확정되어 교정시설에 수용된 사람</u>을 말한다.
>
> **규칙 제2조【정의】** 이 규칙에서 사용하는 용어의 뜻은 다음과 같다. 16. 경채
> 1. '자비구매물품'이란 수용자가 교도소·구치소 및 그 지소(이하 '교정시설'이라 한다)의 장의 허가를 받아 자신의 비용으로 구매할 수 있는 물품을 말한다.
> 2. '<u>교정시설의 보관범위</u>'란 수용자 1명이 교정시설에 보관할 수 있는 물품의 수량으로서 <u>법무부장관</u>이 정하는 범위를 말한다.
> 3. '<u>수용자가 지닐 수 있는 범위</u>'란 수용자 1명이 교정시설 안에서 지닌 채 사용할 수 있는 물품의 수량으로서 <u>법무부장관</u>이 정하는 범위를 말한다.
> 4. '<u>전달금품</u>'이란 수용자 외의 사람이 교정시설의 장(이하 '소장'이라 한다)의 허가를 받아 수용자에게 건넬 수 있는 금품을 말한다.
> 5. '<u>처우등급</u>'이란 수형자의 처우 및 관리와 관련하여 수형자를 수용할 시설, 수형자에 대한 계호의 정도, 처우의 수준 및 처우의 내용을 구별하는 기준을 말한다. 11. 교정7
> 6. '<u>외부 통근자</u>'란 건전한 사회복귀와 기술습득을 촉진하기 위하여 외부 기업체 또는 교정시설 안에 설치된 외부 기업체의 작업장에 통근하며 작업하는 수형자를 말한다.
> 7. '교정장비'란 교정시설 안(교도관이 교정시설 밖에서 수용자를 계호하고 있는 경우 그 장소를 포함한다)에서 사람의 생명과 신체의 보호, 도주의 방지 및 교정시설의 안전과 질서유지를 위하여 교도관이 사용하는 장비와 기구 및 그 부속품을 말한다.

'법률과 적법한 절차에 따라 교정시설에 수용된 사람'의 예

유치자	보호관찰의 준수사항을 위반하여 교정시설에 유치된 경우 등
감치 명령자	법정질서 문란자에 대한 '20일 이내의 감치명령'에 의해 감치된 경우
일시 수용자	피석방자가 질병 등의 이유로 귀가하기 곤란하여 신청에 의해 일시적으로 교정시설에 수용된 경우(법 제125조)
보호 감호자	구 사회보호법의 폐지로 인한 경과 규정에 의해 형기종료 후 보호감호를 받는 경우

3 적용범위

'그 밖의 장소'의 예

외부 병원에서 수용자가 입원 중인 경우, 법원 · 검찰의 소환에 의해 수용자를 호송 중인 경우 등

> 법 제3조 【적용범위】 이 법은 교정시설의 구내와 교도관이 수용자를 계호하고 있는 그 밖의 장소로서 교도관의 통제가 요구되는 공간에 대하여 적용한다. 17. 교정9

4 인권 존중과 차별 금지

> 법 제4조 【인권의 존중】 이 법을 집행하는 때에 수용자의 인권은 최대한으로 존중되어야 한다.
>
> 법 제5조 【차별 금지】 수용자는 합리적인 이유 없이 성별, 종교, 장애, 나이, 사회적 신분, 출신지역, 출신국가, 출신민족, 용모 등 신체조건, 병력, 혼인 여부, 정치적 의견 및 성적 지향 등을 이유로 차별받지 아니한다(→ 상대적 평등).

5 기본계획의 수립

기본계획의 수립

법무부장관이 5년마다 형의 집행 및 수용자의 처우에 관한 기본계획을 수립 · 추진하도록 하였다(제5조의2).

> 법 제5조의2 【기본계획의 수립】 ① 법무부장관은 이 법의 목적을 효율적으로 달성하기 위하여 5년마다 형의 집행 및 수용자 처우에 관한 기본계획(이하 '기본계획'이라 한다)을 수립하고 추진하여야 한다.
>
> ② 기본계획에는 다음 각 호의 사항이 포함되어야 한다. 19. 승진
>
> 1. 형의 집행 및 수용자 처우에 관한 기본 방향
> 2. 인구 · 범죄의 증감 및 수사 또는 형 집행의 동향 등 교정시설의 수요 증감에 관한 사항
> 3. 교정시설의 수용 실태 및 적정한 규모의 교정시설 유지 방안
> 4. 수용자에 대한 처우 및 교정시설의 유지 · 관리를 위한 적정한 교도관 인력 확충 방안
> 5. 교도작업과 직업훈련의 현황, 수형자의 건전한 사회복귀를 위한 작업설비 및 프로그램의 확충 방안
> 6. 수형자의 교육 · 교화 및 사회적응에 필요한 프로그램의 추진방향
> 7. 수용자 인권보호 실태와 인권 증진 방안
> 8. 교정사고의 발생 유형 및 방지에 필요한 사항
> 9. 형의 집행 및 수용자 처우와 관련하여 관계 기관과의 협력에 관한 사항
> 10. 그 밖에 법무부장관이 필요하다고 인정하는 사항
>
> ③ 법무부장관은 기본계획을 수립 또는 변경하려는 때에는 법원, 검찰 및 경찰 등 관계 기관과 협의하여야 한다.
>
> ④ 법무부장관은 기본계획을 수립하기 위하여 실태조사와 수요예측 조사를 실시할 수 있다.
>
> ⑤ 법무부장관은 기본계획을 수립하기 위하여 필요하다고 인정하는 경우에는 관계 기관의 장에게 필요한 자료를 요청할 수 있다. 이 경우 자료를 요청받은 관계 기관의 장은 특별한 사정이 없으면 요청에 따라야 한다.

법 제5조의3【협의체의 설치 및 운영】 ① 법무부장관은 형의 집행 및 수용자 처우에 관한 사항을 협의하기 위하여 법원, 검찰 및 경찰 등 관계 기관과 협의체를 설치하여 운영할 수 있다.

② 제1항에 따른 협의체의 설치 및 운영 등에 필요한 사항은 대통령령으로 정한다. 19. 승진

영 제1조의2【협의체의 구성 및 운영 등】 ① 「형의 집행 및 수용자의 처우에 관한 법률」(이하 '법'이라 한다) 제5조의3에 따른 협의체(이하 '협의체'라 한다)는 위원장을 포함하여 12명의 위원으로 구성한다.

② 협의체의 위원장은 법무부차관이 되고, 협의체의 위원은 다음 각 호의 사람이 된다.

1. 기획재정부, 교육부, 법무부, 국방부, 행정안전부, 보건복지부, 고용노동부, 경찰청 및 해양경찰청 소속 고위공무원단에 속하는 공무원(국방부의 경우에는 고위공무원단에 속하는 공무원 또는 이에 상당하는 장성급 장교를, 경찰청 및 해양경찰청의 경우에는 경무관 이상의 경찰공무원을 말한다) 중에서 해당 소속 기관의 장이 지명하는 사람 각 1명
2. 법원행정처 소속 판사 또는 3급 이상의 법원일반직공무원 중에서 법원행정처장이 지명하는 사람 1명
3. 대검찰청 소속 검사 또는 고위공무원단에 속하는 공무원 중에서 검찰총장이 지명하는 사람 1명

③ 협의체의 위원장은 협의체 회의를 소집하며, 회의 개최 7일 전까지 회의의 일시·장소 및 안건 등을 각 위원에게 알려야 한다.

④ 협의체의 위원장은 협의체의 회의결과를 위원이 소속된 기관의 장에게 통보해야 한다.

6 교정시설의 규모 및 설비

법 제6조【교정시설의 규모 및 설비】 ① 신설하는 교정시설은 수용인원이 500명 이내의 규모가 되도록 하여야 한다. 다만, 교정시설의 기능·위치나 그 밖의 사정을 고려하여 그 규모를 늘릴 수 있다. 17. 교정9☆

② 교정시설의 거실·작업장·접견실이나 그 밖의 수용생활을 위한 설비는 그 목적과 기능에 맞도록 설치되어야 한다. 특히, 거실은 수용자가 건강하게 생활할 수 있도록 적정한 수준의 공간과 채광·통풍·난방을 위한 시설이 갖추어져야 한다. 15. 교정7

③ 법무부장관은 수용자에 대한 처우 및 교정시설의 유지·관리를 위한 적정한 인력을 확보하여야 한다.

🏛 **핵심OX**

01 교정시설의 거실은 수용자가 건강하게 생활할 수 있도록 적정한 수준의 공간과 채광·통풍·난방을 위한 시설이 갖추어져야 한다.　　　　(○, ×)

01 ○

교도소 수용거실에 조명을 켜 둔 행위(다음부터 '조명점등행위'라 한다)가 청구인의 인간으로서의 존엄과 가치 등 기본권을 침해하는지 여부(소극) - 교정시설의 안전과 질서유지를 위해서는 수용거실 안에 일정한 수준의 조명을 유지할 필요가 있다. 수용자의 도주나 자해 등을 막기 위해서는 취침시간에도 최소한의 조명은 유지할 수밖에 없다. (중략) 그렇다면 조명점등행위가 과잉금지원칙에 위배하여 청구인의 기본권을 침해한다고 볼 수 없다. [헌재 2018.8.30, 2017헌마440]

7 교정시설의 민간위탁

법 제7조【교정시설 설치·운영의 민간위탁】 ① 법무부장관은 교정시설의 설치 및 운영에 관한 업무의 일부를 법인 또는 개인에게 위탁할 수 있다. 18. 교정9☆
② 제1항에 따라 위탁을 받을 수 있는 법인 또는 개인의 자격요건, 교정시설의 시설 기준, 수용대상자의 선정 기준, 수용자 처우의 기준, 위탁절차, 국가의 감독, 그 밖에 필요한 사항은 따로 법률(→「민영교도소 등의 설치·운영에 관한 법률」)로 정한다.

8 순회점검, 시찰 및 참관

1. 순회점검

(1) 의의

순회점검은 상급기관의 **감독작용의 일환으로** 교정시설의 운영, 교도관의 복무, 수용자의 처우 및 인권실태 등에 관해 전반적인 감독권을 행사하여 불법·부당한 조치를 시정할 수 있으며, 실효성 있는 **권리구제방안의 하나로도 활용**될 수 있다(순회점검공무원에 대한 청원). 09. 특채

(2) 현행법령의 태도

* 종래에는 '2년에 1회 이상'으로 규정되어 있었다(법 제8조).

정보공개청구와의 구별
정보공개청구의 상대방은 법무부장관, 지방교정청장, 소장인 것과 구별을 요한다(법 제117조의2 제1항).

법 제8조【교정시설의 순회점검】 법무부장관은 교정시설의 운영, 교도관의 복무, 수용자의 처우 및 인권실태 등을 파악하기 위하여 매년 1회 이상* 교정시설을 순회점검하거나 소속 공무원으로 하여금 순회점검하게 하여야 한다. 18. 교정9☆

법 제117조【청원】 ① 수용자는 그 처우에 관하여 불복하는 경우 법무부장관·순회점검공무원 또는 관할 지방교정청장에게 청원할 수 있다. 20. 교정9☆

순회점검반 운영지침
제1조【목적】 이 지침은 「형의 집행 및 수용자의 처우에 관한 법률」 제8조에 따라 교도소·구치소 및 그 지소를 점검하기 위한 순회점검반의 운영에 관하여 필요한 사항을 정함을 목적으로 한다.

제2조【순회점검반의 임무】순회점검반(이하 '점검반'이라 한다)은 다음 각 호의 임무를 수행한다.

1. 「형의 집행 및 수용자의 처우에 관한 법률」 제8조의 순회점검
2. 순회점검기간 중 순회점검공무원에 대한 수용자의 청원 접수 및 처리
3. 교정행정분야의 비리 적발·조치 등
4. 피점검기관의 성실직원 발굴·표창

제6조【점검방법】① 점검은 실지점검 또는 서면점검의 방법으로 실시하며, 실지점검은 점검요원을 피점검기관에 파견하여 실시하고, 서면점검은 피점검기관으로 하여금 관계서류를 제출하게 하여 실시한다.
② 실지점검만으로 점검의 목적을 달성하기 곤란하다고 인정될 때에는 먼저 서면점검을 거친 후 실지점검을 실시한다.

제7조【자료제출 요구】점검요원은 필요하다고 인정되는 경우에는 피점검기관에 대하여 다음 각 호의 사항을 요구할 수 있다.

1. 관계서류·장부 및 물품 등의 제출
2. 증명서·진술서·경위서 또는 확인서 등의 제출
3. 관계공무원의 출석 및 답변 09. 특채
4. 금고·창고·장부 및 물품 등의 봉인 또는 보관
5. 그 밖에 점검상 필요하다고 인정되는 조치

제9조【위임규정】① 장관은 필요한 경우 순회점검업무의 일부를 지방교정청장에게 위임할 수 있다.

2. 시찰

(1) 의의

① **판사와 검사가 미결수용의 실태나 형벌집행의 현황을 파악하여 형사사법의 운용에 참고하기 위하여 직무상 인정되는 제도이다.**
② 시찰은 감독작용이 아니라는 점에서 순회점검과 다르고, 소장의 허가를 받을 필요가 없다는 점(직무상 당연히 인정)에서 참관과 다르다.

(2) 현행법령의 태도

법 제9조【교정시설의 시찰 및 참관】① 판사와 검사는 직무상 필요*하면 교정시설을 시찰할 수 있다. 19. 승진☆

영 제2조【판사 등의 시찰】* ① 판사 또는 검사가 법 제9조 제1항에 따라 교도소·구치소 및 그 지소(이하 '교정시설'이라 한다)를 시찰할 경우에는 미리 그 신분을 나타내는 증표를 교정시설의 장(이하 '소장'이라 한다)에게 제시해야 한다. 18. 교정9☆
② 소장은 제1항의 경우에 교도관에게 시찰을 요구받은 장소를 안내하게 해야 한다. 18. 교정9☆

* 종래에는 '수시로'라고 규정되어 있었다(법 제9조 제1항).

* 판사 또는 검사가 교정시설을 시찰하는 경우 시찰기록을 남기기 위하여 시찰자가 서명·날인하고 교도소장이 그 시찰시간 등을 기록하는 시찰부를 작성하도록 하고 있었으나, 현재 교정시설에서는 정보관리시스템으로 시찰자의 방문기록 등을 관리하고 있어 시찰부를 작성할 필요가 없으므로, 시찰부 작성 관련 규정을 정리하였다(영 제2조).

🏛 **핵심 OX**

02 판사와 검사는 직무상 필요하면 교정시설을 시찰할 수 있다. (O, ×)

02 O

3. 참관 15. 경채

(1) 의의
① **일반인**을 대상으로 하여 학술연구 등의 정당한 이유가 있을 때에 교정시설의 내부를 공개하는 것이다.
② 참관은 교정행정의 밀행주의를 탈피하고 교정에 대한 이해증진 및 사회의 참여를 촉진시키는 역할을 한다.

(2) 현행법령의 태도

> **법 제9조【교정시설의 시찰 및 참관】** ② 제1항의 판사와 검사 외의 사람은 교정시설을 참관하려면 학술연구 등 정당한 이유를 명시하여 교정시설의 장(이하 '소장'이라 한다)의 허가를 받아야 한다. 18. 교정9☆
>
> **영 제3조【참관】** ① 소장은 법 제9조 제2항에 따라 판사와 검사 외의 사람이 교정시설의 참관을 신청하는 경우에는 그 성명·직업·주소·나이·성별 및 참관 목적을 확인한 후 허가 여부를 결정하여야 한다. 18. 교정9
> ② 소장은 외국인에게 참관을 허가할 경우에는 미리 관할 지방교정청장의 승인을 받아야 한다. 15. 교정7☆
> ③ 소장은 제1항 및 제2항에 따라 허가를 받은 사람에게 참관할 때의 주의사항을 알려주어야 한다.
>
> **법 제80조【참관 금지】** 미결수용자가 수용된 거실은 참관할 수 없다. 20. 교정9☆
>
> **법 제89조【사형확정자의 수용】** ② 사형확정자가 수용된 거실은 참관할 수 없다. 19. 승진☆

★핵심 POINT | 청원 등의 비교

구분	청원	소장 면담	순회점검	시찰	참관
권리구제	○	○	△	×	×
주체	수용자	수용자	장관, 공무원	판사, 검사	민간인
목적	처우에 불복	처우	감독작용	직무상 필요	학술연구 등
횟수	제한 ×	제한 ×	매년 1회 이상	제한 ×	소장 허가 시

---

9 교도관의 직무

경찰관과 소방관의 직무에 관하여 법률이 제정되어 있어 직무집행에 대한 법적 보장이 마련되어 있는 점을 감안하여, 현재 법무부령인 「교도관직무규칙」을 법률로 격상하도록 하였다. 이로 인해 교도관의 직무의 전문성 및 수용자의 인권보호에도 기여할 수 있다고 본다.

> **법 제10조【교도관의 직무】** 이 법에 규정된 사항 외에 교도관의 직무에 관하여는 따로 법률로 정한다. 11. 교정9

10 범죄 횟수

규칙 제3조 【범죄횟수】 ① 수용자의 범죄 횟수는 징역 또는 금고 이상의 형을 선고받아 확정된 횟수로 한다. 다만, 집행유예의 선고를 받은 사람이 유예기간 중 고의로 범한 죄로 금고 이상의 실형이 확정(→ 집행유예의 실효, 「형법」 제63조)되지 아니하고 그 기간이 지난 경우에는 집행이 유예된 형은 범죄 횟수에 포함하지 아니한다.
18. 승진☆

② 형의 집행을 종료하거나 그 집행이 면제된 날부터 다음 각 호의 기간이 지난 경우에는 범죄 횟수에 포함하지 아니한다.* 다만, 그 기간 중 자격정지 이상의 형을 선고받아 확정된 경우는 제외한다. 18. 승진☆

1. 3년을 초과하는 징역 또는 금고: 10년
2. 3년 이하의 징역 또는 금고: 5년

③ 수용기록부 등 수용자의 범죄 횟수를 기록하는 문서에는 필요한 경우 수용 횟수(징역 또는 금고 이상의 형을 선고받고 그 집행을 위하여 교정시설에 수용된 횟수를 말한다)를 함께 기록하여 해당 수용자의 처우에 참고할 수 있도록 한다. 18. 승진

★핵심 POINT | 「형의 실효 등에 관한 법률」의 주요 내용

제3조 【수형인명부】 지방검찰청 및 그 지청과 보통검찰부에서는 자격정지 이상의 형을 선고한 재판이 확정되면 지체 없이 그 형을 선고받은 수형인을 수형인명부에 기재하여야 한다.

제7조 【형의 실효】 ① 수형인이 자격정지 이상의 형을 받지 아니하고 형의 집행을 종료하거나 그 집행이 면제된 날부터 다음 각 호의 구분에 따른 기간이 경과한 때에 그 형은 실효된다. 다만, 구류와 과료는 형의 집행을 종료하거나 그 집행이 면제된 때에 그 형이 실효된다. 17. 교정9

1. 3년을 초과하는 징역 · 금고: 10년
2. 3년 이하의 징역 · 금고: 5년
3. 벌금: 2년 24. 교정9

② 하나의 판결로 여러 개의 형이 선고된 경우에는 각 형의 집행을 종료하거나 그 집행이 면제된 날부터 가장 무거운 형에 대한 제1항의 기간이 경과한 때에 형의 선고는 효력을 잃는다. 다만, 제1항 제1호 및 제2호를 적용할 때 징역과 금고는 같은 종류의 형으로 보고 각 형기를 합산한다. 17. 교정9

제8조 【수형인명부 및 수형인명표의 정리】 ① 다음 각 호의 어느 하나에 해당하는 경우에는 수형인명부의 해당란을 삭제하고 수형인명표를 폐기한다.

1. 제7조 또는 「형법」 제81조에 따라 형이 실효되었을 때 24. 교정9
2. 형의 집행유예기간이 경과한 때
3. 자격정지기간이 경과한 때
4. 일반사면이나 형의 선고의 효력을 상실하게 하는 특별사면 또는 복권이 있을 때

---

* 개정 전에는 "형의 집행을 종료하거나 그 집행이 면제된 날부터 자격정지 이상의 형을 선고받지 아니하고 다음 각 호의 기간이 지난 경우에는 범죄 횟수에 포함하지 아니한다."고 규정되어 있었다(규칙 제3조 제2항).

🏛 핵심OX
03 구류와 과료는 형의 집행을 종료하거나 그 집행이 면제된 날부터 1년이 경과한 때에 그 형은 실효된다. (O, ×)

03 ×

01 '수용자'란 법률과 적법한 절차에 따라 교정시설에 수용된 사람으로서 수형자 및 미결수용자는 물론이고 사형확정자까지도 포함한다. 18. 교정9 ( )

02 '미결수용자'란 형사피고인 또는 형사피의자로서 체포되거나 구속영장의 집행을 받아 교정시설에 수용된 사람을 말한다. 18. 교정9 ( )

03 '사형확정자'란 사형의 선고를 받아 그 형이 확정되어 교정시설에 수용된 사람을 말한다. 18. 교정9 ( )

04 「형의 집행 및 수용자의 처우에 관한 법률」은 교정시설의 구내에서만 적용된다. 17. 교정9 ( )

05 신설하는 교정시설은 수용인원이 500명 이내의 규모가 되도록 하여야 한다. 다만, 교정시설의 기능 · 위치나 그 밖의 사정을 고려하여 그 규모를 증대할 수 있다. 17. 교정9 ( )

06 법무부장관은 교정시설의 설치 및 운영에 관한 업무의 일부를 법인에게 위탁할 수 있으나 개인에게 위탁할 수는 없다. 17. 교정9 ( )

07 법무부장관은 교정시설의 운영, 교도관의 복무, 수용자의 처우 및 인권실태 등을 파악하기 위하여 매월 1회 이상 교정시설을 순회점검하거나 소속 공무원으로 하여금 순회점검하게 하여야 한다. 18. 교정9 ( )

08 판사, 검사 및 당해 사건의 변호인은 직무상 필요하면 교정시설을 시찰할 수 있다. 17. 교정9 ( )

정답

01 ○ 법 제2조 제1호
02 ○ 법 제2조 제3호
03 ○ 법 제2조 제4호
04 ✕ 교도관이 수용자를 계호하고 있는 그 밖의 장소로서 교도관의 통제가 요구되는 공간에 대하여도 적용된다(법 제3조 참조).
05 ○ 법 제6조 제1항
06 ✕ 개인에게도 위탁할 수 있다(법 제7조 제1항 참조).
07 ✕ '매년' 1회 이상이다(법 제8조).
08 ✕ 당해 사건의 변호인은 시찰의 주체가 아니다(법 제9조 제1항 참조).

09 판사 또는 검사가 교정시설을 시찰할 경우에는 미리 그 신분을 나타내는 증표를 교정시설의 장에게 제시해야 한다. 18. 교정9 ( )

10 교정시설의 장은 판사 또는 검사가 교정시설을 시찰할 경우 교도관에게 시찰을 요구받은 장소를 안내하게 해야 한다. 18. 교정9 ( )

11 판사와 검사 외의 사람은 교정시설을 참관하려면 학술연구 등 정당한 이유를 명시하여 관할 지방교정청장의 허가를 받아야 한다. 18. 교정9 ( )

12 교정시설의 장은 판사와 검사 외의 사람이 교정시설의 참관을 신청하는 경우에는 그 성명·직업·주소·나이·성별 및 참관 목적을 확인한 후 허가 여부를 결정하여야 한다. 18. 교정9 ( )

13 집행유예의 선고를 받은 사람이 유예기간 중 고의로 범한 죄로 금고 이상의 실형이 확정 되지 아니하고 그 기간이 지난 경우에는 집행이 유예된 형은 범죄횟수에 포함하지 아니 한다. 18. 승진 ( )

14 수용기록부 등 수용자의 범죄횟수를 기록하는 문서에는 필요한 경우 수용횟수(징역·금고 또는 벌금 이상의 형을 선고받고 그 집행을 위하여 교정시설에 수용된 횟수를 말한다)를 함께 기록하여 해당 수용자의 처우에 참고할 수 있도록 한다. 18. 승진 ( )

15 벌금형을 받은 사람이 자격정지 이상의 형을 받지 아니하고 그 형의 집행을 종료한 날부터 2년이 경과한 때에 그 형은 실효된다. 24. 교정9 ( )

16 「형법」 제81조(형의 실효)에 따라 형이 실효되었을 때에는 수형인명부의 해당란을 삭제하고 수형인명표를 폐기한다. 24. 교정9 ( )

정답

09 ○ 영 제2조 제1항

10 ○ 영 제2조 제2항

11 × '교정시설의 장(소장)'의 허가를 받아야 한다(법 제9조 제2항).

12 ○ 영 제3조 제1항

13 ○ 규칙 제3조 제1항 단서

14 × 수용횟수는 '징역 또는 금고 이상'의 형을 선고받고 그 집행을 위하여 교정시설에 수용된 횟수를 말한다(규칙 제3조 제3항).

15 ○ 형의 실효 등에 관한 법률 제7조 제1항 제3호

16 ○ 형의 실효 등에 관한 법률 제8조 제1항

02 교정시설 수용

1 수용의 의의 및 요건

1 의의

(1) 수용이란 국가의 강제력에 의해 자유를 박탈하고 교정시설에 구금하여 수용자로서의 신분을 갖게 하는 것을 말한다.

(2) 수용은 법률상의 절차에 의해 집행되어야 하며(**적법절차의 원칙**), 수용시설의 적정 및 합리적 처우의 시행 등 수용자의 인권보장에 충실할 수 있어야 한다.

2 요건

수용자를 교정시설에 수용하기 위해서는 형식적 요건과 실질적 요건을 구비하고, 수용거절사유가 없어야 한다.

1. 형식적 요건과 실질적 요건

형식적 요건	수용의 근거가 되는 적법한 문서가 존재해야 한다.
실질적 요건	문서의 내용(수용대상자·수용장소 등)과 실제가 일치해야 한다.

2. 수용거절사유

절대적 수용거절사유	법규에 정한 문서의 불비 및 문서상의 내용과 실제가 일치하지 않은 경우에는 수용요건의 결함을 이유로 수용을 거절하여야 한다.
상대적 수용거절사유	수용요건이 구비되더라도 시설의 수용능력이 구비되지 않거나, 감염병(전염병) 환자 등의 경우에는 수용을 거절할 수 있다.

> 법 제18조 【수용의 거절】① 소장은 다른 사람의 건강에 위해를 끼칠 우려가 있는 감염병에 걸린 사람의 수용을 거절할 수 있다(→ 상대적 수용거절). 20. 승진☆
> ② 소장은 제1항에 따라 수용을 거절하였으면 그 사유를 지체 없이 수용지휘기관과 관할 보건소장에게 통보하고 법무부장관에게 보고하여야 한다. 20. 승진☆

수용의 근거가 되는 적법한 문서

1. **미결수용자**
   구속영장·체포영장·수용지휘서·이송지휘서 등
2. **수형자**
   형집행지휘서·재판서·판결문등본 등
3. **사형확정자**
   사형확정통지서·판결문등본·수용지휘서 등
4. **노역장유치자**
   노역장유치집행지휘서·재판서등본 등

🏛 **핵심 OX**

01 교정시설의 장은 다른 사람의 건강에 위해를 끼칠 우려가 있는 감염병에 걸린 사람의 수용을 거절할 수 있다.

(○, ×)

01 ○

2 수용절차

1 신입자의 수용 15. 경채

법 제16조【신입자의 수용 등】① 소장은 법원·검찰청·경찰관서 등으로부터 처음으로 교정시설에 수용되는 사람(이하 '신입자'라 한다)에 대하여는 집행지휘서, 재판서, 그 밖에 수용에 필요한 서류를 조사한 후 수용한다. 19. 승진☆

② 소장은 신입자에 대하여는 지체 없이 신체·의류 및 휴대품을 검사하고 건강진단을 하여야 한다. 18. 승진☆

③ 신입자는 제2항에 따라 소장이 실시하는 검사 및 건강진단을 받아야 한다.

법 제16조의2【간이입소절차】다음 각 호의 어느 하나에 해당하는 신입자의 경우에는 법무부장관이 정하는 바에 따라 간이입소절차를 실시한다. 20. 승진☆

　1. 「형사소송법」 제200조의2, 제200조의3 또는 제212조에 따라 체포되어 교정시설에 유치된 피의자

　2. 「형사소송법」 제201조의2 제10항 및 제71조의2에 따른 구속영장 청구에 따라 피의자 심문을 위하여 교정시설에 유치된 피의자

영 제13조【신입자의 인수】① 소장은 법원·검찰청·경찰관서 등으로부터 처음으로 교정시설에 수용되는 사람(이하 '신입자'라 한다)을 인수한 경우에는 호송인에게 인수서를 써 주어야 한다. 이 경우 신입자에게 부상·질병, 그 밖에 건강에 이상(이하 이 조에서 '부상 등'이라 한다)이 있을 때에는 호송인으로부터 그 사실에 대한 확인서를 받아야 한다. 10. 특채

② 신입자를 인수한 교도관은 제1항의 인수서에 신입자의 성명, 나이 및 인수일시를 적고 서명 또는 날인하여야 한다.

③ 소장은 제1항 후단에 따라 확인서를 받는 경우에는 호송인에게 신입자의 성명, 나이, 인계일시 및 부상 등의 사실을 적고 서명 또는 날인하도록 하여야 한다.

영 제14조【신입자의 신체 등 검사】소장은 신입자를 인수한 경우에는 교도관에게 신입자의 신체·의류 및 휴대품을 지체 없이 검사하게 하여야 한다. 16. 교정7

영 제15조【신입자의 건강진단】법 제16조 제2항에 따른 신입자의 건강진단은 수용된 날부터 3일 이내에 하여야 한다. 다만, 휴무일이 연속되는 등 부득이한 사정이 있는 경우에는 예외로 한다. 19. 승진☆

영 제16조【신입자의 목욕】소장은 신입자에게 질병이나 그 밖의 부득이한 사정이 있는 경우가 아니면 지체 없이 목욕을 하게 하여야 한다. 19. 승진

영 제17조【신입자의 신체 특징 기록 등】① 소장은 신입자의 키·용모·문신·흉터 등 신체 특징과 가족 등 보호자의 연락처를 수용기록부에 기록하여야 하며, 교도관이 업무상 필요한 경우가 아니면 이를 열람하지 못하도록 하여야 한다.

② 소장은 신입자 및 다른 교정시설로부터 이송되어 온 사람(이하 '이입자'라 한다)에 대하여 수용자번호를 지정하고 수용 중 번호표를 상의의 왼쪽 가슴에 붙이게 하여야 한다. 다만, 수용자의 교화 또는 건전한 사회복귀를 위하여 특히 필요하다고 인정하면 번호표를 붙이지 아니할 수 있다. 20. 승진☆

간이입소절차의 도입

국가인권위원회는 사전구속영장이 청구되었지만 아직 구속 여부가 결정되지 않은 피의자들을 교도소에 유치하여 알몸 신체검사 등 일반 수용자와 동일한 입소절차를 거치게 한 것은 헌법 제10조에서 보장하는 인격권을 침해한 행위로 판단하고 관행을 개선할 것을 권고한 바 있고, 위와 같은 인격권 침해 문제는 체포된 피의자를 교정시설에 가유치하는 경우에도 동일하게 발생한다고 할 것이어서, 체포된 피의자를 교정시설에 가유치하는 경우 및 사전구속영장이 청구된 피의자를 피의자 심문을 위하여 교정시설에 유치하는 경우에는 신체·의류·휴대품 검사 및 건강진단과 같은 일반 수용자에 대한 신입자 입소 절차를 적용하지 않고 필요한 경우 간이입소절차를 실시할 수 있도록 함으로써 피의자의 인격권을 보장하려는 것이다(법 제16조의2).

신입자의 신체 등 검사

건강진단이나 목욕과 달리 예외사유가 규정되어 있지 않다.

🏛 **핵심OX**

02 소장은 신입자를 인수한 경우에는 교도관에게 신입자의 신체·의류 및 휴대품을 지체 없이 검사하게 하여야 한다.

(O, ×)

02 ○

Ⅱ 시설 내 처우 해커스공무원 노신 교정학 기본서

영 **제18조 【신입자거실 수용 등】** ① 소장은 신입자가 환자이거나 부득이한 사정이 있는 경우가 아니면 수용된 날부터 3일 동안 신입자거실에 수용하여야 한다. 23. 교정7☆

② 소장은 제1항에 따라 신입자거실에 수용된 사람에게는 작업을 부과해서는 아니 된다. 23. 교정7☆

③ 소장은 19세 미만의 신입자 그 밖에 특히 필요하다고 인정하는 수용자에 대하여 는 제1항의 기간을 30일까지 연장할 수 있다. 19. 승진☆

영 **제19조 【수용기록부 등의 작성】** 소장은 신입자 또는 이입자를 수용한 날부터 3일 이내에 수용기록부, 수용자명부 및 형기종료부를 작성·정비하고 필요한 사항을 기록하여야 한다. 19. 승진☆

영 **제20조 【신입자의 신원조사】** ① 소장은 신입자의 신원에 관한 사항을 조사하여 수 용기록부에 기록하여야 한다.

② 소장은 신입자의 본인 확인 및 수용자의 처우 등을 위하여 불가피한 경우 「개인 정보보호법」 제23조에 따른 정보, 같은 법 시행령 제18조 제2호에 따른 범죄경력자 료에 해당하는 정보, 같은 영 제19조에 따른 주민등록번호, 여권번호, 운전면허의 면허번호 또는 외국인등록번호가 포함된 자료를 처리할 수 있다.

⌐ **참고** ─

신입자의 신체 등 검사·건강진단·목욕 비교

구분	법률	시행령
신체 등 검사	지체 없이	지체 없이(예외 없음)
건강진단	지체 없이	수용된 날부터 3일 이내(예외: 휴무일이 연속되는 등)
목욕	−	지체 없이(예외: 질병 등)

---

2 고지사항

법 **제17조 【고지사항】** 신입자 및 다른 교정시설로부터 이송되어 온 사람에게는 말이 나 서면으로 다음 각 호의 사항을 알려 주어야 한다. 18. 승진☆

1. 형기의 기산일 및 종료일
2. 접견·편지, 그 밖의 수용자의 권리에 관한 사항
3. 청원, 「국가인권위원회법」에 따른 진정, 그 밖의 권리구제에 관한 사항
4. 징벌·규율, 그 밖의 수용자의 의무에 관한 사항
5. 일과 그 밖의 수용생활에 필요한 기본적인 사항

법 **제53조의2 【수용자의 미성년 자녀 보호에 대한 지원】** ① 소장은 신입자에게 「아동복 지법」 제15조에 따른 보호조치를 의뢰할 수 있음을 알려주어야 한다. 21. 교정7

② 소장은 수용자가 「아동복지법」 제15조에 따른 보호조치를 의뢰하려는 경우 보 호조치 의뢰가 원활하게 이루어질 수 있도록 지원하여야 한다.

③ 제1항에 따른 안내 및 제2항에 따른 보호조치 의뢰 지원의 방법·절차, 그 밖에 필요한 사항은 법무부장관이 정한다.

3 사진촬영 등의 조치

> **법 제19조【사진촬영 등】** ① 소장은 신입자 및 다른 교정시설로부터 이송되어 온 사람에 대하여 다른 사람과의 식별을 위하여 필요한 한도에서 사진촬영, 지문채취, 수용자번호 지정, 그 밖에 대통령령으로 정하는 조치를 하여야 한다.
> ② 소장은 수용목적상 필요하면 수용 중인 사람에 대하여도 제1항의 조치를 할 수 있다. 11. 사시

4 수용사실의 알림

> **법 제21조【수용사실의 알림】** 소장은 신입자 또는 다른 교정시설로부터 이송되어 온 사람이 있으면 그 사실을 수용자의 가족(배우자, 직계 존속·비속 또는 형제자매를 말한다. 이하 같다)에게 지체 없이 알려야 한다. 다만, 수용자가 알리는 것을 원하지 아니하면 그러하지 아니하다. 20. 승진☆
>
> **영 제21조【형 또는 구속의 집행정지사유의 통보】** 소장은 수용자에 대하여 건강상의 사유로 형의 집행정지 또는 구속의 집행정지를 할 필요가 있다고 인정하는 경우에는 의무관의 진단서와 인수인에 대한 확인서류를 첨부하여 그 사실을 검사에게, 기소된 상태인 경우에는 법원에도 지체 없이 통보하여야 한다.

3 수용의 원칙

현행법상 수용의 원칙에는 **구분수용·분리수용·독거수용**의 원칙이 있다.

1 구분수용

1. 의의

구분수용이란 19세 이상 수형자, 19세 미만 수형자, 미결수용자, 사형확정자를 **교정시설별로 구분하여 수용**하는 것을 말한다.

2. 구분수용의 원칙

> **법 제11조【구분수용】** ① 수용자는 다음 각 호에 따라 구분하여 수용한다. 23. 교정7☆
> 1. 19세 이상 수형자: 교도소
> 2. 19세 미만 수형자: 소년교도소
> 3. 미결수용자: 구치소
> 4. 사형확정자: 교도소 또는 구치소. 이 경우 구체적인 구분 기준은 법무부령(→ 규칙 제150조)으로 정한다.

핵심OX

04 소장은 신입자가 있으면 그 사실을 수용자의 가족(배우자, 직계 존속·비속 또는 형제자매)에게 지체 없이 통지하여야 한다. 다만, 수용자가 통지를 원하지 아니하면 그러하지 아니하다. (○, ×)

05 19세 이상 수형자는 교도소에 수용한다. (○, ×)

04 ○
05 ○

② 교도소 및 구치소의 각 지소에는 교도소 또는 구치소에 준하여 수용자를 수용한다.

> 규칙 제150조 【구분수용 등】 ① 사형확정자는 사형집행시설이 설치되어 있는 교정시설에 수용하되, 다음 각 호와 같이 구분하여 수용한다. 23. 교정7☆
> 1. 교도소: 교도소 수용 중 사형이 확정된 사람, 교도소에서 교육·교화 프로그램 또는 신청에 따른 작업을 실시할 필요가 있다고 인정되는 사람
> 2. 구치소: 구치소 수용 중 사형이 확정된 사람, 교도소에서 교육·교화 프로그램 또는 신청에 따른 작업을 실시할 필요가 없다고 인정되는 사람

3. 구분수용의 예외

선생님 TIP

구분수용의 예외사유
소/정/방

「소년법」 제63조 【징역·금고의 집행】
징역 또는 금고를 선고받은 소년에 대하여는 특별히 설치된 교도소 또는 일반 교도소 안에 특별히 분리된 장소에서 그 형을 집행한다. 다만, 소년이 형의 집행 중에 23세가 되면 일반 교도소에서 집행할 수 있다.

> 법 제12조 【구분수용의 예외】 ① 다음 각 호의 어느 하나에 해당하는 사유가 있으면 교도소에 미결수용자를 수용할 수 있다. 23. 교정9☆
> 1. 관할 법원 및 검찰청 소재지에 구치소가 없는 때
> 2. 구치소의 수용인원이 정원을 훨씬 초과하여 정상적인 운영이 곤란한 때
> 3. 범죄의 증거인멸을 방지하기 위하여 필요하거나 그 밖에 특별한 사정이 있는 때
> ② 취사 등의 작업을 위하여 필요하거나 그 밖에 특별한 사정이 있으면 구치소에 수형자를 수용할 수 있다. 21. 교정7☆
> ③ 수형자가 소년교도소에 수용 중에 19세가 된 경우에도 교육·교화 프로그램, 작업, 직업훈련 등을 실시하기 위하여 특히 필요하다고 인정되면 23세가 되기 전까지는 계속하여 수용할 수 있다(→ 「소년법」 제63조와 비교). 23. 교정9☆
> ④ 소장은 특별한 사정이 있으면 제11조의 구분수용 기준에 따라 다른 교정시설로 이송하여야 할 수형자를 6개월을 초과하지 아니하는 기간 동안 계속하여 수용할 수 있다. 23. 교정9☆

2 분리수용

1. 의의

분리수용이란 남성과 여성을 분리하여 수용하고 수형자와 미결수용자, 19세 이상 수형자와 19세 미만 수형자를 같은 교정시설에 수용하는 경우 **서로 접촉하지 못하도록 분리하여 수용**하는 것을 말한다.

2. 분리수용의 원칙

핵심 OX

06 취사 작업을 위하여 필요하거나 그 밖에 특별한 사정이 있으면 구치소에 수형자를 수용할 수 있다. (O, ×)

06 O

> 법 제13조 【분리수용】 ① 남성과 여성은 분리하여 수용한다.
> ② 제12조(→ 구분수용의 예외)에 따라 수형자와 미결수용자, 19세 이상의 수형자와 19세 미만의 수형자를 같은 교정시설에 수용하는 경우에는 서로 분리하여 수용한다. 23. 교정7☆

3 독거수용

1. 의의

구금제도에는 수형자를 혼자 구금하는 독거제와 여러 수형자를 동일한 거실 또는 작업장에서 함께 생활하게 하는 혼거제가 있다. 형집행법은 **독거제를 원칙으로** 하면서, **예외적으로 혼거수용이 가능함을** 규정하고 있다.

2. 독거수용의 원칙과 혼거수용의 예외

> **법 제14조【독거수용】** 수용자는 독거수용한다. 다만, 다음 각 호의 어느 하나에 해당하는 사유가 있으면 혼거수용할 수 있다. 23. 교정9☆
> 1. 독거실 **부족** 등 시설여건이 충분하지 아니한 때
> 2. 수용자의 생명 또는 신체의 **보호,** 정서적 **안정**을 위하여 필요한 때
> 3. 수형자의 **교화** 또는 건전한 **사회복귀**를 위하여 필요한 때
>
> **영 제4조【독거실의 비율】** 교정시설을 새로 설치하는 경우에는 법 제14조에 따른 수용자의 거실수용을 위하여 독거실과 혼거실의 비율이 적정한 수준이 되도록 한다. 11. 특채
>
> **영 제5조【독거수용의 구분】** 독거수용은 다음 각 호와 같이 구분한다.
> 1. 처우상 독거수용: 주간에는 교육 · 작업 등의 처우를 위하여 일과에 따른 공동생활을 하게 하고 휴업일과 야간에만 독거수용하는 것을 말한다. 24. 교정9☆
> 2. 계호상 독거수용: 사람의 생명 · 신체의 보호 또는 교정시설의 안전과 질서유지를 위하여 항상 독거수용하고 다른 수용자와의 접촉을 금지하는 것을 말한다. 다만, 수사 · 재판 · 실외운동 · 목욕 · 접견 · 진료 등을 위하여 필요한 경우에는 그러하지 아니하다. 24. 교정9☆
>
> **영 제6조【계호상 독거수용자의 시찰】** ① 교도관은 제5조 제2호에 따라 독거수용된 사람(이하 '계호상 독거수용자'라 한다)을 수시로 시찰하여 건강상 또는 교화상 이상이 없는지 살펴야 한다. 24. 교정9☆
> ② 교도관은 제1항의 시찰 결과, 계호상 독거수용자가 건강상 이상이 있는 것으로 보이는 경우에는 교정시설에 근무하는 의사(공중보건의사를 포함한다. 이하 '의무관'이라 한다)에게 즉시 알려야 하고, 교화상 문제가 있다고 인정하는 경우에는 소장에게 지체 없이 보고하여야 한다. 24. 교정9☆
> ③ 의무관은 제2항의 통보를 받은 즉시 해당 수용자를 상담 · 진찰하는 등 적절한 의료조치를 하여야 하며, 계호상 독거수용자를 계속하여 독거수용하는 것이 건강상 해롭다고 인정하는 경우에는 그 의견을 소장에게 즉시 보고하여야 한다.
> ④ 소장은 계호상 독거수용자를 계속하여 독거수용하는 것이 건강상 또는 교화상 해롭다고 인정하는 경우에는 이를 즉시 중단하여야 한다. 24. 교정9
>
> **영 제7조【여성수용자에 대한 시찰】** 소장은 특히 필요하다고 인정하는 경우가 아니면 남성교도관이 야간에 수용자거실에 있는 여성수용자를 시찰하게 하여서는 아니 된다. 14. 교정7☆
>
> **영 제8조【혼거수용 인원의 기준】** 혼거수용 인원은 3명 이상으로 한다. 다만, 요양이나 그 밖의 부득이한 사정이 있는 경우에는 예외로 한다. 20. 승진☆

선생님 TIP

예외적 혼거수용사유
부족/보/안/교/사

영 제9조【혼거수용의 제한】소장은 노역장유치명령을 받은 수형자와 징역형·금고형 또는 구류형을 선고받아 형이 확정된 수형자를 혼거수용해서는 아니 된다. 다만, 징역형·금고형 또는 구류형의 집행을 마친 다음에 계속해서 노역장유치명령을 집행하거나 그 밖에 부득이한 사정이 있는 경우에는 그러하지 아니하다. 20. 승진☆

3. 독거제와 혼거제의 장·단점

구분	독거제	혼거제
장점	① 반성 및 참회의 기회를 부여한다. ② 악풍감염 예방 및 전염병 예방에 유리하다. ③ 수형자의 개별처우에 유리하다. ④ 수형자의 명예와 감정 보호에 유리하다. ⑤ 증거인멸 및 공모 방지에 유리하다. ⑥ 감시·감독 및 질서유지에 편리하다. ⑦ 도주 방지에 유리하다.	① 수용자의 심신단련에 유리하다. ② 교정비용을 절감(건축비, 인건비 등)할 수 있다. ③ 시설관리가 편리하다. ④ 형벌집행의 통일성을 유지할 수 있다. ⑤ 사회적 훈련이 용이하다. ⑥ 자살 등 교정사고의 방지에 유리하다.
단점	① 인간의 사회성을 무시한다. ② 집단교육훈련 등 사회적 훈련에 부적합하다. ③ 신체적·정신적 장애의 우려가 있다. ④ 자살사고의 방지가 곤란하다. ⑤ 다수의 감시·감독이 필요하다. ⑥ 교정비용이 과다 소요된다.	① 수용자 간 갈등의 우려가 있다. ② 악풍감염의 우려가 있다. ③ 개별처우가 곤란하다. ④ 출소 후 공모범죄가 가능하다. ⑤ 감시·감독 및 질서유지가 곤란하다. ⑥ 비위생적이고 방역이 곤란하다.

4 기타 수용 관련 규정

법 제15조【수용거실 지정】소장은 수용자의 거실을 지정하는 경우에는 죄명·형기·죄질·성격·범죄전력·나이·경력 및 수용생활 태도, 그 밖에 수용자의 개인적 특성을 고려하여야 한다. 19. 승진☆

영 제10조【수용자의 자리 지정】소장은 수용자의 생명·신체의 보호, 증거인멸의 방지 및 교정시설의 안전과 질서유지를 위하여 필요하다고 인정하면 혼거실·교육실·강당·작업장, 그 밖에 수용자들이 서로 접촉할 수 있는 장소에서 수용자의 자리를 지정할 수 있다. 15. 교정7

영 제11조【거실의 대용 금지】소장은 수용자거실을 작업장으로 사용해서는 아니 된다. 다만, 수용자의 심리적 안정, 교정교화 또는 사회적응능력 함양을 위하여 특히 필요하다고 인정하면 그러하지 아니하다. 20. 승진☆

영 제12조【현황표 등의 부착 등】① 소장은 수용자거실에 면적, 정원 및 현재인원을 적은 현황표를 붙여야 한다.

② 소장은 수용자거실 앞에 이름표를 붙이되, 이름표 윗부분에는 수용자의 성명·출생연도·죄명·형명 및 형기를 적고, 그 아랫부분에는 수용자 번호 및 입소일을 적되 윗부분의 내용이 보이지 않도록 해야 한다. 20. 승진

③ 소장은 수용자가 법령에 따라 지켜야 할 사항과 수용자의 권리구제절차에 관한 사항을 수용자거실의 보기 쉬운 장소에 붙이는 등의 방법으로 비치하여야 한다. 18. 승진

🔨 **관련 판례** | **수용자에게 수용거실을 변경신청할 권리가 있는지 여부**

청구인의 독거수용 신청에 대한 교도소장의 거부가 헌법소원심판의 대상이 되는 공권력 행사인지 여부(소극) – 수용거실의 지정은 교도소장의 재량적 판단사항이며 수용자에게 수용거실의 변경을 신청할 권리 내지 특정 수용거실에 대한 신청권이 있다고 볼 수 없다. 따라서 교도소장의 독거수용 거부는 헌법소원심판의 대상이 되는 공권력의 행사에 해당하지 아니한다. [헌재 2013.8.29, 2012헌마886] 19. 승진☆

- -

독방수용 불허행위에 대한 심판청구 부분 – 비록 형집행법은 독거수용을 원칙으로 하고 있지만, 필요한 경우 혼거수용을 할 수 있도록 하고 그 밖에 수용자의 거실을 지정하는 경우 수용자의 여러 특성을 고려하도록 하고 있는바, 그렇다면 교정시설의 장에게 모든 수용자를 독거수용하여야 할 의무가 있다고 볼 수 없으며, 수용자를 교정시설 내의 어떤 수용거실에 수용할 지 여부는 수용자의 교정교화와 건전한 사회복귀를 도모할 수 있도록 구체적인 사항을 참작하여 교정시설의 장이 결정할 수 있다 할 것이다. 나아가 헌법이나 형집행법 등에 수용자가 독거수용 신청을 할 수 있다는 규정이나, 그와 같은 신청이 있는 경우 이를 어떻게 처리할 것인지에 대한 규정도 존재하지 아니한다. 이러한 점을 고려하면 청구인과 같은 수용자에게 독거수용을 신청할 권리가 있다고 할 수 없다. 결국 이 사건 독방수용 불허행위는 헌법소원의 대상이 되는 공권력의 행사에 해당하지 아니하므로 이 부분 심판청구는 부적법하다. [헌재 2013.6.4, 2013헌마287] 19. 승진

---

4 이송

1 수용자의 이송

1. 이송 승인

법 제20조【수용자의 이송】① 소장은 수용자의 수용·작업·교화·의료, 그 밖의 처우를 위하여 필요하거나 시설의 안전과 질서유지를 위하여 필요하다고 인정하면 법무부장관의 승인을 받아 수용자를 다른 교정시설로 이송할 수 있다. 14. 사시☆

② 법무부장관은 제1항의 이송 승인에 관한 권한을 대통령령으로 정하는 바에 따라 지방교정청장에게 위임할 수 있다. 21. 교정9☆

영 제22조【지방교정청장의 이송승인권】 ① 지방교정청장은 법 제20조 제2항에 따라 다음 각 호의 어느 하나에 해당하는 경우에는 수용자의 이송을 승인할 수 있다. 23. 교정7☆

1. 수용시설의 공사 등으로 수용거실이 일시적으로 부족한 때
2. 교정시설 간 수용인원의 뚜렷한 불균형을 조정하기 위하여 특히 필요하다고 인정되는 때
3. 교정시설의 안전과 질서유지를 위하여 긴급하게 이송할 필요가 있다고 인정되는 때

② 제1항에 따른 지방교정청장의 이송승인은 관할 내 이송으로 한정한다. 20. 승진☆

⚖ **관련 판례** | **법무부장관의 이송 승인이 공권력의 행사인지 여부**

수형자인 청구인에게는 교도소의 이송신청권이 없으므로 법무부장관이 청구인의 이송청원을 각하하였다 하여 이를 가리켜 '공권력의 행사'라 할 수 없고, 아울러 법무부장관의 수형자에 대한 이송지휘처분은 「형의 집행 및 수용자의 처우에 관한 법률」 제20조의 규정에 따른 교도소장의 수형자 이송승인신청에 대하여 이를 승인하는 의사표시에 불과하여 이것이 곧 기본권 침해의 원인이 된 '공권력의 행사'에 해당한다고 할 수 없다. [헌재 2013.8.20, 2013헌마543] 19. 승진

---

2. 이송 중지 및 호송 시 분리

영 제23조【이송 중지】 소장은 수용자를 다른 교정시설에 이송하는 경우에 의무관으로부터 수용자가 건강상 감당하기 어렵다는 보고를 받으면 이송을 중지하고 그 사실을 이송받을 소장에게 알려야 한다. 21. 교정9☆

영 제24조【호송 시 분리】 수용자를 이송이나 출정, 그 밖의 사유로 호송하는 경우에는 수형자는 미결수용자와, 여성수용자는 남성수용자와, 19세 미만의 수용자는 19세 이상의 수용자와 각각 호송 차량의 좌석을 분리하는 등의 방법으로 서로 접촉하지 못하게 하여야 한다. 23. 교정7☆

3. 「수형자 등 호송 규정」*의 주요 내용

제1조【목적】 이 영은 수형자나 그 밖에 법령에 따라 구속된 사람의 호송에 필요한 사항을 규정함을 목적으로 한다.

제2조【호송공무원】 교도소·구치소 및 그 지소(이하 '교정시설'이라 한다) 간의 호송은 교도관이 행하며, 그 밖의 호송은 경찰관 또는 「검찰청법」 제47조에 따라 사법경찰관리로서의 직무를 수행하는 검찰청 직원이 행한다. 21. 교정9☆

제5조【수송관서에의 통지】 발송관서는 미리 수송관서에 대하여 피호송자의 성명·발송시일·호송사유 및 방법을 통지하여야 한다. 13. 교정9

* 종전의 「수형자 등 호송 규칙」의 제명이 「수형자 등 호송 규정」으로 변경되었다.

호송공무원
검찰이 지명 수배하여 구속된 피의자 또는 피고인 등에 대해서는 검찰청 직원이 호송·인치하고 있는 현실을 반영하여 호송공무원에 사법경찰관리의 직무를 수행하는 검찰청 직원을 추가하였다(개정 및 시행, 2018.2.20.).

제6조【영치금품의 처리】 피호송자의 영치금품은 다음과 같이 처리한다.

1. 영치금은 발송관서에서 수송관서에 전자금융을 이용하여 송금한다. 다만, 소액의 금전 또는 당일 호송을 마칠 수 있는 때에는 호송관에게 탁송할 수 있다.

2. 피호송자가 법령에 의하여 호송 중에 물품 등을 자신의 비용으로 구매할 수 있는 때에 그 청구가 있으면 필요한 금액을 호송관에게 탁송하여야 한다.

3. 영치품은 호송관에게 탁송한다. 다만, 위험하거나 호송관이 휴대하기 적당하지 아니한 영치품은 발송관서에서 수송관서에 직송할 수 있다.

4. <u>송치 중의 영치금품을 호송관에게 탁송한 때에는 호송관서에 보관책임이 있고, 그러하지 아니한 때에는 발송관서에 보관책임이 있다.</u> 21. 교정9

제7조【호송시간】 호송은 일출 전 또는 일몰 후에는 행할 수 없다. 다만, 열차·선박·항공기를 이용하는 때 또는 특별한 사유가 있는 때에는 예외로 한다. 19. 승진

제10조【피호송자의 도주 등】 ① 피호송자가 도주한 때에는 호송관은 즉시 그 지방 및 인근 경찰관서와 호송관서에 통지하여야 하며, 호송관서는 관할 지방검찰청, 사건소관 검찰청, 호송을 명령한 관서, 발송관서 및 수송관서에 통지하여야 한다. 19. 승진
② 제1항의 경우에는 <u>서류와 금품은 발송관서에 반환하여야 한다.</u> 21. 교정9

제11조【피호송자의 질병 등】 ① 피호송자가 질병에 걸렸을 때에는 적당한 치료를 하여야 하며, 호송을 계속할 수 없다고 인정한 때에는 피호송자를 그 서류 및 금품과 함께 인근 교도소 또는 경찰관서에 일시 유치할 수 있다.

제12조【피호송자의 사망 등】 ① 피호송자가 사망한 경우 호송관서는 사망지 관할 검사의 지휘에 따라 그 인근 경찰관서 또는 교정시설의 협조를 얻어 피호송자의 사망에 따른 업무를 처리한다.
② 피호송자가 열차·선박 또는 항공기에서 사망한 경우 호송관서는 최초 도착한 곳의 관할 검사의 지휘에 따라 그 인근 경찰관서 또는 교정시설의 협조를 얻어 제1항에 따른 업무를 처리한다. 13. 교정9

제13조【예비·호송비용의 부담】 ① <u>호송관의 여비나 피호송자의 호송비용은 호송관서가 부담한다.</u> 다만, <u>피호송자를 교정시설이나 경찰관서에 숙식하게 한 때에는 그 비용은 교정시설이나 경찰관서가 부담한다.</u> 21. 교정9☆
② 제11조와 제12조에 의한 비용은 각각 그 교부를 받은 관서가 부담한다. 19. 승진

2 국제수형자이송제도

1. 의의

외국의 교정시설에 수용 중인 자국민 수형자를 국내로 이송하여 형을 집행하는 제도이다.

2. 우리나라의 경우

2003년 「국제수형자이송법」을 제정하고, 2005년 '유럽수형자이송협약'에 가입하여 수형자이송의 근거를 마련하여 국제수형자이송제도를 실시하고 있다.

유럽수형자이송협약

국제수형자이송에 관한 현존 최대 규모의 협약으로서 유럽은 물론 미국, 일본, 호주, 캐나다 등 60여 국가가 가입했다. 협약 회원국 사이에는 개별조약을 체결할 필요 없이 수형자이송을 실시할 수 있다.

3. 「국제수형자이송법」의 주요 내용

제1조【목적】 이 법은 외국에서 형집행 중인 대한민국 국민의 국내이송과 대한민국에서 형집행 중인 외국인의 국외이송에 관한 요건과 절차 등을 규정함으로써 이들의 원활한 갱생 및 조속한 사회복귀를 도모함을 목적으로 한다.

제3조【조약과의 관계】 국제수형자 이송은 대한민국과 외국 간에 조약이 체결되어 있는 경우에 한하여 이 법과 그 조약이 정하는 바에 따라 실시한다. 이 경우 조약에 이 법과 다른 규정이 있는 때에는 그 조약의 규정에 의한다.

제11조【국내이송의 요건】 ① 국내이송은 다음 각호의 요건이 갖추어진 때에 한하여 실시할 수 있다.
1. 외국에서 자유형이 선고 · 확정된 범죄사실이 대한민국의 법률에 의하여 범죄를 구성할 것. 이 경우 수개의 범죄사실 중 한 개의 범죄사실이 대한민국의 법률에 의하여 범죄를 구성하는 경우를 포함한다.
2. 외국에서 선고된 자유형의 판결이 확정될 것
3. 국내이송 대상 수형자가 국내이송에 동의할 것

제15조【외국법원 판결의 효력】 국내이송에 의하여 국내이송 대상 수형자에게 선고된 자유형을 국내에서 집행함에 있어서 그 외국법원의 판결은 대한민국 법률에 의한 대한민국 법원의 판결과 동일한 효력이 있는 것으로 본다.

제16조【집행할 자유형의 형기 및 집행방법】 ① 제14조 제2항의 규정에 의하여 국내에 인도된 국내이송 대상 수형자(이하 '국내이송수형자'라 한다)에 대하여 집행할 자유형의 형기는 외국에서 선고하여 확정된 형기로 한다. 다만, 자유형이 유기인 때에는 50년을 초과하여 집행하지 못하며, 외국에서 선고하여 확정된 자유형이 종신형인 때에는 형기가 무기인 것으로 본다.
② 제1항의 규정에 의하여 자유형을 집행하는 때에는 외국에서 구금되거나 형이 집행된 기간(형의 집행을 감경받은 기간을 포함한다)과 국내이송에 소요된 기간을 형기에 산입한다.

제18조【공소제기의 제한】 국내이송수형자에 대하여 외국에서 선고된 자유형을 집행 중인 때와 그 자유형의 집행을 종료하거나 집행을 하지 아니하기로 확정된 때에는 동일한 범죄사실에 대하여 공소를 제기할 수 없다.

제23조【국외이송의 요건】 ① 국외이송은 다음 각호의 요건이 갖추어진 때에 한하여 실시할 수 있다.
1. 대한민국에서 자유형이 선고 · 확정된 범죄사실이 외국의 법률에 의하여 범죄를 구성할 것. 이 경우 수개의 범죄사실 중 한 개의 범죄사실이 외국의 법률에 의하여 범죄를 구성하는 경우를 포함한다.
2. 대한민국에서 선고한 자유형의 판결이 확정될 것
3. 국외이송 대상 수형자가 국외이송에 동의할 것
4. 대한민국에서 자유형이 선고 · 확정된 재판에서 벌금 · 과료 · 몰수 또는 추징이 병과된 때에는 그 집행이 종료되거나 집행을 하지 아니하기로 확정될 것

01 「형의 집행 및 수용자의 처우에 관한 법률」상 ㉠ 체포영장에 의하여 체포되어 교정시설에 유치된 피의자, ㉡ 판사의 피의자 심문 후 구속영장이 발부되어 교정시설에 유치된 피의자인 신입자의 경우에는 간이입소절차를 실시한다. 20. 승진　( )

02 소장은 외국 국적의 여성인 신입수용자 A가 환자이거나 부득이한 사정이 있는 경우가 아니면 수용된 날부터 3일 동안 신입자거실에 수용해야 하고, 신청에 따라 작업을 부과할 수 있다. 23. 교정7　( )

03 소장은 신입자 또는 다른 교정시설로부터 이송되어 온 사람이 있으면 그 사실을 수용자의 가족(배우자, 직계 존속 · 비속, 형제자매) 또는 동거친족에게 지체 없이 통지하여야 한다. 20. 승진　( )

04 관할 법원 및 검찰청 소재지에 구치소가 없는 때 교도소에 미결수용자를 수용할 수 있다. 21. 교정7　( )

05 구치소의 수용인원이 정원을 훨씬 초과하여 정상적인 운영이 곤란한 때에는 교도소에 미결수용자를 수용할 수 있다. 23. 교정9　( )

06 범죄의 증거인멸을 방지하기 위하여 필요하거나 그 밖에 특별한 사정이 있는 때 교도소에 미결수용자를 수용할 수 있다. 21. 교정7　( )

07 취사 등의 작업을 위하여 필요하거나 그 밖에 특별한 사정이 있으면 구치소에 수형자를 수용할 수 있다. 21. 교정7　( )

08 수형자가 소년교도소에 수용 중에 19세가 된 경우에도 교육·교화프로그램, 작업, 직업훈련 등을 실시하기 위하여 특히 필요하다고 인정되면 25세가 되기 전까지는 계속하여 수용할 수 있다. 21. 교정7 (　　)

09 소장은 특별한 사정이 있으면 「형의 집행 및 수용자의 처우에 관한 법률」 제11조의 구분수용 기준에 따라 다른 교정시설로 이송하여야 할 수형자를 9개월을 초과하지 아니하는 기간 동안 계속하여 수용할 수 있다. 23. 교정9 (　　)

10 19세 이상 수형자와 19세 미만 수형자를 같은 교정시설에 수용하는 경우에는 서로 분리하여 수용한다. 23. 교정7 (　　)

11 「형의 집행 및 수용자의 처우에 관한 법률」상 독거수용이 원칙이지만 수용자의 생명 또는 신체의 보호, 정서적 안정을 위하여 필요한 때에는 혼거수용할 수 있다. 23. 교정9 (　　)

12 「형의 집행 및 수용자의 처우에 관한 법률」상 ㉠ 시설의 안전과 질서유지를 위하여 필요한 때, ㉡ 수형자의 교화 또는 건전한 사회복귀를 위하여 필요한 때, ㉢ 수용자의 생명 또는 신체의 보호, 정서적 안정을 위하여 필요한 때, ㉣ 독거실 부족 등 시설여건이 충분하지 아니한 때에 혼거수용할 수 있다. 22. 교정7 (　　)

13 처우상 독거수용이란 주간에는 교육·작업 등의 처우를 위하여 일과(日課)에 따른 공동생활을 하게 하고, 휴일과 야간에만 독거수용하는 것을 말한다. 24. 교정9 (　　)

14 교도관은 계호상 독거수용자를 수시로 시찰하여 건강상 또는 교화상 이상이 없는지 살펴야 하며, 시찰 결과 계호상 독거수용자가 건강상 이상이 있는 것으로 보이는 경우에는 교정시설에 근무하는 의사(공중보건의사를 포함한다)에게 즉시 알려야 하고, 교화상 문제가 있다고 인정하는 경우에는 소장에게 지체 없이 보고하여야 한다. 24. 교정9 (　　)

15 소장은 계호상 독거수용자를 계속하여 독거수용하는 것이 건강상 또는 교화상 해롭다고 인정하는 경우에는 이를 즉시 중단하여야 한다. 24. 교정9 (　　)

정답

08 ✕ '23세가 되기 전'까지는 계속하여 수용할 수 있다(법 제12조 제3항).

09 ✕ '6개월'을 초과하지 아니하는 기간 동안 계속하여 수용할 수 있다(법 제12조 제4항).

10 ○ 법 제13조 제2항

11 ○ 법 제14조 제2호

12 ✕ ㉠은 혼거수용 사유로 규정되어 있지 않다(법 제14조 참조).

13 ✕ '휴업일'과 야간에만 독거수용하는 것을 말한다(영 제5조 제1호).

14 ○ 영 제6조 제1항·제2항

15 ○ 영 제6조 제4항

16 소장은 수용자거실 앞에 이름표를 붙이되, 이름표 윗부분에는 수용자번호 및 입소일을 적고, 그 아랫부분에는 수용자의 성명·출생연도·죄명·형명 및 형기를 적되 윗부분의 내용이 보이지 않도록 하여야 한다. 20. 승진   (   )

17 소장은 신입자에 대하여 시설 내의 안전과 질서유지를 위하여 특히 필요하다고 인정하면 번호표를 붙이지 아니할 수 있다. 19. 교정7   (   )

18 법무부장관은 이송승인에 관한 권한을 법무부령으로 정하는 바에 따라 지방교정청장에게 위임할 수 있다. 21. 교정9   (   )

19 소장은 수용자를 다른 교정시설에 이송하는 경우에 의무관으로부터 수용자가 건강상 감당하기 어렵다는 보고를 받으면 이송을 중지하고 그 사실을 지방교정청장에게 알려야 한다. 21. 교정9   (   )

20 외국 국적의 여성인 신입수용자 A를 이송이나 출정으로 호송하는 경우 남성수용자와 호송 차량의 좌석을 분리하는 등의 방법으로 서로 접촉하지 못하게 하여야 한다. 23. 교정7   (   )

21 송치 중의 영치금품을 호송관에게 탁송한 때에는 호송관서에 보관책임이 있고, 그러하지 아니한 때에는 발송관서에 보관책임이 있다. 21. 교정9   (   )

22 피호송자가 도주한 때에 서류와 금품은 수송관서로 송부하여야 한다. 21. 교정9   (   )

23 호송관의 여비나 피호송자의 호송비용은 호송관서가 부담하나, 피호송자를 교정시설이나 경찰관서에 숙식하게 한 때에는 그 비용은 교정시설이나 경찰관서가 부담한다. 21. 교정9   (   )

정답

16 ✕ 이름표 '윗부분에는 수용자의 성명·출생연도·죄명·형명 및 형기(刑期)'를 적고, 그 '아랫부분에는 수용자번호 및 입소일'을 적되 윗부분의 내용이 보이지 않도록 하여야 한다(영 제12조 제2항).

17 ✕ '교화 또는 건전한 사회복귀를 위하여 특히 필요'하다고 인정하면 번호표를 붙이지 아니할 수 있다(영 제17조 제2항 단서).

18 ✕ '대통령령'으로 정하는 바에 따라 지방교정청장에게 위임할 수 있다(법 제20조 제2항).

19 ✕ 그 사실을 '이송받을 소장'에게 알려야 한다(영 제23조).

20 ○ 영 제24조

21 ○ 수형자 등 호송 규정 제6조 제4호

22 ✕ '발송관서에 반환'하여야 한다(수형자 등 호송 규정 제10조 제2항).

23 ○ 수형자 등 호송 규정 제13조 제1항

03 물품지급, 금품관리, 위생과 의료

1 물품지급

1 의의

1. 의의

물품지급이란 수용자가 교정시설 내에서 일상생활을 영위함에 있어 필요한 생필품을 지급 또는 대여하는 것을 말한다.

2. 원칙

수용자에 대한 물품지급은 **관급**이 원칙이다.

2 기준

1. 의류 및 침구 등의 지급

(1) 지급의 원칙

> **법 제22조 【의류 및 침구 등의 지급】** ① <u>소장</u>은 수용자에게 건강유지에 적합한 의류 · 침구, 그 밖의 생활용품을 지급한다(→ 관급의 원칙).
> ② 의류 · 침구, 그 밖의 생활용품의 지급 기준 등에 관하여 필요한 사항은 법무부령으로 정한다.
>
> **규칙 제8조 【의류 · 침구 등 생활용품의 지급 기준】** ① 수용자에게 지급하는 의류 및 침구는 <u>1명당 1매</u>로 하되, 작업 여부 또는 난방 여건을 고려하여 <u>2매</u>를 지급할 수 있다.
> ② 의류 · 침구 외에 수용자에게 지급하는 생활용품의 품목, 지급수량, 사용기간, 지급 횟수 등에 대한 기준은 별표 1과 같다.
>
> **영 제25조 【생활용품 지급 시의 유의사항】** ① 소장은 법 제22조 제1항에 따라 의류 · 침구, 그 밖의 생활용품(이하 '의류 등'이라 한다)을 지급하는 경우에는 수용자의 건강, 계절 등을 고려하여야 한다.
> ② 소장은 수용자에게 특히 청결하게 관리할 수 있는 재질의 식기를 지급하여야 하며, 다른 사람이 사용한 의류 등을 지급하는 경우에는 세탁하거나 소독하여 지급하여야 한다.
>
> **영 제26조 【생활기구의 비치】** ① 소장은 거실 · 작업장, 그 밖에 수용자가 생활하는 장소(이하 이 조에서 '거실 등'이라 한다)에 수용생활에 필요한 기구를 갖춰 둬야 한다.
> ② 거실 등에는 갖춰 둔 기구의 품목 · 수량을 기록한 품목표를 붙여야 한다.

생활용품의 지급 기준(규칙 제8조 제2항 관련 [별표 1])

1. 신입 시 지급 기준

품목 \ 구분	1명당 지급 기준	1명당 지급 횟수
치약	50g	1
칫솔	일반용(1개)	1
세면비누	50g	1
세탁비누	300g	공용
수건	1매(75g)	1
화장지	3개(개당 50m)	1
생리대	18개(낱개)	1

2. 신입 후 정기 지급 기준

품목 \ 구분	1명당 지급 기준	사용기간(월)	연간 지급 횟수(회)
치약	150g	1	12
칫솔	일반용(1개)	2	6
세면비누	140g	1	12
세탁비누	300g	2	6
수건	1매(75g)	2	6
화장지	4개(개당 50m)	1	12
생리대	18개(낱개)	1	12

신입 시 생활용품의 지급 기준

새로 수용된 사람에 대한 생활용품의 지급 기준을 명확하게 하기 위하여 생활용품 지급 기준을 별도로 마련하였다.

(2) 경비처우급에 따른 물품지급

> **규칙 제84조 【물품지급】** ① 소장은 수형자의 경비처우급에 따라 물품에 차이를 두어 지급할 수 있다. 다만, 주·부식, 음료, 그 밖에 건강유지에 필요한 물품은 그러하지 아니하다. 20. 승진☆
> ② 제1항에 따라 의류를 지급하는 경우 수형자가 개방처우급인 경우에는 색상, 디자인 등을 다르게 할 수 있다. 18. 승진☆

(3) 기타 관련 규정

> **규칙 제4조 【의류의 품목】** ① 수용자 의류의 품목은 평상복·특수복·보조복·의복부속물·모자 및 신발로 한다. 18. 승진
> ② 제1항에 따른 품목별 구분은 다음 각 호와 같다.
> 1. 평상복은 겨울옷·봄가을옷·여름옷을 수형자용(用), 미결수용자용 및 피보호감호자(종전의 「사회보호법」에 따라 보호감호선고를 받고 교정시설에 수용 중인 사람을 말한다. 이하 같다)용과 남녀용으로 각각 구분하여 18종으로 한다.

2. 특수복은 모범수형자복 · 외부 통근자복 · 임산부복 · 환자복 · 운동복 및 반바지로 구분하고, 그중 모범수형자복 및 외부 통근자복은 겨울옷 · 봄가을옷 · 여름옷을 남녀용으로 각각 구분하여 6종으로 하고, 임산부복은 봄가을옷 · 여름옷을 수형자용과 미결수용자용으로 구분하여 4종으로 하며, 환자복은 겨울옷 · 여름옷을 남녀용으로 구분하여 4종으로 하고, 운동복 및 반바지는 각각 1종으로 한다.

3. 보조복은 위생복 · 조끼 및 비옷으로 구분하여 3종으로 한다. 18. 승진

4. 의복부속물은 러닝셔츠 · 팬티 · 겨울내의 · 장갑 · 양말로 구분하여 5종으로 한다. 18. 승진

5. 모자는 모범수형자모 · 외부 통근자모 · 방한모 및 위생모로 구분하여 4종으로 한다.

6. 신발은 고무신 · 운동화 및 방한화로 구분하여 3종으로 한다.

규칙 제5조【의류의 품목별 착용시기 및 대상】 수용자 의류의 품목별 착용시기 및 대상은 다음 각 호와 같다.

1. 평상복: 실내생활 수용자, 교도작업 · 직업능력개발훈련(이하 '직업훈련'이라 한다) 수용자, 각종 교육을 받는 수용자 및 다른 교정시설로 이송되는 수용자가 착용

2. 모범수형자복: 제74조 제1항 제1호의 개방처우급에 해당하는 수형자가 작업 · 교육 등 일상생활을 하는 때, 가석방예정자가 실외생활을 하는 때 및 수형자가 사회봉사활동 등 대내외 행사 참석 시 소장이 필요하다고 인정하는 때 착용

3. 삭제

4. 외부 통근자복: 외부 통근자로서 실외생활을 하는 때에 착용

5. 임산부복: 임신하거나 출산한 수용자가 착용

6. 환자복: 의료거실 수용자가 착용

7. 삭제

8. 운동복: 소년수용자로서 운동을 하는 때에 착용

9. 반바지: 수용자가 여름철에 실내생활 또는 운동을 하는 때에 착용

10. 위생복: 수용자가 운영지원작업(이발 · 취사 · 간병, 그 밖에 교정시설의 시설운영과 관리에 필요한 작업을 말한다. 이하 같다)을 하는 때에 착용

11. 조끼: 수용자가 겨울철에 겉옷 안에 착용

12. 비옷: 수용자가 우천 시 실외작업을 하는 때에 착용

13. 러닝셔츠 · 팬티 · 겨울내의 및 양말: 모든 수형자 및 소장이 지급할 필요가 있다고 인정하는 미결수용자가 착용

14. 장갑: 작업을 하는 수용자 중 소장이 지급할 필요가 있다고 인정하는 자가 착용

15. 삭제

16. 모자

가. 모범수형자모: 모범수형자복 착용자가 착용

나. 외부 통근자모: 외부 통근자복 착용자가 착용

다. 삭제

라. 방한모: 외부 작업 수용자가 겨울철에 착용

마. 위생모: 취사장에서 작업하는 수용자가 착용

17. 신발

    가. 고무신 및 운동화: 수용자가 선택하여 착용

    나. 방한화: 작업을 하는 수용자 중 소장이 지급할 필요가 있다고 인정하는 사람이 착용

규칙 제6조【침구의 품목】 수용자 침구의 품목은 이불 2종(솜이불·겹이불), 매트리스 2종(일반매트리스·환자매트리스), 담요 및 베개로 구분한다.

규칙 제7조【침구의 품목별 사용시기 및 대상】 수용자 침구의 품목별 사용시기 및 대상은 다음 각 호와 같다.

1. 이불

    가. 솜이불: 환자·노인·장애인·임산부 등의 수용자 중 소장이 지급할 필요가 있다고 인정하는 자가 겨울철에 사용

    나. 겹이불: 수용자가 봄·여름·가을철에 사용

2. 매트리스

    가. 일반매트리스: 수용자가 겨울철에 사용

    나. 환자매트리스: 의료거실에 수용된 수용자 중 의무관이 지급할 필요가 있다고 인정하는 사람이 사용

3. 담요 및 베개: 모든 수용자가 사용

규칙 제9조【의류·침구의 색채·규격】 수용자 의류·침구의 품목별 색채 및 규격은 법무부장관이 정한다.

2. 음식물의 지급 15. 경채

(1) 지급의 원칙

법 제23조【음식물의 지급】 ① 소장은 수용자에게 건강상태, 나이, 부과된 작업의 종류, 그 밖의 개인적 특성을 고려하여 건강 및 체력을 유지하는 데에 필요한 음식물을 지급한다. 17. 교정7

② 음식물의 지급 기준 등에 관하여 필요한 사항은 법무부령으로 정한다.

영 제27조【음식물의 지급】 법 제23조에 따라 수용자에게 지급하는 음식물은 주식·부식·음료, 그 밖의 영양물로 한다.

영 제28조【주식의 지급】 ① 수용자에게 지급하는 주식은 쌀*로 한다.

② 소장은 쌀 수급이 곤란하거나 그 밖에 필요하다고 인정하면 주식을 쌀과 보리 등 잡곡의 혼합곡으로 하거나 대용식을 지급할 수 있다. 17. 교정7

영 제29조【특식의 지급】 소장은 국경일이나 그 밖에 이에 준하는 날에는 특별한 음식물을 지급할 수 있다.

영 제30조【환자의 음식물】 소장은 의무관의 의견을 고려하여 환자에게 지급하는 음식물의 종류 또는 정도를 달리 정할 수 있다.

* 개정 전에는 '쌀과 보리의 혼합곡'이라고 규정되어 있었다(영 제28조 제1항).

🏛 **핵심OX**

01 수용자에게 지급하는 주식은 쌀 9, 보리쌀 1의 비율인 혼합곡으로 한다.

(○, ×)

01 ×

(2) 기타 관련 규정

> **규칙 제10조【주식의 지급】** 소장이 「형의 집행 및 수용자의 처우에 관한 법률 시행령」(이하 '영'이라 한다) 제28조 제2항에 따라 주식을 쌀과 보리 등 잡곡의 <u>혼합곡</u>으로 하거나 <u>대용식</u>을 지급하는 경우에는 <u>법무부장관이 정하는 바에 따른다.</u>
>
> **규칙 제11조【주식의 지급】** ① 수용자에게 지급하는 주식은 1명당 <u>1일 390그램*</u>을 기준으로 한다. 18. 승진
> ② 소장은 수용자의 나이, 건강, 작업 여부 및 작업의 종류 등을 고려하여 필요한 경우에는 제1항의 지급 기준량을 변경할 수 있다.
> ③ 소장은 수용자의 기호 등을 고려하여 <u>주식으로 빵이나 국수 등을 지급할 수 있다.</u>* 17. 교정7☆
>
> **규칙 제12조【주식의 확보】** 소장은 수용자에 대한 원활한 급식을 위하여 해당 교정시설의 직전 분기 평균 급식인원을 기준으로 <u>1개월분</u>의 주식을 항상 확보하고 있어야 한다. 18. 승진☆
>
> **규칙 제13조【부식】** ② 소장은 작업의 장려나 적절한 처우를 위하여 필요하다고 인정하는 경우 특별한 부식을 지급할 수 있다.
>
> **규칙 제14조【주·부식의 지급 횟수 등】** ① 주·부식의 지급 횟수는 1일 3회로 한다.
> ② 수용자에게 지급하는 음식물의 총 열량은 1명당 <u>1일 2천 500킬로칼로리를 기준</u>으로 한다. 18. 승진☆
>
> **규칙 제15조【특식 등 지급】** ① 영 제29조에 따른 특식은 예산의 범위에서 지급한다.
> ② 소장은 <u>작업시간을 3시간 이상 연장</u>하는 경우에는 수용자에게 <u>주·부식 또는 대용식 1회분을 간식으로 지급할 수 있다.</u> 18. 승진☆

* 종래 '550그램'에서 '390그램'으로 개정되었다(규칙 제11조 제1항).

* '주 2회의 범위에서 지급할 수 있다'에서 '지급할 수 있다'로 개정되었다(규칙 제11조 제3항).

3 물품의 자비구매

1. 자비구매의 기준

> **법 제24조【물품의 자비구매】** ① <u>수용자는 소장의 허가</u>를 받아 <u>자신의 비용으로</u> 음식물·의류·침구, 그 밖에 수용생활에 필요한 물품을 구매할 수 있다. 12. 교정9
> ② 물품의 자비구매 허가범위 등에 관하여 필요한 사항은 법무부령으로 정한다.
>
> **영 제31조【자비구매 물품의 기준】** 수용자가 자비로 구매하는 물품은 <u>교화 또는 건전한 사회복귀에 적합</u>하고 교정시설의 안전과 질서를 해칠 우려가 없는 것이어야 한다.
>
> **영 제32조【자비구매 의류 등의 사용】** 소장은 수용자가 <u>자비로 구매한 의류 등을 보관</u>한 후 그 수용자가 <u>사용</u>하게 할 수 있다.
>
> **영 제33조【의류 등의 세탁 등】** ① 소장은 수용자가 사용하는 의류 등을 적당한 시기에 세탁·수선 또는 교체(이하 이 조에서 '세탁 등'이라 한다)하도록 하여야 한다.
> ② <u>자비로 구매한 의류 등을 세탁 등을 하는 경우 드는 비용은 수용자가 부담</u>한다.

📖 **핵심OX**
02 소장은 작업시간을 2시간 이상 연장하는 경우에는 수용자에게 주·부식 또는 대용식 1회분을 간식으로 지급할 수 있다.
(○, ×)

02 ×

2. 자비구매물품의 종류

> **규칙 제16조【자비구매물품의 종류 등】** ① 자비구매물품의 종류는 다음 각 호와 같다.
> 1. 음식물
> 2. 의약품 및 의료용품
> 3. 의류·침구류 및 신발류
> 4. 신문·잡지·도서 및 문구류
> 5. 수형자 교육 등 교정교화에 필요한 물품
> 6. 그 밖에 수용생활에 필요하다고 인정되는 물품
>
> ② 제1항 각 호에 해당하는 자비구매물품의 품목·유형 및 규격 등은 영 제31조에 어긋나지 아니하는 범위에서 소장이 정하되, 수용생활에 필요한 정도, 가격과 품질, 다른 교정시설과의 균형, 공급하기 쉬운 정도 및 수용자의 선호도 등을 고려하여야 한다.
> ③ 법무부장관은 자비구매물품 공급의 교정시설 간 균형 및 교정시설의 안전과 질서유지를 위하여 공급물품의 품목 및 규격 등에 대한 통일된 기준을 제시할 수 있다.

3. 구매의 허가, 우선공급 등

> **규칙 제17조【구매허가 및 신청 제한】** ① 소장은 수용자가 자비구매물품의 구매를 신청하는 경우에는 법무부장관이 교정성적 또는 제74조에 따른 경비처우급을 고려하여 정하는 보관금의 사용한도, 교정시설의 보관범위 및 수용자가 지닐 수 있는 범위에서 허가한다.
> ② 소장은 감염병(「감염병의 예방 및 관리에 관한 법률」*에 따른 감염병을 말한다)의 유행 또는 수용자의 징벌집행 등으로 자비구매물품의 사용이 중지된 경우에는 구매신청을 제한할 수 있다. 20. 교정7
>
> **규칙 제18조【우선 공급】** 소장은 교도작업제품(교정시설 안에서 수용자에게 부과된 작업에 의하여 생산된 물품을 말한다)으로서 자비구매물품으로 적합한 것은 제21조에 따라 지정받은 자비구매물품 공급자를 거쳐 우선하여 공급할 수 있다.
>
> **규칙 제19조【제품 검수】** ① 소장은 물품공급업무 담당공무원을 검수관(檢收官)으로 지정하여 제21조에 따라 지정받은 자비구매물품 공급자로부터 납품받은 제품의 수량·상태 및 소비기한 등을 검사하도록 해야 한다.
>
> **규칙 제20조【주요사항 고지 등】** ② 소장은 제품의 변질, 파손, 그 밖의 정당한 사유로 수용자가 교환, 반품 또는 수선을 원하는 경우에는 신속히 적절한 조치를 하여야 한다.
>
> **규칙 제21조【공급업무의 담당자 지정】** ① 법무부장관은 자비구매물품의 품목·규격·가격 등의 교정시설 간 균형을 유지하고 공급 과정의 효율성·공정성을 높이기 위하여 그 공급업무를 담당하는 법인 또는 개인을 지정할 수 있다.

* 종래의 「전염병예방법」이 「감염병의 예방 및 관리에 관한 법률」로 개정되었다.

[1] 외부 재판에 출정할 때 운동화를 착용하게 해달라는 청구인의 신청에 대하여 이를 불허한 피청구인 경기북부 제2교도소장의 행위가 기본권 제한에 관한 법률유보원칙을 위반하여 청구인의 공정한 재판을 받을 권리 및 평등권을 침해한 것인지 여부(소극) ─ 이 사건 운동화착용불허행위는 구 행형법 제20조의 위임과 구 행형법 시행령 제73조 제2항의 재위임에 따른 구 수용자 의류 및 침구급여에 관한 규칙과 수용자 피복관리 및 제작에 관한 지침에 근거를 둔 처분으로서 법률유보원칙에 위배되지 아니한다. 그리고 <u>유죄판결이 확정된 청구인의 경우 무죄추정원칙이라든가 방어권이 문제될 여지가 없고, 청구인이 출석한 재판은 민사재판이므로 운동화 대신 고무신을 착용하였다고 하여 공정한 재판을 받을 권리가 침해되었다고 볼 여지가 없다. 또한 미결수용자와 형이 확정된 수용자는 구금되어 있다는 점만 유사점이 있을 뿐 본질적으로 동질적인 집단이라고 할 수 없으므로 평등권 침해 역시 문제되지 않는다.</u>

[2] 이 사건 운동화착용불허행위가 청구인의 인격권과 행복추구권을 침해한 것인지 여부(소극) ─ 내용 생략 [헌재 2011.2.24. 2009헌마209]

2 금품관리

1 보관(영치)

1. 의의

(1) 보관(영치)이란 교정시설 내의 질서유지를 위하여 수용자 소유의 금전과 물품의 점유권을 일정기간 박탈하여 <u>보관·관리</u>하는 것을 말한다.

(2) 보관(영치)은 「민법」상 계약관계에 의한 것이 아니라, 행정상 강제보관하는 것이다.

(3) 소유권을 박탈하거나 그 행사를 제한하는 것이 아니라, 지배권을 일시정지 또는 제한하는 **점유권의 박탈**에 해당한다.

2. 객체

휴대금품	신입자가 수용될 때에 지니고 있는 금전과 물품
차입물	외부인이 금전 및 물품을 수용자에게 교부하는 것
자비구매물품	수용자가 일정한 절차에 의해 자비로 구매한 의류 및 물품
기타	검찰청으로부터 송부된 물품 등

3. 종류

보통보관(영치)	일반 보관품을 보관하는 것
특별보관(영치)	금·은·보석·유가증권·인장 등 특별히 보관할 필요가 있는 귀중품의 경우에 잠금장치가 있는 견고한 용기에 넣어 보관하는 것

2 휴대금품의 보관

선생님 TIP

보관불허사유
썩(부)/당/설/치/위험

법 제25조【휴대금품의 보관 등】 ① 소장은 <u>수용자의 휴대금품</u>을 교정시설에 <u>보관한</u> 다. 다만, 휴대품이 다음 각 호(→ 보관불허사유)의 어느 하나에 해당하는 것이면 수용자로 하여금 자신이 지정하는 사람에게 보내게 하거나 그 밖에 적당한 방법으로 처분하게 할 수 있다. 17. 교정9

1. **썩**거나 없어질 우려가 있는 것
2. 물품의 종류·크기 등을 고려할 때 보관하기에 <u>적**당**</u>하지 아니한 것
3. 사람의 생명 또는 신체에 **위험**을 초래할 우려가 있는 것
4. **시설**의 안전 또는 질서를 해칠 우려가 있는 것
5. 그 밖에 보관할 <u>가**치**</u>가 없는 것

② 소장은 수용자가 제1항 단서에 따라 처분하여야 할 휴대품을 상당한 기간 내에 처분하지 아니하면 <u>폐기</u>할 수 있다(→ 수용자의 동의 불요).

영 제34조【휴대금품의 정의 등】 ① 법 제25조에서 '휴대금품'이란 신입자가 교정시설에 수용될 때에 지니고 있는 <u>현금</u>(자기앞수표를 포함한다. 이하 같다)과 휴대품을 말한다.

② 법 제25조 제1항 각 호의 어느 하나에 해당하지 아니한 신입자의 <u>휴대품은 보관</u> <u>한 후 사용하게 할 수 있다.</u>

③ 법 제25조 제1항 단서에 따라 <u>신입자의 휴대품을 팔 경우</u>에는 그 <u>비용을 제외한</u> 나머지 대금을 보관할 수 있다. 17. 교정9

④ 소장은 신입자가 법 제25조 제1항 각 호의 어느 하나에 해당하는 휴대품을 법무부장관이 정한 기간에 처분하지 않은 경우에는 본인에게 그 사실을 <u>고지</u>한 후 <u>폐기</u> 한다.

영 제35조【금품의 보관】 수용자의 현금을 보관하는 경우에는 그 금액을 <u>보관금대장</u> 에 기록하고 수용자의 물품을 보관하는 경우에는 그 품목·수량 및 규격을 <u>보관품</u> <u>대장</u>에 기록해야 한다.

영 제36조【귀중품의 보관】 소장은 보관품이 금·은·보석·<u>유가증권</u>·인장, 그 밖에 특별히 보관할 필요가 있는 귀중품인 경우에는 <u>잠금장치가 되어 있는 견고한 용기</u> <u>에 넣어 보관해야 한다</u>(→ 특별보관). 17. 교정9

영 제37조【보관품 매각대금의 보관】 소장은 수용자의 신청에 따라 보관품을 팔 경우에는 그 비용을 제외한 나머지 대금을 보관할 수 있다.

영 제38조【보관금의 사용 등】 ① 소장은 수용자가 그의 <u>가족</u>(배우자, 직계존비속 또는 형제자매를 말한다. 이하 같다) 또는 배우자의 직계존속에게 도움을 주거나 그 밖에 정당한 용도로 사용하기 위하여 <u>보관금의 사용</u>을 신청한 경우에는 그 사정을 고려하여 <u>허가할 수 있다.</u>

② 제1항에 따라 보관금을 사용하는 경우 발생하는 비용은 수용자가 부담한다.

③ 보관금의 출납·예탁, 보관금품의 보관 등에 관하여 필요한 사항은 법무부장관이 정한다.

3 수용자의 물품소지

> **법 제26조【수용자가 지니는 물품 등】** ① 수용자는 편지·도서, 그 밖에 수용생활에 필요한 물품을 법무부장관이 정하는 범위에서 지닐 수 있다. 19. 승진☆
> ② 소장은 제1항에 따라 법무부장관이 정하는 범위를 벗어난 물품으로서 교정시설에 특히 보관할 필요가 있다고 인정하지 아니하는 물품은 수용자로 하여금 자신이 지정하는 사람에게 보내게 하거나 그 밖에 적당한 방법으로 처분하게 할 수 있다.
> ③ 소장은 수용자가 제2항에 따라 처분하여야 할 물품을 상당한 기간 내에 처분하지 아니하면 폐기할 수 있다.*
>
> **영 제39조【지닐 수 없는 물품의 처리】** 법 제26조 제2항 및 제3항에 따라 지닐 수 있는 범위를 벗어난 수용자의 물품을 처분하거나 폐기하는 경우에는 제34조 제3항 및 제4항을 준용한다.

* 지닐 수 있는 범위를 벗어난 물품의 처리방법(법 제26조 제2항·제3항)은 보관할 수 없는 휴대금품의 처리방법(법 제25조 제1항 단서, 제2항)과 동일하다.

4 수용자에 대한 금품전달 14. 경채

1. 금품전달의 원칙

> **법 제27조【수용자에 대한 금품전달】** ① 수용자 외의 사람이 수용자에게 금품을 건네줄 것을 신청하는 때에는 소장은 다음 각 호의 어느 하나(→ 금품전달불허사유)에 해당하지 아니하면 허가하여야 한다.
> 1. 수형자의 교화 또는 건전한 사회복귀를 해칠 우려가 있는 때
> 2. 시설의 안전 또는 질서를 해칠 우려가 있는 때
> ② 소장은 수용자 외의 사람이 수용자에게 주려는 금품이 제1항 각 호의 어느 하나(→ 금품전달불허사유)에 해당하거나 수용자가 금품을 받지 아니하려는 경우에는 해당 금품을 보낸 사람에게 되돌려 보내야 한다. 19. 승진
> ③ 소장은 제2항의 경우에 금품을 보낸 사람을 알 수 없거나 보낸 사람의 주소가 불분명한 경우에는 금품을 다시 가지고 갈 것을 공고하여야 하며, 공고한 후 6개월이 지나도 금품을 돌려달라고 청구하는 사람이 없으면 그 금품은 국고에 귀속된다. 19. 승진
> ④ 소장은 제2항 또는 제3항에 따른 조치를 하였으면 그 사실을 수용자에게 알려주어야 한다. 19. 승진
>
> **영 제41조【금품전달 신청자의 확인】** 소장은 수용자가 아닌 사람이 법 제27조 제1항에 따라 수용자에게 금품을 건네줄 것을 신청하는 경우에는 그의 성명·주소 및 수용자와의 관계를 확인해야 한다.
>
> **영 제42조【전달허가금품의 사용 등】** ① 소장은 법 제27조 제1항에 따라 수용자에 대한 금품의 전달을 허가한 경우에는 그 금품을 보관한 후 해당 수용자가 사용하게 할 수 있다. 24. 교정9
> ② 법 제27조 제1항에 따라 수용자에게 건네주려고 하는 금품의 허가범위 등에 관하여 필요한 사항은 법무부령으로 정한다.

영 제43조【전달허가물품의 검사】 소장은 법 제27조 제1항에 따라 건네줄 것을 허가한 물품은 검사할 필요가 없다고 인정되는 경우가 아니면 교도관으로 하여금 검사하게 해야 한다. 이 경우 그 물품이 의약품인 경우에는 의무관으로 하여금 검사하게 해야 한다. 17. 교정9

영 제44조【보관의 예외】 음식물은 보관의 대상이 되지 않는다. 14. 교정7

2. 전달금품의 허가

규칙 제22조【전달금품의 허가】 ① 소장은 수용자 외의 사람이 수용자에게 금원을 건네줄 것을 신청하는 경우에는 현금·수표 및 우편환의 범위에서 허가한다. 다만, 수용자 외의 사람이 온라인으로 수용자의 예금계좌에 입금한 경우에는 금원을 건네줄 것을 허가한 것으로 본다.

② 소장은 수용자 외의 사람이 수용자에게 음식물을 건네줄 것을 신청하는 경우에는 법무부장관이 정하는 바에 따라 교정시설 안에서 판매되는 음식물 중에서 허가한다. 다만, 제30조 각 호에 해당하는 종교행사 및 제114조 각 호에 해당하는 교화 프로그램의 시행을 위하여 특히 필요하다고 인정하는 경우에는 교정시설 안에서 판매되는 음식물이 아니더라도 건네줄 것을 허가할 수 있다.

③ 소장은 수용자 외의 사람이 수용자에게 음식물 외의 물품을 건네줄 것을 신청하는 경우에는 다음 각 호의 어느 하나에 해당하지 아니하면 법무부장관이 정하는 교정시설의 보관범위 및 수용자가 지닐 수 있는 범위에서 허가한다.

1. 오감 또는 통상적인 검사장비로는 **내**부검색이 어려운 물품
2. 음**란**하거나 현란한 그림·무늬가 포함된 물품
3. 사행**심**을 조장하거나 심리적인 안정을 해칠 우려가 있는 물품
4. **도**주·자살·자해 등에 이용될 수 있는 금속류, 끈 또는 가죽 등이 포함된 물품
5. **위**화감을 조성할 우려가 있는 높은 가격의 물품
6. 그 밖에 수형자의 **교**화 또는 건전한 사회복귀를 해칠 우려가 있거나 교정**시**설의 안전 또는 질서를 해칠 우려가 있는 물품

5 유류금품의 처리, 보관금품의 반환

법 제28조【유류금품의 처리】 ① 소장은 사망자 또는 도주자가 남겨두고 간 금품이 있으면 사망자의 경우에는 그 상속인에게, 도주자의 경우에는 그 가족에게 그 내용 및 청구절차 등을 알려 주어야 한다. 다만, 썩거나 없어질 우려가 있는 것은 폐기할 수 있다. 24. 교정9

② 소장은 상속인 또는 가족이 제1항의 금품을 내어달라고 청구하면 지체 없이 내어주어야 한다. 다만, 제1항에 따른 알림을 받은 날(알려줄 수가 없는 경우에는 청구사유가 발생한 날)부터 1년이 지나도 청구하지 아니하면 그 금품은 국고에 귀속된다. 19. 승진

선생님 TIP

음식물 외 물품 교부의 불허사유
도/심/위/내/란/교/시

핵심OX

03 면회자가 가져온 음식물은 보관할 수 있다. (○, ×)

03 ×

석방 시 수용자가 보관품을 한꺼번에 가져가기 어려운 경우 등 특별한 사정이 있으면 소장에게 1개월 내의 기간을 정하여 보관품을 보관하여 줄 것을 신청할 수 있도록 하고, 그 보관기간이 경과한 보관품의 귀속은 유류금품에 준하여 처리하도록 하였다(법 제29조).

영 제45조 【유류금품의 처리】 ① 소장은 사망자의 유류품을 건네받을 사람이 원거리에 있는 등 특별한 사정이 있는 경우에는 유류품을 받을 사람의 청구에 따라 유류품을 팔아 그 대금을 보낼 수 있다. 24. 교정9

② 법 제28조에 따라 사망자의 유류금품을 보내거나 제1항에 따라 유류품을 팔아 대금을 보내는 경우에 드는 비용은 유류금품의 청구인이 부담한다.

법 제29조 【보관금품의 반환 등】 ① 소장은 수용자가 석방될 때 제25조에 따라 보관하고 있던 수용자의 휴대금품을 본인에게 돌려주어야 한다. 다만, 보관품을 한꺼번에 가져가기 어려운 경우 등 특별한 사정이 있어 수용자가 석방 시 소장에게 일정기간 동안(1개월 이내의 범위로 한정한다) 보관품을 보관하여 줄 것을 신청하는 경우에는 그러하지 아니하다. 24. 교정9

② 제1항 단서에 따른 보관기간이 지난 보관품에 관하여는 제28조(→ 유류금품의 교부)를 준용한다. 이 경우 '사망자' 및 '도주자'는 '피석방자'로, '금품'은 '보관품'으로, '상속인' 및 '가족'은 '피석방자 본인 또는 가족'으로 본다. 19. 승진

3 위생과 의료

1 의의

수용자 중에는 범죄생활로 인해 이미 건강이 좋지 않거나 질병에 걸린 경우가 많다. 또한 수용 중 집단생활에 의해 위생이 철저하게 관리되지 못하고 자유박탈에 의한 정신적·신체적 질병의 우려가 높으므로, 수용자의 건강을 유지하기 위해서 일정한 위생과 의료의 정책이 필요하다.

2 소장과 수용자의 의무

1. 소장의 위생·의료 조치의무

법 제30조 【위생·의료 조치의무】 소장은 수용자가 건강한 생활을 하는 데에 필요한 위생 및 의료상의 적절한 조치를 하여야 한다.

영 제46조 【보건·위생관리계획의 수립 등】 소장은 수용자의 건강, 계절 및 시설여건 등을 고려하여 보건·위생관리계획을 정기적으로 수립하여 시행하여야 한다.

2. 소장의 청결유지의무 16. 경채

> **법 제31조【청결유지】** 소장은 수용자가 사용하는 모든 설비와 기구가 항상 청결하게 유지되도록 하여야 한다.
>
> **영 제47조【시설의 청소ㆍ소독】** ① 소장은 거실ㆍ작업장ㆍ목욕탕, 그 밖에 수용자가 공동으로 사용하는 시설과 취사장, 주식ㆍ부식 저장고, 그 밖에 음식물 공급과 관련된 시설을 수시로 청소ㆍ소독하여야 한다. 20. 승진
> ② 소장은 저수조 등 급수시설을 6개월에 1회 이상 청소ㆍ소독하여야 한다. 20. 승진☆

3. 수용자의 청결의무

> **법 제32조【청결의무】** ① 수용자는 자신의 신체 및 의류를 청결히 하여야 하며, 자신이 사용하는 거실ㆍ작업장, 그 밖의 수용시설의 청결유지에 협력하여야 한다. 21. 교정7
> ② 수용자는 위생을 위하여 머리카락과 수염을 단정하게 유지하여야 한다. 21. 교정7
>
> **영 제48조【청결의무】** 수용자는 교도관이 법 제32조 제1항에 따라 자신이 사용하는 거실, 작업장, 그 밖의 수용시설의 청결을 유지하기 위하여 필요한 지시를 한 경우에는 이에 따라야 한다.

3 운동 및 목욕, 건강검진

> **법 제33조【운동 및 목욕】** ① 소장은 수용자가 건강 유지에 필요한 운동 및 목욕을 정기적으로 할 수 있도록 하여야 한다.
> ② 운동시간ㆍ목욕 횟수 등에 관하여 필요한 사항은 대통령령으로 정한다.
>
> **영 제49조【실외운동】** 소장은 수용자가 매일(공휴일 및 법무부장관이 정하는 날은 제외한다)「국가공무원 복무규정」제9조에 따른 근무시간 내에서 1시간 이내의 실외운동을 할 수 있도록 하여야 한다. 다만, 다음 각 호의 어느 하나에 해당하면 실외운동을 실시하지 아니할 수 있다. 20. 승진☆
> 1. 작업의 특성상 실외운동이 필요 없다고 인정되는 때
> 2. 질병 등으로 실외운동이 수용자의 건강에 해롭다고 인정되는 때
> 3. 우천, 수사, 재판, 그 밖의 부득이한 사정으로 실외운동을 하기 어려운 때
>
> **영 제50조【목욕 횟수】** 소장은 작업의 특성, 계절, 그 밖의 사정을 고려하여 수용자의 목욕횟수를 정하되 부득이한 사정이 없으면 매주 1회 이상이 되도록 한다. 20. 승진☆
>
> **영 제77조【여성수용자의 목욕】** ① 소장은 제50조에 따라 여성수용자의 목욕 횟수를 정하는 경우에는 그 신체적 특성을 특히 고려하여야 한다. 18. 승진☆
> ② 소장은 여성수용자가 목욕을 하는 경우에 계호가 필요하다고 인정하면 여성교도관이 하도록 하여야 한다. 12. 경채☆
>
> **법 제34조【건강검진】** ① 소장은 수용자에 대하여 건강검진을 정기적으로 하여야 한다. 11. 교정7
> ② 건강검진의 횟수 등에 관하여 필요한 사항은 대통령령으로 정한다. 11. 교정7

미결수용자의 청결

"미결수용자의 머리카락과 수염은 특히 필요한 경우가 아니면 본인의 의사에 반하여 짧게 깎지 못한다."고 규정하고 있다(법 제83조).

영 제51조【건강검진 횟수】① 소장은 수용자에 대하여 1년에 1회 이상 건강검진을 하여야 한다. 다만, 19세 미만의 수용자와 계호상 독거수용자에 대하여는 6개월에 1회 이상 하여야 한다. 20. 승진☆

② 건강검진은 「건강검진기본법」에 따라 지정된 건강검진기관에 의뢰하여 할 수 있다. 20. 승진

★ 핵심 POINT | 건강검진의 횟수

1년에 1회 이상	일반 수용자
6개월에 1회 이상	19세 미만의 수용자, 계호상 독거수용자, 노인수용자 19. 교정7
정기적인 검진	임산부인 수용자

⚖ 관련 판례 | 수용거실 내 온수사용설비 미설치 위헌확인

구치소의 수용거실 내에 온수사용설비를 설치할 작위의무는 헌법 명문상 규정되어 있지 않을 뿐만 아니라, 헌법 해석상으로도 그러한 구체적인 작위의무가 발생한다고 보기 어렵다. 또한 「형의 집행 및 수용자의 처우에 관한 법률」 제33조 제1항은 '소장은 수용자가 건강유지에 필요한 목욕을 정기적으로 할 수 있도록 하여야 한다'고 규정하고 있을 뿐 더 나아가 수용거실 내 온수사용설비를 설치할 작위의무가 구체적으로 규정되어 있다고 보기 어렵다. 따라서 구치소의 장 등이 수용시설 내에 온수사용설비를 설치하지 아니한 부작위는 헌법소원의 대상이 되는 공권력의 불행사에 해당하지 아니한다. [헌재 2019.1.22. 2019헌마27]

4 감염병 등에 관한 조치, 부상자 등 치료

법 제35조【감염병 등에 관한 조치】소장은 감염병이나 그 밖에 감염의 우려가 있는 질병의 발생과 확산을 방지하기 위하여 필요한 경우 수용자에 대하여 예방접종·격리수용·이송, 그 밖에 필요한 조치를 하여야 한다. 23. 교정9☆

영 제52조【감염병의 정의】법 제18조 제1항, 법 제53조 제1항 제3호 및 법 제128조 제2항에서 '감염병'이란 「감염병의 예방 및 관리에 관한 법률」에 따른 감염병을 말한다.

영 제53조【감염병에 관한 조치】① 소장은 수용자가 감염병에 걸렸다고 의심되는 경우에는 1주 이상 격리수용하고 그 수용자의 휴대품을 소독하여야 한다. 22. 교정9☆

② 소장은 감염병이 유행하는 경우에는 수용자가 자비로 구매하는 음식물의 공급을 중지할 수 있다(→ 임의적). 23. 교정9☆

③ 소장은 수용자가 감염병에 걸린 경우에는 즉시 격리수용하고 그 수용자가 사용한 물품과 설비를 철저히 소독하여야 한다(→ 필요적). 23. 교정9☆

④ 소장은 제3항의 사실을 지체 없이 법무부장관에게 보고하고 관할 보건기관의 장에게 알려야 한다. 23. 교정9☆

법 제36조【부상자 등 치료】① 소장은 수용자가 부상을 당하거나 질병에 걸리면 적절한 치료를 받도록 하여야 한다.

② 제1항의 치료를 위하여 교정시설에 근무하는 간호사는 야간 또는 공휴일 등에 「의료법」 제27조에도 불구하고 대통령령(→ 영 제54조의2)으로 정하는 경미한 의료행위를 할 수 있다. 20. 승진☆

영 제54조【의료거실 수용 등】소장은 수용자가 부상을 당하거나 질병에 걸린 경우에는 그 수용자를 의료거실에 수용하거나, 다른 수용자에게 그 수용자를 간병하게 할 수 있다.

영 제54조의2【간호사의 의료행위】법 제36조 제2항에서 '대통령령으로 정하는 경미한 의료행위'란 다음 각 호의 의료행위를 말한다. 20. 승진☆
1. 외상 등 흔히 볼 수 있는 상처의 치료
2. 응급을 요하는 수용자에 대한 응급처치
3. 부상과 질병의 악화방지를 위한 처치
4. 환자의 요양지도 및 관리
5. 제1호부터 제4호까지의 의료행위에 따르는 의약품의 투여

5 외부 의료시설 진료 등, 자비치료

법 제37조【외부 의료시설 진료 등】① 소장은 수용자에 대한 적절한 치료를 위하여 필요하다고 인정하면 교정시설 밖에 있는 의료시설(이하 '외부 의료시설'이라 한다)에서 진료를 받게 할 수 있다(→ 임의적). 21. 교정9☆

② 소장은 수용자의 정신질환 치료를 위하여 필요하다고 인정하면 법무부장관의 승인을 받아 치료감호시설로 이송할 수 있다. 21. 교정7☆

③ 제2항에 따라 이송된 사람은 수용자에 준하여 처우한다.

④ 소장은 제1항 또는 제2항에 따라 수용자가 외부의료시설에서 진료받거나 치료감호시설로 이송되면 그 사실을 그 가족(가족이 없는 경우에는 수용자가 지정하는 사람)에게 지체 없이 알려야 한다. 다만, 수용자가 알리는 것을 원하지 아니하면 그러하지 아니하다. 21. 교정7☆

⑤ 소장은 수용자가 자신의 고의 또는 중대한 과실로 부상 등이 발생하여 외부 의료시설에서 진료를 받은 경우에는 그 진료비의 전부 또는 일부를 그 수용자에게 부담하게 할 수 있다. 20. 승진☆

영 제55조【외부 의사의 치료】 소장은 특히 필요하다고 인정하면 외부 의료시설에서 근무하는 의사(이하 '외부 의사'라 한다)에게 수용자를 치료하게 할 수 있다.

영 제56조【위독사실의 알림】소장은 수용자가 위독한 경우에는 그 사실을 가족에게 지체 없이 알려야 한다.* 17. 교정7

영 제57조【외부 의료시설 입원 등 보고】소장은 법 제37조 제1항에 따라 수용자를 외부 의료시설에 입원시키거나 입원 중인 수용자를 교정시설로 데려온 경우에는 그 사실을 법무부장관에게 지체 없이 보고하여야 한다. 19. 교정7☆

의료행위

의료인이 아니면 누구든지 의료행위를 할 수 없으며 의료인도 면허된 것 이외의 의료행위를 할 수 없다(「의료법」 제27조 제1항 본문).

Ⅱ

시설 내 처우 해커스공무원 노신 교정학 기본서

* 중환자의 가족 통지에 대한 예외사유는 없다(영 제56조).

법 제38조 【자비치료】 소장은 수용자가 자신의 비용으로 외부 의료시설에서 근무하는 의사(이하 '외부 의사'라 한다)에게 치료받기를 원하면 교정시설에 근무하는 의사(공중보건의사를 포함하며, 이하 '의무관'이라 한다)의 의견을 고려하여 이를 허가할 수 있다(→ 임의적). 17. 교정9☆

6 진료환경 등, 수용자의 의사에 반하는 의료조치

법 제39조 【진료환경 등】 ① 교정시설에는 수용자의 진료를 위하여 필요한 의료 인력과 설비를 갖추어야 한다.
② 소장은 정신질환이 있다고 의심되는 수용자가 있으면 정신건강의학과 의사의 진료를 받을 수 있도록 하여야 한다. 18. 승진☆
③ 외부 의사는 수용자를 진료하는 경우에는 법무부장관이 정하는 사항을 준수하여야 한다.
④ 교정시설에 갖추어야 할 의료설비의 기준에 관하여 필요한 사항은 법무부령으로 정한다.

규칙 제23조 【의료설비의 기준】 ① 교정시설에는 「의료법」 제3조에 따른 의료기관 중 의원(醫院)이 갖추어야 하는 시설 수준 이상의 의료시설(진료실 등의 의료용 건축물을 말한다. 이하 같다)을 갖추어야 한다.

규칙 제24조 【비상의료용품 기준】 ① 소장은 수용정원과 시설여건 등을 고려하여 적정한 양의 비상의료용품을 갖추어 둔다.

법 제40조 【수용자의 의사에 반하는 의료조치】 ① 소장은 수용자가 진료 또는 음식물의 섭취를 거부하면 의무관으로 하여금 관찰·조언 또는 설득을 하도록 하여야 한다. 19. 승진
② 소장은 제1항의 조치에도 불구하고 수용자가 진료 또는 음식물의 섭취를 계속 거부하여 그 생명에 위험을 가져올 급박한 우려가 있으면 의무관으로 하여금 적당한 진료 또는 영양보급 등의 조치를 하게 할 수 있다. 18. 승진☆

⚖ 관련 판례 | 기본권 침해 위헌확인

피청구인 경북북부제2교도소장이 2020.10.7. 및 2020.11.4. 청구인의 정신과진료 현장에 각각 간호직교도관을 입회시킨 행위 및 피청구인 홍성교도소장이 2020.12.8. 및 2021.1.5. 청구인의 정신과 화상진료 현장에 각각 간호직교도관을 입회시킨 행위(이하 '이 사건 동행계호행위'라 한다)가 청구인의 법률유보원칙 또는 과잉금지원칙에 반하여 사생활의 비밀과 자유를 침해하는지 여부(소극) - 내용 생략 [헌재 2024.1.25, 2020헌마1725]

01 소장은 수형자의 경비처우급에 따라 부식, 음료, 그 밖에 건강유지에 필요한 물품에 차이를 두어 지급할 수 있다.
19. 교정7 ( )

02 소장은 감염병의 유행으로 자비구매물품의 사용이 중지된 경우에는 구매신청을 제한할 수 있다. 20. 교정7 ( )

03 수용자는 편지 · 도서, 그 밖에 수용생활에 필요한 물품을 법무부장관이 정하는 범위에서 소지할 수 있다. 19. 승진
( )

04 수용자에게 보내온 금품으로서 본인이 수령을 거부하였는데, 금품을 보낸 사람을 알 수 없으면 그 뜻을 공고하여야
하며, 공고한 후 6개월이 지나도 교부를 청구하는 사람이 없으면 그 금품은 국고에 귀속된다. 19. 승진 ( )

05 소장은 수용자 외의 사람이 신청한 수용자에 대한 금품의 전달을 허가한 경우 그 금품을 지체 없이 수용자에게 전달하
여 사용하게 하여야 한다. 24. 교정9

06 소장은 사망자 또는 도주자가 남겨두고 간 금품이 있으면 사망자의 경우에는 그 상속인에게, 도주자의 경우에는 그
가족에게 그 내용 및 청구절차 등을 알려 주어야 한다. 다만, 썩거나 없어질 우려가 있는 것은 폐기할 수 있다.
24. 교정9 ( )

07 소장은 사망자의 유류품을 건네받을 사람이 원거리에 있는 등 특별한 사정이 있는 경우에는 유류품을 팔아 그 대금을
보내야 한다. 24. 교정9 ( )

정답

01 ✕ 주 · 부식, 음료, 그 밖에 건강유지에 필요한 물품은 경비처우급에 따라 차이를 두어 지급할 수 없다(규칙 제84조 제1항).

02 ○ 규칙 제17조 제2항

03 ○ 법 제26조 제1항

04 ○ 법 제27조 제2항 · 제3항

05 ✕ 그 금품을 '보관'한 후 해당 수용자가 사용하게 '할 수 있다'(영 제42조 제1항).

06 ○ 법 제28조 제1항

07 ✕ 유류품을 팔아 그 대금을 '보낼 수 있다'(영 제45조 제1항).

08 소장은 수용자가 석방될 때 보관하고 있던 수용자의 휴대금품을 본인에게 돌려주어야 한다. 다만, 보관품을 한꺼번에 가져가기 어려운 경우 등 특별한 사정이 있어 수용자가 석방 시 소장에게 일정 기간 동안(3개월 이내의 범위로 한정한다) 보관품을 보관하여 줄 것을 신청하는 경우에는 그러하지 아니하다. 24. 교정9 ( )

09 소장은 수용자가 공동으로 사용하는 시설과 저수조 등 급수시설을 6개월에 1회 이상 청소·소독하여야 한다. 20. 승진 ( )

10 수용자는 자신의 신체 및 의류를 청결히 하여야 하며, 자신이 사용하는 거실·작업장, 그 밖의 수용시설의 청결유지에 협력하여야 하며, 위생을 위하여 머리카락과 수염을 단정하게 유지하여야 한다. 21. 교정7 ( )

11 소장은 작업의 특성상 실외운동이 필요 없다고 인정되면 수용자의 실외운동을 실시하지 않을 수 있다. 20. 승진 ( )

12 소장은 19세 미만의 수용자, 계호상 독거수용자 및 노인수용자에 대하여는 6개월에 1회 이상 건강검진을 하여야 한다. 19. 교정7 ( )

13 소장은 감염병이나 그 밖에 감염의 우려가 있는 질병의 발생과 확산을 방지하기 위하여 필요한 경우 수용자에 대하여 예방접종·격리수용·이송, 그 밖에 필요한 조치를 하여야 한다. 23. 교정9 ( )

14 소장은 수용자가 감염병에 걸렸다고 의심되는 경우에는 2주 이상 격리수용하고 그 수용자의 휴대품을 소독하여야 한다. 20. 교정7 ( )

15 소장은 감염병이 유행하는 경우 수용자가 자비로 구매하는 음식물의 공급을 중지하여야 한다. 23. 교정9 ( )

정답

08 ✕ 보관품을 보관하여 줄 것을 신청할 수 있는 일정 기간은 '1개월 이내의 범위'로 한정한다(법 제29조 제1항 단서).

09 ✕ '수용자가 공동으로 사용하는 시설'은 '수시로' 청소·소독하여야 한다(영 제47조 제1항·제2항).

10 ○ 법 제32조 제1항·제2항

11 ○ 영 제49조 제1호

12 ○ 영 제51조 제1항, 규칙 제47조 제2항

13 ○ 법 제35조

14 ✕ '1주' 이상 격리수용하고 그 수용자의 휴대품을 소독하여야 한다(영 제53조 제1항).

15 ✕ 중지'할 수 있다'(영 제53조 제2항).

16 소장은 수용자가 감염병에 걸린 경우에는 즉시 격리수용하고 그 수용자가 사용한 물품 및 설비를 철저히 소독해야 한다. 또한 이 사실을 지체 없이 법무부장관에게 보고하고 관할 보건기관의 장에게 알려야 한다. 23. 교정9 (　　)

17 교정시설에 근무하는 간호사는 수용자가 부상을 당하거나 질병에 걸린 경우 「의료법」 제27조에도 불구하고 투약처방 등 필요한 의료행위를 할 수 있다. 20. 승진 (　　)

18 소장은 수용자의 정신질환 치료를 위하여 필요하다고 인정하면 직권으로 치료감호시설로 이송할 수 있다. 21. 교정7 (　　)

19 소장은 수용자가 외부의료시설에서 진료받거나 치료감호시설로 이송되면 그 사실을 그 가족(가족이 없는 경우에는 수용자가 지정하는 사람)에게 지체 없이 알려야 한다. 다만, 수용자가 알리는 것을 원하지 아니하면 그러하지 아니하다. 21. 교정7 (　　)

20 소장은 수용자가 자신의 고의 또는 중대한 과실로 부상 등이 발생하여 외부의료시설에서 진료를 받은 경우에는 그 진료비의 전부 또는 일부를 그 수용자에게 부담하게 할 수 있다. 19. 승진 (　　)

21 소장은 수용자를 외부 의료시설에 입원시키거나 입원 중인 수용자를 교정시설로 데려온 경우에는 그 사실을 법무부장관에게 지체 없이 보고하여야 한다. 19. 교정7 (　　)

22 소장은 수용자가 진료 또는 음식물의 섭취를 거부하면 즉시 의무관으로 하여금 적당한 진료 또는 영양보급 등의 조치를 하게 할 수 있다. 19. 승진 (　　)

정답

16 ○ 영 제53조 제3항 · 제4항

17 ✕ 교정시설에 근무하는 간호사는 '야간 또는 공휴일 등에' 「의료법」 제27조에도 불구하고 '대통령령으로 정하는 경미한 의료행위'를 할 수 있다 (법 제36조 제2항). 경미한 의료행위에 투약처방은 포함되지 않는다(영 제54조의2 참조).

18 ✕ '법무부장관의 승인'을 받아 치료감호시설로 이송할 수 있다(법 제37조 제2항).

19 ○ 법 제37조 제4항

20 ○ 법 제37조 제5항

21 ○ 영 제57조

22 ✕ 소장은 수용자가 진료 또는 음식물의 섭취를 거부하면 의무관으로 하여금 관찰 · 조언 또는 설득을 하도록 하여야 하며(법 제40조 제1항), 수용자가 진료 또는 음식물의 섭취를 계속 거부하여 그 생명에 위험을 가져올 급박한 우려가 있으면 의무관으로 하여금 적당한 진료 또는 영양보급 등의 조치를 하게 할 수 있다(법 제40조 제2항).

04 접견, 편지수수, 전화통화

1 외부교통권

1 서론

1. 의의

수용자의 외부교통권은 구금 이전의 사회적 관계를 계속 유지하여 출소 후의 원활한 사회복귀를 도모하기 위하여 인정되는 제도이다.

2. 범위

(1) **협의의 외부교통권**

형집행법에 규정되어 있는 **접견, 편지수수, 전화통화**를 의미한다. 현행법상 접견과 편지수수는 소장의 허가를 요하지 않으나, 전화통화는 소장의 허가를 요한다.

(2) **광의의 외부교통권**

신문·잡지 등의 구독이나 TV·라디오의 시청·청취 등 외부 정보를 입수할 수 있는 모든 방법과 귀휴, 외부 통근, 교화위원과의 상담 등 외부와의 접촉을 하는 모든 방법이 포함된다.

2 필요성과 제한

1. 필요성

(1) 사회적 존재로서 인간의 본성을 유지하기 위해 필요하다.

(2) 가족관계의 유지를 통해 안정된 수용생활을 유도할 수 있다.

(3) 사회적 기반의 유지를 통해 출소 후 원만한 사회생활을 유도할 수 있다.

(4) 교정교화를 통해 재범방지의 효과를 거둘 수 있다.

2. 제한

(1) 외부교통권을 넓게 인정할수록 교정시설의 질서와 보안의 문제가 제기될 수 있다.

(2) 헌법상의 알 권리, 표현의 자유, 통신의 자유 등과 같은 기본권과 외부교통권의 제한을 어떻게 조화시키는가가 중요한 문제이다.

3 현행법령상의 외부교통권

형집행법에 규정되어 있는 외부교통권에는 접견, 편지수수, 전화통화가 있다.

구분	소장의 허가	위임	주요 내용
접견	불요	대통령령	① 접견 제한(법 제41조 제1항) ② 접견 중지(법 제42조) ③ 청취·기록·녹음·녹화(영 제62조)
편지수수	불요	대통령령	① 편지수수 제한(법 제43조 제1항) ② 예외적 검열(법 제43조 제4항) ③ 발신·수신 금지(법 제43조 제5항)
전화통화	필요	법무부령	① 전화통화 제한(규칙 제25조) ② 전화통화 중지(= 접견 중지) ③ 통화허가 취소(규칙 제27조)

2 접견

1 접견의 원칙과 접견 제한사유

> **법 제41조 【접견】** ① 수용자는 교정시설의 외부에 있는 사람과 접견할 수 있다(→ 소장의 허가 불요). 다만, 다음 각 호(→ 접견 제한사유)의 어느 하나에 해당하는 사유가 있으면 그러하지 아니하다. 18. 승진☆
> 1. 형사 법령에 **저**촉되는 행위를 할 우려가 있는 때
> 2. 「형사소송법」이나 그 밖의 법률에 따른 접견 **금**지의 결정이 있는 때
> 3. 수형자의 **교**화 또는 건전한 사회복귀를 해칠 우려가 있는 때
> 4. **시**설의 안전 또는 질서를 해칠 우려가 있는 때

📝 선생님 TIP

접견 제한사유
저/금/교/시

2 접견의 장소

> **법 제41조 【접견】** ② 수용자의 접견은 접촉차단시설이 설치된 장소에서 하게 한다. 다만, 다음 각 호의 어느 하나에 해당하는 경우에는 접촉차단시설이 설치되지 아니한 장소에서 접견하게 한다. 22. 교정7☆
> 1. 미결수용자(형사사건으로 수사 또는 재판을 받고 있는 수형자와 사형확정자를 포함한다)가 변호인(변호인이 되려는 사람을 포함한다. 이하 같다)과 접견하는 경우
> 2. 수용자가 소송사건의 대리인인 변호사와 접견하는 경우 등 수용자의 재판청구권 등을 실질적으로 보장하기 위하여 대통령령으로 정하는 경우로서 교정시설의 안전 또는 질서를 해칠 우려가 없는 경우

접견의 장소

수용자 접견은 원칙적으로 접촉차단시설이 설치된 장소에서 하도록 하고, 예외적으로 미결수용자가 변호인과 접견하거나 수용자가 소송사건의 대리인인 변호사와 접견하는 경우로서 교정시설의 안전 또는 질서를 해칠 우려가 없는 경우에는 접촉차단시설이 설치되지 아니한 장소에서 접견하도록 하되, 수용자가 미성년자인 자녀와 접견하는 등의 경우에는 접촉차단시설이 설치되지 아니한 장소에서 접견할 수 있도록 하였다(제41조 제2항·제3항).

③ 제2항에도 불구하고 다음 각 호의 어느 하나에 해당하는 경우에는 접촉차단시설이 설치되지 아니한 장소에서 접견하게 할 수 있다.
1. 수용자가 미성년자인 자녀와 접견하는 경우 21. 교정9☆
2. 그 밖에 대통령령(→ 영 제59조 제3항)으로 정하는 경우

3 접견내용의 청취 · 기록 · 녹음 또는 녹화사유와 고지

법 제41조【접견】④ 소장은 다음 각 호의 어느 하나에 해당하는 사유가 있으면 교도관으로 하여금 수용자의 접견내용을 청취 · 기록 · 녹음 또는 녹화하게 할 수 있다. 21. 교정9☆
1. 범죄의 증거를 인멸하거나 형사 법령에 저촉되는 행위를 할 우려가 있는 때
2. 수형자의 교화 또는 건전한 사회복귀를 위하여 필요한 때
3. 시설의 안전과 질서유지를 위하여 필요한 때
⑤ 제4항에 따라 녹음 · 녹화하는 경우에는 사전에 수용자 및 그 상대방에게 그 사실을 알려 주어야 한다.
⑥ 접견의 횟수 · 시간 · 장소 · 방법 및 접견내용의 청취 · 기록 · 녹음 · 녹화 등에 관하여 필요한 사항은 대통령령으로 정한다. 18. 승진

영 제62조【접견내용의 청취 · 기록 · 녹음 · 녹화】① 소장은 법 제41조 제4항의 청취 · 기록을 위하여 다음 각 호의 사람을 제외한 수용자의 접견에 교도관을 참여하게 할 수 있다.
1. 변호인과 접견하는 미결수용자
2. 소송사건의 대리인인 변호사와 접견하는 수용자
② 소장은 특별한 사정이 없으면 교도관으로 하여금 법 제41조 제5항에 따라 수용자와 그 상대방에게 접견내용의 녹음 · 녹화사실을 수용자와 그 상대방이 접견실에 들어가기 전에 미리 말이나 서면 등 적절한 방법으로 알려 주게 하여야 한다.
③ 소장은 법 제41조 제4항에 따라 청취 · 녹음 · 녹화한 경우의 접견기록물에 대한 보호 · 관리를 위하여 접견정보 취급자를 지정하여야 하고, 접견정보 취급자는 직무상 알게 된 접견정보를 누설하거나 권한 없이 처리하거나 다른 사람이 이용하도록 제공하는 등 부당한 목적을 위하여 사용해서는 아니 된다.
④ 소장은 관계기관으로부터 다음 각 호의 어느 하나에 해당하는 사유로 제3항의 접견기록물의 제출을 요청받은 경우에는 기록물을 제공할 수 있다.
1. 법원의 재판업무 수행을 위하여 필요한 때
2. 범죄의 수사와 공소의 제기 및 유지에 필요한 때
⑤ 소장은 제4항에 따라 녹음 · 녹화기록물을 제공할 경우에는 제3항의 접견정보 취급자로 하여금 녹음 · 녹화기록물을 요청한 기관의 명칭, 제공받는 목적, 제공 근거, 제공을 요청한 범위, 그 밖에 필요한 사항을 녹음 · 녹화기록물 관리 프로그램에 입력하게 하고, 따로 이동식 저장매체에 옮겨 담아 제공한다.

⚖ 관련 판례 | 수용자의 접견 관련-1

「형의 집행 및 수용자의 처우에 관한 법률」 제41조 제2항 등 위헌소원

[1] 형집행법 제41조 제2항(→ 현행 제4항) 제1호·제3호 중 '미결수용자의 접견내용의 녹음·녹화'에 관한 부분(이하 '이 사건 녹음조항'이라 한다)이 과잉금지원칙에 위배되어 청구인의 사생활의 비밀과 자유 등을 침해하는지 여부(소극) − 이 사건 녹음조항은 <u>수용자의 증거인멸의 가능성 및 추가범죄의 발생가능성을 차단하고, 교정시설 내의 안전과 질서유지를 위한 것</u>으로 목적의 정당성이 인정되며, (중략) 따라서 이 사건 녹음조항은 과잉금지원칙에 위배되어 청구인의 <u>사생활의 비밀과 자유 및 통신의 비밀을 침해하지 아니한다.</u>

[2] 이 사건 녹음조항이 영장주의 및 평등원칙에 위배되는지 여부(소극) − 이 사건 녹음조항에 따라 접견내용을 녹음·녹화하는 것은 <u>직접적으로 물리적 강제력을 수반하는 강제처분이 아니므로 영장주의가 적용되지 않아 영장주의에 위배된다고 할 수 없다.</u> 또한 미결수용자와 불구속 피의자·피고인을 본질적으로 동일한 집단이라고 할 수 없고, 불구속 피의자·피고인과는 달리 미결수용자에 대하여 법원의 허가 없이 접견내용을 녹음·녹화하도록 하는 것도 충분히 합리적 이유가 있으므로 이 사건 녹음조항은 평등원칙에 위배되지 않는다. [헌재 2016.11.24. 2014헌바401]

수형자인 청구인이 헌법소원사건의 국선대리인인 변호사를 접견함에 있어서 그 접견내용을 녹음·기록한 피청구인의 행위(이하 '이 사건 녹취행위')가 청구인의 재판을 받을 권리를 침해하는지 여부(적극) − 수형자와 변호사와의 접견내용을 녹음·녹화하게 되면 그로 인해 제3자인 교도소 측에 접견내용이 그대로 노출되므로 수형자와 변호사는 상담 과정에서 상당히 위축될 수밖에 없고, 특히 <u>소송의 상대방이 국가나 교도소 등의 구금시설로서 그 내용이 구금시설 등의 부당처우를 다투는 내용일 경우에 접견내용에 대한 녹음·녹화는 실질적으로 당사자대등의 원칙에 따른 무기평등을 무력화시킬 수 있다.</u> 변호사는 다른 전문직에 비하여도 더욱 엄격한 직무의 공공성 등이 강조되고 있는 지위에 있으므로, 소송사건의 변호사가 접견을 통하여 수형자와 모의하는 등으로 법령에 저촉되는 행위를 하거나 이에 가담하는 등의 행위를 할 우려는 거의 없다. 또한 접견의 내용이 소송준비를 위한 상담내용일 수밖에 없는 변호사와의 접견에 있어서 수형자의 교화나 건전한 사회복귀를 위해 접견내용을 녹음·녹화할 필요성을 생각하는 것도 어렵다. 이 사건에 있어서 청구인과 헌법소원사건의 국선대리인인 변호사의 접견내용에 대해서는 접견의 목적이나 접견의 상대방 등을 고려할 때 녹음·기록이 허용되어서는 아니 될 것임에도, 이를 녹음·기록한 행위는 <u>청구인의 재판을 받을 권리를 침해한다.</u> [헌재 2013.9.26. 2011헌마398] 22. 교정7

4 접견의 횟수 · 시간 · 장소 · 방법

수형자의 경비처우급별 접견 허용횟수 (규칙 제87조)

1. 개방처우급: 1일 1회
2. 완화경비처우급: 월 6회
3. 일반경비처우급: 월 5회
4. 중(重)경비처우급: 월 4회

영 제58조【접견】 ① 수용자의 접견은 매일(공휴일 및 법무부장관이 정한 날은 제외한다) 「국가공무원 복무규정」 제9조에 따른 근무시간 내에서 한다.

② 변호인(변호인이 되려고 하는 사람을 포함한다. 이하 같다)과 접견하는 미결수용자를 제외한 수용자의 접견시간은 회당 30분 이내로 한다. 22. 교정7☆

③ 수형자의 접견 횟수는 매월 4회로 한다(→ 규칙 제87조 참조). 22. 교정7☆

④ 삭제

⑤ 법 및 이 영에 규정된 사항 외에 수형자, 사형확정자 및 미결수용자를 제외한 수용자의 접견 횟수 · 시간 · 장소 등에 관하여 필요한 사항은 법무부장관이 정한다.

영 제59조【접견의 예외】 ① 소장은 제58조 제1항 및 제2항에도 불구하고 수형자의 교화 또는 건전한 사회복귀를 위하여 특히 필요하다고 인정하면 접견시간대 외에도 접견을 하게 할 수 있고 접견시간을 연장할 수 있다.

② 소장은 제58조 제3항에도 불구하고 수형자가 다음 각 호의 어느 하나에 해당하면 접견 횟수를 늘릴 수 있다. 19. 승진☆

1. 19세 미만인 때
2. 교정성적이 우수한 때
3. 교화 또는 건전한 사회복귀를 위하여 특히 필요하다고 인정되는 때

③ 법 제41조 제3항 제2호에서 '대통령령으로 정하는 경우'란 다음 각 호의 어느 하나에 해당하는 경우를 말한다.*

1. 수형자가 제2항 제2호(→ 교정성적이 우수) 또는 제3호(→ 교화 또는 건전한 사회복귀를 위하여 특히 필요하다고 인정)에 해당하는 경우
2. 미결수용자의 처우를 위하여 소장이 특별히 필요하다고 인정하는 경우
3. 사형확정자의 교화나 심리적 안정을 위하여 소장이 특별히 필요하다고 인정하는 경우

* '19세 미만인 때'는 접촉차단시설이 설치되지 아니한 장소에서 접견하게 할 수 있는 경우에 해당하지 않는다(영 제59조 제3항 제1호).

영 제59조의2【변호사와의 접견】 ① 제58조 제2항에도 불구하고 수용자가 다음 각 호의 어느 하나에 해당하는 변호사와 접견하는 시간은 회당 60분으로 한다.

1. 소송사건의 대리인인 변호사
2. 「형사소송법」에 따른 상소권회복 또는 재심 청구사건의 대리인이 되려는 변호사

② 수용자가 제1항 각 호의 변호사와 접견하는 횟수는 다음 각 호의 구분에 따르되, 이를 제58조 제3항, 제101조 및 제109조의 접견 횟수에 포함시키지 아니한다. 22. 교정7☆

1. 소송사건의 대리인인 변호사: 월 4회
2. 「형사소송법」에 따른 상소권회복 또는 재심 청구사건의 대리인이 되려는 변호사: 사건 당 2회

③ 소장은 제58조 제1항과 이 조 제1항 및 제2항에도 불구하고 소송사건의 수 또는 소송내용의 복잡성 등을 고려하여 소송의 준비를 위하여 특히 필요하다고 인정하면 접견시간대 외에도 접견을 하게 할 수 있고, 접견시간 및 횟수를 늘릴 수 있다.

상소권회복

상소기간이 경과한 후에 법원의 결정에 의하여 소멸한 상소권을 회복시키는 제도를 말한다. 상소권자의 책임 없는 사유로 인하여 상소기간이 경과한 경우에 구체적 타당성을 고려하여 상소권자에게 상소의 기회를 주는 제도이다.

재심

유죄의 확정판결에 대하여 중대한 사실오인이나 그 오인의 의심이 있는 경우에 판결을 받은 자의 이익을 위하여 판결의 부당함을 시정하는 비상구제절차이다.

🏛 **핵심 OX**

02 수형자의 접견 횟수는 매월 4회이다.
(○, ×)

02 ○

④ 소장은 제1항 및 제2항에도 불구하고 접견 수요 또는 접견실 사정 등을 고려하여 원활한 접견 사무 진행에 현저한 장애가 발생한다고 판단하면 접견시간 및 횟수를 줄일 수 있다. 이 경우 줄어든 시간과 횟수는 다음 접견 시에 추가하도록 노력하여야 한다.

⑤ 수용자가 「형사소송법」에 따른 상소권회복 또는 재심 청구사건의 대리인이 되려는 변호사와 접견하는 경우에는 교정시설의 안전 또는 질서를 해칠 우려가 없는 한 접촉차단시설이 설치되지 않은 장소에서 접견하게 한다.

규칙 제29조의3 【소송사건의 대리인인 변호사 등의 접견 등 신청】 ① 영 제59조의2제1항 각 호의 변호사(→ 소송사건의 대리인인 변호사, 상소권회복 또는 재심 청구사건의 대리인이 되려는 변호사)가 수용자를 접견하고자 하는 경우에는 별지 제32호 서식의 신청서를 소장에게 제출해야 한다. 다만, 영 제59조의2 제1항 제1호의 변호사(→ 소송사건의 대리인인 변호사)는 소송위임장 사본 등 소송사건의 대리인임을 소명할 수 있는 자료를 첨부해야 한다. 〈개정 2024.2.8.〉

② 영 제59조의2 제1항 각 호의 변호사가 같은 조 제3항에 따라 접견 시간을 연장하거나 접견 횟수를 추가하고자 하는 경우에는 별지 제33호 서식의 신청서에 해당 사유를 소명할 수 있는 자료를 첨부하여 소장에게 제출해야 한다. 〈개정 2024.2.8.〉

영 제60조 【접견 시 외국어 사용】 ① 수용자와 교정시설 외부의 사람이 접견하는 경우에 법 제41조 제4항에 따라 접견내용이 청취·녹음 또는 녹화될 때에는 외국어를 사용해서는 아니 된다. 다만, 국어로 의사소통하기 곤란한 사정이 있는 경우에는 외국어를 사용할 수 있다. 23. 교정7☆

② 소장은 제1항 단서의 경우에 필요하다고 인정하면 교도관 또는 통역인으로 하여금 통역하게 할 수 있다.

영 제61조 【접견 시 유의사항 고지】 소장은 법 제41조에 따라 접견을 하게 하는 경우에는 수용자와 그 상대방에게 접견 시 유의사항을 방송이나 게시물 부착 등 적절한 방법으로 알려줘야 한다.

법 제41조【접견】 ② 수용자의 접견은 접촉차단시설이 설치된 장소에서 하게 한다. 다만, 다음 각 호의 어느 하나에 해당하는 경우에는 접촉차단시설이 설치되지 아니한 장소에서 접견하게 한다.

1. 미결수용자(형사사건으로 수사 또는 재판을 받고 있는 수형자와 사형확정자를 포함한다)가 변호인(변호인이 되려는 사람을 포함한다. 이하 같다)과 접견하는 경우
2. 수용자가 소송사건의 대리인인 변호사와 접견하는 경우 등 수용자의 재판청구권 등을 실질적으로 보장하기 위하여 대통령령으로 정하는 경우로서 교정시설의 안전 또는 는 질서를 해칠 우려가 없는 경우

③ 제2항에도 불구하고 다음 각 호의 어느 하나에 해당하는 경우에는 접촉차단시설이 설치되지 아니한 장소에서 접견하게 할 수 있다.

1. 수용자가 미성년자인 자녀와 접견하는 경우
2. 그 밖에 대통령령으로 정하는 경우

영 제59조【접견의 예외】 ③ 법 제41조 제3항 제2호에서 '대통령령으로 정하는 경우'란 다음 각 호의 어느 하나에 해당하는 경우를 말한다.

1. 수형자가 제2항 제2호(→ 교정성적이 우수) 또는 제3호(→ 교화 또는 건전한 사회복귀를 위하여 특히 필요하다고 인정)에 해당하는 경우
2. 미결수용자의 처우를 위하여 소장이 특별히 필요하다고 인정하는 경우
3. 사형확정자의 교화나 심리적 안정을 위하여 소장이 특별히 필요하다고 인정하는 경우

영 제59조의2【변호사와의 접견】 ⑤ 수용자가 「형사소송법」에 따른 상소권회복 또는 재심청구사건의 대리인이 되려는 변호사와 접견하는 경우에는 교정시설의 안전 또는 질서를 해칠 우려가 없는 한 접촉차단시설이 설치되지 않은 장소에서 접견하게 한다.

영 제102조【접견의 예외】 소장은 미결수용자의 처우를 위하여 특히 필요하다고 인정하면 제58조 제1항에도 불구하고 접견시간대 외에도 접견하게 할 수 있고, 변호인이 아닌 사람과 접견하는 경우에도 제58조 제2항·제4항 및 제101조에도 불구하고 접견시간을 연장하거나 접견 횟수를 늘릴 수 있으며, 접촉차단시설이 없는 장소에서 접견하게 할 수 있다.

영 제110조【접견의 예외】 소장은 제58조 제1항·제2항·제4항 및 제109조에도 불구하고 사형확정자의 교화나 심리적 안정을 도모하기 위하여 특히 필요하다고 인정하면 접견시간대 외에도 접견을 하게 할 수 있고 접견시간을 연장하거나 접견 횟수를 늘릴 수 있으며, 접촉차단시설이 없는 장소에서 접견하게 할 수 있다.

규칙 제88조【접견 장소】 소장은 개방처우급 수형자에 대하여는 법무부장관이 정하는 바에 따라 접촉차단시설이 설치된 장소 외의 적당한 곳에서 접견을 실시할 수 있다. 다만, 처우상 특히 필요하다고 인정하는 경우에는 그 밖의 수형자에 대하여도 이를 허용할 수 있다.

13. 교정9☆

★ 핵심 POINT | 접견 횟수의 증가와 접촉차단시설 없는 장소에서 접견

구분	접견 횟수 증가	접촉차단시설 없는 장소에서 접견
19세 미만	○	×
교정성적이 우수	○	○
교화 또는 건전한 사회복귀	○	○

★ 관련 판례 | 수용자의 접견 관련-2

화상접견시간 단축 위헌확인

[1] 구 행형법 시행령 제54조의 규정이 임의규정이어서 수형자에 대한 접견시간(→ 30분 이내) 부여 정도는 일반적 접견교통권의 본질적 내용을 침해하지 아니하는 범위 내에서 교도소장 등 관계 행정청의 재량에 속하는지 여부(적극) - 내용 생략

[2] 피청구인 대전교도소장이 7회에 걸쳐 수형자인 청구인에게 화상접견시간을 각 10분 내외로 부여한 행위가 행정재량을 벗어나 과잉금지원칙에 위반하여 청구인의 헌법상 기본권을 침해한 것인지 여부(소극) - 피청구인 대전교도소장이 7회에 걸쳐 청구인에게 화상접견시간을 각 10분 내외로 부여한 것은 당시 대전교도소의 <u>인적·물적 접견설비의 범위 내에서 다른 수형자와 미결수용자의 접견교통권도 골고루 적절하게 보장하기 위한 행정 목적에 따른 합리적인 필요최소한의 제한이었다</u> 할 것이고, <u>청구인의 접견교통권을 과도하게 제한한 것으로는 보이지 아니한다.</u> [헌재 2009.9.24. 2007헌마738] 13. 경채

변호사와 접견하는 경우에도 수용자의 접견은 원칙적으로 접촉차단시설이 설치된 장소에서 하도록 규정하고 있는 「형의 집행 및 수용자의 처우에 관한 법률 시행령」 제58조 제4항(이하 '이 사건 접견조항')이 재판청구권을 침해하는지 여부(적극) - 이 사건 접견조항에 따르면 수용자는 <u>효율적인 재판준비를 하는 것이 곤란하게 되고, 특히 교정시설 내에서의 처우에 대하여 국가 등을 상대로 소송을 하는 경우에는 소송의 상대방에게 소송자료를 그대로 노출하게 되어 무기대등의 원칙이 훼손될 수 있다.</u> 변호사 직무의 공공성, 윤리성 및 사회적 책임성은 변호사접견권을 이용한 증거인멸, 도주 및 마약 등 금지물품 반입 시도 등의 우려를 최소화시킬 수 있으며, 변호사 접견이라 하더라도 교정시설의 질서 등을 해할 우려가 있는 특별한 사정이 있는 경우에는 예외를 두도록 한다면 악용될 가능성도 방지할 수 있다. 따라서 이 사건 접견조항은 과잉금지원칙에 위배하여 청구인의 <u>재판청구권을 지나치게 제한하고 있으므로, 헌법에 위반된다.</u> [헌재 2013.8.29. 2011헌마122] 22. 교정7☆

변호인접견불허 위헌확인

수형자와 소송대리인인 변호사의 접견을 일반 접견에 포함시켜 시간은 30분 이내로, 횟수는 월 4회로 제한한 구 「형의 집행 및 수용자의 처우에 관한 법률 시행령」(2008.10. 29. 대통령령 제21095호로 전부개정되고, 2014.6.25. 대통령령 제25397호로 개정되기 전의 것) 제58조 제2항 및 「형의 집행 및 수용자의 처우에 관한 법률 시행령」(2014.6.25. 대통령령 제25397호로 개정된 것) 제58조 제2항 중 각 '수형자'에 관한 부분, 「형의 집행 및 수용자의 처우에 관한 법률 시행령」(2008.10.29. 대통령령 제21095호로 전부개정된 것) 제58조 제3항이 청구인의 재판청구권을 침해하는지 여부(적극) -수형자의 접견시간

및 횟수를 제한하는 것은 교정시설 내의 수용질서 및 규율을 유지하기 위한 것으로서 목적의 정당성이 인정되고, 소송대리인인 변호사와의 접견을 일반 접견에 포함시켜 그 시간 및 횟수를 제한하는 것은 이러한 입법 목적의 달성에 기여하므로 수단의 적절성 또한 인정된다. 수형자와 소송대리인인 변호사가 접견 이외에 편지·전화통화를 통해 소송준비를 하는 것이 가능하다고 하더라도, 편지·전화통화는 검열, 청취 등을 통해 그 내용이 교정시설 측에 노출되어 상담 과정에서 위축되거나 공정한 재판을 받을 권리가 훼손될 가능성이 있으며, 편지는 접견에 비해 의견교환이 효율적이지 않고 전화통화는 시간이 원칙적으로 3분으로 제한되어 있어 소송준비의 주된 수단으로 사용하기에는 한계가 있다. 따라서 수형자의 재판청구권을 실효적으로 보장하기 위해서는 소송대리인인 변호사와의 접견시간 및 횟수를 적절하게 보장하는 것이 필수적이다. (중략) 이와 같이 심판 대상조항들은 법률전문가인 변호사와의 소송상담의 특수성을 고려하지 않고 소송대리인인 변호사와의 접견을 그 성격이 전혀 다른 일반 접견에 포함시켜 접견시간 및 횟수를 제한함으로써 청구인의 재판청구권을 침해한다. [헌재 2015.11.26, 2012헌마858]

형의 집행 및 수용자의 처우에 관한 법률 시행규칙 제29조의2 제1항 제2호 위헌확인

소송사건의 대리인 변호사가 수형자를 접견하고자 하는 경우 소송계속 사실을 소명할 수 있는 자료를 제출하도록 규정하고 있는 '형의 집행 및 수용자의 처우에 관한 법률(이하 '형집행법'이라 한다) 시행규칙' 제29조의2 제1항 제2호 중 '수형자 접견'에 관한 부분(이하 '심판대상조항'이라 한다)이 과잉금지원칙에 위배되어 변호사인 청구인의 직업수행의 자유를 침해하는지 여부(적극) – 심판대상조항이 소송계속 사실 소명자료를 제출하도록 규정하고 있어 변호사가 접견권을 남용하여 소를 제기하지도 아니한 채 수형자와 접견하는 것이 방지되는 것은 사실이다. 그러나 이른바 집사 변호사나 집사 변호사를 고용하는 수형자는 소 제기 여부를 진지하게 고민할 필요가 없으므로 불필요한 소송을 제기하고 손쉽게 변호사접견을 이용할 수 있는 반면, 진지하게 소 제기 여부 및 변론 방향을 고민해야 하는 변호사와 수형자라면 접견이 충분하지 않고 소송의 승패가 불확실하여 수형자가 변호사를 신뢰하고 소송절차를 진행하기가 부담스러울 수밖에 없다. (중략) 심판대상조항은 소송사건의 대리인인 변호사라 하더라도 변호사접견을 하기 위해서는 소송계속 사실 소명자료를 제출하도록 규정함으로써 이를 제출하지 못하는 변호사는 일반접견을 이용할 수밖에 없게 되었다. 일반접견은 접촉차단시설이 설치된 일반접견실에서 10분 내외 짧게 이루어지므로 그 시간은 변호사접견의 1/6 수준에 그친다. 또한 그 대화 내용은 청취·기록·녹음·녹화의 대상이 되므로 교정시설에서 부당한 처우를 당했다는 등의 사정이 있는 수형자는 위축된 나머지 법적 구제를 단념할 가능성마저 배제할 수 없다. 심판대상조항은 소 제기 전 단계에서 충실한 소송준비를 하기 어렵게 하여 변호사의 직무수행에 큰 장애를 초래하고, 변호사의 도움이 가장 필요한 시기에 접견에 대한 제한의 정도가 위와 같이 크다는 점에서 수형자의 재판청구권 역시 심각하게 제한될 수밖에 없고, 이로 인해 법치국가원리로 추구되는 정의에 반하는 결과를 낳을 수도 있다. 따라서 심판대상조항은 과잉금지원칙에 위배되어 변호사인 청구인의 직업수행의 자유를 침해한다.

[헌재 2021.10.28, 2018헌마60]

관련 판례	접견 녹음 관련

[1] 구치소장이 청구인과 배우자의 접견을 녹음한 행위(이하 '이 사건 녹음행위')가 청구인의 사생활의 비밀과 자유를 침해하는지 여부(소극) – 내용 생략

[2] 구치소장이 검사의 요청에 따라 청구인과 배우자의 접견 녹음파일을 제공한 행위(이하 '이 사건 제공행위')가 청구인의 개인정보자기결정권을 침해하는지 여부(소극) – (중략) 이 사건 제공행위는 형사사법의 실체적 진실을 발견하고 이를 통해 형사사법의 적정한 수행을 도모하기 위한 것으로 그 목적이 정당하고, 수단 역시 적합하다. 또한 접견기록물의 제공은 제한적으로 이루어지고, 제공된 접견내용은 수사와 공소제기 등에 필요한 범위 내에서만 사용하도록 제도적 장치가 마련되어 있으며, 사적 대화 내용을 분리하여 제공하는 것은 그 구분이 실질적으로 불가능하고, 범죄와 관련 있는 대화내용을 쉽게 파악하기 어려워 전체 제공이 불가피한 점 등을 고려할 때 침해의 최소성 요건도 갖추고 있다. 나아가 접견 내용이 기록된다는 사실이 미리 고지되어 그에 대한 보호가치가 그리 크다고 볼 수 없는 점 등을 고려할 때, 법익의 불균형을 인정하기도 어려우므로, 과잉금지원칙에 위반하여 청구인의 개인정보자기결정권을 침해하였다고 볼 수 없다. [헌재 2012.12.27, 2010헌마153] 15. 경채

징벌혐의의 조사를 받고 있는 청구인이 변호인 아닌 자와 접견할 당시 교도관이 참여하여 대화내용을 기록하게 한 행위(이하 '이 사건 접견참여·기록')가 청구인의 사생활의 비밀과 자유를 침해하는지 여부(소극) – 접견내용을 녹음·녹화하는 경우 수용자 및 그 상대방에게 그 사실을 말이나 서면 등으로 알려주어야 하고 취득된 접견기록물은 법령에 의해 보호·관리되고 있으므로 사생활의 비밀과 자유에 대한 침해를 최소화하는 수단이 마련되어 있다는 점, 청구인이 나눈 접견내용에 대한 사생활의 비밀로서의 보호가치에 비해 증거인멸의 위험을 방지하고 교정시설 내의 안전과 질서유지에 기여하려는 공익이 크고 중요하다는 점에 비추어 볼 때, 이 사건 접견참여·기록이 청구인의 사생활의 비밀과 자유를 침해하였다고 볼 수 없다. [헌재 2014.9.25, 2012헌마523] 18. 승진

5 접견의 중지

법 제42조 【접견의 중지 등】 교도관은 접견 중인 수용자 또는 그 상대방이 다음 각 호의 어느 하나(→ 접견 중지사유)에 해당하면 접견을 중지할 수 있다. 20. 교정9☆
1. 범죄의 **증**거를 인멸하거나 인멸하려고 하는 때
2. 제92조의 금지**물**품을 주고받거나 주고받으려고 하는 때
3. 형사 법령에 **저**촉되는 행위를 하거나 하려고 하는 때
4. 수용자의 처우 또는 교정시설의 운영에 관하여 **거**짓사실을 유포하는 때 18. 승진
5. 수형자의 **교**화 또는 건전한 사회복귀를 해칠 우려가 있는 행위를 하거나 하려고 하는 때
6. **시**설의 안전 또는 질서를 해하는 행위를 하거나 하려고 하는 때

영 제63조 【접견중지사유의 고지】 교도관이 법 제42조에 따라 수용자의 접견을 중지한 경우에는 그 사유를 즉시 알려주어야 한다.

선생님 TIP

접견 중지사유
증/저/거/물/교/시

핵심OX

03 접견 중인 수용자가 현금·수표를 주고받으려고 하는 때에는 교도관은 접견을 중지할 수 있다. (○, ×)

03 ○

접견 제한	• 형사 법령에 저촉되는 행위를 할 우려가 있는 때 • 「형사소송법」이나 그 밖의 법률에 따른 접견 금지의 결정이 있는 때 • 수형자의 교화 또는 건전한 사회복귀를 해칠 우려가 있는 때 • 시설의 안전 또는 질서를 해칠 우려가 있는 때
청취 · 기록 녹음 · 녹화	• 범죄의 증거를 인멸하거나 형사 법령에 저촉되는 행위를 할 우려가 있는 때 • 수형자의 교화 또는 건전한 사회복귀를 위하여 필요한 때 • 시설의 안전과 질서유지를 위하여 필요한 때
접견 중지	• 범죄의 증거를 인멸하거나 인멸하려고 하는 때 • 제92조의 금지물품을 주고받거나 주고받으려고 하는 때 • 형사 법령에 저촉되는 행위를 하거나 하려고 하는 때 • 수용자의 처우 또는 교정시설의 운영에 관하여 거짓사실을 유포하는 때 • 수형자의 교화 또는 건전한 사회복귀를 해칠 우려가 있는 행위를 하거나 하려고 하는 때 • 시설의 안전 또는 질서를 해하는 행위를 하거나 하려고 하는 때

⚖ 관련 판례 **교정시설 접견 시 토요일 사전예약제 운영 등 위헌확인**

수형자의 배우자에 대해 인터넷화상접견과 스마트접견을 할 수 있도록 하고 미결수용자의 배우자에 대해서는 이를 허용하지 않는 구 '수용관리 및 계호업무 등에 관한 지침' 제126조 제1항 제1호 중 배우자 부분 및 같은 지침 제133조 중 제126조에 해당하는 민원인 가운데 배우자 부분(이하 '이 사건 지침조항들'이라 한다)이 미결수용자의 배우자인 청구인의 평등권을 침해하는지 여부(소극) - 인터넷화상접견과 스마트접견은 대면 접견 1회로 취급되는데, 미결수용자의 민원인에 대해서는 대면 접견의 기회가 월등히 많이 부여되므로, 새로 도입하는 인터넷화상접견이나 스마트접견을 수형자의 민원인에게 우선적으로 허용하여 줄 필요가 있다. 미결수용자는 수사나 재판 절차가 진행 중이므로 증거인멸 시도 등 접견 제도를 남용할 위험이 수형자에 비해 상대적으로 크고, 미결수용자의 배우자도 거주지 인근 교정시설을 방문하여 그 곳에 설치된 영상통화 설비를 이용하여 실시하는 화상접견은 할 수 있다. 수형자의 배우자와 미결수용자의 배우자 사이에 차별을 둔 데에는 합리적인 이유가 있으므로, 이 사건 지침조항들은 청구인의 평등권을 침해하지 않는다. [헌재 2021.11.25. 2018헌마598]

토요일 접견 제도 및 스마트 접견

1. 2017.11.경 수용자에 대한 토요일 접견 필수 예약제를 도입하였다(미결수용자의 민원인은 주중에 접견하지 않은 사람만 토요일 접견 예약 신청 가능).
2. '화상접견'이라는 명칭으로 1999.경 처음으로 영상통화를 이용한 접견제도를 실시하였다(수용자의 민원인이 자신의 주거지 인근에 있는 교정기관을 방문하여 그곳에 설치된 영상통화 장비를 이용하여 수용자와 영상통화를 하는 방식).
3. 2012.경부터는 수형자의 민원인에 한하여 자신의 가정에서 컴퓨터를 이용하여 수형자와 영상통화를 하는 방식의 '인터넷화상접견' 제도를, 2015.경부터는 수형자의 민원인에 한하여 자신의 스마트폰을 이용하여 수용자와 영상통화를 하는 방식의 '스마트접견' 제도를 각각 추가로 도입하였다.
4. 인터넷화상접견과 스마트접견은 2019.7.15.부터 통합되어 스마트접견으로 일원화되었고, 스마트접견에 대한 녹음, 녹화, 모니터링도 가능하게 되었다.
5. 2021.1.1.부터는 토요일 접견 제도가 개편되어 평일에 접견이 제한된 수형자, 미성년자녀가 있는 수형자, 미성년자녀가 있는 미결수용자에 대해서만 토요일 접견이 실시하였다(수용자 자녀의 인권보호에 초점을 맞추어 수형자와 미결수용자를 불문하고, 평일에 접견을 했는지 여부와도 관계없이 부모인 수용자가 토요일 접견을 통해 자녀와의 관계 회복 및 유지가 가능하도록 하는 것이 주된 취지).

3 편지수수

1 편지수수의 원칙과 편지수수 제한사유

법 제43조【편지수수】 ① 수용자는 다른 사람과 편지*를 주고받을 수 있다(→ 소장의 허가 불요). 다만, 다음 각 호(→ 편지수수 제한사유)의 어느 하나에 해당하는 사유가 있으면 그러하지 아니하다. 24. 교정9
1. 「형사소송법」이나 그 밖의 법률에 따른 편지의 수수 금지 및 **압수**의 결정이 있는 때
2. 수형자의 **교화** 또는 건전한 사회복귀를 해칠 우려가 있는 때
3. **시설**의 안전 또는 질서를 해칠 우려가 있는 때
② 제1항 각 호 외의 부분 본문에도 불구하고 같은 교정시설의 수용자 간에 편지를 주고받으려면 소장의 허가를 받아야 한다. 13. 경채☆

* 종래 '서신'에서 '편지'로 개정되었다.

📰 선생님 TIP

편지수수 제한사유
금/압/교/시

2 금지물품의 확인

법 제43조【편지수수】 ③ 소장은 수용자가 주고받는 편지에 법령에 따라 금지된 물품이 들어 있는지 확인할 수 있다. 20. 승진☆

영 제65조【편지 내용물의 확인】 ① 수용자는 편지를 보내려는 경우 해당 편지를 봉함하여 교정시설에 제출한다. 다만, 소장은 다음 각 호의 어느 하나에 해당하는 경우로서 법 제43조 제3항에 따른 금지물품의 확인을 위하여 필요한 경우에는 편지를 봉함하지 않은 상태로 제출하게 할 수 있다. 18. 승진☆
1. 다음 각 목의 어느 하나에 해당하는 수용자가 **변호인 외의 자**에게 편지를 보내려는 경우
   가. 법 제104조 제1항에 따른 마약류사범·조직폭력사범 등 법무부령으로 정하는 수용자(→ 엄중관리대상자) 18. 승진
   나. 제84조 제2항에 따른 처우등급이 법 제57조 제2항 제4호의 중(重)경비시설 수용대상인 수형자 19. 교정9
2. 수용자가 같은 교정시설에 수용 중인 다른 수용자에게 편지를 보내려는 경우
3. 규율 위반으로 조사 중이거나 징벌집행 중인 수용자가 다른 수용자에게 편지를 보내려는 경우
② 소장은 수용자에게 온 편지에 금지물품이 들어 있는지를 개봉하여 확인할 수 있다. 20. 승진☆

편지수수 규정의 개정

종래 "수용자는 보내려는 서신을 봉함하지 않은 상태로 교정시설에 제출하여야 한다."라고 규정되어 있었으나, 수용자의 통신비밀의 자유를 침해한다는 취지의 위헌결정(2009헌마333)이 있었고, 편지를 봉함하여 교정시설에 제출할 수 있도록 하되, 예외적 사유가 있는 경우에만 봉함하지 않은 상태로 편지를 제출하게 할 수 있도록 개정되었다(영 제65조 제1항).

🔨 관련 판례 | 수용자의 편지수수 관련

수용자가 밖으로 내보내는 모든 편지를 봉함하지 않은 상태로 교정시설에 제출하도록 규정하고 있는 「형의 집행 및 수용자의 처우에 관한 법률 시행령」 제65조 제1항이 청구인의 통신비밀의 자유를 침해하는지 여부(적극) - (중략) 위 시행령 조항이 수용자가 보내려는 모든 서신에 대해 무봉함 상태의 제출을 강제함으로써 수용자의 발송 편지 모두를 사실상 검열 가능한 상태에 놓이도록 하는 것은 기본권 제한의 최소 침해성 요건을 위반하여 수용자인 청구인의 통신비밀의 자유를 침해하는 것이다. [헌재 2012.2.23, 2009헌마333] 22. 교정7☆

─────────────────────────────

교도관이 미결수용자와 변호인 간에 주고받는 서류를 확인하고, 소송관계서류처리부에 그 제목을 기재하여 등재한 행위(이하 '이 사건 서류 확인 및 등재행위'라고 한다)가 변호인의 조력을 받을 권리와 개인정보자기결정권을 침해하는지 여부(소극) - 이 사건 서류 확인 및 등재행위는 구금시설의 안전과 질서를 유지하고, 금지물품이 외부로부터 반입 또는 외부로 반출되는 것을 차단하기 위한 것으로서 그 목적이 정당하고, 변호인 접견 시 수수된 서류에 소송서류 외에 제3자 앞으로 보내는 편지와 같은 서류가 포함되어 있는지 또는 금지물품이 서류 속에 숨겨져 있는지 여부를 확인하고 이를 기록하는 것은 위 목적 달성에 적절한 수단이다. 서류확인 및 등재는 변호인 접견이 종료된 뒤 이루어지고, 교도관은 변호인과 미결수용자가 지켜보는 가운데 서류를 확인하여 그 제목 등을 소송관계처리부에 기재하여 등재하므로 내용에 대한 검열이 이루어질 수도 없는 점에 비추어 보면 침해의 최소성 요건을 갖추었고, 달성하고자 하는 공익과 제한되는 청구인의 사익 간에 불균형이 발생한다고 볼 수 없으므로 법익의 균형성도 갖추었다. 따라서 이 사건 서류 확인 및 등재행위는 청구인의 변호인의 조력을 받을 권리를 침해한다고 할 수 없다. 구치소장은 청구인이 변호인에게 준 소송서류를 확인한 뒤 '발송일자, 서류의 제목, 수령자' 등의 정보를 수집 및 보관해 오고 있고, 이는 청구인이 어느 시점에 어떤 종류의 소송을 수행하고 있는지를 알려주는 정보들이기는 하나, 교도관은 수수한 서류의 내용을 확인하거나 검열을 하는 것이 아니라 단지 소송서류인지 여부만을 확인하고 있고 등재하는 내용도 서류의 제목에 불과하여 내용적 정보가 아니라 소송서류와 관련된 외형적이고 형식적인 사항들로서 개인의 인격과 접하게 연관된 민감한 정보라고 보기도 어렵다고 할 것이므로, 이는 구금시설의 안전과 질서를 유지하기 위하여 필요한 범위 내의 제한이다. 따라서 이 사건 서류확인 및 등재행위는 청구인의 개인정보자기결정권을 침해하지 아니한다. [헌재 2016.4.28, 2015헌마243] 18. 승진

─────────────────────────────

형의 집행 및 수용자의 처우에 관한 법률 시행령 제65조 제2항 위헌확인 등

[1] 미결수용자와 같은 지위에 있는 수형자가 발송하려고 제출한 서신을 교도소장이 서신 제출일 16:00에 일괄 수리하여 그 다음 날에 발송한 행위(이하 '이 사건 서신익일발송 행위'라 한다)에 관한 심판청구가 권리보호이익 요건을 충족하는지 여부(소극) - 교도소 내 미결수용자에 대한 서신의 발송 및 교부가 어느 정도 지연되었다고 하더라도 이는 교도소 내의 서신발송과 교부 등 업무처리과정에서 불가피하게 소요되는 정도에 불과할 뿐 교도소장이 고의로 발송이나 교부를 지연시킨 것이라거나 또는 업무를 태만히 한 것이라고 볼 수 없으므로, 그로 인하여 수용자의 통신비밀의 자유 및 변호인의 조력을 받을 권리가 침해되었다고 할 수 없다.

[2] 교도소장이 금지물품 동봉 여부를 확인하기 위하여 미결수용자와 같은 지위에 있는 수형자의 변호인이 위 수형자에게 보낸 서신을 개봉한 후 교부한 행위(이하 '이 사건 서신개봉행위'라 한다)가 위 수형자가 변호인의 조력을 받을 권리를 침해하는지 여부(소극) – 수용자에게 변호인이 보낸 형사소송관련 서신이라는 이유만으로 금지물품 확인 과정 없어 서신이 무분별하게 교정시설 내에 들어오게 된다면, 이를 악용하여 마약·담배 등 금지물품의 반입 등이 이루어질 가능성을 배제하기 어렵다. 금지물품을 확인할 뿐 변호인이 보낸 서신 내용의 열람·지득 등 검열을 하는 것이 아니어서, 이 사건 서신개봉행위로 인하여 미결수용자와 같은 지위에 있는 수형자가 새로운 형사사건 및 형사재판에서 방어권행사에 불이익이 있었다거나 그 불이익이 예상된다고 보기도 어렵다. (중략) 이 사건 서신개봉행위와 같이 금지물품이 들어 있는지를 확인하기 위하여 서신을 개봉하는 것만으로는 미결수용자와 같은 지위에 있는 수형자가 변호인의 조력을 받을 권리를 침해하지 아니한다.
[헌재 2021. 10.28. 2019헌마973]

3 무검열의 원칙과 예외적 검열사유

법 제43조 【편지수수】 ④ 수용자가 주고받는 편지의 내용은 검열받지 아니한다. 다만, 다음 각 호(→ 예외적 편지검열사유)의 어느 하나에 해당하는 사유가 있으면 그러하지 아니하다. 19. 승진☆

1. 편지의 **상**대방이 누구인지 확인할 수 없는 때
2. 「형사소송법」이나 그 밖의 법률에 따른 편지**검**열의 결정이 있는 때
3. 제1항 제2호 또는 제3호(→ 수형자의 교화 또는 건전한 사회복귀를 해칠 우려가 있는 때, 시설의 안전 또는 질서를 해칠 우려가 있는 때)에 해당하는 **내**용이나 형사 법령에 저촉되는 **내**용이 기재되어 있다고 의심할 만한 상당한 이유가 있는 때
4. 대통령령(→ 영 제66조 제1항)으로 정하는 수용자 **간**의 편지인 때

영 제66조 【편지내용의 검열】 ① 소장은 법 제43조 제4항 제4호에 따라 다음 각 호의 어느 하나에 해당하는 수용자가 다른 수용자와 편지를 주고받는 때에는 그 내용을 검열할 수 있다. 24. 교정9☆

1. 법 제104조 제1항에 따른 마약류사범·조직폭력사범 등 법무부령(→ 규칙 제194조)으로 정하는 수용자(→ 엄중관리 대상자)인 때
2. 편지를 주고받으려는 수용자와 같은(→ 同) 교정시설에 수용 중인 때
3. 규율 위반으로 조사 중이거나 징벌집행 중인 때
4. 범죄의 증거를 인멸할 우려가 있는 때

② 수용자 간에 오가는 편지에 대한 제1항의 검열은 편지를 보내는 교정시설에서 한다. 다만, 특히 필요하다고 인정되는 경우에는 편지를 받는 교정시설에서도 할 수 있다. 20. 승진☆

③ 소장은 수용자가 주고받는 편지가 법 제43조 제4항 각 호(→ 예외적 검열사유)의 어느 하나에 해당하면 이를 개봉한 후 검열할 수 있다. 20. 승진

🅵🄰 선생님 TIP

예외적 편지검열사유
상/검/내/간

편지검열

시행령 제66조 제3항부터 제5항까지가 신설되어 편지내용의 검열절차를 명확히 규정하였다.

④ 소장은 제3항에 따라 검열한 결과 편지의 내용이 법 제43조 제5항의 발신 또는 수신 금지사유에 해당하지 아니하면 발신편지는 봉함한 후 발송하고, 수신편지는 수용자에게 건네준다.

⑤ 소장은 편지의 내용을 검열했을 때에는 그 사실을 해당 수용자에게 지체 없이 알려주어야 한다.

4 발신 또는 수신의 금지, 기타 관련 규정

법 제43조【편지수수】 ⑤ 소장은 제3항 또는 제4항 단서에 따라 확인 또는 검열한 결과 수용자의 편지에 법령으로 **금지된 물품**이 들어 있거나 **편지의 내용**이 다음 각 호의 어느 하나에 해당하면 발신 또는 수신을 금지할 수 있다. 19. 승진

1. 암호 · 기호 등 이해할 수 없는 **특수문자**로 작성되어 있는 때
2. 범죄의 **증**거를 인멸할 우려가 있는 때 18. 승진
3. 형사 법령에 **저**촉되는 내용이 기재되어 있는 때
4. 수용자의 처우 또는 교정시설의 운영에 관하여 **명**백한 거짓사실을 포함하고 있는 때
5. **사**생활의 비밀 또는 자유를 침해할 우려가 있는 때
6. 수형자의 **교**화 또는 건전한 사회복귀를 해칠 우려가 있는 때
7. **시**설의 안전 또는 질서를 해칠 우려가 있는 때

⑥ 소장이 편지를 발송하거나 내어주는 경우에는 신속히 하여야 한다.

⑦ 소장은 제1항 단서 또는 제5항에 따라 발신 또는 수신이 금지된 편지는 그 구체적인 사유를 서면으로 작성해 관리하고, 수용자에게 그 사유를 알린 후 교정시설에 보관한다. 다만, 수용자가 동의하면 폐기할 수 있다. 19. 교정9

⑧ 편지발송의 횟수, 편지내용물의 확인방법 및 편지내용의 검열절차 등에 관하여 필요한 사항은 대통령령으로 정한다.

영 제64조【편지수수의 횟수】 수용자가 보내거나 받는 편지는 법령에 어긋나지 않으면 횟수를 제한하지 않는다. 24. 교정9☆

영 제67조【관계기관 송부문서】 소장은 법원 · 경찰관서, 그 밖의 관계기관에서 수용자에게 보내온 문서는 다른 법령에 특별한 규정이 없으면 열람한 후 본인에게 전달하여야 한다. 24. 교정9☆

영 제68조【편지 등의 대서】 소장은 수용자가 편지, 소송서류, 그 밖의 문서를 스스로 작성할 수 없어 대신 써 달라고 요청하는 경우에는 교도관이 대신 쓰게 할 수 있다.

영 제69조【편지 등 발송비용의 부담】 수용자의 편지, 소송서류, 그 밖의 문서를 보내는 경우에 드는 비용은 수용자가 부담한다. 다만, 소장은 수용자가 그 비용을 부담할 수 없는 경우에는 예산의 범위에서 해당 비용을 부담할 수 있다. 13. 교정7☆

⚖ 관련 판례 | 수용자 서신 개봉·열람 행위 위헌확인

[1] 피청구인 교도소장이 청구인에게 온 서신을 개봉한 행위가 청구인의 통신의 자유를 침해하는지 여부(소극) – 개봉하는 발신자나 수용자를 한정하거나 엑스레이 기기 등으로 확인하는 방법 등으로는 금지물품 동봉 여부를 정확하게 확인하기 어려워, 입법목적을 같은 정도로 달성하면서, 소장이 서신을 개봉하여 육안으로 확인하는 것보다 덜 침해적인 수단이 있다고 보기 어렵다. 또한 서신을 개봉하더라도 그 내용에 대한 검열은 원칙적으로 금지된다. 따라서 서신개봉행위는 청구인의 통신의 자유를 침해하지 아니한다.

[2] 피청구인 교도소장이 법원, 검찰청 등이 청구인에게 보낸 문서를 열람한 행위가 청구인의 통신의 자유를 침해하는지 여부(소극) – 피청구인의 문서열람행위는 형집행법 시행령 제67조에 근거하여 법원 등 관계기관이 수용자에게 보내온 문서를 열람한 행위로서, 문서 전달 업무에 정확성을 기하고 수용자의 편의를 도모하며 법령상의 기간준수 여부 확인을 위한 공적 자료를 마련하기 위한 것이다. 수용자 스스로 고지하도록 하거나 특별히 엄중한 계호를 요하는 수용자에 한하여 열람하는 등의 방법으로는 목적 달성에 충분하지 않고, 다른 법령에 따라 열람이 금지된 문서는 열람할 수 없으며, 열람한 후에는 본인에게 신속히 전달하여야 하므로, 문서열람행위는 청구인의 통신의 자유를 침해하지 아니한다. [헌재 2021.9.30. 2019헌마919]

4 전화통화

1 전화통화의 원칙과 전화통화 불허사유

법 제44조【전화통화】① 수용자는 소장의 허가를 받아 교정시설의 외부에 있는 사람과 전화통화를 할 수 있다. 10. 특채

규칙 제25조【전화통화의 허가】① 소장은 전화통화(발신하는 것만을 말한다. 이하 같다)를 신청한 수용자에 대하여 다음 각 호(→ 전화통화 불허사유)의 어느 하나에 해당하는 사유가 없으면 전화통화를 허가할 수 있다. 다만, 미결수용자에게 전화통화를 허가할 경우 그 허용횟수는 월 2회 이내로 한다. 〈개정 2024.2.8.〉 12. 교정9☆

1. 범죄의 **증**거를 인멸할 우려가 있을 때
2. 형사법령에 **저**촉되는 행위를 할 우려가 있을 때
3. 「형사소송법」 제91조 및 같은 법 제209조에 따라 접견·편지수수 **금**지결정을 하였을 때
4. 교정**시**설의 안전 또는 질서를 해칠 우려가 있을 때
5. 수형자의 **교**화 또는 건전한 사회복귀를 해칠 우려가 있을 때

② 소장은 제1항에 따른 허가를 하기 전에 전화번호와 수신자(수용자와 통화할 상대방을 말한다. 이하 같다)를 확인하여야 한다. 이 경우 수신자에게 제1항 각 호에 해당하는 사유(→ 전화통화 불허사유)가 있으면 제1항의 허가를 아니 할 수 있다.

📋 선생님 TIP

전화통화 불허사유
증/저/금/교/시

③ 전화통화의 통화시간은 특별한 사정이 없으면 <u>5분(← 3분)</u> 이내로 한다. 〈개정 2024.2.8.〉 20. 승진

규칙 제90조【전화통화의 허용 횟수】 ① 수형자의 <u>경비처우급별 전화통화의 허용 횟수</u>는 다음 각 호와 같다. 〈개정 2024.2.8.〉 24. 교정9☆
1. 개방처우급: <u>월 20회(← 5회) 이내</u>
2. 완화경비처우급: <u>월 10회(← 3회) 이내</u>
3. 일반경비처우급: <u>월 5회 이내</u>
4. 중(重)경비처우급: <u>처우상 특히 필요한 경우 월 2회 이내</u>

② 소장은 제1항에도 불구하고 <u>처우상 특히 필요한 경우</u>에는 <u>개방처우급·완화경비처우급·일반경비처우급(← 개방처우급·완화경비처우급)</u> 수형자의 전화통화 허용 횟수를 늘릴 수 있다. 〈개정 2024.2.8.〉

③ 제1항 각 호의 경우 전화통화는 <u>1일 1회만 허용</u>한다. 다만, 처우상 특히 필요한 경우에는 그러하지 아니하다.

규칙 제156조【전화통화】 소장은 <u>사형확정자</u>의 심리적 안정과 원만한 수용생활을 위하여 필요하다고 인정하는 경우에는 <u>월 3회 이내</u>의 범위에서 <u>전화통화를 허가할 수 있다.</u>

2 통화내용의 청취 또는 녹음

법 제44조【전화통화】 ② 제1항에 따른 허가에는 <u>통화내용의 청취 또는 녹음을 조건으로 붙일 수 있다.</u> 19. 교정9☆

④ 제2항에 따라 통화내용을 청취 또는 녹음하려면 <u>사전</u>에 수용자 및 상대방에게 그 사실을 알려 주어야 한다.

규칙 제28조【통화내용의 청취·녹음】 ① 소장은 제25조 제1항 각 호의 어느 하나(→ <u>전화통화 불허사유</u>)에 해당하지 아니한다고 명백히 인정되는 경우가 아니면 통화내용을 청취하거나 녹음한다.

② 제1항의 녹음기록물은 「공공기록물 관리에 관한 법률」에 따라 관리하고, 특히 녹음기록물이 손상되지 아니하도록 유의해서 보존하여야 한다.

③ 소장은 제1항의 녹음기록물에 대한 보호·관리를 위해 <u>전화통화정보 취급자를 지정</u>해야 하고, 전화통화정보 취급자는 직무상 알게 된 전화통화정보를 누설 또는 권한 없이 처리하거나 다른 사람이 이용하도록 제공하는 등 부당한 목적으로 사용해서는 안 된다. 〈개정 2024.2.8.〉

④ 전화통화 녹음기록물을 관계기관에 제공하는 경우에는 영 제62조 제4항 및 제5항(→ 접견기록물의 제공)을 준용한다. 〈개정 2024.2.8.〉

3 전화통화의 중지 및 허가 취소, 기타 관련 규정

📖 선생님 TIP

전화통화 중지사유(= 접견 중지사유)
증/저/거/물/교/시

법 제44조 【전화통화】 ③ 제42조(→ 접견의 중지 등)는 수용자의 전화통화에 관하여 준용한다.

규칙 제27조 【통화허가의 취소】 소장은 다음 각 호의 어느 하나에 해당할 때에는 전화통화의 허가를 취소할 수 있다. 20. 승진
1. 수용자 또는 수신자가 전화통화 내용의 청취·녹음에 동의하지 아니할 때
2. 수신자가 수용자와의 관계 등에 대한 확인 요청에 따르지 아니하거나 거짓으로 대답할 때
3. 전화통화 허가 후 제25조 제1항 각 호의 어느 하나(→ 전화통화 불허사유)에 해당되는 사유가 발견되거나 발생하였을 때

법 제44조 【전화통화】 ⑤ 전화통화의 허가 범위, 통화내용의 청취·녹음 등에 관하여 필요한 사항은 법무부령으로 정한다. 11. 특채

영 제70조 【전화통화】 수용자의 전화통화에 관하여는 제60조(→ 접견 시 외국어 사용) 제1항 및 제63조(→ 접견 중지사유의 고지)를 준용한다.

영 제71조 【참고사항의 기록】 교도관은 수용자의 접견, 편지수수, 전화통화 등의 과정에서 수용자의 처우에 특히 참고할 사항을 알게 된 경우에는 그 요지를 수용기록부에 기록하여야 한다. 20. 승진

규칙 제26조 【전화이용시간】 ① 수용자의 전화통화는 매일(공휴일 및 법무부장관이 정한 날은 제외한다) 「국가공무원 복무규정」 제9조에 따른 근무시간 내에서 실시한다. 20. 승진
② 소장은 제1항에도 불구하고 평일에 전화를 이용하기 곤란한 특별한 사유가 있는 수용자에 대해서는 전화이용시간을 따로 정할 수 있다. 20. 승진

규칙 제29조 【통화요금의 부담】 ① 수용자의 전화통화요금은 수용자가 부담한다. 20. 승진☆
② 소장은 교정 성적이 양호한 수형자 또는 보관금이 없는 수용자 등에 대하여는 제1항에도 불구하고 예산의 범위에서 요금을 부담할 수 있다. 20. 승진

규칙 제29조의2 【세부사항】 이 규칙에서 정한 사항 외에 전화통화의 허가범위, 통화내용의 청취·녹음 등에 필요한 세부사항은 법무부장관이 정한다.
[본조신설 2024.2.8.] ※ 종전 제29조의2는 제29조의3으로 이동

★핵심 POINT | 접견 제한사유, 편지수수 제한사유, 전화통화 불허사유의 비교 11. 특채

접견 제한사유 (법 제41조 제1항)	• 형사 법령에 저촉되는 행위를 할 우려가 있는 때 • 접견 금지의 결정이 있는 때 • 수형자의 교화 또는 건전한 사회복귀를 해칠 우려가 있는 때 • 시설의 안전 또는 질서를 해칠 우려가 있는 때
편지수수 제한사유 (법 제43조 제1항)	• 편지의 수수 금지 및 압수의 결정이 있는 때 • 수형자의 교화 또는 건전한 사회복귀를 해칠 우려가 있는 때 • 시설의 안전 또는 질서를 해칠 우려가 있는 때
전화통화 불허사유 (규칙 제25조 제1항)	• 범죄의 증거를 인멸할 우려가 있을 때 • 형사법령에 저촉되는 행위를 할 우려가 있을 때 • 접견·편지수수 금지결정을 하였을 때 • 교정시설의 안전 또는 질서를 해칠 우려가 있을 때 • 수형자의 교화 또는 건전한 사회복귀를 해칠 우려가 있을 때

01 형사사건으로 수사나 재판을 받고 있는 수형자가 변호인과 접견하는 경우에는 접촉차단시설이 설치되지 아니한 장소에서 접견하게 하여야 한다. 22. 교정7 ( )

02 수용자가 소송사건의 대리인인 변호사와 접견하는 경우로서 교정시설의 안전 또는 질서를 해칠 우려가 없는 경우에는 접촉차단시설이 설치되지 아니한 장소에서 접견하게 한다. 21. 교정9 ( )

03 수용자가 미성년자인 자녀와 접견하는 경우에는 접촉차단시설이 설치되지 아니한 장소에서 접견하게 할 수 있다. 21. 교정9 ( )

04 소장은 범죄의 증거를 인멸하거나 형사 법령에 저촉되는 행위를 할 우려가 있는 때에는 교도관으로 하여금 수용자의 접견내용을 청취 · 기록 · 녹음 또는 녹화하게 할 수 있다. 21. 교정9 ( )

05 형의 집행 및 수용자의 처우에 관한 법령상 ㉠ 수용자의 처우 또는 교정시설의 운영에 관하여 거짓사실을 유포하는 때, ㉡ 시설의 안전과 질서유지를 위하여 필요한 때에는 소장이 교도관으로 하여금 수용자의 접견내용을 청취 · 기록 · 녹음 또는 녹화하게 할 수 있다. 20. 교정9 ( )

06 수형자의 접견시간은 30분 이내로 하지만, 소장은 수형자가 19세 미만임을 이유로 접견시간을 연장할 수 있다. 22. 교정7 ( )

07 수형자의 접견 횟수는 매월 4회이지만 소송사건의 대리인인 변호사와 수형자의 접견은 여기에 포함되지 아니한다. 22. 교정7   (   )

08 수용자가 「형사소송법」에 따른 상소권회복 또는 재심 청구사건의 대리인이 되려는 변호사와 접견할 수 있는 횟수는 월 4회이다. 21. 교정9   (   )

09 외국인인 수형자는 국어로 의사소통이 곤란한 사정이 없더라도 접견 시 접견내용이 청취, 녹음, 녹화될 때에는 외국어를 사용할 수 있다. 22. 교정7   (   )

10 외국 국적의 여성인 신입수용자 A와 교정시설 외부의 사람이 접견하는 경우에 접견내용이 청취 · 녹음 또는 녹화될 때, A가 국어로 의사소통하기 곤란한 사정이 있는 경우에는 외국어를 사용할 수 있다. 23. 교정7   (   )

11 수용자는 시설의 안전 또는 질서를 해칠 우려가 있는 때에는 다른 사람과 편지를 주고받을 수 없다. 24. 교정9   (   )

12 수용자가 보내거나 받는 편지는 법령에 어긋나지 않으면 횟수를 제한하지 않는다. 24. 교정9   (   )

13 소장은 수용자에게 온 편지에 금지물품이 들어있는지 확인할 필요성이 있는 경우 개봉하지 않은 상태에서 X-ray 투시기 등으로 외피검사만 할 수 있다. 20. 승진   (   )

정답

07 ○ 영 제58조 제3항, 영 제59조의2 제2항

08 × 수용자가 소송사건의 대리인인 변호사와 접견할 수 있는 횟수가 월 4회이고, 상소권회복 또는 재심 청구사건의 대리인이 되려는 변호사와 접견할 수 있는 횟수는 '사건 당 2회'이다(영 제59조의2 제2항 제2호).

09 × 수용자와 교정시설 외부의 사람이 접견하는 경우에 접견내용이 청취 · 녹음 또는 녹화될 때에는 외국어를 사용해서는 아니 됨이 원칙이고, '국어로 의사소통하기 곤란한 사정이 있는 경우에는 외국어를 사용'할 수 있으므로(영 제60조 제항 참조), 외국인인 수형자라도 국어로 의사소통이 곤란한 사정이 없다면 접견시 접견내용이 청취, 녹음, 녹화될 때에는 외국어를 사용할 수 없다.

10 ○ 영 제60조 제1항

11 ○ 법 제43조 제1항 제3호

12 ○ 영 제64조

13 × 개봉하여 확인할 수 있다(영 제65조 제2항).

14 소장은 규율위반으로 징벌집행 중인 수용자가 다른 수용자와 편지를 주고받는 때에는 그 내용을 검열하여야 한다.
24. 교정9 ( )

15 수용자 간에 오가는 편지에 대한 검열은 편지를 받는 교정시설에서 한다. 다만, 특히 필요하다고 인정되는 경우에는 편지를 보내는 교정시설에서도 할 수 있다. 20. 승진 ( )

16 소장은 수용자가 주고받는 편지에 법령에 따라 금지된 물품이 들어 있는지 확인할 수 있으며, 확인한 결과 법령으로 금지된 물품이 들어 있으면 편지의 내용과 상관없이 발신 또는 수신을 금지할 수 있다. 20. 승진 ( )

17 소장은 법원·경찰관서, 그 밖의 관계기관에서 수용자에게 보내온 문서는 다른 법령에 특별한 규정이 없으면 열람한 후 본인에게 전달하여야 한다. 24. 교정9 ( )

18 중(重)경비처우급 수형자에 대해서는 교화 및 처우상 특히 필요한 경우 전화통화를 월 2회 이내 허용할 수 있다.
24. 교정9 ( )

19 수용자의 전화통화는 매일(공휴일 및 법무부장관이 정한 날은 제외한다)「국가공무원 복무규정」제9조에 따른 근무시간 내에서 실시하되, 소장은 평일에 전화를 이용하기 곤란한 특별한 사유가 있는 수용자에 대해서는 전화이용시간을 따로 정할 수 있다. 20. 승진 ( )

20 교도관은 수용자의 접견, 편지수수, 전화통화 등의 과정에서 수용자의 처우에 특히 참고할 사항을 알게 된 경우에는 그 요지를 수용기록부에 기록해야 한다. 20. 승진 ( )

정답

14 ✕ 그 내용을 '검열'할 수 있다(영 제66조 제1항 제3호).

15 ✕ 수용자 간에 오가는 편지에 대한 검열은 '편지를 보내는 교정시설'에서 한다. 다만, 특히 필요하다고 인정되는 경우에는 '편지를 받는 교정시설'에서도 할 수 있다(영 제66조 제2항).

16 ○ 법 제43조 제3항·제5항

17 ○ 영 제67조

18 ✕ '처우'상 특히 필요한 경우 전화통화를 월 2회 이내 허용할 수 있다(규칙 제90조 제1항 제4호).

19 ○ 규칙 제26조 제1항·제2항

20 ○ 영 제71조

05 종교와 문화, 특별한 보호

1 종교

1 의의

사회로부터 격리된 수용자의 심적 안정과 자기반성을 위하여 종교행사와 종교상담 등의 보장은 중요한 교정교화의 요소이다.

2 종교행사, 종교상담 등

1. 종교행사 등의 원칙

> 법 제45조【종교행사의 참석 등】① 수용자는 교정시설의 안에서 실시하는 종교의식 또는 행사에 참석할 수 있으며, 개별적인 종교상담을 받을 수 있다.
> ② 수용자는 자신의 신앙생활에 필요한 책이나 물품을 지닐 수 있다.
> ③ 소장은 다음 각 호의 어느 하나에 해당하는 사유가 있으면 제1항(→ 교정시설 안에서 실시하는 종교의식 또는 행사에 참석, 개별적인 종교상담) 및 제2항(→ 신앙생활에 필요한 서적이나 물품을 소지)에서 규정하고 있는 사항을 제한할 수 있다. 13. 경채
> 1. 수형자의 교화 또는 건전한 사회복귀를 위하여 필요한 때
> 2. 시설의 안전과 질서유지를 위하여 필요한 때
> ④ 종교행사의 종류·참석대상·방법, 종교상담의 대상·방법 및 종교도서·물품을 지닐 수 있는 범위 등에 관하여 필요한 사항은 법무부령으로 정한다.

2. 종교행사의 종류와 방법

> 규칙 제30조【종교행사의 종류】「형의 집행 및 수용자의 처우에 관한 법률」(이하 '법'이라 한다) 제45조에 따른 종교행사의 종류는 다음 각 호와 같다.
> 1. 종교집회: 예배·법회·미사 등
> 2. 종교의식: 세례·수계·영세 등
> 3. 교리 교육 및 상담
> 4. 그 밖에 법무부장관이 정하는 종교행사
> 규칙 제31조【종교행사의 방법】① 소장은 교정시설의 안전과 질서를 해치지 아니하는 범위에서 종교단체 또는 종교인이 주재하는 종교행사를 실시한다. 12. 교정9
> ② 소장은 종교행사를 위하여 각 종교별 성상·성물·성화·성구가 구비된 종교상담실·교리교육실 등을 설치할 수 있으며, 특정 종교행사를 위하여 임시행사장을 설치하는 경우에는 성상 등을 임시로 둘 수 있다.

3. 종교행사 참석의 제한

> **규칙 제32조【종교행사의 참석 대상】** 수용자는 자신이 신봉하는 종교행사에 참석할 수 있다. 다만, 소장은 다음 각 호의 어느 하나에 해당할 때에는 수용자의 종교행사 참석을 제한할 수 있다. 13. 경채☆
> 1. 종교행사용 시설의 부족 등 여건이 충분하지 아니할 때
> 2. 수용자가 종교행사 장소를 허가 없이 벗어나거나 다른 사람과 연락을 할 때
> 3. 수용자가 계속 큰 소리를 내거나 시끄럽게 하여 종교행사를 방해할 때
> 4. 수용자가 전도를 핑계삼아 다른 수용자의 평온한 신앙생활을 방해할 때
> 5. 그 밖에 다른 법령에 따라 공동행사의 참석이 제한될 때

🔨 관련 판례 | **수용자에 대한 종교행사 참석 제한**

피청구인인 대구구치소장이 2009.6.1.부터 2009.10.8.까지 대구구치소 내에서 실시하는 종교의식 또는 행사에 미결수용자인 청구인의 참석을 금지한 행위가 청구인의 종교의 자유를 침해하였는지 여부(적극) – 「형의 집행 및 수용자의 처우에 관한 법률」 제45조는 종교행사 등에의 참석 대상을 '수용자'로 규정하고 있어 수형자와 미결수용자를 구분하고 있지도 아니하고, 무죄추정의 원칙이 적용되는 미결수용자들에 대한 기본권 제한은 징역형 등의 선고를 받아 그 형이 확정된 수형자의 경우보다는 더 완화되어야 할 것임에도, 피청구인이 수용자 중 미결수용자에 대하여만 일률적으로 종교행사 등에의 참석을 불허한 것은 미결수용자의 종교의 자유를 나머지 수용자의 종교의 자유보다 더욱 엄격하게 제한한 것이다. 나아가 공범 등이 없는 경우 내지 공범 등이 있는 경우라도 공범이나 동일사건 관련자를 분리하여 종교행사 등에의 참석을 허용하는 등의 방법으로 미결수용자의 기본권을 덜 침해하는 수단이 존재함에도 불구하고 이를 전혀 고려하지 아니하였으므로 이 사건 종교행사 등 참석불허 처우는 침해의 최소성 요건을 충족하였다고 보기 어렵다. (중략) 따라서 이 사건 종교행사 등 참석불허 처우는 과잉금지원칙을 위반하여 청구인의 종교의 자유를 침해하였다. [헌재 2011.12.29, 2009헌마527]

⋯⋯

피청구인인 부산구치소장이 미결수용자의 신분으로 부산구치소에 수용되었던 기간 중 청구인의 조사수용 내지 징벌(금치)집행 중이었던 기간을 제외한 기간 및 미지정 수형자(추가 사건이 진행 중인 자 등)의 신분으로 수용되어 있던 기간 동안, 교정시설 안에서 매주 화요일에 실시하는 종교집회 참석을 제한한 행위(이하 '이 사건 종교집회 참석 제한 처우'라 한다)가 청구인의 종교의 자유를 침해하였는지 여부(적극) – 피청구인은 출력수(작업에 종사하는 수형자)를 대상으로 원칙적으로 월 3~4회의 종교집회를 실시하는 반면, 미결수용자와 미지정 수형자에 대해서는 원칙적으로 매월 1회, 그것도 공간의 협소함과 관리 인력의 부족을 이유로 수용동별로 돌아가며 종교집회를 실시하여 실제 연간 1회 정도의 종교집회 참석 기회를 부여하고 있다. 이는 미결수용자 및 미지정 수형자의 구금기간을 고려하면 사실상 종교집회 참석 기회가 거의 보장되지 않는 결과를 초래할 수도 있다. (중략) 따라서 이 사건 종교집회 참석 제한 처우는 부산구치소의 열악한 시설을 감안하더라도 과잉금지 원칙을 위반하여 청구인의 종교의 자유를 침해한 것이다. [헌재 2014.6.26, 2012헌마782]

피청구인 ○○구치소장이 2012.12.21.부터 2013.4.5.까지 ○○구치소 내 미결수용자를 대상으로 한 개신교 종교행사를 4주에 1회, 일요일이 아닌 요일에 실시한 행위(이하 '이 사건 종교행사처우'라 한다)가 청구인의 종교의 자유를 침해하는지 여부(소극) - ○○구 치소에 종교행사 공간이 1개뿐이고, 종교행사는 종교, 수형자와 미결수용자, 성별, 수용동별로 진행되며, 미결수용자는 공범이나 동일사건 관련자가 있는 경우 이를 분리 하여 참석하게 해야 하는 점을 고려하면 피청구인이 미결수용자 대상 종교행사를 4주 에 1회 실시했더라도 종교의 자유를 과도하게 제한하였다고 보기 어렵고, 구치소의 인적·물적 여건상 하루에 여러 종교행사를 동시에 하기 어려우며, 개신교의 경우에 만 그 교리에 따라 일요일에 종교행사를 허용할 경우 다른 종교와의 형평에 맞지 않 고, 공휴일인 일요일에 종교행사를 할 행정적 여건도 마련되어 있지 않다는 점을 고려 하면, 이 사건 종교행사처우는 청구인의 종교의 자유를 침해하지 않는다. [헌재 2015.4. 30, 2013헌마190]

4. 종교상담 등

규칙 제33조【종교상담】소장은 수용자가 종교상담을 신청하거나 수용자에게 종교상담이 필요한 경우에는 해당 종교를 신봉하는 교도관 또는 교정참여인사(법 제130조의 교정위원, 그 밖에 교정행정에 참여하는 사회 각 분야의 사람 중 학식과 경험이 풍부한 사람을 말한다)로 하여금 상담하게 할 수 있다.

규칙 제34조【종교물품 등을 지닐 수 있는 범위】① 소장은 수용자의 신앙생활에 필요하다고 인정하는 경우에는 외부에서 제작된 휴대용 종교도서 및 성물을 수용자가 지니게 할 수 있다. 20. 교정7☆
② 소장이 수용자에게 제1항의 종교도서 및 성물을 지니는 것을 허가하는 경우에는 그 재질·수량·규격·형태 등을 고려해야 하며, 다른 수용자의 수용생활을 방해하지 않도록 해야 한다.

2 문화

1 의의

사회와 격리된 수용자들에게 문화적 활동을 보장하는 것은 건전한 사회인의 생활 양식을 형성하기 위한 활동으로 중요하다.

2 도서비치 및 이용. 신문 등의 구독

1. 도서비치 및 이용

> 법 제46조 【도서비치 및 이용】 소장은 <u>수용자의 지식함양 및 교양습득에 필요한 도서</u>를 비치하고 수용자가 이용할 수 있도록 하여야 한다. 17. 교정9
>
> 영 제72조 【비치도서의 이용】 ① 소장은 수용자가 쉽게 이용할 수 있도록 <u>비치도서의 목록을 정기적으로 공개</u>하여야 한다.
> ② 비치도서의 열람방법, 열람기간 등에 관하여 필요한 사항은 법무부장관이 정한다.

2. 신문 등의 구독

> 법 제47조 【신문 등의 구독】 ① <u>수용자는 자신의 비용</u>으로 신문·잡지 또는 도서(이하 '신문 등'이라 한다)의 구독을 신청할 수 있다. 17. 교정9
> ② 소장은 제1항에 따라 구독을 신청한 신문 등이 「출판문화산업 진흥법」에 따른 <u>유해간행물인 경우를 제외</u>하고는 <u>구독을 허가하여야</u> 한다. 20. 승진☆
> ③ 제1항에 따라 구독을 신청할 수 있는 신문 등의 범위 및 수량은 <u>법무부령</u>으로 정한다.
>
> 규칙 제35조 【구독신청 수량】 법 제47조에 따라 수용자가 구독을 신청할 수 있는 신문·잡지 또는 도서(이하 이 절에서 '신문 등'이라 한다)는 교정시설의 보관 범위 및 수용자가 지닐 수 있는 범위를 벗어나지 않는 범위에서 <u>신문은 월 3종 이내로, 도서(잡지를 포함한다)는 월 10권 이내</u>로 한다. 다만, 소장은 수용자의 지식함양 및 교양습득에 특히 필요하다고 인정하는 경우에는 신문 등의 <u>신청 수량을 늘릴 수 있다</u>. 20. 교정7☆
>
> 규칙 제36조 【구독허가의 취소 등】 ① 소장은 신문 등을 구독하는 수용자가 다음 각 호의 어느 하나에 해당하는 사유가 있으면 <u>구독의 허가를 취소할 수 있다</u>.
> 1. 허가 없이 다른 거실 수용자와 신문 등을 주고받을 때
> 2. 그 밖에 법무부장관이 정하는 신문 등과 관련된 지켜야 할 사항을 위반하였을 때
> ② 소장은 <u>소유자가 분명하지 아니한 도서를 회수하여 비치도서로 전환</u>하거나 폐기할 수 있다.

관련 판례   도서비치 및 이용, 신문 등의 구독 관련

일간지구독 금지처분 등 위헌확인

[1] 수용소에서의 신문구독이 알 권리의 보호영역에 포함되는지 여부(적극) − 미결수용자에게 자비(自費)로 신문을 구독할 수 있도록 한 것은 일반적으로 접근할 수 있는 정보에 대한 능동적 접근에 관한 개인의 행동으로서 이는 알 권리의 행사이다.

[2] 교화상 또는 구금 목적에 특히 부적당하다고 인정되는 기사, 조직범죄 등 수용자 관련 범죄기사에 대해 신문을 삭제한 후 수용자에게 구독하게 한 행위가 알 권리의 과잉침해에 해당하지 않는다고 한 사례 − 교화상 또는 구금 목적에 특히 부적당하다고 인정되는 기사, 조직범죄 등 수용자 관련 범죄기사에 대한 신문기사 삭제행위는 구치소 내 질서유지와 보안을 위한 것으로, (중략) 이 사건 신문기사의 삭제 내용은 그러한 범위 내에 그치고 있을 뿐 신문기사 중 주요기사 대부분이 삭제된 바 없음이 인정되므로 이는 수용질서를 위한 청구인의 알 권리에 대한 최소한의 제한이라고 볼 수 있으며, 이로서 침해되는 청구인에 대한 수용질서와 관련되는 위 기사들에 대한 정보 획득의 방해와 그러한 기사 삭제를 통해 얻을 수 있는 구치소의 질서유지와 보안에 대한 공익을 비교할 때 청구인의 알 권리를 과도하게 침해한 것은 아니다. [헌재 1998.10.29, 98헌마4] 14. 교정7☆

- - -

청구인의 법률서적 대여 신청에 대한 교도소장의 부작위가 수용자의 재판 준비에 도움을 주어야 할 교도소장의 헌법상 작위의무를 해태한 것이 아니라고 인정한 사례 − 헌법 및 법령으로부터 '교도소장이 수용자의 열람신청이 있는 도서에 대하여 반드시 일정한 기간 내에 대여해 주어야 한다거나 분실도서를 구입하여 대여해 주어야 할 작위의무'가 도출된다고 보기는 어렵다. 다만 수용자들의 경우 증거자료 수집, 변호사 선임과 접견, 재판 관련 정보에의 접근, 재판 참석 및 변론 등 재판청구권 실현에 현실적인 어려움이 있을 수밖에 없으므로 교도소장으로서는 '수용자가 재판 준비와 진행에 어려움이 없도록 도움을 주어야 할 의무'가 있고, 이는 헌법 제27조 제1항의 재판청구권으로부터 도출되는 헌법상 작위의무라고 볼 수 있다. 그러나 구체적으로 어떠한 방법으로 도움을 줄 것인지에 관한 문제는 수용시설의 장이 다양한 제도의 장·단점과 각 수용시설 내부의 사정 등 제반 여건을 종합적으로 고려하여 판단할 사항이며, 어떠한 방법이든 전체적인 관점에서 수용자의 재판청구권을 실질적으로 보장하는 수준에 이르는 한, 반드시 법률서적의 열람제공에 의하여만 작위의무의 이행이 이루어져야 하는 것은 아니다. 이 사건 기록에 의하면, 교도소장은 급히 필요한 재판 자료임을 소명하면 인터넷 출력 및 타 도서 복사 등을 통하여 해당 정보를 제공받을 수 있도록 하고, 법률상담제도를 운영하고 있으므로, 도서대여가 지체된 기간동안 다른 방법으로 청구인의 재판 준비에 어려움이 없도록 적절하고 실질적인 도움을 제공하였다고 봄이 상당하다. 따라서 교도소장인 피청구인이 '수용자의 재판 준비에 도움을 주어야 할 헌법상 작위의무'를 해태하였다고 볼 수 없다. [헌재 2013.8.29, 2012헌마886]

'열람 제외기사 삭제제도' 폐지

교정시설 수용자 구독 신문에 대한 열람제외기사 삭제제도는 폐지되었다(2012.10). 종래 교도소·구치소 등에서 수용자들이 구독하는 신문의 경우 도주·자살·난동 등 교정사고를 다룬 기사가 교정시설의 안전과 질서를 교란할 우려가 있는 경우에는 법무부 예규에 따라 해당 기사를 삭제할 수 있었으나, 이러한 신문 기사 삭제제도는 명백한 법률적 근거 없이 단순한 행정규칙으로 수용자의 알 권리를 필요 이상으로 제약하고 있다는 내·외부의 문제제기가 있었다.

3 라디오 청취와 텔레비전 시청

법 제48조 【라디오 청취와 텔레비전 시청】 ① 수용자는 정서안정 및 교양습득을 위하여 라디오 청취와 텔레비전 시청을 할 수 있다.
② 소장은 다음 각 호의 어느 하나에 해당하는 사유가 있으면 수용자에 대한 라디오 및 텔레비전의 방송을 일시 중단하거나 개별 수용자에 대하여 라디오 및 텔레비전의 청취 또는 시청을 금지할 수 있다. 13. 경채
1. 수형자의 교화 또는 건전한 사회복귀를 해칠 우려가 있는 때
2. 시설의 안전과 질서유지를 위하여 필요한 때
③ 방송설비 · 방송 프로그램 · 방송시간 등에 관하여 필요한 사항은 법무부령으로 정한다.

영 제73조 【라디오 청취 등의 방법】 법 제48조 제1항에 따른 수용자의 라디오 청취와 텔레비전 시청은 교정시설에 설치된 방송설비를 통하여 할 수 있다.

규칙 제37조 【방송의 기본원칙】 ① 수용자를 대상으로 하는 방송은 무상으로 한다.
② 법무부장관은 방송의 전문성을 강화하기 위하여 외부 전문가의 협력을 구할 수 있고, 모든 교정시설의 수용자를 대상으로 통합방송을 할 수 있다.
③ 소장은 방송에 대한 의견수렴을 위하여 설문조사 등의 방법으로 수용자의 반응도 및 만족도를 측정할 수 있다.

규칙 제38조 【방송설비】 ① 소장은 방송을 위하여 텔레비전, 라디오, 스피커 등의 장비와 방송선로 등의 시설을 갖추어야 한다.
② 소장은 물품관리법령에 따라 제1항의 장비와 시설을 정상적으로 유지 · 관리하여야 한다.

규칙 제39조 【방송편성시간】 소장은 수용자의 건강과 일과시간 등을 고려하여 1일 6시간 이내에서 방송편성시간을 정한다. 다만, 토요일 · 공휴일, 작업 · 교육실태 및 수용자의 특성을 고려하여 방송편성시간을 조정할 수 있다. 20. 교정7☆

규칙 제40조 【방송프로그램】 ① 소장은 「방송법」 제2조의 텔레비전 방송 또는 라디오 방송을 녹음 · 녹화하여 방송하거나 생방송할 수 있으며, 비디오테이프에 의한 영상물 또는 자체 제작한 영상물을 방송할 수 있다.
② 방송 프로그램은 그 내용에 따라 다음 각 호와 같이 구분한다.
1. 교육콘텐츠: 한글 · 한자 · 외국어 교육, 보건위생 향상, 성의식 개선, 약물남용 예방 등
2. 교화콘텐츠: 인간성 회복, 근로의식 함양, 가족관계 회복, 질서의식 제고, 국가관 고취 등
3. 교양콘텐츠: 다큐멘터리, 생활정보, 뉴스, 직업정보, 일반상식 등
4. 오락콘텐츠: 음악, 연예, 드라마, 스포츠 중계 등
5. 그 밖에 수용자의 정서안정에 필요한 콘텐츠
③ 소장은 방송 프로그램을 자체 편성하는 경우에는 다음 각 호의 어느 하나에 해당하는 내용이 포함되지 아니하도록 특히 유의하여야 한다.
1. 폭력조장, 음란 등 미풍양속에 반하는 내용
2. 특정 종교의 행사나 교리를 찬양하거나 비방하는 내용
3. 그 밖에 수용자의 정서안정 및 수용질서 확립에 유해하다고 판단되는 내용

규칙 제41조 【수용자가 지켜야 할 사항 등】 ① 수용자는 소장이 지정한 장소에서 지정된 채널을 통하여 텔레비전을 시청하거나 라디오를 청취하여야 한다. 다만, 제86조에 따른 자치생활 수형자는 법무부장관이 정하는 방법에 따라 텔레비전을 시청할 수 있다. 18. 승진

② 수용자는 방송설비 또는 채널을 임의 조작·변경하거나 임의수신 장비를 지녀서는 안 된다.

③ 수용자가 방송시설과 장비를 손상하거나 그 밖의 방법으로 그 효용을 해친 경우에는 배상을 하여야 한다.

⚖ **관련 판례** | 독거수용자에 대한 TV시청 제한의 평등권 침해 여부

독거수용실에만 텔레비전시청시설을 설치하지 않음으로써 독거수용 중인 청구인이 TV시청을 할 수 없도록 한 피청구인 교도소장의 행위가 TV시청시설을 갖춰 텔레비전시청을 허용하고 있는 혼거실 수용자와 차별대우하여 청구인의 평등권을 침해하였는지 여부(소극) − (중략) 이러한 독거수용자들에 대해서는 교도소 내의 범죄를 방지하고, 안전을 도모하며 본래적인 교도행정의 목적을 효과적으로 달성하기 위하여 행정적 제재 및 교정의 필요상 TV시청을 규제할 필요성이 있다. (중략) 이러한 이유로 독거수용 중인 청구인이 TV시청을 제한받게 되어 혼거실 수용자 등 다른 수용자들과 차별적 처우가 이루어지는 결과가 되었다고 하더라도 이러한 행위가 곧 합리적인 이유가 없는 자의적 차별이라고는 할 수 없어 헌법상의 평등원칙에 위배된다고 볼 수 없다. [헌재 2005.5.26, 2004헌마571] 15. 사시☆

⚖ **관련 판례** | 형의 집행 및 수용자의 처우에 관한 법률 제48조 등 위헌확인

피청구인 서울남부교도소장이 2020.4.20.부터 2020.8.3.경까지 매 평일 7시부터 8시까지 및 12시부터 13시까지 수용거실에 라디오방송을 송출하여 청취하도록 한 행위가 과잉금지원칙에 위반되어 청구인의 일반적 행동자유권을 침해하는지 여부(소극) − 내용 생략 [헌재 2023.2.23, 2020헌마90]

4 집필

법 제49조 【집필】 ① 수용자는 문서 또는 도화를 작성하거나 문예·학술, 그 밖의 사항에 관하여 집필할 수 있다(→ 소장의 허가 불요). 다만, 소장이 시설의 안전 또는 질서를 해칠 명백한 위험이 있다고 인정하는 경우는 예외로 한다. 18. 승진☆

② 제1항에 따라 작성 또는 집필한 문서나 도화를 지니거나 처리하는 것에 관하여는 제26조(→ 수용자가 지니는 물품 등)를 준용한다.

③ 제1항에 따라 작성 또는 집필한 문서나 도화가 제43조 제5항 각 호의 어느 하나(→ 발신·수신의 금지사유)에 해당하면 제43조 제7항(→ 보관 또는 폐기 가능)을 준용한다.

🖼 **선생님 TIP**

편지 발신·수신의 금지사유
금/수/명/사/증/저/교/시

④ 집필용구의 관리, 집필의 시간·장소, 집필한 문서 또는 도화의 외부 반출 등에 관하여 필요한 사항은 대통령령으로 정한다.

영 제74조 【집필용구의 구입비용】 집필용구의 구입비용은 수용자가 부담한다. 다만, 소장은 수용자가 그 비용을 부담할 수 없는 경우에는 필요한 집필용구를 지급할 수 있다. 18. 승진☆

영 제75조 【집필의 시간대·시간 및 장소】 ① 수용자는 휴업일 및 휴게시간 내에 시간의 제한 없이 집필할 수 있다. 다만, 부득이한 사정이 있는 경우에는 그러하지 아니하다. 20. 교정7

② 수용자는 거실·작업장, 그 밖에 지정된 장소에서 집필할 수 있다.

영 제76조 【문서·도화의 외부 발송 등】 ① 소장은 수용자 본인이 작성 또는 집필한 문서나 도화를 외부에 보내거나 내가려고 할 때에는 그 내용을 확인하여 법 제43조 제5항 각 호의 어느 하나(→ 발신·수신의 금지사유)에 해당하지 않으면 허가해야 한다.

② 제1항에 따라 문서나 도화를 외부로 보내거나 내갈 때 드는 비용은 수용자가 부담한다. 18. 승진

③ 법 및 영에 규정된 사항 외 수용자의 집필에 필요한 사항은 법무부장관이 정한다.

🔍 관련 판례 | **「형의 집행 및 수용자의 처우에 관한 법률」 제43조 제5항 제4호 등 위헌소원**

수용자가 작성한 집필문의 외부 반출을 규정한 「형의 집행 및 수용자의 처우에 관한 법률」 (2007.12.21. 법률 제8728호로 개정된 것) 제49조 제3항의 '문서'에 관한 부분 중 제43조 제5항 제4호 내지 제7호에 관한 부분(이하 '심판 대상조항'이라 한다)이 수용자의 통신의 자유를 침해하는지 여부(소극) - (중략) 또한 수용자가 작성한 집필문을 외부로 반출하는 경우에는 그 영향력의 범위가 구금시설이라는 한정되고 예측 가능한 공간을 넘어 사회 전체까지 확대되므로, 구금시설 내부뿐만 아니라 외부에 미치는 영향력에 대해서도 고려해야 한다. (중략) 일단 이와 같은 방법으로 사생활의 비밀이 침해된 이후에는 이에 대해 형사처벌을 하거나 손해배상청구를 하는 것만으로는 피해자의 권리를 충분히 구제하기 어려우므로, 이러한 위험을 예방하기 위해서 해당 집필문의 반출을 금지하는 것은 피해자의 권리보호를 위한 가장 효과적인 수단이 될 수 있다. 형집행법상 수용자들의 집필활동은 특별한 사정이 없는 한 자유롭게 허용되고, 작성된 집필문의 외부 반출도 원칙적으로 허용되며, 예외적으로 금지되는 사유도 구체적이고 한정되어 있으므로 그 제한의 정도도 최소한에 그치고 있다. 또한 집필문의 외부 반출이 불허되고 보관처분이 내려진 경우에도 수용자는 행정소송 등을 통해 이러한 처분의 취소를 구할 수 있는 등의 불복수단도 마련되어 있으므로, 심판 대상조항은 수용자의 통신의 자유를 침해하지 않는다. [헌재 2016.5.26, 2013헌바98]

3 특별한 보호

1 의의

현행 「형의 집행 및 수용자의 처우에 관한 법률」과 동법 시행령·시행규칙은 특별한 보호의 대상으로 여성수용자, 노인수용자, 장애인수용자, 외국인수용자, 소년수용자를 규정하고 있다.

2 여성수용자

1. 여성수용자에 대한 처우

> **법 제50조【여성수용자의 처우】** ① 소장은 여성수용자에 대하여 <u>여성의 신체적·심리적 특성</u>을 고려하여 처우하여야 한다.
> ② 소장은 여성수용자에 대하여 <u>건강검진</u>을 실시하는 경우에는 나이·건강 등을 고려하여 <u>부인과질환에 관한 검사를 포함</u>시켜야 한다. 22. 교정7☆
> ③ 소장은 생리 중인 여성수용자에 대하여는 <u>위생에 필요한 물품을 지급</u>하여야 한다. 20. 승진☆
> ④ 삭제(← 소장은 여성수용자가 미성년자인 자녀와 접견하는 경우에는 차단시설이 없는 장소에서 접견하게 할 수 있다)
> **영 제77조【여성수용자의 목욕】** ① 소장은 제50조에 따라 여성수용자의 목욕 횟수를 정하는 경우에는 그 <u>신체적 특성</u>을 특히 고려하여야 한다. 18. 승진☆
> ② 소장은 여성수용자가 목욕을 하는 경우에 <u>계호가 필요</u>하다고 인정하면 여성교도관이 하도록 하여야 한다. 12. 경채☆
> **영 제7조【여성수용자에 대한 시찰】** 소장은 특히 필요하다고 인정하는 경우가 아니면 남성교도관이 야간에 수용자거실에 있는 여성수용자를 시찰하게 하여서는 아니 된다. 14. 교정7☆
> **법 제93조【신체검사 등】** ④ 여성의 신체·의류 및 휴대품에 대한 검사는 <u>여성교도관</u>이 하여야 한다. 12. 경채

2. 여성수용자에 대한 상담 등

> **법 제51조【여성수용자 처우 시의 유의사항】** ① 소장은 여성수용자에 대하여 <u>상담·교육·작업 등</u>(이하 이 조에서 '상담 등'이라 한다)을 실시하는 때에는 <u>여성교도관이 담당</u>하도록 하여야 한다. 다만, <u>여성교도관이 부족</u>하거나 그 밖의 부득이한 사정이 있으면 <u>그러하지 아니하다</u>. 18. 교정9☆
> ② 제1항 단서에 따라 남성교도관이 1인의 여성수용자에 대하여 실내에서 상담 등을 하려면 <u>투명한 창문이 설치</u>된 장소에서 다른 여성을 입회시킨 후 실시하여야 한다. 22. 교정7☆

여성수용자의 처우 개선

종래에는 여성수용자에 대한 처우와 관련된 구체적 사안에서는 "포함시킬 수 있다", "지급할 수 있다" 등으로 규정되어 있었는바, 교정시설의 장에게 과도한 재량권을 부여하는 결과가 되어 원래 입법의 취지가 지켜지지 아니하고 있다는 지적에 따라 재량규정을 강행규정으로 바꾸어 여성수용자의 처우의 개선을 강화하기 위하여, ㉠ 교정시설의 장은 여성수용자에 대하여 건강검진을 실시하는 경우에는 나이·건강 등을 고려하여 부인과질환에 관한 검사를 포함시키도록 의무화하고(제50조 제2항), ㉡ 교정시설의 장은 생리 중인 여성수용자에 대해서는 위생에 필요한 물품을 지급하도록 하였다(제50조 제3항).

3. 임산부인 수용자의 처우

> **법 제52조 【임산부인 수용자의 처우】** ① 소장은 수용자가 임신 중이거나 출산(유산·사산을 포함한다)한 경우에는 모성보호 및 건강유지를 위하여 정기적인 검진 등 적절한 조치를 하여야 한다. 22. 교정7☆
> ② 소장은 수용자가 출산하려고 하는 경우에는 외부 의료시설에서 진료를 받게 하는 등 적절한 조치를 하여야 한다.
>
> **영 제78조 【출산의 범위】** 법 제52조 제1항에서 '출산(유산·사산을 포함한다)한 경우'란 출산(유산·사산한 경우를 포함한다) 후 60일이 지나지 아니한 경우를 말한다. 22. 교정7

4. 여성수용자가 출산한 유아의 양육

> **법 제53조 【유아의 양육】** ① 여성수용자는 자신이 출산한 유아를 교정시설에서 양육할 것을 신청할 수 있다. 이 경우 소장은 다음 각 호(→ 양육불허사유)의 어느 하나에 해당하는 사유가 없으면, 생후 18개월에 이르기까지 허가하여야 한다. 22. 교정7☆
> 1. 유아가 질병·부상, 그 밖의 사유로 교정시설에서 생활하는 것이 특히 부적당하다고 인정되는 때
> 2. 수용자가 질병·부상, 그 밖의 사유로 유아를 양육할 능력이 없다고 인정되는 때
> 3. 교정시설에 감염병이 유행하거나 그 밖의 사정으로 유아양육이 특히 부적당한 때
> ② 소장은 제1항에 따라 유아의 양육을 허가한 경우에는 필요한 설비와 물품의 제공, 그 밖에 양육을 위하여 필요한 조치를 하여야 한다. 15. 교정7
>
> **영 제79조 【유아의 양육】** 소장은 법 제53조 제1항에 따라 유아의 양육을 허가한 경우에는 교정시설에 육아거실을 지정·운영하여야 한다. 21. 교정7☆
>
> **영 제80조 【유아의 인도】** ① 소장은 유아의 양육을 허가하지 아니하는 경우에는 수용자의 의사를 고려하여 유아보호에 적당하다고 인정하는 법인 또는 개인에게 그 유아를 보낼 수 있다. 다만, 적당한 법인 또는 개인이 없는 경우에는 그 유아를 해당 교정시설의 소재지를 관할하는 시장·군수 또는 구청장에게 보내서 보호하게 하여야 한다. 20. 승진☆
> ② 법 제53조 제1항에 따라 양육이 허가된 유아가 출생 후 18개월이 지나거나, 유아양육의 허가를 받은 수용자가 허가의 취소를 요청하는 때 또는 법 제53조 제1항 각 호(→ 양육불허사유)의 어느 하나에 해당되는 때에도 제1항과 같다.
>
> **규칙 제42조 【임산부수용자 등에 대한 특칙】** 소장은 임산부인 수용자 및 법 제53조에 따라 유아의 양육을 허가받은 수용자에 대하여 필요하다고 인정하는 경우에는 교정시설에 근무하는 의사(공중보건의사를 포함한다. 이하 '의무관'이라 한다)의 의견을 들어 필요한 양의 죽 등의 주식과 별도로 마련된 부식을 지급할 수 있으며, 양육유아에 대하여는 분유 등의 대체식품을 지급할 수 있다. 21. 교정9☆

3 노인수용자

법 제54조 【수용자에 대한 특별한 처우】 ① 소장은 노인수용자에 대하여 나이·건강상태 등을 고려하여 그 처우에 있어 적정한 배려를 하여야 한다.

⑤ 노인수용자·장애인수용자·외국인수용자 및 소년수용자에 대한 적정한 배려 또는 처우에 관하여 필요한 사항은 법무부령으로 정한다. 12. 경채

영 제81조 【노인수용자 등의 정의】 ① 법 제54조 제1항에서 '노인수용자'란 65세 이상 인 수용자를 말한다. 19. 승진☆

규칙 제43조 【전담교정시설】 ① 법 제57조 제6항에 따라 법무부장관이 노인수형자의 처우를 전담하도록 정하는 시설(이하 '노인수형자 전담교정시설'이라 한다)에는 「장애인·노인·임산부 등의 편의증진 보장에 관한 법률 시행령」 별표 2의 교도소·구치소 편의시설의 종류 및 설치 기준에 따른 편의시설을 갖추어야 한다.

② 노인수형자 전담교정시설에는 별도의 공동휴게실을 마련하고 노인이 선호하는 오락용품 등을 갖춰두어야 한다. 20. 교정7☆

규칙 제44조 【수용거실】 ① 노인수형자 전담교정시설이 아닌 교정시설에서는 노인수용자를 수용하기 위하여 별도의 거실을 지정하여 운용할 수 있다.

② 노인수용자의 거실은 시설부족 또는 그 밖의 부득이한 사정이 없으면 건물의 1층 에 설치하고, 특히 겨울철 난방을 위하여 필요한 시설을 갖추어야 한다. 21. 교정7☆

규칙 제45조 【주·부식 등 지급】 소장은 노인수용자의 나이·건강상태 등을 고려하여 필요하다고 인정하면 제4조부터 제8조까지의 규정, 제10조, 제11조, 제13조 및 제14조에 따른 수용자의 지급 기준을 초과하여 주·부식, 의류·침구, 그 밖의 생활용품을 지급할 수 있다. 16. 교정9☆

규칙 제46조 【운동·목욕】 ① 소장은 노인수용자의 나이·건강상태 등을 고려하여 필요하다고 인정하면 영 제49조에 따른 운동시간을 연장하거나 영 제50조에 따른 목욕 횟수를 늘릴 수 있다. 13. 경채

② 소장은 노인수용자가 거동이 불편하여 혼자서 목욕하기 어려운 경우에는 교도관, 자원봉사자 또는 다른 수용자로 하여금 목욕을 보조하게 할 수 있다. 21. 교정9☆

규칙 제47조 【전문의료진 등】 ① 노인수형자 전담교정시설의 장은 노인성 질환에 관한 전문적인 지식을 가진 의료진과 장비를 갖추고, 외부 의료시설과 협력체계를 강화하여 노인수형자가 신속하고 적절한 치료를 받을 수 있도록 노력하여야 한다.

② 소장은 노인수용자에 대하여 6개월에 1회 이상 건강검진*을 하여야 한다. 19. 교정7☆

규칙 제48조 【교육·교화 프로그램 및 작업】 ① 노인수형자 전담교정시설의 장은 노인문제에 관한 지식과 경험이 풍부한 외부 전문가를 초빙하여 교육하게 하는 등 노인수형자의 교육받을 기회를 확대하고, 노인전문오락, 그 밖에 노인의 특성에 알맞은 교화 프로그램을 개발·시행하여야 한다. 20. 교정7

② 소장은 노인수용자가 작업을 원하는 경우에는 나이·건강상태 등을 고려하여 해당 수용자가 감당할 수 있는 정도의 작업을 부과한다. 이 경우 의무관의 의견을 들어야 한다. 20. 교정7

* 장애인수용자에 대해서는 노인수용자에 대한 처우 중 규칙 제47조는 준용되지 않는다(규칙 제54조). 따라서 건강검진을 6개월에 1회 이상(규칙 제47조 제2항) 하여야 하는 것이 아니라 '1년에 1회 이상'(영 제51조 제1항) 하여야 한다.

핵심OX

04 교정시설의 장은 유아의 양육을 허가한 경우에는 교정시설에 육아거실을 지정·운영하여야 한다. (○, ×)

05 노인수형자 전담교정시설에는 별도의 공동휴게실을 마련하고 노인이 선호하는 오락용품 등을 갖춰두어야 한다. (○, ×)

04 ○
05 ○

4 장애인수용자

법 제54조 【수용자에 대한 특별한 처우】 ② 소장은 장애인수용자에 대하여 장애의 정도를 고려하여 그 처우에 있어 적정한 배려를 하여야 한다.

영 제81조 【노인수용자 등의 정의】 ② 법 제54조 제2항에서 '장애인수용자'란 시각 · 청각 · 언어 · 지체 등의 장애로 통상적인 수용생활이 특히 곤란하다고 인정되는 사람으로서 법무부령으로 정하는 수용자를 말한다. 13. 경채☆

규칙 제49조 【정의】 '장애인수용자'란 「장애인복지법 시행령」 별표 1의 제1호부터 제5호까지의 규정에 해당하는 사람으로서 시각 · 청각 · 언어 · 지체 등의 장애로 통상적인 수용생활이 특히 곤란하다고 인정되는 수용자를 말한다.

규칙 제50조 【전담교정시설】 ① 법 제57조 제6항에 따라 법무부장관이 장애인수형자의 처우를 전담하도록 정하는 시설(이하 '장애인수형자 전담교정시설'이라 한다)의 장은 장애종류별 특성에 알맞은 재활치료 프로그램을 개발하여 시행하여야 한다. 13. 경채
② 장애인수형자 전담교정시설 편의시설의 종류 및 설치 기준에 관하여는 제43조 제1항을 준용한다.

규칙 제51조 【수용거실】 ① 장애인수형자 전담교정시설이 아닌 교정시설에서는 장애인수용자를 수용하기 위하여 별도의 거실을 지정하여 운용할 수 있다.
② 장애인수용자의 거실은 시설부족 또는 그 밖의 부득이한 사정이 없으면 건물의 1층에 설치하고, 특히 장애인이 이용할 수 있는 변기 등의 시설을 갖추도록 하여야 한다. 20. 교정9☆

규칙 제52조 【전문의료진 등】 장애인수형자 전담교정시설의 장은 장애인의 재활에 관한 전문적인 지식을 가진 의료진과 장비를 갖추도록 노력하여야 한다. 19. 교정7☆

규칙 제53조 【직업훈련】 장애인수형자 전담교정시설의 장은 장애인수형자에 대한 직업훈련이 석방 후의 취업과 연계될 수 있도록 그 프로그램의 편성 및 운영에 특히 유의하여야 한다. 20. 교정7

규칙 제54조 【준용규정】 장애인수용자의 장애 정도, 건강 등을 고려하여 필요하다고 인정하는 경우 주 · 부식 등의 지급, 운동 · 목욕 및 교육 · 교화 프로그램 · 작업에 관하여 제45조 · 제46조 및 제48조(→ 노인수용자에 대한 처우규정)를 준용한다(→ 제47조 준용 ×). 13. 경채

🏛 **핵심OX**

06 소장은 노인수용자의 나이 · 건강상태 등을 고려하여 필요하다고 인정하면 법률에서 정한 수용자의 지급 기준을 초과하여 주 · 부식을 지급할 수 있다.
(O, ×)

06 ○

5 외국인수용자

법 제54조【수용자에 대한 특별한 처우】 ③ 소장은 외국인수용자에 대하여 언어 · 생활문화 등을 고려하여 적정한 처우를 하여야 한다. 12. 경채

영 제81조【노인수용자 등의 정의】 ③ 법 제54조 제3항에서 '외국인수용자'란 대한민국의 국적을 가지지 아니한 수용자를 말한다.

규칙 제55조【전담교정시설】 법 제57조 제6항에 따라 법무부장관이 외국인수형자의 처우를 전담하도록 정하는 시설의 장은 외국인의 특성에 알맞은 교화 프로그램 등을 개발하여 시행하여야 한다. 16. 교정7☆

규칙 제56조【전담요원 지정】 ① 외국인수용자를 수용하는 소장은 외국어에 능통한 소속 교도관을 전담요원으로 지정하여 일상적인 개별면담, 고충해소, 통역 · 번역 및 외교공관 또는 영사관 등 관계기관과의 연락 등의 업무를 수행하게 하여야 한다. 22. 교정7☆

② 제1항의 전담요원은 외국인 미결수용자에게 소송 진행에 필요한 법률지식을 제공하는 등의 조력을 하여야 한다. 20. 교정7☆

규칙 제57조【수용거실 지정】 ① 소장은 외국인수용자의 수용거실을 지정하는 경우에는 종교 또는 생활관습이 다르거나 민족감정 등으로 인하여 분쟁의 소지가 있는 외국인수용자는 거실을 분리하여 수용하여야 한다. 20. 교정7☆

② 소장은 외국인수용자에 대하여는 그 생활양식을 고려하여 필요한 수용설비를 제공하도록 노력하여야 한다. 20. 교정7☆

규칙 제58조【주 · 부식 지급】 ① 외국인수용자에게 지급하는 음식물의 총열량은 제14조 제2항(→ 1일 2천 500킬로칼로리)에도 불구하고 소속 국가의 음식문화, 체격 등을 고려하여 조정할 수 있다. 20. 교정7☆

② 외국인수용자에 대하여는 쌀, 빵 또는 그 밖의 식품을 주식으로 지급하되, 소속 국가의 음식문화를 고려하여야 한다.

③ 외국인수용자에게 지급하는 부식의 지급 기준은 법무부장관이 정한다. 11. 교정7

규칙 제59조【위독 또는 사망 시의 조치】 소장은 외국인수용자가 질병 등으로 위독하거나 사망한 경우에는 그의 국적이나 시민권이 속하는 나라의 외교공관 또는 영사관의 장이나 그 관원 또는 가족에게 이를 즉시 알려야 한다. 23. 교정7☆

🏛 핵심OX

07 법무부장관이 외국인수형자의 처우를 전담하도록 정하는 시설의 장은 외국인의 특성에 알맞은 교화 프로그램 등을 개발하여 시행하여야 한다.

(○, ×)

08 외국인수용자에게 지급하는 음식물의 총열량은 소속 국가의 음식문화, 체격 등을 고려하여 조정할 수 있다.

(○, ×)

07 ○
08 ○

6 소년수용자

법 제54조【수용자에 대한 특별한 처우】 ④ 소장은 소년수용자에 대하여 나이·적성 등을 고려하여 적정한 처우를 하여야 한다.

영 제81조【노인수용자 등의 정의】 ④ 법 제54조 제4항에서 '소년수용자'란 다음 각 호의 사람을 말한다.

1. 19세 미만의 수형자
2. 법 제12조 제3항(→ 소년교도소에 수용 중 19세가 된 경우 교육 등의 실시를 위해 특히 필요하면 23세가 되기 전까지 계속 수용 가능)에 따라 소년교도소에 수용 중인 수형자
3. 19세 미만의 미결수용자

규칙 제59조의2【전담교정시설】 ① 법 제57조 제6항에 따라 법무부장관이 19세 미만의 수형자(이하 '소년수형자'라 한다)의 처우를 전담하도록 정하는 시설(이하 '소년수형자 전담교정시설'이라 한다)의 장은 소년의 나이·적성 등 특성에 알맞은 교육·교화 프로그램을 개발하여 시행하여야 한다.
② 소년수형자 전담교정시설에는 별도의 공동학습공간을 마련하고 학용품 및 소년의 정서 함양에 필요한 도서, 잡지 등을 갖춰 두어야 한다. 23. 교정7☆

규칙 제59조의3【수용거실】 ① 소년수형자 전담교정시설이 아닌 교정시설에서는 소년수용자(영 제81조 제4항에 따른 소년수용자를 말한다. 이하 같다)를 수용하기 위하여 별도의 거실을 지정하여 운용할 수 있다. 21. 교정7☆
② 소년수형자 전담교정시설이 아닌 교정시설에서 소년수용자를 수용한 경우 교육·교화 프로그램에 관하여는 제59조의2 제1항을 준용한다.

규칙 제59조의4【의류】 법무부장관은 제4조 및 제5조에도 불구하고 소년수용자의 나이·적성 등을 고려하여 필요하다고 인정하는 경우 의류의 품목과 품목별 착용 시기 및 대상을 달리 정할 수 있다.
[본조신설 2024.2.8.] ※ 종전 제59조의4부터 제59조의6까지를 각각 제59조의5부터 제59조의7까지로 이동

규칙 제59조의5【접견·전화】 소장은 소년수형자 등의 나이·적성 등을 고려하여 필요하다고 인정하면 제87조 및 제90조에 따른 접견 및 전화통화 횟수를 늘릴 수 있다. 21. 교정9☆

규칙 제59조의6【사회적 처우】 제92조(→ 사회적 처우) 제1항에도 불구하고 소장은 소년수형자 등의 나이·적성 등을 고려하여 필요하다고 인정하면 소년수형자 등에게 같은 항 각 호(→ 사회견학, 사회봉사, 자신이 신봉하는 종교행사 참석, 연극·영화·그 밖의 문화공연 관람)에 해당하는 활동을 허가할 수 있다. 이 경우 소장이 허가할 수 있는 활동에는 발표회 및 공연 등 참가 활동을 포함한다. 20. 교정7

규칙 제59조의7【준용규정】 소년수용자의 나이·건강상태 등을 고려하여 필요하다고 인정하는 경우 주·부식의 등의 지급, 운동·목욕, 전문의료진 등 및 작업에 관하여 제45조부터 제48조(→ 노인수용자에 관한 처우규정)까지의 규정을 준용한다(→ 제47조 준용 ○). 16. 교정9

01 수용자가 자신의 비용으로 구독을 신청할 수 있는 신문 · 잡지 또는 도서는 교정시설의 보관범위 및 수용자의 소지범위를 벗어나지 아니하는 범위에서 원칙적으로 신문은 월 3종 이내로, 도서(잡지를 포함한다)는 월 5권 이내로 한다. 20. 교정7　　　　　　　　　　　　　　　　　　　　　　　　　　　　　　（　　）

02 소장은 수용자의 건강과 일과시간 등을 고려하여 1일 4시간 이내에서 방송편성시간을 정한다. 다만, 토요일 · 공휴일, 작업 · 교육실태 및 수용자의 특성을 고려하여 방송편성시간을 조정할 수 있다. 20. 교정7　　　　（　　）

03 소장은 여성수용자에 대하여 건강검진을 실시하는 경우에는 나이 · 건강 등을 고려하여 부인과질환에 관한 검사를 포함시켜야 한다. 22. 교정7　　　　　　　　　　　　　　　　　　　　　　　　　　　　　（　　）

04 남성교도관이 1인의 여성수용자에 대하여 실내에서 상담등을 하려면 투명한 창문이 설치된 장소에서 다른 교도관을 입회시킨 후 실시하여야 한다. 19. 교정7　　　　　　　　　　　　　　　　　　　　　　　　（　　）

05 소장은 수용자가 임신 중이거나 출산(유산 · 사산은 제외한다)한 경우에는 모성보호 및 건강유지를 위하여 정기적인 검진 등 적절한 조치를 하여야 한다. 20. 교정9　　　　　　　　　　　　　　　　　　　　　　　　（　　）

06 소장은 여성수용자가 임신 중이거나 출산(유산 · 사산을 포함) 후 60일이 지나지 아니한 경우에는 모성보호 및 건강유지를 위하여 정기적인 검진 등 적절한 조치를 하여야 한다. 22. 교정7　　　　　　　　　　　　　　（　　）

07 여성수용자는 자신이 출산한 유아를 교정시설에서 양육할 것을 신청할 수 있다. 이 경우 소장은 법률에 규정된 사유에 해당하지 않는 한 생후 24개월에 이르기까지 허가하여야 한다. 22. 교정7　　　　　　　　　　　　　　　　（　　）

정답

01 X 신문은 월 3종 이내로, 도서(잡지를 포함한다)는 월 '10권' 이내로 함이 원칙이다(규칙 제35조).

02 X 1일 '6시간' 이내에서 방송편성시간을 정함이 원칙이다(규칙 제39조).

03 ○ 법 제50조 제2항

04 X 다른 '여성'을 입회시킨 후 실시하여야 한다(법 제51조 제2항).

05 X 출산의 개념에 '유산 · 사산을 포함'한다(법 제52조 제1항).

06 ○ 법 제52조 제1항, 영 제78조

07 X 생후 '18개월'에 이르기까지 허가하여야 한다(법 제53조 제1항 참조).

08 소장은 임산부인 수용자에 대하여 필요하다고 인정하는 경우에는 교정시설에 근무하는 교도관의 의견을 들어 필요한 양의 죽 등의 주식과 별도로 마련된 부식을 지급할 수 있다. 21. 교정9 ( )

09 소장은 신입자에게 「아동복지법」 제15조에 따른 미성년 자녀 보호조치를 의뢰할 수 있음을 알려 주어야 한다. 21. 교정7 ( )

10 노인수형자 전담교정시설에는 별도의 개별휴게실을 마련하고 노인이 선호하는 오락용품 등을 갖춰두어야 한다. 20. 교정7 ( )

11 노인수용자의 거실은 시설부족 또는 그 밖의 부득이한 사정이 없으면 건물의 1층에 설치하고, 특히 겨울철 난방을 위하여 필요한 시설을 갖추어야 한다. 21. 교정7 ( )

12 소장은 노인수용자가 거동이 불편하여 혼자서 목욕하기 어려운 경우에는 교도관, 자원봉사자 또는 다른 수용자로 하여금 목욕을 보조하게 할 수 있다. 20. 교정7 ( )

13 노인수형자를 수용하고 있는 시설의 장은 노인문제에 관한 지식과 경험이 풍부한 외부전문가를 초빙하여 교육하게 하는 등 노인수형자의 교육 받을 기회를 확대하고, 노인전문오락, 그 밖에 노인의 특성에 알맞은 교화프로그램을 개발·시행하여야 한다. 20. 교정7 ( )

14 소장은 노인수용자가 작업을 원하는 경우에는 나이·건강상태 등을 고려하여 해당 수용자가 감당할 수 있는 정도의 작업을 부과한다. 이 경우 담당 교도관의 의견을 들어야 한다. 20. 교정7 ( )

정답

08 ✕ 교정시설에 근무하는 '의사(공중보건의사를 포함, '의무관')'의 의견을 들어 지급할 수 있다(규칙 제42조).

09 ○ 법 제53조의2 제1항

10 ✕ 별도의 '공동'휴게실을 마련하고 노인이 선호하는 오락용품 등을 갖춰두어야 한다(규칙 제43조 제2항).

11 ○ 규칙 제44조 제2항

12 ○ 규칙 제46조 제2항

13 ✕ '노인수형자 전담교정시설의 장'에게 부과되어 있는 의무이다(규칙 제48조 제1항).

14 ✕ '의무관'의 의견을 들어야 한다(규칙 제48조 제2항).

15 장애인수형자 전담교정시설의 장은 장애인의 재활에 관한 전문적인 지식을 가진 의료진과 장비를 갖추도록 노력하여야 한다. 19. 교정7 ( )

16 외국인수용자를 수용하는 소장은 외국어 통역사 자격자를 전담요원으로 지정하여 외교공관 및 영사관 등 관계기관과의 연락업무를 수행하게 하여야 한다. 20. 교정7 ( )

17 소장은 외국인수용자의 수용거실을 지정하는 경우에는 반드시 분리수용하도록 하고, 그 생활양식을 고려하여 필요한 설비를 제공하여야 한다. 20. 교정7 ( )

18 소장은 외국 국적의 여성인 신입수용자 A가 질병 등으로 위독하거나 사망한 경우에는 그의 국적이 속하는 나라의 외교공관 또는 영사관의 장이나 그 관원 또는 가족에게 이를 즉시 알려야 한다. 23. 교정7 ( )

19 19세 미만 수형자의 처우를 전담하는 시설에는 별도의 공동학습공간을 마련하고 학용품 및 소년의 정서 함양에 필요한 도서, 잡지 등을 갖춰 두어야 한다. 23. 교정7 ( )

20 소년수형자 전담교정시설이 아닌 교정시설에서는 소년수용자를 수용하기 위하여 별도의 거실을 지정하여 운용하여야 한다. 21. 교정7 ( )

21 소장은 소년수형자의 나이 · 적성 등을 고려하여 필요하다고 인정하면 발표회 및 공연 등 참가활동을 제외한 본인이 희망하는 활동을 허가할 수 있다. 20. 교정7 ( )

II 시설 내 처우 해커스공무원 노신 교정학 기본서

정답

15 ○ 규칙 제52조

16 ✕ '외국어에 능통한 소속 교도관'을 전담요원으로 지정하여 외교공관 또는 영사관 등 관계기관과의 연락 등의 업무를 수행하게 하여야 한다(규칙 제56조 제1항).

17 ✕ '종교 또는 생활관습이 다르거나 민족감정 등으로 인하여 분쟁의 소지가 있는 외국인수용자'는 거실을 분리하여 수용하여야 하고, 외국인수용자에 대하여는 그 생활양식을 고려하여 필요한 수용설비를 '제공하도록 노력'하여야 한다(규칙 제57조 제1항 · 제2항).

18 ○ 규칙 제59조

19 ○ 규칙 제59조의2 제2항

20 ✕ 별도의 거실을 지정하여 운용'할 수 있다'(임의적, 규칙 제59조의3 제1항).

21 ✕ 발표회 및 공연 등 참가 활동을 '포함'한다(규칙 제59조의5).

05 종교와 문화, 특별한 보호 **187**

06 수형자의 처우와 분류심사

1 수형자의 처우 통칙

1 수형자처우의 기본원칙

1. 기본원칙과 처우의 개시

> **법 제55조【수형자처우의 원칙】** 수형자에 대하여는 교육·교화 프로그램, 작업, 직업훈련 등을 통하여 교정교화를 도모하고 사회생활에 적응하는 능력을 함양하도록 처우하여야 한다. 18. 승진
>
> **영 제82조【수형자로서의 처우 개시】** ① 소장은 미결수용자로서 자유형이 확정된 사람에 대하여는 검사의 집행 지휘서가 도달된 때부터 수형자로 처우할 수 있다. 13. 경채
> ② 제1항의 경우 검사는 집행 지휘를 한 날부터 10일 이내에 재판서나 그 밖에 적법한 서류를 소장에게 보내야 한다.

2. 개별처우계획의 수립 등

> **법 제56조【개별처우계획의 수립 등】** ① 소장은 제62조의 분류처우위원회의 의결에 따라 수형자의 개별적 특성에 알맞은 교육·교화 프로그램, 작업, 직업훈련 등의 처우에 관한 계획(이하 '개별처우계획'이라 한다)을 수립하여 시행한다.
> ② 소장은 수형자가 스스로 개선하여 사회에 복귀하려는 의욕이 고취되도록 개별처우계획을 정기적으로 또는 수시로 점검하여야 한다.
>
> **규칙 제60조【이송·재수용 수형자의 개별처우계획 등】** ① 소장은 해당 교정시설의 특성 등을 고려하여 필요한 경우에는 다른 교정시설로부터 이송되어 온 수형자의 개별처우계획(법 제56조 제1항에 따른 개별처우계획을 말한다. 이하 같다)을 변경할 수 있다. 17. 교정9
> ② 소장은 형집행정지 중에 있는 사람이 기간만료 또는 그 밖의 정지사유가 없어져 재수용된 경우에는 석방 당시와 동일한 처우등급을 부여할 수 있다. 19. 교정7☆
> ③ 소장은 형집행정지 중에 있는 사람이 「자유형등에 관한 검찰집행사무규칙」 제33조 제2항에 따른 형집행정지의 취소로 재수용된 경우에는 석방 당시보다 한 단계 낮은 처우등급(제74조의 경비처우급에만 해당한다)을 부여할 수 있다. 〈신설 2024.2.8.〉
> ④ 소장은 가석방의 취소로 재수용되어 남은 형기가 집행되는 경우에는 석방 당시보다 한 단계 낮은 처우등급(제74조의 경비처우급에만 해당한다)을 부여한다. 다만, 「가석방자관리규정」 제5조 단서를 위반하여 가석방이 취소되는 등 가석방 취소

사유에 특히 고려할 만한 사정이 있는 때에는 석방 당시와 동일한 처우등급을 부여할 수 있다. 〈개정 2024.2.8.〉 18. 승진☆

⑤ 소장은 형집행정지 중이거나 가석방기간 중에 있는 사람이 형사사건으로 재수용되어 형이 확정된 경우에는 개별처우계획을 새로 수립하여야 한다. 20. 승진☆

규칙 제61조【국제수형자 및 군수형자의 개별처우계획】 ① 소장은 「국제수형자이송법」에 따라 외국으로부터 이송되어 온 수형자에 대하여는 개별처우계획을 새로 수립하여 시행한다. 이 경우 해당 국가의 교정기관으로부터 접수된 그 수형자의 수형생활 또는 처우 등에 관한 내용을 고려할 수 있다. 18. 승진

② 소장은 군사법원에서 징역형 또는 금고형이 확정되거나 그 형의 집행 중에 있는 사람이 이송되어 온 경우 개별처우계획을 새로 수립하여 시행한다. 이 경우 해당 군교도소로부터 접수된 그 수형자의 수형생활 또는 처우 등에 관한 내용을 고려할 수 있다. 18. 승진

법 제57조【처우】 ① 수형자는 제59조의 분류심사의 결과에 따라 그에 적합한 교정시설에 수용되며, 개별처우계획에 따라 그 특성에 알맞은 처우를 받는다.

2 교정시설의 구분 14. 경채

법 제57조【처우】 ② 교정시설은 도주방지 등을 위한 수용설비 및 계호의 정도(이하 '경비등급'이라 한다)에 따라 다음 각 호로 구분한다. 다만, 동일한 교정시설이라도 구획을 정하여 경비등급을 달리할 수 있다. 12. 교정9☆

1. 개방시설: 도주 방지를 위한 통상적인 설비의 전부 또는 일부를 갖추지 아니하고 수형자의 자율적 활동이 가능하도록 통상적인 관리 · 감시의 전부 또는 일부를 하지 아니하는 교정시설

2. 완화경비시설: 도주 방지를 위한 통상적인 설비 및 수형자에 대한 관리 · 감시를 일반경비시설보다 완화한 교정시설

3. 일반경비시설: 도주 방지를 위한 통상적인 설비를 갖추고 수형자에 대하여 통상적인 관리 · 감시를 하는 교정시설

4. 중경비시설: 도주 방지 및 수형자 상호 간의 접촉을 차단하는 설비를 강화하고 수형자에 대한 관리 · 감시를 엄중히 하는 교정시설

⑦ 제2항 각 호의 시설의 설비 및 계호의 정도에 관하여 필요한 사항은 대통령령으로 정한다.

영 제83조【경비등급별 설비 및 계호】 법 제57조 제2항 각 호의 수용설비 및 계호의 정도는 다음 각 호의 규정에 어긋나지 않는 범위에서 법무부장관이 정한다.

1. 수형자의 생명이나 신체, 그 밖의 인권 보호에 적합할 것

2. 교정시설의 안전과 질서 유지를 위하여 필요한 최소한의 범위일 것

3. 법 제56조 제1항의 개별처우계획의 시행에 적합할 것

3 처우의 구분

1. 수형자처우의 원칙

> **법 제57조 【처우】** ③ 수형자에 대한 처우는 교화 또는 건전한 사회복귀를 위하여 <u>교정성적에 따라 상향 조정될 수 있으며</u>, 특히 그 성적이 우수한 수형자는 <u>개방시설에 수용되어 사회생활에 필요한 적정한 처우를 받을 수 있다.</u>
>
> **영 제84조 【수형자의 처우등급 부여 등】** ① 법 제57조 제3항에서 '<u>교정성적</u>'이란 <u>수형자의 수용생활 태도, 상벌 유무, 교육 및 작업의 성과 등을 종합적으로 평가한 결과</u>를 말한다.

2. 사회적 처우(중간처우) 16. 경채

> **법 제57조 【처우】** ④ 소장은 <u>가석방 또는 형기 종료를 앞둔 수형자</u> 중에서 법무부령으로 정하는 일정한 요건을 갖춘 사람에 대해서는 가석방 또는 형기 종료 전 일정기간 동안 <u>지역사회 또는 교정시설에 설치된 개방시설에 수용</u>하여 <u>사회적응에 필요한 교육, 취업지원 등의 적정한 처우(→ 중간처우)</u>를 할 수 있다.
> ⑤ 수형자는 교화 또는 건전한 사회복귀를 위하여 <u>교정시설 밖의 적당한 장소에서 봉사활동·견학</u>, 그 밖에 사회적응에 필요한 처우를 받을 수 있다.
>
> **규칙 제93조 【중간처우】** ① 소장은 <u>개방처우급 혹은 완화경비처우급 수형자</u>가 다음 각 호의 <u>사유에 모두 해당</u>하는 경우에는 <u>교정시설에 설치된 개방시설에 수용</u>하여 <u>사회적응에 필요한 교육, 취업지원 등 적정한 처우를 할 수 있다.</u> 22. 교정7☆
> 1. <u>형기가 3년 이상</u>인 사람
> 2. <u>범죄 횟수가 2회 이하</u>인 사람
> 3. <u>중간처우를 받는 날부터 가석방 또는 형기 종료 예정일까지 기간이 3개월 이상 1년 6개월 이하</u>인 사람
> ② 소장은 제1항에 따른 처우의 대상자 중 중간처우를 받는 날부터 가석방 또는 형기 종료 예정일까지의 기간이 9개월 미만인 수형자에 대해서는 <u>지역사회에 설치된 개방시설에 수용</u>하여 제1항에 따른 처우를 할 수 있다. 19. 교정7
> ③ 제1항에 따른 중간처우 대상자의 선발절차는 법무부장관이 정한다.

3. 전담교정시설에서 처우

> **법 제57조 【처우】** ⑥ <u>학과교육생·직업훈련생·외국인·여성·장애인·노인·환자·소년(19세 미만인 자를 말한다)</u>, 제4항에 따른 처우(이하 '중간처우'라 한다)의 대상자, 그 밖에 별도의 처우가 필요한 수형자는 <u>법무부장관이 특히 그 처우를 전담하도록 정하는 시설(이하 '전담교정시설'이라 한다)에 수용</u>되며, 그 특성에 알맞은 처우를 받는다. 다만, 전담교정시설의 부족이나 그 밖의 부득이한 사정이 있는 경우에는 예외로 할 수 있다.

중간처우제도의 근거 마련

가석방 또는 형기 종료를 앞둔 수형자 중에서 일정한 요건을 갖춘 사람을 지역사회 또는 교정시설에 설치된 개방시설에 수용하여 적정한 처우를 할 수 있도록 하는 중간처우제도의 구체적인 근거를 마련하였다(법 제57조 제4항).

4. 처우등급

(1) 개념

> **규칙 제2조 【정의】** 이 규칙에서 사용하는 용어의 뜻은 다음과 같다.
> 5. '처우등급'이란 수형자의 처우 및 관리와 관련하여 수형자를 수용할 시설, 수형자에 대한 계호의 정도, 처우의 수준 및 처우의 내용을 구별하는 기준을 말한다. 11. 교정7

(2) 부여

> **영 제84조 【수형자의 처우등급 부여 등】** ② 소장은 수형자의 처우 수준을 개별처우계획의 시행에 적합하게 정하거나 조정하기 위하여 교정 성적에 따라 처우등급을 부여할 수 있다.
> ③ 수형자에게 부여하는 처우등급에 관하여 필요한 사항은 법무부령으로 정한다.

(3) 기준과 유형

> **규칙 제72조 【처우등급】** 수형자의 처우등급은 다음 각 호와 같이 구분한다. 18. 승진☆
> 1. 기본수용급: 성별·국적·나이·형기 등에 따라 수용할 시설 및 구획 등을 구별하는 기준
> 2. 경비처우급: 도주 등의 위험성에 따라 수용시설과 계호의 정도를 구별하고, 범죄성향의 진전과 개선 정도, 교정 성적에 따라 처우 수준을 구별하는 기준
> 3. 개별처우급: 수형자의 개별적인 특성에 따라 중점처우의 내용을 구별하는 기준 15. 교정9
>
> **규칙 제73조 【기본수용급】** 기본수용급은 다음 각 호와 같이 구분한다. 16. 경채☆
> 1. 여성수형자(→ W급)
> 2. 외국인수형자(→ F급)
> 3. 금고형수형자(→ I급)
> 4. 19세 미만의 소년수형자(→ J급)
> 5. 23세 미만의 청년수형자(→ Y급)
> 6. 65세 이상의 노인수형자(→ A급)
> 7. 형기가 10년 이상인 장기수형자(→ L급)
> 8. 정신질환 또는 장애가 있는 수형자(→ M급)
> 9. 신체질환 또는 장애가 있는 수형자(→ P급)
>
> **규칙 제74조 【경비처우급】** ① 경비처우급은 다음 각 호와 같이 구분한다. 23. 교정9
> 1. 개방처우급: 법 제57조 제2항 제1호의 개방시설에 수용되어 가장 높은 수준의 처우가 필요한 수형자(→ S1급)
> 2. 완화경비처우급: 법 제57조 제2항 제2호의 완화경비시설에 수용되어 통상적인 수준보다 높은 수준의 처우가 필요한 수형자(→ S2급)
> 3. 일반경비처우급: 법 제57조 제2항 제3호의 일반경비시설에 수용되어 통상적인 수준의 처우가 필요한 수형자(→ S3급)
> 4. 중경비처우급: 법 제57조 제2항 제4호의 중경비시설에 수용되어 기본적인 처우가 필요한 수형자(→ S4급)

수용자 처우등급체계 정비

종래의 분류급을 처우등급으로 전환하면서 경비급과 처우급을 경비처우급으로 일원화하고 중점급을 개별처우급으로, 수용급을 기본수용급으로 변경하는 등 수용자 처우등급체계를 정비하였다(규칙 제72조).

🏛 **핵심OX**

02 수형자의 처우등급 중 수형자의 개별적인 특성에 따라 중점처우의 내용을 구별하는 기준은 개별처우급이다.　(○, ×)

02 ○

② 경비처우급에 따른 작업 기준은 다음 각 호와 같다. 20. 승진☆

1. 개방처우급: 외부 통근작업 및 개방지역작업* 가능
2. 완화경비처우급: 개방지역작업 및 필요시 외부 통근작업 가능
3. 일반경비처우급: 구내작업 및 필요시 개방지역작업 가능
4. 중경비처우급: 필요시 구내작업 가능

규칙 제76조 【개별처우급】 개별처우급은 다음 각 호와 같이 구분한다. 19. 승진☆

1. **직**업훈련(→ V급)
2. **학**과교육(→ E급)
3. **생**활지도(→ G급)
4. **작업**지도(→ R급)
5. 운영지**원**작업(→ N급)
6. **의**료처우(→ T급)
7. **자**치처우(→ H급)
8. **개**방처우(→ O급)
9. **집**중처우(→ C급)

⭐ **핵심** POINT | **경비처우급의 대상과 작업 기준**

구분	대상	작업 기준
개방 처우급	개방시설에 수용되어 가장 높은 수준의 처우가 필요한 수형자	외부 통근작업 및 개방지역작업 가능
완화경비 처우급	완화경비시설에 수용되어 통상적인 수준보다 높은 수준의 처우가 필요한 수형자	개방지역작업 및 필요 시 외부 통근작업 가능
일반경비 처우급	일반경비시설에 수용되어 통상적인 수준의 처우가 필요한 수형자	구내작업 및 필요 시 개방지역작업 가능
중경비 처우급	중경비시설에 수용되어 기본적인 처우가 필요한 수형자	필요 시 구내작업 가능

5. 외부 전문가의 상담

법 제58조 【외부 전문가의 상담 등】 소장은 수형자의 교화 또는 건전한 사회복귀를 위하여 필요하면 교육학·교정학·범죄학·사회학·심리학·의학 등에 관한 학식 또는 교정에 관한 경험이 풍부한 외부 전문가로 하여금 수형자에 대한 상담·심리치료 또는 생활지도 등을 하게 할 수 있다.

2 분류심사

1 서론

1. 원칙

> **법 제59조【분류심사】** ① 소장은 수형자에 대한 개별처우계획을 합리적으로 수립하고 조정하기 위하여 수형자의 인성, 행동특성 및 자질 등을 과학적으로 조사·측정·평가(이하 '분류심사'라 한다)하여야 한다. 다만, 집행할 형기가 짧거나 그 밖의 특별한 사정이 있는 경우에는 예외로 할 수 있다. 18. 승진☆
> ④ 소장은 분류심사를 위하여 외부 전문가로부터 필요한 의견을 듣거나 외부 전문가에게 조사를 의뢰할 수 있다.

2. 종류

> **법 제59조【분류심사】** ② 수형자의 분류심사는 형이 확정된 경우에 개별처우계획을 수립하기 위하여 하는 심사(→ 신입심사)와 일정한 형기가 지나거나 상벌 또는 그 밖의 사유가 발생한 경우에 개별처우계획을 조정하기 위하여 하는 심사(→ 정기·부정기재심사)로 구분한다. 15. 교정9

3. 관계기관 등에 대한 사실조회

> **법 제60조【관계기관 등에 대한 사실조회 등】** ① 소장은 분류심사와 그 밖에 수용 목적의 달성을 위하여 필요하면 수용자의 가족 등을 면담하거나 법원·경찰관서, 그 밖의 관계 기관 또는 단체(이하 '관계기관 등')에 대하여 필요한 사실을 조회할 수 있다.
> ② 제1항의 조회를 요청받은 관계기관 등의 장은 특별한 사정이 없으면 지체 없이 그에 관하여 답하여야 한다.

4. 분류전담시설

> **법 제61조【분류전담시설】** 법무부장관은 수형자를 과학적으로 분류하기 위하여 분류심사를 전담하는 교정시설을 지정·운영할 수 있다. 15. 교정9
>
> **영 제86조【분류전담시설】** 법무부장관은 법 제61조의 분류심사를 전담하는 교정시설을 지정·운영하는 경우에는 지방교정청별로 1개소 이상이 되도록 하여야 한다. 19. 교정9
>
> **규칙 제96조의2【분류전담시설】** ① 법 제61조 및 영 제86조에 따른 분류심사를 전담하는 교정시설(이하 이 절에서 "분류전담시설"이라 한다)의 장은 범죄의 피해가 중대하고 재범의 위험성이 높은 수형자(이하 이 절에서 "고위험군 수형자"라 한다)의 개별처우계획을 수립·조정하기 위해 고위험군 수형자의 개별적 특성과 재범의 위험성 등을 면밀히 분석·평가하기 위한 분류심사(이하 이 절에서 "정밀분류심사"라 한다)를 실시할 수 있다.

🏛 **핵심OX**

03 수형자의 분류심사는 형이 확정된 경우에 개별처우계획을 수립하기 위하여 하는 심사와 일정한 형기가 지나거나 상벌 또는 그 밖의 사유가 발생한 경우에 개별처우계획을 조정하기 위하여 하는 심사로 구분한다. (○, ×)

04 법무부장관은 수형자를 과학적으로 분류하기 위하여 분류심사를 전담하는 교정시설을 지정·운영할 수 있다. (○, ×)

03 ○
04 ○

② 분류전담시설의 장은 정밀분류심사를 실시한 고위험군 수형자의 개별처우계획 이행 여부를 지속적으로 평가해야 한다.

[본조신설 2024.2.8.]

2 분류심사 제외 및 유예

* 종래에는 분류심사 대상에서 '제외할 수 있다'고 규정되어 있었다(규칙 제62조 제1항).

분류심사 제외 대상
'노역장유치명령을 받은 사람'에 대해서도 분류심사를 실시하여 처우등급에 따른 적절한 처우 및 처우상향의 기회를 부여하도록 분류심사 제외 대상에서 삭제되었다(규칙 제62조 제1항 제3호).

규칙 제62조 【분류심사 제외 및 유예】 ① 다음 각 호의 사람에 대해서는 분류심사를 하지 아니한다.* 22. 교정9☆
1. 징역형 · 금고형이 확정된 사람으로서 집행할 형기가 형집행지휘서 접수일부터 3개월 미만인 사람
2. 구류형이 확정된 사람
3. 삭제(← 노역장유치명령을 받은 사람)
② 소장은 수형자가 다음 각 호의 어느 하나에 해당하는 사유가 있으면 분류심사를 유예한다. 23. 교정7☆
1. 질병 등으로 분류심사가 곤란한 때
2. 법 제107조 제1호부터 제5호까지의 규정에 해당하는 행위 및 이 규칙 제214조 각 호에 해당하는 행위(이하 '징벌 대상행위'라 한다)의 혐의가 있어 조사 중이거나 징벌집행 중인 때
3. 그 밖의 사유로 분류심사가 특히 곤란하다고 인정하는 때
③ 소장은 제2항 각 호(→ 분류심사 유예)에 해당하는 사유가 소멸한 경우에는 지체 없이 분류심사를 하여야 한다. 다만, 집행할 형기가 사유 소멸일부터 3개월 미만인 경우에는 분류심사를 하지 아니한다.* 22. 교정9☆

* 종래에는 분류심사를 하지 '아니할 수 있다'고 규정되어 있었다(규칙 제62조 제3항 단서).

★ **핵심 POINT** | 분류심사 제외사유와 유예사유의 구별

분류심사 제외사유	• 징역형 · 금고형이 확정 + 집행할 형기가 3개월 미만인 경우 • 구류형이 확정된 경우
분류심사 유예사유	• 질병 등으로 분류심사가 곤란한 경우 • 징벌 대상행위의 혐의가 있어 조사 중 또는 징벌집행 중인 경우 • 기타 분류심사가 특히 곤란한 경우

3 분류심사사항

> **규칙 제63조 【분류심사사항】** 분류심사사항은 다음 각 호와 같다. 18. 승진☆
> 1. <u>처우등급</u>에 관한 사항
> 2. 작업, 직업훈련, 교육 및 교화 프로그램 등의 <u>처우**방**침</u>에 관한 사항
> 3. 보안상의 <u>위험도</u> 측정 및 <u>거실</u> 지정 등에 관한 사항
> 4. <u>보건</u> 및 <u>위생</u>관리에 관한 사항
> 5. <u>이송</u>에 관한 사항
> 6. <u>가석방</u> 및 <u>귀휴</u>심사에 관한 사항
> 7. <u>석방</u> 후의 생활계획에 관한 사항
> 8. 그 밖에 수형자의 처우 및 관리에 관한 사항

📖 선생님 TIP

분류심사사항
거실/보건/위생/이/등/가/석/방/귀휴/
위험

4 신입심사와 재심사

1. 신입심사

> **규칙 제64조 【신입심사시기】** 개별처우계획을 수립하기 위한 분류심사(이하 '신입심사'
> 라 한다)는 매월 초일부터 말일까지 형집행지휘서가 접수된 수형자를 <u>대상</u>으로 하
> 며, <u>그 다음 달까지 완료</u>하여야 한다. 다만, 특별한 사유가 있는 경우에는 그 기간
> 을 연장할 수 있다. 20. 승진☆

2. 재심사

(1) 구분

> **규칙 제65조 【재심사의 구분】** 개별처우계획을 조정할 것인지를 결정하기 위한 분
> 류심사(이하 '재심사'라 한다)는 다음 각 호와 같이 구분한다. 23. 교정7☆
> 1. <u>정기재심사</u>: 일정한 형기가 도달한 때 하는 재심사
> 2. <u>부정기재심사</u>: 상벌 또는 그 밖의 사유가 발생한 경우에 하는 재심사

(2) 정기재심사

> **규칙 제66조 【정기재심사】** ① 정기재심사는 다음 각 호의 어느 하나에 해당하는
> 경우에 한다. 다만, 형집행지휘서가 접수된 날부터 6개월이 지나지 아니한 경
> 우에는 그러하지 아니하다. 23. 교정7☆
> 1. 형기의 <u>3분의 1</u>에 도달한 때(→ 2/6)
> 2. 형기의 <u>2분의 1</u>에 도달한 때(→ 3/6)
> 3. 형기의 <u>3분의 2</u>에 도달한 때(→ 4/6)
> 4. 형기의 <u>6분의 5</u>에 도달한 때(→ 5/6)
> ② 부정기형의 재심사시기는 <u>단기형</u>을 기준으로 한다. 23. 교정7☆
> ③ 무기형과 <u>20년</u>을 초과하는 징역형·금고형의 재심사시기를 산정하는 경우
> 에는 그 형기를 <u>20년</u>으로 본다. 22. 교정9☆

③ 무기형과 20년을 초과하는 징역형 · 금고형의 재심사시기를 산정하는 경우에는 그 형기를 20년으로 본다. 22. 교정9☆
④ 2개 이상의 징역형 또는 금고형을 집행하는 수형자의 재심사시기를 산정하는 경우에는 그 형기를 합산한다. 다만, 합산한 형기가 20년을 초과하는 경우에는 그 형기를 20년으로 본다. 19. 승진☆

(3) 부정기재심사

규칙 제67조【부정기재심사】 부정기재심사는 다음 각 호의 어느 하나에 해당하는 경우에 할 수 있다. 22. 교정9☆
1. 분류심사에 오류가 있음이 발견된 때
2. 수형자가 교정사고(교정시설에서 발생하는 화재, 수용자의 자살 · 도주 · 폭행 · 소란, 그 밖에 사람의 생명 · 신체를 해하거나 교정시설의 안전과 질서를 위태롭게 하는 사고를 말한다. 이하 같다)의 예방에 뚜렷한 공로가 있는 때
3. 수형자를 징벌하기로 의결한 때*
4. 수형자가 집행유예의 실효 또는 추가사건(현재 수용의 근거가 된 사건 외의 형사사건을 말한다. 이하 같다)으로 금고 이상의 형이 확정된 때*
5. 수형자가 「숙련기술장려법」 제20조 제2항에 따른 전국기능경기대회 입상, 기사 이상의 자격취득, 학사 이상의 학위를 취득한 때
6. 삭제(← 가석방 심사와 관련하여 필요한 때)
7. 그 밖에 수형자의 수용 또는 처우의 조정이 필요한 때

(4) 재심사시기와 경비처우급의 조정

규칙 제68조【재심사시기 등】 ① 소장은 재심사를 할 때에는 그 사유가 발생한 달의 다음 달까지 완료하여야 한다. 17. 교정7☆
② 재심사에 따라 제74조의 경비처우급을 조정할 필요가 있는 경우에는 한 단계의 범위에서 조정한다. 다만, 수용 및 처우를 위하여 특히 필요한 경우에는 두 단계의 범위에서 조정할 수 있다. 20. 교정7

5 분류조사 및 분류검사

1. 분류조사

(1) 의의

법 제59조【분류심사】 ③ 소장은 분류심사를 위하여 수형자를 대상으로 상담 등을 통한 신상에 관한 개별사안의 조사, 심리 · 지능 · 적성 검사, 그 밖에 필요한 검사를 할 수 있다. 19. 교정9☆

(2) 신입심사 시의 분류조사사항

> 규칙 제69조 【분류조사사항】 ① 신입심사를 할 때에는 다음 각 호의 사항을 조사한다.
> 1. 성장 과정
> 2. 학력 및 직업경력
> 3. 생활환경
> 4. 건강상태 및 병력사항
> 5. 심리적 특성
> 6. 마약·알코올 등 약물중독 경력
> 7. 가족 관계 및 보호자 관계
> 8. 범죄경력 및 범행내용
> 9. 폭력조직 가담 여부 및 정도
> 10. 교정시설 총 수용기간
> 11. 교정시설 수용(과거에 수용된 경우를 포함) 중에 받은 징벌 관련 사항
> 12. 도주(음모, 예비 또는 미수에 그친 경우를 포함) 또는 자살기도 유무와 횟수
> 13. 상담관찰 사항
> 14. 수용생활태도
> 15. 범죄피해의 회복 노력 및 정도
> 16. 석방 후의 생활계획
> 17. 재범의 위험성
> 18. 처우계획 수립에 관한 사항
> 19. 그 밖에 수형자의 처우 및 관리에 필요한 사항

(3) 재심사 시의 분류조사사항

> 규칙 제69조 【분류조사사항】 ② 재심사를 할 때에는 제1항 각 호의 사항 중 변동된 사항과 다음 각 호의 사항을 조사한다.
> 1. 교정사고 유발 및 징벌 관련 사항
> 2. 제77조의 소득점수를 포함한 교정처우의 성과
> 3. 교정사고 예방 등 공적 사항
> 4. 추가사건 유무
> 5. 재범의 위험성
> 6. 처우계획 변경에 관한 사항
> 7. 그 밖에 재심사를 위하여 필요한 사항

(4) 분류조사방법

> 규칙 제70조 【분류조사방법】 분류조사의 방법은 다음 각 호와 같다. 23. 교정7☆
> 1. 수용기록 확인 및 수형자와의 상담
> 2. 수형자의 가족 등과의 면담
> 3. 검찰청, 경찰서, 그 밖의 관계기관에 대한 사실조회
> 4. 외부 전문가에 대한 의견조회
> 5. 그 밖에 효율적인 분류심사를 위하여 필요하다고 인정되는 방법

선생님 TIP

재심사 시의 분류조사사항
변/소/동/사/추/위/예/방

2. 분류검사

(1) 의의

> **규칙 제71조【분류검사】** ① 소장은 분류심사를 위하여 <u>수형자의 인성, 지능, 적성 등의 특성을 측정·진단하기 위한</u> 검사를 할 수 있다. 23. 교정7

(2) 내용

> **규칙 제71조【분류검사】** ② 인성검사는 <u>신입심사 대상자 및 그 밖에 처우상 필요한 수형자를 대상으로 한다.</u> 다만, 수형자가 다음 각 호의 어느 하나에 해당하면 인성검사를 <u>하지 아니할 수 있다.</u> 23. 교정7
> 1. 제62조 제2항에 따라 <u>분류심사가 유예된 때</u>(→ '분류심사 대상에서 제외된 때'가 아님)
> 2. 그 밖에 <u>인성검사가 곤란하거나 불필요</u>하다고 인정되는 사유가 있는 때
> ③ 이해력의 현저한 부족 등으로 인하여 인성검사를 하지 아니한 경우에는 상담 내용과 관련 서류를 토대로 인성을 판정하여 경비처우급 분류지표를 결정할 수 있다.
> ④ 지능 및 적성검사는 제2항 각 호의 어느 하나에 해당하지 아니하는 <u>신입심사 대상자로서 집행할 형기가 형집행지휘서 접수일부터 1년 이상이고 나이가 35세 이하인 경우에 한다.</u> 다만, 직업훈련 또는 그 밖의 처우를 위하여 특히 필요한 경우에는 예외로 할 수 있다.

6 소득점수

1. 산정

> **규칙 제77조【소득점수】** 소득점수는 다음 각 호의 범위에서 산정한다. 18. 승진☆
> 1. <u>수형생활 태도: 5점 이내</u>
> 2. <u>작업 또는 교육 성적: 5점 이내</u>

2. 평가기간 및 방법

> **규칙 제78조【소득점수 평가기간 및 방법】** ① 소장은 수형자(제62조에 따라 <u>분류심사에서 제외되거나 유예되는 사람은 제외</u>한다)의 소득점수를 별지 제1호 서식의 소득점수 평가 및 통지서에 따라 <u>매월 평가</u>하여야 한다. 이 경우 <u>대상기간은 매월 초일부터 말일까지로 한다.</u>
> ② 수형자의 소득점수 평가방법은 다음 각 호로 구분한다. 15. 교정7
> 1. 수형생활 태도: 품행·책임감 및 협동심의 정도에 따라 매우 양호(수, 5점)·양호(우, 4점)·보통(미, 3점)·개선요망(양, 2점)·불량(가, 1점)으로 구분하여 채점한다.
> 2. 작업 또는 교육 성적: 법 제63조·제65조에 따라 부과된 작업·교육의 실적 정도와 근면성 등에 따라 매우 우수(수, 5점)·우수(우, 4점)·보통(미, 3점)·노력요망(양, 2점)·불량(가, 1점)으로 구분하여 채점한다.

③ 제2항에 따라 수형자의 작업 또는 교육 성적을 평가하는 경우에는 작업 숙련도, 기술력, 작업기간, 교육태도, 시험성적 등을 고려할 수 있다.

④ 보안·작업 담당교도관 및 <u>수용관리팀</u>(교정시설의 효율적인 운영과 수용자의 적정한 관리 및 처우를 위하여 수용사동별 또는 작업장별로 나누어진 교정시설 안의 일정한 구역을 관리하는 단위조직을 말한다. 이하 같다)의 <u>팀장</u>은 서로 협의하여 소득점수 평가 및 통지서에 해당 수형자에 대한 매월 초일부터 말일까지의 <u>소득점수를 채점한다.</u> 〈개정 2024.2.8.〉

3. 평가 기준

<u>규칙 제79조【소득점수 평가 기준】</u>① 수형생활 태도점수와 작업 또는 교육성적점수는 제78조 제2항의 방법에 따라 채점하되, <u>수</u>는 소속 작업장 또는 교육장 전체 인원의 <u>10퍼센트</u>를 초과할 수 없고, <u>우</u>는 <u>30퍼센트</u>를 초과할 수 없다. 다만, 작업장 또는 교육장 전체 인원이 <u>4명 이하</u>인 경우에는 수·우를 <u>각각 1명</u>으로 채점할 수 있다.
20. 승진☆

② 소장이 작업장 중 작업의 특성이나 난이도 등을 고려하여 필수 작업장으로 지정하는 경우 소득점수의 <u>수</u>는 5퍼센트 이내, <u>우</u>는 10퍼센트 이내의 범위에서 각각 확대할 수 있다.

③ 소장은 수형자가 부상이나 질병, 그 밖의 부득이한 사유로 작업 또는 교육을 받지 못한 경우에는 3점 이내의 범위에서 작업 또는 교육 성적을 부여할 수 있다. 18. 승진

4. 평정

<u>규칙 제80조【소득점수 평정 등】</u>① 소장은 제66조 및 제67조에 따라 <u>재심사</u>를 하는 경우에는 그때마다 제78조에 따라 평가한 수형자의 <u>소득점수</u>를 평정하여 <u>경비처우급을 조정할 것인지</u>를 고려하여야 한다. 다만, 부정기재심사의 소득점수 평정 대상기간은 사유가 발생한 달까지로 한다.

② 제1항에 따라 소득점수를 평정하는 경우에는 평정 대상기간 동안 매월 평가된 소득점수를 합산하여 평정 대상기간의 개월 수로 나누어 얻은 점수(이하 '평정소득점수'라 한다)로 한다. 15. 교정7

🏛 **핵심OX**

05 수형생활 태도점수와 작업 또는 교육성적점수를 채점하는 경우에 수는 소속 작업장 또는 교육장 전체 인원의 10퍼센트를 초과할 수 없고, 우는 30퍼센트를 초과할 수 없으나, 작업장 또는 교육장 전체 인원이 4명 이하인 경우에는 수·우를 각각 1명으로 채점할 수 있다.
(○, ×)

05 ○

7 처우등급의 조정

1. 경비처우급 조정

> **규칙 제81조 【경비처우급 조정】** 경비처우급을 상향 또는 하향 조정하기 위하여 고려할 수 있는 <u>평정소득점수의 기준</u>은 다음 각 호와 같다. 다만, <u>수용 및 처우를 위하여 특히 필요한 경우</u> 법무부장관이 달리 정할 수 있다. 18. 교정9☆
> 1. <u>상향 조정</u>: <u>8점 이상</u>[제66조 제1항 제4호(→ 형기의 6분의 5에 도달한 때)에 따른 재심사의 경우에는 <u>7점 이상</u>]
> 2. <u>하향 조정</u>: <u>5점 이하</u> 20. 교정7

2. 조정된 처우등급의 처우

> **규칙 제82조 【조정된 처우등급의 처우 등】** ① 조정된 처우등급에 따른 처우는 <u>그 조정이 확정된 다음 날부터 한다.</u> 이 경우 조정된 처우등급은 그 달 초일부터 적용된 것으로 본다. 19. 승진☆
> ② 소장은 수형자의 <u>경비처우급을 조정한 경우</u>에는 <u>지체 없이</u> 해당 수형자에게 그 사항을 알려야 한다. 20. 교정7

3. 처우등급별 수용

> **규칙 제83조 【처우등급별 수용 등】** ① 소장은 수형자를 <u>기본수용급별·경비처우급별로 구분하여 수용하여야 한다.</u> 다만, 처우상 특히 필요하거나 시설의 여건상 부득이한 경우에는 <u>기본수용급·경비처우급이 다른 수형자를 함께 수용하여 처우할 수 있다.</u> 20. 교정7☆
> ② 소장은 제1항에 따라 수형자를 수용하는 경우 <u>개별처우의 효과를 증진</u>하기 위하여 <u>경비처우급·개별처우급이 같은 수형자 집단으로 수용하여 처우할 수 있다.</u> 20. 교정7

8 분류처우위원회

1. 설치·구성

> **법 제62조 【분류처우위원회】** ① 수형자의 개별처우계획, 가석방심사신청 대상자 선정, 그 밖에 수형자의 분류처우에 관한 중요 사항을 심의·의결하기 위하여 <u>교정시설</u>에 분류처우위원회(이하 이 조에서 '위원회'라 한다)를 둔다. 23. 교정9☆
> ② 위원회는 위원장을 포함한 <u>5명 이상 7명 이하</u>의 위원으로 구성하고, <u>위원장은 소장이 되며</u>, <u>위원은 위원장이 소속 기관의 부소장 및 과장(지소의 경우에는 7급 이상의 교도관)* 중에서 임명한다.</u> 23. 교정9☆
>
> **규칙 제97조 【심의·의결 대상】** 법 제62조의 분류처우위원회(이하 이 절에서 '위원회'라 한다)는 다음 각 호의 사항을 심의·의결한다. 19. 승진☆
> 1. <u>처우등급 판단 등 분류심사에 관한 사항</u>

2. 소득점수 등의 평가 및 평정에 관한 사항

3. 수형자 처우와 관련하여 소장이 심의를 요구한 사항

4. 가석방 적격심사 신청 대상자 선정 등에 관한 사항

5. 그 밖에 수형자의 수용 및 처우에 관한 사항

2. 기타 관련 규정

법 제62조【분류처우위원회】 ③ 위원회는 그 심의·의결을 위하여 <u>외부 전문가로부터 의견을 들을 수 있다.</u> 23. 교정9

④ 이 법에 규정된 사항 외에 위원회에 관하여 필요한 사항은 법무부령으로 정한다.

규칙 제98조【위원장의 직무】 ① 위원장은 위원회를 소집하고 위원회의 사무를 총괄한다.

② 위원장이 부득이한 사유로 그 직무를 수행할 수 없을 때에는 <u>위원장이 미리 지정한 위원이 그 직무를 대행</u>할 수 있다.

규칙 제99조【회의】 ① 위원회의 회의는 <u>매월 10일</u>에 개최한다. 다만, 위원회의 회의를 개최하는 날이 토요일, 공휴일, 그 밖에 법무부장관이 정한 휴무일일 때에는 그 다음 날에 개최한다.

② 위원장은 수형자의 처우와 관련하여 필요한 경우에는 임시회의를 개최할 수 있다.

③ 위원회의 회의는 <u>재적위원 3분의 2 이상의 출석으로 개의하고, 출석위원 과반수의 찬성으로 의결한다.</u> 19. 승진☆

규칙 제100조【간사】 ① 위원회의 사무를 처리하기 위하여 <u>분류심사 업무를 담당하는 교도관 중에서 간사 1명을 둔다.</u>

규칙 제100조의2【분류전담시설에 두는 위원회】 제97조부터 제100조까지의 규정에도 불구하고 법무부장관은 <u>분류전담시설에 두는 위원회의 심의·의결 대상 및 개최시기 등을 달리 정할 수 있다.</u>

[본조신설 2024.2.8.]

🔨 **관련 판례** | **수용자 처우등급 분류심사 위헌확인**

<u>수용자에 대한 분류심사는</u> 수용자의 개별적인 요청이나 희망에 따라 행하여지는 것이 아니라 행형기관의 교정정책 또는 형사정책적 판단에 따라 이루어지는 재량적 조치로서, 청구인이 <u>분류심사에서 어떠한 처우등급을 받을 것인지 여부는 행형기관의 재량적 판단에 달려 있고, 청구인에게 등급의 상향조정을 청구할 권리가 있는 것이 아니다.</u> 따라서 행형기관이 청구인에 대한 분류심사를 함에 있어 청구인의 과거 범죄전력을 반영하여 낮은 처우등급으로 결정하였다고 하더라도 이러한 분류심사행위는 행형기관이 여러 고려 사항들을 반영하여 결정하는 재량적 조치로서, 청구인의 법률관계나 법적 지위를 직접적이고 구체적으로 불리하게 변경시키는 것이라고 할 수 없으므로 헌법소원심판의 대상이 되는 공권력의 행사에 해당한다고 할 수 없다. [헌재 2018. 5.29, 2018헌마458] 19. 승진

9 현행법령상 경비처우급에 따른 처우

규칙 제84조 【물품지급】 ① 소장은 수형자의 경비처우급에 따라 물품에 차이를 두어 지급할 수 있다. 다만, 주·부식, 음료, 그 밖에 건강유지에 필요한 물품은 그러하지 아니하다. 20. 승진☆

② 제1항에 따라 의류를 지급하는 경우 수형자가 개방처우급인 경우에는 색상, 디자인 등을 다르게 할 수 있다. 18. 승진☆

규칙 제85조 【봉사원 선정】 ① 소장은 개방처우급·완화경비처우급·일반경비처우급 수형자로서 교정성적, 나이, 인성 등을 고려하여 다른 수형자의 모범이 된다고 인정되는 경우에는 봉사원으로 선정하여 담당교도관의 사무처리와 그 밖의 업무를 보조하게 할 수 있다. 20. 승진☆

② 소장은 봉사원의 활동기간을 1년 이하로 정하되, 필요한 경우에는 그 기간을 연장할 수 있다(→ 횟수 제한 없음).

③ 소장은 봉사원의 활동과 역할 수행이 부적당하다고 인정하는 경우에는 그 선정을 취소할 수 있다.

④ 제1항부터 제3항까지에서 규정한 사항 외에 봉사원 선정, 기간연장 및 선정취소 등에 필요한 사항은 법무부장관이 정한다. 〈개정 2024.2.8.〉 13. 교정9

규칙 제86조 【자치생활】 ① 소장은 개방처우급·완화경비처우급 수형자에게 자치생활을 허가할 수 있다. 20. 승진☆

② 수형자 자치생활의 범위는 인원점검, 취미활동, 일정한 구역 안에서의 생활 등으로 한다(→ 부분자치제). 18. 승진☆

③ 소장은 자치생활 수형자들이 교육실, 강당 등 적당한 장소에서 월 1회 이상 토론회를 할 수 있도록 하여야 한다. 20. 승진☆

④ 소장은 자치생활 수형자가 법무부장관 또는 소장이 정하는 자치생활 중 지켜야 할 사항을 위반한 경우에는 자치생활 허가를 취소할 수 있다. 12. 교정9☆

규칙 제87조 【접견】 ① 수형자의 경비처우급별 접견의 허용 횟수는 다음 각 호와 같다. 18. 승진☆

1. 개방처우급: 1일 1회
2. 완화경비처우급: 월 6회
3. 일반경비처우급: 월 5회
4. 중경비처우급: 월 4회

② 제1항 제2호부터 제4호까지의 경우 접견은 1일 1회만 허용한다. 다만, 처우상 특히 필요한 경우에는 그러하지 아니하다. 16. 교정7

③ 소장은 교화 및 처우상 특히 필요한 경우에는 수용자가 다른 교정시설의 수용자와 통신망을 이용하여 화상으로 접견하는 것(이하 '화상접견'이라 한다)을 허가할 수 있다. 이 경우 화상접견은 제1항의 접견 허용 횟수에 포함한다. 23. 교정7☆

규칙 제88조 【접견 장소】 소장은 개방처우급 수형자에 대하여는 법무부장관이 정하는 바에 따라 접촉차단시설이 설치된 장소 외의 적당한 곳에서 접견을 실시할 수 있다. 다만, 처우상 특히 필요하다고 인정하는 경우에는 그 밖의 수형자(→ 완화·일반·중경비처우급 수형자)에 대하여도 이를 허용할 수 있다. 13. 교정9☆

규칙 제89조 【가족 만남의 날 행사 등】 ① 소장은 개방처우급·완화경비처우급 수형자에 대하여 가족 만남의 날 행사에 참여하게 하거나 가족 만남의 집을 이용하게 할 수 있다. 이 경우 제87조의 접견 허용 횟수에는 포함되지 아니한다. 23. 교정7☆

③ 소장은 제1항에도 불구하고 교화를 위하여 특히 필요한 경우에는 일반경비처우급 수형자에 대하여도 가족 만남의 날 행사 참여 또는 가족 만남의 집 이용을 허가할 수 있다. 24. 교정9☆

규칙 제90조 【전화통화의 허용 횟수】 ① 수형자의 경비처우급별 전화통화의 허용 횟수는 다음 각 호와 같다. 〈개정 2024.2.8.〉 24. 교정9☆

1. 개방처우급: 월 20회(← 5회) 이내

2. 완화경비처우급: 월 10회(← 3회) 이내

3. 일반경비처우급: 월 5회 이내

4. 중(重)경비처우급: 처우상 특히 필요한 경우 월 2회 이내

② 소장은 제1항에도 불구하고 처우상 특히 필요한 경우에는 개방처우급·완화경비처우급·일반경비처우급(← 개방처우급·완화경비처우급) 수형자의 전화통화 허용 횟수를 늘릴 수 있다. 〈개정 2024.2.8.〉

③ 제1항 각 호의 경우 전화통화는 1일 1회만 허용한다. 다만, 처우상 특히 필요한 경우에는 그러하지 아니하다.

규칙 제91조 【경기 또는 오락회 개최 등】 ① 소장은 개방처우급·완화경비처우급 또는 자치생활 수형자에 대하여 월 2회 이내에서 경기 또는 오락회를 개최하게 할 수 있다. 다만, 소년수형자에 대하여는 그 횟수를 늘릴 수 있다. 24. 교정9☆

규칙 제92조 【사회적 처우】 ① 소장은 개방처우급·완화경비처우급 수형자에 대하여 교정시설 밖에서 이루어지는 다음 각 호에 해당하는 활동을 허가할 수 있다. 다만, 처우상 특히 필요한 경우에는 일반경비처우급 수형자에게도 이를 허가할 수 있다. 18. 승진☆

1. 사회견학

2. 사회봉사

3. 자신이 신봉하는 종교행사 참석

4. 연극, 영화, 그 밖의 문화공연 관람

규칙 제93조 【중간처우】 ① 소장은 개방처우급 혹은 완화경비처우급 수형자가 다음 각 호의 사유에 모두 해당하는 경우에는 교정시설에 설치된 개방시설에 수용하여 사회 적응에 필요한 교육, 취업지원 등 적정한 처우를 할 수 있다. 〈개정 2024.2.8.〉 22. 교정7☆

1. 형기가 2년(← 3년)인 사람

2. 범죄 횟수가 3회(← 2회) 이하인 사람

3. 중간처우를 받는 날부터 가석방 또는 형기 종료 예정일까지 기간이 3개월 이상 2년 6개월 미만(← 1년 6개월 이하)인 사람

② 소장은 제1항에 따른 처우의 대상자 중 다음 각 호의 사유에 모두 해당하는 수형자에 대해서는 지역사회에 설치된 개방시설에 수용하여 제1항에 따른 처우를 할 수 있다. 〈개정 2024.2.8.〉 19. 교정7

1. 범죄 횟수가 1회인 사람

2. 중간처우를 받는 날부터 가석방 또는 형기 종료 예정일까지의 기간이 1년 6개월 미만인 사람

🏛 핵심OX

07 소장은 교화 및 처우상 특히 필요한 경우에는 수용자가 다른 교정시설의 수용자와 통신망을 이용하여 화상으로 접견하는 것을 허가할 수 있다. (O, X)

07 ○

규칙 제94조 【작업ㆍ교육 등의 지도보조】 소장은 수형자가 개방처우급 또는 완화경비처우급으로서 작업ㆍ교육 등의 성적이 우수하고 관련 기술이 있는 경우에는 교도관의 작업지도를 보조하게 할 수 있다. 20. 승진☆

규칙 제95조 【개인작업】 ① 소장은 수형자가 개방처우급 또는 완화경비처우급으로서 작업기술이 탁월하고 작업성적이 우수한 경우에는 수형자 자신을 위한 개인작업을 하게 할 수 있다. 이 경우 개인작업시간은 교도작업에 지장을 주지 아니하는 범위에서 1일 2시간 이내로 한다. 24. 교정9☆
② 소장은 제1항에 따라 개인작업을 하는 수형자에게 개인작업 용구를 사용하게 할 수 있다. 이 경우 작업용구는 특정한 용기에 보관하도록 하여야 한다. 24. 교정9
③ 제1항의 개인작업에 필요한 작업재료 등의 구입비용은 수형자가 부담한다. 다만, 처우상 필요한 경우에는 예산의 범위에서 그 비용을 지원할 수 있다. 24. 교정9☆

규칙 제96조 【외부 직업훈련】 ① 소장은 수형자가 개방처우급 또는 완화경비처우급으로서 직업능력 향상을 위하여 특히 필요한 경우에는 교정시설 외부의 공공기관 또는 기업체 등에서 운영하는 직업훈련을 받게 할 수 있다. 22. 교정9☆
② 제1항에 따른 직업훈련의 비용은 수형자가 부담한다. 다만, 처우상 특히 필요한 경우에는 예산의 범위에서 그 비용을 지원할 수 있다. 16. 교정7☆

규칙 제111조 【방송통신대학 과정 설치 및 운영】 ② 소장은 제110조 제2항 각 호의 요건[→ 고등학교 졸업 등 학력, 형기의 3분의 1(7년), 집행할 형기가 2년 이상]을 갖춘 개방처우급ㆍ완화경비처우급ㆍ일반경비처우급 수형자가 제1항의 방송통신대학 교육 과정에 지원하여 합격한 경우에는 교육 대상자로 선발할 수 있다. 13. 교정9☆

규칙 제112조 【전문대학 위탁교육 과정 설치 및 운영】 ② 소장은 제110조 제2항 각 호의 요건을 갖춘 개방처우급ㆍ완화경비처우급ㆍ일반경비처우급 수형자가 제1항의 전문대학 위탁교육 과정에 지원하여 합격한 경우에는 교육 대상자로 선발할 수 있다. 13. 교정9

규칙 제113조 【정보화 및 외국어 교육 과정 설치 및 운영 등】 ② 소장은 개방처우급ㆍ완화경비처우급ㆍ일반경비처우급 수형자에게 다문화 시대에 대처할 수 있는 교육기회를 부여하기 위하여 외국어 교육 과정을 설치ㆍ운영할 수 있다. 18. 승진

규칙 제120조 【선정 기준】 ① 외부 기업체에 통근하며 작업하는 수형자는 다음 각 호의 요건을 갖춘 수형자 중에서 선정한다. 22. 교정7☆
1. 18세 이상 65세 미만일 것
2. 해당 작업 수행에 건강상 장애가 없을 것
3. 개방처우급ㆍ완화경비처우급에 해당할 것 22. 교정9☆
4. 가족ㆍ친지 또는 법 제130조의 교정위원(이하 '교정위원'이라 한다) 등과 접견ㆍ편지수수ㆍ전화통화 등으로 연락하고 있을 것
5. 집행할 형기가 7년 미만이고 가석방이 제한되지 아니할 것
6. 삭제
② 교정시설 안에 설치된 외부 기업체의 작업장에 통근하며 작업하는 수형자는 제1항 제1호부터 제4호까지의 요건(같은 항 제3호의 요건의 경우에는 일반경비처우급에 해당하는 수형자도 포함한다)을 갖춘 수형자로서 집행할 형기가 10년 미만이거나 형기기산일부터 10년 이상이 지난 수형자 중에서 선정한다. 20. 승진☆
③ 소장은 제1항 및 제2항에도 불구하고 작업 부과 또는 교화를 위하여 특히 필요하다고 인정하는 경우에는 제1항 및 제2항의 수형자 외의 수형자에 대하여도 외부 통근자로 선정할 수 있다. 20. 승진

★ 핵심 POINT │ 경비처우급에 따른 처우의 구분

개방	• 의류의 색상 및 디자인 변경 가능(규칙 제84조 제2항) • 접촉차단시설이 설치된 장소 외의 적당한 곳에서 접견 실시(필요 시 그 밖의 수용자에게 허용)(규칙 제88조)
개방, 완화	• 중간처우(규칙 제93조) • 작업 · 교육 지도보조(규칙 제94조) • 개인작업(규칙 제95조) • 외부 직업훈련(규칙 제96조) • 자치생활 허가(규칙 제86조 제1항) • 경기 또는 오락회 개최(자치생활 수형자도 대상)(규칙 제91조 제1항) • 외부 기업체에 통근(원칙)(규칙 제120조 제1항)
개방, 완화, 필요 시 일반	• 일반귀휴(규칙 제129조 제2항) • 가족 만남의 날 행사 참여, 가족 만남의 집 이용(규칙 제89조 제1항) • 사회적 처우(사회견학, 사회봉사, 신봉하는 종교행사 참석, 연극 · 영화 그 밖의 문화공연 관람)(규칙 제92조 제1항)
개방, 완화, 일반	• 봉사원 선정(규칙 제85조 제1항) • 교정시설 안에 설치된 외부 기업체 작업장에 통근(규칙 제120조 제2항) • 방송통신대학 과정, 전문대학 위탁교육 과정, 외국어 교육 과정(규칙 제111조 제2항, 규칙 제112조 제2항, 규칙 제113조 제2항)
차등	• 접견(개방: 1일 1회, 완화: 월 6회, 일반: 월 5회, 중: 월 4회)(규칙 제87조 제1항) • 전화통화 허용(개방: 월 20회 이내, 완화: 월 10회 이내, 일반: 월 5회 이내, 중: 처우상 특히 필요한 경우 월 2회 이내)(규칙 제90조 제1항) • 물품지급(규칙 제84조 제1항)

01 소장은 형집행정지 중인 사람이 기간만료로 재수용된 경우에는 석방 당시와 동일한 처우등급을 부여한다. 19. 교정7
( )

02 소장은 형집행정지 중이거나 가석방기간 중에 있는 사람이 형사사건으로 재수용되어 형이 확정된 경우에는 석방당시와 동일한 처우등급을 부여한다. 20. 승진
( )

03 개방시설에 수용되어 가장 낮은 수준의 처우가 필요한 수형자는 개방처우급으로 구분한다. 23. 교정9 ( )

04 완화경비시설에 수용되어 통상적인 수준보다 낮은 수준의 처우가 필요한 수형자는 완화경비처우급으로 구분한다.
23. 교정9
( )

05 일반경비시설에 수용되어 통상적인 수준의 처우가 필요한 수형자는 일반경비처우급으로 구분한다. 23. 교정9 ( )

06 중(重)경비시설에 수용되어 가장 높은 수준의 처우가 필요한 수형자는 중(重)경비처우급으로 구분한다. 23. 교정9
( )

07 법무부장관은 분류심사를 전담하는 교정시설을 지정 · 운영하는 경우에는 지방교정청별로 2개소 이상이 되도록 하여야 한다. 19. 교정9
( )

정답

01 ✕ 석방 당시와 동일한 처우등급을 부여'할 수 있다'(규칙 제60조 제2항).

02 ✕ '개별처우계획을 새로 수립하여야 한다'(규칙 제60조 제4항).

03 ✕ 개방처우급은 개방시설에 수용되어 '가장 높은 수준의 처우'가 필요한 수형자이다(규칙 제74조 제1항 제1호).

04 ✕ 완화경비처우급은 완화경비시설에 수용되어 '통상적인 수준보다 높은 수준의 처우'가 필요한 수형자이다(규칙 제74조 제1항 제2호).

05 ○ 규칙 제74조 제1항 제3호

06 ✕ 중경비처우급은 중경비시설에 수용되어 '기본적인 처우'가 필요한 수형자이다(규칙 제74조 제1항 제4호).

07 ✕ 지방교정청별로 '1개소' 이상이 되도록 하여야 한다(법 제61조, 영 제86조).

08 징역형·금고형이 확정된 사람으로서 집행할 형기가 형집행지휘서 접수일부터 6개월 미만인 사람 또는 구류형이 확정된 사람에 대해서는 분류심사를 하지 아니한다. 19. 교정9 　　　　　(　)

09 수형자가 질병으로 인해 분류심사가 곤란한 경우, 소장은 그 수형자에 대해서는 분류심사를 하지 아니한다. 23. 교정7
　　(　)

10 집행할 형기가 분류심사 유예사유 소멸일부터 3개월 미만인 경우 소장은 유예한 분류심사를 하지 아니한다. 22. 교정9
　　(　)

11 개별처우계획을 수립하기 위한 분류심사는 매월 초일부터 말일까지 형집행지휘서가 접수된 수형자를 대상으로 하며, 그 다음 달까지 완료하여야 한다. 다만, 특별한 사유가 있는 경우에는 그 기간을 연장할 수 있다. 19. 교정9 (　)

12 정기재심사는 일정한 형기가 도달한 때 하는 재심사를 말하고, 형기의 3분의 1에 도달한 때 실시하며, 부정기형의 정기재심사 시기는 장기형을 기준으로 한다. 23. 교정7 　　　　　　　　　　　　　　　　　(　)

13 무기징역형이 확정된 수형자의 정기재심사 시기를 산정하는 경우에는 그 형기를 20년으로 본다. 22. 교정9 (　)

14 ㉠ 수형자가 지방기능경기대회에서 입상한 때, ㉡ 수형자가 현재 수용의 근거가 된 사건 외의 추가적 형사사건으로 인하여 벌금형이 확정된 때에는 수형자에게 부정기재심사를 할 수 있다. 22. 교정9 　　　　　(　)

정답

08 ✕ '3개월' 미만인 사람에 대해서는 분류심사를 하지 아니한다(규칙 제62조 제1항).

09 ✕ 분류심사를 '유예한다'(규칙 제62조 제2항 제1호).

10 ○ 규칙 제62조 제3항

11 ○ 규칙 제64조

12 ✕ 부정기형의 정기재심사시기는 '단기형'을 기준으로 한다(규칙 제65조 제1호, 규칙 제66조 제1항·제2항).

13 ○ 규칙 제66조 제3항

14 ✕ ㉠ 수형자가 '전국'기능경기대회에서 입상한 때에 부정기재심사를 할 수 있다(규칙 제67조 제5호). ㉡ 수형자가 추가사건으로 '금고 이상의 형'이 확정된 때에 부정기재심사를 할 수 있다(규칙 제67조 제4호).

15 ㉠ 수형자를 징벌하기로 의결한 때, ㉡ 분류심사에 오류가 있음을 발견한 때, ㉢ 수형자가 학사 학위를 취득한 때에는 수형자에게 부정기재심사를 할 수 있다. 22. 교정9 　　　　　　　　　　　　　　　　　　　　　　　　　(　)

16 재심사에 따라 경비처우급을 조정할 필요가 있는 경우에는 세 단계의 범위에서 조정할 수 있다. 20. 교정7 (　)

17 소장은 분류심사를 위하여 수형자와 그 가족을 대상으로 상담 등을 통해 수형자 신상에 관한 개별사안의 조사, 심리 · 지능 · 적성검사, 그 밖에 필요한 검사를 할 수 있다. 19. 교정9 　　　　　　　　　　　　　　　(　)

18 분류조사 방법에는 수용기록 확인 및 수형자와의 상담, 수형자의 가족 등과의 면담, 외부전문가에 대한 의견조회 등이 포함된다. 23. 교정7 　　　　　　　　　　　　　　　　　　　　　　　　　　　(　)

19 소장은 분류심사를 위하여 수형자의 인성, 지능, 적성 등의 특성을 진단하기 위한 검사를 할 수 있으며, 인성검사는 신입심사 대상자만을 그 대상으로 한다. 23. 교정7 　　　　　　　　　　　　　　　　　　　　(　)

20 수형생활 태도 점수와 작업 또는 교육성적 점수에 있어서 수는 소속 작업장 또는 교육장 전체 인원의 10퍼센트를 초과할 수 없고, 우는 30퍼센트를 초과할 수 없다. 다만, 작업장 또는 교육장 전체인원이 4명 이하인 경우에는 수 · 우를 각각 1명으로 채점할 수 있다. 20. 승진 　　　　　　　　　　　　　　　　　　　　　　　(　)

21 원칙적으로 경비처우급을 하향 조정하기 위하여 고려할 수 있는 평정소득점수의 기준은 5점 이하이다. 20. 교정7 　　　　　　　(　)

정답

15 ○ ㉠ 규칙 제67조 제3호, ㉡ 규칙 제67조 제1호, ㉢ 규칙 제67조 제5호

16 X '한 단계'의 범위에서 조정함이 원칙이나, 수용 및 처우를 위하여 특히 필요한 경우에는 '두 단계'의 범위에서 조정할 수 있다(규칙 제68조 제2항).

17 X '수형자'를 대상으로 신상에 관한 개별사안의 조사 등 필요한 검사를 할 수 있다(법 제59조 제3항).

18 ○ 규칙 제70조

19 X 인성검사는 '신입심사 대상자 및 그 밖에 처우상 필요한 수형자를 대상'으로 한다(규칙 제71조 제1항 · 제2항).

20 ○ 규칙 제79조 제1항

21 ○ 규칙 제81조 제2호

22 소장은 수형자의 경비처우급을 조정한 경우에는 지체 없이 해당 수형자에게 그 사항을 알려야 한다. 20. 교정7

( )

23 소장은 수형자를 처우등급별 수용하는 경우 개별처우의 효과를 증진하기 위하여 경비처우급·개별처우급이 같은 수형자집단으로 수용하여 처우할 수 있다. 20. 교정7

( )

24 수형자의 개별처우계획, 가석방심사신청 대상자 선정, 그 밖에 수형자의 분류처우에 관한 중요 사항을 심의·의결하기 위하여 교정시설에 분류처우위원회를 둔다. 23. 교정9

( )

25 분류처우위원회는 위원장을 포함한 5명 이상 9명 이하의 위원으로 구성하고, 위원장은 소장이 된다. 23. 교정9

( )

26 분류처우위원회의 위원은 위원장이 소속 기관의 부소장 및 과장(지소의 경우에는 7급 이상의 교도관) 중에서 임명한다. 23. 교정9

( )

27 분류처우위원회는 심의·의결을 위하여 외부전문가로부터 의견을 들을 수 있다. 23. 교정9

( )

28 소장은 개방처우급·완화경비처우급·일반경비처우급 수형자에게 자치생활을 허가할 수 있으며, 자치생활 수형자들이 교육실, 강당 등 적당한 장소에서 매주 1회 이상 토론회를 할 수 있도록 허가하여야 한다. 20. 승진

( )

29 화상접견은 접견 허용횟수에 포함되지만, 가족 만남의 날 참여는 접견 허용횟수에 포함되지 않는다. 23. 교정7

( )

정답

22 ○ 규칙 제82조 제2항

23 ○ 규칙 제83조 제2항

24 ○ 법 제62조 제1항

25 ✕ 5명 이상 '7명' 이하의 위원으로 구성한다(법 제62조 제2항).

26 ○ 법 제62조 제2항

27 ○ 법 제62조 제3항

28 ✕ 소장은 '개방처우급·완화경비처우급' 수형자에게 자치생활을 허가할 수 있으며(규칙 제86조 제1항), 자치생활 수형자들이 교육실, 강당 등 적당한 장소에서 '월' 1회 이상 토론회를 할 수 있도록 하여야 한다(규칙 제86조 제3항).

29 ○ 규칙 제87조 제3항, 규칙 제89조 제1항

30 소장은 중경비처우급 수형자에 대하여 가족 만남의 날 행사에 참여하게 하거나 가족 만남의 집을 이용하게 할 수 있다. 20. 교정7 ( )

31 가족 만남의 날 행사에 참여하는 횟수만큼 수형자의 접견허용횟수는 줄어든다. 20. 교정7 ( )

32 가족 만남의 날 행사란 수형자와 그 가족이 원칙적으로 교정시설 밖의 일정한 장소에서 다과와 음식을 함께 나누면서 대화의 시간을 갖는 행사를 말한다. 20. 교정7 ( )

33 소장은 개방처우급 수형자에 대하여 월 3회 이내에서 경기 또는 오락회를 개최하게 할 수 있다. 다만, 소년수형자에 대하여는 그 횟수를 늘릴 수 있다. 24. 교정9 ( )

34 소장은 수형자가 완화경비처우급 또는 일반경비처우급으로서 작업·교육 등의 성적이 우수하고 관련 기술이 있는 경우에는 교도관의 작업지도를 보조하게 할 수 있다. 19. 교정7 ( )

35 소장은 수형자가 개방처우급 또는 완화경비처우급으로서 작업기술이 탁월하거나 작업성적이 우수한 경우에는 수형자 자신을 위한 개인작업을 하게 할 수 있다. 24. 교정9 ( )

36 개인작업 시간은 교도작업에 지장을 주지 아니하는 범위에서 1일 2시간 이내로 한다. 24. 교정9 ( )

37 소장은 일반경비처우급의 수형자에 대하여 직업능력의 향상을 위하여 특히 필요하다고 인정되어 교정시설 외부의 기업체에서 운영하는 직업훈련을 받게 하였다. 22. 교정9 ( )

정답

30 ✕ '개방처우급·완화경비처우급' 수형자에 대하여 가족 만남의 날 행사에 참여하게 하거나 가족 만남의 집을 이용하게 할 수 있음이 원칙이고, 교화를 위하여 특히 필요한 경우에는 '일반경비처우급' 수형자에 대하여도 허가할 수 있다(규칙 제89조 제1항·제3항). 따라서 중경비처우급 수형자에 대하여 가족 만남의 날 행사에 참여하게 하거나 가족 만남의 집을 이용하게 할 수는 없다.

31 ✕ 수형자가 가족 만남의 날 행사에 참여하거나 가족 만남의 집을 이용한 경우에도 접견 허용횟수에는 포함되지 않는다(규칙 제89조 제1항 2문).

32 ✕ 가족 만남의 날 행사는 '교정시설의 일정한 장소'에서 시행된다(규칙 제89조 제4항).

33 ✕ 월 '2회' 이내에서 경기 또는 오락회를 개최하게 할 수 있다(규칙 제91조 제1항).

34 ✕ 수형자가 교도관의 작업지도를 보조하기 위해서는 경비처우급이 '개방처우급 또는 완화경비처우급'이어야 한다(규칙 제94조).

35 ✕ 수형자가 개방처우급 또는 완화경비처우급으로서 '작업기술이 탁월하고(and) 작업성적이 우수한 경우'에는 수형자 자신을 위한 개인작업을 하게 할 수 있다(규칙 제95조 제1항 1문).

36 ○ 규칙 제95조 제1항 2문

37 ✕ 외부 직업훈련의 대상자는 '개방처우급 또는 완화경비처우급' 수형자이다(규칙 제96조 제1항).

07 교육과 교화 프로그램

1 교육

1 의의

(1) 교정교육이란 교정시설에서 수용자의 사회적응능력을 높이기 위해 실시하는 각종 교육을 말한다.

(2) 인도주의와 범죄원인의 사회성을 전제하는 교육형주의에 바탕을 두고 있다.

(3) 시설수용을 전제로 한 교정교육은 사회로부터 격리됨에 따라 자기존중 및 자율성을 상실하여 범죄학습의 우려라는 부정적 효과를 발생시킬 수 있다는 지적을 받는다. 10. 교정7

2 교정교육의 원리, 현행법상 교정교육의 종류

1. 교정교육의 원리

인간존중의 원리	수용자를 독립된 인격체로 대하여 교육을 실시해야 한다.
자기인식의 원리	교육담당자는 수용자에 대한 선입견·편견 등을 배제해야 한다.
자발성의 원리	수용자 스스로 문제를 해결하도록 조력해야 한다.
신뢰의 원리	상호 간에 신뢰할 수 있는 인간관계를 형성해야 한다.
개인차 존중의 원리	수용자의 개인적 능력과 소질의 차이를 인정해야 한다.
사회화의 원리	사회적 처우를 확대하고 건전한 사회인으로 육성해야 한다.
직관의 원리	직접 느끼고 체험하는 교육 과정이 가장 효과적이다.

2. 현행법령상 교정교육의 종류

(1) **검**정고시반(규칙 제108조)

(2) **방**송통신고등학교 과정(규칙 제109조)

(3) **독**학에 의한 학위 취득 과정(규칙 제110조)

(4) **방**송통신대학 과정(규칙 제111조)

(5) **전**문대학 위탁교육 과정(규칙 제112조)

(6) **정**보화 및 외국어교육 과정(규칙 제113조)

선생님 TIP

교정교육의 종류
독/방/검/방/정/전

3 현행법령상 교정교육 관련 규정

1. 교육의 기본원칙

법 제63조【교육】 ① 소장은 <u>수형자가 건전한 사회복귀에 필요한 지식과 소양을 습득</u>하도록 <u>교육할 수 있다.</u>
② 소장은 「교육기본법」 제8조의 <u>의무교육을 받지 못한 수형자</u>에 대하여는 본인의 의사·나이·지식 정도, 그 밖의 사정을 고려하여 그에 알맞게 <u>교육하여야 한다.</u> 18. 교정7☆
③ 소장은 제1항 및 제2항에 따른 교육을 위하여 필요하면 수형자를 <u>중간처우를 위한 전담교정시설에 수용</u>하여 다음 각 호의 조치를 할 수 있다. 20. 교정9☆
1. <u>외부 교육기관에의 통학</u>
2. 외부 교육기관에서의 <u>위탁교육</u>
④ 교육 과정·외부통학·위탁교육 등에 관하여 필요한 사항은 법무부령으로 정한다.

영 제87조【교육】 ① <u>소장은 법 제63조에 따른 교육을 효과적으로 시행하기 위하여 교육실을 설치하는 등 교육에 적합한 환경을 조성하여야 한다.</u>
② 소장은 교육 대상자, 시설 여건 등을 고려하여 <u>교육계획을 수립하여 시행하여야 한다.</u>

규칙 제101조【교육관리 기본원칙】 ① 소장은 교육 대상자를 소속 기관(소장이 관할하고 있는 교정시설을 말한다. 이하 같다)에서 선발하여 교육한다. 다만, 소속 기관에서 교육 대상자를 선발하기 어려운 경우에는 <u>다른 기관</u>에서 추천한 사람을 모집하여 교육할 수 있다. 18. 승진
② 소장은 교육 대상자의 성적불량, 학업태만 등으로 인하여 교육의 목적을 달성하기 어려운 경우에는 그 <u>선발을 취소할 수 있다.</u>
③ 소장은 교육 대상자 및 시험응시 희망자의 학습능력을 평가하기 위하여 <u>자체 평가시험을 실시할 수 있다.</u>
④ 소장은 교육의 효과를 거두지 못하였다고 인정하는 교육 대상자에 대하여 <u>다시 교육을 할 수 있다.</u> 18. 승진
⑤ 소장은 기관의 교육전문인력, 교육시설, 교육 대상인원 등의 사정을 고려하여 단계별 교육과 자격취득 목표를 설정할 수 있으며, 자격취득·대회입상 등을 하면 처우에 반영할 수 있다.

규칙 제102조【교육 대상자가 지켜야 할 기본원칙】 ① 교육 대상자는 교육의 시행에 관한 관계법령, 학칙 및 교육관리지침을 성실히 지켜야 한다.
② 제110조부터 제113조까지의 규정에 따른 교육(→ <u>독학에 의한 학위 취득 과정, 방송통신대학 과정, 전문대학 위탁교육 과정, 정보화 및 외국어교육 과정</u>)을 실시하는 경우 소요되는 <u>비용</u>은 특별한 사정이 없으면 <u>교육 대상자의 부담*</u>으로 한다. 20. 교정9☆
③ 교육 대상자로 선발된 수형자는 소장에게 다음의 선서를 하고 서약서를 제출해야 한다. "나는 교육 대상자로서 긍지를 가지고 제반규정을 지키며, 교정시설 내 교육을 성실히 이수할 것을 선서합니다."

* 검정고시반(규칙 제108조), 방송통신고등학교 과정(규칙 제109조)에 소요되는 비용은 교육 대상자의 부담으로 하지 아니한다(규칙 제102조 제2항의 반대해석).

🏛 핵심OX

01 의무교육을 받지 못한 수형자에 대하여는 본인의 의사·나이·지식 정도 등을 고려하여 그에 알맞게 교육하여야 하며, 필요하면 외부 교육기관에 통학하게 할 수 있다. (O, X)

02 소장이 「고등교육법」 제2조에 따른 방송통신대학 교육 과정을 설치·운영하는 경우 교육 실시에 소요되는 비용은 특별한 사정이 없으면 교육 대상자 소속 기관이 부담한다. (O, X)

01 ○
02 ✕

2. 교육 대상자의 선발 · 관리 · 교육취소 등

규칙 제103조【교육 대상자 선발 등】① 소장은 각 교육 과정의 선정 요건과 수형자의 나이, 학력, 교정성적, 자체 평가시험 성적, 정신자세, 성실성, 교육계획과 시설의 규모, 교육 대상인원 등을 고려하여 교육 대상자를 선발하거나 추천하여야 한다.
② 소장은 정당한 이유 없이 교육을 기피한 사실이 있거나 자퇴(제적을 포함한다)한 사실이 있는 수형자는 교육 대상자로 선발하거나 추천하지 아니할 수 있다. 18. 승진

규칙 제104조【교육 대상자 관리 등】① 학과교육 대상자의 과정수료 단위는 학년으로 하되, 학기의 구분은 국공립학교의 학기에 준한다. 다만, 독학에 의한 교육은 수업 일수의 제한을 받지 아니한다.
② 소장은 교육을 위하여 필요한 경우에는 외부 강사를 초빙할 수 있으며, 카세트 또는 재생전용기기의 사용을 허용할 수 있다. 14. 교정7☆
③ 소장은 교육의 실효성을 확보하기 위하여 교육실을 설치 · 관리하여야 하며, 교육 목적을 위하여 필요한 경우 신체장애를 보완하는 교육용 물품의 사용을 허가하거나 예산의 범위에서 학용품과 응시료를 지원할 수 있다.

규칙 제105조【교육 취소 등】① 소장은 교육 대상자가 다음 각 호의 어느 하나에 해당하는 경우에는 교육 대상자 선발을 취소할 수 있다.
1. 각 교육 과정의 관계법령, 학칙, 교육관리지침 등을 위반한 때
2. 학습의욕이 부족하여 구두경고를 하였는데도 개선될 여지가 없거나 수학능력이 현저히 부족하다고 판단되는 때
3. 징벌을 받고 교육 부적격자로 판단되는 때
4. 중대한 질병, 부상, 그 밖의 부득이한 사정으로 교육을 받을 수 없다고 판단되는 때
② 교육 과정의 변경은 교육 대상자의 선발로 보아 제103조를 준용한다.
③ 소장은 교육 대상자에게 질병, 부상, 그 밖의 부득이한 사정이 있는 경우에는 교육 과정을 일시 중지할 수 있다. 18. 교정7

3. 교육 대상자의 이송 · 작업 등

규칙 제106조【이송 등】① 소장은 특별한 사유가 없으면 교육기간 동안에 교육 대상자를 다른 기관으로 이송할 수 없다. 20. 교정9☆
② 교육 대상자의 선발이 취소되거나 교육 대상자가 교육을 수료하였을 때에는 선발 당시 소속 기관으로 이송한다. 다만, 다음 각 호의 어느 하나에 해당하는 경우에는 소속 기관으로 이송하지 아니하거나 다른 기관으로 이송할 수 있다.
1. 집행할 형기가 이송사유가 발생한 날부터 3개월 이내인 때
2. 제105조 제1항 제3호의 사유(→ 징벌을 받고 교육 부적격자로 판단)로 인하여 교육 대상자 선발이 취소된 때
3. 소속 기관으로의 이송이 부적당하다고 인정되는 특별한 사유가 있는 때

규칙 제107조【작업 등】① 교육 대상자에게는 작업 · 직업훈련 등을 면제한다. 18. 승진☆
② 작업 · 직업훈련 수형자 등도 독학으로 검정고시 · 학사고시 등에 응시하게 할 수 있다. 이 경우 자체 평가시험 성적 등을 고려해야 한다. 18. 승진

교육 대상자 선발의 취소

교육 대상자가 중대한 질병, 부상, 그 밖의 부득이한 사정으로 교육을 받을 수 없다고 판단되는 때에는 교육 대상자 선발을 취소할 수 있도록 개정되었다(규칙 제105 제1항 제4호).

🏛 **핵심OX**

03 소장에 의해 선발된 교육 대상자는 작업 · 직업훈련을 면제한다. (O, ×)

03 ○

4. 교육 과정

(1) 검정고시반

규칙 제108조 【검정고시반 설치 및 운영】 ① 소장은 매년 초 다음 각 호의 시험을 준비하는 수형자를 대상으로 검정고시반을 설치·운영할 수 있다.
1. 초등학교 졸업학력 검정고시
2. 중학교 졸업학력 검정고시
3. 고등학교 졸업학력 검정고시
② 소장은 교육기간 중에 검정고시에 합격한 교육 대상자에 대하여는 해당 교육 과정을 조기 수료시키거나 상위 교육 과정에 임시 편성시킬 수 있다.
③ 소장은 고등학교 졸업 또는 이와 동등한 수준 이상의 학력이 인정되는 수형자를 대상으로 대학입학시험 준비반을 편성·운영할 수 있다.

(2) 방송통신고등학교 과정

규칙 제109조 【방송통신고등학교 과정 설치 및 운영】 ① 소장은 수형자에게 고등학교 과정의 교육기회를 부여하기 위하여 「초·중등교육법」 제51조에 따른 방송통신고등학교 교육 과정을 설치·운영할 수 있다.
② 소장은 중학교 졸업 또는 이와 동등한 수준 이상의 학력이 인정되는 수형자가 제1항의 방송통신고등학교 교육 과정을 지원하여 합격한 경우에는 교육 대상자로 선발할 수 있다.
③ 소장은 제1항의 방송통신고등학교 교육 과정의 입학금, 수업료, 교과용 도서 구입비 등 교육에 필요한 비용을 예산의 범위에서 지원할 수 있다.

(3) 독학에 의한 학위 취득 과정

규칙 제110조 【독학에 의한 학위 취득 과정 설치 및 운영】 ① 소장은 수형자에게 학위취득 기회를 부여하기 위하여 독학에 의한 학사학위 취득 과정(이하 '학사고시반 교육'이라 한다)을 설치·운영할 수 있다. 20. 교정9☆
② 소장은 다음 각 호의 요건을 갖춘 수형자가 제1항의 학사고시반 교육을 신청하는 경우에는 교육 대상자로 선발할 수 있다. 23. 교정7☆
1. 고등학교 졸업 또는 이와 동등한 수준 이상의 학력이 인정될 것
2. 교육개시일을 기준으로 형기의 3분의 1(21년 이상의 유기형 또는 무기형의 경우에는 7년)이 지났을 것
3. 집행할 형기가 2년 이상일 것*

* 종래에는 '집행할 형기가 1년 이상일 것'으로 규정되어 있었다.

🏛 **핵심 OX**

04 교정시설에 독학에 의한 학사학위 취득 과정을 설치·운영하는 경우 집행할 형기가 2년 이상인 수형자를 대상으로 선발한다. (○, ×)

04 ○

(4) 방송통신대학 과정

> **규칙 제111조【방송통신대학 과정 설치 및 운영】**① 소장은 대학 과정의 교육기회를 부여하기 위하여 「고등교육법」 제2조에 따른 방송통신대학 교육 과정을 설치·운영할 수 있다.
> ② 소장은 <u>제110조 제2항 각 호의 요건</u>[→ 고등학교 졸업 등 학력, 형기의 3분의 1(7년), 집행할 형기가 2년 이상]을 갖춘 <u>개방처우급·완화경비처우급·일반경비처우급</u> 수형자가 제1항의 방송통신대학 교육 과정에 지원하여 합격한 경우에는 교육 대상자로 선발할 수 있다. 13. 교정9☆

(5) 전문대학 위탁교육 과정

> **규칙 제112조【전문대학 위탁교육 과정 설치 및 운영】**① 소장은 전문대학 과정의 교육기회를 부여하기 위하여 「고등교육법」 제2조에 따른 전문대학 위탁교육 과정을 설치·운영할 수 있다.
> ② 소장은 제110조 제2항 각 호의 요건을 갖춘 개방처우급·완화경비처우급·일반경비처우급 수형자가 제1항의 전문대학 위탁교육 과정에 지원하여 합격한 경우에는 교육 대상자로 선발할 수 있다. 13. 교정9
> ③ 제1항의 전문대학 위탁교육 과정의 교과 과정, 시험응시 및 학위취득에 관한 세부사항은 위탁자와 수탁자 간의 협약에 따른다.
> ④ 소장은 제1항부터 제3항까지의 규정에 따른 교육을 위하여 필요한 경우 수형자를 <u>중간처우를 위한 전담교정시설에 수용</u>할 수 있다.

(6) 정보화 및 외국어교육 과정

> **규칙 제113조【정보화 및 외국어교육 과정 설치 및 운영 등】**① 소장은 수형자에게 지식정보사회에 적응할 수 있는 교육기회를 부여하기 위하여 <u>정보화교육 과정</u>을 설치·운영할 수 있다. 18. 승진
> ② 소장은 <u>개방처우급·완화경비처우급·일반경비처우급</u> 수형자에게 다문화 시대에 대처할 수 있는 교육기회를 부여하기 위하여 <u>외국어 교육 과정</u>을 설치·운영할 수 있다. 18. 승진
> ③ 소장은 외국어 교육 대상자가 <u>교육실 외에서의 어학학습장비를 이용한 외국어학습을 원하는</u> 경우에는 계호 수준, 독거 여부, 교육 정도 등에 대한 <u>교도관회의</u>(「교도관직무규칙」 제21조에 따른 교도관회의를 말한다. 이하 같다)의 <u>심의를 거쳐 허가</u>할 수 있다. 18. 승진☆
> ④ 소장은 이 규칙에서 정한 교육 과정 외에도 법무부장관이 수형자로 하여금 건전한 사회복귀에 필요한 지식과 소양을 습득하게 하기 위하여 정하는 교육 과정을 설치·운영할 수 있다.

교육 과정의 요건 비교

구분	독학에 의한 학위 취득 과정	방송통신 대학 과정	전문대학 위탁교육 과정	외국어 교육 과정	정보화 교육 과정
요건	• 고등학교 졸업 또는 이와 동등한 수준 이상의 학력 인정 • 형기의 3분의 1(21년 이상의 유기형 또는 무기형의 경우에는 7년) 경과 • 집행할 형기가 2년 이상			–	–
	–	개방처우급 · 완화경비처우급 · 일반경비처우급			–

2 교화 프로그램

1 교화 프로그램

1. 의의

(1) 수용자의 정신적 결함을 교정하고 선도하기 위한 정신감화방법으로, 상담 · 심리치료 그 밖의 교화 프로그램을 시행하는 활동을 말한다.

(2) 계획적인 교화 프로그램과 일상적인 교화활동으로 구분된다.

교화 프로그램	수용자의 정서함양 및 자아존중감 회복 등을 위한 문화 프로그램 등 수형자의 교정교화 및 건전한 사회복귀에 기여할 수 있는 프로그램
교화활동	편지 · 집필, 체육 · 예능활동, 교회, 독서지도, 귀휴, 사회견학 및 사회봉사활동, 외부 종교행사 참석, 가족 만남의 날, 가족 만남의 집 등

2. 현행법령상의 교화 프로그램

(1) 원칙

> **법 제64조【교화 프로그램】** ① 소장은 수형자의 교정교화를 위하여 상담 · 심리치료, 그 밖의 교화 프로그램을 실시하여야 한다. 23. 교정7☆
> ② 소장은 제1항에 따른 교화 프로그램의 효과를 높이기 위하여 범죄원인별로 적절한 교화 프로그램의 내용, 교육장소 및 전문인력의 확보 등 적합한 환경을 갖추도록 노력하여야 한다. 23. 교정7
> ③ 교화 프로그램의 종류 · 내용 등에 관하여 필요한 사항은 법무부령으로 정한다.
>
> **영 제88조【정서교육】** 소장은 수형자의 정서 함양을 위하여 필요하다고 인정하면 연극 · 영화관람, 체육행사, 그 밖의 문화예술활동을 하게 할 수 있다. 20. 교정9

(2) 종류

> **규칙 제114조【교화 프로그램의 종류】** 교화 프로그램의 종류는 다음 각 호와 같다.
>
> 19. 승진
> 1. 문화 프로그램
> 2. 문제행동예방 프로그램
> 3. 가족관계회복 프로그램
> 4. 교화상담
> 5. 그 밖에 법무부장관이 정하는 교화 프로그램

(3) 내용

> **규칙 제115조【문화 프로그램】** 소장은 수형자의 인성 함양, 자아존중감 회복 등을 위하여 음악, 미술, 독서 등 문화예술과 관련된 다양한 프로그램을 도입하거나 개발하여 운영할 수 있다. 23. 교정7
>
> **규칙 제116조【문제행동예방 프로그램】** 소장은 수형자의 죄명, 죄질 등을 구분하여 그에 따른 심리측정·평가·진단·치료 등의 문제행동예방 프로그램을 도입하거나 개발하여 실시할 수 있다.
>
> **규칙 제117조【가족관계회복 프로그램】** ① 소장은 수형자와 그 가족의 관계를 유지·회복하기 위하여 수형자의 가족이 참여하는 각종 프로그램을 운영할 수 있다. 다만, 가족이 없는 수형자의 경우 교화를 위하여 필요하면 결연을 맺었거나 그 밖에 가족에 준하는 사람의 참여를 허가할 수 있다. 10. 교정7
> ② 제1항의 경우 대상 수형자는 교도관회의의 심의를 거쳐 선발하고, 참여인원은 5명 이내의 가족으로 한다. 다만, 특히 필요하다고 인정하는 경우에는 참여인원을 늘릴 수 있다. 23. 교정7

(4) 운영방법

> **규칙 제119조【교화 프로그램 운영방법】** ① 소장은 교화 프로그램을 운영하는 경우 약물중독·정신질환·신체장애·건강·성별·나이 등 수형자의 개별 특성을 고려하여야 하며, 프로그램의 성격 및 시설 규모와 인원을 고려하여 이송 등의 적절한 조치를 할 수 있다. 18. 승진
> ② 소장은 교화 프로그램을 운영하기 위하여 수형자의 정서적인 안정이 보장될 수 있는 장소를 따로 정하거나 방송설비 및 방송기기를 이용할 수 있다.
> ③ 소장은 교정정보시스템(교정시설에서 통합적으로 정보를 관리하는 시스템을 말한다)에 교화 프로그램의 주요 진행내용을 기록하여 수형자처우에 활용하여야 하며, 상담내용 등 개인정보가 유출되지 아니하도록 하여야 한다.
> ④ 교화 프로그램 운영에 관하여는 제101조부터 제107조까지의 규정(→ 교정교육 관련 규정)을 준용한다.

가족관계회복 프로그램

종래 '교정시설 안에서 실시하며'라고 규정되어 있던 내용을 삭제하여, 가족관계회복 프로그램을 '교정시설 밖'에서도 실시할 수 있도록 개정되었다(규칙 제117조 제2항).

> 규칙 제119조의2 【전문인력】 ① 법무부장관은 교화프로그램의 효과를 높이기 위해 소속 공무원 중에서 법 제64조 제2항에 따른 전문인력을 선발 및 양성할 수 있다.
> ② 제1항에 따른 전문인력 선발 및 양성의 요건, 방법, 그 밖에 필요한 사항은 법무부장관이 정한다.
> [본조신설 2024.2.8.]

2 교정(교화)상담

1. 의의

(1) 교정(교화)상담이란 교정공무원 등이 수용자가 처한 문제를 대화를 통해 지도·관리하면서 건전한 사회복귀를 도와주는 것을 말한다.

(2) 교정상담을 행하는 자는 전문적 지식, 강한 의지력, 능동적 문제해결능력, 효과적 상담기법 등의 능력을 갖추어야 한다.

2. 일반상담(사회 내 상담)과 비교한 교정상담(시설 내 상담)의 특징

(1) 수용자의 문제행동이 있을 때 수용질서를 최우선으로 고려한다.

(2) 수용자에 대한 편견·선입견 등이 상담의 진행을 방해할 수 있다.

(3) 교도관은 수시로 수용자를 호출하여 상담할 수 있다.

(4) 근무시간 중에도 일회성 혹은 단기의 상담이 행해진다.

3. 현행법령상의 교정상담

> 규칙 제118조 【교화상담】 ① 소장은 수형자의 건전한 가치관 형성, 정서안정, 고충해소 등을 위하여 교화상담을 실시할 수 있다.
> ② 소장은 제1항의 교화상담을 위하여 교도관이나 제33조의 교정참여인사를 교화상담자로 지정할 수 있으며, 수형자의 안정을 위하여 결연을 주선할 수 있다.

3 교정처우기법

1. 심리요법

(1) 의의

심리요법이란 수용자를 범죄로 이끌었던 정신적·심리적 결함의 문제를 상담·치료하는 처우기법으로서, 현대 교정에서 가장 보편적이고 광범위하게 활용되는 처우기법이다.

(2) 종류

① 개별심리요법

　㉠ 현실요법: 글래저(W. Glaser)가 창안한 것으로, 상담자와의 유대관계를 바탕으로 과거를 문제삼지 않고 수용자가 **현실의 상황에서 자신의 욕구 실현을 위한 최선의 선택과 행동**을 하게 하여 바람직한 방향으로 인도함으로써 **책임 있는 행동**을 가르치는 상담기법이다. 22. 교정7☆

　㉡ 교류분석요법: 에릭 번(Eric Bern)이 창안한 것으로, 타인과의 교류관계를 통해 과거의 부정적인 측면을 지워버리고 새로운 인생의 목표를 성취함에 확신을 주는 처우기법이다. 22. 교정7☆

② 집단심리요법

　㉠ 집단지도 상호작용: 비행청소년을 건전한 공동체에 합류시켜 생활하게 하면서 가치관·행동 등을 변화시키는 종합적인 처우기법이다.

　㉡ 심리극: 자신의 감정이나 행동을 보여주게 하는 역할연기상황에 놓이게 하여 자신의 문제점을 공개적으로 다루게 하는 방법으로서, 격정범죄자에게 효과적인 처우기법이다.

2. 행동수정요법

(1) 의의

교정시설 내에서 **규율과 질서를 유지하기 위해 가장 많이 활용**하는 방법으로서, 상우와 징벌제도를 활용하여 수용자의 행동을 통제·변화시키는 처우기법이다(동전경제).

(2) 긍정적 강화와 부정적 강화 22. 교정7☆

긍정적 강화(positive reinforcement, 정적 강화)는 대상자가 바람직한 행동을 한 경우에 물질적 보상과 사회적 칭찬 등을 하여 그 행동의 지속성을 강화시키는 방법이고, **부정적 강화**(negative reinforcement, 부적 강화)는 대상자가 바람직한 행동을 했을 때 그가 싫어하는 대상물을 제거해 주는 방법을 말한다.

3. 사회요법 22. 교정7☆

(1) 환경요법

교정환경을 개선하여 수용자의 행동에 영향을 미치고자 하는 처우기법으로서, 요법처우공동체·수형자자치제·남녀공용교도소제 등이 대표적이다.

(2) 긍정적 동료문화요법

부정적 동료집단을 생산적 동료집단으로 개선시키는 것으로서, 청소년수용시설에 효과적인 처우기법이다.

4. 기타

(1) 물리요법

유전적·생화학적 원인으로 인한 범죄자에게 약물치료를 하는 처우기법이다.

_{19. 승진}

(2) 가족요법

가족 상호 간의 의사소통과 이해증진 및 응집력 강화 등을 통해 문제를 해결하는 처우기법이다.

01 소장은 교육을 위하여 필요하면 수형자를 중간처우를 위한 전담교정시설에 수용하여 외부 교육기관에 통학하게 할 수 있다. 23. 교정7　　　　　　　　　　　　　　　　　　　　　　　　　　　　　　　（　　）

02 소장은 특별한 사유가 없으면 교육기간 동안에 교육대상자를 다른 기관으로 이송할 수 없다. 20. 교정9　　（　　）

03 소장은 수형자에게 학위취득 기회를 부여하기 위하여 독학에 의한 학사학위 취득과정을 설치 · 운영할 수 있다. 이 교육을 실시하는 경우 소요되는 비용은 특별한 사정이 없으면 국가의 부담으로 한다. 20. 교정9　　　　（　　）

04 독학에 의한 학사학위 취득과정을 신청하기 위하여 고등학교 졸업 또는 이와 동등한 수준 이상의 학력이 인정될 것을 요건으로 한다. 19. 교정7　　　　　　　　　　　　　　　　　　　　　　　　　　　　　（　　）

05 소장은 집행할 형기가 1년 남은 수형자도 독학에 의한 학사학위 취득과정 대상자로 선발할 수 있다. 23. 교정7　　　　　　　　　　　　　　　　　　　　　　　　　　　　　　　　　　　　（　　）

06 행동수정요법 중 정적 강화(positive reinforcement)는 대상자가 어떤 바람직한 행동을 했을 때 그 대상자가 싫어하는 대상물을 제거해 주는 방법이다. 22. 교정7　　　　　　　　　　　　　　　　　　　　　　　（　　）

07 현실요법은 상담자와의 유대관계를 바탕으로 내담자가 사회 현실의 범위 내에서 자신의 욕구를 실현하도록 하는 방법이다. 22. 교정7　　　　　　　　　　　　　　　　　　　　　　　　　　　　　　（　　）

정답

01 ○ 법 제63조 제3항

02 ○ 규칙 제106조 제1항

03 ✕ 특별한 사정이 없으면 '교육대상자의 부담'으로 한다(규칙 제110조 제1항, 제102조 제2항).

04 ○ 규칙 제110조 제2항

05 ✕ 집행할 형기가 '2년 이상'일 것을 요건으로 한다(규칙 제110조 제2항).

06 ✕ 행동수정요법은 교정시설 내에서 규율과 질서를 유지하기 위해 가장 많이 활용하는 방법으로서, 상우와 징벌제도를 활용하여 수용자의 행동을 통제 · 변화시키는 처우기법이다(동전경제). 이는 긍정적 강화(positive reinforcement, 정적 강화)과 부정적 강화(negative reinforcement, 부적 강화)로 나눌 수 있는데, 긍정적 강화는 대상자가 바람직한 행동을 한 경우에 물질적 보상과 사회적 칭찬 등을 하여 그 행동의 지속성을 강화시키는 방법을 말한다. 지문의 내용은 부정적 강화(부적 강화)에 대한 설명이다.

07 ○ 현실요법은 글래저(W. Glaser)가 창안한 것으로, 현실의 상황에서 최선의 선택과 행동을 하게 하여 바람직한 방향으로 인도하는 상담기법이다.

08 교류분석요법은 타인과의 교류상태에서 자신의 상호작용에 대한 중요한 피드백을 교환하도록 함으로써 적절한 행동 변화를 이끌어 내는 방법이다. 22. 교정7 ( )

09 사회적 요법은 심리적 또는 행동수정요법의 약점을 보완하며 재소자들을 위하여 건전한 사회적 지원 유형을 개발하는 방법이다. 22. 교정7 ( )

10 소장은 수형자의 교정교화를 위하여 상담·심리치료, 그 밖의 교화프로그램을 실시하여야 하며, 수형자의 정서 함양을 위하여 필요하다고 인정하면 연극·영화관람, 체육행사, 그 밖의 문화예술활동을 하게 할 수 있다. 20. 교정9 ( )

11 소장은 교화프로그램의 효과를 높이기 위하여 범죄유형별로 적절한 교화프로그램의 내용, 교육장소 및 전문인력의 확보 등 적합한 환경을 갖추도록 노력하여야 한다. 23. 교정7 ( )

12 소장은 수형자의 인성 함양 등을 위하여 문화예술과 관련된 다양한 프로그램을 개발하여 운영할 수 있다. 23. 교정7 ( )

13 가족관계회복프로그램 대상 수형자는 교도관회의의 심의를 거쳐 선발하고, 참여인원은 5명 이내의 가족으로 하며, 특히 필요하다고 인정하면 참여인원을 늘릴 수 있다. 23. 교정7 ( )

정답

08 ○ 교류분석은 에릭 번(Eric Bern)이 창안한 것으로, 과거의 부정적인 측면을 지워버리고 새로운 인생의 목표를 성취함에 확신을 주는 처우기법이다.

09 ○ 사회적 요법에는 교정환경을 개선하여 수용자의 행동에 영향을 미치고자 하는 환경요법, 부정적 동료집단을 생산적 동료집단으로 개선시키는 긍정적 동료문화요법 등이 있다.

10 ○ 법 제64조 제1항, 영 제88조

11 ✕ '범죄원인별'로 적절한 교화 프로그램의 내용, 교육장소 및 전문인력의 확보 등 적합한 환경을 갖추도록 노력하여야 한다(법 제64조 제2항).

12 ○ 규칙 제115조

13 ○ 규칙 제117조 제2항

08 교도작업과 직업훈련

1 교도작업

1 서론

1. 의의

(1) 교도작업이란 교정시설에서 수형자에 대하여 **교정작용의 일환**으로 부과하는 노역 등의 작업을 말한다.

(2) 징역형 수형자는 정역의 의무가 있고, 노역장유치명령을 받은 자도 노역의 의무가 있다.

(3) 금고형·구류형 수형자, 미결수용자 및 사형확정자에게는 정역의 의무가 없지만, 신청에 의한 작업은 부과할 수 있다. 14. 사시

(4) 시행규칙상의 '개인작업'은 '수형자 자신을 위한 것'이므로 교정작용의 일환으로 부과되는 교도작업에 해당하지 않는다고 본다(규칙 제95조 제1항). 11. 교정7☆

(5) 교도작업은 「형법」 제67조 및 형집행법 제66조에 의한 의무적 작업이므로, 「민법」이나 「근로기준법」 등 일반근로자와 관련된 법령은 적용이 배제된다.

2. 목적

윤리적 목적	노동혐오감 등을 교정하여 건전한 사회인으로 육성한다.
경제적 목적	교정시설의 자급자족 및 국가수입의 증대에 기여한다.
행정적 목적	교정시설의 질서유지 및 교정사고의 예방에 기여한다.
형벌적 목적	형벌의 위하효과로 일반예방에 기여한다.
사회교육적 목적	수용자의 근로정신 함양, 생활지도 및 작업지도 등에 유용하다.

3. 성격

(1) 교도작업은 전문적이고 생산적이어야 한다.

(2) 석방 후 활용이 가능한 전업적인 작업이어야 한다.

(3) 수형자에게 고통을 주거나 정신적·육체적 장애를 초래해서는 안 된다.

4. 과제

(1) **지나친 이윤추구를 지양**하고 수형자의 **교화개선에 중점**을 두어야 한다.

(2) 적정한 작업량의 확보를 통해 **안정적 작업운영**이 가능하도록 해야 한다.

(3) 시설과 운영의 낙후성을 해결하고 전문기술요원 등의 확보가 필요하다.

(4) 작업부과 시에는 수용자의 적성을 최대한으로 고려해야 한다.

(5) **개별처우가 전제된 작업의 운영**이 요구된다.

(6) 근로의욕의 고취를 위한 **작업임금제의 도입**이 요청된다.

5. 연혁

(1) 암스테르담 노역장과 같은 예외는 있으나, 대체적으로 17세기까지는 교정시설에서의 노동부과는 착취 및 응보에 기초한 고통부과의 수단으로 이용되었다.

(2) 1777년 하워드(J. Howard)는 『감옥상태론』에서 교도작업의 중요성을 강조하였다.

(3) 「수용자 처우에 관한 UN최저기준규칙」에서는 "교도작업은 성질상 고통을 주는 것이어서는 안 된다."고 규정하여(제97조 제1항) 교육형주의에 입각한 작업을 부과할 것을 강조하였다.

(4) 우리나라에서는 조선시대까지 도형(徒刑)으로 작업을 부과하였으나, 1895년 징역처단례의 제정으로 도형이 폐지되고 징역형 중심의 근대 자유형제도가 확립되었다.

(5) 1961년에 제정된 「교도작업관용법」과 「교도작업특별회계법」이 통합되어 2008년에 「교도작업의 운영 및 특별회계에 관한 법률」이 제정 · 시행되고 있고, 「교도작업운영지침」에 수용자에게 과하는 작업의 시행 및 운영에 관하여 필요한 사항을 규정하고 있다.

2 교도작업의 분류

1. 대상에 의한 분류

일반작업	징역형 수형자, 노역장유치명령을 받은 자에게 부과하는 작업
신청에 따른 작업	금고형 수형자, 구류형 수형자, 미결수용자 및 사형확정자의 신청이 있으면 부과할 수 있는 작업(청원작업)

2. 작업 목적에 의한 분류

생산작업	상품의 생산, 서비스에 종사하는 작업
운영지원작업*	교정시설의 기능 유지를 위한 내부 작업 ⑩ 취사, 청소, 세탁 등 17. 교정7
직업훈련	수형자의 사회복귀 및 기능인력의 양성을 위한 작업

최소자격의 원칙

최소자격의 원칙(principle of less eligibility)이란 교도소에서의 생활 기준은 사회에서의 최저 기준보다 낮지 않으면 안 된다는 것으로, 행형제도에서 최소자격의 원칙으로부터 가장 영향을 받은 것이 바로 교도작업 제도이다. 또한 국가는 이 원칙하에 국가의 행형 목적을 달성하기 위해서 수형자에게 작업을 강제하는 것은 당연한 것이라고 여겨 왔다. 21. 교정7

* 종래의 '관용작업'에서 '운영지원작업'으로 명칭을 변경하였다.

3. 경영방식에 의한 분류

(1) 직영작업 21. 교정7☆

① 의의: 교정시설이 국가예산으로 시설·기계·재료·경비 등을 부담하고 물건을 생산·판매하여 직접 경영하는 작업방식이다. **교도작업관용주의에 가장 적합한 제도이며, 우리나라는 직영작업을 원칙으로 한다.**

② 장·단점 16. 교정9☆

장점	단점
㉠ 사인의 관여를 차단한다.	㉠ 많은 예산이 소요된다.
㉡ 형벌집행의 통일과 작업에 대한 통제가 용이하다. 22. 교정9	㉡ 사무의 번잡
㉢ 적성에 맞는 작업의 부과 및 직업훈련이 용이하다.	㉢ 시장개척 및 제품판매가 곤란하다.
㉣ 국고수입증대 및 자급자족의 효과	㉣ 품질 저하의 우려가 있다.
㉤ 교도작업관용주의에 가장 적합하다.	㉤ 민간기업 압박의 우려가 있다.
㉥ 작업 시 엄격한 규율의 유지가 가능하다.	㉥ 법규상 제약으로 적시에 재료수급 및 제품판매가 곤란하다.

(2) 위탁작업 21. 교정7☆

① 의의: 외부 민간업자로부터 작업에 사용할 시설·재료 등을 제공받아 교도소의 취업자가 가공·생산·수선하여 교부하고 그 대가를 받는 작업방식으로서, 부품조립·목공예·봉재 등 단순반복작업이 대부분이다.

② 장·단점 13. 경채☆

장점	단점
㉠ 민간기업 압박이 적다.	㉠ 교도소와 업체의 연계로 인한 부당경쟁의 우려가 있다(작업환경 열악, 노동력 착취 등).
㉡ 적은 비용으로 가능하다.	㉡ 업종이 다양하지 못해 직업훈련에는 부적합하다.
㉢ 경기변동에 영향이 적다.	
㉣ 제품처리가 용이하다.	㉢ 일시적 작업이 보통이므로 교도작업의 목적에 부적합하다.
㉤ 다수인원의 취업이 가능하다.	
㉥ 작업의 통일성이 유지된다.	㉣ 위탁자의 출입으로 보안상 문제점이 있다.

(3) 노무작업

① 의의: 교도소는 사인(私人)에게 노무(노동력)만을 제공하고 그 대가를 지급받는 작업방식이다. 과거 수형자들을 단기간의 정지작업·모내기·추수 등에 취업시킨 사례가 있다.

「교도작업운영지침」 제43조 【위탁작업 시행기간】 ① 위탁작업의 기간은 6개월 또는 1년으로 하여 법무부장관의 승인을 받아 시행한다. 다만, 재계약의 경우에는 지방교정청장의 승인을 받아 시행한다.

② 연도 중에 신규로 계약하는 경우에는 해당 연도 6월 30일 또는 12월 31일까지를 계약기간으로 한다. 다만, 연도 잔여기간이 3개월 이하인 경우에는 다음 연도 6월 30일 또는 12월 31일까지 할 수 있다.

🏛 **핵심OX**

04 교도작업의 경영방법 중 직영작업은 교도소가 이윤을 독점할 수 있다.
(O, ×)

05 교도작업의 경영방법 중 직영작업은 민간시장의 가격경쟁원리를 해치지 않는다. (O, ×)

04 O
05 ×

② 장 · 단점 22. 교정9☆

장점	단점
㉠ 자본이 없이도 가능하다.	㉠ 사인의 관여로 인한 부정의 가능성
㉡ 경기변동의 영향이 없다.	㉡ 단순 노동이라 직업훈련에 부적합
㉢ 제품처리의 문제가 없다.	하다.
	㉢ 교화 목적의 경시 우려가 있다.

「교도작업운영지침」 제58조 【도급작업의 승인신청】 소장은 도급작업을 시행하고자 할 때에는 도급작업 계약서안을 첨부하여 〈별지 제4호 서식〉에 따라 법무부장관의 승인을 받아야 한다.

(4) 도급작업

① 의의: 교도소와 사인(私人) 간에 공사를 완성할 것을 약정하고 교도소가 전담하여 관리 · 감독하는 작업방식이다. 17. 교정7☆

② 장 · 단점 22. 교정9☆

장점	단점
㉠ 작업의 대형화로 높은 수익이 가능하다.	㉠ 구외작업의 계호부담 및 보안상 문제점이 있다.
㉡ 대규모 취업이 가능하다(불취업자 해소에 유리).	㉡ 민간기업 압박의 우려가 있다.
㉢ 전문기술 습득이 용이하다.	㉢ 기술자 확보가 어려워 전문지식과 경험의 부족으로 인해 큰 손실의 우려가 있다.

4. 교도작업의 목표에 따른 분류 21. 교정7

근로습관 계발	일에 의한 훈련(training by work)은 근로습관을 들이는 것을 목표로 하는데, 규칙적인 작업을 통해 계발된 근로습관은 지속될 수 있다는 것이다.
작업기술 터득	일을 위한 훈련(training for work)은 '직업기술을 터득하는 것을 목표로 하는데, 교도작업을 통해서 재소자가 직업기술을 터득할 수 있다는 것이다.

5. 구외작업(개방지역작업)

(1) 의의

구외작업이란 교정시설의 외부에서 작업하는 것을 말하며, 현행법상 외부 통근작업이 대표적이다.

(2) 연혁

① 18~19세기에 영국이 호주의 식민지개발을 위해 수형자를 반자유구금의 형태로 구외작업을 실시하여 공공작업에 취업시킨 것에서 유래하였다.

② 크로프톤(W. Crofton)은 가석방 전단계(중간교도소)에서 구외작업을 실시하였다(아일랜드제).

(3) 장 · 단점

장점	단점
① 수형자의 사회적응훈련으로 유용하다.	① 도주 등 교정사고의 우려가 있다.
② 단기수형자에게 용이하다(원활한 사회복귀 촉진).	② 계호부담의 증가
③ 장기수형자에게 활용된다(정신적 · 신체적 장애 제거).	③ 악풍감염의 우려가 있다(혼거제의 폐해).

(4) 현행법상 구외작업 관련규정 – 외부 통근작업

법 제68조【외부 통근작업 등】① 소장은 수형자의 건전한 사회복귀와 기술습득을 촉진하기 위하여 필요하면 외부 기업체 등에 통근작업하게 하거나 교정시설의 안에 설치된 외부 기업체의 작업장에서 작업하게 할 수 있다. 22. 교정9☆
② 외부 통근작업 대상자의 선정 기준 등에 관하여 필요한 사항은 법무부령으로 정한다. 15. 교정9☆

규칙 제120조【선정 기준】① 외부 기업체에 통근하며 작업하는 수형자는 다음 각 호의 요건을 갖춘 수형자 중에서 선정한다. 20. 교정7☆
1. 18세 이상 65세 미만일 것 19. 교정7
2. 해당 작업 수행에 건강상 장애가 없을 것
3. 개방처우급 · 완화경비처우급에 해당할 것 22. 교정9☆
4. 가족 · 친지 또는 법 제130조의 교정위원(이하 '교정위원'이라 한다) 등과 접견 · 편지수수 · 전화통화 등으로 연락하고 있을 것
5. 집행할 형기가 7년 미만이고(→ and) 가석방이 제한되지 아니할 것
6. 삭제
② 교정시설 안에 설치된 외부 기업체의 작업장에 통근하며 작업하는 수형자는 제1항 제1호부터 제4호까지의 요건(같은 항 제3호의 요건의 경우에는 일반경비처우급에 해당하는 수형자도 포함한다)을 갖춘 수형자로서 집행할 형기가 10년 미만이거나(→ or) 형기기산일부터 10년 이상이 지난 수형자 중에서 선정한다. 21. 교정7☆
③ 소장은 제1항 및 제2항에도 불구하고 작업 부과 또는 교화를 위하여 특히 필요하다고 인정하는 경우에는 제1항 및 제2항의 수형자 외의 수형자에 대하여도 외부 통근자로 선정할 수 있다. 22. 교정9☆

규칙 제121조【선정 취소】소장은 외부 통근자가 법령에 위반되는 행위를 하거나 법무부장관 또는 소장이 정하는 준수사항을 위반한 경우에는 외부 통근자 선정을 취소할 수 있다(→ 임의적). 22. 교정9☆

규칙 제122조【외부 통근자 교육】소장은 외부 통근자로 선정된 수형자에 대하여는 자치활동 · 행동수칙 · 안전수칙 · 작업기술 및 현장적응훈련에 대한 교육을 하여야 한다. 19. 교정7

규칙 제123조【자치활동】소장은 외부 통근자의 사회적응능력을 기르고 원활한 사회복귀를 촉진하기 위하여 필요하다고 인정하는 경우에는 수형자 자치에 의한 활동을 허가할 수 있다(→ 임의적). 22. 교정9☆

3 작업임금제와 작업장려금제

1. 작업임금제

(1) 수형자에게 노무의 대가로 국가가 임금을 지급하는 것을 말한다.

(2) 수형자는 보수의 지급을 국가에게 요구할 수 있는 **청구권**이 있다.

(3) 「수용자 처우에 관한 UN최저기준규칙」 제103조 제1항에 "수형자의 작업에 대한 공정한 보수제도가 있어야 한다."고 규정되어 있다.

(4) 현재 미국의 일부 주, 영국, 이탈리아, 스웨덴, 핀란드, 네덜란드 등에서 작업임금제를 채택하고 있다.

우리나라의 작업임금제

형집행법 시행규칙 제95조 제1항에 의해 인정되는 '수형자 자신을 위한 개인작업'은 그로 인한 수입이 수형자 본인에게 지급되므로 부분적으로 작업임금제의 효과가 있다고 본다.

2. 작업장려금제

(1) 수용자의 근로의욕 고취 및 출소 후의 생활자금을 조성하기 위해 작업의 종류·성적과 그 행장을 참작하여 정책적으로 국가가 금전을 지급하는 것을 말한다.

(2) 수용자의 청구권이 인정되지 않는 **은혜적** 급부의 성격이다.

(3) 「형의 집행 및 수용자의 처우에 관한 법률」 제73조 제2항에 규정되어 있다.

3. 작업임금제의 찬반론 13. 교정7

찬성론	① 개선 의욕을 증대시켜 재사회화에 도움이 된다. ② 피해자에 대한 손해배상의 기회를 제공할 수 있다. ③ 수용자의 가족부양에 도움이 된다. ④ 근로의욕을 고취시키며, 작업기술의 향상에 도움이 된다.
반대론	① 국가와 수용자는 근로계약관계가 아니므로 대가지불의 의무가 없다. ② 사회의 실업자와의 균형상 불합리하다. ③ 국가에 손해를 끼친 자에게 임금을 지불하는 것은 이율배반적이다. ④ 사회정의나 국민의 법감정에 위배될 우려가 있다. ⑤ 교정경비의 과다한 증가를 초래할 우려가 있다. ⑥ 형벌의 억제효과를 감퇴시킬 우려가 있다.

4. 현행법령상의 작업장려금제 관련 규정

> **법 제73조 【작업수입 등】** ① 작업수입은 국고수입으로 한다. 18. 교정7☆
> ② 소장은 수형자의 근로의욕을 고취하고 건전한 사회복귀를 지원하기 위하여 법무부장관이 정하는 바에 따라 작업의 종류, 작업성적, 교정성적, 그 밖의 사정을 고려하여 수형자에게 작업장려금을 지급할 수 있다. 21. 교정7☆
> ③ 제2항의 작업장려금은 석방할 때에 본인에게 지급한다. 다만, 본인의 가족생활 부조, 교화 또는 건전한 사회복귀를 위하여 특히 필요하면 석방 전이라도 그 전부 또는 일부를 지급할 수 있다. 22. 교정9☆

🏛 핵심 OX

08 작업수입은 국고수입으로 하나, 다만 수형자에게 작업장려금을 지급할 수는 있다. (O, ×)

08 ○

4 자급자족주의와 관용주의

1. 자급자족주의

교도작업으로 생산되는 제품을 교정시설에서 이용하고 소비함으로써 경제적 비용을 줄이고 민간기업 압박을 피할 수 있도록 하는 제도이다.

2. 관용주의

(1) 의의
교도작업으로 생산되는 물건을 국가기관 등에 우선적으로 공급하게 하는 제도로서, 민간기업 압박의 문제를 피하고 경제적 수익을 증대시켜 자급자족할 수 있게 하는 것이다.

(2) 연혁
「교도작업관용법」과 「교도작업특별회계법」이 통합되고, 2008년에 「교도작업의 운영 및 특별회계에 관한 법률」이 제정되어 2010년부터 시행되고 있다.

(3) 장·단점

장점	단점
① 경기변동과 관계없이 작업경영이 안정적이다.	① 제품의 질이 민간기업에 비해 저하될 우려가 있다.
② 제품을 국가기관 등이 구매하여 민간기업을 압박할 우려가 제거된다.	② 제품의 적시 공급에 차질이 생길 우려가 있다.
③ 자급경영과 계획생산으로 경영의 합리화가 용이하다.	③ 경쟁이 없어 타성에 젖을 우려가 있다.

3. 「교도작업의 운영 및 특별회계에 관한 법률」의 주요 내용

제1조 【목적】 이 법은 교도작업의 관리 및 교도작업특별회계의 설치·운용에 관한 사항을 규정함으로써 효율적이고 합리적인 교도작업의 운영을 도모함을 목적으로 한다.

제4조 【교도작업제품의 공고】 법무부장관은 교도작업으로 생산되는 제품의 종류와 수량을 회계연도 개시 1개월 전까지 공고하여야 한다. 22. 교정7☆

제5조 【교도작업제품의 우선구매】 국가, 지방자치단체 또는 공공기관은 그가 필요로 하는 물품이 제4조에 따라 공고된 것인 경우에는 공고된 제품 중에서 우선적으로 구매하여야 한다. 17. 교정7

제6조 【교도작업에의 민간참여】 ① 법무부장관은 「형의 집행 및 수용자의 처우에 관한 법률」 제68조에 따라 수형자가 외부 기업체 등에 통근작업하거나 교정시설의 안에 설치된 외부 기업체의 작업장에서 작업할 수 있도록 민간기업을 참여하게 하여 교도작업을 운영할 수 있다. 18. 승진☆

② 교정시설의 장은 제1항에 따라 민간기업이 참여할 교도작업(이하 이 조에서 '민간참여작업'이라 한다)의 내용을 해당 기업체와의 계약으로 정하고 이에 대하여 법무부장관의 승인(재계약의 경우에는 지방교정청장의 승인)을 받아야 한다. 다만, 법무부장관이 정하는 단기(→ 2개월 이하)의 계약에 대하여는 그러하지 아니하다. 19. 교정9☆

③ 제1항 및 제2항에 따른 민간기업의 참여절차, 민간참여작업의 종류, 그 밖에 민간참여작업의 운영에 필요한 사항은 「형의 집행 및 수용자의 처우에 관한 법률」 제68조 제1항의 사항을 고려하여 법무부장관이 정한다(→ 교도작업운영지침). 11. 교정7

시행령 제7조【교도작업제품의 판매방법】
법무부장관은 교도작업제품의 전시 및 판매를 위하여 필요한 시설을 설치·운영하거나 전자상거래 등의 방법으로 교도작업제품을 판매할 수 있다. 22. 교정7☆

제7조【교도작업제품의 민간판매】 교도작업으로 생산된 제품은 민간기업 등에 직접 판매하거나 위탁하여 판매할 수 있다. 22. 교정7☆

제8조【교도작업특별회계의 설치·운용】 ① 교도작업의 효율적인 운영을 위하여 교도작업특별회계(이하 '특별회계'라 한다)를 설치한다. 20. 교정9

② 특별회계는 법무부장관이 운용·관리한다. 20. 교정9☆

제9조【특별회계의 세입·세출】 ① 특별회계의 세입은 다음 각 호와 같다. 22. 교정7☆

1. 교도작업으로 생산된 제품 및 서비스의 판매, 그 밖에 교도작업에 부수되는 수입금
2. 제10조에 따른 일반회계로부터의 전입금
3. 제11조에 따른 차입금

② 특별회계의 세출은 다음 각 호와 같다. 22. 교정7☆

1. 교도작업의 관리, 교도작업 관련 시설의 마련 및 유지·보수, 그 밖에 교도작업의 운영을 위하여 필요한 경비
2. 「형의 집행 및 수용자의 처우에 관한 법률」 제73조 제2항의 작업장려금
3. 「형의 집행 및 수용자의 처우에 관한 법률」 제74조의 위로금 및 조위금
4. 수용자의 교도작업 관련 직업훈련을 위한 경비

제10조【일반회계로부터의 전입】 특별회계는 세입총액이 세출총액에 미달된 경우 또는 시설 개량이나 확장에 필요한 경우에는 예산의 범위에서 일반회계로부터 전입을 받을 수 있다. 22. 교정7☆

제11조【일시 차입 등】 ① 특별회계는 지출할 자금이 부족할 경우에는 특별회계의 부담으로 국회의 의결을 받은 금액의 범위에서 일시적으로 차입하거나 세출예산의 범위에서 수입금 출납공무원 등이 수납한 현금을 우선 사용할 수 있다. 20. 교정9☆

제11조의2【잉여금의 처리】 특별회계의 결산상 잉여금은 다음 연도의 세입에 이입한다. 20. 교정9☆

제12조【예비비】 특별회계는 예측할 수 없는 예산 외의 지출 또는 예산을 초과하는 지출에 충당하기 위하여 세출예산에 예비비를 계상할 수 있다. 18. 승진

🏛 **핵심 OX**

10 소장은 법무부장관의 승인을 받아 수형자에게 부과하는 작업의 종류를 정한다. (○, ×)

10 ○

5 현행법상 교도작업 관련 규정

1. 작업의 부과 · 종류 등

법 제65조【작업의 부과】① 수형자에게 부과하는 작업은 건전한 사회복귀를 위하여 기술을 습득하고 근로의욕을 고취하는 데에 적합한 것이어야 한다.
② 소장은 수형자에게 작업을 부과하려면 나이 · 형기 · 건강상태 · 기술 · 성격 · 취미 · 경력 · 장래생계, 그 밖의 수형자의 사정을 고려하여야 한다. 14. 교정9

영 제89조【작업의 종류】소장은 법무부장관의 승인을 받아 수형자에게 부과하는 작업의 종류를 정한다. 18. 교정9☆

영 제90조【소년수형자의 작업 등】소장은 19세 미만의 수형자에게 작업을 부과하는 경우에는 정신적 · 신체적 성숙 정도, 교육적 효과 등을 고려하여야 한다. 14. 교정9☆

영 제91조【작업의 고지 등】① 소장은 수형자에게 작업을 부과하는 경우에는 작업의 종류 및 작업 과정을 정하여 고지하여야 한다. 20. 교정9
② 제1항의 작업 과정은 작업성적, 작업시간, 작업의 난이도 및 숙련도를 고려하여 정한다. 작업 과정을 정하기 어려운 경우에는 작업시간을 작업 과정으로 본다. 20. 교정9

영 제92조【작업실적의 확인】소장은 교도관에게 매일 수형자의 작업실적을 확인하게 하여야 한다. 20. 교정7☆

2. 작업의무와 신청에 따른 작업

법 제66조【작업의무】수형자는 자신에게 부과된 작업과 그 밖의 노역을 수행하여야 할 의무가 있다. 14. 사시☆

법 제67조【신청에 따른 작업】소장은 금고형 또는 구류형의 집행 중에 있는 사람에 대하여는 신청에 따라 작업을 부과할 수 있다. 23. 교정9☆

영 제93조【신청 작업의 취소】소장은 법 제67조에 따라 작업이 부과된 수형자가 작업의 취소를 요청하는 경우에는 그 수형자의 의사, 건강 및 교도관의 의견 등을 고려하여 작업을 취소할 수 있다(→ 임의적). 14. 교정9

3. 집중근로에 따른 처우

법 제70조【집중근로에 따른 처우】① 소장은 수형자의 신청에 따라 제68조의 작업(→ 외부 통근작업), 제69조 제2항의 훈련(→ 외부 직업훈련), 그 밖에 집중적인 근로가 필요한 작업을 부과하는 경우에는 접견 · 전화통화 · 교육 · 공동행사 참가 등의 처우를 제한할 수 있다. 다만, 접견 또는 전화통화를 제한한 때에는 휴일이나 그 밖에 해당 수용자의 작업이 없는 날에 접견 또는 전화통화를 할 수 있게 하여야 한다. 23. 교정9☆
② 소장은 제1항에 따라 작업을 부과하거나 훈련을 받게 하기 전에 수형자에게 제한되는 처우의 내용을 충분히 설명하여야 한다.

작업의무

수형자에는 징역형 수형자, 금고형 수형자, 구류형 수형자와 노역장 유치자가 포함되는데(법 제2조 제2호), 수형자에게는 원칙적으로 부과된 작업과 노역을 수행할 의무가 인정되나(법 제66조), 수형자 중 금고형 수형자와 구류형 수형자의 경우에는 신청이 있는 경우에 작업을 부과할 수 있고 부과된 경우에는 작업을 수행할 의무가 인정된다(법 제67조).

「교도작업운영지침」 제13조【작업의 종류】① 집중근로작업장의 작업 종류는 직영작업과 위탁작업으로 한다.

🏛 핵심 OX

11 소장은 19세 미만의 수형자에게 작업을 부과할 경우 추가적으로 정신적 · 신체적 성숙 정도, 교육적 효과 등을 고려하여야 한다. (O, ×)

10 ○

영 제95조 【집중근로】 법 제70조 제1항에서 '집중적인 근로가 필요한 작업'이란 수형자의 신청에 따라 1일 작업시간 중 접견·전화통화·교육 및 공동행사 참가 등을 하지 아니하고 휴게시간을 제외한 작업시간 내내 하는 작업을 말한다. 20. 교정7☆

4. 작업시간 등

법 제71조 【작업시간 등】 ① 1일의 작업시간(휴식·운동·식사·접견 등 실제 작업을 실시하지 않는 시간을 제외한다. 이하 같다)은 8시간을 초과할 수 없다. 23. 교정7☆
② 제1항에도 불구하고 취사·청소·간병 등 교정시설의 운영과 관리에 필요한 작업의 1일 작업시간은 12시간 이내로 한다.
③ 1주의 작업시간은 52시간을 초과할 수 없다. 다만, 수형자가 신청하는 경우에는 1주의 작업시간을 8시간 이내의 범위에서 연장할 수 있다.
④ 제2항 및 제3항에도 불구하고 19세 미만 수형자의 작업시간은 1일에 8시간을, 1주에 40시간을 초과할 수 없다. 23. 교정7
⑤ 공휴일·토요일과 대통령령으로 정하는 휴일에는 작업을 부과하지 아니한다. 다만, 다음 각 호의 어느 하나에 해당하는 경우에는 작업을 부과할 수 있다. 23. 교정7☆
1. 제2항에 따른 교정시설의 운영과 관리에 필요한 작업을 하는 경우
2. 작업장의 운영을 위하여 불가피한 경우
3. 공공의 안전이나 공공의 이익을 위하여 긴급히 필요한 경우
4. 수형자가 신청하는 경우
[전문개정 2022.12.27.]

영 제96조 【휴업일】 법 제71조에서 '그 밖의 휴일'이란 「각종 기념일 등에 관한 규정」에 따른 교정의 날(→ 10월 28일) 및 소장이 특히 지정하는 날을 말한다. 19. 교정7

5. 작업의 면제

법 제72조 【작업의 면제】 ① 소장은 수형자의 가족 또는 배우자의 직계존속이 사망하면 2일간, 부모 또는 배우자의 제삿날에는 1일간 해당 수형자의 작업을 면제한다. 다만, 수형자가 작업을 계속하기를 원하는 경우는 예외로 한다. 23. 교정9☆
② 소장은 수형자에게 부상·질병, 그 밖에 작업을 계속하기 어려운 특별한 사정이 있으면 그 사유가 해소될 때까지 작업을 면제할 수 있다. 18. 교정9

6. 위로금과 조위금의 지급

법 제74조 【위로금·조위금】 ① 소장은 수형자가 다음 각 호의 어느 하나에 해당하면 법무부장관이 정하는 바에 따라 위로금 또는 조위금을 지급한다(→ 필요적). 19. 승진☆
1. 작업 또는 직업훈련으로 인한 부상 또는 질병으로 신체에 장해가 발생한 때
2. 작업 또는 직업훈련 중에 사망하거나 그로 인하여 사망한 때
② 위로금은 본인에게 지급하고, 조위금은 그 상속인에게 지급한다. 23. 교정7☆

법 제71조의 개정

교정시설에서의 과도한 작업으로부터 수형자의 건강을 보호하기 위하여 수형자의 작업시간은 원칙적으로 1일에 8시간을, 1주에 52시간을 초과할 수 없도록 하되, 수형자가 신청하는 경우에는 1주의 작업시간을 8시간 이내에서 연장할 수 있도록 하고, 19세 미만 수형자의 작업시간은 1일에 8시간을, 1주에 40시간을 초과할 수 없도록 하며, 수형자에게 공휴일·토요일 등에 작업을 부과할 수 있는 사유를 공공의 안전이나 공공의 이익을 위하여 긴급히 필요한 경우나 수형자가 신청하는 경우 등으로 명시하였다.

그 밖의 휴일

종래에는 12월 31일이 휴업일로 되어 있었으나 정상 일과에 따라 작업을 실시하고 있는 현실을 반영하여 휴업일에서 제외하였다(영 제96조).

작업의 면제의 두 가지 경우

1. 사망·제삿날의 경우(제1항)
 → 작업을 '면제한다'
2. 부상·질병 등의 경우(제2항)
 → 작업을 '면제할 수 있다'

작업장려금과 위로금·보상금의 지급

1. 작업장려금
 → '지급할 수 있다'(임의적·재량적)
2. 위로금과 조위금
 → '지급한다'(필요적·강제적)

위로금의 지급시기

작업 또는 직업훈련으로 인한 부상이나 질병으로 신체에 장해가 발생한 경우에 지급하는 위로금을 수형자가 석방될 때 지급하도록 하던 것을 앞으로는 지급 사유가 발생하면 언제든지 지급할 수 있도록 하였다(법 제74조 제2항).

법 제75조【다른 보상·배상과의 관계】위로금 또는 조위금을 지급받을 사람이 국가로 부터 동일한 사유로「민법」이나 그 밖의 법령에 따라 제74조의 위로금 또는 조위금에 상당하는 금액을 지급받은 경우에는 그 금액을 위로금 또는 조위금으로 지급하지 아니한다. 18. 승진

법 제76조【위로금·조위금을 지급받을 권리의 보호】① 제74조의 위로금 또는 조위금을 지급받을 권리는 다른 사람 또는 법인에게 양도하거나 담보로 제공할 수 없으며, 다른 사람 또는 법인은 이를 압류할 수 없다. 17. 교정9
② 제74조에 따라 지급받은 금전을 표준으로 하여 조세와 그 밖의 공과금을 부과하여서는 아니 된다. 19. 승진☆

2 직업훈련

1 서론

1. 의의

직업훈련이란 수용자 개개인의 적성과 취미, 연령, 학력에 적합한 기술교육을 실시하여 출소 후 사회에서 안정된 생업에 종사할 수 있도록 자활능력을 갖추는 데 목적을 두고 실시하는 훈련을 말한다.

2. 목적

(1) 고도산업사회의 기능인력을 양성한다.

(2) 수형자의 근로의욕을 함양시킨다.

(3) 수형자의 사회복귀를 용이하게 하여 재범을 방지한다.

(4) 생산작업에 취업시켜 교정경비를 충당한다.

(5) 교도소의 질서를 유지하고 규율을 확립시킨다.

3. 우리나라 직업훈련의 연혁

(1) 법무부는 1969년부터 전국 교정시설에 공공직업훈련소를 설치하여 직업훈련을 실시해 오고 있으며, 현재는 전국 27개 교정시설을 공공직업훈련시설로 지정하고 자동차정비·건축·전기분야 등 48개 직종에 대하여 6개월 내지 2년 과정의 훈련을 실시하고 있다.

(2) 2005년도에 청주여자교도소를 여자정예직업훈련소로 지정함은 물론, 2007년도에는 여주교도소 등 2개 기관을 여성수형자 직업훈련 전담기관으로 지정하여, 여성의 특성에 맞고 취업연계성이 높은 직종에 대하여 전문적인 직업훈련을 실시하고 있다.

(3) 기술자격 취득 수형자를 대상으로 보다 심화된 기술훈련을 실시하기 위하여 2007년부터 청송직업훈련교도소에 전문기술숙련 과정을 운영하고 있으며, 2009년도부터는 최첨단 훈련시설과 장비를 갖춘 화성직업훈련교도소를 개청하여 민간기업이 필요로 하는 고급 기능 인력을 양성하고 있다.

4. 구분

(1) 공공직업훈련

「근로자직업능력 개발법」 등에 따라 고용노동부장관이 정한 훈련 기준 및 권고사항에 따라 실시하는 직업훈련을 말한다.

(2) 일반직업훈련

소장이 수형자의 건전한 사회복귀를 위한 기술습득·향상을 위하여 필요한 경우 예산 등을 고려하여 교정기관의 실정에 따라 자체적으로 실시하는 직업훈련을 말한다.

2 현행법상 직업훈련 관련 규정

1. 원칙

> **법 제69조【직업능력개발훈련】** ① 소장은 <u>수형자</u>의 건전한 사회복귀를 위하여 기술 습득 및 향상을 위한 직업능력개발훈련(이하 '직업훈련'이라 한다)을 실시할 수 있다.
>
> **영 제94조【직업능력개발훈련 설비 등의 구비】** 소장은 법 제69조에 따른 직업능력개발훈련을 하는 경우에는 그에 필요한 설비 및 실습자재를 갖추어야 한다.

2. 직업훈련 직종 선정 및 대상자 선정

> **법 제69조【직업능력개발훈련】** ③ 직업훈련 대상자의 선정 기준 등에 관하여 필요한 사항은 <u>법무부령</u>으로 정한다. 15. 교정7
>
> **규칙 제124조【직업훈련 직종 선정 등】** ① 직업훈련 직종 선정 및 훈련 과정별 인원은 <u>법무부장관의 승인</u>을 받아 <u>소장</u>이 정한다. 22. 교정9☆
> ② 직업훈련 대상자는 소속 기관의 수형자 중에서 <u>소장</u>이 선정한다. 다만, <u>집체직업훈련</u>(직업훈련 전담 교정시설이나 그 밖에 직업훈련을 실시하기에 적합한 교정시설에 수용하여 실시하는 훈련을 말한다) 대상자는 집체직업훈련을 실시하는 교정시설의 관할 <u>지방교정청장이 선정</u>한다.* 20. 승진☆
>
> **규칙 제125조【직업훈련 대상자 선정 기준】** ① 소장은 수형자가 다음 각 호의 요건을 갖춘 경우에는 수형자의 의사, 적성, 나이, 학력 등을 고려하여 <u>직업훈련 대상자로 선정할 수 있다</u>.
> 1. 집행할 형기 중에 해당 훈련 과정을 <u>이수</u>할 수 있을 것(기술숙련 과정 집체직업 훈련 대상자는 제외한다)
> 2. 직업훈련에 필요한 기본<u>소양</u>을 갖추었다고 인정될 것

---

* 개정 전에는 "다만, 집체직업훈련(보다 심화된 기술습득을 위하여 법무부장관이 지정한 전담교정시설에서 실시하는 훈련을 말함)이나 그 밖에 특히 필요하다고 인정하는 경우에는 '법무부장관의 승인'을 받아 다른 교정시설 수형자를 선정·집결하여 훈련하게 할 수 있다."고 규정되어 있었다(규칙 제124조 제2항 단서).

🗨 **핵심 OX**

13 교정시설의 장은 수형자의 직업훈련을 위하여 필요하면 외부의 기관 또는 단체에서 훈련을 받게 할 수 있고, 직업훈련 대상자의 선정 기준 등에 관하여 필요한 사항은 법무부령으로 정한다. (O, ×)

13 ○

3. 해당 과정의 **기술**이 없거나 재훈련을 희망할 것

4. 석방 후 관련 직종에 **취업**할 의사가 있을 것

② 소장은 소년수형자의 선도를 위하여 필요한 경우에는 제1항의 요건을 갖추지 못한 경우에도 직업훈련 대상자로 선정하여 교육할 수 있다. 19. 승진☆

규칙 제126조【직업훈련 대상자 선정의 제한】소장은 제125조에도 불구하고 수형자가 다음 각 호의 어느 하나에 해당하는 경우에는 직업훈련 대상자로 선정해서는 아니 된다. 23. 교정9☆

1. 15세 미만인 경우

2. 교육 과정을 수행할 문자해독능력 및 강의 이해능력이 부족*한 경우

3. 징벌 대상행위의 혐의가 있어 조사 중이거나 징벌집행 중인 경우

4. 작업, 교육·교화 프로그램 시행으로 인하여 직업훈련의 실시가 곤란하다고 인정되는 경우

5. 질병·신체조건 등으로 인하여 직업훈련을 감당할 수 없다고 인정되는 경우

* 종래에는 '의사소통이 곤란한 외국인인 경우'라고 규정되어 있었다(규칙 제126조 제2호).

3. 대상자 이송과 보류 · 취소 등

규칙 제127조【직업훈련 대상자 이송】① 법무부장관은 직업훈련을 위하여 필요한 경우에는 수형자를 다른 교정시설로 이송할 수 있다. 22. 교정9☆

② 소장은 제1항에 따라 이송된 수형자나 직업훈련 중인 수형자를 다른 교정시설로 이송해서는 아니 된다. 다만, 훈련취소 등 특별한 사유가 있는 경우에는 그러하지 아니하다. 19. 승진☆

규칙 제128조【직업훈련의 보류 및 취소 등】① 소장은 직업훈련 대상자가 다음 각 호의 어느 하나에 해당하는 경우에는 직업훈련을 보류할 수 있다.

1. 징벌 대상행위의 혐의가 있어 조사를 받게 된 경우 18. 교정9

2. 심신이 허약하거나 질병 등으로 훈련을 감당할 수 없는 경우 22. 교정9

3. 소질·적성·훈련성적 등을 종합적으로 고려한 결과 직업훈련을 계속할 수 없다고 인정되는 경우

4. 그 밖에 직업훈련을 계속할 수 없다고 인정되는 경우

② 소장은 제1항에 따라 직업훈련이 보류된 수형자가 그 사유가 소멸되면 본래의 과정에 복귀시켜 훈련하여야 한다. 다만, 본래 과정으로 복귀하는 것이 부적당하다고 인정하는 경우에는 해당 훈련을 취소할 수 있다.

4. 외부 직업훈련

법 제69조【직업능력개발훈련】② 소장은 수형자의 직업훈련을 위하여 필요하면 외부의 기관 또는 단체에서 훈련을 받게 할 수 있다. 15. 교정7

규칙 제96조【외부 직업훈련】① 소장은 수형자가 개방처우급 또는 완화경비처우급으로서 직업능력 향상을 위하여 특히 필요한 경우에는 교정시설 외부의 공공기관 또는 기업체 등에서 운영하는 직업훈련을 받게 할 수 있다. 18. 승진☆

② 제1항에 따른 직업훈련의 비용은 수형자가 부담한다. 다만, 처우상 특히 필요한 경우에는 예산의 범위에서 그 비용을 지원할 수 있다. 16. 교정7☆

🏛 핵심OX

14 수형자가 외부 직업훈련을 한 경우 그 비용은 국가가 부담하여야 한다.

(○, ✕)

14 ✕

3 수형자 취업지원협의회

1. 수형자 취업알선 및 창업지원 협의기구

> **영 제85조【수형자 취업알선 등 협의기구】** ① 수형자의 건전한 사회복귀를 지원하기 위하여 교정시설에 취업알선 및 창업지원에 관한 협의기구를 둘 수 있다. 19. 승진
> ② 제1항의 협의기구의 조직·운영, 그 밖에 활동에 필요한 사항은 법무부령으로 정한다.

2. 협의회의 기능

> **규칙 제144조【기능】** 영 제85조 제1항에 따른 수형자 취업지원협의회(이하 이 장에서 '협의회'라 한다)의 기능은 다음 각 호와 같다. 22. 교정7
> 1. 수형자 사회복귀 지원 업무에 관한 자문에 대한 조언
> 2. 수형자 취업·창업 교육
> 3. 수형자 사회복귀 지원을 위한 지역사회 네트워크 추진
> 4. 취업 및 창업 지원을 위한 자료제공 및 기술지원
> 5. 직업적성 및 성격검사 등 각종 검사 및 상담
> 6. 불우수형자 및 그 가족에 대한 지원 활동
> 7. 그 밖에 수형자 취업알선 및 창업지원을 위하여 필요한 활동

3. 협의회의 구성

> **규칙 제145조【구성】** ① 협의회는 회장 1명을 포함하여 3명 이상 5명 이하의 내부위원과 10명 이상의 외부위원으로 구성한다. 19. 승진
> ② 협의회의 회장은 소장이 되고, 부회장은 2명을 두되 1명은 소장이 내부위원 중에서 지명하고 1명은 외부위원 중에서 호선한다. 19. 승진☆
> ③ 내부위원은 소장이 지명하는 소속 기관의 부소장·과장(지소의 경우에는 7급 이상의 교도관)으로 구성한다.
>
> **규칙 제146조【외부위원】** ① 법무부장관은 협의회의 외부위원을 다음 각 호의 사람 중에서 소장의 추천을 받아 위촉한다. 〈개정 2024.2.8.〉
> 1. 고용노동부 고용센터 등 지역 취업·창업 유관 공공기관의 장 또는 기관 추천자
> 2. 취업컨설턴트, 창업컨설턴트, 기업체 대표, 시민단체 및 기업연합체의 임직원
> 3. 변호사, 「고등교육법」에 따른 대학(이하 '대학'이라 한다)에서 법률학을 가르치는 강사 이상의 직에 있는 사람
> 4. 그 밖에 교정에 관한 학식과 경험이 풍부하고 수형자 사회복귀 지원에 관심이 있는 외부 인사
> ② 외부위원의 임기는 3년으로 하며, 연임할 수 있다. 19. 승진
> ③ 법무부장관은 외부위원이 다음 각 호의 어느 하나에 해당하는 경우에는 소장의 건의를 받아 해당 위원을 해촉할 수 있다.

1. 심신장애로 직무수행이 불가능하거나 현저히 곤란하다고 인정되는 경우

2. 직무와 관련된 비위사실이 있는 경우

3. 직무태만, 품위손상, 그 밖의 사유로 인하여 위원으로 적합하지 아니하다고 인정되는 경우

4. 위원 스스로 직무를 수행하는 것이 곤란하다고 의사를 밝히는 경우

규칙 제147조【회장의 직무】 ① 회장은 협의회를 소집하고 협의회 업무를 총괄한다.

② 회장이 부득이한 사유로 직무를 수행할 수 없을 때에는 <u>소장이 지정한 부회장</u>이 그 직무를 대행한다.

4. 회의

규칙 제148조【회의】 ① 협의회의 회의는 <u>반기마다 개최</u>*한다. 다만, 다음 각 호의 어느 하나에 해당하는 경우에는 <u>임시회의</u>를 개최할 수 있다.

1. 수형자의 사회복귀 지원을 위하여 협의가 필요할 때

2. 회장이 필요하다고 인정하는 때

3. <u>위원 3분의 1 이상의 요구가 있는 때</u>

② 협의회의 회의는 회장이 소집하고 그 의장이 된다.

③ 협의회의 회의는 재적위원 과반수의 출석으로 개의하고, 출석위원 과반수의 찬성으로 의결한다. 17. 교정7

* 종래에는 '분기마다' 개최한다고 규정되어 있었다(규칙 제148조 제1항).

01 교도작업은 일에 의한 훈련(training by work)과 일을 위한 훈련(training for work)으로 구분할 수 있는데 일에 의한 훈련은 직업기술을 터득하는 것이고 일을 위한 훈련은 근로습관을 들이는 것이다. 21. 교정7 ( )

02 교도작업에 있어서 최소자격의 원칙(principle of less eligibility)은 일반 사회의 최저임금 수준의 비범죄자에 비해서 훈련과 취업상 조건이 더 나빠야 한다는 것이다. 21. 교정7 ( )

03 관사직영제도(public account system)는 교도소 자체가 기계장비를 갖추고 작업재료를 구입하여 재소자들의 노동력으로 제품을 생산하고 판매하는 것으로 민간분야로부터 공정경쟁에 어긋난다는 비판이 있다. 21. 교정7 ( )

04 노무작업은 경기변동에 큰 영향을 받지 않으며 제품판로에 대한 부담이 없다. 22. 교정9 ( )

05 노무작업은 설비투자 없이 시행이 가능하며 행형상 통일성을 기하기에 유리하다. 22. 교정9 ( )

06 도급작업은 불취업자 해소에 유리하고 작업수준에 맞는 기술자 확보가 용이하다. 22. 교정9 ( )

07 도급작업은 구외작업으로 인한 계호부담이 크지만 민간기업을 압박할 가능성이 없다. 22. 교정9 ( )

정답

01 ✕ 일에 의한 훈련(training by work)은 '근로습관을 들이는 것'이고 일을 위한 훈련(training for work)은 '직업기술을 터득하는 것'이라고 할 수 있다.

02 ○ 최소자격의 원칙이란 교도소에서의 생활 기준은 사회에서의 최저 기준보다 낮지 않으면 안 된다는 것으로, 행형제도에서 최소자격의 원칙으로부터 가장 영향을 받은 것이 바로 교도작업 제도이다. 또한 국가는 이 원칙 하에 국가의 행형 목적을 달성하기 위해서 수형자에게 작업을 강제하는 것은 당연한 것이라고 여겨 왔다.

03 ○ 관사직영제도(직영작업)는 교정시설이 국가예산으로 시설 · 기계 · 재료 · 경비 등을 부담하고 물건을 생산 · 판매하여 직접 경영하는 작업방식이다. 이에 대해서는 민간기업을 압박할 우려가 있다는 비판이 제기된다.

04 ○ 노무작업은 교도소가 사인에게 노무(노동력)만을 제공하고 그 대가를 지급받는 작업방식이다. 이는 경기변동의 영향이 없고, 제품처리의 문제가 없다는 장점이 있다.

05 ✕ 노무작업은 노동력만을 제공하므로 설비투자를 요하지 않아 자본이 없어도 가능하지만, 사인의 관여로 인한 부정의 가능성이 있고, 단순 노동이라 직업훈련에 부적합하며, 교화 목적이 경시될 우려가 있다는 단점이 지적된다. 행형상 통일성을 기하게에 유리한 작업방식은 징역작업이다.

06 ✕ 도급작업은 교도소와 사인(私人) 간에 공사를 완성할 것을 약정하고 교도소가 전담하여 관리 · 감독하는 작업방식이다. 이는 대규모 취업이 가능하여 불취업자 해소에 유리하나, 작업수준에 맞는 기술자 확보가 용이하지 않아 전문지식과 경험의 부족으로 큰 손실이 우려된다는 단점이 지적된다.

07 ✕ 도급작업은 구외작업의 계호부담 및 보안상 문제점과 민간기업을 압박할 우려가 있다는 단점이 지적된다.

08 교도작업의 운영 및 특별회계에 관한 법령상 법무부장관은 교도작업으로 생산되는 제품의 종류와 수량을 회계연도 개시 3개월 전까지 공고하여야 한다. 22. 교정7 ( )

09 교도작업의 운영 및 특별회계에 관한 법령상 법무부장관은 교도작업으로 생산된 제품을 전자상거래 등의 방법으로 민간기업 등에 직접 판매할 수 있지만 위탁하여 판매할 수는 없다. 22. 교정7 ( )

10 교도작업의 운영 및 특별회계에 관한 법령상 수용자의 교도작업 관련 직업훈련을 위한 경비는 교도작업특별회계의 세출에 포함된다. 22. 교정7 ( )

11 특별회계는 세출총액이 세입총액에 미달된 경우 또는 교도작업 관련 시설의 신축·마련·유지·보수에 필요한 경우에는 예산의 범위에서 일반회계로부터 전입을 받을 수 있다. 20. 교정9 ( )

12 교도작업의 운영 및 특별회계에 관한 법령상 교도작업시설의 개량이나 확장에 필요한 경우로 예산의 범위에서 일반회계로부터의 전입된 금액은 교도작업 특별회계의 세입에서 제외되어야 한다. 22. 교정7 ( )

13 특별회계의 결산상 잉여금은 일시적으로 차입한 차입금의 상환, 작업장려금의 지급, 검정고시반·학사고시반 교육비의 지급 목적으로 사용하거나 다음 연도 일반회계의 세출예산에 예비비로 계상한다. 20. 교정9 ( )

14 작업과정은 작업성적, 작업시간, 작업의 난이도 및 숙련도를 고려하여 정하며, 작업과정을 정하기 어려운 경우에는 작업의 난이도를 작업과정으로 본다. 20. 교정9 ( )

15 소장은 금고형 또는 구류형의 집행 중에 있는 사람에 대하여 신청 여부와 관계없이 작업을 부과할 수 있다. 22. 교정9 ( )

16 소장은 수형자의 신청에 따라 집중적인 근로가 필요한 작업을 부과하는 경우에도 접견을 제한할 수 없다. 23. 교정9 ( )

정답

08 ✕ 회계연도 개시 '1개월' 전까지 공고하여야 한다(「교도작업의 운영 및 특별회계에 관한 법률」 제4조).

09 ✕ 민간기업 등에 직접 판매할 수 있고, '위탁하여 판매할 수도 있다'(「교도작업의 운영 및 특별회계에 관한 법률」 제7조, 동법 시행령 제7조).

19 ○ 「교도작업의 운영 및 특별회계에 관한 법률」 제9조 제2항 제4호

11 ✕ '세입총액이 세출총액에 미달된 경우' 또는 '시설 개량이나 확장에 필요한 경우'에는 예산의 범위에서 일반회계로부터 전입을 받을 수 있다(「교도작업의 운영 및 특별회계에 관한 법률」 제10조).

12 ✕ 시설 개량이나 확장에 필요한 경우로 예산의 범위에서 일반회계로부터 전입된 금액은 특별회계의 세입에 포함된다(「교도작업의 운영 및 특별회계에 관한 법률」 제10조, 제9조 제1항 제2호 참조).

13 ✕ 특별회계의 결산상 잉여금은 '다음 연도의 세입에 이입한다'(「교도작업의 운영 및 특별회계에 관한 법률」 제11조의2).

14 ✕ '작업시간'을 작업과정으로 본다(영 제91조 제2항).

15 ✕ 금고형 또는 구류형의 집행 중에 있는 사람에 대하여 '신청에 따라' 작업을 부과할 수 있다(법 제67조).

16 ✕ 수형자의 신청에 따라 집중적인 근로가 필요한 작업을 부과하는 경우에는 접견을 제한할 수 있다(법 제70조 제1항).

17 수형자의 1일 작업시간은 휴식시간을 포함하여 8시간을 초과할 수 없다. 23. 교정7   (   )

18 19세 미만 수형자의 1주의 작업시간은 40시간을 초과할 수 없지만, 그 수형자가 신청하는 경우에는 주 8시간 이내의 범위에서 연장할 수 있다. 23. 교정7   (   )

19 취사 · 청소 · 간병 등 교정시설의 운영과 관리에 필요한 작업을 하는 경우, 작업장의 운영을 위하여 불가피한 경우, 공공의 안전이나 공공의 이익을 위하여 긴급히 필요한 경우, 교도관이 신청하는 경우에는 휴일에도 작업을 부과할 수 있다. 23. 교정7   (   )

20 소장은 장인(丈人)이 사망하였다는 소식을 접한 수형자에 대하여, 본인이 작업을 계속하기를 원하지 않는 것을 확인하고 2일간 작업을 면제하였다. 22. 교정9   (   )

21 소장은 수형자의 가족이 사망하면 1일간 작업을 면제한다. 23. 교정9   (   )

22 소장은 수형자에 대하여 교화목적 상 특별히 필요하다고 판단되어, 작업장려금을 석방 전에 전액 지급하였다. 22. 교정9   (   )

23 소장은 수형자에게 작업장려금을 지급하는 데 있어서 교정성적은 고려하여서는 아니 된다. 21. 교정7   (   )

24 작업으로 인한 부상으로 신체에 장해가 발생한 때 지급하는 위로금은 소장이 수형자를 석방할 때 수형자 본인에게 지급하여야 한다. 23. 교정7   (   )

정답

17 X '휴식 · 운동 · 식사 · 접견 등 실제 작업을 실시하지 않는 시간을 제외'하여 8시간을 초과할 수 없다(법 제71조 제1항).

18 X 19세 미만 수형자의 작업시간은 예외 없이 1일에 8시간을, 1주에 40시간을 초과할 수 없다(법 제71조 제4항).

19 X '수형자'가 신청하는 경우에는 휴일에 작업을 부과할 수 있다(법 제71조 제5항 제4호).

20 ○ 법 제72조 제1항

21 X '2일'간 작업을 면제함이 원칙이다(법 제72조 제1항).

22 ○ 법 제73조 제3항

23 X 작업의 종류, 작업성적, '교정성적', 그 밖의 사정을 고려하여 수형자에게 작업장려금을 지급할 수 있다(법 제73조 제2항).

24 X 종래에는 위로금을 수형자가 석방될 때 지급하도록 하던 것을 개정하여, 지급 사유가 발생하면 언제든지 지급할 수 있도록 하였다(법 제74조 제2항).

25 소장은 법무부장관의 승인을 받아 직업훈련의 직종과 훈련과정별 인원을 정하였다. 22. 교정9 ( )

26 수형자가 15세 미만인 경우에는 직업훈련 대상자로 선정해서는 아니 된다. 23. 교정9 ( )

27 수형자가 교육과정을 수행할 문자해독능력 및 강의 이해능력이 부족한 경우에는 직업훈련 대상자로 선정해서는 아니 된다. 23. 교정9 ( )

28 수형자가 징벌집행을 마친 경우에는 직업훈련 대상자로 선정해서는 아니 된다. 23. 교정9 ( )

29 수형자가 작업, 교육 · 교화프로그램 시행으로 인하여 직업훈련의 실시가 곤란하다고 인정되는 경우에는 직업훈련 대상자로 선정해서는 아니 된다. 23. 교정9 ( )

30 법무부장관은 직업훈련을 위하여 필요한 경우에는 수형자를 다른 교정시설로 이송할 수 있다. 22. 교정9 ( )

31 소장은 직업훈련 대상자가 심신이 허약하거나 질병 등으로 훈련을 감당할 수 없는 경우에는 직업훈련을 보류할 수 있다. 22. 교정9 ( )

32 수형자 취업지원협의회는 ㉠ 수형자 사회복귀 지원 업무에 관한 자문에 대한 조언, ㉡ 직업적성 및 성격검사 등 각종 검사 및 상담, ㉢ 취업 및 창업활동 지원대상 수형자의 가석방적격 사전심의, ㉣ 불우수형자 및 그 가족에 대한 지원 활동 등을 그 기능으로 한다. 22. 교정7 ( )

정답

25 ○ 규칙 제124조 제1항

26 ○ 규칙 제126조 제1호

27 ○ 규칙 제126조 제2호

28 ✕ '징벌대상행위의 혐의가 있어 조사 중이거나 징벌집행 중인 경우'에는 직업훈련 대상자로 선정해서는 아니 된다(규칙 제126조 제3호).

29 ○ 규칙 제126조 제4호

30 ○ 규칙 제127조 제1항

31 ○ 규칙 제128조 제1항 제2호

32 ✕ 취업 및 창업 지원을 위한 자료제공 및 기술지원은 규정되어 있으나(규칙 제144조 제4호), ㉢ 지문과 같은 내용은 규정되어 있지 않다.

09 미결수용자와 사형확정자의 처우

1 미결수용자의 처우

1 미결수용의 의의

(1) 미결수용이란 형사피의자 또는 형사피고인으로서 체포되거나 구속영장의 집행을 받은 사람(미결수용자)에 대하여 형사소추의 원활한 진행, 도주 및 증거인멸의 방지 및 형의 집행의 확보를 위하여 재판이 확정될 때까지 구금시설에 수용하는 것을 말한다.

(2) 미결수용자는 형이 확정되기 전까지는 무죄추정을 받으므로, 미결수용은 형사소추를 위해 필요한 경우로 한정되어야 하고 자유의 제약도 최소한으로 인정되어야 한다.

2 미결수용자의 지위

1. 무죄추정의 원칙

미결수용자는 형이 확정되기 전까지는 원칙적으로 무죄의 추정을 받으므로, 미결수용의 목적을 위한 제한 이외에는 헌법상의 기본권이 보장되어야 한다. 12. 교정7

> **헌법**
> **제27조** ④ 형사피고인은 유죄의 판결이 확정될 때까지는 무죄로 추정된다.
>
> **형사소송법**
> **제275조의2 【피고인의 무죄추정】** 피고인은 유죄의 판결이 확정될 때까지는 무죄로 추정된다.

> **관련 판례** **유치장 내 화장실 설치 및 관리행위 위헌확인**
>
> [1] 미결수용자 특히 유치인의 기본권 제한의 한계 – 무죄가 추정되는 미결수용자의 자유와 권리에 대한 제한은 구금의 목적인 도망·증거인멸의 방지와 시설 내의 규율 및 안전 유지를 위한 필요최소한의 합리적인 범위를 벗어나서는 아니 된다. 또한 미결구금은 수사 및 재판 등의 절차 확보를 위해 불가피한 것이기는 하나 실질적으로 형의 집행에 유사한 자유의 제한을 초래하는 폐단이 있다는 것은 널리 인식되어 있는 사실이다. (중략) 위와 같은 점들은 현행범으로 체포되었으나 아직 구속영장이 발부·집행되지 않은, 즉 구속 여부에 관한 종국적 판단조차 받지 않은

잠정적 지위에 있는 이 사건 청구인들에게도 당연히 적용되고, 이들에 대한 기본
권 제한은 구속영장이 발부·집행된 미결수용자들의 경우와는 달리 더 완화되어
야 할 것이며, 이들의 권리는 가능한 한 더욱 보호됨이 바람직하다.

[2] 차폐시설이 불충분하여 사용 과정에서 신체부위가 다른 유치인들 및 경찰관들에게 관
찰될 수 있고 냄새가 유출되는 유치실 내 화장실을 사용하도록 강제한 피청구인의 행
위로 인하여 기본권의 침해가 있는지 여부(적극) — (중략) 이 사건 청구인들로 하여
금 유치기간 동안 위와 같은 구조의 화장실을 사용하도록 강제한 피청구인의 행위
는 인간으로서의 기본적 품위를 유지할 수 없도록 하는 것으로서, 수인하기 어려
운 정도라고 보여지므로 전체적으로 볼 때 비인도적·굴욕적일 뿐만 아니라 동시
에 비록 건강을 침해할 정도는 아니라고 할지라도 헌법 제10조의 인간의 존엄과
가치로부터 유래하는 인격권을 침해하는 정도에 이르렀다고 판단된다. [헌재 2001.
7.19, 2000헌마546]

2. 수용에 따른 제한

(1) 수용의 본질에 의한 제한

거주·이전의 자유, 직업선택의 자유, 교육을 받을 권리, 집회·결사의 자유,
통신·표현의 자유, 근로의 권리, 학문의 자유 등은 수용의 본질 및 목적을 위해
제한될 수 있다.

(2) 공법상 영조물이용관계에 의한 제한

사법적 성격이 강한 미결수용의 특성상 제한으로, 수용질서의 유지를 위해 명령
에 따라야 하고 교정사고 등의 방지를 위한 각종 규율에 순응하여야 한다.

(3) 증거인멸의 방지를 위한 제한

형사소추의 원활한 진행을 위해 접견 시 외국어 사용의 금지, 사건에 상호관련이
있는 사람의 분리수용과 접촉 금지, 편지의 검열 등의 제한이 가해진다.

3. 미결수용자의 특례

(1) 참정권이 인정된다.

(2) 수용된 거실의 참관을 금지한다.

(3) 공범자를 분리수용하고 접촉을 금지한다.

(4) 머리카락·수염의 단삭을 제한한다.

(5) 변호인과의 접견교통권 등을 보장한다.

(6) 신청에 의한 교육·교화 프로그램·작업을 실시한다.

(7) 도주·체포, 위독·사망 시 검찰·법원에 통보한다.

3 현행법상 미결수용자의 처우 관련 규정

1. 미결수용자 처우의 원칙 등

> **법 제79조【미결수용자 처우의 원칙】** 미결수용자는 <u>무죄의 추정</u>을 받으며 그에 합당한 처우를 받는다. 20. 교정9
>
> **영 제98조【미결수용시설의 설비 및 계호의 정도】** 미결수용자를 수용하는 시설의 설비 및 계호의 정도는 법 제57조 제2항 제3호의 <u>일반경비시설</u>에 준한다. 20. 승진☆
>
> **영 제99조【법률구조 지원】** 소장은 미결수용자가 빈곤하거나 무지하여 수사 및 재판 과정에서 권리를 충분히 행사하지 못한다고 인정하는 경우에는 <u>법률구조에 필요한 지원을 할 수 있다.</u>

2. 참관 금지와 분리수용

> **법 제80조【참관 금지】** <u>미결수용자가 수용된 거실은 참관할 수 없다.</u> 20. 교정9☆
>
> **법 제81조【분리수용】** 소장은 <u>미결수용자로서 사건에 서로 관련이 있는 사람은 분리 수용하고 서로 간의 접촉을 금지하여야 한다.</u> 22. 교정7☆
>
> **영 제100조【공범 분리】** 소장은 이송이나 출정, 그 밖의 사유로 미결수용자를 교정시설 밖으로 호송하는 경우에는 해당 사건에 관련된 사람과 <u>호송 차량의 좌석을 분리</u>하는 등의 방법으로 서로 접촉하지 못하게 하여야 한다. 22. 교정9☆

3. 사복착용과 이발

> **법 제82조【사복착용】** 미결수용자는 <u>수사·재판·국정감사 또는 법률로 정하는 조사</u>에 참석할 때에는 <u>사복을 착용할 수 있다.</u> 다만, 소장은 도주 우려가 크거나 특히 부적당한 사유가 있다고 인정하면 <u>교정시설에서 지급하는 의류를 입게 할 수 있다.</u> 22. 교정7☆
>
> **법 제83조【이발】** 미결수용자의 머리카락과 수염은 특히 필요한 경우가 아니면 본인의 <u>의사에 반하여 짧게 깎지 못한다.</u> 13. 사시☆

미결수용자의 위생

1. 미결수용자의 머리카락·수염은 특히 필요한 경우에는 본인의 의사에 반하여 짧게 깎을 수 있다(법 제83조의 반대해석).
2. 수용자는 위생을 위하여 머리카락과 수염을 단정하게 유지하여야 한다(법 제32조 제2항).

⚖ 관련 판례 **재소자용 수의 착용 처분 위헌확인** 13. 교정7

[1] 미결수용자가 수감되어 있는 동안 구치소 등 수용시설 안에서 사복을 입지 못하게 하고 재소자용 의류를 입게 한 행위로 인하여 기본권 침해가 있는지 여부(소극) — 미결<u>수용자에게 시설 안에서 재소자용 의류를 입게 하는 것은 구금 목적의 달성, 시설의 규율과 안전유지를 위한 필요최소한의 제한으로서 정당성·합리성을 갖춘 재량의 범위 내의 조치이다.</u>

[2] 미결수용자가 수감되어 있는 동안 수사 또는 재판을 받을 때에도 사복을 입지 못하게 하고 재소자용 의류를 입게 한 행위로 인하여 기본권 침해가 있는지 여부(적극) — 수<u>사 및 재판단계에서 유죄가 확정되지 아니한 미결수용자에게 재소자용 의류를 입게 하는 것은 미결수용자로 하여금 모욕감이나 수치심을 느끼게 하고, 심리적인</u>

위축으로 방어권을 제대로 행사할 수 없게 하여 실체적 진실의 발견을 저해할 우려가 있으므로, 도주 방지 등 어떠한 이유를 내세우더라도 그 제한은 정당화될 수 없어 헌법 제37조 제2항의 기본권 제한에서의 비례원칙에 위반되는 것으로서, 무죄추정의 원칙에 반하고 인간으로서의 존엄과 가치에서 유래하는 인격권과 행복추구권, 공정한 재판을 받을 권리를 침해하는 것이다. [헌재 1999.5.27, 97헌마137]

4. 변호인과의 접견 등

법 제84조【변호인과의 접견 및 편지수수】 ① 제41조 제4항(→ 접견내용을 청취·기록·녹음·녹화)에도 불구하고 미결수용자와 변호인과의 접견에는 교도관이 참여하지 못하며 그 내용을 청취 또는 녹취하지 못한다. 다만, 보이는 거리에서 미결수용자를 관찰할 수 있다. 22. 교정7☆

② 미결수용자와 변호인 간의 접견은 시간과 횟수를 제한하지 아니한다. 19. 승진☆

③ 제43조 제4항 단서(→ 예외적 검열 가능)에도 불구하고 미결수용자와 변호인 간의 편지는 교정시설에서 상대방이 변호인임을 확인할 수 없는 경우를 제외하고는 검열할 수 없다. 22. 교정7☆

법 제85조【조사 등에서의 특칙】 소장은 미결수용자가 징벌 대상자로서 조사받고 있거나 징벌집행 중인 경우에도 소송서류의 작성, 변호인과의 접견·편지수수, 그 밖의 수사 및 재판 과정에서의 권리행사를 보장하여야 한다. 17. 교정9☆

영 제101조【접견 횟수】 미결수용자의 접견 횟수는 매일 1회로 하되, 변호인과의 접견은 그 횟수에 포함시키지 않는다. 22. 교정9☆

영 제102조【접견의 예외】 소장은 미결수용자의 처우를 위하여 특히 필요하다고 인정하면 제58조 제1항에도 불구하고 접견 시간대 외에도 접견하게 할 수 있고, 변호인이 아닌 사람과 접견하는 경우에도 제58조 제2항 및 제101조에도 불구하고 접견시간을 연장하거나 접견 횟수를 늘릴 수 있다.

🔩 관련 판례 | **변호인의 조력을 받을 권리 관련**

변호인의 조력을 받을 권리에 대한 헌법소원

[1] 헌법상 변호인의 조력을 받을 권리와 의미와 내용 – 변호인의 조력을 받을 권리의 필수적 내용은 신체구속을 당한 사람과 변호인과의 접견교통권이며 이러한 접견교통권의 충분한 보장은 구속된 자와 변호인의 대화내용에 대하여 비밀이 완전히 보장되고 어떠한 제한·영향·압력 또는 부당한 간섭 없이 자유롭게 대화할 수 있는 접견을 통하여서만 가능하고 이러한 자유로운 접견은 구속된 자와 변호인의 접견에 교도관이나 수사관 등 관계공무원의 참여가 없어야 가능하다.

[2] 변호인과의 접견교통권과 헌법 제37조 제2항과의 관계 – 변호인과의 자유로운 접견은 신체구속을 당한 사람에게 보장된 변호인의 조력을 받을 권리의 가장 중요한 내용이어서 국가안전보장, 질서유지, 공공복리 등 어떠한 명분으로도 제한될 수 있는 성질의 것이 아니다.

[3] 행형법 제26조 중 행형법 제18조 제3항을 미결수용자의 변호인 접견에도 준용하도록 한 부분이 헌법에 위반되는지 여부 — 행형법 제62조가 "미결수용자에 대하여 본법 또는 본법의 규정에 의하여 발하는 명령에 특별한 규정이 없는 때에는 수형자에 관한 규정을 준용한다."라고 규정하여 미결수용자(피의자, 피고인)의 변호인 접견에도 행형법 제18조 제3항에 따라서 교도관이 참여할 수 있게 한 것은 신체구속을 당한 미결수용자에게 보장된 변호인의 조력을 받을 권리를 침해하는 것이어서 헌법에 위반된다. [헌재 1992.1.28, 91헌마111] 10. 교정9

변호인 자신의 피구속자에 대한 접견교통권이 헌법상 권리인지 여부 — 헌법상의 변호인과의 접견교통권은 체포 또는 구속당한 피의자·피고인 자신에만 한정되는 신체적 자유에 관한 기본권이고, 변호인 자신의 구속된 피의자·피고인과의 접견교통권은 헌법상의 권리라고는 말할 수 없으며 단지 「형사소송법」 제34조에 의하여 비로소 보장되는 권리임이 그친다. [헌재 1991.7.8, 89헌마181] 10. 교정9

변호인의 구속된 피고인 또는 피의자와의 접견교통권의 법적 성격 및 수사기관의 처분에 의하여 변호인의 접견교통권을 제한할 수 있는지 여부(소극) — 변호인의 구속된 피고인 또는 피의자와의 접견교통권은 피고인 또는 피의자 자신이 가지는 변호인과의 접견교통권과는 성질을 달리하는 것으로서 헌법상 보장된 권리라고는 할 수 없고, 「형사소송법」 제34조에 의하여 비로소 보장되는 권리이지만, 신체구속을 당한 피고인 또는 피의자의 인권보장과 방어 준비를 위하여 필수불가결한 권리이므로, 수사기관의 처분 등에 의하여 이를 제한할 수 없고, 다만 법령에 의하여서만 제한이 가능하다. [대결 2002.5.6, 2000모112]

'변호인이 되려는 자'의 피의자 접견교통권이 헌법상 기본권인지 여부(적극) — 변호인 선임을 위하여 피의자·피고인(이하 '피의자 등'이라 한다)이 가지는 '변호인이 되려는 자'와의 접견교통권은 헌법상 기본권으로 보호되어야 하고, '변호인이 되려는 자'의 접견교통권은 피의자 등이 변호인을 선임하여 그로부터 조력을 받을 권리를 공고히 하기 위한 것으로서, 그것이 보장되지 않으면 피의자 등이 변호인 선임을 통하여 변호인으로부터 충분한 조력을 받는다는 것이 유명무실하게 될 수밖에 없다. 이와 같이 '변호인이 되려는 자'의 접견교통권은 피의자 등을 조력하기 위한 핵심적인 부분으로서, 피의자 등이 가지는 헌법상의 기본권인 '변호인이 되려는 자'와의 접견교통권과 표리의 관계에 있다. 따라서 피의자 등이 가지는 '변호인이 되려는 자'의 조력을 받을 권리가 실질적으로 확보되기 위해서는 '변호인이 되려는 자'의 접견교통권 역시 헌법상 기본권으로서 보장되어야 한다. [헌재 2019.2.28, 2015헌마1204]

법정 옆 피고인 대기실에서 재판대기 중인 피고인이 공판을 앞두고 호송교도관에게 변호인 접견을 신청하였으나, 교도관이 이를 허용하지 아니한 것이 피고인의 변호인의 조력을 받을 권리를 침해한 것인지 여부(소극) — 구속피고인의 변호인 면접·교섭권은 독자적으로 존재하는 것이 아니라 국가형벌권의 적정한 행사와 피고인의 인권보호라는 형사소송절차의 전체적인 체계 안에서 의미를 갖고 있는 것이다. 따라서 구속피고인의 변호인 면접·교섭권은 최대한 보장되어야 하지만, 형사소송절차의 위와 같은 목적을 구현하기 위하여 제한될 수 있다. 다만, 이 경우에도 그 제한은 엄격한 비례의 원칙에 따라야 하고, 시간·장소·방법 등 일반적 기준에 따라 중립적이어야 한다. (중략) 결국 위와 같은 시간적·장소적 상황을 고려할 때, 청구인의 면담 요구는 구속피고인의 변호인과의 면접·교섭권으로서 현실적으로 보장할 수 있는 한계 범위 밖이라고 아니할 수 없다. 따라서 청구인의 변호인 면담 요구를 받아들이지 아니한 교도관 김○호의 접견불허행위는 청구인의 기본권을 침해하는 위헌적인 공권력의 행사라고 보기 어렵다. [헌재 2009.10.29, 2007헌마992] 18. 승진

편지검열 등 위헌확인

[1] 미결수용자와 변호인이 아닌 자 사이의 편지를 검열한 행위가 헌법에 위반되는지 여부 – 증거인멸이나 도망을 예방하고 교도소 내의 질서를 유지하여 미결구금제도를 실효성 있게 운영하고 일반사회의 불안을 방지하기 위하여 미결수용자의 편지에 대한 검열은 그 필요성이 인정된다고 할 것이고, 이로 인하여 미결수용자의 통신의 비밀이 일부 제한되는 것은 질서유지 또는 공공복리라는 정당한 목적을 위하여 불가피할 뿐만 아니라 유효적절한 방법에 의한 최소한의 제한으로서 헌법에 위반된다고 할 수 없다.

[2] 미결수용자와 변호인 사이의 편지를 검열한 행위가 헌법에 위반되는지 여부 – 헌법 제12조 제4항 본문은 신체구속을 당한 사람에 대하여 변호인의 조력을 받을 권리를 규정하고 있는바, 이를 위하여서는 신체구속을 당한 사람에게 변호인과 사이의 충분한 접견교통을 허용함은 물론 교통 내용에 대하여 비밀이 보장되고 부당한 간섭이 없어야 하는 것이며, 이러한 취지는 접견의 경우뿐만 아니라 변호인과 미결수용자 사이의 편지에도 적용되어 그 비밀이 보장되어야 할 것이다. 다만, 미결수용자와 변호인 사이의 편지로서 그 비밀을 보장받기 위하여는 첫째, 교도소 측에서 상대방이 변호인이라는 사실을 확인할 수 있어야 하고, 둘째, 편지를 통하여 마약 등 소지 금지품의 반입을 도모한다든가 그 내용에 도주·증거인멸·수용시설의 규율과 질서의 파괴·기타 형벌법령에 저촉되는 내용이 기재되어 있다고 의심할 만한 합리적인 이유가 있는 경우가 아니어야 한다. [헌재 1995.7.21, 92헌마144]

공휴일 변호인접견 불허

[1] 미결수용자의 변호인 접견권에 대한 제한가능성 – 헌법재판소가 91헌마111 결정에서 미결수용자와 변호인과의 접견에 대해 어떠한 명분으로도 제한할 수 없다고 한 것은 구속된 자와 변호인 간의 접견이 실제로 이루어지는 경우에 있어서의 '자유로운 접견', 즉 '대화내용에 대하여 비밀이 완전히 보장되고 어떠한 제한, 영향, 압력 또는 부당한 간섭 없이 자유롭게 대화할 수 있는 접견'을 제한할 수 없다는 것이지, 변호인과의 접견 자체에 대해 아무런 제한도 가할 수 없다는 것을 의미하는 것이 아니므로 미결수용자의 변호인 접견권 역시 국가안전보장·질서유지 또는 공공복리를 위해 필요한 경우에는 법률로써 제한될 수 있음은 당연하다. 17. 교정9

[2] 「형의 집행 및 수용자의 처우에 관한 법률(‘수용자처우법’)」이 제41조 제4항(→ 현행 제6항)에서 "접견의 횟수·시간·장소·방법 및 접견 내용의 청취·기록·녹음·녹화 등에 관하여 필요한 사항은 대통령령으로 정한다."고 하여 수용자의 접견시간 등에 관하여 필요한 사항을 대통령령에 위임하면서도 제84조 제2항에서 "미결수용자와 변호인 간의 접견은 시간과 횟수를 제한하지 아니한다."고 규정한 것의 의미 − 수용자처우법 제84조 제2항에 의해 금지되는 접견시간 제한의 의미는 접견에 관한 일체의 시간적 제한이 금지된다는 것으로 볼 수는 없고, 수용자와 변호인의 접견이 현실적으로 실시되는 경우, 그 접견이 미결수용자와 변호인의 접견인 때에는 미결수용자의 방어권 행사로서의 중요성을 감안하여 자유롭고 충분한 변호인의 조력을 보장하기 위해 접견시간을 양적으로 제한하지 못한다는 의미로 이해하는 것이 타당하므로, 수용자처우법 제84조 제2항에도 불구하고 같은 법 제41조 제4항(→ 현행 제6항)의 위임에 따라 수용자의 접견이 이루어지는 일반적인 시간대를 대통령령으로 규정하는 것은 가능하다.

[3] 미결수용자 또는 변호인이 원하는 특정한 시점의 접견 불허가 변호인의 조력을 받을 권리를 침해하는지 여부(소극) − 변호인의 조력을 받을 권리를 보장하는 목적은 피의자 또는 피고인의 방어권 행사를 보장하기 위한 것이므로, 미결수용자 또는 변호인이 원하는 특정한 시점에 접견이 이루어지지 못하였다 하더라도 그것만으로 곧바로 변호인의 조력을 받을 권리가 침해되었다고 단정할 수는 없는 것이고, 변호인의 조력을 받을 권리가 침해되었다고 하기 위해서는 접견이 불허된 특정한 시점을 전후한 수사 또는 재판의 진행 경과에 비추어 보아, 그 시점에 접견이 불허됨으로써 피의자 또는 피고인의 방어권 행사에 어느 정도는 불이익이 초래되었다고 인정할 수 있어야만 하며, 그 시점을 전후한 변호인 접견의 상황이나 수사 또는 재판의 진행 과정에 비추어 미결수용자가 방어권을 행사하기 위해 변호인의 조력을 받을 기회가 충분히 보장되었다고 인정될 수 있는 경우에는, 비록 미결수용자 또는 그 상대방인 변호인이 원하는 특정 시점에는 접견이 이루어지지 못하였다 하더라도 변호인의 조력을 받을 권리가 침해되었다고 할 수 없다. [헌재 2011.5.26, 2009헌마341]

변호인 또는 변호인이 되려는 자의 접견교통권 행사의 한계 및 접견교통권이 한계를 일탈한 것이어서 허용될 수 없다고 판단할 때 고려할 사항 / 피고인의 변호인 접견교통권 행사가 한계를 일탈한 규율위반행위에 해당하는 것을 넘어 위계공무집행방해죄의 '위계'에 해당하기 위한 요건 − 변호인 또는 변호인이 되려는 자의 접견교통권은 신체구속제도 본래의 목적을 침해하지 아니하는 범위 내에서 행사되어야 하므로, 변호인 또는 변호인이 되려는 자가 구체적인 시간적·장소적 상황에 비추어 현실적으로 보장할 수 있는 한계를 벗어나 피고인 또는 피의자를 접견하려고 하는 것은 정당한 접견교통권의 행사에 해당하지 아니하여 허용될 수 없다. 다만 접견교통권이 그와 같은 한계를 일탈한 것이어서 허용될 수 없다고 판단할 때에는 신체구속을 당한 사람의 헌법상 기본적 권리인 변호인의 조력을 받을 권리의 본질적인 내용이 침해되는 일이 없도록 신중을 기하여야 한다. / 한편 피고인의 변호인 접견교통권 행사가 한계를 일탈한 규율위반행위에 해당하더라도 그 행위가 위계공무집행방해죄의 '위계'에 해당하려면 행위자가 상대방에게 오인, 착각, 부지를 일으키게 하여 그 오인, 착각, 부지를 이용함으로써 상대방이 이에 따라 그릇된 행위나 처분을 하여야만 한다. 만약 그러한 행위가 구체적인

직무집행을 저지하거나 현실적으로 곤란하게 하는 데까지는 이르지 않은 경우에는 위계에 의한 공무집행방해죄로 처벌할 수 없다(피고인이 모두 6명의 집사변호사를 고용하여 총 51회에 걸쳐 변호인 접견을 가장하여 개인적인 업무와 심부름을 하게 하고 소송서류 외의 문서를 수수함으로써, 위계로써 서울구치소의 변호인 접견업무 담당 교도관의 변호인 접견 관리 등에 관한 정당한 직무집행을 방해하였다는 공소사실에 대하여, 피고인이 이 사건 접견변호사들에게 지시한 접견이 변호인에 의한 변호 활동이라는 외관만을 갖추었을 뿐 실질적으로는 형사사건의 방어권 행사가 아닌 다른 주된 목적이나 의도를 위한 행위로서 접견교통권 행사의 한계를 일탈한 경우에 해당할 수는 있겠지만, 그 행위가 '위계'에 해당한다거나 그로 인해 교도관의 구체적이고 현실적인 직무집행이 방해되었다고 보기 어렵다고 보아 이 부분 공소사실을 유죄로 판단한 원심의 판단을 파기한 사례).
[대판 2022.6.30, 2021도244]

5. 교육 · 교화 · 작업

법 제86조【작업과 교화】 ① 소장은 미결수용자에 대하여는 <u>신청에 따라</u> <u>교육</u> 또는 <u>교화</u> <u>프로그램</u>을 실시하거나 <u>작업</u>을 부과할 수 있다. 20. 교정9☆
② 제1항에 따라 미결수용자에게 교육 또는 교화 프로그램을 실시하거나 작업을 부과하는 경우에는 제63조부터 제65조까지(→ 교육 · 교화 프로그램, 작업의 부과) 및 제70조부터 제76조까지(→ 집중근로에 따른 처우, 휴일의 작업, 작업의 면제, 작업수입 등, 위로금 · 조위금, 다른 보상 · 배상과의 관계, 위로금 · 조위금을 지급받을 권리의 보호)의 규정을 준용한다. 18. 승진

영 제103조【교육 · 교화와 작업】 ① 법 제86조 제1항의 미결수용자에 대한 교육 · 교화 프로그램 또는 작업은 <u>교정시설 밖에서</u> 행하는 것은 포함하지 아니한다. 19. 승진☆
② 소장은 법 제86조 제1항에 따라 작업이 부과된 미결수용자가 <u>작업의 취소를 요청하는 경우</u>에는 그 <u>미결수용자의 의사, 건강 및 교도관의 의견</u> 등을 고려하여 작업을 취소할 수 있다. 20. 교정9☆

6. 기타 관련 규정

영 제104조【도주 등 통보】 소장은 미결수용자가 <u>도주하거나 도주한 미결수용자를 체포한 경우</u>에는 그 사실을 <u>검사에게 통보</u>하고, 기소된 상태인 경우에는 <u>법원에도 지체 없이 통보</u>하여야 한다. 20. 교정9☆

영 제105조【사망 등 통보】 소장은 미결수용자가 <u>위독하거나 사망한 경우</u>에는 그 사실을 <u>검사에게 통보</u>하고, 기소된 상태인 경우에는 <u>법원에도 지체 없이 통보</u>하여야 한다. 20. 교정9☆

영 제106조【외부 의사의 진찰 등】 미결수용자가 「형사소송법」 제34조, 제89조 및 제209조에 따라 <u>외부 의사의 진료</u>를 받는 경우에는 <u>교도관이 참여</u>하고 그 <u>경과를 수용기록부에 기록</u>하여야 한다.

법 제87조【유치장】 경찰관서에 설치된 유치장은 <u>교정시설의 미결수용실</u>로 보아 이 법을 준용한다.

법 제88조에 대한 헌법불합치 결정(2013헌마712)에 따라 형사사건으로 수사 또는 재판을 받고 있는 수형자·사형확정자에 대하여도 법 제82조가 준용되어 수사, 재판 등에 참석할 때는 사복을 착용할 수 있도록 개정되었다(법 제88조).

미결구금일수의 산입

사형·무기형의 경우에는 미결구금일수를 산입하지 않는다(「형법」 제57조 제1항).

영 제107조【유치장 수용기간】 경찰관서에 설치된 유치장에는 수형자를 30일 이상 수용할 수 없다. 19. 승진☆

법 제88조【준용규정】 형사사건으로 수사 또는 재판을 받고 있는 수형자와 사형확정자에 대하여는 제82조(→ 사복착용), 제84조(→ 변호인과의 접견 및 편지수수) 및 제85조(→ 조사 등에서의 특칙)를 준용한다[→ 미결수용자의 이발에 관한 규정(법 제83조)은 준용하지 않음)]. 18. 승진

형법

제57조【판결선고 전 구금일수의 통산】 ① 판결선고 전의 구금일수는 그 전부를 유기징역, 유기금고, 벌금이나 과료에 관한 유치 또는 구류에 산입한다.

🔨 **관련 판례** | 미결수용자에 대한 처우를 수형자에게도 인정하는지 여부

변호인의 조력을 받을 권리가 수형자의 경우에도 그대로 보장되는지 여부 – 형사절차가 종료되어 교정시설에 수용 중인 수형자는 원칙적으로 변호인의 조력을 받을 권리의 주체가 될 수 없다. 다만, 수형자의 경우에도 재심절차 등에는 변호인 선임을 위한 일반적인 교통·통신이 보장될 수도 있겠으나, 기록에 의하면 청구인은 교도소 내에서의 처우를 왜곡하여 외부인과 연계, 교도소 내의 질서를 해칠 목적으로 변호사에게 이 사건 편지를 발송하려는 것이므로 이와 같은 경우에는 변호인의 조력을 받을 권리가 보장되는 경우에 해당한다고 할 수 없다. [헌재 1998.8.27, 96헌마398] 11. 특채

「형의 집행 및 수용자의 처우에 관한 법률」 제82조 위헌확인

[1] 「형의 집행 및 수용자의 처우에 관한 법률」(이하 '형집행법'이라 한다) 제88조가 형사재판의 피고인으로 출석하는 수형자에 대하여, 사복착용을 허용하는 형집행법 제82조를 준용하지 아니한 것이 공정한 재판을 받을 권리, 인격권, 행복추구권을 침해하는지 여부(적극) – 수형자라 하더라도 확정되지 않은 별도의 형사재판에서만큼은 미결수용자와 같은 지위에 있으므로, (중략) 따라서 심판 대상조항이 형사재판의 피고인으로 출석하는 수형자에 대하여 사복착용을 허용하지 아니한 것은 청구인의 공정한 재판을 받을 권리, 인격권, 행복추구권을 침해한다.

[2] 형집행법 제88조가 민사재판의 당사자로 출석하는 수형자에 대하여, 사복착용을 허용하는 형집행법 제82조를 준용하지 아니한 것이 공정한 재판을 받을 권리, 인격권, 행복추구권을 침해하는지 여부(소극) – 민사재판에서 법관이 당사자의 복장에 따라 불리한 심증을 갖거나 불공정한 재판진행을 하게 되는 것은 아니므로, 심판 대상조항이 민사재판의 당사자로 출석하는 수형자에 대하여 사복착용을 불허하는 것으로 공정한 재판을 받을 권리가 침해되는 것은 아니다. (중략) 따라서 심판 대상조항이 민사재판에 출석하는 수형자에 대하여 사복착용을 허용하지 아니한 것은 청구인의 인격권과 행복추구권을 침해하지 아니한다. [헌재 2015.12.23, 2013헌마712]

🏛 **핵심OX**

05 경찰관서에 설치된 유치장에는 수형자를 7일 이상 수용할 수 없다. (○, ×)

05 ×

4 미결수용의 문제점과 개선방안

1. 문제점

(1) 불구속수사·재판이 원칙임에도 미결수용이 남용되고 있으며, 이는 과밀수용을 초래하게 되어 수용환경을 악화시키는 원인이 된다.

(2) 미결수용은 실질적으로 형벌과 같은 고통을 주게 되며, 수용으로 인한 악풍감염의 우려가 있다.

(3) 구치소의 부족으로 교도소·경찰서유치장에 미결수용자를 수용하는 것은 미결수용자의 처우에 적합하지 않다.

(4) 구치소가 법원·검찰청과 멀리 떨어져 있어 호송 시 계호상 문제점이 있다.

(5) 미결수용자와 수형자는 법적 지위가 다르고 그 처우에 차이가 있음에도 미결수용에 관한 사항을 형집행법 및 관계법령으로 규율하고 있다.

2. 개선방안

(1) 수사와 재판의 신속화를 통해 미결수용의 장기화를 방지해야 한다.

(2) 불구속수사의 원칙의 확립과 구속수사의 지양, 석방제도(예 보석, 구속영장실질심사 등)의 적극적 활용을 통해 미결수용을 최소화해야 한다.

(3) 독립된 미결수용시설의 증설 및 개선을 통해 미결수용의 목적에 적합한 처우를 해야 한다.

(4) 미결수용자에 대한 실질적 접견교통권의 보장이 이루어지도록 해야 한다.

(5) 무죄가 확정된 경우에 대한 형사보상을 현실화할 필요가 있다.

(6) 독립된 미결수용 관련 법률의 제정을 통해 미결수용자의 법적 지위에 상응하는 처우를 행하고 기본권의 제한도 구금목적에 필요한 한도에서만 가능하도록 해야 한다.

(7) 미결수용자의 가족의 생계불안에 대한 보호대책이 필요하다.

2 사형확정자의 처우

1 서론

1. 사형의 의의

사형은 수형자의 생명을 박탈하여 그 사회적 존재를 영구적으로 말살하는 것을 내용으로 하는 형벌이다.

2. 현행법상 사형의 집행

> **형법**
> **제66조 【사형】** 사형은 교정시설 안에서 교수하여 집행한다.
>
> **군형법**
> **제3조 【사형 집행】** 사형은 소속 군 참모총장 또는 군사법원의 관할관이 지정한 장소에서 총살로써 집행한다.
>
> **형사소송법**
> **제463조 【사형의 집행】** 사형은 법무부장관의 명령에 의하여 집행한다.
>
> **제465조 【사형 집행명령의 시기】** ① 사형 집행의 명령은 판결이 확정된 날로부터 6월 이내에 하여야 한다.
>
> **제466조 【사형 집행의 기간】** 법무부장관이 사형의 집행을 명한 때에는 5일 이내에 집행하여야 한다.
>
> **제467조 【사형 집행의 참여】** ① 사형의 집행에는 검사와 검찰청서기관과 교도소장 또는 구치소장이나 그 대리자가 참여하여야 한다.
> ② 검사 또는 교도소장 또는 구치소장의 허가가 없으면 누구든지 형의 집행장소에 들어가지 못한다.
>
> **제468조 【사형 집행조서】** 사형의 집행에 참여한 검찰청서기관은 집행조서를 작성하고 검사와 교도소장 또는 구치소장이나 그 대리자와 함께 기명날인 또는 서명하여야 한다.
>
> **제469조 【사형 집행의 정지】** ① 사형선고를 받은 사람이 심신의 장애로 의사능력이 없는 상태이거나 임신 중인 여자인 때에는 법무부장관의 명령으로 집행을 정지한다.
> ② 제1항에 따라 형의 집행을 정지한 경우에는 심신장애의 회복 또는 출산 후 법무부장관의 명령에 의하여 형을 집행한다.

3. 사형확정자의 법적 지위

(1) 사형확정자는 형이 확정되었으므로 미결수용자와 구별되고, 형이 집행되지 않았으므로 수형자와 구별된다.

(2) 종래 행형법에서는 사형확정자에 대한 별도의 정의 규정을 두지 않았고, 다만 시행령에서 "사형의 확정판결을 받은 자에 대하여는 미결수용자에 관한 규정을 준용한다."라고만 규정하였다.

(3) 현행 형집행법에서는 사형확정자에게 **수형자 · 미결수용자와 구별되는 독립적 지위**를 부여하고, 수용자의 범위에 포함시켰으며, 제89조 이하에서 처우에 관한 별도의 규정을 두었다.

2 현행법령상 사형확정자의 처우

1. 사형확정자의 수용

> **법 제89조 【사형확정자의 수용】** ① 사형확정자는 독거수용한다. 다만, 자살 방지, 교육·교화 프로그램, 작업, 그 밖의 적절한 처우를 위하여 필요한 경우에는 법무부령으로 정하는 바에 따라 혼거수용할 수 있다. 23. 교정7☆
> ② 사형확정자가 수용된 거실은 참관할 수 없다. 23. 교정7☆
>
> **영 제108조 【사형확정자 수용시설의 설비 및 계호의 정도】** 사형확정자를 수용하는 시설의 설비 및 계호의 정도는 법 제57조 제2항 제3호의 일반경비시설 또는 같은 항 제4호의 중경비시설에 준한다. 23. 교정7☆
>
> **규칙 제150조 【구분수용 등】** ① 사형확정자는 사형집행시설이 설치되어 있는 교정시설에 수용하되, 다음 각 호와 같이 구분하여 수용한다. 다만, 수용관리 또는 처우상 필요한 경우에는 사형집행시설이 설치되지 않은 교정시설에 수용할 수 있다. 〈개정 2024.2.8.〉 23. 교정7☆
> 1. 교도소: 교도소 수용 중 사형이 확정된 사람, 교도소에서 교육·교화 프로그램 또는 신청에 따른 작업을 실시할 필요가 있다고 인정되는 사람
> 2. 구치소: 구치소 수용 중 사형이 확정된 사람, 교도소에서 교육·교화 프로그램 또는 신청에 따른 작업을 실시할 필요가 없다고 인정되는 사람
> ② 사형확정자의 심리적 안정 도모 또는 교정시설의 안전과 질서유지를 위하여 특히 필요하다고 인정하는 경우에는 제1항 각 호에도 불구하고 교도소에 수용할 사형확정자를 구치소에 수용할 수 있고, 구치소에 수용할 사형확정자를 교도소에 수용할 수 있다. 19. 승진☆
> ③ 사형확정자와 소년수용자를 같은 교정시설에 수용하는 경우에는 서로 분리하여 수용한다. 〈신설 2024.2.8.〉
> ④ 소장은 사형확정자의 자살·도주 등의 사고를 방지하기 위하여 필요한 경우에는 사형확정자와 미결수용자를 혼거수용할 수 있고, 사형확정자의 교육·교화 프로그램, 작업 등의 적절한 처우를 위하여 필요한 경우에는 사형확정자와 수형자를 혼거수용할 수 있다. 22. 교정9☆
> ⑤ 사형확정자의 번호표 및 거실표의 색상은 붉은색으로 한다. 20. 교정7☆
>
> **규칙 제151조 【이송】** 소장은 사형확정자의 교육·교화 프로그램, 작업 등을 위하여 필요하거나 교정시설의 안전과 질서유지를 위하여 특히 필요하다고 인정하는 경우에는 법무부장관의 승인을 받아 사형확정자를 다른 교정시설로 이송할 수 있다.

🏛 **핵심 OX**

06 사형확정자의 교육·교화 프로그램, 작업 등의 적절한 처우를 위하여 필요한 경우에는 사형확정자와 수형자를 혼거수용할 수 있다. (○, ×)

07 사형확정자가 수용된 거실은 참관할 수 없다. (○, ×)

06 ○
07 ○

2. 사형확정자의 처우

교육 또는 교화 프로그램의 신청 여부
사형확정자의 경우에 '작업'만 신청에 따라 부과하며, 교육 또는 교화 프로그램은 신청이 없어도 실시할 수 있다. 그러나 미결수용자의 경우에는 '교육 또는 교화 프로그램, 작업' 모두 신청에 따라 실시·부과할 수 있다.

법 제90조【개인상담 등】 ① 소장은 사형확정자의 심리적 안정 및 원만한 수용생활을 위하여 교육 또는 교화 프로그램을 실시하거나 신청에 따라 작업을 부과할 수 있다. 11. 교정7☆

② 사형확정자에 대한 교육·교화 프로그램, 작업, 그 밖의 처우에 필요한 사항은 법무부령으로 정한다.

영 제109조【접견 횟수】 사형확정자의 접견 횟수는 매월 4회로 한다. 23. 교정7☆

영 제110조【접견의 예외】 소장은 제58조 제1항·제2항 및 제109조에도 불구하고 사형확정자의 교화나 심리적 안정을 도모하기 위하여 특히 필요하다고 인정하면 접견 시간대 외에도 접견을 하게 할 수 있고 접견시간을 연장하거나 접견 횟수를 늘릴 수 있다. 23. 교정7☆

규칙 제152조【상담】 ① 소장은 사형확정자의 심리적 안정 및 원만한 수용생활을 위하여 소속 교도관으로 하여금 지속적인 상담을 하게 하여야 한다. 19. 승진

② 제1항의 사형확정자에 대한 상담시기, 상담책임자 지정, 상담결과 처리절차 등에 관하여는 제196조(→ 엄중관리 대상자에 대한 상담)를 준용한다.

규칙 제153조【작업】 ① 소장은 사형확정자가 작업을 신청하면 교도관회의의 심의를 거쳐 교정시설 안에서 실시하는 작업을 부과할 수 있다. 이 경우 부과하는 작업은 심리적 안정과 원만한 수용생활을 도모하는 데 적합한 것이어야 한다. 20. 교정7☆

② 소장은 작업이 부과된 사형확정자에 대하여 교도관회의의 심의를 거쳐 제150조 제4항(→ 사형확정자의 번호표 및 거실표의 색상은 붉은색)을 적용하지 아니할 수 있다.

③ 소장은 작업이 부과된 사형확정자가 작업의 취소를 요청하면 사형확정자의 의사·건강, 담당교도관의 의견 등을 고려하여 작업을 취소할 수 있다.

④ 사형확정자에게 작업을 부과하는 경우에는 법 제71조부터 제76조까지(→ 휴일의 작업, 작업의 면제, 작업수입 등, 위로금·조위금, 다른 보상·배상과의 관계, 위로금·조위금을 지급받을 권리의 보호)의 규정 및 이 규칙 제200조(→ 수용자를 대표하는 직책 부여 금지)를 준용한다[→ 미결수용자와 달리 집중근로에 따른 처우(법 제70조)는 준용하지 않음].

규칙 제154조【교화 프로그램】 소장은 사형확정자에 대하여 심리상담, 종교상담, 심리치료 등의 교화 프로그램을 실시하는 경우에는 전문가에 의하여 집중적이고 지속적으로 이루어질 수 있도록 계획을 수립·시행하여야 한다.

규칙 제155조【전담교정시설 수용】 사형확정자에 대한 교육·교화 프로그램, 작업 등의 처우를 위하여 법무부장관이 정하는 전담교정시설에 수용할 수 있다.

규칙 제156조【전화통화】 소장은 사형확정자의 심리적 안정과 원만한 수용생활을 위하여 필요하다고 인정하는 경우에는 월 3회 이내의 범위에서 전화통화를 허가할 수 있다. 19. 승진☆

	핵심POINT | 접촉차단시설이 설치되지 않은 장소에서 접견의 실시
법 제41조 제2항	• 미결수용자(형사사건으로 수사 또는 재판을 받고 있는 수형자와 사형확정자를 포함)가 변호인(변호인이 되려는 사람을 포함)과 접견하는 경우(필요적) • 수용자가 소송사건의 대리인인 변호사와 접견하는 경우 등 수용자의 재판청구권 등을 실질적으로 보장하기 위하여 대통령령으로 정하는 경우로서 교정시설의 안전 또는 질서를 해칠 우려가 없는 경우(필요적)
법 제41조 제3항	• 수용자가 미성년자인 자녀와 접견하는 경우(임의적) • 그 밖에 대통령령(→ 영 제59조 제3항)으로 정하는 경우(임의적)
영 제59조 제3항	• 수형자가 교정성적이 우수한 때 또는 교화 또는 건전한 사회복귀를 위하여 특히 필요하다고 인정되는 때에 해당하는 경우(임의적) • 미결수용자의 처우를 위하여 소장이 특별히 필요하다고 인정하는 경우(임의적) • 사형확정자의 교화나 심리적 안정을 위하여 소장이 특별히 필요하다고 인정하는 경우(임의적)
영 제59조의2 제5항	수용자가 상소권회복 또는 재심 청구사건의 대리인이 되려는 변호사와 접견하는 경우로 교정시설의 안전 또는 질서를 해칠 우려가 없는 때(필요적)

3. 사형의 집행

> **법 제91조【사형의 집행】** ① 사형은 교정시설의 사형장에서 집행한다.
> ② 공휴일과 토요일에는 사형을 집행하지 아니한다.
> **영 제111조【사형집행 후의 검시】** 소장은 사형을 집행하였을 경우에는 시신을 검사한 후 5분이 지나지 아니하면 교수형에 사용한 줄을 풀지 못한다. 19. 승진☆

📖 핵심OX

09 소장은 사형확정자의 심리적 안정과 원만한 수용생활을 위하여 필요하다고 인정하는 경우에는 월 3회 이내의 범위에서 전화통화를 허가할 수 있다.
(○, ×)

10 사형이 집행된 후 10분이 지나야 교수형에 사용한 줄을 풀 수 있다.
(○, ×)

09 ○
10 ×

01 미결수용자는 무죄의 추정을 받으며, 미결수용자가 수용된 거실은 참관할 수 없다. 20. 교정9 (   )

02 미결수용자를 수용하는 시설의 설비 및 계호의 정도는 일반경비시설 또는 완화경비시설에 준한다. 20. 승진 (   )

03 소장은 미결수용자로서 사건에 서로 관련이 있는 사람은 구분수용하고 서로 간의 접촉을 금지하여야 한다. 22. 교정9
(   )

04 소장은 미결수용자가 법률로 정하는 조사에 참석할 때 도주우려가 크거나 특히 부적당한 사유가 있다고 인정하면 교
정시설에서 지급하는 의류를 입게 할 수 있다. 22. 교정7 (   )

05 미결수용자와 변호인과의 접견에는 교도관이 참여하거나 관찰하지 못하며 그 내용을 청취 또는 녹취하지 못한다.
22. 교정7 (   )

06 미결수용자가 변호인에게 보내는 서신은 절대로 검열할 수 없다. 22. 교정7 (   )

07 미결수용자의 접견 횟수는 매일 1회로 하되, 미결수용자와 변호인과의 접견은 그 횟수에 포함시키지 않는다. 22. 교정9
(   )

08 소장은 미결수용자의 신청에 따라 작업을 부과할 수 있으나 무죄추정을 받으므로 신청이 있더라도 교화프로그램은
실시할 수 없다. 20. 승진 (   )

정답

01 ○ 법 제79조, 제80조
02 ✕ 미결수용자를 수용하는 시설의 설비 및 계호의 정도는 '일반경비시설'에 준한다(영 제98조).
03 ✕ 소장은 미결수용자로서 사건에 서로 관련이 있는 사람은 '분리수용'하고 서로 간의 접촉을 금지하여야 한다(법 제81조).
04 ○ 법 제82조
05 ✕ 교도관이 참여하지 못하며 그 내용을 청취 또는 녹취하지 못하지만, 보이는 거리에서 미결수용자를 '관찰'할 수는 있다(법 제84조 제1항 참조).
06 ✕ 교정시설에서 '상대방이 변호인임을 확인할 수 없는 경우'에는 검열할 수 있다(법 제84조 제3항 참조).
07 ○ 영 제101조
08 ✕ 소장은 미결수용자에 대하여는 '신청'에 따라 '교육' 또는 '교화프로그램'을 실시하거나 '작업'을 부과할 수 있다(법 제86조 제1항).

09 소장은 미결수용자의 신청에 따라 작업을 부과할 수 있으며, 이에 따라 작업이 부과된 미결수용자가 작업의 취소를 요청하는 경우에는 그 미결수용자의 의사, 건강 및 교도관의 의견 등을 고려하여 작업을 취소할 수 있다. 20. 교정9

( )

10 소장은 미결수용자가 도주하거나 도주한 미결수용자를 체포한 경우 및 미결수용자가 위독하거나 사망한 경우에는 그 사실을 검사에게 통보하고, 기소된 상태인 경우에는 법원에도 지체 없이 통보하여야 한다. 20. 교정9 ( )

11 사형확정자는 교도소에서만 독거수용하고, 교육·교화프로그램을 위해 필요한 경우에는 혼거수용할 수 있다. 23. 교정7

( )

12 사형확정자가 수용된 거실은 자살방지를 위해 필요한 경우 참관할 수 있다. 23. 교정7 ( )

13 사형확정자를 수용하는 시설의 설비 및 계호의 정도는 일반경비시설 또는 중경비시설에 준한다. 23. 교정7 ( )

14 소장은 사형확정자와 수형자를 혼거수용할 수 있으나, 사형확정자와 미결수용자는 혼거수용할 수 없다. 22. 교정9

( )

15 사형확정자의 접견 횟수는 매월 5회로 하고, 필요하다고 인정하면 접견 횟수를 늘릴 수 있다. 23. 교정7 ( )

16 소장은 사형확정자가 작업을 신청하면 분류처우회의의 심의를 거쳐 교정시설 안에서 실시하는 작업을 부과할 수 있다. 20. 교정7 ( )

정답

09 ○ 법 제86조 제1항, 영 제103조 제2항

10 ○ 영 제104조, 제105조

11 ✕ 사형확정자는 '교도소 또는 구치소'에 수용하며, 독거수용이 원칙이고, 자살 방지, 교육·교화 프로그램, 작업, 그 밖의 적절한 처우를 위하여 필요한 경우에는 혼거수용할 수 있다(법 제11조 제1항 제4호, 법 제89조 제1항).

12 ✕ 사형확정자가 수용된 거실은 '예외 없이 참관할 수 없다'(법 제89조 제2항).

13 ○ 영 제108조

14 ✕ 사형확정자의 자살·도주 등의 사고를 방지하기 위하여 필요한 경우에는 사형확정자와 미결수용자를 혼거수용할 수 있다(규칙 제150조 제3항).

15 ✕ 사형확정자의 접견 횟수는 '매월 4회'로 함이 원칙이다(영 제109조·제110조).

16 ✕ '교도관회의의 심의'를 거쳐 교정시설 안에서 실시하는 작업을 부과할 수 있다(규칙 제153조 제1항).

10 안전과 질서

1 계호의 일반이론

1 서론

1. 의의

계호(戒護)란 교정시설의 안전 및 구금질서의 유지를 목적으로 일체의 강제력에 의해 수용자에 대한 격리작용과 개선작용을 하는 것을 말한다(경계와 보호).

2. 개념의 발전

(1) 종래

구금의 확보와 교도소의 규율유지라는 소극적인 경계 기능을 계호라고 보았다.

(2) 오늘날

교정 이념의 발전에 따라 계호의 실질적인 목적이 수용자의 교화개선에 있다는 점에서 적극적인 보호 기능까지 계호에 포함되는 것으로 본다.

> **관련 판례** 교정시설 수용자에 대한 계호작용 관련
>
> 교도소 등 구금시설 관리자의 피구금자에 대한 안전확보의무의 내용과 정도의 확정 방법 – 교도소 등의 구금시설에 수용된 피구금자는 스스로 의사에 의하여 시설로부터 나갈 수 없고 행동의 자유도 박탈되어 있으므로, 그 시설의 관리자는 피구금자의 생명·신체의 안전을 확보할 의무가 있는바, 그 안전확보의무의 내용과 정도는 피구금자의 신체적·정신적 상황, 시설의 물적·인적 상황, 시간적·장소적 상황 등에 따라 일의적이지는 않고 사안에 따라 구체적으로 확정하여야 한다(교도소 내에서 수용자가 자살한 사안에서, 담당 교도관은 급성정신착란증의 증세가 있는 망인의 자살사고의 발생위험에 대비하여 계구의 사용을 그대로 유지하거나 또는 계구의 사용을 일시 해제하는 경우에는 CCTV 상으로 보다 면밀히 관찰하여야 하는 등의 직무상 주의 의무가 있음에도 이를 위반하여 망인이 사망에 이르렀다고 한 사례). [대판 2010.1.28, 2008다75768]
>
> 피청구인이 교도소 독거실 내 화장실 창문과 철격자 사이에 안전 철망을 설치한 행위(이하 '이 사건 설치행위'라 한다)가 청구인의 환경권·인격권 등 기본권을 침해하는지 여부(소극) – 이 사건 설치행위는 수용자의 자살을 방지하여 생명권을 보호하고 교정시설 내의 안전과 질서를 보호하기 위한 것이다. 안전철망을 설치한 이후 교도소 내 화장실 창문 철격자를 이용한 자살사고는 단 한 건도 발생하지 않았고, 교도소 내 전체 자살

사고도 현저히 감소하였다. (중략) 교정시설 내 자살사고는 수용자 본인이 생명을 잃는 중대한 결과를 초래할 뿐만 아니라 다른 수용자들에게도 직접적으로 부정적인 영향을 미치고 나아가 교정시설이나 교정정책 전반에 대한 불신을 야기할 수 있다는 점에서 이를 방지할 필요성이 매우 크고, 그에 비해 청구인에게 가해지는 불이익은 채광·통풍이 다소 제한되는 정도에 불과하다. 따라서 이 사건 설치행위는 청구인의 환경권 등 기본권을 침해하지 아니한다. [헌재 2014.6.26, 2011헌마150]

3. 필요성

(1) 수용자를 격리·구금하고 신병을 확보할 수 있다.

(2) 도주, 자살, 폭행 등 교정사고를 예방할 수 있다.

(3) 외침에 대비한 자체방호이다.

(4) 수용자를 보호하고 규율을 유지할 수 있다.

2 계호권의 행사

1. 계호권자

(1) 교정직 교도관

교도관직무규칙

제25조【교정직 교도관의 직무】 ① 교정직 교도관은 다음 각 호의 사무를 담당한다.

1. 수용자에 대한 지도·처우·계호
2. 삭제
3. 교정시설의 경계
4. 교정시설의 운영·관리
5. 그 밖의 교정행정에 관한 사항

② 소장은 제1항에도 불구하고 교정시설의 운영을 위하여 특히 필요하다고 인정하는 경우에는 교정직 교도관으로 하여금 그 밖의 교도관의 직무를 수행하게 할 수 있다.

제34조【계호의 원칙】 교정직 교도관이 수용자를 계호할 때에는 수용자를 자신의 시선 또는 실력지배권 밖에 두어서는 아니 된다.

(2) 다른 직군 교도관 등

① 기술·관리운영 직군 교도관(보건위생직 교도관, 기술직 교도관, 관리운영직 교도관)과 직업훈련 교도관이 있다.

② 다른 직군 교도관 등도 직무를 수행하기 위하여 필요한 경우에는 **수용자를 동행·계호할 수 있다**(「교도관직무규칙」 제75조 제2항 등).

교도관의 구분

종래에는 교도관을 정복교도관과 사복교도관(교회직, 직업훈련, 분류직, 보건위생직, 기술직, 기능직)으로 구분하였으나, 현재는 교도관을 교정직 교도관과 기술·관리운영 직군 교도관, 직업훈련 교도관으로 구분하고 있다.

2. 계호권의 범위

(1) 계호권은 **수용자에게 행사**하는 것이 원칙이지만, 특별한 경우(강제력의 행사, 무기의 사용)에는 **수용자 외의 사람(제3자)에게도 행사**할 수 있다(법 제100조 제2항, 법 제101조 제2항). 10. 특채

(2) 계호권은 **해당 교정시설의 수용자**에게 행사하는 것이 원칙이지만, 다른 교정시설의 비상사태로 인해 응원을 하는 경우에는 예외적으로 해당 교도소장의 지휘·감독하에 **다른 교정시설의 수용자**에 대한 계호권의 행사가 인정된다. 10. 특채

3. 계호행위의 내용

시찰	수용자의 동정이나 교정시설의 상태를 파악하는 것
명령	수용자에게 일정한 작위·부작위를 강제적으로 요구하는 것
강제	법규 또는 정당한 명령에 의한 의무를 수용자가 상당한 이유 없이 불이행하는 경우에 그 이행이 있는 것과 동일한 상태를 실현시키는 것
검사	교정사고를 미연에 방지하기 위해 보안의 위험상태를 사전에 조사하는 것
정돈	① 교정시설 내의 각종 시설과 물품에 대한 이상 유무를 확인하기 위해 시설과 물품을 정리하는 것 ② 수용자의 무질서한 습벽의 교정에도 유용함
배제	교정사고 위험의 개연성이 있는 경우에 사전 예방조치로서 행하는 것
구제	위험이 발생한 경우 사후 구제조치로서 행하는 것

4. 계호의 종류

(1) 계호 대상에 따른 구분

대인계호	수용자 등 사람을 대상으로 하는 계호 예 신체검사, 강제력 행사, 보호장비 사용, 무기 사용 등
대물계호	물품검사 등 물건을 대상으로 하는 계호 예 거실·작업장 검사, 차입물품 검사, 소지품 검사 등

(2) 계호수단에 따른 구분

인적 계호	교도관이 수용자를 계호하는 등 인적 요인에 의한 계호	
	직접 계호	교도관이 수용자를 직접 계호하는 것
	간접 계호	순찰, 입초 등 주변 경계를 하는 것
물적 계호	구금시설물이나 장비 등 물적 요인에 의한 계호	

물적 계호의 중요성

오늘날에는 보다 능률적인 계호업무의 수행을 위해 인적 계호보다는 '물적 계호'의 중요성이 강조되고 있다.

(3) 사태의 긴박성에 따른 구분

통상계호	법익의 침해가 크지 않은 평상시의 계호
비상계호	천재지변 등 비상사태 시에 행하는 계호

(4) 수용자의 특수성에 따른 구분

일반계호	일반적인 수용자를 대상으로 행하는 보편적인 계호
특별계호	자살우려자 등 특이 수용자에 대한 강도 높은 계호

(5) 이동에 따른 호송계호

호송계호	다른 시설이나 외부 병원 등에 수용자를 이송할 때의 계호
출정계호	검사의 조사나 법원의 소환에 응할 때의 계호

5. 계호권 행사의 정당성

(1) 계호권 행사는 수용자에 대한 인권 침해의 우려가 크므로 적법절차에 따라 **비례의 원칙**의 범위 내에서 행해져야 그 정당성이 인정된다. 10. 특채

(2) 형집행법 제99조 제1항, 제100조 제6항, 제101조 제5항 등은 계호권 행사의 정당성 및 한계에 관하여 규정하고 있다.

적합성	강제력 행사의 수단이 의도하는 목적을 달성하는 데 적합하고, 수단의 예측이 가능해야 한다.
필요성	목적의 실현을 위한 필요 이상으로 행사해서는 안 되며, 여러 수단이 있는 경우에는 가장 적은 침해를 주는 수단을 선택해야 한다(최소침해의 원칙). 10. 특채
상당성	계호행위로 발생하는 불이익이 계호의 결과로 얻는 이익보다 크지 않아야 한다(법익교량의 원칙).

6. 계호권 행사의 효과

(1) **적법한 계호권의 행사는 위법성이 조각**되며, 계호행위는 정당한 공무집행으로 **법률상 보호**를 받으며 상대방은 이에 구속된다. 10. 특채

(2) 적법한 계호권의 행사를 폭행·협박으로 거부하는 경우에는 형법상 **공무집행방해죄**가 성립한다.

(3) 계호권의 행사가 고의 또는 중대한 과실로 위법·부당한 경우에는 **징계처분**의 대상이 될 수 있고, **형사처벌**의 대상이 되기도 한다.

(4) 불법한 계호권의 행사로 인해 피해를 입은 사람은 행위자 또는 국가에게 **손해배상책임**을 물을 수 있다. 10. 특채

3 금지물품과 신체검사

1. 금지물품

법 제92조의 개정

교정시설 내 소지와 반입이 금지되는 물품에 무인비행장치, 전자·통신기기, 그 밖에 도주나 다른 사람과의 연락에 이용될 우려가 있는 물품을 추가하되, 소장이 수용자의 처우를 위하여 허가하는 경우에는 소지할 수 있도록 하였다(제92조).

> **법 제92조【금지물품】** ① 수용자는 다음 각 호의 물품을 지녀서는 아니 된다. 23. 교정9
> 1. 마약·총기·도검·폭발물·흉기·독극물, 그 밖에 범죄의 도구로 이용될 우려가 있는 물품
> 2. 무인비행장치, 전자·통신기기, 그 밖에 도주나 다른 사람과의 연락에 이용될 우려가 있는 물품
> 3. 주류·담배·화기·현금·수표, 그 밖에 시설의 안전 또는 질서를 해칠 우려가 있는 물품
> 4. 음란물, 사행행위에 사용되는 물품, 그 밖에 수형자의 교화 또는 건전한 사회복귀를 해칠 우려가 있는 물품
>
> ② 제1항에도 불구하고 소장이 수용자의 처우를 위하여 허가하는 경우에는 제1항 제2호의 물품을 지닐 수 있다. 23. 교정9

2. 신체검사 등

수용자와 수용자 외의 사람에 대한 신체검사

수용자에 대해서는 '신체·의류·휴대품·거실 및 작업장 등'을 검사할 수 있으나(법 제93조 제1항), 수용자 외의 사람에 대하여는 '의류와 휴대품'을 검사할 수 있다(법 제93조 제3항).

> **법 제93조【신체검사 등】** ① 교도관은 시설의 안전과 질서유지를 위하여 필요하면 수용자의 신체·의류·휴대품·거실 및 작업장 등을 검사할 수 있다.
> ② 수용자의 신체를 검사하는 경우에는 불필요한 고통이나 수치심을 느끼지 아니하도록 유의하여야 하며, 특히 신체를 면밀하게 검사할 필요(→ 정밀신체검사)가 있으면 다른 수용자가 볼 수 없는 차단된 장소에서 하여야 한다. 19. 승진
> ③ 교도관은 시설의 안전과 질서유지를 위하여 필요하면 교정시설을 출입하는 수용자 외의 사람에 대하여 의류와 휴대품을 검사할 수 있다. 이 경우 출입자가 제92조의 금지물품을 지니고 있으면 교정시설에 맡기도록 하여야 하며, 이에 따르지 아니하면 출입을 금지할 수 있다. 20. 승진
> ④ 여성의 신체·의류 및 휴대품에 대한 검사는 여성교도관이 하여야 한다. 18. 승진☆
> ⑤ 소장은 제1항에 따라 검사한 결과 제92조의 금지물품이 발견되면 형사 법령으로 정하는 절차에 따라 처리할 물품을 제외하고는 수용자에게 알린 후 폐기한다. 다만, 폐기하는 것이 부적당한 물품은 교정시설에 보관하거나 수용자로 하여금 자신이 지정하는 사람에게 보내게 할 수 있다.
>
> **영 제112조【거실 등에 대한 검사】** 소장은 교도관에게 수용자의 거실, 작업장, 그 밖에 수용자가 생활하는 장소(이하 이 조에서 '거실 등'이라 한다)를 정기적으로 검사하게 하여야 한다. 다만, 법 제92조의 금지물품을 숨기고 있다고 의심되는 수용자와 법 제104조 제1항의 마약류사범·조직폭력사범 등 법무부령으로 정하는 수용자(→ 엄중관리 대상자)의 거실 등은 수시로 검사하게 할 수 있다.
>
> **영 제113조【신체 등에 대한 검사】** 소장은 교도관에게 작업장이나 실외에서 수용자거실로 돌아오는 수용자의 신체·의류 및 휴대품을 검사하게 하여야 한다. 다만, 교정 성적 등을 고려하여 그 검사가 필요하지 아니하다고 인정되는 경우에는 예외로 할 수 있다. 21. 교정7

영 제114조【검사장비의 이용】 교도관은 법 제93조에 따른 검사를 위하여 탐지견, 금속탐지기, 그 밖의 장비를 이용할 수 있다.

영 제115조【외부인의 출입】 ① 교도관 외의 사람은 「국가공무원 복무규정」 제9조에 따른 근무시간 외에는 소장의 허가 없이 교정시설에 출입하지 못한다.
② 소장은 외부인의 교정시설 출입에 관한 사무를 수행하기 위하여 불가피한 경우 「개인정보 보호법 시행령」 제19조에 따른 주민등록번호, 여권번호, 운전면허의 면허번호 또는 외국인등록번호가 포함된 자료를 처리할 수 있다.

영 제116조【외부와의 차단】 ① 교정시설의 바깥문, 출입구, 거실, 작업장, 그 밖에 수용자를 수용하고 있는 장소는 외부와 차단하여야 한다. 다만, 필요에 따라 일시 개방하는 경우에는 그 장소를 경비하여야 한다.
② 교도관은 접견·상담·진료, 그 밖에 수용자의 처우를 위하여 필요한 경우가 아니면 수용자와 외부인이 접촉하게 해서는 아니 된다.

영 제117조【거실 개문 등 제한】 교도관은 수사·재판·운동·접견·진료 등 수용자의 처우 또는 자살 방지, 화재진압 등 교정시설의 안전과 질서유지를 위하여 필요한 경우가 아니면 수용자거실의 문을 열거나 수용자를 거실 밖으로 나오게 해서는 아니 된다.

영 제118조【장애물 방치 금지】 교정시설의 구내에는 시야를 가리거나 그 밖에 계호상 장애가 되는 물건을 두어서는 아니 된다.

★핵심POINT | 발신·수신 금지된 편지의 처리와 신체 등 검사로 금지물품 발견 시의 처리

발신·수신 금지된 편지 (법 제43조 제7항)	• 구체적인 사유를 서면으로 작성하여 관리 • 수용자에게 알린 후 보관 • 수용자 동의 시 폐기 가능
신체 등 검사로 금지물품 발견 (법 제93조 제5항)	• 수용자에게 알린 후 폐기 • 폐기 부적당 시 보관 또는 송부 가능

⚖ 관련 판례 | 수용자에 대한 신체 등 검사 관련

교도관이 마약류사범에게 검사의 취지와 방법을 설명하고 반입 금지품을 제출하도록 안내한 후 외부와 차단된 검사실에서 같은 성별의 교도관 앞에 돌아서서 하의속옷을 내린 채 상체를 숙이고 양손으로 둔부를 벌려 항문을 보이는 방법으로 실시한 정밀신체검사가 마약류사범인 청구인의 기본권을 침해하였는지 여부(소극) – 정밀신체검사는 수용자에 대한 생명·신체에 대한 위해를 방지하고 구치소 내의 안전과 질서를 유지하기 위한 것이고(목적의 정당성), (중략) 과잉금지의 원칙에 위배되었다고 할 수 없다. [헌재 2006.6.29, 2004헌마826] 13. 교정7☆

수용자를 교정시설에 수용할 때마다 전자영상 검사기를 이용하여 수용자의 항문 부위에 대한 신체검사를 하는 것이 수용자의 인격권 등을 침해하는지 여부(소극) – 이 사건 신체검사는 교정시설의 안전과 질서를 유지하기 위한 것으로 그 목적이 정당하고, 항문 부위에 대한 금지물품의 은닉 여부를 효과적으로 확인할 수 있는 적합한 검사방법으로 그 수단이 적절하다. (중략) 이 사건 신체검사는 필요한 최소한도를 벗어나 과잉금지원칙에 위배되어 청구인의 <u>인격권 내지 신체의 자유</u>를 침해한다고 볼 수 없다. [헌재 2011.5.26, 2010헌마775] 18. 승진

수용자가 없는 상태에서 교도소 거실과 작업장 검사

[1] 교도소장이 수용자가 없는 상태에서 실시한 거실 및 작업장 검사행위가 수용자의 사생활의 비밀 및 자유를 침해하는지 여부(소극) − 이 사건 검사행위는 <u>교도소의 안전과 질서를 유지하고, 수형자의 교화·개선에 지장을 초래할 수 있는 물품을 차단</u>하기 위한 것으로서 그 목적이 정당하고, 수단도 적절하며, 검사의 실효성을 확보하기 위한 최소한의 조치로 보이고, 달리 덜 제한적인 대체수단을 찾기 어려운 점 등에 비추어 보면 이 사건 검사행위가 과잉금지원칙에 위배하여 <u>사생활의 비밀 및 자유를 침해</u>하였다고 할 수 없다.

[2] 이 사건 검사행위가 적법절차원칙에 위배되는지 여부(소극) − 내용 생략 [헌재 2011.10.25, 2009헌마691] 18. 승진

2 교정장비

1 서론

1. 의의

교정장비란 교정시설 또는 교정시설 밖에서 수용자를 계호하는 경우에 사람의 생명·신체의 보호, 도주의 방지, 교정시설의 안전과 질서의 유지를 위하여 교도관이 사용하는 장비·기구 및 그 부속품을 말한다.

2. 종류

규칙 제157조【교정장비의 종류】 교정장비의 종류는 다음 각 호와 같다. 18. 승진
  1. <u>전자장비</u>
  2. <u>보호장비</u>
  3. <u>보안장비</u>
  4. <u>무기</u>

규칙 제158조【교정장비의 관리】 ① 소장은 교정장비의 보관 및 관리를 위하여 관리책임자와 보조자를 지정한다.
  ② 제1항의 관리책임자와 보조자는 교정장비가 적정한 상태로 보관·관리될 수 있도록 <u>수시로 점검</u>하는 등 필요한 조치를 하여야 한다.
  ③ 특정 장소에 고정식으로 설치되는 장비 외의 교정장비는 별도의 장소에 보관·관리하여야 한다.

규칙 제159조【교정장비 보유기준 등】 교정장비의 교정시설별 보유기준 및 관리방법 등에 관하여 필요한 사항은 <u>법무부장관이 정한다.</u>

2 전자장비를 이용한 계호

1. 의의

종래 육안에 의한 수용자 감시의 한계로 자살 등 각종 사고가 빈발함에 따라 발전된 계호시스템의 도입이 필요하다고 보아 전자장비를 이용한 계호에 대한 근거규정을 신설함으로써, 각종 교정사고에 효과적으로 대응하고 최소한의 인력으로 시설의 안전과 질서를 확보할 수 있도록 하였다.

2. 전자장비를 이용한 계호의 원칙

> **법 제94조【전자장비를 이용한 계호】** ① 교도관은 자살·자해·도주·폭행·손괴, 그 밖에 수용자의 생명·신체를 해하거나 시설의 안전 또는 질서를 해하는 행위(이하 '자살 등'이라 한다)를 방지하기 위하여 필요한 범위에서 전자장비를 이용하여 수용자 또는 시설을 계호할 수 있다. 다만, 전자영상장비로 거실에 있는 수용자를 계호하는 것은 자살 등의 우려가 큰 때에만 할 수 있다. 20. 승진☆
> ② 제1항 단서에 따라 거실에 있는 수용자를 전자영상장비로 계호하는 경우에는 계호직원·계호시간 및 계호대상 등을 기록하여야 한다. 이 경우 수용자가 여성이면 여성교도관이 계호하여야 한다. 19. 승진☆
> ③ 제1항 및 제2항에 따라 계호하는 경우에는 피계호자의 인권이 침해되지 아니하도록 유의하여야 한다.
> ④ 전자장비의 종류·설치장소·사용방법 및 녹화기록물의 관리 등에 관하여 필요한 사항은 법무부령으로 정한다.

3. 전자장비의 종류와 설치·사용

> **규칙 제160조【전자장비의 종류】** 교도관이 법 제94조에 따라 수용자 또는 시설을 계호하는 경우 사용할 수 있는 전자장비는 다음 각 호와 같다. 20. 교정9☆
> 1. 영상정보처리기기: 일정한 공간에 지속적으로 설치되어 사람 또는 사물의 영상 및 이에 따르는 음성·음향 등을 수신하거나 이를 유·무선망을 통하여 전송하는 장치
> 2. 전자감지기: 일정한 공간에 지속적으로 설치되어 사람 또는 사물의 움직임을 빛·온도·소리·압력 등을 이용하여 감지하고 전송하는 장치
> 3. 전자경보기: 전자파를 발신하고 추적하는 원리를 이용하여 사람의 위치를 확인하거나 이동경로를 탐지하는 일련의 기계적 장치
> 4. 물품검색기(고정식 물품검색기와 휴대식 금속탐지기로 구분한다)
> 5. 증거수집장비: 디지털카메라, 녹음기, 비디오카메라, 음주측정기 등 증거수집에 필요한 장비
> 6. 그 밖에 법무부장관이 정하는 전자장비
>
> **규칙 제161조【중앙통제실의 운영】** ① 소장은 전자장비의 효율적인 운용을 위하여 각종 전자장비를 통합적으로 관리할 수 있는 시스템이 설치된 중앙통제실을 설치하여 운영한다.

🏛 **핵심OX**

02 전자영상장비로 거실에 있는 수용자를 계호하는 것은 자살 등의 우려가 큰 때에만 할 수 있다. (O, ×)

02 ○

② 소장은 중앙통제실에 대한 외부인의 출입을 제한하여야 한다. 다만, <u>시찰, 참관,</u> <u>그 밖에 소장이 특별히 허가한 경우</u>에는 그러하지 아니하다. 18. 승진

③ 전자장비의 통합관리시스템, 중앙통제실의 운영·관리 등에 관하여 필요한 사항은 법무부장관이 정한다.

규칙 제162조【영상정보처리기기 설치】① 영상정보처리기기 카메라는 교정시설의 주벽·감시대·울타리·운동장·거실·작업장·<u>접견실</u>·전화실·조사실·진료실·복도·중문, 그 밖에 법 제94조 제1항에 따라 전자장비를 이용하여 계호하여야 할 필요가 있는 장소에 설치한다.

② 영상정보처리기기 모니터는 중앙통제실, 수용관리팀의 사무실, 그 밖에 교도관이 계호하기에 적정한 장소에 설치한다. 〈개정 2024.2.8.〉

③ <u>거실에 영상정보처리기기 카메라를 설치하는 경우에는 용변을 보는 하반신의 모습이 촬영되지 아니하도록</u> 카메라의 각도를 한정하거나 화장실 차폐시설을 설치하여야 한다.

규칙 제163조【거실수용자 계호】① 교도관이 법 제94조 제1항에 따라 <u>거실에 있는 수용자를 계호하는 경우에는</u> 별지 제9호 서식의 <u>거실수용자 영상계호부에 피계호자의 인적사항 및 주요 계호 내용을 개별적으로 기록</u>하여야 한다. 다만, <u>중경비시설의 거실에 있는 수용자를 전자장비를 이용하여 계호하는 경우에는 중앙통제실 등에 비치된 현황표에 피계호인원 등 전체 현황만을 기록</u>할 수 있다.

② 교도관이 법 제94조 제1항에 따라 계호하는 과정에서 수용자의 처우 및 관리에 특히 참고할만한 사항을 알게 된 경우에는 그 요지를 수용기록부에 기록하여 소장에게 지체 없이 보고하여야 한다.

규칙 제164조【전자감지기의 설치】 전자감지기는 교정시설의 주벽·울타리, 그 밖에 수용자의 도주 및 외부로부터의 침입을 방지하기 위하여 필요한 장소에 설치한다.

규칙 제165조【전자경보기의 사용】 교도관은 <u>외부 의료시설 입원, 이송·출정, 그 밖의 사유로 교정시설 밖에서 수용자를 계호하는 경우 보호장비나 수용자의 팔목 등에 전자경보기를 부착하여 사용</u>할 수 있다. 21. 교정7☆

규칙 제166조【물품검색기 설치 및 사용】① 고정식 물품검색기는 정문, 수용동 입구, 작업장 입구, 그 밖에 수용자 또는 교정시설을 출입하는 수용자 외의 사람에 대한 신체·의류·휴대품의 검사가 필요한 장소에 설치한다.

② 교도관이 법 제93조 제1항에 따라 <u>수용자의 신체·의류·휴대품을 검사하는 경우에는 특별한 사정이 없으면 고정식 물품검색기를 통과하게 한 후(→ and) 휴대식 금속탐지기 또는 손으로</u> 이를 확인한다. 18. 승진

③ 교도관이 법 제93조 제3항에 따라 교정시설을 출입하는 <u>수용자 외의 사람의 의류와 휴대품을 검사하는 경우에는 고정식 물품검색기를 통과하게 하거나(→ or) 휴대식 금속탐지기로</u> 이를 확인한다. 18. 승진

규칙 제167조【증거수집장비의 사용】 교도관은 수용자가 사후에 증명이 필요하다고 인정되는 행위를 하거나 사후 증명이 필요한 상태에 있는 경우 수용자에 대하여 증거수집장비를 사용할 수 있다.

규칙 제168조【녹음·녹화 기록물의 관리】 소장은 전자장비로 녹음·녹화된 기록물을 「공공기록물 관리에 관한 법률」에 따라 관리하여야 한다.

수용자의 신체·의류·휴대품 검사

1. 고정식 물품검색기를 통과 (and)
2. 휴대식 금속탐지기 또는 손으로 확인

수용자 외의 사람의 의류·휴대품 검사

1. 고정식 물품검색기를 통과 (or)
2. 휴대식 금속탐지기로 확인

⚖ **관련 판례** | 전자발찌 부착 등 위헌확인 등

[1] 교도소·구치소의 수용자가 교정시설 외부로 나갈 경우 도주 방지를 위하여 해당 수용자의 발목에 전자장치를 부착하도록 한 '수용자 도주방지를 위한 위치추적 전자장치 운영방안(교정본부 2015.11.13. 자 공문)' Ⅴ. 수용자 위치추적 전자장치 운영계획 중 부착 대상 수용자 가운데 2단계 출정수용자 관련 부분(이하 '이 사건 운영방안'이라 한다)이 헌법소원의 대상인 공권력의 행사에 해당하는지 여부(소극) – 이 사건 운영방안은 법무부 산하 교정본부가 교도소장에게 발송한 공문으로, 「형의 집행 및 수용자의 처우에 관한 법률」(이하 '형집행법'이라 한다) 관련 법령에서 정하고 있는 '전자장비를 이용한 계호제도'를 시범운영할 교정기관의 범위와 세부 시행 계획 등을 정하고 있는 행정기관 내부의 행위 또는 단순한 시행 방침에 불과하고, 대외적인 효력이 있는 명령이나 지시가 아니다.

이 사건 운영방안은 국민의 권리와 의무에 대하여 법률효과를 발생시키지 아니하므로, 헌법재판소법 제68조 제1항에서 헌법소원의 대상으로 정하고 있는 공권력의 행사에 해당한다고 볼 수 없다.

[2] 이 사건 운영방안에 따른 전자장치 부착행위(이하 '이 사건 부착행위'라 한다)가 법률 유보원칙에 위반되어 수용자인 청구인들의 인격권과 신체의 자유를 침해하는지 여부(소극) – 이 사건 부착행위는 교정시설 밖에서 수용자를 계호할 때 수용자가 계호 범위 내에 있는지, 계호직원과 일정한 거리를 유지하고 있는지 등을 확인함으로써 수용자의 도주를 방지하기 위한 것으로, 형집행법 제94조 제1항·제4항, 형집행법 시행규칙 제160조 제3호, 제165조에 근거를 두고 있으므로, 법률유보 원칙에 위반되어 수용자인 청구인들의 인격권과 신체의 자유를 침해하지 아니한다.

[3] 이 사건 부착행위가 적법절차원칙에 위반되어 청구인들의 인격권과 신체의 자유를 침해하는지 여부(소극) – 「특정범죄자에 대한 보호관찰 및 전자장치 부착 등에 관한 법률」에 의한 위치추적 전자장치 부착과는 달리 이 사건 부착행위는 교정시설에서의 안전과 질서유지를 위해 형집행법에 따라 수용자들을 대상으로 이루어진 것이므로, 전자장치 부착에 앞서 법원의 명령이 필요한 것은 아니다. (중략) 이 사건 부착행위는 적법절차원칙에 위반되어 수용자인 청구인들의 인격권과 신체의 자유를 침해하지 아니한다.

[4] 이 사건 부착행위가 과잉금지원칙에 위반되어 청구인들의 인격권과 신체의 자유를 침해하는지 여부(소극) – 이 사건 부착행위는 외부 의료시설 입원, 이송·출정, 그 밖의 사유로 교정시설 밖으로 나가는 수용자에 대하여 전자장치를 부착함으로써 교정시설 밖에서 발생할 수 있는 수용자의 도주를 방지하고, 도주수용자에 대한 신속한 대응 및 검거를 가능하게 하며, 일반 국민의 안전을 보장하기 위한 것으로, (중략) 이 사건 부착행위는 과잉금지원칙에 위반되어 수용자인 청구인들의 인격권과 신체의 자유를 침해하지 아니한다. [헌재 2018.5.31. 2016헌마191 등]

구치소장이 수용자의 거실에 폐쇄회로 텔레비전('CCTV')을 설치하여 계호한 행위가 과잉금지원칙에 위배하여 수용자의 사생활의 비밀 및 자유를 침해하는지 여부(소극) ─ 이 사건 CCTV 계호행위는 청구인의 생명·신체의 안전을 보호하기 위한 것으로서 그 목적이 정당하고, 교도관의 시선에 의한 감시만으로는 자살·자해 등의 교정사고 발생을 막는 데 시간적·공간적 공백이 있으므로 이를 메우기 위하여 CCTV를 설치하여 수형자를 상시적으로 관찰하는 것은 위 목적 달성에 적합한 수단이라 할 것이며, (중략) 따라서 이 사건 CCTV 계호행위가 과잉금지원칙을 위배하여 청구인의 사생활의 비밀 및 자유를 침해하였다고는 볼 수 없다. [헌재 2011.9.29, 2010헌마413] 17. 교정7

계구사용행위 등 위헌확인 등

[1] 교도소 내 엄중격리 대상자에 대하여 이동 시 계구를 사용하고 교도관이 동행계호하는 행위 및 1인 운동장을 사용하게 하는 처우가 신체의 자유를 과도하게 제한하는 것인지의 여부(소극) ─ 수형자는 형벌의 집행을 위하여 격리된 구금시설에서 강제적인 공동생활을 하게 되므로 헌법이 보장하는 신체활동의 자유 등 기본권이 제한되기 마련이나, 제한되는 기본권은 형의 집행과 도망의 방지라는 구금의 목적과 관련된 기본권에 한정되어야 하고, 특히 수용시설 내의 질서 및 안전 유지를 위하여 행해지는 기본권의 제한은 다른 방법으로는 그 목적을 달성할 수 없는 경우에만 예외적으로 허용되어야 한다. 청구인들은 상습적으로 교정질서를 문란케 하는 등 교정사고의 위험성이 높은 엄중격리 대상자들인바, 이들에 대한 계구사용행위·동행계호행위 및 1인 운동장을 사용하게 하는 처우는 그 목적의 정당성 및 수단의 적정성이 인정되며, 필요한 경우에 한하여 부득이한 범위 내에서 실시되고 있다고 할 것이고, 이로 인하여 수형자가 입게 되는 자유 제한에 비하여 교정사고를 예방하고 교도소 내의 안전과 질서를 확보하는 공익이 더 크다고 할 것이다. 19. 승진

[2] 엄중격리 대상자의 수용거실에 CCTV를 설치하여 24시간 감시하는 행위가 법률유보의 원칙에 위배되어 사생활의 자유·비밀을 침해하는 것인지의 여부(소극) ─ 이 사건 CCTV 설치행위는 행형법 및 「교도관직무규칙」 등에 규정된 교도관의 계호활동 중 육안에 의한 시선계호를 CCTV 장비에 의한 시선계호로 대체한 것에 불과하므로, 이 사건 CCTV 설치행위에 대한 특별한 법적 근거가 없더라도 일반적인 계호활동을 허용하는 법률규정에 의하여 허용된다고 보아야 한다. [헌재 2008.5.29, 2005헌마137·2007헌마187] 17. 교정7☆

접견실 내 CCTV 감시·녹화행위 등 위헌확인

구치소장이 변호인접견실에 CCTV를 설치하여 미결수용자와 변호인 간의 접견을 관찰한 행위(이하 '이 사건 CCTV 관찰행위'라고 한다)가 변호인의 조력을 받을 권리를 침해하는지 여부(소극) ─ 이 사건 CCTV 관찰행위는 금지물품의 수수나 교정사고를 방지하거나 이에 적절하게 대처하기 위한 것으로 교도관의 육안에 의한 시선계호를 CCTV 장비에 의한 시선계호로 대체한 것에 불과하므로 그 목적의 정당성과 수단의 적합성이 인정된다. (중략) 따라서 이 사건 CCTV 관찰행위가 청구인의 변호인의 조력을 받을 권리를 침해한다고 할 수 없다. [헌재 2016.4.28, 2015헌마243]

3 보호실과 진정실

1. 보호실 수용

> **법 제95조【보호실 수용】** ① 소장은 <u>수용자가 다음 각 호의 어느 하나에 해당하면</u> <u>의무관의 의견을 고려하여</u> 보호실(자살 및 자해 방지 등의 설비를 갖춘 거실을 말한다. 이하 같다)에 수용할 수 있다. 20. 승진☆
>
> 1. <u>자살 또는 자해의 우려가 있는 때</u>
> 2. <u>신체적 · 정신적 질병으로 인하여 특별한 보호가 필요한 때</u>
>
> ② 수용자의 보호실 수용기간은 <u>15일 이내로 한다</u>. 다만, 소장은 특히 계속하여 수용할 필요가 있으면 <u>의무관의 의견을 고려하여</u> <u>1회당 7일의 범위에서 기간을 연장</u>할 수 있다. 21. 교정9☆
>
> ③ 제2항에 따라 수용자를 보호실에 수용할 수 있는 기간은 <u>계속하여 3개월을 초과할 수 없다</u>. 21. 교정9☆
>
> ④ 소장은 수용자를 보호실에 수용하거나 수용기간을 연장하는 경우에는 그 <u>사유를 본인에게 알려 주어야 한다</u>. 24. 교정9☆
>
> ⑤ 의무관은 보호실 수용자의 <u>건강상태를 수시로 확인하여야</u> 한다. 19. 승진
>
> ⑥ 소장은 보호실 <u>수용사유가 소멸한 경우에는</u> 보호실 수용을 <u>즉시 중단하여야</u> 한다.

2. 진정실 수용

> **법 제96조【진정실 수용】** ① 소장은 수용자가 다음 각 호의 어느 하나에 해당하는 경우로서 강제력을 행사하거나 제98조의 <u>보호장비를 사용하여도 그 목적을 달성할 수 없는 경우에만</u> 진정실(일반 수용거실로부터 격리되어 있고 방음설비 등을 갖춘 거실을 말한다. 이하 같다)에 수용할 수 있다(→ 의무관의 의견 고려 불요). 24. 교정9☆
>
> 1. 교정시설의 설비 또는 기구 등을 <u>손괴하거나 손괴하려고 하는 때</u>
> 2. 교도관의 제지에도 불구하고 <u>소란행위를 계속하여</u> 다른 수용자의 평온한 수용생활을 방해하는 때
>
> ② 수용자의 진정실 수용기간은 <u>24시간 이내로 한다</u>. 다만, 소장은 특히 계속하여 수용할 필요가 있으면 의무관의 의견을 고려하여 <u>1회당 12시간의 범위에서 기간을 연장</u>할 수 있다. 20. 승진☆
>
> ③ 제2항에 따라 수용자를 진정실에 수용할 수 있는 기간은 <u>계속하여 3일을 초과할 수 없다</u>. 20. 승진☆
>
> ④ 진정실 수용자에 대하여는 제95조 제4항부터 제6항까지의 규정(→ 수용기간 연장 시 사유 알림, 건강상태 수시로 확인, 사유 소멸 시 즉시 중단)을 준용한다. 24. 교정9☆

🏛 핵심 OX

03 의무관은 수용자가 자살 또는 자해의 우려가 있는 때에는 소장의 동의를 받아 보호실에 수용할 수 있다. (○, ×)

04 수용자의 보호실 수용기간은 15일 이내, 진정실 수용기간은 24시간 이내로 하되, 소장은 특히 계속하여 수용할 필요가 있으면 의무관의 의견을 고려하여 연장할 수 있다. (○, ×)

03 ×
04 ○

3. 수용중지

★핵심POINT | 보호실 수용과 진정실 수용의 비교

구분	보호실 수용	진정실 수용
사유	• 자살 또는 자해의 우려 • 신체적·정신적 질병으로 인해 특별한 보호 필요	• 교정시설의 설비 또는 기구 등을 손괴 • 소란행위로 다른 수용자의 평온한 수용생활을 방해 • 보충성
수용 시 의무관의 의견	고려 ○	고려 ×
연장 시 의무관의 의견	고려 ○	고려 ○
기간	15일 이내	24시간 이내
연장기간 / 최대기간	7일 이내 / 3개월	12시간 이내 / 3일
수용·연장 사유고지	○	○

4 보호장비

1. 의의

(1) 보호장비란 수용자의 신체에 사용하여 자유로운 행동을 제한하기 위해 사용되는 도구를 말한다(계구).

(2) 보호장비의 사용은 교정시설의 질서유지를 확보하기 위한 계호작용인 동시에 수용자의 인권보호라는 측면도 고려해야 하므로, 보호장비의 종류·사용요건·사용방법·사용절차 등에 대해 명확히 규정하여야 한다.

보호장비 사용대상에 대한 규정

보호장비는 '수용자'에게만 사용할 수 있고, '수용자 이외의 자'에 대한 사용은 규정되어 있지 않다. 19. 승진☆

2. 사용

② 보호장비를 사용하는 경우에는 <u>수용자의 나이, 건강상태 및 수용생활 태도 등을</u> 고려하여야 한다. 15. 경채

③ 교도관이 교정시설의 안에서 수용자에 대하여 보호장비를 사용한 경우 의무관은 그 수용자의 <u>건강상태를 수시로 확인</u>하여야 한다. 19. 승진

3. 종류 및 사용요건

법 제98조 【보호장비의 종류 및 사용요건】 ① 보호장비의 종류는 다음 각 호와 같다. 11. 교정9

1. <u>수갑</u>
2. <u>머리보호장비</u>
3. <u>발목보호장비</u>
4. <u>보호대</u>
5. <u>보호의자</u>
6. <u>보호침대</u>
7. <u>보호복</u>
8. <u>포승</u>

② 보호장비의 종류별 사용요건은 다음 각 호와 같다. 20. 승진☆

1. <u>수갑 · 포승</u>: 제97조 제1항 <u>제1호부터 제4호까지</u>의 어느 하나에 해당하는 때 23. 교정7
2. <u>머리보호장비</u>: 머리부분을 자해할 우려가 큰 때
3. <u>발목보호장비 · 보호대 · 보호의자</u>: 제97조 제1항 <u>제2호부터 제4호까지</u>의 어느 하나에 해당하는 때
4. <u>보호침대 · 보호복</u>: 자살 · 자해의 우려가 큰 때

③ 보호장비의 사용절차 등에 관하여 필요한 사항은 <u>대통령령</u>으로 정한다.

규칙 제169조 【보호장비의 종류】 교도관이 법 제98조 제1항에 따라 사용할 수 있는 보호장비는 다음 각 호로 구분한다.

1. 수갑: 양손수갑, 일회용수갑, 한손수갑
2. 머리보호장비
3. 발목보호장비: 양발목보호장비, 한발목보호장비
4. 보호대: 금속보호대, 벨트보호대
5. 보호의자
6. 보호침대
7. 보호복
8. 포승: 일반포승, 벨트형 포승, 조끼형 포승

보호장비의 사용

이송 · 출정, 그 밖에 교정시설 밖의 장소로 수용자를 호송하는 때(법 제97조 제1항 제1호)에는 발목보호장비 · 보호대 · 보호의자를 사용할 수 없다.

★핵심 POINT | 보호장비의 사용요건 정리

구분	수갑, 포승	머리 보호장비	발목보호장비, 보호대, 보호의자	보호침대, 보호복
이송 · 출정, 호송	○	×	×	×
도주 · 자살 · 자해, 타인에 대한 위해의 우려	○	머리 부분을 자해할 우려	○	자살 · 자해의 우려
위력으로 정당한 직무집행 방해	○	×	○	×
설비 · 기구 등의 손괴, 안전 · 질서를 해칠 우려	○	×	○	×

벨트형 포승의 도입

지금까지 보호장비의 하나로 규정되어 있던 개인포승은 실제로 거의 사용되지 않고 있으므로 이를 보호장비에서 제외하고, 일반포승의 사용방법과 재질 등을 개선한 벨트형 포승을 보호장비의 하나로 도입하였다(규칙 제169조 제8호).

보호장비의 모양(시행규칙 별표 참조)

양손수갑	일회용수갑	한손수갑

머리보호장비	양발목보호장비	한발목보호장비

금속보호대	벨트보호대	보호의자

보호침대	보호복	일반포승

벨트형 포승	조끼형 포승

4. 사용절차

영 제120조【보호장비의 사용】 ① 교도관은 <u>소장의 명령 없이</u> 수용자에게 보호장비를 사용하여서는 아니 된다. 다만, 소장의 명령을 받을 시간적 여유가 없는 경우에는 <u>사용 후 소장에게 즉시 보고</u>하여야 한다. 12. 교정7

② 법 및 이 영에 규정된 사항 외에 보호장비의 규격과 사용방법 등에 관하여 필요한 사항은 법무부령으로 정한다.

규칙 제171조【보호장비 사용 명령】 소장은 영 제120조 제1항에 따라 보호장비 사용을 명령하거나 승인하는 경우에는 보호장비의 종류 및 사용방법을 구체적으로 지정하여야 하며, 이 규칙에서 정하지 아니한 방법으로 보호장비를 사용하게 해서는 아니 된다.

영 제121조【보호장비 사용중지 등】 ① <u>의무관은</u> 수용자에게 보호장비를 계속 사용하는 것이 건강상 부적당하다고 인정하는 경우에는 소장에게 즉시 보고하여야 한다. 이 경우 소장은 특별한 사유(→ 규칙 제183조 제2항)가 없으면 보호장비 사용을 즉시 중지하여야 한다.

② 의무관이 출장·휴가, 그 밖의 부득이한 사유로 법 제97조 제3항의 직무를 수행할 수 없을 때에는 제119조 제2항을 준용한다.

영 제122조【보호장비 사용사유의 고지】 보호장비를 사용하는 경우에는 <u>수용자에게 그 사유를 알려주어야 한다.</u> 16. 교정9

영 제123조【보호장비 착용 수용자의 거실 지정】 보호장비를 착용 중인 수용자는 특별한 사정이 없으면 <u>계호상 독거수용한다.</u> 20. 승진☆

영 제124조【보호장비 사용의 감독】 ① 소장은 보호장비의 사용을 명령한 경우에는 <u>수시로 그 사용 실태를 확인·점검하여야 한다.</u> 18. 승진

② <u>지방교정청장은</u> 소속 교정시설의 보호장비 사용 실태를 <u>정기적으로</u> 점검하여야 한다. 18. 승진

5. 남용 금지

법 제99조【보호장비 남용 금지】 ① 교도관은 <u>필요한 최소한의 범위에서</u> 보호장비를 사용하여야 하며, 그 <u>사유가 없어지면 사용을 지체 없이 중단</u>하여야 한다.

② <u>보호장비는 징벌의 수단으로 사용되어서는 아니 된다.</u> 20. 승진☆

6. 규격 및 사용방법

규칙 제170조【보호장비의 규격】 ② 교도관은 제1항에 따른 보호장비 규격에 맞지 아니한 보호장비를 수용자에게 사용해서는 아니 된다.

규칙 제172조【수갑의 사용방법】 ① 수갑의 사용방법은 다음 각 호와 같다.

1. 법 제97조 제1항 각 호의 어느 하나에 해당하는 경우에는 별표 6의 방법(→ 양손수갑을 앞으로 채워 사용)으로 할 것 22. 교정7

2. 법 제97조 제1항 제2호부터 제4호까지의 규정의 어느 하나에 해당하는 경우 별표 6의 방법으로는 사용목적을 달성할 수 없다고 인정되면 별표 7의 방법(→ 양손수갑을 뒤로 채워 사용)으로 할 것 22. 교정7

UN최저기준규칙의 규정

UN최저기준규칙에서는 "규율 위반에 대한 처벌로 결박장치를 사용해서는 안 된다."라고 규정하고 있다(제43조 제2항).

🏛 **핵심OX**

05 보호장비를 사용하는 경우에는 수용자에게 그 사유를 알려 주어야 한다.

(○, ×)

05 ○

3. 진료를 받거나 입원 중인 수용자에 대하여 한손수갑을 사용하는 경우에는 별표 8의 방법으로 할 것 23. 교정7

② 제1항 제1호에 따라 수갑을 사용하는 경우에는 수갑보호기를 함께 사용할 수 있다.

③ 제1항 제2호에 따라 별표 7의 방법으로 수갑을 사용하여 그 목적을 달성한 후에는 즉시 별표 6의 방법으로 전환하거나 사용을 중지하여야 한다.

④ 수갑은 구체적 상황에 적합한 종류를 선택하여 사용할 수 있다. 다만, 일회용수갑은 일시적으로 사용하여야 하며, 사용 목적을 달성한 후에는 즉시 사용을 중단하거나 다른 보호장비로 교체하여야 한다. 22. 교정7

규칙 제173조【머리보호장비의 사용방법】 머리보호장비는 별표 9의 방법으로 사용하며, 수용자가 머리보호장비를 임의로 해제하지 못하도록 다른 보호장비를 함께 사용할 수 있다. 20. 승진

규칙 제176조【보호의자의 사용방법】 ② 보호의자는 제184조 제2항에 따라 그 사용을 일시 중지하거나 완화하는 경우를 포함하여 8시간을 초과하여 사용할 수 없으며, 사용 중지 후 4시간이 경과하지 아니하면 다시 사용할 수 없다. 23. 교정7☆

규칙 제177조【보호침대의 사용방법】 ① 보호침대는 별표 15의 방법으로 사용하며, 다른 보호장비로는 자살·자해를 방지하기 어려운 특별한 사정이 있는 경우에만 사용하여야 한다. 23. 교정7

② 보호침대의 사용에 관하여는 제176조 제2항을 준용한다. 23. 교정7

규칙 제178조【보호복의 사용방법】 ② 보호복의 사용에 관하여는 제176조 제2항을 준용한다.

규칙 제179조【포승의 사용방법】 ② 제1항 제2호에 따라 포승을 사용하여 2명 이상의 수용자를 호송하는 경우에는 수용자 간에 포승을 다음 각 호의 구분에 따른 방법으로 연결하여 사용할 수 있다. 〈개정 2024.2.8.〉

1. 별표 18의 방법(→ 상체승)으로 포승하는 경우: 일반포승 또는 별표 20에 따른 포승연결줄로 연결

2. 별표 18의2의 방법(→ 벨트형 포승 사용)으로 포승하는 경우: 별표 20에 따른 포승연결줄로 연결로 연결

3. 별표 18의3의 방법(→ 조끼형 포승 사용)으로 포승하는 경우: 별표 20에 따른 포승연결줄로 연결로 연결

규칙 제180조【둘 이상의 보호장비 사용】 하나의 보호장비로 사용목적을 달성할 수 없는 경우에는 둘 이상의 보호장비를 사용할 수 있다. 다만, 다음 각 호의 어느 하나에 해당하는 경우에는 다른 보호장비와 같이 사용할 수 없다. 23. 교정7☆

1. 보호의자를 사용하는 경우

2. 보호침대를 사용하는 경우

규칙 제181조【보호장비 사용의 기록】 교도관은 법 제97조 제1항에 따라 보호장비를 사용하는 경우에는 별지 제10호 서식의 보호장비 사용 심사부에 기록해야 한다. 다만, 법 제97조 제1항 제1호(→ 이송·출정 등 호송)에 따라 보호장비를 사용하거나 같은 항 제2호부터 제4호까지의 규정(→ 도주·자살·자해 또는 위해, 위력, 손괴)에 따라 양손수갑을 사용하는 경우에는 호송계획서나 수용기록부의 내용 등으로 그 기록을 갈음할 수 있다. 〈개정 2024.2.8.〉 20. 승진

규칙 제182조【의무관의 건강확인】의무관은 법 제97조 제3항에 따라 보호장비 착용 수용자의 건강상태를 확인한 결과 특이사항을 발견한 경우에는 별지 제10호 서식의 보호장비 사용 심사부에 기록하여야 한다.

규칙 제183조【보호장비의 계속 사용】① 소장은 보호장비를 착용 중인 수용자에 대하여 별지 제10호 서식의 보호장비 사용 심사부 및 별지 제11호 서식의 보호장비 착용자 관찰부 등의 기록과 관계직원의 의견 등을 토대로 보호장비의 계속 사용 여부를 매일 심사하여야 한다. 18. 승진

② 소장은 영 제121조에 따라 의무관 또는 의료관계 직원으로부터 보호장비의 사용 중지 의견을 보고받았음에도 불구하고 해당 수용자에 대하여 보호장비를 계속하여 사용할 필요가 있는 경우에는 의무관 또는 의료관계 직원에게 건강유지에 필요한 조치를 취할 것을 명하고 보호장비를 사용할 수 있다. 이 경우 소장은 별지 제10호 서식의 보호장비 사용 심사부에 보호장비를 계속 사용할 필요가 있다고 판단하는 근거를 기록하여야 한다. 11. 특채

규칙 제184조【보호장비 사용의 중단】① 교도관은 법 제97조 제1항 각 호에 따른 보호장비 사용사유가 소멸한 경우에는 소장의 허가를 받아 지체 없이 보호장비 사용을 중단하여야 한다. 다만, 소장의 허가를 받을 시간적 여유가 없을 때에는 보호장비 사용을 중단한 후 지체 없이 소장의 승인을 받아야 한다.

② 교도관은 보호장비 착용 수용자의 목욕, 식사, 용변, 치료 등을 위하여 필요한 경우에는 보호장비 사용을 일시 중지하거나 완화할 수 있다.

규칙 제185조【보호장비 착용 수용자의 관찰 등】소장은 제169조 제5호부터 제7호까지의 규정에 따른 보호장비를 사용(→ 보호의자·보호침대·보호복을 사용)하거나 같은 조 제8호의 보호장비를 별표 19의 방법으로 사용(→ 포승을 하체승의 방법으로 사용)하게 하는 경우에는 교도관으로 하여금 수시로 해당 수용자의 상태를 확인하고 매 시간마다 별지 제11호 서식의 보호장비 착용자 관찰부에 기록하게 하여야 한다. 다만, 소장은 보호장비 착용자를 법 제94조에 따라 전자영상장비로 계호할 때에는 별지 제9호 서식의 거실수용자 영상계호부에 기록하게 할 수 있다.

⚖ **관련 판례** | **수용자에 대한 보호장비 사용 관련**

수사기관에서 구속된 피의자의 도주, 항거 등을 억제하는 데 필요한 한도 내에서 포승이나 수갑을 사용하는 것이 무죄추정의 원칙에 위배되는 것인지 여부(소극) - 무죄추정을 받는 피의자라고 하더라도 그에게 구속의 사유가 있어 구속영장이 발부·집행된 이상 신체의 자유가 제한되는 것은 당연한 것이고, 특히 수사기관에서 구속된 피의자의 도주·항거 등을 억제하는 데 필요하다고 인정할 상당한 이유가 있는 경우에는 필요한 한도 내에서 포승이나 수갑을 사용할 수 있는 것이며, 이러한 조치가 무죄추정의 원칙에 위배되는 것이라고 할 수는 없다. [대판 1996.5.14, 96도561]

....

계호근무준칙 제298조 등 위헌확인

[1] 검사조사실에서의 구속 피의자에 대한 계구사용에 관한 원칙 - 수형자나 미결수용자에 대한 계호의 필요에 따라 수갑, 포승 등의 계구를 사용할 수 있지만 구금된 사람이라는 이유만으로 계구 사용이 당연히 허용되는 것이 아니고 계구 사용으로

인한 신체의 자유의 추가적 제한 역시 과잉금지원칙에 반하지 않아야 한다. 그러므로 구속 피의자에 대한 계구사용은 도주, 폭행, 소요 또는 자해나 자살의 위험이 분명하고 구체적으로 드러난 상태에서 이를 제거할 필요가 있을 때 이루어져야 하며, 필요한 만큼만 사용하여야 한다. 검사가 검사조사실에서 피의자신문을 하는 절차에서는 피의자가 신체적으로나 심리적으로 위축되지 않은 상태에서 자기의 방어권을 충분히 행사할 수 있어야 하므로 계구를 사용하지 말아야 하는 것이 원칙이고 다만 도주, 폭행, 소요, 자해 등의 위험이 분명하고 구체적으로 드러나는 경우에만 예외적으로 계구를 사용해야 할 것이다.

[2] 검사조사실에서의 계구 사용을 원칙으로 정한 위 계호근무준칙조항과, 도주·폭행·소요·자해 등의 위험이 구체적으로 드러나거나 예견되지 않음에도 여러 날 장시간 피의자신문을 하면서 계구로 피의자를 속박한 행위가 신체의 자유를 침해하는지 여부(적극) – 검사실에서의 계구 사용을 원칙으로 하면서 심지어는 검사의 계구해제 요청이 있더라도 이를 거절하도록 규정한 계호근무준칙의 이 사건 준칙조항은 원칙과 예외를 전도한 것으로서 신체의 자유를 침해하므로 헌법에 위반된다. 청구인이 도주를 하거나 소요, 폭행 또는 자해를 할 위험이 있었다고 인정하기 어려움에도 불구하고 여러 날, 장시간에 걸쳐 피의자신문을 하는 동안 계속 계구를 사용한 것은 막연한 도주나 자해의 위험 정도에 비해 과도한 대응으로서 신체의 자유를 제한함에 있어 준수되어야 할 피해의 최소성 요건을 충족하지 못하였고, 심리적 긴장과 위축으로 실질적으로 열등한 지위에서 신문에 응해야 하는 피의자의 방어권 행사에도 지장을 주었다는 점에서 법익 균형성도 갖추지 못하였다. [헌재 2005. 5.26, 2004헌마49] 19. 승진

계구 사용의 요건과 한계 – 계구의 사용은 무엇보다 수용자들의 육체적·정신적 건강 상태가 유지되는 범위 내에서 이루어져야 하고 시설의 안전과 구금생활의 질서에 대한 구체적이고 분명한 위험이 임박한 상황에서 이를 제거하기 위하여 제한적으로 필요한 만큼만 이루어져야 한다. 그 경우에도 가능한 한 인간으로서의 기본적인 품위를 유지할 수 있도록 하여야 한다[광주교도소장이 2000.3.7.부터 2001.4.2.까지 총 392일 (가죽수갑 388일) 동안 광주교도소에 수용되어 있는 청구인에게 상시적으로 양팔을 사용할 수 없도록 금속수갑과 가죽수갑을 착용하게 한 것이 청구인의 신체의 자유 등 기본권을 침해하였다고 본 사례]. [헌재 2003.12.18, 2001헌마163]

청구인이 검사조사실에 소환되어 피의자신문을 받을 때 계호교도관이 포승으로 청구인의 팔과 상반신을 묶고 양손에 수갑을 채운 상태에서 피의자조사를 받도록 한 이 사건 계구 사용행위가 과잉금지원칙에 어긋나게 청구인의 신체의 자유를 침해하여 위헌인 공권력 행사인지 여부(적극) – 형사피고인뿐만 아니라 피의자에게도 무죄추정의 원칙과 방어권보장의 원칙이 적용되므로, 피의자에 대한 계구 사용은 도주 또는 증거인멸의 우려가 있거나 검사조사실 내의 안전과 질서를 유지하기 위하여 꼭 필요한 목적을 위하여만 허용될 수 있다. (중략) 당시 청구인은 도주·폭행·소요 또는 자해 등의 우려가 없었다고 판단되고, 수사검사도 이러한 사정 및 당시 검사조사실의 정황을 종합적으로 고려하여 청구인에 대한 계구의 해제를 요청하였던 것으로 보인다. 그럼에도 불구하고

피청구인 소속 계호교도관이 이를 거절하고 청구인으로 하여금 수갑 및 포승을 계속 사용한 채 피의자조사를 받도록 하였는바, 이로 말미암아 청구인은 신체의 자유를 과도하게 제한당하였고 이와 같은 계구의 사용은 무죄추정원칙 및 방어권 행사 보장원칙의 근본취지에도 반한다고 할 것이다. [헌재 2005.5.26, 2001헌마728] 13. 교정7☆

교도관이 소년인 미결수용자에 대하여 27시간 동안 수갑과 포승의 계구를 사용하여 독거실에 격리수용하였는데 위 미결수용자가 포승을 이용하여 자살한 경우, 위 계구 사용은 위법한 조치에 해당한다는 이유로 국가배상책임을 인정한 사례 - 소년인 미결수용자가 단지 같은 방에 수감되어 있던 다른 재소자와 몸싸움을 하는 것이 적발되어 교도관으로부터 화해할 것을 종용받고도 이를 거절하였다는 이유로 교도관이 위 미결수용자를 양 손목에 수갑을 채우고 포승으로 양 손목과 어깨를 묶은 후 독거실에 격리수용하였고 그 다음 날 위 미결수용자가 수갑과 포승을 풀고 포승을 이용하여 자살하였는데, (중략) 설사 위 미결수용자가 다른 재소자와 재차 싸움을 벌일 염려가 있고 규율 위반으로 장차 징벌에 처할 필요가 있었다고 하더라도, 이러한 목적을 달성하기 위하여는 그들을 서로 격리수용하거나 독거수감하는 것만으로 족하고, 소년수인 위 미결수용자에 대하여 반드시 계구를 사용하였어야 할 필요성이 있었다고 보기 어렵다 할 것임에도 불구하고 교도관이 위 미결수용자를 포승으로 묶고 수갑을 채운 상태로 독거수감하였을 뿐 아니라, 그 이후 위 미결수용자가 별다른 소란행위 없이 싸운 경위의 조사에 응하고 식사를 하는 등의 상태에서는 더 이상 계구를 사용할 필요가 없다고 할 것임에도 그가 자살한 상태로 발견되기까지 무려 27시간 동안이나 계속하여 계구를 사용한 것은 그 목적 달성에 필요한 한도를 넘은 것으로서 위법한 조치에 해당한다는 이유로 국가배상책임을 인정한 사례이다. [대판 1998.11.27, 98다17374]

수감자에 대한 계구사용 자체는 적법하나 그 기간이 필요한 범위를 넘어선 것이어서 위법하다고 본 사례 - 교도소장이 교도관의 멱살을 잡는 등 소란행위를 하고 있는 수감자에 대하여 수갑과 포승 등 계구를 사용한 조치는 적법하나, 수감자가 소란행위를 종료하고 독거실에 수용된 이후 별다른 소란행위 없이 단식하고 있는 상태에서 수감자에 대하여 계속하여 계구를 사용한 것은 위법한 행위라는 원심 판단을 수긍한 사례이다. [대판 1998.1.20, 96다18922]

피청구인인 공주교도소장이 2011.7.13. 청구인을 경북북부 제1교도소로 이송함에 있어 4시간 정도에 걸쳐 상체승의 포승과 앞으로 수갑 2개를 채운 행위('이 사건 보호장비 사용행위')가 청구인의 기본권을 침해하는지 여부(소극) - 수형자를 다른 교도소로 이송하는 경우에는 도주 등 교정사고의 우려가 높아지기 때문에 교정시설 안에서의 계호보다 높은 수준의 계호가 요구된다. 이에 피청구인이 도주 등의 교정사고를 예방하기 위하여 이 사건 보호장비 사용행위를 한 것은 그 목적이 정당하고, 상체승의 포승과 앞으로 사용한 수갑은 이송하는 경우의 보호장비로서 적절하다. 청구인은 이송수단의 출입문을 시정하고 여러 명의 교도관이 동행하는 방법으로 보호장비를 대체할 수 있다고 주장하나, 교도인력만으로 수형자를 호송하려고 한다면 많은 인력을 필요로 하고 많은 인력이 호송 업무를 수행한다고 하더라도 보호장비를 사용하는 것보다 교정사고

예방에 효율적이라고 할 수 없기에 여러 명의 교도관이 동행하는 방법만으로는 위와 같은 목적을 달성하기 어렵다. (중략) 따라서 이 사건 보호장비 사용행위는 그 기본권 제한의 범위 내에서 이루어진 것이므로 청구인의 인격권과 신체의 자유를 침해하지 않는다. [헌재 2012.7.26, 2011헌마426]

「형의 집행 및 수용자의 처우에 관한 법률」상 보호장비 사용이 허용되는 범위 및 그 사용에 상당한 이유가 있었는지 판단하는 방법 – (중략) 위와 같은 형집행법의 내용에 비추어, 보호장비의 사용은 사용 목적과 필요성, 그 사용으로 인한 기본권의 침해 정도, 목적 달성을 위한 다른 방법의 유무 등 제반 사정에 비추어 상당한 이유가 있는 경우에 한하여 그 목적 달성에 필요한 최소한의 범위 내에서만 허용되어야 하지만, 보호장비 사용에 상당한 이유가 있었는지 여부를 판단할 때에는 교정시설의 특수성을 충분히 감안하여 보호장비 사용 당시를 전후한 수용자의 구체적 행태는 물론이고 수용자의 나이, 기질, 성행, 건강상태, 수용생활 태도, 교정사고의 전력, 교정사고 유발의 위험성 등까지 종합적으로 고려하여 보호장비 사용의 적정성을 객관적·합리적으로 평가하여야 한다(교도관들이 교도소 내에서 소란을 피운 피고인에 대하여 보호장비인 수갑과 머리보호대를 사용하자, 피고인이 이에 저항하는 과정에서 머리로 교도관의 턱 부위를 들이받아 상해를 가함과 동시에 그 직무집행을 방해하였다는 내용으로 기소된 사안에서, 제반 사정을 종합할 때 교도소 질서유지 등을 위하여 교도관들이 보호장비를 사용할 만한 상당한 이유가 있었다고 보아야 하는데도, 이와 달리 보아 공소사실 전부에 대하여 무죄를 선고한 원심판결에 법리오해 등 잘못이 있다고 한 사례). [대판 2012.6.28, 2011도15990]

청구인이 ○○구치소에서 법원에 출정할 당시 사용된 보호장비는 벨트형 포승이고, 이러한 벨트형 포승은 일반포승에 비하여 사용방법이 간편하고 먼지가 나지 않으며 미관상으로도 개선된 것이지만, 최근에 개발되어 각 교도소에 소량씩만 지급된 결과 ○○교도소에서는 이송이나 관외출정 등 적은 인원을 호송할 경우에는 벨트형 포승을 사용하며, 관내출정 등 많은 인원을 호송할 경우에는 종전처럼 수갑과 일반포승을 사용하고 있다고 한다. 이처럼 청구인이 ○○교도소에서 출정할 당시 ○○구치소에서 출정할 당시에 사용된 보호장비와 다른 보호장비가 사용되었다 하더라도, 이는 수용자에게 보호장비 사용이 필요한 경우 교도관이 여러 사정을 고려하여 부득이하게 행한 조치에 불과하고, 보호장비 사용에 있어서 평등권 침해를 논할 비교집단이라고 할 수는 없다. 따라서 피청구인의 이 사건 보호장비 사용행위로 인하여 청구인의 평등권이 침해될 가능성이 있다고 볼 수 없으므로, 이 사건 심판청구는 부적법하다. [헌재 2018.10.11, 2018헌마940]

청구인이 2017.10.17. 대구지방법원에 출정할 때 피청구인이 청구인에게 행정법정 방청석에서 청구인의 변론 순서가 될 때까지 대기하는 동안 수갑 1개를 착용하도록 한 행위(이하 '이 사건 보호장비 사용행위'라 한다)가 과잉금지원칙을 위반하여 청구인의 인격권과 신체의 자유를 침해하는지 여부(소극) – (중략) 수형자가 행정법정에 출정하는 경우 교도관의 수, 교정설비의 한계 등으로 인해 구금기능이 취약해질 수 있으므로 방청석에서 대기하는 동안 보호장비를 사용함으로써 도주 등 교정사고를 실효적으로 예방하는 것은 불가피한 측면이 있다. 수형자가 호송관서에서 출발하여 법원에 도착한 후

행정법정 방청석에서 대기하고 행정재판을 받는 전 과정에서의 계호업무는 그 성격상「형의 집행 및 수용자의 처우에 관한 법률」제97조 제1항, 제98조 제2항 등에서 말하는 '호송'의 개념 범위 내에 있는 업무로 보아야 하고, 또한 수형자에 대한 법원의 심리절차 등이 진행 중이 아닌 이상 수형자에게 보호장비를 사용하는 것이 계호업무지침 제201조 제4호에 위반된다고 볼 수 없다. 피청구인은 청구인으로 하여금 방청석에서 수갑 1개만을 착용한 상태로 대기하게 하였고, 교도관들은 청구인의 변론순서가 되자 위 수갑을 해제하여 청구인으로 하여금 보호장비를 착용하지 않은 상태에서 변론을 진행할 수 있도록 하였다. 여러 명의 교도관들이 동행하는 것만으로는 보호장비를 사용하는 행위와 동일한 정도로 도주 등 교정사고를 예방할 것으로 기대하기 어렵다. (중략) 이 사건 보호장비 사용행위는 과잉금지원칙을 위반하여 청구인의 신체의 자유와 인격권을 침해하지 않는다. [헌재 2018.7.26. 2017헌마1238] 19. 승진

청구인에게 상체승의 포승과 수갑을 채우고 별도의 포승으로 다른 수용자와 연승한 행위 (이하 '이 사건 호송행위'라 한다)가 청구인의 인격권 내지 신체의 자유를 침해하는지 여부(소극) - 내용 생략 [헌재 2014.5.29. 2013헌마280]

검사가 조사실에서 피의자를 신문할 때 도주, 자해, 다른 사람에 대한 위해 등「형의 집행 및 수용자의 처우에 관한 법률」제97조 제1항 각 호에 규정된 위험이 분명하고 구체적으로 드러나는 경우에만 예외적으로 보호장비를 사용하여야 하는지 여부(적극) / 검사가 조사실에서 피의자를 신문할 때 피의자에게 위와 같은 특별한 사정이 없는 이상 교도관에게 보호장비의 해제를 요청할 의무가 있고, 교도관은 이에 응하여야 하는지 여부(적극) - 검사가 조사실에서 피의자를 신문할 때 피의자가 신체적으로나 심리적으로 위축되지 않은 상태에서 자기의 방어권을 충분히 행사할 수 있도록 피의자에게 보호장비를 사용하지 말아야 하는 것이 원칙이고, 다만 도주, 자해, 다른 사람에 대한 위해 등 형집행법 제97조 제1항 각 호에 규정된 위험이 분명하고 구체적으로 드러나는 경우에만 예외적으로 보호장비를 사용하여야 한다. 따라서 구금된 피의자는 형집행법 제97조 제1항 각 호에 규정된 사유에 해당하지 않는 이상 보호장비 착용을 강제당하지 않을 권리를 가진다. 검사는 조사실에서 피의자를 신문할 때 해당 피의자에게 그러한 특별한 사정이 없는 이상 교도관에게 보호장비의 해제를 요청할 의무가 있고, 교도관은 이에 응하여야 한다. [대결 2020.3.17. 2015모2357] 20. 승진

피청구인이 2021.7.2. 청구인의 외부의료시설 진료 시 청구인에게 한손수갑과 벨트보호대를 착용하도록 한 행위가 과잉금지원칙을 위반하여 청구인의 신체의 자유와 인격권을 침해하는지 여부(소극) - 형집행법 제97조 제1항 제1호에서 말하는 '호송'이란 사전적으로 '죄수나 형사피고인을 어떤 곳에서 목적지로 감시하면서 데려가는 일'을 뜻하는 것으로, 이는 수용자를 일시적으로 구금시설 외의 장소로 이동시키는 것을 통칭한다고 할 것이다. 그러므로 수형자가 호송관서에서 출발하여 병원에 도착한 후 병원에서 대기하고 진료실에서 진료를 받는 전 과정에서의 계호업무는 그 성격상 '호송'의 개념 범위 내에 있는 업무로 볼 수 있다. (중략) 이 사건 보호장비 사용행위는 과잉금지원칙을 위반하여 청구인의 신체의 자유와 인격권을 침해하지 않는다. [헌재 2023.2.23. 2021헌마840]

5 강제력의 행사(보안장비의 사용)

1. 강제력의 행사요건

(1) '수용자'에 대한 강제력 행사의 요건

> 법 제100조 【강제력의 행사】 ① 교도관은 <u>수용자</u>가 다음 각 호의 어느 하나에 해당하면 강제력을 행사할 수 있다. 22. 교정9☆
> 1. <u>도주</u>하거나 도주하려고 하는 때
> 2. <u>자살</u>하려고 하는 때
> 3. <u>자해</u>하거나 자해하려고 하는 때
> 4. 다른 사람에게 <u>위해</u>를 끼치거나 끼치려고 하는 때
> 5. <u>위력</u>으로 교도관의 정당한 직무집행을 방해하는 때
> 6. 교정시설의 설비·기구 등을 <u>손괴</u>하거나 손괴하려고 하는 때
> 7. 그 밖에 시설의 안전 또는 질서를 크게 해치는 행위를 하거나 하려고 하는 때

강제력의 행사에서 '수용자'와 '수용자 외의 사람'의 공통요건

위해, 위력, 손괴

(2) '수용자 외의 사람'에 대한 강제력 행사의 요건

> 법 제100조 【강제력의 행사】 ② 교도관은 <u>수용자 외의 사람</u>이 다음 각 호의 어느 하나에 해당하면 강제력을 행사할 수 있다. 22. 교정9☆
> 1. 수용자를 <u>도주</u>하게 하려고 하는 때
> 2. 교도관 또는 수용자에게 <u>위해</u>를 끼치거나 끼치려고 하는 때
> 3. <u>위력</u>으로 교도관의 정당한 직무집행을 방해하는 때
> 4. 교정시설의 설비·기구 등을 <u>손괴</u>하거나 하려고 하는 때
> 5. 교정시설에 <u>침입</u>하거나 하려고 하는 때
> 6. 교정시설의 안(교도관이 교정시설의 밖에서 수용자를 계호하고 있는 경우 그 장소를 포함한다)에서 교도관의 <u>퇴거</u> 요구를 받고도 이에 따르지 아니하는 때

2. 보안장비의 사용

> 법 제100조 【강제력의 행사】 ③ 제1항 및 제2항에 따라 <u>강제력을 행사하는 경우</u>에는 <u>보안장비를 사용할 수 있다</u>. 19. 승진☆
> ④ 제3항에서 '보안장비'란 <u>교도봉·가스분사기·가스총·최루탄</u> 등 사람의 생명과 신체의 보호, 도주의 방지 및 시설의 안전과 질서유지를 위하여 교도관이 사용하는 장비와 기구를 말한다.
>
> 규칙 제186조 【보안장비의 종류】 교도관이 법 제100조에 따라 강제력을 행사하는 경우 사용할 수 있는 보안장비는 다음 각 호와 같다. 20. 교정9☆
> 1. <u>교도봉</u>(접이식을 포함한다. 이하 같다)
> 2. <u>전기교도봉</u>
> 3. <u>가스분사기</u>
> 4. <u>가스총</u>(고무탄 발사겸용을 포함한다. 이하 같다)
> 5. <u>최루탄</u>: 투척용, 발사용(그 발사장치를 포함한다. 이하 같다)
> 6. <u>전자충격기</u>
> 7. 그 밖에 법무부장관이 정하는 보안장비

🏛 **핵심 OX**

06 교도관은 수용자가 자살·자해하려고 하는 때 가스총이나 가스분사기와 같은 보안장비로 강제력을 행사할 수 있다.

(○, ×)

06 ○

3. 강제력의 행사절차 및 제한

법 제100조 【강제력의 행사】 ⑤ 제1항 및 제2항에 따라 강제력을 행사하려면 <u>사전에</u> 상대방에게 이를 <u>경고</u>하여야 한다. 다만, 상황이 <u>급박</u>하여 경고할 시간적인 여유가 없는 때에는 그러하지 아니하다. 19. 승진☆

⑥ 강제력의 행사는 <u>필요한 최소한도</u>에 그쳐야 한다.

⑦ 보안장비의 종류, 종류별 사용요건 및 사용절차 등에 관하여 필요한 사항은 <u>법무부령</u>으로 정한다. 10. 특채

영 제125조 【강제력의 행사】 교도관은 <u>소장의 명령</u> 없이 법 제100조에 따른 강제력을 행사해서는 아니 된다. 다만, 그 명령을 받을 시간적 여유가 없는 경우에는 <u>강제력을 행사한 후 소장에게 즉시 보고</u>하여야 한다. 17. 교정9☆

규칙 제187조 【보안장비의 종류별 사용요건】 ① 교도관이 <u>수용자</u>에 대하여 사용할 수 있는 보안장비의 종류별 사용요건은 다음 각 호와 같다.

1. 교도봉·가스분사기·가스총·최루탄: 법 제100조 제1항 각 호의 어느 하나에 해당하는 경우
2. 전기교도봉·전자충격기: 법 제100조 제1항 각 호의 어느 하나에 해당하는 경우로서 상황이 <u>긴급</u>하여 제1호의 장비만으로는 그 목적을 달성할 수 없는 때

② 교도관이 <u>수용자 외의 사람</u>에 대하여 사용할 수 있는 보안장비의 종류별 사용요건은 다음 각 호와 같다.

1. 교도봉·가스분사기·가스총·최루탄: 법 제100조 제2항 각 호의 어느 하나에 해당하는 경우
2. 전기교도봉·전자충격기: 법 제100조 제2항 각 호의 어느 하나에 해당하는 경우로서 상황이 <u>긴급</u>하여 제1호의 장비만으로는 그 목적을 달성할 수 없는 때

③ 제186조 제7호에 해당하는 보안장비의 사용은 법무부장관이 정하는 바에 따른다.

규칙 제188조 【보안장비의 종류별 사용 기준】 보안장비의 종류별 사용 기준은 다음 각 호와 같다.

1. 교도봉·전기교도봉: 얼굴이나 머리 부분에 사용해서는 아니 되며, 전기교도봉은 타격 즉시 떼어야 함
2. 가스분사기·가스총: 1미터 이내의 거리에서는 상대방의 얼굴을 향하여 발사해서는 안 됨 19. 승진
3. <u>최루탄</u>: 투척용 최루탄은 근거리용으로 사용하고, 발사용 최루탄은 <u>50미터 이상</u>의 원거리에서 사용하되, <u>30도 이상</u>의 발사각을 유지하여야 함 19. 승진
4. 전자충격기: 전극침 발사장치가 있는 전자충격기를 사용할 경우 전극침을 상대방의 얼굴을 향해 발사해서는 안 됨

🏛 **핵심OX**

07 교도관은 소장의 명령 없이 강제력을 행사해서는 아니 되지만 명령을 받을 시간적 여유가 없을 경우에는 강제력을 행사한 후 소장에게 즉시 보고하여야 한다.

(○, ×)

07 ○

6 무기의 사용

1. 무기의 사용요건

(1) '수용자'에 대한 무기사용의 요건

> **법 제101조【무기의 사용】** ① 교도관은 다음 각 호의 어느 하나에 해당하는 사유가 있으면 <u>수용자</u>에 대하여 무기를 사용할 수 있다. 22. 교정9☆
> 1. 수용자가 다른 사람에게 <u>중대한</u> 위해를 끼치거나 끼치려고 하여 그 사태가 위급한 때
> 2. 수용자가 폭행 또는 협박에 사용할 <u>위험물</u>을 지니고 있어 교도관이 버릴 것을 명령하였음에도 이에 따르지 아니하는 때
> 3. 수용자가 <u>폭동</u>을 일으키거나 일으키려고 하여 신속하게 제지하지 아니하면 그 확산을 방지하기 어렵다고 인정되는 때
> 4. 도주하는 수용자에게 교도관이 정지할 것을 명령하였음에도 <u>계속하여 도주</u>하는 때
> 5. 수용자가 교도관의 <u>무기</u>를 <u>탈취</u>하거나 탈취하려고 하는 때
> 6. 그 밖에 사람의 생명·신체 및 설비에 대한 <u>중대하고도 뚜렷한 위험</u>을 방지하기 위하여 무기의 사용을 피할 수 없는 때

(2) '수용자 외의 사람'에 대한 무기사용의 요건

> **법 제101조【무기의 사용】** ② 교도관은 교정시설의 <u>안</u>(교도관이 교정시설의 밖에서 수용자를 계호하고 있는 경우 그 장소를 포함한다)에서 자기 또는 타인의 생명·신체를 보호하거나 <u>수용자의 탈취</u>를 저지하거나 건물 또는 그 밖의 <u>시설과 무기에 대한 위험</u>을 방지하기 위하여 급박하다고 인정되는 상당한 이유가 있으면 <u>수용자 외의 사람</u>에 대하여도 무기를 사용할 수 있다. 19. 승진☆

2. 무기의 종류·사용요건 등

> **규칙 제189조【무기의 종류】** 교도관이 법 제101조에 따라 사용할 수 있는 무기의 종류는 다음 각 호와 같다.
> 1. 권총
> 2. 소총
> 3. 기관총
> 4. 그 밖에 법무부장관이 정하는 무기
>
> **규칙 제190조【무기의 종류별 사용요건】** ① 교도관이 <u>수용자</u>에 대하여 사용할 수 있는 무기의 종류별 사용요건은 다음 각 호와 같다.
> 1. <u>권총·소총</u>: 법 제101조 제1항 각 호의 어느 하나에 해당하는 경우
> 2. <u>기관총</u>: 법 제101조 제1항 제3호(→ <u>폭동</u>)에 해당하는 경우
> ② 교도관이 <u>수용자 외의 사람</u>에 대하여 사용할 수 있는 무기의 종류별 사용요건은 다음 각 호와 같다.

1. 권총·소총: 법 제101조 제2항에 해당하는 경우
2. 기관총: 법 제101조 제2항에 해당하는 경우로서 제1호의 무기만으로는 그 목적을 달성할 수 없다고 인정하는 경우

③ 제189조 제4호에 해당하는 무기의 사용은 법무부장관이 정하는 바에 따른다.

규칙 제191조 【기관총의 설치】 기관총은 대공초소 또는 집중사격이 가장 용이한 장소에 설치하고, 유사 시 즉시 사용할 수 있도록 충분한 인원의 사수·부사수·탄약수를 미리 지정하여야 한다. 18. 승진

규칙 제193조 【총기교육 등】 ① 소장은 소속 교도관에 대하여 연 1회 이상 총기의 조작·정비·사용에 관한 교육을 한다. 18. 승진

② 제1항의 교육을 받지 아니하였거나 총기 조작이 미숙한 사람, 그 밖에 총기휴대가 부적당하다고 인정되는 사람에 대하여는 총기휴대를 금지하고 별지 제12호 서식의 총기휴대 금지자 명부에 그 명단을 기록한 후 총기를 지급할 때마다 대조·확인하여야 한다.

③ 제2항의 총기휴대 금지자에 대하여 금지사유가 소멸한 경우에는 그 사유를 제2항에 따른 총기휴대 금지자 명부에 기록하고 총기휴대 금지를 해제하여야 한다.

3. 무기의 사용절차 및 제한

법 제101조 【무기의 사용】 ③ 교도관은 소장 또는 그 직무를 대행하는 사람의 명령을 받아 무기를 사용한다. 다만, 그 명령을 받을 시간적 여유가 없으면 그러하지 아니하다. 19. 승진☆

④ 제1항 및 제2항에 따라 무기를 사용하려면 공포탄을 발사하거나 그 밖에 적당한 방법으로 사전에 상대방에 대하여 이를 경고하여야 한다.

⑤ 무기의 사용은 필요한 최소한도에 그쳐야 하며, 최후의 수단이어야 한다. 18. 승진

⑥ 사용할 수 있는 무기의 종류, 무기의 종류별 사용요건 및 사용절차 등에 관하여 필요한 사항은 법무부령으로 정한다.

영 제126조 【무기사용 보고】 교도관은 법 제101조에 따라 무기를 사용한 경우에는 소장에게 즉시 보고하고, 보고를 받은 소장은 그 사실을 법무부장관에게 즉시 보고하여야 한다. 18. 승진☆

규칙 제192조 【총기의 사용절차】 교도관이 총기를 사용하는 경우에는 구두경고, 공포탄 발사, 위협사격, 조준사격의 순서에 따라야 한다. 다만, 상황이 긴급하여 시간적 여유가 없을 때에는 예외로 한다. 18. 승진

총기휴대 금지에 대한 예외사유

총기휴대 금지에 대한 예외사유(예 부득이한 경우를 제외하고)는 규정되어 있지 않다(규칙 제193조 제2항).

경고의 예외사유

무기의 사용에서는 강제력의 행사에서와 같은 경고의 예외사유(법 제100조 제5항 단서, 상황이 급박하여 경고할 시간적인 여유가 없는 때에는 그러하지 아니하다)는 규정되어 있지 않다(법 제101조 제4항).

구분	보호장비	강제력	무기
소장 명령	필요	필요	필요
사전경고	불필요(사유고지)	필요(예외 ○)	필요(예외 ×)
보고	소장	소장	소장, 장관
제한	• 필요한 최소한도 • 징벌수단 사용 금지	필요한 최소한도	• 필요한 최소한도 • 최후의 수단
제3자	규정 없음	가능	가능

3 기타 안전과 질서

1 재난 시의 조치 및 수용을 위한 체포

1. 재난 시의 조치

법 제102조 【재난 시의 조치】 ① 천재지변이나 그 밖의 재해가 발생하여 시설의 안전과 질서유지를 위하여 긴급한 조치가 필요하면 소장은 수용자로 하여금 피해의 복구나 그 밖의 응급용무를 보조하게 할 수 있다.
② 소장은 교정시설의 안에서 천재지변이나 그 밖의 사변에 대한 피난의 방법이 없는 경우에는 수용자를 다른 장소로 이송할 수 있다.
③ 소장은 제2항에 따른 이송이 불가능하면 수용자를 일시 석방할 수 있다.
④ 제3항에 따라 석방된 사람은 석방 후 24시간 이내에 교정시설 또는 경찰관서에 출석하여야 한다. 24. 교정9

영 제127조 【재난 시의 조치】 ① 소장은 법 제102조 제1항에 따른 응급용무의 보조를 위하여 교정 성적이 우수한 수형자를 선정하여 필요한 훈련을 시킬 수 있다.
② 소장은 법 제102조 제3항에 따라 수용자를 일시 석방하는 경우에는 같은 조 제4항의 출석 시한과 장소를 알려주어야 한다.

2. 수용을 위한 체포

법 제103조 【수용을 위한 체포】 ① 교도관은 수용자가 도주 또는 제134조(→ 출석의 의무 위반 등) 각 호의 어느 하나에 해당하는 행위(이하 '도주 등'이라 한다)를 한 경우에는 도주 후 또는 출석기한이 지난 후 72시간 이내에만 그를 체포할 수 있다. 24. 교정9☆
② 교도관은 제1항에 따른 체포를 위하여 긴급히 필요하면 도주 등을 하였다고 의심할 만한 상당한 이유가 있는 사람 또는 도주 등을 한 사람의 이동경로나 소재를 안다고 인정되는 사람을 정지시켜 질문할 수 있다. 24. 교정9☆

🛡 핵심 OX

09 교도관은 수용자가 도주를 한 경우에는 도주 후 72시간 이내에만 그를 체포할 수 있다. (○, ×)

09 ○

③ 교도관은 제2항에 따라 질문을 할 때에는 그 신분을 표시하는 증표를 제시하고 질문의 목적과 이유를 설명하여야 한다.

④ 교도관은 제1항에 따른 체포를 위하여 영업시간 내에 공연장·여관·음식점·역, 그 밖에 다수인이 출입하는 장소의 관리자 또는 관계인에게 그 장소의 출입이나 그 밖에 특히 필요한 사항에 관하여 협조를 요구할 수 있다. 24. 교정9☆

⑤ 교도관은 제4항에 따라 필요한 장소에 출입하는 경우에는 그 신분을 표시하는 증표를 제시하여야 하며, 그 장소의 관리자 또는 관계인의 정당한 업무를 방해하여서는 아니 된다. 10. 특채

영 제128조【도주 등에 따른 조치】 ① 소장은 수용자가 도주하거나 법 제134조(→ 출석의 의무 위반 등) 각 호의 어느 하나에 해당하는 행위(이하 이 조에서 '도주 등'이라 한다)를 한 경우에는 교정시설의 소재지 및 인접지역 또는 도주 등을 한 사람(이하 이 조에서 '도주자'라 한다)이 숨을 만한 지역의 경찰관서에 도주자의 사진이나 인상착의를 기록한 서면을 첨부하여 그 사실을 지체 없이 통보하여야 한다.

② 소장은 수용자가 도주 등을 하거나 도주자를 체포한 경우에는 법무부장관에게 지체 없이 보고하여야 한다. 18. 승진

2 엄중관리 대상자

1. 의의

엄중관리 대상자란 교정시설의 안전과 질서유지를 위하여 다른 수용자와의 접촉을 차단하거나 계호를 엄중히 하는 등 다른 수용자와 달리 관리하는 수용자를 말한다.

2. 관리

법 제104조【마약류사범 등의 관리】 ① 소장은 마약류사범·조직폭력사범 등 법무부령으로 정하는 수용자(→ 엄중관리 대상자)에 대하여는 시설의 안전과 질서유지를 위하여 필요한 범위에서 다른 수용자와의 접촉을 차단하거나 계호를 엄중히 하는 등 법무부령으로 정하는 바에 따라 다른 수용자와 달리 관리할 수 있다.

② 소장은 제1항에 따라 관리하는 경우에도 기본적인 처우를 제한하여서는 아니 된다.

규칙 제194조【엄중관리 대상자의 구분】 법 제104조에 따라 교정시설의 안전과 질서유지를 위하여 다른 수용자와의 접촉을 차단하거나 계호를 엄중히 하여야 하는 수용자(이하 이 장에서 '엄중관리 대상자'라 한다)는 다음 각 호와 같이 구분한다. 18. 승진☆

1. 조직폭력수용자(제199조 제1항에 따라 지정된 수용자를 말한다. 이하 같다)
2. 마약류수용자(제205조 제1항에 따라 지정된 수용자를 말한다. 이하 같다)
3. 관심 대상 수용자(제211조 제1항에 따라 지정된 수용자를 말한다. 이하 같다)

규칙 제195조【번호표 등 표시】 ① 엄중관리 대상자의 번호표 및 거실표의 색상은 다음 각 호와 같이 구분한다. 20. 교정7☆

1. 관심 대상 수용자: 노란색
2. 조직폭력수용자: 노란색
3. 마약류수용자: 파란색

3. 상담 및 작업부과

* 종래에는 상담 대상자가 상담책임자 1 명당 '5명' 이내로 규정되어 있었다(규칙 제196조 제2항).

* 종래에는 엄중관리 대상자에 대하여 '월 1회 이상' 개별상담을 하도록 규정되어 있었다(규칙 제196조 제3항).

* 개정 전에는 "제3항에 따라 상담책임자가 상담을 하였을 때에는 그 요지와 처리결과 등을 별지 제13호 서식의 엄중관리 대상자 상담결과 보고서에 기록하여 소장에게 보고하여야 한다."고 규정되어 있었다(규칙 제196조 제4항).

규칙 제196조【상담】 ① 소장은 엄중관리 대상자 중 지속적인 상담이 필요하다고 인정되는 사람에 대하여는 상담책임자를 지정한다. 22. 교정9☆

② 제1항의 상담책임자는 감독교도관 또는 상담 관련 전문교육을 이수한 교도관을 우선하여 지정하여야 하며, 상담 대상자는 상담책임자 1명당 10명 이내*로 하여야 한다. 22. 교정9☆

③ 상담책임자는 해당 엄중관리 대상자에 대하여 수시로 개별상담*을 함으로써 신속한 고충처리와 원만한 수용생활 지도를 위하여 노력하여야 한다. 13. 경채

④ 제3항에 따라 상담책임자가 상담을 하였을 때에는 그 요지와 처리결과 등을 제119조 제3항에 따른 교정정보시스템에 입력하여야 한다. 이 경우 엄중관리 대상자의 처우를 위하여 필요하면 별지 제13호 서식의 엄중관리 대상자 상담결과 보고서를 작성하여 소장에게 보고하여야 한다.*

규칙 제197조【작업 부과】 소장은 엄중관리 대상자에게 작업을 부과할 때에는 법 제59조 제3항에 따른 조사(→ 분류조사)나 검사(→ 분류검사) 등의 결과를 고려하여야 한다.

4. 조직폭력수용자에 대한 처우

규칙 제198조【지정 대상】 조직폭력수용자의 지정 대상은 다음 각 호와 같다. 20. 교정9☆
1. 체포영장·구속영장·공소장 또는 재판서에 조직폭력사범으로 명시된 수용자
2. 공소장 또는 재판서에 조직폭력사범으로 명시되어 있지는 아니하나 「폭력행위 등 처벌에 관한 법률」 제4조(→ 단체 등의 이용·지원)·제5조(→ 단체 등의 구성·활동), 또는 「형법」 제114조(→ 범죄단체 등의 조직)가 적용된 수용자
3. 공범·피해자 등의 체포영장·구속영장·공소장 또는 재판서에 조직폭력사범으로 명시된 수용자
4. 삭제*

* 개정 전에는 '조직폭력사범으로 형의 집행을 종료한 이후 5년 이내에 교정시설에 다시 수용된 자로서 교도관회의 또는 분류처우위원회에서 조직폭력수용자로 심의·의결된 수용자'라고 규정되어 있었다(규칙 제198조 제4호).

규칙 제199조【지정 및 해제】 ① 소장은 제198조 각 호의 어느 하나에 해당하는 수용자에 대하여는 조직폭력수용자로 지정한다. 현재의 수용생활 중 집행되었거나 집행할 형이 제198조 제1호 또는 제2호에 해당하는 경우에도 또한 같다. 18. 승진

② 소장은 제1항에 따라 조직폭력수용자로 지정된 사람에 대하여는 석방할 때까지 지정을 해제할 수 없다. 다만, 공소장 변경 또는 재판 확정에 따라 지정사유가 해소되었다고 인정되는 경우에는 교도관회의의 심의 또는 분류처우위원회의 의결을 거쳐 지정을 해제한다. 22. 교정9

규칙 제200조【수용자를 대표하는 직책 부여 금지】 소장은 조직폭력수용자에게 거실 및 작업장 등의 봉사원, 반장, 조장, 분임장, 그 밖에 수용자를 대표하는 직책을 부여해서는 아니 된다. 22. 교정9☆

규칙 제201조【수형자 간 연계활동 차단을 위한 이송】 소장은 조직폭력수형자가 작업장 등에서 다른 수형자와 음성적으로 세력을 형성하는 등 집단화할 우려가 있다고 인정하는 경우에는 법무부장관에게 해당 조직폭력수형자의 이송을 지체 없이 신청하여야 한다. 20. 교정9☆

규칙 제202조【처우상 유의사항】 소장은 <u>조직폭력수용자</u>가 다른 사람과 <u>접견</u>할 때에는 외부 폭력조직과의 연계가능성이 높은 점 등을 고려하여 <u>접촉차단시설이 있는 장소에서 하게 하여야</u> 하며, <u>귀휴나 그 밖의 특별한 이익이 되는 처우</u>를 결정하는 경우에는 해당 처우의 허용 요건에 관한 규정을 엄격히 적용하여야 한다. 19. 승진☆

규칙 제203조【특이사항의 통보】 소장은 조직폭력수용자의 <u>편지 및 접견</u>의 내용 중 <u>특이사항이 있는 경우</u>에는 검찰청·경찰서 등 관계기관에 통보할 수 있다. 13. 경채

5. 마약류수용자에 대한 처우 16. 경채

규칙 제204조【지정 대상】 마약류수용자의 지정 대상은 다음 각 호와 같다. 19. 교정7☆
1. 체포영장·구속영장·공소장 또는 재판서에 「마약류 관리에 관한 법률」, 「마약류 불법거래 방지에 관한 특례법」, 그 밖에 <u>마약류에 관한 형사 법률이 적용된 수용자</u>
2. 제1호에 해당하는 형사 법률을 적용받아 집행유예가 선고되어 그 <u>집행유예기간 중에 별건으로 수용된 수용자</u>

규칙 제205조【지정 및 해제】 ① 소장은 제204조 각 호의 어느 하나에 해당하는 수용자에 대하여는 마약류수용자로 지정하여야 한다. 현재의 수용생활 중 집행되었거나 집행할 형이 제204조 제1호에 해당하는 경우에도 또한 같다(→ 임의적).
② 소장은 제1항에 따라 마약류수용자로 지정된 사람에 대하여는 <u>석방할 때까지 지정을 해제할 수 없다.</u> 다만, 다음 각 호의 어느 하나에 해당하는 경우 <u>교도관회의의 심의 또는 분류처우위원회의 의결</u>을 거쳐 <u>지정을 해제할 수 있다(임의적).</u>
1. 공소장 변경 또는 재판 확정에 따라 <u>지정사유가 해소</u>되었다고 인정되는 경우
2. <u>지정 후 5년</u>이 지난 마약류수용자로서 <u>수용생활태도, 교정 성적 등이 양호한 경우.</u> 다만, 마약류에 관한 형사 법률 외의 법률이 같이 적용된 마약류수용자로 한정한다. 13. 경채

규칙 제206조【마약반응검사】 ① 마약류수용자에 대해 다량 또는 장기간 복용할 경우 <u>환각증세를 일으킬 수 있는 의약품을 투약</u>할 때는 특히 유의하여야 한다. 13. 경채
② 소장은 교정시설에 마약류를 반입하는 것을 방지하기 위하여 필요하면 <u>강제에 의하지 아니하는 범위</u>에서 <u>수용자의 소변을 채취하여 마약반응검사</u>를 할 수 있다. 22. 교정9☆
③ 소장은 제2항의 검사 결과 양성반응이 나타난 수용자에 대하여는 관계기관에 혈청검사, 모발검사, 그 밖의 정밀검사를 의뢰하고 그 결과에 따라 적절한 조치를 하여야 한다.

규칙 제207조【물품전달 제한】 소장은 <u>수용자 외의 사람이 마약류수용자에게 물품</u>을 건네줄 것을 신청하는 경우에는 마약류 반입 등을 차단하기 위하여 신청을 <u>허가하지 않는다.</u> 다만, 다음 각 호의 어느 하나에 해당하는 물품을 건네줄 것을 신청한 경우에는 <u>예외</u>로 할 수 있다.
1. 법무부장관이 정하는 바에 따라 <u>교정시설 안에서 판매되는 물품</u>
2. 그 밖에 <u>마약류 반입</u>을 위한 도구로 이용될 가능성이 없다고 인정되는 물품

지정사유 해소

지정사유 해소의 경우에 조직폭력수용자와 관심 대상 수용자는 지정을 '해제'한다'라고 규정되어 있으나(규칙 제199조 제2항, 제211조 제2항), 마약류수용자는 지정을 해제할 수 있다'라고 규정되어 있다(규칙 제205조 제2항).

수용자에 대한 물품교부

수용자 외의 사람이 수용자에게 금품을 교부하려고 신청하면 불허사유가 있는 경우를 제외하고는 '허가하여야 한다'라고 규정되어 있으나(법 제27조 제1항), 수용자 외의 사람이 마약류수용자에게 물품을 교부하려고 신청하는 경우에는 예외에 해당하지 않으면 '허가하지 아니한다'라고 규정되어 있다(규칙 제207조).

🏛 핵심OX

10 마약류수용자로 지정된 사람에 대하여는 어떠한 경우에도 석방할 때까지 지정을 해제할 수 없다. (○, ×)

10 ×

규칙 제208조【보관품 등 수시점검】담당교도관은 마약류수용자의 보관품 및 지니는 물건의 변동 상황을 수시로 점검하고, 특이사항이 있는 경우에는 감독교도관에게 보고해야 한다. 19. 승진

규칙 제209조【재활교육】① 소장은 마약류수용자가 마약류 근절 의지를 갖고 이를 실천할 수 있도록 해당 교정시설의 여건에 적합한 마약류수용자 재활교육계획을 수립하여 시행하여야 한다. 13. 경채

② 소장은 마약류수용자의 마약류 근절 의지를 북돋울 수 있도록 마약 퇴치 전문강사, 성직자 등과 자매결연을 주선할 수 있다.

⚖ **관련 판례** | 마약류 수용자에 대한 처우 관련

소변강제채취 위헌확인

[1] 마약류사범인 청구인에게 마약류반응검사를 위하여 소변을 받아 제출하게 한 것이 영장주의에 반하는지 여부(소극) – 헌법 제12조 제3항의 영장주의는 법관이 발부한 영장에 의하지 아니하고는 수사에 필요한 강제처분을 하지 못한다는 원칙으로 소변을 받아 제출하도록 한 것은 교도소의 안전과 질서유지를 위한 것으로 수사에 필요한 처분이 아닐 뿐만 아니라 검사 대상자들의 협력이 필수적이어서 강제처분이라고 할 수도 없어 영장주의의 원칙이 적용되지 않는다.

[2] 마약류사범인 청구인에게 마약류반응검사를 위하여 소변을 받아 제출하게 한 것이 청구인의 일반적인 행동자유권, 신체의 자유를 침해하였는지 여부(소극) – (중략) 대상자가 소변을 받아 제출하는 하기 싫은 일을 하여야 하고 자신의 신체의 배출물에 대한 자기결정권이 다소 제한된다고 하여도, 그것만으로는 소변채취의 목적 및 검사방법 등에 비추어 과잉금지의 원칙에 반한다고 할 수 없다. [헌재 2006.7.27, 2005헌마277] 13. 교정7☆

「형의 집행 및 수용자의 처우에 관한 법률」 제44조 등 위헌소원

「형의 집행 및 수용자의 처우에 관한 법률」(이하 '법') 제104조 제1항 중 마약류사범에 관한 부분(이하 '이 사건 법률조항')이 무죄추정원칙 및 평등원칙에 위배되는지 여부(소극) – 이 사건 법률조항은 마약류사범인 수용자에 대하여서는 그가 미결수용자인지 또는 수형자인지 여부를 불문하고 마약류에 대한 중독성 및 높은 재범률 등 마약류사범의 특성을 고려한 처우를 할 수 있음을 규정한 것일 뿐, 마약류사범인 미결수용자에 대하여 범죄사실의 인정 또는 유죄판결을 전제로 불이익을 가하는 것이 아니므로 무죄추정원칙에 위반되지 아니하고, 이 사건 법률조항이 마약류사범을 다른 수용자와 달리 관리할 수 있도록 한 것은 마약류사범의 특성을 고려한 것으로서 합리적인 이유가 있으므로, 이 사건 법률조항은 평등원칙에 위배되지 아니한다. [헌재 2013.7.25, 2012헌바63]

🏛 **핵심 OX**

11 담당교도관은 마약류수용자의 보관품 및 소지물의 변동 상황을 수시로 점검하고, 특이사항이 있는 경우에는 감독교도관에게 보고하여야 한다. (O, ×)

11 ○

6. 관심 대상 수용자에 대한 처우

규칙 제210조 【지정 대상】 관심 대상 수용자의 지정대상은 다음 각 호와 같다. 12. 교정7

1. 다른 수용자에게 상습적으로 폭력을 행사하는 수용자
2. 교도관을 폭행하거나 협박하여 징벌을 받은 전력이 있는 사람으로서 같은 종류의 징벌 대상행위를 할 우려가 큰 수용자 19. 승진
3. 수용생활의 편의 등 자신의 요구를 관철할 목적으로 상습적으로 자해를 하거나 각종 이물질을 삼키는 수용자
4. 다른 수용자를 괴롭히거나 세력을 모으는 등 수용질서를 문란하게 하는 조직폭력수용자(조직폭력사범으로 행세하는 경우를 포함한다)
5. 조직폭력수용자로서 무죄 외의 사유로 출소한 후 5년 이내에 교정시설에 다시 수용된 사람 19. 승진
6. 상습적으로 교정시설의 설비·기구 등을 파손하거나 소란행위를 하여 공무집행을 방해하는 수용자
7. 도주(음모, 예비 또는 미수에 그친 경우를 포함한다)한 전력이 있는 사람으로서 도주의 우려가 있는 수용자
8. 중형선고 등에 따른 심적 불안으로 수용생활에 적응하기 곤란하다고 인정되는 수용자
9. 자살을 기도한 전력이 있는 사람으로서 자살할 우려가 있는 수용자
10. 사회적 물의를 일으킨 사람으로서 죄책감 등으로 인하여 자살 등 교정사고를 일으킬 우려가 큰 수용자
11. 징벌집행이 종료된 날부터 1년 이내에 다시 징벌을 받는 등 규율 위반의 상습성이 인정되는 수용자 19. 승진
12. 상습적으로 법령에 위반하여 연락을 하거나 금지물품을 반입하는 등의 방법으로 부조리를 기도하는 수용자 19. 승진
13. 그 밖에 교정시설의 안전과 질서유지를 위하여 엄중한 관리가 필요하다고 인정되는 수용자

규칙 제211조 【지정 및 해제】 ① 소장은 제210조 각 호의 어느 하나에 해당하는 수용자에 대하여는 분류처우위원회의 의결을 거쳐 관심 대상 수용자로 지정한다. 다만, 미결수용자 등 분류처우위원회의 의결 대상자가 아닌 경우에도 관심 대상 수용자로 지정할 필요가 있다고 인정되는 수용자에 대하여는 교도관회의의 심의를 거쳐 관심 대상 수용자로 지정할 수 있다. 22. 교정9☆

② 소장은 관심 대상 수용자의 수용생활태도 등이 양호하고 지정사유가 해소되었다고 인정하는 경우에는 제1항의 절차(→ 분류처우위원회의 의결 또는 교도관회의의 심의)에 따라 그 지정을 해제한다. 18. 승진☆

③ 제1항 및 제2항에 따라 관심 대상 수용자로 지정하거나 지정을 해제하는 경우에는 담당교도관 또는 감독교도관의 의견을 고려하여야 한다.

규칙 제212조 【중경비시설로의 이송】 삭제

규칙 제213조 【사동 및 작업장 계호 배치】 소장은 다수의 관심 대상 수용자가 수용되어 있는 수용동 및 작업장에는 사명감이 투철한 교도관을 엄선하여 배치하여야 한다. 19. 승진

관심 대상 수용자 지정

조직폭력사범으로 형의 집행을 종료한 이후 5년 이내에 교정시설에 다시 수용된 경우 종전에는 조직폭력수용자로 지정하도록 하였으나, 과거의 전력만으로 조직폭력수용자로 지정하는 것은 적절하지 아니하므로 관심 대상 수용자로 지정하도록 개정되었다(규칙 제210조 제5호).

🏛 **핵심 OX**

12 미결수용자를 관심 대상 수용자로 지정할 수 있다. (O, ×)

12 ○

피청구인의 동행계호행위가 청구인의 신체의 자유 등과 평등권을 침해하는지 여부(소극) − 수형자에 대한 기본권 제한의 정도와 동행계호행위의 목적 등에 비추어 볼 때 청구인에 대한 동행계호행위는 법률에 따라 그 기본권 제한의 범위 내에서 이루어진 것으로서 청구인의 신체의 자유 등을 침해하지 아니할 뿐만 아니라 관심 대상 수용자인 청구인에 대하여 특별히 계호를 엄중히 하는 것은 교도소 내의 안전과 질서유지를 위한 것으로서 그 차별에 합리적인 이유가 있으므로 청구인의 평등권을 침해한다고 볼 수 없다. [헌재 2010.10.28, 2009헌마438]

01 금지물품 중 무인비행장치, 전자 · 통신기기, 그 밖에 도주나 다른 사람과의 연락에 이용될 우려가 있는 물품은 소장이 수용자의 처우를 위하여 수용자에게 소지를 허가할 수 있다. 23. 교정9 ( )

02 소장은 교정성적 등을 고려하여 검사가 필요하지 않다고 인정되는 경우 교도관에게 작업장이나 실외에서 거실로 돌아오는 수용자의 신체 · 의류 및 휴대품을 검사하지 않게 할 수 있다. 21. 교정7 ( )

03 교도관은 교정시설 밖에서 수용자를 계호하는 경우 보호장비나 수용자의 팔목 등에 전자경보기를 부착하여 사용할 수 있다. 21. 교정7 ( )

04 소장은 수용자가 자살 또는 자해의 우려가 있는 때에는 의무관의 의견을 고려하여 진정실에 수용할 수 있다. 19. 교정9 ( )

05 수용자를 보호실에 수용할 수 있는 기간은 계속하여 2개월을 초과할 수 없다. 21. 교정9 ( )

06 소장은 수용자를 보호실에 수용하거나 수용기간을 연장하는 경우에는 그 사유를 가족에게 알려 주어야 한다. 21. 교정9 ( )

정답

01 ○ 무인비행장치, 전자 · 통신기기, 그 밖에 도주나 다른 사람과의 연락에 이용될 우려가 있는 물품은 금지물품이지만, 소장이 수용자의 처우를 위하여 허가하는 경우에는 지닐 수 있다(법 제92조 제2항).

02 ○ 영 제113조

03 ○ 규칙 제165조

04 × '자살 또는 자해의 우려가 있는 때'는 보호실 수용사유이다(법 제95조 제1항 제1호).

05 × 계속하여 '3개월'을 초과할 수 없다(법 제95조 제3항).

06 × 그 사유를 '본인'에게 알려 주어야 한다(법 제95조 제4항).

10 안전과 질서 **291**

07 소장은 수용자가 교도관의 제지에도 불구하고 소란행위를 계속하여 다른 수용자의 평온한 수용생활을 방해하는 때에 강제력을 행사하거나 보호장비를 사용하여도 그 목적을 달성할 수 없는 경우에만 보호실에 수용할 수 있다. 21. 교정9

( )

08 수용자의 진정실 수용기간은 24시간 이내로 한다. 다만, 소장은 특히 계속하여 수용할 필요가 있으면 의무관의 의견을 고려하여 1회당 12시간의 범위에서 기간을 연장할 수 있다. 24. 교정9

( )

09 소장은 수용자를 진정실에 수용하거나 수용기간을 연장하는 경우에는 그 사유를 가족에게 알려 주어야 한다. 24. 교정9

( )

10 이송·출정, 그 밖에 교정시설 밖의 장소로 수용자를 호송할 때는 수갑을 사용할 수 있으며, 진료를 받거나 입원 중인 수용자에 대하여 한손수갑을 사용할 수 있다. 23. 교정7

( )

11 교도관은 수용자가 위력으로 교도관의 정당한 직무집행을 방해하는 때에는 수갑·포승을 사용할 수 있다. 19. 교정9

( )

12 머리부분을 자해할 우려가 큰 때에는 머리보호장비를 사용할 수 있으며, 머리보호장비를 포함한 다른 보호장비로는 자살·자해를 방지하기 어려운 특별한 사정이 있는 경우는 보호침대를 사용할 수 있다. 23. 교정7

( )

13 이송·출정, 그 밖에 교정시설 밖의 장소로 수용자를 호송하는 때에는 한손수갑을 채워야 한다. 22. 교정7 ( )

14 위력으로 교도관의 정당한 직무집행을 방해하는 때에는 양손수갑을 앞으로 채워야 한다. 22. 교정7 ( )

정답

07 ✕ '진정실'에 수용할 수 있다(법 제96조 제1항 제2호).

08 ○ 법 제96조 제2항

09 ✕ 그 사유를 '본인'에게 알려 주어야 한다(법 제96조 제4항, 법 제95조 제4항).

10 ○ 법 제98조 제2항 제1호, 법 제97조 제1항 제1호, 규칙 제172조 제1항 제3호

11 ○ 법 제98조 제2항 제1호, 제97조 제1항

12 ○ 법 제98조 제2항 제2호, 규칙 제177조 제1항

13 ✕ '양손수갑을 앞으로 채워야 한다'(규칙 제172조 제1항 제1호 참조).

14 ○ 규칙 제172조 제1항 제1호

15 도주·자살·자해 또는 다른 사람에 대한 위해의 우려가 큰 때 양손수갑을 앞으로 채워 사용목적을 달성할 수 없다고 인정되면 양손수갑을 뒤로 채워야 한다. 22. 교정7 ( )

16 일회용수갑은 일시적으로 사용하여야 하며, 사용목적을 달성한 후에는 즉시 사용을 중단하거나 다른 보호장비로 교체하여야 한다. 22. 교정7 ( )

17 보호침대는 그 사용을 일시 중지하거나 완화하는 경우를 포함하여 8시간을 초과하여 사용할 수 없으며, 사용 중지 후 4시간이 경과하지 아니하면 다시 사용할 수 없다. 23. 교정7 ( )

18 하나의 보호장비로 사용 목적을 달성할 수 없는 경우에는 둘 이상의 보호장비를 사용할 수 있으며, 주로 수갑과 보호의자를 함께 사용한다. 23. 교정7 ( )

19 ㉠ 포승, ㉡ 교도봉, ㉢ 전자경보기, ㉣ 전자충격기는 「형의 집행 및 수용자의 처우에 관한 법률 시행규칙」상 교정장비의 하나인 보안장비에 해당한다. 20. 교정9 ( )

20 ㉠ 수용자가 교정시설의 설비·기구 등을 손괴하거나 손괴하려고 하는 때, ㉡ 도주하는 수용자에게 교도관이 정지할 것을 명령하였음에도 계속하여 도주하는 때에 해당하면 교도관은 수용자에 대하여 무기를 사용할 수 있다. 22. 교정9 ( )

21 ㉠ 수용자가 위력으로 교도관의 정당한 직무집행을 방해하는 때, ㉡ 수용자가 자살하려고 하는 때에 해당하면 교도관은 수용자에 대하여 무기를 사용할 수 있다. 22. 교정9 ( )

정답

15 ○ 규칙 제172조 제1항 제2호

16 ○ 규칙 제172조 제4항

17 ○ 규칙 제177조 제2항, 규칙 제176조 제2항

18 ✕ 보호의자 또는 보호침대를 사용하는 경우에는 다른 보호장비와 같이 사용할 수 없다(규칙 제180조).

19 ✕ 교정장비는 전자장비, 보호장비, 보안장비, 무기로 구분된다(규칙 제157조). 포승(㉠)은 교정장비 중 '보호장비'에 해당하고(규칙 제169조 제8호 참조), 전자경보기(㉢)는 교정장비 중 '전자장비'에 해당한다(규칙 제160조 제3호 참조). 교도봉(㉡)과 전자충격기(㉣)는 보안장비에 해당한다(규칙 제186조 제1호·제6호).

20 ✕ ㉠ '수용자에게 강제력을 행사'할 수 있는 경우(법 제100조 제1항 제6호)에 해당한다. ㉡ 수용자에 대하여 무기를 사용할 수 있는 경우(법 제101조 제1항 제4호)에 해당한다.

21 ✕ ㉠ '수용자에게 보호장비를 사용'할 수 있는 경우(법 제97조 제1항 제3호), '수용자 또는 수용자 외의 사람에게 강제력을 행사'할 수 있는 경우(법 제100조 제1항 제5호, 동조 제2항 제3호)에 해당한다. ㉡ '수용자에게 강제력을 행사'할 수 있는 경우(법 제100조 제1항 제2호)에 해당한다.

22 교도관은 수용자가 다른 사람에게 위해를 끼치거나 끼치려고 하는 때에는 무기를 사용할 수 있다. 19. 교정9 (   )

23 천재지변으로 일시 석방된 수용자는 정당한 사유가 없는 한 출석요구를 받은 후 24시간 이내에 교정시설 또는 경찰관서에 출석하여야 한다. 24. 교정9   (   )

24 교도관은 수용자가 도주한 경우 도주 후 72시간 이내에만 그를 체포할 수 있다. 24. 교정9   (   )

25 교도관은 도주한 수용자의 체포를 위하여 긴급히 필요하면 도주를 한 사람의 이동경로나 소재를 안다고 인정되는 사람을 정지시켜 질문할 수 있다. 24. 교정9   (   )

26 교도관은 도주한 수용자의 체포를 위하여 영업시간 내에 공연장·여관·음식점·역, 그 밖에 다수인이 출입하는 장소의 관리자 또는 관계인에게 그 장소의 출입이나 그 밖에 특히 필요한 사항에 관하여 협조를 요구할 수 있다. 24. 교정9
                                                                    (   )

27 「형의 집행 및 수용자의 처우에 관한 법률 시행규칙」상 수용자의 번호표의 색상으로 초록색, 노란색, 파란색, 붉은색을 사용할 수 있다. 20. 교정7   (   )

28 소장은 엄중관리대상자 중 지속적인 상담이 필요하다고 인정되는 사람에 대하여는 상담책임자를 지정하는데, 상담대상자는 상담책임자 1명당 20명 이내로 하여야 한다. 22. 교정9   (   )

29 소장은 공범·피해자 등의 체포영장, 구속영장, 공소장 또는 재판서에 조직폭력사범으로 명시된 수용자에 대하여는 조직폭력수용자로 지정한다. 20. 교정9   (   )

정답

22 ✕ '중대한 위해'를 끼치거나 끼치려고 하여 그 '사태가 위급'한 때에 수용자에 대하여 무기를 사용할 수 있다(법 제101조 제1항 제1호).

23 ✕ 천재지변으로 일시 석방된 수용자는 '석방 후 24시간 이내'에 교정시설 또는 경찰관서에 출석하여야 한다(법 제102조 제4항).

24 ○ 법 제103조 제1항

25 ○ 법 제103조 제2항

26 ○ 법 제103조 제4항

27 ✕ 초록색은 수용자의 번호표에 사용하지 않는 색상이다. 엄중관리대상자 중 '관심대상수용자'와 '조직폭력수용자'의 번호표의 색상은 노란색이고(규칙 제195조 제1항 제1호·제2호), '마약류수용자'의 번호표의 색상은 파란색이다(규칙 제195조 제1항 제3호). '사형확정자'의 번호표'의 색상은 붉은색이다(규칙 제150조 제4항).

28 ✕ 상담 대상자는 상담책임자 1명당 '10명' 이내로 하여야 한다(규칙 제196조 제1항·제2항).

29 ○ 규칙 제198조 제3호

30 소장은 조직폭력수용자로 지정된 사람이 공소장 변경 또는 재판 확정에 따라 지정사유가 해소되었다고 인정되는 경우에는 교도관회의의 심의 또는 교정자문위원회의 의결을 거쳐 지정을 해제한다. 20. 교정9 　　　　(　)

31 소장은 조직폭력수용자에게 거실 및 작업장 등의 수용자를 대표하는 직책을 부여할 수 있다. 22. 교정9 　　(　)

32 소장은 조직폭력수형자가 작업장 등에서 다른 수형자와 음성적으로 세력을 형성하는 등 집단화할 우려가 있다고 인정하는 경우에는 법무부장관에게 해당 조직폭력수형자의 이송을 지체 없이 신청하여야 한다. 20. 교정9 　　　　(　)

33 소장은 공범·피해자 등의 체포영장·구속영장·공소장 또는 재판서에 마약사범으로 명시된 수용자는 마약류수용자로 지정한다. 19. 교정7 　　　　(　)

34 소장은 교정시설에 마약류를 반입하는 것을 방지하기 위하여 필요하면 강제로 수용자의 소변을 채취하여 마약반응검사를 할 수 있다. 22. 교정9 　　　　(　)

35 소장은 관심대상수용자로 지정할 필요가 있다고 인정되는 미결수용자에 대하여는 교도관회의의 심의를 거쳐 관심대상수용자로 지정할 수 있다. 22. 교정9 　　　　(　)

정답

30 ✕ 교도관회의의 심의 또는 '분류처우위원회의 의결'을 거쳐 지정을 해제한다(규칙 제199조 제2항).

31 ✕ 조직폭력수용자에게 수용자를 대표하는 직책을 부여해서는 아니 된다(규칙 제200조).

32 ○ 규칙 제201조

33 ✕ '수용자'의 체포영장·구속영장·공소장 또는 재판서에 마약류에 관한 형사 법률이 적용된 경우에 마약류수용자로 지정된다(규칙 제204조 제1호). 공범·피해자 등의 체포영장·구속영장·공소장 또는 재판서에 조직폭력사범으로 명시된 수용자의 경우에 조직폭력수용자로 지정되는 것과 구별하여야 한다(규칙 제198조 제3호).

34 ✕ '강제에 의하지 아니하는 범위에서' 수용자의 소변을 채취하여 마약반응검사를 할 수 있다(규칙 제206조 제2항).

35 ○ 관심대상수용자의 지정대상에 해당하는 수용자에 대하여는 분류처우위원회의 의결을 거쳐 관심대상수용자로 지정하는 것이 원칙이나, 미결수용자 등 분류처우위원회의 의결 대상자가 아닌 경우에도 관심 대상 수용자로 지정할 필요가 있다고 인정되는 수용자에 대하여는 교도관회의의 심의를 거쳐 관심 대상 수용자로 지정할 수 있다(규칙 제211조 제1항).

11 규율과 상벌, 벌칙

1 상우제도

1 의의

1. 의의

상우제도란 수용자가 자신의 발전적 변화와 교정 목적의 실현에 기여하는 행위를 하여 다른 수용자에게 모범이 되는 경우에 해당 수용자에게 '교정행정상의 이익' 이 되는 처분을 하는 제도이다.

2. 방법

소장표창, 가석방, 귀휴, 가족 만남의 날 참여, 가족 만남의 집 이용 등이 있다.

2 현행법령의 상우제도

> **법 제106조【포상】** 소장은 수용자가 다음 각 호의 어느 하나에 해당하면 법무부령으로 정하는 바에 따라 포상할 수 있다. 15. 사시☆
> 1. 사람의 **생명**을 구조하거나 **도주**를 방지한 때
> 2. 제102조 제1항에 따른 응급용무에 **공로**가 있는 때
> 3. **시설**의 안전과 질서유지에 뚜렷한 공이 인정되는 때
> 4. 수용생활에 모**범**을 보이거나 건설적이고 창의적인 **제안**을 하는 등 특히 포상할 필요가 있다고 인정되는 때
>
> **규칙 제214조의2【포상】** 법 제106조에 따른 포상 기준은 다음 각 호와 같다.
> 1. 법 제106조 제1호(→ 생명구조, 도주방지) 및 제2호(→ 응급용무에 공로)에 해당하는 경우 소장표창 및 제89조에 따른 가족 만남의 집 이용 대상자 선정 15. 교정9
> 2. 법 제106조 제3호(→ 시설의 안전·질서유지에 뚜렷한 공) 및 제4호(→ 수용생활에 모범, 건설·창의적 제안)에 해당하는 경우 소장표창 및 제89조에 따른 가족 만남의 날 행사 참여 대상자 선정

2 징벌제도

1 서론

1. 의의

징벌제도란 교정 목적의 실현을 위해 규정된 교정시설의 규율을 위반하거나 위반할 우려가 있는 수용자에 대해 '교정행정상의 불이익'을 부과하는 것이다.

2. 징벌제도의 원칙

명확성의 원칙	징벌은 형벌이 아니므로 죄형법정주의가 엄격히 요구되지 않지만 수용자에 대한 불이익처분이므로, 법령에 징벌의 요건·종류·절차 등이 명확하게 규정되어야 한다.
필요최소한의 원칙	징벌의 부과는 구금의 목적과 교정시설의 질서유지를 위해 필요한 최소한에 그쳐야 한다.
보충성의 원칙	징벌제도는 규율 위반의 방지함에 중점을 두며, 질서유지를 위해 다른 수단이 없는 경우에 부과되어야 한다.
비례성의 원칙	징벌이 부과되는 경우에도 위반의 원인과 내용에 대한 정확한 분석을 통해 징벌 내용의 적정을 기해야 한다.
인권존중의 원칙	징벌부과의 경우에도 수용자의 인권이 부당하게 침해되지 않도록 고려하여야 한다.

2 형벌과 징벌의 비교

구분	형벌	징벌
부과 근거	사회의 공공질서를 침해	교정시설 내부질서를 침해
대상	범죄	규율 위반
성격	형사처분	행정처분
시기	수용 여부와 무관	수용 중에만 가능
대상	국민	수용자

1. 형벌과 징벌 간

형벌과 징벌 간에는 일사부재리의 원칙이 적용되지 않으므로, **함께 부과할 수 있다.**

2. 징벌 상호 간

징벌 상호 간에는 일사부재리의 원칙이 적용되므로, **동일행위에 대해 거듭 부과할 수 없다.**

> ⚖ **관련 판례** | **징벌과 형사처벌의 관계**
>
> 행형법상의 징벌을 받은 자에 대한 형사처벌이 일사부재리의 원칙에 위반되는지 여부 (소극) – 피고인이 행형법에 의한 징벌을 받아 그 집행을 종료하였다고 하더라도 행형법상의 징벌은 수형자의 교도소 내의 준수사항 위반에 대하여 과하는 행정상의 질서벌의 일종으로서 「형법」 법령에 위반한 행위에 대한 형사책임과는 그 목적·성격을 달리하는 것이므로, 징벌을 받은 뒤에 형사처벌을 한다고 하여 일사부재리의 원칙에 반하는 것은 아니다. [대판 2000.10.27, 2000도3874] 10. 교정9

3 현행법상의 징벌제도 16. 경채

1. 징벌부과의 절차

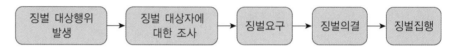

징벌 대상행위 발생 → 징벌 대상자에 대한 조사 → 징벌요구 → 징벌의결 → 징벌집행

2. 수용자의 규율 등에 대한 의무

> **법 제105조【규율 등】** ① 수용자는 교정시설의 안전과 질서유지를 위하여 법무부장관이 정하는 규율을 지켜야 한다. 18. 승진
> ② 수용자는 소장이 정하는 일과시간표를 지켜야 한다. 18. 승진
> ③ 수용자는 교도관의 직무상 지시에 따라야 한다. 18. 승진

> ⚖ **관련 판례** | **수용자의 규율 준수의무 관련**
>
> 수용자 또는 수용자 아닌 자가 교도관의 감시·단속을 피하여 규율 위반행위를 하는 경우, 위계에 의한 공무집행방해죄의 성립 여부(한정 적극) – (중략) 수용자에게는 허가 없는 물품을 사용·수수하거나 허가 없이 전화 등의 방법으로 다른 사람과 연락하는 등의 규율 위반행위를 하여서는 아니 될 금지의무가 부과되어 있고, 교도관은 수용자의 규율 위반행위를 감시·단속·적발하여 상관에게 보고하고 징벌에 회부되도록 하여야 할 일반적인 직무상 권한과 의무가 있다고 할 것이므로, 수용자가 교도관의 감시·단속을 피하여 규율 위반행위를 하는 것만으로는 단순히 금지규정에 위반되는 행위를 한 것에 지나지 아니할 뿐 위계에 의한 공무집행방해죄가 성립한다고 할 수 없고, 또 수용자가 아닌 자가 교도관의 검사 또는 감시를 피하여 금지물품을 반입하거나 허가 없이 전화 등의 방법으로 다른 사람과 연락하도록 하였더라도 교도관에게 교도소 등의 출입자와 반출·입 물품을 단속·검사할 권한과 의무가 있는 이상, 수용자 아닌 자의 그러한 행위는 특별한 사정이 없는 한 위계에 의한 공무집행방해죄에 해당하는 것으로는 볼 수 없다 할 것이나, 구체적이고 현실적으로 감시·단속업무를 수행하는 교도관에 대하여 그가 충실히 직무를 수행한다고 하더라도 통상적인 업무처리 과정하에서는 사실상 적발이 어려운 위계를 적극적으로 사용하여 그 업무집행을 하지 못하게 하였다면 이에 대하여 위계에 의한 공무집행방해죄가 성립한다(변호사가 접견을 핑계로 수용자를 위하여 휴대전화와 증권거래용 단말기를 구치소 내로 몰래 반입하여 이용하게 한 행위가 위계에 의한 공무집행방해죄에 해당한다고 한 원심의 판단을 수긍한 사례). [대판 2005.8.25, 2005도1731] 18. 승진☆

교도관과 재소자가 상호 공모하여 재소자가 교도관으로부터 담배를 교부받아 이를 흡연한 행위 및 휴대폰을 교부받아 외부와 통화한 행위 등이 위계에 의한 공무집행방해죄에 해당하지 않는다. [대판 2003.11.13, 2001도7045]

피청구인 교도소장이 청구인을 비롯한 ○○교도소 수용자의 동절기 취침시간을 21:00로 정한 행위가 청구인의 일반적 행동자유권을 침해하는지 여부(소극) - 수용자의 지위에서 예정되어 있는 기본권 제한이라도 형의 집행과 도주 방지라는 구금의 목적과 관련되어야 하고 그 필요한 범위를 벗어날 수 없으며, 교도소의 안전 및 질서유지를 위하여 행해지는 규율과 징계로 인한 기본권의 제한도 다른 방법으로는 그 목적을 달성할 수 없는 경우에만 예외적으로 허용되어야 한다. (중략) 이 사건 취침시간은 「형의 집행 및 수용자의 처우에 관한 법률」 제105조 제2항의 위임에 따라 피청구인이 ○○교도소의 원활한 운영과 수용자의 안전 및 질서유지를 위하여 정한 것이다. 교도소는 수용자가 공동생활을 영위하는 장소이므로 질서유지를 위하여 취침시간의 일괄처우가 불가피한바, 피청구인은 취침시간을 21:00로 정하되 기상시간을 06:20으로 정함으로써 동절기 일조시간의 특성을 수면시간에 반영하였고, 이에 따른 수면시간은 9시간 20분으로 성인의 적정 수면시간 이상을 보장하고 있다. 나아가 21:00 취침은 전국 교도소의 보편적 기준에도 부합하고, 특별한 사정이 있거나 수용자가 부상·질병으로 적절한 치료를 받아야 할 경우에는 관련규정에 따라 21:00 취침의 예외가 인정될 수 있으므로, 이 사건 취침시간은 청구인의 일반적 행동자유권을 침해하지 아니한다. [헌재 2016.6.30, 2015헌마36] 18. 승진

3. 징벌의 부과사유

법 제107조【징벌】 소장은 수용자가 다음 각 호의 어느 하나에 해당하는 행위를 하면 제111조의 징벌위원회의 의결에 따라 징벌을 부과할 수 있다. 13. 교정9☆
  1. 「형법」, 「폭력행위 등 처벌에 관한 법률」, 그 밖의 형사 법률에 저촉되는 행위
  2. 수용생활의 편의 등 자신의 요구를 관철할 목적으로 자해하는 행위
  3. 정당한 사유 없이 작업·교육·교화 프로그램 등을 거부하거나 태만히 하는 행위
  4. 제92조의 금지물품을 지니거나 반입·제작·사용·수수·교환·은닉하는 행위
  5. 다른 사람을 처벌받게 하거나 교도관의 직무집행을 방해할 목적으로 거짓사실을 신고하는 행위
  6. 그 밖에 시설의 안전과 질서유지를 위하여 법무부령(→ 규칙 제214조)으로 정하는 규율을 위반하는 행위

규칙 제214조【규율】 수용자는 다음 각 호에 해당하는 행위를 하여서는 아니 된다.
〈개정 2024.2.8.〉
  1. 교정시설의 안전 또는 질서를 해칠 목적으로 다중을 선동하는 행위
  2. 허가되지 아니한 단체를 조직하거나 그에 가입하는 행위
  3. 교정장비, 도주방지시설, 그 밖의 보안시설의 기능을 훼손하는 행위
  4. 음란한 행위를 하거나 다른 사람에게 성적 언동 등으로 성적 수치심 또는 혐오감을 느끼게 하는 행위

📋 **선생님 TIP**

법률상 징벌사유
저/해/작/물/거짓

🏛 **핵심OX**

01 교도소장은 수용자가 수용생활의 편의 등 자신의 요구를 관철할 목적으로 자해하는 경우에 징벌위원회의 의결에 따라 수용자에게 징벌을 부과할 수 있다.

(O, ×)

01 ○

교부 금지 대상

종래에는 수용자가 다른 수용자에게 허가 없이 '금원'의 교부를 하는 것을 금지하고 있으나, 앞으로는 교부 금지 대상에 '물품'도 포함되도록 하였다(규칙 제214조 제5호의2).

5. 다른 사람에게 부당한 금품을 요구하는 행위

5의2. 허가 없이 다른 수용자에게 금품을 교부하거나 <u>수용자 외의 사람을 통하여 다른 수용자에게 금품을 교부하는 행위</u>

6. 작업·교육·접견·집필·전화통화·운동, 그 밖에 교도관의 직무 또는 다른 수용자의 정상적인 일과 진행을 방해하는 행위

7. 문신을 하거나 이물질을 신체에 삽입하는 등 의료 외의 목적으로 신체를 변형시키는 행위

8. 허가 없이 지정된 장소를 벗어나거나 금지구역에 출입하는 행위

9. <u>허가 없이 다른 사람과 만나거나 연락하는 행위</u>

10. 수용생활의 편의 등 자신의 요구를 관철할 목적으로 이물질을 삼키는 행위

11. 인원점검을 회피하거나 방해하는 행위

12. 교정시설의 설비나 물품을 고의로 훼손하거나 낭비하는 행위

13. 고의로 수용자의 번호표, 거실표 등을 지정된 위치에 붙이지 아니하거나 그 밖의 방법으로 현황 파악을 방해하는 행위

14. <u>큰 소리를 내거나 시끄럽게 하여 다른 수용자의 평온한 수용생활을 현저히 방해하는 행위</u> 18. 승진

15. 허가 없이 물품을 지니거나 반입·제작·변조·교환 또는 주고받는 행위

16. 도박이나 그 밖에 사행심을 조장하는 놀이나 내기를 하는 행위

17. 지정된 거실에 입실하기를 거부하는 등 <u>정당한 사유 없이 교도관의 직무상 지시나 명령을 따르지 아니하는 행위</u>

18. <u>공연히 다른 사람을 해할 의사를 표시하는 행위</u>

4. 징벌 대상자의 조사

법 제110조 【징벌 대상자의 조사】 ① 소장은 징벌사유에 해당하는 행위를 하였다고 의심할 만한 상당한 이유가 있는 수용자(이하 '징벌 대상자'라 한다)가 다음 각 호의 어느 하나에 해당하면 <u>조사기간 중 분리하여 수용할 수 있다.</u> 21. 교정9☆

1. <u>증거를 인멸할 우려가 있는 때</u>

2. 다른 사람에게 <u>위해를 끼칠 우려가 있거나</u> 다른 수용자의 <u>위해로부터 보호할 필요가 있는 때</u>

② 소장은 징벌 대상자가 제1항 각 호의 어느 하나에 해당하면 접견·편지수수·전화통화·실외운동·작업·교육훈련, 공동행사 참가, 중간처우 등 다른 사람과의 접촉이 가능한 처우의 전부 또는 일부를 제한할 수 있다.

규칙 제219조 【조사 시 지켜야 할 사항】 징벌 대상행위에 대하여 조사하는 교도관이 징벌대상자 또는 참고인 등을 조사할 때에는 다음 각 호의 사항을 지켜야 한다.

1. 인권침해가 발생하지 아니하도록 유의할 것

2. 조사의 이유를 설명하고, 충분한 진술의 기회를 제공할 것

3. 공정한 절차와 객관적 증거에 따라 조사하고, 선입견이나 추측에 따라 처리하지 아니할 것

4. 형사 법률에 저촉되는 행위에 대하여 징벌 부과 외에 형사입건조치가 요구되는 경우에는 형사소송절차에 따라 조사대상자에게 진술을 거부할 수 있다는 것과 변호인을 선임할 수 있다는 것을 알릴 것 18. 승진

규칙 제219조의2【징벌 대상자에 대한 심리상담】 소장은 특별한 사유가 없으면 교도관으로 하여금 징벌 대상자에 대한 심리상담을 하도록 해야 한다. 19. 교정7

규칙 제220조【조사기간】 ① 수용자의 징벌 대상행위에 대한 조사기간(조사를 시작한 날부터 법 제111조 제1항의 징벌위원회의 의결이 있는 날까지를 말한다. 이하 같다)은 10일 이내로 한다. 다만, 특히 필요하다고 인정하는 경우에는 1회에 한하여 7일을 초과하지 아니하는 범위에서 그 기간을 연장할 수 있다. 24. 교정9☆

② 소장은 제1항의 조사기간 중 조사결과에 따라 다음 각 호의 어느 하나에 해당하는 조치를 할 수 있다. 10. 교정7

1. 법 제111조 제1항의 징벌위원회(이하 '징벌위원회'라 한다)로의 회부

2. 징벌 대상자에 대한 무혐의 통고

3. 징벌 대상자에 대한 훈계

4. 징벌위원회 회부 보류

5. 조사종결

③ 제1항의 조사기간 중 법 제110조 제2항(→ 접견 등 다른 사람과의 접촉이 가능한 처우의 전부 또는 일부 제한 가능)에 따라 징벌 대상자에 대하여 처우를 제한하는 경우에는 징벌위원회의 의결을 거쳐 처우를 제한한 기간의 전부 또는 일부를 징벌기간에 포함할 수 있다.

④ 소장은 징벌 대상행위가 징벌 대상자의 정신병적인 원인에 따른 것으로 의심할 만한 충분한 사유가 있는 경우에는 징벌절차를 진행하기 전에 의사의 진료, 전문가 상담 등 필요한 조치를 하여야 한다.

⑤ 소장은 징벌 대상행위에 대한 조사 결과 그 행위가 징벌 대상자의 정신병적인 원인에 따른 것이라고 인정하는 경우에는 그 행위를 이유로 징벌위원회에 징벌을 요구할 수 없다.

⑥ 제1항의 조사기간 중 징벌 대상자의 생활용품 등의 보관에 대해서는 제232조(→ 금치 집행 중 생활용품 등의 별도 보관)를 준용한다.

규칙 제221조【조사의 일시정지】 ① 소장은 징벌 대상자의 질병이나 그 밖의 특별한 사정으로 인하여 조사를 계속하기 어려운 경우에는 조사를 일시 정지할 수 있다. 24. 교정9

② 제1항에 따라 정지된 조사기간은 그 사유가 해소된 때부터 다시 진행한다. 이 경우 조사가 정지된 다음 날부터 정지사유가 소멸한 전날까지의 기간은 조사기간에 포함되지 아니한다. 24. 교정9☆

규칙 제222조【징벌 대상자처우 제한의 알림】 소장은 법 제110조 제2항에 따라 접견 · 편지수수 또는 전화통화를 제한하는 경우에는 징벌 대상자의 가족 등에게 그 사실을 알려야 한다. 다만, 징벌 대상자가 알리기를 원하지 않는 경우에는 그렇지 않다.

🏛 핵심 OX

03 수용자의 징벌 대상행위에 대한 조사기간은 조사를 시작한 날부터 징벌위원회의 의결이 있는 날까지를 말하며 10일 이내로 하나, 특히 필요하다고 인정하는 경우에는 1회에 한하여 7일을 초과하지 아니하는 범위에서 그 기간을 연장할 수 있다. (○, ×)

03 ○

「형의 집행 및 수용자의 처우에 관한 법률」 제110조 위헌확인 등

[1] ○○교도소장이 징벌혐의의 조사를 위하여 14일간 청구인을 조사실에 분리수용하고 공동행사참가 등 처우를 제한한 행위(이하 '이 사건 분리수용 및 이 사건 처우 제한'이라 한다)가 적법절차 원칙에 위반되는지 여부(소극) - 분리수용과 처우 제한은 징벌제도의 일부로서 징벌 혐의의 입증을 위한 과정이고, 그 과정을 거쳐 징벌처분을 내리기 위해서는 징벌위원회의 의결이라는 사전 통제절차를 거쳐야 하며, 내려진 징벌처분에 대해서는 행정소송을 통해 불복할 수 있다는 점, (중략) 등을 종합하여 볼 때, <u>분리수용 및 처우 제한에 대해 법원에 의한 개별적인 통제절차를 두고 있지 않다는 점만으로 이 사건 분리수용 및 이 사건 처우 제한이 적법절차원칙에 위반된 것이라고 볼 수는 없다.</u>

[2] 이 사건 분리수용 및 이 사건 처우 제한이 과잉금지원칙에 위반되어 청구인의 신체의 자유 등 기본권을 침해하는지 여부(소극) - (중략) 이 사건 분리수용 및 이 사건 처우 제한이 청구인의 <u>신체의 자유, 통신의 자유, 종교의 자유 등을</u> 침해하였다고 볼 수 없다.

[3] 징벌혐의의 조사를 받고 있는 청구인이 변호인 아닌 자와 접견할 당시 교도관이 참여하여 대화내용을 기록하게 한 행위(이하 '이 사건 접견참여·기록'이라 한다)가 청구인의 사생활의 비밀과 자유를 침해하는지 여부(소극) - 내용 생략

[4] 청구인이 제출한 소송서류의 발송일자 등을 소송서류 접수 및 전달부에 등재한 행위(이하 '이 사건 소송서류 등재'라 한다)가 청구인의 개인정보자기결정권을 침해하는지 여부(소극) - 이 사건 소송서류 등재는 수형자가 제출하는 소송서류 접수, 발송업무라는 소관업무의 정확성을 기하고「형사소송법」제344조 제1항이 정한 재소자의 특칙 등 기간준수 여부 확인을 위한 공적 자료를 마련하기 위한 것으로서 그 목적의 정당성과 수단의 적절성이 인정된다. (중략) <u>소송서류의 내용적 정보가 아니라 소송서류와 관련된 외형적이고 형식적인 사항들로서 개인의 인격과 밀접하게 연관된 민감한 정보라고 보기는 어렵고,</u> 이 사건 소송서류 등재가 수형자의 편의를 도모하기 위한 측면이 있음에 비추어 볼 때, 이 사건 소송서류 등재가 청구인의 <u>개인정보자기결정권을 침해하였다고 볼 수 없다.</u> [헌재 2014.9.25, 2012헌마523]

[1] 교정시설 소장에 의하여 허용된 범위를 넘어 사진 또는 그림 등을 부착한 수용자에 대해 교도관이 부착물의 제거를 지시한 행위가 적법한 직무집행에 해당하는지 여부(원칙적 적극) - (중략) 수용자에게 부착물의 내용, 부착의 경위 등에 비추어 교정시설의 소장에 의하여 허용된 범위를 넘은 부착행위를 하게 된 정당한 사유가 인정되는 등의 특별한 사정이 없는 한, <u>교정시설의 소장에 의하여 허용된 범위를 넘어 사진 또는 그림 등을 부착한 수용자에 대하여 교도관이 부착물의 제거를 지시한 행위는 수용자가 따라야 할 직무상 지시로서 적법한 직무집행이라고 보아야 한다.</u>

[2] 징벌사유에 해당하는 행위를 하였다고 의심할 만한 상당한 이유가 있는 수용자에 대하여 조사가 필요한 경우, 수용자를 조사거실에 분리수용할 수 있는지 여부(한정 적극) – 징벌사유에 해당하는 행위를 하였다고 의심할 만한 상당한 이유가 있는 수용자에 대하여 조사가 필요한 경우라 하더라도, 특히 그 <u>수용자에 대한 조사거실에의 분리수용은 「형의 집행 및 수용자의 처우에 관한 법률」 제110조 제1항의 각 호에 따라 그 수용자가 증거를 인멸할 우려가 있는 때 또는 다른 사람에게 위해를 끼칠 우려가 있거나 다른 수용자의 위해로부터 보호할 필요가 있는 때에 한하여 인정된다.</u> [대판 2014.9.25, 2013도1198]

5. 징벌위원회의 의결 14. 경채

(1) 징벌위원회의 설치 · 구성

법 제111조 【징벌위원회】 ① 징벌 대상자의 징벌을 결정하기 위하여 <u>교정시설에</u> 징벌위원회(이하 이 조에서 '위원회'라 한다)를 둔다. 11. 교정9

② 위원회는 위원장을 포함한 <u>5명 이상 7명 이하</u>의 위원으로 구성하고, <u>위원장은 소장의 바로 다음 순위자</u>가 되며, 위원은 소장이 소속 기관의 과장(지소의 경우에는 7급 이상의 교도관) 및 교정에 관한 학식과 경험이 풍부한 외부 인사 중에서 임명 또는 위촉한다. 이 경우 <u>외부위원은 3명 이상</u>으로 한다. 21. 교정9☆

⑦ 위원회의 위원 중 공무원이 아닌 사람은 「형법」 제127조 및 제129조부터 제132조까지의 규정을 적용할 때에는 공무원으로 본다.

규칙 제223조 【징벌위원회 외부위원】 ① <u>소장</u>은 법 제111조 제2항에 따른 징벌위원회의 <u>외부위원</u>을 다음 각 호의 사람 중에서 <u>위촉</u>한다. 18. 승진

1. 변호사
2. 대학에서 법률학을 가르치는 조교수 이상의 직에 있는 사람
3. 교정협의회(교정위원 전원으로 구성된 협의체를 말한다)에서 추천한 사람
4. 그 밖에 교정에 관한 학식과 경험이 풍부한 사람

② 제1항에 따라 위촉된 위원의 임기는 2년으로 하며, 연임할 수 있다.

③ 소장은 외부위원이 다음 각 호의 어느 하나에 해당하는 경우에는 해당 위원을 해촉할 수 있다.

1. 심신장애로 직무수행이 불가능하거나 현저히 곤란하다고 인정되는 경우
2. 직무와 관련된 비위사실이 있는 경우
3. 직무태만, 품위 손상, 그 밖의 사유로 인하여 위원으로서 직무를 수행하기 적합하지 아니하다고 인정되는 경우
4. 위원 스스로 직무를 수행하는 것이 곤란하다고 의사를 밝히는 경우
5. 특정 종파나 특정 사상에 편향되어 징벌의 공정성을 해칠 우려가 있는 경우

④ 제1항에 따라 위촉된 위원이 징벌위원회에 참석한 경우에는 예산의 범위에서 수당, 여비, 그 밖에 필요한 경비를 지급할 수 있다.

규칙 제224조 【징벌위원회 위원장】 법 제111조 제2항에서 '소장의 바로 다음 순위자'는 「법무부와 그 소속 기관 직제 시행규칙」의 직제순위에 따른다.

공무원 의제

징벌위원회의 민간위원에게 벌칙을 적용하는 경우에는 공무원으로 의제하도록 하여 민간위원이 수행하는 업무의 공정성 및 책임성을 제고하고자 하였다(법 제111조 제7항).

🏛 **핵심 OX**

04 징벌위원회는 위원장을 포함한 5명 이상 7명 이하의 위원으로 구성한다.

(O, ×)

04 O

(2) 징벌위원회의 개회·의결

> **법 제111조【징벌위원회】** ③ <u>위원회는 소장의 징벌요구에 따라 개회하며, 징벌은</u> <u>그 의결로써 정한다.</u>
>
> **영 제129조【징벌위원회의 소집】** 법 제111조에 따른 징벌위원회(이하 이 장에서 '위원회'라 한다)의 <u>위원장은 소장의 징벌요구에 따라 위원회를 소집한다.</u>
>
> **영 제130조【위원장의 직무대행】** 위원회의 위원장이 불가피한 사정으로 그 직무를 수행하기 어려운 경우에는 <u>위원장이 미리 지정한 위원이 그 직무를 대행한다.</u>
>
> **영 제132조【징벌의결 통고】** 위원회가 징벌을 의결한 경우에는 이를 소장에게 즉시 통고하여야 한다.
>
> **규칙 제225조【징벌위원회 심의·의결 대상】** 징벌위원회는 다음 각 호의 사항을 심의·의결한다.
> 1. 징벌 대상행위의 사실 여부
> 2. 징벌의 종류와 내용
> 3. 제220조 제3항(→ 조사기간 중 징벌 대상자에 대하여 처우 제한 시 그 기간 의 전부 또는 일부를 징벌기간에 포함)에 따른 <u>징벌기간 산입</u>
> 4. 법 제111조 제5항에 따른 <u>징벌위원에 대한 기피신청의 심의·의결</u>
> 5. 법 제114조 제1항에 따른 <u>징벌집행의 유예 여부와 그 기간</u>
> 6. 그 밖에 징벌내용과 관련된 중요 사항
>
> **규칙 제226조【징벌의결의 요구】** ① 소장이 징벌 대상자에 대하여 징벌의결을 요구하는 경우에는 별지 제14호 서식의 징벌의결 요구서를 작성하여 징벌위원회에 제출하여야 한다.
> ② 제1항에 따른 징벌의결 요구서에는 징벌 대상행위의 입증에 필요한 관계서류를 첨부할 수 있다.
>
> **규칙 제227조【징벌 대상자에 대한 출석 통지】** ① 징벌위원회가 제226조에 따른 징벌의결 요구서를 접수한 경우에는 지체 없이 징벌 대상자에게 별지 제15호 서식의 출석통지서를 전달하여야 한다.
> ② 제1항에 따른 출석통지서에는 다음 각 호의 내용이 포함되어야 한다.
> 1. 혐의사실 요지
> 2. 출석 장소 및 일시
> 3. 징벌위원회에 출석하여 자기에게 이익이 되는 사실을 말이나 서면으로 진술할 수 있다는 사실
> 4. 서면으로 진술하려면 징벌위원회를 개최하기 전까지 진술서를 제출하여야 한다는 사실
> 5. 증인신청 또는 증거제출을 할 수 있다는 사실
> 6. 형사절차상 불리하게 적용될 수 있는 사실에 대하여 진술을 거부할 수 있다는 것과 진술하는 경우에는 형사절차상 불리하게 적용될 수 있다는 사실
> ③ 제1항에 따라 출석통지서를 전달받은 징벌 대상자가 징벌위원회에 출석하기를 원하지 아니하는 경우에는 별지 제16호 서식의 출석포기서를 징벌위원회에 제출하여야 한다.

규칙 제228조【징벌위원회의 회의】 ① 징벌위원회는 출석한 징벌 대상자를 심문하고, 필요하다고 인정하는 경우에는 교도관이나 다른 수용자 등을 참고인으로 출석하게 하여 심문할 수 있다.

② 징벌위원회는 필요하다고 인정하는 경우 제219조의2(→ 징벌 대상자에 대한 심리상담)에 따라 <u>심리상담을 한 교도관</u>으로 하여금 그 <u>심리상담 결과를 제출</u>하게 하거나 해당 교도관을 징벌위원회에 <u>출석하게 하여 심리상담 결과를 진술</u>하게 할 수 있다.

③ 징벌위원회는 징벌 대상자에게 제227조 제1항에 따른 출석통지서를 전달하였음에도 불구하고 징벌 대상자가 같은 조 제3항에 따른 <u>출석포기서를 제출</u>하거나 <u>정당한 사유 없이 출석하지 아니한 경우</u>에는 그 사실을 별지 제17호 서식의 징벌위원회 회의록에 기록하고 <u>서면심리만으로 징벌을 의결할 수 있다.</u>

④ 징벌위원회는 재적위원 과반수의 출석으로 개의하고, 출석위원 과반수의 찬성으로 의결한다. 이 경우 <u>외부위원 1명 이상이 출석한 경우에만 개의할 수 있다.</u> 18. 승진☆

⑤ 징벌의 의결은 별지 제18호 서식의 징벌의결서에 따른다.

⑥ 징벌위원회가 <u>작업장려금 삭감</u>을 의결하려면 사전에 수용자의 <u>작업장려금</u>을 <u>확인</u>하여야 한다.

⑦ 징벌위원회의 회의에 참여한 사람은 직무상 알게 된 비밀을 누설하여서는 아니 된다.

외부위원의 참여

징벌의결절차의 투명성과 정당성을 확보하기 위해 수용자에 대한 징벌위원회 회의 시 외부위원 1명 이상의 참여를 의무화하였다(규칙 제228조 제4항).

(3) 제척·기피

법 제111조【징벌위원회】 ④ <u>위원이 징벌 대상자의 친족</u>이거나 그 밖에 공정한 심의·의결을 기대할 수 없는 특별한 사유(→ 영 제131조)가 있는 경우에는 <u>위원회에 참석할 수 없다</u>(→ 제척). 10. 교정9

⑤ 징벌 대상자는 위원에 대하여 기피신청을 할 수 있다. 이 경우 <u>위원회의 의결로 기피 여부를 결정</u>하여야 한다. 15. 교정9

영 제131조【위원의 제척】 위원회의 <u>위원이 해당 징벌 대상행위의 조사를 담당한</u> 경우에는 해당 <u>위원회에 참석할 수 없다.</u>

(4) 징벌 대상자의 방어권 보장

법 제111조【징벌위원회】 ⑥ 위원회는 징벌 대상자가 위원회에 <u>출석하여 충분한 진술을 할 수 있는 기회를 부여</u>하여야 하며, 징벌 대상자는 서면 또는 말로써 자기에게 유리한 사실을 진술하거나 증거를 제출할 수 있다. 15. 교정9

6. 징벌의 종류와 부과

(1) 징벌의 종류

선생님 TIP

징벌의 종류
경/로/금/공동/신/청/자/작/전/집/접/수
/운/치

> **법 제108조 【징벌의 종류】** 징벌의 종류는 다음 각 호와 같다. 19. 승진☆
> 1. **경고**
> 2. 50시간 이내의 **근로봉사**
> 3. 3개월 이내의 작업장려**금** 삭감
> 4. 30일 이내의 **공동**행사 참가 정지
> 5. 30일 이내의 **신문**열람 제한
> 6. 30일 이내의 텔레비전 시**청** 제한
> 7. 30일 이내의 **자**비구매물품(의사가 치료를 위하여 처방한 의약품을 제외한다) 사용 제한
> 8. 30일 이내의 **작업** 정지(신청에 따른 작업에 한정한다)
> 9. 30일 이내의 **전화통화** 제한
> 10. 30일 이내의 **집필** 제한
> 11. 30일 이내의 편지**수수** 제한
> 12. 30일 이내의 **접견** 제한
> 13. 30일 이내의 실외**운동** 정지
> 14. 30일 이내의 금**치**

(2) **징벌의 부과** 14. 경채

> **법 제109조 【징벌의 부과】** ① 제108조 제4호부터 제13호까지의 처분은 함께 부과할 수 있다(→ 경고, 근로봉사, 작업장려금 삭감, 금치는 제외). 15. 사시☆
> ② 수용자가 다음 각 호의 어느 하나에 해당하면 제108조 제2호부터 제14호까지의 규정에서 정한 징벌의 장기의 2분의 1까지 가중할 수 있다(→ 경고는 제외). 21. 교정9☆
> 1. 2 이상의 징벌사유가 경합하는 때
> 2. 징벌이 집행 중에 있거나 징벌의 집행이 끝난 후 또는 집행이 면제된 후 6개월 내에 다시 징벌사유에 해당하는 행위를 한 때
> ③ 징벌은 동일한 행위에 관하여 거듭하여 부과할 수 없으며(→ 일사부재리의 원칙), 행위의 동기 및 경중, 행위 후의 정황, 그 밖의 사정을 고려하여 수용 목적을 달성하는 데에 필요한 최소한도에 그쳐야 한다(→ 비례성의 원칙). 22. 교정9☆
> ④ 징벌사유가 발생한 날부터 2년이 지나면 이를 이유로 징벌을 부과하지 못한다(→ 징벌의 시효). 22. 교정9☆

> **규칙 제215조 【징벌 부과 기준】** 수용자가 징벌 대상행위를 한 경우 부과하는 징벌의 기준은 다음 각 호의 구분에 따른다. 13. 경채
> 1. 법 제107조 제1호·제4호(→ 형사법률에 저촉, 금지물품) 및 이 규칙 제214조 제1호부터 제3호까지의 규정 중 어느 하나에 해당하는 행위는 21일 이상 30일 이하의 금치에 처할 것. 다만, 위반의 정도가 경미한 경우 그 기간의 2분의 1의 범위에서 감경할 수 있다.

핵심OX

05 징벌 대상자는 징벌위원회에 서면 또는 말로써 자기에게 유리한 사실을 진술하거나 증거를 제출할 수 있다.

(○, ×)

05 ○

2. 법 제107조 제5호(→ <u>거짓사실을 신고</u>), 이 규칙 제214조 제4호 · 제5호 · 제5호의2 및 제6호부터 제8호까지의 규정 중 어느 하나에 해당하는 행위는 다음 각 목의 어느 하나에 처할 것

　가. <u>16일 이상 20일 이하의 금치</u>. 다만, 위반의 정도가 경미한 경우 그 기간의 <u>2분의 1의 범위에서 감경할 수 있다.</u>

　나. <u>3개월의 작업장려금 삭감</u>

3. 법 제107조 제2호 · 제3호(→ <u>요구관철 목적의 자해, 작업 · 교육 · 교화 프로그램의 거부 · 태만</u>) 및 이 규칙 제214조 제9호부터 제14호까지의 규정 중 어느 하나에 해당하는 행위는 다음 각 목의 어느 하나에 처할 것

　가. <u>10일 이상 15일 이하의 금치</u>* 18. 승진

　나. <u>2개월의 작업장려금 삭감</u>

4. 제214조 제15호부터 제17호까지의 규정 중 어느 하나에 해당하는 행위는 다음 각 목의 어느 하나에 처할 것

　가. <u>9일 이하의 금치</u>

　나. 30일 이내의 실외운동 및 공동행사 참가 정지

　다. 30일 이내의 접견 · 편지수수 · 집필 및 전화통화 제한

　라. 30일 이내의 텔레비전 시청 및 신문열람 제한

　마. 1개월의 작업장려금 삭감

5. 징벌 대상행위를 하였으나 그 위반 정도가 경미한 경우에는 제1호부터 제4호까지의 규정에도 불구하고 다음 각 목의 어느 하나에 처할 것

　가. 30일 이내의 접견 제한

　나. 30일 이내의 편지수수 제한

　다. 30일 이내의 집필 제한

　라. 30일 이내의 전화통화 제한

　마. 30일 이내의 작업정지

　바. 30일 이내의 자비구매물품 사용 제한

　사. 30일 이내의 텔레비전 시청 제한

　아. 30일 이내의 신문 열람 제한

　자. 30일 이내의 공동행사 참가 정지

　차. 50시간 이내의 근로봉사

　카. 경고

규칙 제216조【징벌부과 시 고려사항】 제215조의 기준에 따라 징벌을 부과하는 경우에는 다음 각 호의 사항을 고려하여야 한다.

1. 징벌 대상행위를 하였다고 의심할 만한 상당한 이유가 있는 수용자(이하 '징벌 대상자'라 한다)의 <u>나이 · 성격 · 지능 · 성장환경 · 심리상태 및 건강</u>

2. 징벌 대상행위의 <u>동기 · 수단 및 결과</u>

3. 자수 등 <u>징벌 대상행위 후의 정황</u>

4. <u>교정성적</u> 또는 그 밖의 <u>수용생활태도</u>

규칙 제217조【교사와 방조】 ① 다른 수용자를 <u>교사</u>하여 징벌 대상행위를 하게 한 수용자에게는 그 징벌 대상행위를 한 수용자에게 부과되는 징벌과 <u>같은 징벌을 부과한다.</u> 19. 승진☆

* 10일 이상 15일 이하의 금치에 처하는 경우에는 "위반의 정도가 경미한 경우 그 기간의 2분의 1의 범위에서 감경할 수 있다."라는 규정이 없다.

 핵심 OX

06 수용자의 징벌 중 30일 이내의 접견 제한과 30일 이내의 실외운동 정지는 함께 부과할 수 있다. 　(O, X)

06 O

② 다른 수용자의 징벌 대상행위를 방조한 수용자에게는 그 징벌 대상행위를 한 수용자에게 부과되는 징벌과 같은 징벌을 부과하되, 그 정황을 고려하여 2분의 1까지 감경할 수 있다(→ 임의적 감경). 19. 교정7☆

규칙 제218조【징벌 대상행위의 경합】① 둘 이상의 징벌 대상행위가 경합하는 경우에는 각각의 행위에 해당하는 징벌 중 가장 중한 징벌의 2분의 1까지 가중할 수 있다. 19. 승진☆

② 제1항의 경우 징벌의 경중은 제215조 각 호의 순서에 따른다. 이 경우 같은 조 제2호부터 제5호까지의 경우에는 각 목의 순서에 따른다.

7. 징벌의 집행

법 제112조【징벌의 집행】① 징벌은 소장이 집행한다.

② 소장은 징벌집행을 위하여 필요하다고 인정하면 수용자를 분리하여 수용할 수 있다.

③ 제108조 제14호의 처분(→ 금치)을 받은 사람에게는 그 기간 중 같은 조 제4호부터 제12호까지의 처우 제한이 함께 부과된다(→ 경고, 근로봉사, 작업장려금 삭감, 실외운동 정지 제외). 다만, 소장은 수용자의 권리구제, 수형자의 교화 또는 건전한 사회복귀를 위하여 특히 필요하다고 인정하면 집필 · 편지수수 또는 접견을 허가할 수 있다. 18. 교정7

④ 소장은 제108조 제14호의 처분(→ 금치)을 받은 사람에게 다음 각 호의 어느 하나에 해당하는 사유가 있어 필요하다고 인정하는 경우에는 건강유지에 지장을 초래하지 아니하는 범위에서 실외운동을 제한할 수 있다. 18. 교정7☆

1. 도주의 우려가 있는 경우
2. 자해의 우려가 있는 경우
3. 다른 사람에게 위해를 끼칠 우려가 있는 경우
4. 그 밖에 시설의 안전 또는 질서를 크게 해칠 우려가 있는 경우로서 법무부령(→ 규칙 제215조의2)으로 정하는 경우

⑤ 소장은 제108조 제13호에 따른 실외운동 정지를 부과하는 경우 또는 제4항에 따라 실외운동을 제한하는 경우라도 수용자가 매주 1회 이상 실외운동을 할 수 있도록 하여야 한다. 24. 교정9☆

⑥ 소장은 제108조 제13호 또는 제14호의 처분(→ 실외운동 정지, 금치)을 집행하는 경우에는 의무관으로 하여금 사전에 수용자의 건강을 확인하도록 하여야 하며, 집행 중인 경우에도 수시로 건강상태를 확인하여야 한다. 18. 교정7

영 제132조【징벌의결 통고】위원회가 징벌을 의결한 경우에는 이를 소장에게 즉시 통고하여야 한다.

영 제133조【징벌의 집행】① 소장은 제132조의 통고를 받은 경우에는 징벌을 지체 없이 집행하여야 한다.

② 소장은 수용자가 징벌처분을 받아 접견 · 편지수수 또는 전화통화가 제한된 경우에는 그의 가족에게 그 사실을 알려야 한다. 다만, 수용자가 알리는 것은 원하지 않으면 알리지 않는다.

실외운동 정지의 처우 제한

헌법재판소의 위헌결정(2014헌마45)에 따라 금치처분을 받은 사람에게 제13호(실외운동 정지)의 처우 제한은 함께 부과되지 않는 것으로 개정되었다(법 제112조 제3항).

금치처분을 받은 사람의 실외운동

금치처분을 받은 사람의 실외운동을 원칙적으로 허용하고 시설의 안전 또는 질서를 크게 해칠 우려가 있는 경우에만 예외적으로 실외운동을 금지할 수 있도록 하였다(법 제112조 제3항 · 제4항).

③ 삭제

④ 소장은 법 제108조 제13호 및 제14호(→ 실외운동 정지, 금치)의 징벌집행을 마친 경우에는 의무관에게 해당 수용자의 건강을 지체 없이 확인하게 하여야 한다.

⑤ 의무관이 출장, 휴가, 그 밖의 부득이한 사유로 법 제112조 제5항 및 이 조 제4항의 직무를 수행할 수 없는 경우에는 제119조 제2항(→ 그 교정시설에 근무하는 의료관계직원에게 대행)을 준용한다.

영 제134조 【징벌집행의 계속】 법 제108조 제4호부터 제14호까지의 징벌집행 중인 수용자가 다른 교정시설로 이송되거나 법원 또는 검찰청 등에 출석하는 경우 징벌집행이 계속되는 것으로 본다(→ 경고, 근로봉사, 작업장려금 삭감은 제외). 21. 교정7☆

영 제136조 【이송된 사람의 징벌】 수용자가 이송 중에 징벌 대상행위를 하거나 다른 교정시설에서 징벌 대상행위를 한 사실이 이송된 후에 발각된 경우에는 그 수용자를 인수한 소장이 징벌을 부과한다. 21. 교정9☆

영 제137조 【징벌사항의 기록】 소장은 수용자의 징벌에 관한 사항을 수용기록부 및 징벌집행부에 기록하여야 한다.

규칙 제215조의2 【금치집행 중 실외운동의 제한】 법 제112조 제4항 제4호에서 '법무부령으로 정하는 경우'란 다음 각 호와 같다.

1. 다른 사람으로부터 위해를 받을 우려가 있는 경우
2. 위력으로 교도관의 정당한 직무집행을 방해할 우려가 있는 경우
3. 소란행위를 계속하여 다른 수용자의 평온한 수용생활을 방해할 우려가 있는 경우
4. 교정시설의 설비·기구 등을 손괴할 우려가 있는 경우

규칙 제229조 【집행절차】 ① 징벌위원회는 영 제132조에 따라 소장에게 징벌의결 내용을 통고하는 경우에는 징벌의결서 정본을 첨부하여야 한다.

② 소장은 징벌을 집행하려면 징벌의결의 내용과 징벌처분에 대한 불복방법 등을 기록한 별지 제19호 서식의 징벌집행통지서에 징벌의결서 부본을 첨부하여 해당 수용자에게 전달하여야 한다.

④ 소장은 영 제137조에 따라 수용자의 징벌에 관한 사항을 징벌집행부에 기록한 때에는 그 내용을 제119조 제3항에 따른 교정정보시스템에 입력해야 한다.

규칙 제230조 【징벌의 집행순서】 ① 금치와 그 밖의 징벌을 집행할 경우에는 금치를 우선하여 집행한다. 다만, 작업장려금의 삭감과 경고는 금치와 동시에 집행할 수 있다.

② 같은 종류의 징벌은 그 기간이 긴 것부터 집행한다.

③ 금치를 제외한 두 가지 이상의 징벌을 집행할 경우에는 함께 집행할 수 있다.

④ 두 가지 이상의 금치는 연속하여 집행할 수 없다. 다만, 두 가지 이상의 금치 기간의 합이 45일 이하인 경우에는 그렇지 않다. 〈신설 2024.2.8.〉

규칙 제231조 【징벌의 집행방법】 ① 작업장려금의 삭감은 징벌위원회가 해당 징벌을 의결한 날이 속하는 달의 작업장려금부터 이미 지급된 작업장려금에 대하여 역순으로 집행한다.

② 소장은 금치를 집행하는 경우에는 징벌집행을 위하여 별도로 지정한 거실(이하 '징벌거실'이라 한다)에 해당 수용자를 수용하여야 한다. 18. 교정7

③ 소장은 금치 외의 징벌을 집행하는 경우 그 징벌의 목적을 달성하기 위하여 필요하다고 인정하면 해당 수용자를 징벌거실에 수용할 수 있다. 15. 교정9

징벌의 집행

제13호(실외운동 정지)·제14호(금치)의 징벌집행의 경우에는 ① 사전에 수용자의 건강을 확인, ② 집행 중에도 수시로 건강상태를 확인, ③ 집행을 마친 경우에도 건강을 지체 없이 확인하여야 한다(법 제112조 제5항, 영 제133조 제4항).

실외운동 제한사유에 대한 구체적 기준

금치처분을 받은 자의 실외운동을 원칙적으로 허용하고 시설의 안전 또는 질서를 크게 해칠 우려가 있는 경우에만 예외적으로 실외운동을 금지할 수 있도록 하는 등의 내용으로 「형의 집행 및 수용자의 처우에 관한 법률」이 개정됨에 따라 법에서 법무부령에 위임하고 있는 금치 중 실외운동 제한 사유에 대한 구체적 기준을 정하였다(규칙 제215조의2).

④ 소장은 징벌집행을 받고 있거나 집행을 앞둔 수용자가 같은 행위로 형사 법률에 따른 처벌이 확정되어 징벌을 집행할 필요가 없다고 인정하면 징벌집행을 감경하거나 면제할 수 있다.

규칙 제232조【금치집행 중 생활용품 등의 별도 보관】 소장은 금치 중인 수용자가 생활용품 등으로 자살·자해할 우려가 있거나 교정시설의 안전과 질서를 해칠 우려가 있는 경우에는 그 물품을 따로 보관하고 필요한 경우에만 이를 사용하게 할 수 있다.

규칙 제233조【징벌집행 중인 수용자의 상담】 ① 소장은 징벌집행 중인 수용자의 심리적 안정과 징벌 대상행위의 재발방지를 위해서 교도관으로 하여금 징벌집행 중인 수용자에 대한 심리상담을 하게 해야 한다.
② 소장은 징벌 대상행위의 재발방지에 도움이 된다고 인정하는 경우에는 징벌집행 중인 수용자가 교정위원, 자원봉사자 등 전문가의 상담을 받게 할 수 있다.

⚖ **관련 판례** | 수용자에 대한 징벌 관련-2

행형법 시행령 제145조 제2항 본문 중 '집필' 부분이 과잉금지의 원칙에 위반되는지 여부(적극) - 금치처분을 받은 자에 대하여 집필의 목적과 내용 등을 묻지 않고, 또 대상자에 대한 교화 또는 처우상 필요한 경우까지도 예외 없이 일체의 집필행위를 금지하고 있음은 입법 목적 달성을 위한 필요최소한의 제한이라는 한계를 벗어난 것으로서 과잉금지의 원칙에 위반된다. [헌재 2005.2.24, 2003헌마289]

....

접견불허처분 등 위헌확인

[1] 금치처분을 받은 수형자에 대하여 금치기간 중 접견·편지수발을 금지하고 있는 행형법 시행령 제145조 제2항 중 접견·편지수발 부분이 수형자의 통신의 자유 등을 침해하는지 여부(소극) - 금치 징벌의 목적 자체가 징벌실에 수용하고 엄격한 격리에 의하여 개전을 촉구하고자 하는 것이므로 접견·편지수발의 제한은 불가피하며, 행형법 시행령 제145조 제2항은 금치기간 중의 접견·편지수발을 금지하면서도, 그 단서에서 소장으로 하여금 '교화 또는 처우상 특히 필요하다고 인정되는 때'에는 금치기간 중이라도 접견·편지수발을 허가할 수 있도록 예외를 둠으로써 과도한 규제가 되지 않도록 조치하고 있으므로, 금치 수형자에 대한 접견·편지수발의 제한은 수용시설 내의 안전과 질서 유지라는 정당한 목적을 위하여 필요최소한의 제한이다.

[2] 금치처분을 받은 수형자에 대하여 금치기간 중 운동을 금지하는 행형법 시행령 제145조 제2항 중 운동 부분이 수형자의 인간의 존엄과 가치, 신체의 자유 등을 침해하는지 여부(적극) - 실외운동은 구금되어 있는 수형자의 신체적·정신적 건강 유지를 위한 최소한의 기본적 요청이라고 할 수 있는데, (중략) 금치 수형자에 대하여 일체의 운동을 금지하는 것은 수형자의 신체적 건강뿐만 아니라 정신적 건강을 해칠 위험성이 현저히 높다. 따라서 금치처분을 받은 수형자에 대한 절대적인 운동의 금지는 징벌의 목적을 고려하더라도 그 수단과 방법에 있어서 필요한 최소한도의 범위를 벗어난 것으로서, 수형자의 헌법 제10조의 인간의 존엄과 가치 및 신체의 안전성이 훼손당하지 아니할 자유를 포함하는 제12조의 신체의 자유를 침해하는 정도에 이르렀다고 판단된다. [헌재 2004.12.16, 2002헌마478] 13. 경채

....

[1] 다른 수용자 등을 해칠 우려가 있는 징벌혐의자의 운동을 제한할 것인지가 교도소장의 재량에 속하는지 여부(적극) - 징벌혐의자가 다른 수용자 또는 출입자를 해칠 우려가 있어 구 수용자규율 및 징벌에 관한 규칙 제11조 제3항에 따라 그에 대한 운동을 제한할지 여부는 교도소장의 판단에 의하는 재량행위로서 사회통념상 현저하게 타당성을 결하고 이를 남용한 것이라고 인정되지 않는 한 위법하다고 보기 어렵다.

[2] '금치처분'을 받은 수형자에 대하여 그 기간 동안 일반 수형자에게 허여된 권리인 운동을 제한하는 것이 비례의 원칙에 어긋나는지 여부(소극) - 수형자가 규율 위반을 한 경우 교도소의 안전과 질서를 유지하기 위해서는 조사 과정을 거쳐 징벌을 부과하는 등 일반 수형자에 비하여 더 강하게 기본권을 제한하는 것은 불가피하고, 징벌 중에서 가장 중한 징벌인 금치처분을 받은 자를 엄격한 격리에 의하여 외부와의 접촉을 금지시켜 수용 질서를 확립할 필요가 있으므로 금치기간 동안 징벌실에 수용하는 것 이외에 일반 수형자에게 허여된 권리인 운동에 제한을 가하는 것은 위와 같은 목적을 달성하기 위하여 필요적절한 수단이라 할 것이다. 다만, 그와 같은 제한이 신체의 자유의 본질적인 내용을 침해하여서는 아니 되고, 위 목적 달성을 위한 필요최소한의 제한에 그쳐야 할 것이다. [대판 2009.6.25, 2008다24050]

교도소장이 아닌 일반교도관 등에 의하여 징벌내용이 고지되어 해당 징벌처분이 위법하다는 이유로 국가배상책임이 인정되기 위한 요건 - 교도소장이 아닌 일반교도관 또는 중간관리자에 의하여 징벌내용이 고지되었다는 사유에 의하여 해당 징벌처분이 위법하다는 이유로 공무원의 고의·과실로 인한 국가배상책임을 인정하기 위하여는 징벌처분이 있게 된 규율 위반행위의 내용, 징벌혐의내용의 조사, 징벌혐의자의 의견 진술 및 징벌위원회의 의결 등 징벌절차의 진행경과, 징벌의 내용 및 그 집행경과 등 제반 사정을 종합적으로 고려하여 징벌처분이 객관적 정당성을 상실하고 이로 인하여 손해의 전보책임을 국가에게 부담시켜야 할 실질적인 이유가 있다고 인정되어야 한다(행형법 시행령 제144조의 규정에 반하여 교도소장이 아닌 관구교감에 의해 징벌처분이 고지되었다는 사유만으로는 위 징벌처분이 손해의 전보책임을 국가에게 부담시켜야 할 만큼 객관적 정당성을 상실한 정도라고 볼 수 없다고 한 사례). [대판 2004.12.9, 2003다50184]

[1] 금치기간 중 공동행사 참가를 정지하는 「형의 집행 및 수용자의 처우에 관한 법률」 (2007.12.21. 법률 제8728호로 전부 개정된 것, 이하 '형집행법'이라 한다) 제112조 제 3항 본문 중 제108조 제4호에 관한 부분이 청구인의 통신의 자유, 종교의 자유를 침해하는지 여부(소극) – 금치처분을 받은 사람은 최장 30일 이내의 기간 동안 공동 행사에 참가할 수 없으나, 편지수수, 접견을 통해 외부와 통신할 수 있고, 종교상 담을 통해 종교활동을 할 수 있다. 또한 위와 같은 불이익은 규율 준수를 통하여 수용질서를 유지한다는 공익에 비하여 크다고 할 수 없다. 따라서 위 조항은 청구 인의 통신의 자유, 종교의 자유를 침해하지 아니한다.

[2] 금치기간 중 텔레비전 시청을 제한하는 형집행법 제112조 제3항 본문 중 제108조 제6호에 관한 부분이 청구인의 알 권리를 침해하는지 여부(소극) – (중략) 금치처분을 받은 사람은 텔레비전을 시청하는 대신 수용시설에 보관된 도서를 열람함으로써 다른 정보원에 접근할 수 있다. 또한 위와 같은 불이익은 규율 준수를 통하여 수용질서를 유지한다는 공익에 비하여 크다고 할 수 없다. 따라서 위 조항은 청구인의 알 권리를 침해하지 아니한다.

[3] 금치기간 중 신문·도서·잡지 외 자비구매물품의 사용을 제한하는 형집행법 제112조 제3항 본문 중 제108조 제7호의 신문·도서·잡지 외 자비구매물품에 관한 부분이 청구인의 일반적 행동의 자유를 침해하는지 여부(소극) – 금치처분을 받은 사람은 소장이 지급하는 음식물, 의류·침구, 그 밖의 생활용품을 통하여 건강을 유지하기 위한 필요최소한의 생활을 영위할 수 있고, 의사가 치료를 위하여 처방한 의약품은 여전히 사용할 수 있다. 또한, 위와 같은 불이익은 규율 준수를 통하여 수용질서를 유지한다는 공익에 비하여 크다고 할 수 없다. 따라서 위 조항은 청구인의 일반적 행동의 자유를 침해하지 아니한다.

[4] 금치기간 중 실외운동을 원칙적으로 제한하는 형집행법 제112조 제3항 본문 중 제108조 제13호에 관한 부분이 청구인의 신체의 자유를 침해하는지 여부(적극) – 실외운동은 구금되어 있는 수용자의 신체적·정신적 건강을 유지하기 위한 최소한의 기본적 요청이고, 수용자의 건강 유지는 교정교화와 건전한 사회복귀라는 형 집행의 근본적 목표를 달성하는 데 필수적이다. 그런데 위 조항은 금치처분을 받은 사람에 대하여 실외운동을 원칙적으로 금지하고, 다만 소장의 재량에 의하여 이를 예외적으로 허용하고 있다. 그러나 소란·난동을 피우거나 다른 사람을 해할 위험이 있어 실외운동을 허용할 경우 금치처분의 목적 달성이 어려운 예외적인 경우에 한하여 실외운동을 제한하는 덜 침해적인 수단이 있음에도 불구하고, 위 조항은 금치처분을 받은 사람에게 원칙적으로 실외운동을 금지한다. 나아가 위 조항은 예외적으로 실외운동을 허용하는 경우에도, 실외운동의 기회가 부여되어야 하는 최저기준을 법령에서 명시하고 있지 않으므로, 침해의 최소성원칙에 위배된다. 위 조항은 수용자의 정신적·신체적 건강에 필요 이상의 불이익을 가하고 있고, 이는 공익에 비하여 큰 것이므로 위 조항은 법익의 균형성 요건도 갖추지 못하였다. 따라서 위 조항은 청구인의 신체의 자유를 침해한다. [헌재 2016.5.26, 2014헌마45]

[1] 미결수용자가 교정시설 내에서 규율 위반행위 등을 이유로 금치처분을 받은 경우 금치기간 중 편지수수, 접견, 전화통화를 제한하는 「형의 집행 및 수용자의 처우에 관한 법률」(2007.12.21. 법률 제8728호로 전부개정된 것, 이하 '형집행법'이라 한다) 제112조 제3항 본문 중 미결수용자에게 적용되는 제108조 제11호 부분(이하 '이 사건 편지수수 제한조항'이라 한다), 제12호 부분(이하 '이 사건 접견 제한조항'이라 한다), 제9호 부분(이하 '이 사건 전화통화 제한조항'이라 한다)이 청구인의 통신의 자유를 침해하는지 여부(소극) – (중략) 접견이나 편지수수의 경우에는 교정시설의 장이 수용자의 권리구제 등을 위해 필요하다고 인정한 때에는 예외적으로 허용할 수 있도록 하여 기본권 제한을 최소화하고 있다. 전화통화의 경우에는 위와 같은 예외가 규정되어 있지는 않으나, 증거인멸 우려 등의 측면에서 미결수용자의 전화통화의 자유를 제한할 필요성이 더 크다고 할 수 있다. (중략) 따라서 이 사건 편지수수 · 접견 · 전화통화 제한조항은 청구인의 통신의 자유를 침해하지 아니한다.

[2] 금치처분을 받은 미결수용자에게 금치기간 중 집필을 제한하는 형집행법 제112조 제3항 본문 중 미결수용자에게 적용되는 제108조 제10호 부분(이하 '이 사건 집필 제한조항'이라 한다)이 청구인의 표현의 자유를 침해하는지 여부(소극) – 교정시설의 장이 수용자의 권리구제 등을 위해 특히 필요하다고 인정하는 때에는 집필을 허용할 수 있도록 예외가 규정되어 있으며, 형집행법 제85조에서 미결수용자의 징벌집행 중 소송서류의 작성 등 수사 및 재판 과정에서의 권리행사를 보장하도록 규정하고 있는 점 등에 비추어 볼 때 위 조항이 청구인의 표현의 자유를 과도하게 제한한다고 보기 어렵다.

[3] 금치처분을 받은 미결수용자에게 금치기간 중 신문 및 자비구매도서 열람 제한을 함께 부과하는 형집행법 제112조 제3항 본문 중 미결수용자에게 적용되는 제108조 제5호 부분(이하 '이 사건 신문열람 제한조항'이라 한다) 및 제7호 가운데 도서에 관한 부분(이하 '이 사건 도서열람 제한조항'이라 한다)이 청구인의 알 권리를 침해하는지 여부(소극) – 이 사건 신문 및 도서열람 제한조항은 최장 30일의 기간 내에서만 신문이나 도서의 열람을 금지하고 열람을 금지하는 대상에 수용시설 내 비치된 도서는 포함시키지 않고 있으므로 위 조항들이 청구인의 알 권리를 과도하게 제한한다고 보기 어렵다.

[4] ○○구치소장이 CCTV를 이용하여 청구인을 계호한 행위(이하 '이 사건 CCTV 계호'라 한다)가 청구인의 사생활의 비밀과 자유를 침해하는지 여부(소극) – ○○구치소장은 형집행법 등에서 규정한 바에 따라 수용자의 사생활의 비밀과 자유에 대한 제한을 최소화하기 위하여 특정 부분을 확대하거나 정밀하게 촬영할 수 없는 CCTV를 설치하였고, 화장실 문의 창에 불투명 재질의 종이를 부착하였으며, 녹화된 영상정보의 무단유출 방지를 위한 영상시스템 운영계획을 실시하는 등의 조치를 취하였다. (중략) 따라서 이 사건 CCTV 계호가 청구인의 사생활의 비밀과 자유를 과도하게 제한하는 것으로 볼 수 없다. [헌재 2016.4.28, 2012헌마549 · 2013헌마865(병합)] 18. 승진

[1] 금치기간 중 집필을 금지하도록 한 「형의 집행 및 수용자의 처우에 관한 법률」(2007. 12.21. 법률 제8728호로 전부개정된 것, 이하 '형집행법'이라 한다) 제112조 제3항 본문 중 미결수용자에게 적용되는 제108조 제10호에 관한 부분(이하 '이 사건 집필 제한 조항'이라 한다)이 청구인의 표현의 자유를 침해하는지 여부(소극) − 금치처분을 받은 수용자들은 이미 수용시설의 안전과 질서유지에 위반되는 행위, 그중에서도 가장 중한 평가를 받은 행위를 한 자들이라는 점에서, 집필과 같은 처우 제한의 해제는 예외적인 경우로 한정될 수밖에 없고, 선례가 금치기간 중 집필을 전면 금지한 조항을 위헌으로 판단한 이후, 입법자는 집필을 허가할 수 있는 예외를 규정하고 금치처분의 기간도 단축하였다. 나아가 미결수용자는 징벌집행 중 소송서류의 작성 등 수사 및 재판 과정에서의 권리행사는 제한 없이 허용되는 점 등을 감안하면, 이 사건 집필 제한조항은 청구인의 표현의 자유를 침해하지 아니한다.

[2] 금치기간 중 편지수수를 금지하도록 한 형집행법 제112조 제3항 본문 중 미결수용자에게 적용되는 제108조 제11호에 관한 부분(이하 '이 사건 편지수수 제한조항'이라 한다)이 청구인의 통신의 자유를 침해하는지 여부(소극) − 편지수수 제한의 경우 외부와의 접촉을 금지시키고 구속감과 외로움 속에 반성에 전념토록 하는 징벌의 목적에 상응하는 점, 편지수수를 허가할 수 있는 예외를 규정하고 있는 점 등을 감안하면, 이 사건 편지수수 제한조항은 청구인의 통신의 자유를 침해하지 아니한다.
[헌재 2014.8.28, 2012헌마623]

8. 징벌집행의 정지 · 면제 · 유예

(1) 정지 · 면제

> **법 제113조 【징벌집행의 정지 · 면제】** ① 소장은 질병이나 그 밖의 사유로 징벌집행이 곤란하면 그 사유가 해소될 때까지 그 집행을 일시 정지할 수 있다. 22. 교정9
> ② 소장은 징벌집행 중인 사람이 뉘우치는 빛이 뚜렷한 경우에는 그 징벌을 감경하거나 남은 기간의 징벌집행을 면제할 수 있다. 22. 교정9☆
>
> **영 제135조 【징벌기간의 계산】** 소장은 법 제113조 제1항에 따라 징벌집행을 일시 정지한 경우 그 정지사유가 해소되었을 때에는 지체 없이 징벌집행을 재개하여야 한다. 이 경우 집행을 정지한 다음 날부터 집행을 재개한 전날까지의 일수는 징벌기간으로 계산하지 아니한다.

(2) 유예

> **법 제114조 【징벌집행의 유예】** ① 징벌위원회는 징벌을 의결하는 때에 행위의 동기 및 정황, 교정성적, 뉘우치는 정도 등 그 사정을 고려할 만한 사유가 있는 수용자에 대하여 2개월 이상 6개월 이하의 기간 내에서 징벌의 집행을 유예할 것을 의결할 수 있다. 22. 교정9☆
> ② 소장은 징벌집행의 유예기간 중에 있는 수용자가 다시 제107조의 징벌 대상행위를 하여 징벌이 결정되면 그 유예한 징벌을 집행한다. 19. 교정7
> ③ 수용자가 징벌집행을 유예받은 후 징벌을 받음이 없이 유예기간이 지나면 그 징벌의 집행은 종료된 것으로 본다.

징벌집행의 유예

1. 징벌집행의 정지 · 면제 · 감경은 '소장'의 권한이나, 징벌집행의 유예는 '징벌위원회'의 권한에 속한다.
2. 현행법령상 징벌집행의 유예는 규정되어 있으나, '징벌선고의 유예'는 도입되어 있지 않다.
3. 형벌의 집행유예의 효과는 '형 선고의 효력 상실'이지만(「형법」 제65조), 징벌의 집행유예의 효과는 '징벌의 집행종료 간주'이다(법 제114조 제3항).

9. 징벌의 실효 등

법 제115조【징벌의 실효 등】 ① 소장은 징벌의 집행이 종료되거나 집행이 면제된 수용자가 교정 성적이 양호하고 <u>법무부령으로 정하는 기간</u> 동안 징벌을 받지 아니하면 <u>법무부장관의 승인</u>을 받아 징벌을 실효시킬 수 있다. 19. 교정7☆

② 제1항에도 불구하고 소장은 수용자가 <u>교정사고 방지에 뚜렷한 공로</u>가 있다고 인정되면 <u>분류처우위원회의 의결</u>을 거친 후 <u>법무부장관의 승인</u>을 받아 <u>징벌을 실효시킬 수 있다.</u> 24. 교정9☆

③ 이 법에 규정된 사항 외에 징벌에 관하여 필요한 사항은 법무부령으로 정한다.

규칙 제234조【징벌의 실효】 ① 법 제115조 제1항에서 '법무부령으로 정하는 기간'이란 다음 각 호와 같다.

1. 제215조 제1호부터 제4호까지의 징벌 중 <u>금치</u>의 경우에는 다음 각 목의 기간
    가. <u>21일 이상 30일 이하의 금치: 2년 6개월</u>
    나. <u>16일 이상 20일 이하의 금치: 2년</u> 10. 특채
    다. <u>10일 이상 15일 이하의 금치: 1년 6개월</u> 19. 교정7
    라. <u>9일 이하의 금치: 1년</u> 10. 특채
2. 제215조 제2호에 해당하는 금치 외의 징벌(→ 3개월의 작업장려금 삭감): 2년
3. 제215조 제3호에 해당하는 금치 외의 징벌(→ 2개월의 작업장려금 삭감): 1년 6개월
4. 제215조 제4호에 해당하는 금치 외의 징벌: 1년
5. 제215조 제5호에 해당하는 징벌: 6개월

② 소장은 법 제115조 제1항·제2항에 따라 징벌을 실효시킬 필요가 있으면 <u>징벌실효기간이 지나거나 분류처우위원회의 의결을 거친 후에 지체 없이 법무부장관에게 그 승인을 신청하여야 한다.</u> 10. 특채

③ 소장은 법 제115조에 따라 실효된 징벌을 이유로 그 수용자에게 처우상 불이익을 주어서는 아니 된다.

법 제111조의2【징벌 대상행위에 관한 양형 참고자료 통보】 소장은 미결수용자에게 징벌을 부과한 경우에는 그 징벌 대상행위를 양형(量刑) 참고자료로 작성하여 관할 검찰청 검사 또는 관할 법원에 통보할 수 있다. 14. 교정9☆

징벌의 실효 등

징벌의 실효기간 경과 시(법 제115조 제1항)에는 분류처우위원회의 의결 없이 장관의 승인을 받아 징벌을 실효시킬 수 있으나, 실효기간 미경과 시(법 제115조 제2항)에는 분류처우위원회의 의결을 거친 후 장관의 승인을 받아 징벌을 실효시킬 수 있다.

징벌 중 금치처분

징벌 중 금치처분의 경우, 기간이 같아도 근거규정에 따라 실효기간이 달라지는 문제점을 해소하기 위하여 금치기간별로 징벌의 실효기간을 규정하였다(규칙 제234조 제1항 제1호).

★핵심 POINT | 징벌의 실효기간

징벌사유(법 제107조)	부과되는 징벌	실효기간
• 형사법률에 저촉(제1호) • 금지물품(제4호)	21일 이상 30일 이하의 금치(1/2 범위에서 감경 가능)	2년 6개월
거짓사실 신고(제5호)	• 16일 이상 20일 이하의 금치(1/2 범위에서 감경 가능) • 3개월의 작업장려금 삭감	2년
• 요구관철 목적 자해(제2호) • 작업, 교육 · 교화 프로그램의 거부 또는 태만(제3호)	• 10일 이상 15일 이하의 금치 • 2개월의 작업장려금 삭감	1년 6개월
-	• 9일 이하의 금치 • 30일 이내의 실외운동 및 공동행사 참가 정지 • 30일 이내의 접견 · 편지수수 · 집필 및 전화통화 제한 • 30일 이내의 텔레비전 시청 및 신문열람 제한 • 1개월의 작업장려금 삭감	1년
-	• 30일 이내의 접견 제한 • 30일 이내의 편지수수 제한 • 30일 이내의 집필 제한 • 30일 이내의 전화통화 제한 • 30일 이내의 작업정지 • 30일 이내의 자비구매물품 사용 제한 • 30일 이내의 텔레비전 시청 제한 • 30일 이내의 신문 열람 제한 • 30일 이내의 공동행사 참가 정지 • 50시간 이내의 근로봉사 • 경고	6개월

⚖ 관련 판례 | 금치기간 중 변호사 접견 금지의 위헌성

교도소장이 금치기간 중에 있는 피징벌자와 변호사와의 접견을 불허한 조치가 피징벌자의 접견권과 재판청구권을 침해하여 위법하다고 한 사례 – 금치기간 중의 접견허가 여부가 교도소장의 재량행위에 속한다고 하더라도 피징벌자가 금치처분 자체를 다툴 목적으로 소제기 등을 대리할 권한이 있는 변호사와의 접견을 희망한다면 이는 행형법 시행령 제145조 제2항에 규정된 예외적인 접견허가사유인 '처우상 특히 필요하다고 인정하는 때'에 해당하고, 그 외 제반 사정에 비추어 교도소장이 금치기간 중에 있는 피징벌자와 변호사와의 접견을 불허한 조치는 피징벌자의 접견권과 재판청구권을 침해하여 위법하다. [대판 2004.12.9, 2003다50184] 10. 특채

⚖ 관련 판례 | 양형자료통보 취소 등

피청구인이 미결수용자인 청구인에게 징벌을 부과한 뒤 그 규율위반 내용 및 징벌처분 결과 등을 관할 법원에 양형 참고자료로 통보한 행위(이하 '이 사건 통보행위'라 한다)가 청구인의 개인정보자기결정권을 침해하는지 여부(소극) – 내용 생략 [헌재 2023.9.26, 2022헌마926]

4 징벌제도의 문제점과 개선방안

1. 문제점

(1) 징벌요구 및 집행에 있어 소장의 권한이 너무 강화되어 있다.

(2) 수용자 준수사항이 너무 광범위하다.

(3) 징벌에 대한 항고·재심의 기회, 변호인의 조력 등 구제수단과 절차적 권리가 미흡하다.

(4) 금치나 운동 제한을 제외하고는 제재의 효과가 크지 않아 상습적으로 규율 위반을 하는 수용자들에 대한 통제수단으로는 한계가 있다.

(5) 무죄추정을 받는 미결수용자를 수형자와 동일한 징벌절차·내용으로 규율하는 것은 적절하지 않다.

2. 개선방안

(1) 효과적인 징벌교육 프로그램의 개발이 필요하다.

(2) 변호인의 조력권, 재심청구권의 보장 등 절차적 권리와 불복수단을 마련할 필요가 있다.

(3) 징벌의 선고를 일정기간 유예하는 제도의 도입(징벌의 선고유예)을 검토할 필요가 있다.

(4) 상습적 규율 위반자에 대한 효과적 징벌수단 및 형기가중제도의 채택이 필요하다.

(5) 단위사동별 징벌위원회를 구성하여 경미한 사안의 경우를 처리하도록 권한을 위임할 필요가 있다.

(6) 미결수용자의 처우에 관한 독립된 법률을 제정하여 미결수용자의 징벌에 관해 별도로 규정할 필요가 있다.

3 벌칙 등

1 벌칙

징벌의 위하력이 약화되어 있는 교정 현실을 감안하여 교정시설 내 금지물품의 반입이나 출석의무의 위반 등을 형사처벌할 수 있게 하여 교정시설의 안전과 질서를 확보하기 위한 것이다.

금지물품의 소지 및 반입

소장의 허가 없이 무인비행장치, 전자·통신기기를 지닌 경우 2년 이하의 징역 또는 2천만 원 이하의 벌금에 처하도록 하고, 소장의 허가 없이 무인비행장치, 전자·통신기기를 '반입'한 경우 3년 이하의 징역 또는 3천만 원 이하의 벌금에 처하도록 하였다(법 제132조 제1항, 제133조 제1항).

법 제132조 【금지물품을 지닌 경우】 ① 수용자가 제92조 제2항을 위반하여 소장의 허가 없이 무인비행장치, 전자·통신기기를 지닌 경우 2년 이하의 징역 또는 2천만 원 이하의 벌금에 처한다.

② 수용자가 제92조 제1항 제3호를 위반하여 주류·담배·화기·현금·수표를 지닌 경우 1년 이하의 징역 또는 1천만 원 이하의 벌금에 처한다.

법 제133조 【금지물품의 반입】 ① 소장의 허가 없이 무인비행장치, 전자·통신기기를 교정시설에 반입한 사람은 3년 이하의 징역 또는 3천만 원 이하의 벌금에 처한다.

② 주류·담배·화기·현금·수표·음란물·사행행위에 사용되는 물품을 수용자에게 전달할 목적으로 교정시설에 반입한 사람은 1년 이하의 징역 또는 1천만 원 이하의 벌금에 처한다.

③ 상습적으로 제2항의 죄를 범한 사람은 2년 이하의 징역 또는 2천만 원 이하의 벌금에 처한다.

법 제134조 【출석의무 위반 등】 다음 각 호의 어느 하나에 해당하는 행위를 한 수용자는 1년 이하의 징역에 처한다.

1. 정당한 사유 없이 제102조 제4항을 위반하여 일시 석방 후 24시간 이내에 교정시설 또는 경찰관서에 출석하지 아니하는 행위

2. 귀휴·외부 통근, 그 밖의 사유로 소장의 허가를 받아 교도관의 계호 없이 교정시설 밖으로 나간 후에 정당한 사유 없이 기한까지 돌아오지 아니하는 행위

녹화 등의 금지

소장의 허가 없이 교정시설 내부를 녹화·촬영한 사람은 1년 이하의 징역 또는 1천만 원 이하의 벌금에 처하도록 하였다(법 제135조).

법 제135조 【녹화 등의 금지】 소장의 허가 없이 교정시설 내부를 녹화·촬영한 사람은 1년 이하의 징역 또는 1천만 원 이하의 벌금에 처한다.

법 제136조 【미수범】 제133조 및 제135조의 미수범은 처벌한다.

법 제137조 【몰수】 제132조 및 제133조에 해당하는 금지물품은 몰수한다(→ 필요적 몰수).

2 포상금

영 제128조의2 【포상금 지급】① 법무부장관은 「형법」 제145조(→ 도주·집합명령 위반)·제146조(→ 특수도주) 또는 법 제134조(→ 출석의무 위반 등) 각 호에 규정된 죄를 지은 수용자를 체포하거나 행정기관 또는 수사기관에 정보를 제공하여 체포하게 한 사람에게 예산의 범위에서 포상금을 지급할 수 있다. 18. 승진
② 포상금의 지급기준·지급방법, 그 밖에 필요한 사항은 법무부장관이 정한다.

영 제128조의3 【포상금의 지급 신청】① 포상금을 받으려는 사람은 법무부장관이 정하는 바에 따라 포상금 지급 신청서를 지방교정청장에게 제출해야 한다.
② 제1항에 따른 신청서를 접수한 지방교정청장은 그 신청서에 법무부장관이 정하는 서류를 첨부하여 법무부장관에게 제출하여야 한다.

영 제128조의4 【포상금의 환수】법무부장관은 제128조의2 제1항에 따라 포상금을 지급한 후 다음 각 호의 어느 하나에 해당하는 사실이 발견된 경우에는 해당 포상금을 환수할 수 있다.
1. 위법 또는 부당한 방법의 증거수집, 허위신고, 거짓진술, 증거위조 등 부정한 방법으로 포상금을 지급받은 경우
2. 동일한 원인으로 다른 법령에 따라 포상금 등을 지급받은 경우
3. 그 밖에 착오 등의 사유로 포상금이 잘못 지급된 경우

「형법」 제145조 【도주, 집합명령 위반】
① 법률에 의하여 체포 또는 구금된 자가 도주한 때에는 1년 이하의 징역에 처한다.
② 전항의 구금된 자가 천재, 사변 기타 법령에 의하여 잠시 해금된 경우에 정당한 이유없이 그 집합명령에 위반한 때에도 전항의 형과 같다.

「형법」 제146조 【특수도주】수용설비 또는 기구를 손괴하거나 사람에게 폭행 또는 협박을 가하거나 2인 이상이 합동하여 전조 제항의 죄를 범한 자는 7년 이하의 징역에 처한다.

01 소장은 징벌사유에 해당하는 행위를 하였다고 의심할 만한 이유가 있는 수용자가 증거를 인멸할 우려가 있는 때에 한하여 조사기간 중 분리하여 수용할 수 있다. 21. 교정9 ( )

02 수용자의 징벌대상행위에 대한 조사기간(조사를 시작한 날부터 징벌위원회의 의결이 있는 날까지를 말한다)은 10일 이내로 한다. 다만, 특히 필요하다고 인정하는 경우에는 1회에 한하여 7일을 초과하지 아니하는 범위에서 그 기간을 연장할 수 있다. 24. 교정9 ( )

03 소장은 징벌대상자의 질병이나 그 밖의 특별한 사정으로 인하여 조사를 계속하기 어려운 경우에는 조사를 일시 정지할 수 있다. 이 경우 조사가 정지된 다음 날부터 정지사유가 소멸한 날까지의 기간은 조사기간에 포함되지 아니한다. 24. 교정9 ( )

04 징벌위원회는 위원장을 포함한 5명 이상 7명 이하의 위원으로 구성하고, 위원장은 소장의 바로 다음 순위자가 된다. 21. 교정9 ( )

05 수용자가 징벌이 집행 중에 있거나 징벌의 집행이 끝난 후 또는 집행이 면제된 후 6개월 내에 다시 징벌사유에 해당하는 행위를 한 때에는 징벌(경고는 제외)의 장기의 2분의 1까지 가중할 수 있다. 21. 교정9 ( )

06 징벌은 동일한 행위에 관하여 거듭하여 부과할 수 없다. 22. 교정9 ( )

07 징벌사유가 발생한 날부터 2년이 지나면 이를 이유로 징벌을 부과하지 못한다. 22. 교정9 ( )

08 다른 수용자의 징벌대상행위를 방조(幇助)한 수용자에게는 그 징벌대상행위를 한 수용자에게 부과되는 징벌과 같은 징벌을 부과하되, 2분의 1로 감경한다. 19. 교정7 ( )

정답

01 X 증거를 인멸할 우려가 있는 때 뿐만 아니라 '다른 사람에게 위해를 끼칠 우려가 있거나 다른 수용자의 위해로부터 보호할 필요가 있는 때'에도 조사기간 중 분리하여 수용할 수 있다(법 제110조 제1항).

02 ○ 규칙 제220조 제1항

03 X 조사가 정지된 다음 날부터 정지사유가 소멸한 '전날'까지의 기간은 조사기간에 포함되지 아니한다(규칙 제221조 제1항 · 제2항).

04 ○ 법 제111조 제2항

05 ○ 법 제109조 제2항 제2호

06 ○ 법 제109조 제3항

07 ○ 법 제109조 제4항

08 X 그 정황을 고려하여 2분의 1까지 감경'할 수 있다'(규칙 제217조 제2항).

09 소장은 특별한 사유가 없으면 의사로 하여금 징벌대상자에 대한 심리상담을 하도록 해야 한다. 19. 교정7 (　　)

10 소장은 30일 이내의 금치(禁置)처분을 받은 수용자에게 실외운동을 제한하는 경우라도 매주 1회 이상 실외운동을 할 수 있도록 하여야 한다. 24. 교정9 (　　)

11 금치처분 집행 중인 수용자가 법원 또는 검찰청 등에 출석하는 경우에 징벌집행은 중지된 것으로 본다. 21. 교정7 (　　)

12 수용자가 이송 중에 징벌대상 행위를 하거나 다른 교정시설에서 징벌대상 행위를 한 사실이 이송된 후에 발각된 경우에는 그 수용자를 인수한 지방교정청장이 징벌을 부과한다. 21. 교정9 (　　)

13 징벌집행의 면제와 일시정지는 허용된다. 22. 교정9 (　　)

14 징벌의 집행유예는 허용되지 아니한다. 22. 교정9 (　　)

15 소장은 징벌집행의 유예기간 중에 있는 수용자가 다시 징벌대상행위를 하면 그 유예한 징벌을 집행한다. 19. 교정7 (　　)

16 소장은 10일의 금치처분을 받은 수용자가 징벌의 집행이 종료된 후 교정성적이 양호하고 1년 6개월 동안 징벌을 받지 아니하면 법무부장관의 승인을 받아 징벌을 실효시킬 수 있다. 19. 교정7 (　　)

17 소장은 수용자가 교정사고 방지에 뚜렷한 공로가 있다고 인정되면 분류처우위원회의 의결을 거친 후 법무부장관의 승인을 받아 징벌을 실효시킬 수 있다. 24. 교정9 (　　)

정답

09 X '교도관'으로 하여금 징벌대상자에 대한 심리상담을 하도록 해야 한다(규칙 제219조의2).

10 ○ 법 제112조 제5항

11 X 징벌집행이 '계속'되는 것으로 본다(영 제134조).

12 X 그 수용자를 인수한 '소장'이 징벌을 부과한다(영 제136조).

13 ○ 법 제113조 제1항·제2항

14 X '징벌위원회의 의결'에 의하여 징벌의 집행유예가 가능하다(법 제114조 제1항).

15 X 다시 징벌대상행위를 하여 '징벌이 결정되면' 그 유예한 징벌을 집행한다(법 제114조 제2항).

16 ○ 법 제115조 제1항, 규칙 제234조 제1항 제1호 다목

17 ○ 법 제115조 제2항

12 수용의 종료

1 교정처우의 종료

교정처우의 종료는 시설 내 처우의 종료와 사회 내 처우의 종료로 구분할 수 있다.

1 시설 내 처우의 종료

수형자, 미결수용자, 「소년법」상 수용자(소년원 · 소년분류심사원), 「치료감호 등에 관한 법률」상 수용자(치료감호소) 등이 구금의 종료 또는 보호처분의 해제로 인해 사회에 복귀하거나, 시설 내 처우 도중에 사망 또는 사형이 집행되는 경우를 말한다.

2 사회 내 처우의 종료

보호관찰의 해제, 갱생보호의 종료 등을 말한다.

2 가석방

1 서론

1. 의의

가석방이란 징역이나 금고의 집행 중에 있는 사람이 행상(行狀)이 양호하고 뉘우침이 뚜렷한 때에 형기종료일 이전에 석방하는 행정처분을 말한다.

2. 법적 성격

(1) 가석방의 성격에 대해서는 은사설, 행정처분설, 구체적 정의설, 권리설, 사회방위설, 교정제도설 등이 있다.
(2) 「형법」에서 가석방은 **행정처분**이라고 규정하고 있고(제72조), 헌법재판소도 가석방은 행형기관의 교정정책 또는 형사정책적 판단에 따라 수형자에게 주는 **은혜적** 조치이지 수형자의 권리가 아니라고 본다. 18. 교정9

관련 판례 가석방의 성격

청구인을 가석방 심사 대상에 포함시키지 아니한 교도소장의 행위가 헌법소원의 대상이 되는 공권력의 행사 또는 불행사에 해당하는지 여부(소극) - 가석방은 수형자의 개별적인 요청이나 희망에 따라 행하여지는 것이 아니라 행형기관의 교정정책 혹은 형사정책적 판단에 따라 이루어지는 재량적 조치이므로, 어떤 수형자가 「형법」제72조 제1항에 규정된 요건을 갖추었다고 하더라도 그것만으로 행형당국에 대하여 가석방을 요구할 주관적 권리를 취득하거나 행형당국이 그에게 가석방을 하여야 할 법률상의 의무를 부담하게 되는 것이 아니다. 수형자는 행형당국의 가석방이라는 구체적인 행정처분이 있을 때 비로소 형기만료 전 석방이라는 사실상의 이익을 얻게 될 뿐이다. (중략) 따라서 안양교도소장이 청구인을 가석방 심사 대상에 포함시키지 않았다고 하더라도 청구인의 법적 지위를 불리하게 변경하는 것이라고 할 수 없다. 그렇다면 안양교도소장이 청구인을 가석방 심사대상에 포함시키지 아니한 행위는 헌법소원의 대상이 되는 공권력의 행사 또는 불행사라고 볼 수 없다. [헌재 2007.7.26, 2006헌마298] 08. 교정9

가석방은 형기만료 전에 조건부로 수형자를 석방하는 제도로서 수형자의 원활한 사회복귀를 주된 목적으로 하고 있으며, 간접적으로는 수용질서를 유지하는 기능도 수행한다. 그러나 청구인이 주장하는 바와 같이 가석방제도가 곧바로 수형자에게 순종과 비굴함을 강요한다고 할 수 없고, 청구인이 가석방제도를 의식하여 수용질서 유지에 협력하여야 하는 불이익을 받는다 하더라도 이는 간접적·사실적 불이익에 불과하다. 나아가 교도관이 가석방제도를 빌미로 수형자에게 위법·부당한 명령이나 지시를 하는 경우에는 그에 대하여 별도로 다툴 수 있으므로, 가석방제도로 인하여 청구인이 주장하는 기본권 침해의 가능성이 있다고 할 수 없다. [헌재 2017.4.4, 2017헌마260] 18. 승진

3. 연혁

(1) 외국

① 호주의 필립(A. Phillip) 주지사가 조건부 사면 형태의 가석방제도를 최초로 실시하였다.

② 잉글랜드제의 마코노키(A. Machonochi)가 이를 개선하고, 아일랜드제의 크로프톤(W. Crofton)이 경찰감시를 수반하는 보호관찰부 가석방으로 발전시켰다.

③ 미국에서는 1876년 엘마이라 감화원에서 실시되었다.

④ 유럽에서는 일반적으로 보호관찰을 수반하지 않는 단순한 조건부 가석방을 실시하고 있다.

(2) 우리나라

① 조선시대에는 휼형제도 중 보방제도가 있었고, 형법대전의 가방(보방)규칙에서는 사형수를 제외한 모든 수형자(종신형 수형자 포함)를 대상으로 가석방의 시행을 규정하였다.

② 1953년 「형법」 제정으로 선시제도(우량수형자석방령)를 폐지하고 경찰서장의 감호를 조건으로 하는 가석방제도를 도입하였으며, 1997년부터 소년수형자 외에 성인수형자의 가석방 시에도 보호관찰을 실시하였다.

4. 장·단점

장점	단점
① 수형자에게 희망을 갖게 하고, 교화개선을 촉진하는 효과가 있다.	① 행정처분의 성격을 가지므로, 재량권 남용의 우려가 있다.
② 교정시설 내의 질서유지에 유용하고, 교정경비를 절감할 수 있다.	② 재범의 위험성이 없는 대상자를 선정하는 것이 쉽지 않다.
③ 수용인원을 조절하여 과밀수용을 해소할 수 있다(인구감소전략 중 후문정책에 해당).	③ 제도상 단기수형자가 가석방의 혜택을 받기 어렵다.
④ 선고형량의 불균형을 간접적으로 시정할 수 있다(정기형의 엄격성을 보완).	④ 가석방기간이 짧아 사회에 제대로 적응하기 어렵다.
⑤ 사회복귀에 용이하고, 재범 방지에 기여한다.	

2 현행법령상 가석방

1. 가석방의 요건

> **형법**
>
> **제72조 【가석방의 요건】** ① 징역이나 금고의 집행 중에 있는 사람이 행상(行狀)이 양호하여 뉘우침이 뚜렷한 때에는 무기형은 20년, 유기형은 형기의 3분의 1이 지난 후 행정처분으로 가석방을 할 수 있다. 20. 보호7☆
> ② 전항의 경우에 벌금 또는 과료의 병과가 있는 때에는 그 금액을 완납하여야 한다. 11. 교정9☆
>
> **제73조 【판결선고 전 구금과 가석방】** ① 형기에 산입된 판결선고 전 구금의 일수는 가석방에 있어서 집행을 경과한 기간에 산입한다. 20. 보호7☆
> ② 벌금 또는 과료에 관한 유치기간에 산입된 판결선고 전 구금일수는 전조 제2항의 경우에 있어서 그에 해당하는 금액이 납입된 것으로 간주한다.
>
> **소년법**
>
> **제65조 【가석방】** 징역 또는 금고를 선고받은 소년에 대하여는 다음 각 호의 기간이 지나면 가석방을 허가할 수 있다. 20. 보호7☆
> 1. 무기형의 경우에는 5년
> 2. 15년 유기형의 경우에는 3년
> 3. 부정기형의 경우에는 단기의 3분의 1

관련 판례 | 가석방의 요건 관련

「형법」제73조 제1항이 "형기에 산입된 판결선고 전 구금의 일수는 가석방에 있어서 집행을 경과한 기간에 산입한다."라고만 규정하고, 사형판결 확정 후 무기징역형으로 감형된 자의 사형집행 대기기간을 무기수의 가석방 형집행 요건기간인 10년(개정 전)에 산입하는 규정을 두지 않은 것이 청구인의 평등권을 침해하는지 여부(소극) - 가석방의 형집행 요건기간에 무기징역형으로 감형된 사형확정자의 사형집행 대기기간을 산입할지, 아니면 차별을 둘지는 입법자가 무기수형자와 사형확정자의 형사책임에 상응하여 필요한 처벌과 교정교화의 정도, 그 교정처우의 실태와 방향의 수립, 강력범죄발생의 추이 및 억제를 위한 형사정책적 판단, 무기수형자 또는 무기징역형으로 감형된 사형확정자의 가석방 후 재범발생의 추이와 사회 내 처우를 통한 교화의 실태 등 여러 사정을 종합적으로 살펴 광범위한 재량을 가지고 정할 사항으로서, 그 입법적인 판단은 마땅히 존중되어야 할 영역에 속한다 할 것이다. 사형확정자의 수용시설에의 수용과 처우는 형의 집행이라고 할 수 없을 뿐만 아니라 사형집행 대기기간 동안에는 사형이라는 집행형의 성질상 건전한 사회복귀보다는 원만한 수용생활의 도모에 교정처우의 목적이 있다고 할 것이므로, 가석방의 대상이 되는 무기징역형의 수형자에 대하여 그 형 집행의 일환으로서 행하여지는 교정교화 및 가석방 시 사회복귀를 위한 수용 및 처우와 본질적인 부분까지 같다고 할 수 없는 것이다. (중략) 사형확정자가 무기징역형으로 감형된 경우와 처음부터 무기징역형의 선고를 받은 자와 사이에 필요하고도 합리적인 범위 내에서 가석방에 필요한 구금기간의 차이를 두는 것은 허용된다고 보아야 한다. (중략) 사형집행 대기기간이 가석방 형집행 요건기간에 산입되지 아니한 결과, 무기징역형으로 감형된 자가 그때까지 구금의 일수를 가석방 형집행 요건기간에 산입받지 못하는 사실상의 불이익을 입는다고 하더라도, 위와 같은 가석방제도의 취지, 「사면법」에 따른 특별감형의 법적 효과, 선고형에 따라 교정시설에서 시행되어야 할 개별적 처우의 특성을 비롯한 가석방제도에 대한 입법자의 형사정책적 판단을 감안하면, 위와 같은 사실상 불이익으로 인한 차별적 결과가 발생하였다고 하더라도 이를 두고 불합리한 차별 입법을 하였다고 보기는 어려우므로, 심판 대상조항이 사형집행 대기기간을 산입하는 규정을 두지 아니하였다고 하여 청구인의 평등권을 침해하였다고 할 수 없다. [헌재 2009.10.29, 2008헌마230]

2. 가석방의 절차

(1) 가석방심사위원회

법 제119조 【가석방심사위원회】「형법」제72조에 따른 가석방의 적격 여부를 심사하기 위하여 법무부장관 소속으로 가석방심사위원회(이하 이 장에서 '위원회'라 한다)를 둔다. 23. 교정9☆

법 제120조 【위원회의 구성】 ① 위원회는 위원장을 포함한 5명 이상 9명 이하의 위원으로 구성한다. 23. 교정7☆

② 위원장은 법무부차관이 되고, 위원은 판사, 검사, 변호사, 법무부 소속 공무원, 교정에 관한 학식과 경험이 풍부한 사람 중에서 법무부장관이 임명 또는 위촉한다. 23. 교정7☆

③ 위원회의 심사 과정 및 심사내용의 공개범위와 공개시기는 다음 각 호와 같다. 다만, 제2호 및 제3호의 내용 중 개인의 신상을 특정할 수 있는 부분은 삭제하고 공개하되, 국민의 알 권리를 충족할 필요가 있는 등의 사유가 있는 경우에는 위원회가 달리 의결할 수 있다. 23. 교정9☆

1. 위원의 명단과 경력사항은 임명 또는 위촉한 즉시
2. 심의서는 해당 가석방 결정 등을 한 후부터 즉시
3. 회의록은 해당 가석방 결정 등을 한 후 5년이 경과한 때부터

④ 위원회의 위원 중 공무원이 아닌 사람은 「형법」 제127조 및 제129조부터 제132조까지의 규정을 적용할 때에는 공무원으로 본다.

⑤ 그 밖에 위원회에 관하여 필요한 사항은 법무부령으로 정한다.

규칙 제236조【심사 대상】 법 제119조의 가석방심사위원회(이하 이 편에서 '위원회'라 한다)는 법 제121조에 따른 가석방 적격 여부 및 이 규칙 제262조에 따른 가석방 취소 등에 관한 사항을 심사한다.

규칙 제237조【심사의 기본원칙】 ① 가석방심사는 객관적 자료와 기준에 따라 공정하게 하여야 하며, 심사 과정에서 알게 된 비밀은 누설해서는 아니 된다.

② 삭제*

규칙 제238조【위원장의 직무】 ① 위원장은 위원회를 소집하고 위원회의 업무를 총괄한다.

② 위원장이 부득이한 사정으로 직무를 수행할 수 없을 때에는 위원장이 미리 지정한 위원이 그 직무를 대행한다. 19. 승진

규칙 제239조【위원의 임명 또는 위촉】 법무부장관은 다음 각 호의 사람 중에서 위원회의 위원을 임명하거나 위촉한다.

1. 법무부 검찰국장 · 범죄예방정책국장 및 교정본부장
2. 고등법원 부장판사급 판사, 변호사, 대학에서 교정학 · 형사정책학 · 범죄학 · 심리학 · 교육학 등 교정에 관한 전문분야를 가르치는 부교수 이상의 직에 있는 사람
3. 그 밖에 교정에 관한 학식과 경험이 풍부한 사람

규칙 제239조의2【위원의 해촉】 법무부장관은 위원회의 위원이 다음 각 호의 어느 하나에 해당하는 경우에는 해당 위원을 해촉할 수 있다.

1. 심신장애로 직무수행이 불가능하거나 현저히 곤란하다고 인정되는 경우
2. 직무와 관련된 비위사실이 있는 경우
3. 직무태만, 품위손상, 그 밖의 사유로 인하여 위원으로 적합하지 아니하다고 인정되는 경우
4. 위원 스스로 직무를 수행하는 것이 곤란하다고 의사를 밝히는 경우

규칙 제240조【위원의 임기】 제239조 제2호 및 제3호의 위원의 임기는 2년으로 하며, 한 차례만 연임할 수 있다. 19. 승진☆

규칙 제241조【간사와 서기】 ① 위원장은 위원회의 사무를 처리하기 위하여 소속 공무원 중에서 간사 1명과 서기 약간 명을 임명한다.

② 간사는 위원장의 명을 받아 위원회의 사무를 처리하고 회의에 참석하여 발언할 수 있다.

공무원 의제

가석방심사위원회의 민간위원에게 벌칙을 적용하는 경우에는 공무원으로 의제하도록 하여 민간위원이 수행하는 업무의 공정성 및 책임성을 제고하고자 하였다 (법 제120조 제4항).

---

* 삭제 전에는 "외부위원의 명단은 심사의 공정성과 신상 보호를 위하여 비공개로 한다."고 규정하고 있었다(규칙 제237조 제2항).

규칙 제242조 【회의】 ① 위원회의 회의는 재적위원 과반수의 출석으로 개의하고, 출석위원 과반수의 찬성으로 의결한다. 23. 교정7

규칙 제243조 【회의록의 작성】 ① 간사는 별지 제20호 서식의 가석방심사위원회 회의록을 작성하여 유지하여야 한다.
② 회의록에는 회의의 내용을 기록하고 위원장 및 간사가 기명날인 또는 서명하여야 한다. 19. 승진☆

규칙 제244조 【수당 등】 위원회의 회의에 출석한 위원에게는 예산의 범위에서 수당과 여비를 지급할 수 있다.

(2) 가석방 적격심사

① 가석방 적격심사신청

법 제121조 【가석방 적격심사】 ① 소장은 「형법」 제72조 제1항의 기간(→ 무기는 20년, 유기는 형기의 3분의 1)이 지난 수형자에 대하여는 법무부령으로 정하는 바에 따라 위원회에 가석방 적격심사를 신청하여야 한다.
② 위원회는 수형자의 나이, 범죄동기, 죄명, 형기, 교정성적, 건강상태, 가석방 후의 생계능력, 생활환경, 재범의 위험성, 그 밖에 필요한 사정을 고려하여 가석방의 적격 여부를 결정한다.

규칙 제245조 【심사신청 대상자 선정】 ① 소장은 「형법」 제72조 제1항의 기간을 경과한 수형자로서 교정성적이 우수하고 뉘우치는 빛이 뚜렷하여 재범의 위험성이 없다고 인정하는 경우에는 분류처우위원회의 의결을 거쳐 가석방 적격심사신청 대상자를 선정한다. 24. 교정9
② 소장은 가석방 심사신청에 필요하다고 인정하면 분류처우위원회에 수형자를 출석하게 하여 진술하도록 하거나 담당교도관을 출석하게 하여 의견을 들을 수 있다. 〈개정 2024.2.8.〉

규칙 제250조 【심사신청】 ② 소장은 가석방 심사신청 대상자를 선정한 경우 선정된 날부터 5일 이내에 위원회에 가석방 적격심사신청을 하여야 한다.
③ 소장은 위원회에 적격심사신청한 사실을 수형자의 동의를 받아 보호자 등에게 알릴 수 있다.

규칙 제251조 【재신청】 소장은 가석방이 허가되지 아니한 수형자에 대하여 그 후에 가석방을 허가하는 것이 적당하다고 인정하는 경우에는 다시 가석방 적격심사신청을 할 수 있다. 24. 교정9☆

② 사전조사

규칙 제246조 【사전조사】 소장은 수형자의 가석방 적격심사신청을 위하여 다음 각 호의 사항을 사전에 조사해야 한다. 이 경우 조사의 방법에 관하여는 제70조(→ 분류조사 방법)를 준용한다. 〈개정 2024.2.8.〉 14. 교정7
1. 신원에 관한 사항
   가. 건강상태
   나. 정신 및 심리 상태

다. 책임감 및 협동심

라. 경력 및 교육 정도

마. 노동 능력 및 의욕

바. 교정성적

사. 작업장려금 및 작업상태 18. 교정7

아. 그 밖의 참고사항

2. 범죄에 관한 사항

가. 범행 시의 나이

나. 형기

다. 범죄 횟수

라. 범죄의 성질·동기·수단 및 내용

마. 범죄 후의 정황

바. 공범관계

사. 피해 회복 여부

아. 범죄에 대한 사회의 감정

자. 그 밖의 참고사항

3. 보호에 관한 사항

가. 동거할 친족·보호자 및 고용할 자의 성명·직장명·나이·직업·
주소·생활 정도 및 수형자와의 관계

나. 가정환경

다. 접견 및 전화통화(← 편지의 수신·발신) 내역

라. 가족의 수형자에 대한 태도·감정

마. 석방 후 돌아갈 곳

바. 석방 후의 생활계획

사. 그 밖의 참고사항

규칙 제247조【사전조사 유의사항】 제246조에 따른 사전조사 중 가석방 적격
심사신청과 관련하여 특히 피해자의 감정 및 합의 여부, 출소 시 피해자에
대한 보복성 범죄가능성 등에 유의하여야 한다.

규칙 제248조【사전조사 결과】 ① 소장은 제246조에 따라 조사한 사항을 매
월 분류처우위원회의 회의 개최일 전날까지 분류처우심사표에 기록하여야
한다. 24. 교정9
② 제1항의 분류처우심사표는 법무부장관이 정한다. 24. 교정9

규칙 제249조【사전조사 시기 등】 ① 제246조 제1호(→ 신원에 관한 사항)의
사항에 대한 조사는 수형자를 수용한 날부터 1개월 이내에 하고, 그 후 변
경할 필요가 있는 사항이 발견되거나 가석방 적격심사신청을 위하여 필요
한 경우에 한다. 24. 교정9☆
② 제246조 제2호(→ 범죄에 관한 사항)의 사항에 대한 조사는 수형자를 수
용한 날부터 2개월 이내에 하고, 조사에 필요하다고 인정하는 경우에는 소
송기록을 열람할 수 있다.
③ 제246조 제3호(→ 보호에 관한 사항)의 사항에 대한 조사는 형기의 3분
의 1이 지나기 전에 하여야 하고, 그 후 변경된 사항이 있는 경우에는 지체
없이 그 내용을 변경하여야 한다. 24. 교정9

③ 심사사항

> **규칙 제252조【누범자에 대한 심사】** 위원회가 동일하거나 유사한 죄로 2회 이상 징역형 또는 금고형의 집행을 받은 수형자에 대하여 적격심사할 때에는 뉘우치는 정도, 노동 능력 및 의욕, 근면성, 그 밖에 정상적인 업무에 취업할 수 있는 생활계획과 보호관계에 관하여 중점적으로 심사하여야 한다.
>
> **규칙 제253조【범죄동기에 대한 심사】** ① 위원회가 범죄의 동기에 관하여 심사할 때에는 사회의 통념 및 공익 등에 비추어 정상을 참작할 만한 사유가 있는지를 심사하여야 한다.
> ② 범죄의 동기가 군중의 암시 또는 도발, 감독관계에 의한 위협, 그 밖에 이와 유사한 사유로 인한 것일 때에는 특히 수형자의 성격 또는 환경의 변화에 유의하고 가석방 후의 환경이 가석방처분을 받은 사람(「보호관찰 등에 관한 법률」에 따른 보호관찰 대상자는 제외한다. 이하 '가석방자'라 한다)에게 미칠 영향을 심사하여야 한다.
>
> **규칙 제254조【사회의 감정에 대한 심사】** 다음 각 호에 해당하는 수형자에 대하여 적격심사할 때에는 특히 그 범죄에 대한 사회의 감정에 유의하여야 한다.
> 1. 범죄의 수단이 참혹 또는 교활하거나 극심한 위해를 발생시킨 경우
> 2. 해당 범죄로 무기형에 처해진 경우
> 3. 그 밖에 사회적 물의를 일으킨 죄를 지은 경우
>
> **규칙 제255조【재산범에 대한 심사】** ① 재산에 관한 죄를 지은 수형자에 대하여는 특히 그 범행으로 인하여 발생한 손해의 배상 여부 또는 손해를 경감하기 위한 노력 여부를 심사하여야 한다. 15. 교정9
> ② 수형자 외의 사람이 피해자의 손해를 배상한 경우에는 그 배상이 수형자 본인의 희망에 따른 것인지를 심사하여야 한다.
>
> **규칙 제255조의2【심층면접】** ① 위원회는 가석방 적격심사에 특히 필요하다고 인정하면 심층면접(수형자 면담·심리검사, 수형자의 가족 또는 보호관계에 있는 사람 등에 대한 방문조사 등을 통해 재범의 위험성, 사회복귀 준비 상태 등을 파악하는 것을 말한다. 이하 이 조에서 같다)을 실시할 수 있다.
> ② 심층면접의 방법, 절차, 그 밖에 필요한 사항은 법무부장관이 정한다.
> [본조신설 2024.2.8.]

④ 관계기관 조회 및 감정의 촉탁

> **규칙 제256조【관계기관 조회】** ① 위원회는 가석방 적격심사에 필요하다고 인정하면 수형자의 주소지 또는 연고지 등을 관할하는 시·군·구·경찰서, 그 밖에 학교·직업알선기관·보호단체·종교단체 등 관계기관에 사실조회를 할 수 있다.
> ② 위원회는 가석방 적격심사를 위하여 필요하다고 인정하면 위원이 아닌 판사·검사 또는 군법무관에게 의견을 묻거나 위원회에 참여시킬 수 있다.

규칙 제257조 【감정의 촉탁】 ① 위원회는 가석방 적격심사를 위하여 필요하다고 인정하면 심리학·정신의학·사회학 또는 교육학을 전공한 전문가에게 수형자의 정신상태 등 특정 사항에 대한 감정을 촉탁할 수 있다.

② 제1항에 따른 촉탁을 받은 사람은 소장의 허가를 받아 수형자와 접견할 수 있다.

> **참고**
>
> 「보호관찰 등에 관한 법률」에 의한 소년수형자의 가석방심사
>
> **제21조 【교도소장 등의 통보의무】** ① 교도소·구치소·소년교도소의 장은 징역 또는 금고의 형을 선고받은 소년(이하 '소년수형자'라 한다)이 「소년법」 제65조 각 호의 기간을 지나면 그 교도소·구치소·소년교도소의 소재지를 관할하는 심사위원회(→ 보호관찰 심사위원회)에 그 사실을 통보하여야 한다.
>
> **제22조 【가석방·퇴원 및 임시퇴원의 신청】** ① 교도소·구치소·소년교도소 및 소년원(이하 '수용기관'이라 한다)의 장은 「소년법」 제65조 각 호의 기간이 지난 소년수형자 또는 수용 중인 보호소년에 대하여 법무부령으로 정하는 바에 따라 관할 심사위원회에 가석방, 퇴원 또는 임시퇴원 심사를 신청할 수 있다.
>
> **제23조 【가석방·퇴원 및 임시퇴원의 심사와 결정】** ① 심사위원회는 제22조 제1항에 따른 신청을 받으면 소년수형자에 대한 가석방 또는 보호소년에 대한 퇴원·임시퇴원이 적절한지를 심사하여 결정한다.
>
> ② 심사위원회는 제21조에 따른 통보를 받은 사람에 대하여는 제22조 제1항에 따른 신청이 없는 경우에도 직권으로 가석방·퇴원 및 임시퇴원이 적절한지를 심사하여 결정할 수 있다.
>
> ③ 심사위원회는 제1항 또는 제2항에 따라 소년수형자의 가석방이 적절한지를 심사할 때에는 보호관찰의 필요성을 심사하여 결정한다.

(3) 가석방의 허가

법 제122조 【가석방 허가】 ① 위원회는 가석방 적격결정을 하였으면 5일 이내에 법무부장관에게 가석방 허가를 신청하여야 한다. 23. 교정9☆

② 법무부장관은 제1항에 따른 위원회의 가석방 허가신청이 적정하다고 인정하면 허가할 수 있다.

영 제140조 【가석방자가 지켜야 할 사항의 알림 등】 소장은 법 제122조 제2항의 가석방 허가에 따라 수형자를 가석방하는 경우에는 가석방자 교육을 하고, 지켜야 할 사항을 알려준 후 증서를 발급해야 한다.

규칙 제259조 【가석방증】 소장은 수형자의 가석방이 허가된 경우에는 주거지, 관할 경찰서 또는 보호관찰소에 출석할 기한 등을 기록한 별지 제24호 서식의 가석방증을 가석방자에게 발급하여야 한다.

3. 가석방의 기간 및 보호관찰

형법

제73조의2 【가석방의 기간 및 보호관찰】 ① 가석방의 기간은 무기형에 있어서는 <u>10년</u>으로 하고, <u>유기형에 있어서는 남은 형기로 하되, 그 기간은 10년을 초과할 수 없다.</u>
20. 보호7☆

② 가석방된 자는 <u>가석방기간 중 보호관찰을 받는다.</u> 다만, 가석방을 허가한 행정관청이 필요가 없다고 인정한 때에는 그러하지 아니하다(→ 필요적 보호관찰, 예외 有).
16. 교정7☆

제76조 【가석방의 효과】 ① 가석방의 처분을 받은 후 그 처분이 실효 또는 취소되지 아니하고 가석방기간을 경과한 때에는 <u>형의 집행을 종료한 것으로 본다.</u> 19. 승진☆

② 전2조의 경우(→ 가석방의 실효, 가석방의 취소)에는 가석방 중의 일수는 형기에 산입하지 아니한다. 15. 사시

소년법

제66조 【가석방기간의 종료】 징역 또는 금고를 선고받은 소년이 가석방된 후 그 처분이 취소되지 아니하고 <u>가석방 전에 집행을 받은 기간과 같은 기간이 지난 경우에는 형의 집행을 종료한 것으로 한다.</u> 다만, 제59조의 형기 또는 제60조 제1항에 따른 장기의 기간이 먼저 지난 경우에는 그 때에 형의 집행을 종료한 것으로 한다.
11. 사시☆

> **참고**
>
> ### 가석방의 절차
>
> | 교정시설 | • 분류처우위원회의 의결을 거쳐 가석방 적격심사신청 대상자 선정
• 선정된 날부터 5일 이내에 가석방 적격심사신청 |
> |---|---|
>
> ↓
>
> | 가석방
심사위원회 | • 가석방의 적격 여부 결정
• 적격결정 후 5일 이내에 법무부장관에게 가석방 허가신청 |
> |---|---|
>
> ↓
>
> | 법무부장관 | 가석방 허가(재량) |
> |---|---|
>
> ↓
>
> | 교정시설 | 서류도달 후 12시간 이내에 가석방 실시
(석방일시 지정의 경우에는 그 일시에 실시) |
> |---|---|

> **참고**
>
> ### 성인수형자에 대한 보호관찰의 심사·결정(「보호관찰 등에 관한 법률」)
>
> **제24조 【성인수형자에 대한 보호관찰의 심사와 결정】** ① <u>심사위원회(→ 보호관찰심사위원회)</u>는 「형의 집행 및 수용자의 처우에 관한 법률」 제122조에 따라 가석방되는 사람에 대하여 보호관찰의 필요성을 심사하여 결정한다.
>
> ② 심사위원회는 제1항에 따른 보호관찰심사를 할 때에는 제28조에 따른 보호관찰 사안조사 결과를 고려하여야 한다.

가석방 시 보호관찰

가석방 시 부과되는 보호관찰은 '필요적' 보호관찰(예외 있음)이다. 그러나 집행유예·선고유예 시 부과되는 보호관찰은 '임의적' 보호관찰이다.

4. 가석방의 실효와 취소

(1) 「형법」상의 규정

가석방 실효와 취소규정

「형법」에는 가석방의 실효와 취소에 관하여 규정되어 있으나, 「소년법」에는 가석방의 취소에 관해서만 규정되어 있다.

> **형법**
>
> **제74조【가석방의 실효】** 가석방 중 금고 이상의 형의 선고를 받아 그 판결이 확정된 때에는 가석방처분은 효력을 잃는다. 단 과실로 인한 죄로 형의 선고를 받았을 때에는 예외로 한다. 15. 사시
>
> **제75조【가석방의 취소】** 가석방의 처분을 받은 자가 감시에 관한 규칙을 위배하거나, 보호관찰의 준수사항을 위반하고 그 정도가 무거운 때에는 가석방처분을 취소할 수 있다. 20. 보호7☆

(2) 시행규칙의 규정

> **규칙 제260조【취소사유】** 가석방자는 가석방기간 중 「가석방자관리규정」 제5조부터 제7조까지(→ 가석방자의 출석의무, 가석방자의 신고의무, 관할경찰서의 장의 조치), 제10조(→ 국내 주거지 이전 및 여행), 제13조(→ 국외 이주 및 여행) 제1항, 제15조(→ 국외 이주 등 중지의 신고) 및 제16조(→ 국외 여행자의 귀국신고)에 따른 지켜야 할 사항 및 관할 경찰서장의 명령 또는 조치를 따라야 하며 이를 위반하는 경우에는 「형법」 제75조에 따라 가석방을 취소할 수 있다. 13. 경채
>
> **규칙 제261조【취소신청】** ① 수형자를 가석방한 소장 또는 가석방자를 수용하고 있는 소장은 가석방자가 제260조의 가석방 취소사유에 해당하는 사실이 있음을 알게 되거나 관할 경찰서장으로부터 그 사실을 통보받은 경우에는 지체 없이 별지 제25호 서식의 가석방 취소심사신청서에 별지 제26호 서식의 가석방 취소심사 및 조사표를 첨부하여 위원회에 가석방 취소심사를 신청하여야 한다. 13. 경채
>
> ② 위원회가 제1항의 신청을 받아 심사를 한 결과 가석방을 취소하는 것이 타당하다고 결정한 경우에는 별지 제23호 서식의 결정서에 별지 제26호 서식의 가석방 취소심사 및 조사표를 첨부하여 지체 없이 법무부장관에게 가석방의 취소를 신청하여야 한다.
>
> ③ 소장은 가석방을 취소하는 것이 타당하다고 인정하는 경우 긴급한 사유가 있을 때에는 위원회의 심사를 거치지 아니하고 전화, 전산망 또는 그 밖의 통신수단으로 법무부장관에게 가석방의 취소를 신청할 수 있다. 이 경우 소장은 지체 없이 별지 제26호 서식의 가석방 취소심사 및 조사표를 송부하여야 한다. 13. 경채
>
> **규칙 제262조【취소심사】** ① 위원회가 가석방 취소를 심사하는 경우에는 가석방자가 「가석방자관리규정」 등의 법령을 위반하게 된 경위와 그 위반이 사회에 미치는 영향, 가석방기간 동안의 생활 태도, 직업의 유무와 종류, 생활환경 및 친족과의 관계, 그 밖의 사정을 고려하여야 한다.
>
> ② 위원회는 제1항의 심사를 위하여 필요하다고 인정하면 가석방자를 위원회에 출석하게 하여 진술을 들을 수 있다. 13. 경채

5. 가석방의 취소 시의 처우

> **규칙 제263조【남은 형기의 집행】** ① 소장은 가석방이 취소된 경우에는 지체 없이 남은 형기 집행에 필요한 조치를 취하고 법무부장관에게 별지 제27호 서식의 가석방 취소자 남은 형기 집행보고서를 송부해야 한다.
> ② 소장은 가석방자가 「형법」 제74조에 따라 가석방이 실효된 것을 알게 된 경우에는 지체 없이 남은 형기 집행에 필요한 조치를 취하고 법무부장관에게 별지 제28호 서식의 가석방실효자 남은 형기 집행보고서를 송부해야 한다.
> ③ 소장은 가석방이 취소된 사람(이하 '가석방취소자'라 한다) 또는 가석방이 실효된 사람(이하 '가석방실효자'라 한다)이 교정시설에 수용되지 아니한 사실을 알게 된 때에는 관할 지방검찰청 검사 또는 관할 경찰서장에게 구인하도록 의뢰하여야 한다. 10. 특채
> ④ 제3항에 따라 구인 의뢰를 받은 검사 또는 경찰서장은 즉시 가석방취소자 또는 가석방실효자를 구인하여 소장에게 인계하여야 한다.
> ⑤ 가석방취소자 및 가석방실효자의 남은 형기 기간은 가석방을 실시한 다음 날부터 원래 형기의 종료일까지로 하고, 남은 형기 집행 기산일은 가석방의 취소 또는 실효로 인하여 교정시설에 수용된 날부터 한다. 18. 교정9☆
> ⑥ 가석방기간 중 형사사건으로 구속되어 교정시설에 미결수용 중인 자의 가석방 취소 결정으로 남은 형기를 집행하게 된 경우에는 가석방된 형의 집행을 지휘하였던 검찰청 검사에게 남은 형기 집행지휘를 받아 우선 집행해야 한다. 18. 교정9☆
>
> **규칙 제60조【이송·재수용 수형자의 개별처우계획 등】** ③ 소장은 제260조에 따른 가석방의 취소로 재수용되어 잔형이 집행되는 경우에는 석방 당시보다 한 단계 낮은 처우등급(제74조의 경비처우급에만 해당한다)을 부여한다. 다만, 「가석방자관리규정」 제5조 단서를 위반하여 가석방이 취소되는 등 가석방 취소사유에 특히 고려할 만한 사정이 있는 때에는 석방 당시와 동일한 처우등급을 부여할 수 있다. 18. 승진☆
> ④ 소장은 형집행 정지 중이거나 가석방기간 중에 있는 사람이 형사사건으로 재수용되어 형이 확정된 경우에는 개별처우계획을 새로 수립하여야 한다. 20. 승진☆

6. 「가석방자관리규정」의 주요 내용

> **제1조【목적】** 이 영은 가석방자에 대한 가석방기간 중의 보호와 감독에 필요한 사항을 규정함을 목적으로 한다.
>
> **제2조【정의】** 이 영에서 '가석방자'란 징역 또는 금고형의 집행 중에 있는 사람으로서 「형법」 제72조 및 「형의 집행 및 수용자의 처우에 관한 법률」 제122조에 따라 가석방된 사람(「보호관찰 등에 관한 법률」에 따른 보호관찰 대상자는 제외한다)을 말한다.
>
> **제3조【가석방자의 보호와 감독】** 가석방자는 그의 주거지를 관할하는 경찰서(경찰서의 지구대를 포함한다. 이하 같다)의 장의 보호와 감독을 받는다.

제4조【가석방 사실의 통보】① 교도소·구치소 및 그 지소(支所)(이하 "교정시설"이라 한다)의 장은 가석방이 허가된 사람을 석방할 때에는 그 사실을 가석방될 사람의 주거지를 관할하는 지방검찰청의 장(지방검찰청 지청의 장을 포함한다. 이하 같다)과 형을 선고한 법원에 대응하는 검찰청 검사장 및 가석방될 사람을 보호·감독할 경찰서(이하 "관할경찰서"라 한다)의 장에게 미리 통보하여야 한다.
② 교정시설의 장은 가석방이 허가된 사람에게 가석방의 취소 및 실효사유와 가석방자로서 지켜야 할 사항 등을 알리고, 주거지에 도착할 기한 및 관할경찰서에 출석할 기한 등을 적은 가석방증을 발급하여야 한다. 22. 교정7

제5조【가석방자의 출석의무】가석방자는 제4조 제2항에 따른 <u>가석방증에 적힌 기한 내에 관할경찰서에 출석하여 가석방증에 출석확인을 받아야 한다.</u> 다만, 천재지변, 질병, 그 밖의 부득이한 사유로 기한 내에 출석할 수 없거나 출석하지 아니하였을 때에는 지체 없이 그 사유를 가장 가까운 경찰서의 장에게 신고하고 별지 제1호 서식의 확인서를 받아 관할경찰서의 장에게 제출하여야 한다. 22. 교정7

제6조【가석방자의 신고의무】① 가석방자는 그의 주거지에 도착하였을 때에는 지체 없이 <u>종사할 직업 등 생활계획을 세우고 이를 관할경찰서의 장에게 서면으로 신고</u>하여야 한다. 22. 교정7☆

제7조【관할경찰서의 장의 조치】① 관할경찰서의 장은 가석방자가 가석방기간 중 정상적인 업무에 종사하고 비행을 저지르지 아니하도록 적절한 지도를 할 수 있다.
② 관할경찰서의 장은 제1항에 따른 지도 중 가석방자의 재범 방지를 위해 특히 필요하다고 인정하는 경우에는 특정 장소의 출입제한명령 등 필요한 조치를 할 수 있다.

제8조【가석방자에 대한 조사】관할경찰서의 장은 <u>6개월마다</u> 가석방자의 품행, 직업의 종류, 생활 정도, 가족과의 관계, 가족의 보호 여부 및 그 밖의 참고사항에 관하여 조사서를 작성하고 관계기관의 장에게 통보하여야 한다. 다만, 변동 사항이 없는 경우에는 그러하지 아니하다. 22. 교정7☆

제10조【국내 주거지 이전 및 여행】① 가석방자는 <u>국내 주거지 이전(移轉) 또는 1개월 이상 국내 여행(이하 '국내주거지 이전 등'이라 한다)을 하려는 경우 관할경찰서의 장에게 신고하여야 한다.</u> 22. 교정7☆

제13조【국외 이주 및 여행】① 가석방자는 국외 이주 또는 1개월 이상 국외 여행(이하 '국외 이주 등'이라 한다)을 하려는 경우 <u>관할경찰서의 장에게 신고하여야 한다.</u> 22. 교정7

제16조【국외 여행자의 귀국신고】국외 여행을 한 가석방자는 귀국하여 주거지에 도착하였을 때에는 지체 없이 그 사실을 <u>관할경찰서의 장에게 신고하여야 한다.</u> 국외 이주한 가석방자가 입국하였을 때에도 또한 같다. 22. 교정7

제19조【가석방의 취소 등】① 법무부장관은 가석방처분을 취소하였을 때에는 가석방자의 주거지를 관할하는 지방검찰청의 장 또는 교정시설의 장이나 가석방 취소 당시 가석방자를 수용하고 있는 교정시설의 장에게 통보하여 남은 형을 집행하게 하여야 한다.

제20조【사망 통보】① 가석방자가 사망한 경우 관할경찰서의 장은 그 사실을 <u>관계기관의 장에게 통보하여야 한다.</u>
② 제1항의 <u>통보를 받은 석방시설의 장은 그 사실을 법무부장관에게 보고하여야</u> 한다. 16. 교정7

🏛 **핵심 OX**

03 가석방자는 가석방 후 그의 주거지에 도착하였을 때에 지체 없이 종사할 직업 등 생활계획을 세우고, 이를 관할경찰서의 장에게 서면으로 신고하여야 한다. (○, ×)

04 가석방자가 사망한 경우 관할경찰서의 장은 그 사실을 관할지방검찰청의 장 및 가석방자를 수용하였다가 석방한 교정시설의 장에게 통보하여야 하고, 통보를 받은 석방시설의 장은 그 사실을 법무부장관에게 보고하여야 한다. (○, ×)

03 ○
04 ○

7. 가석방의 개선방안

(1) 법률규정과 달리 실제상 형의 집행이 80% 이상인 경우가 대부분이므로, 경과 기간을 완화할 필요가 있다.

(2) 가석방 심사에서 누락된 수형자를 위한 구제수단을 마련할 필요가 있다.

(3) 대부분 초범이나 재범을 위주로 가석방을 시행하고 있어 대상자를 확대할 필요가 있다.

(4) 교화개선의 효과를 높일 수 있는 선시제도의 도입을 고려할 필요가 있다.

★핵심 POINT | 「형법」상 가석방과 「소년법」상 가석방의 비교

구분	「형법」상 가석방	「소년법」상 가석방
대상	• 무기형: 20년 • 유기형: 형기의 3분의 1 • 벌금 · 과료의 완납	• 무기형: 5년 • 15년의 유기형: 3년 • 부정기형: 단기의 3분의 1
신청	• 분류처우위원회의 의결을 거쳐 심사대상자 선정 • 5일 이내 가석방심사위원회에 심사신청	교도소장 등은 「소년법」상 기간이 지난 소년수형자에 대하여 보호관찰심사위원회에 가석방을 신청
심사 · 허가 신청	가석방심사위원회	보호관찰심사위원회
허가	법무부장관	
석방 절차	증서교부, 서류도달 후 12시간 이내 석방	
보호관찰심사	보호관찰심사위원회	
취소	○	규정 없음
실효	○	○

3 석방

1 서론

1. 의의

석방이란 구금이 해제되어 수용자가 교정시설에서 출소하여 사회에 복귀하는 것을 말한다.

2. 석방사유

석방은 일반적으로 수형자의 석방과 미결수용자의 석방으로 구별할 수 있고, 사유에 따라 법정사유에 의한 석방과 기타 사유에 의한 석방으로 구별할 수 있다.

구분	수형자	미결수용자
법정사유에 의한 석방	형기종료	구속기간의 종료, 무죄 등의 선고, 구속영장의 효력 상실
기타 사유에 의한 석방	가석방, 사면, 감형, 형의 집행정지, 형의 집행면제	구속취소, 보석, 불기소, 구속집행 정지, 면소, 공소기각

'형의 집행면제'와 '형의 집행정지'의 구분

형의 집행 면제	형의 선고를 받았으나 집행을 하지 않거나 집행받을 권리·의무를 소멸시키는 것으로서, 판결 자체에서 형의 선고를 받지 않은 형의 면제와 구별된다. 예 특별사면(「사면법」 제5조 제1항 제2호), 형의 시효가 완성된 경우(「형법」 제77조)
형의 집행 정지	형의 집행을 계속하는 것이 가혹하다고 보여지는 일정한 사유가 있는 경우에 검사의 지휘에 의하여 형의 집행을 정지하는 것이다. 예 필요적 집행정지(「형사소송법」 제470조), 임의적 집행정지(「형사소송법」 제471조)

형사소송법

제331조【무죄 등 선고와 구속영장의 효력】 무죄, 면소, 형의 면제, 형의 선고유예, 형의 집행유예, 공소기각 또는 벌금이나 과료를 과하는 판결이 선고된 때에는 구속영장은 효력을 잃는다.

제470조【자유형집행의 정지】 ① 징역, 금고 또는 구류의 선고를 받은 자가 심신의 장애로 의사능력이 없는 상태에 있는 때에는 형을 선고한 법원에 대응한 검찰청검사 또는 형의 선고를 받은 자의 현재지를 관할하는 검찰청검사의 지휘에 의하여 심신장애가 회복될 때까지 형의 집행을 정지한다.

② 전항의 규정에 의하여 형의 집행을 정지한 경우에는 검사는 형의 선고를 받은 자를 감호의무자 또는 지방공공단체에 인도하여 병원 기타 적당한 장소에 수용하게 할 수 있다.

③ 형의 집행이 정지된 자는 전항의 처분이 있을 때까지 교도소 또는 구치소에 구치하고 그 기간을 형기에 산입한다. 08. 교정9

제471조【동전】 ① 징역, 금고 또는 구류의 선고를 받은 자에 대하여 다음 각 호의 1에 해당한 사유가 있는 때에는 형을 선고한 법원에 대응한 검찰청검사 또는 형의 선고를 받은 자의 현재지를 관할하는 검찰청검사의 지휘에 의하여 형의 집행을 정지할 수 있다.

1. 형의 집행으로 인하여 현저히 건강을 해하거나 생명을 보전할 수 없을 염려가 있는 때
2. 연령 70세 이상인 때
3. 잉태 후 6월 이상인 때
4. 출산 후 60일을 경과하지 아니한 때
5. 직계존속이 연령 70세 이상 또는 중병이나 장애인으로 보호할 다른 친족이 없는 때
6. 직계비속이 유년으로 보호할 다른 친족이 없는 때
7. 기타 중대한 사유가 있는 때

② 검사가 전항의 지휘를 함에는 소속 고등검찰청검사장 또는 지방검찰청검사장의 허가를 얻어야 한다.

🔨 **관련 판례** | **무죄 등 판결선고 시 구속영장의 효력**

무죄 등 판결선고 후 석방 대상 피고인을 의사에 반하여 교도소로 연행할 수 있는지 여부(소극) - 무죄 등 판결선고 후 석방 대상 피고인이 교도소에서 지급한 각종 지급품의 회수, 수용 시의 휴대금품 또는 수용 중 보관된 금품의 반환 내지 환급 문제 때문에 임의로 교도관과 교도소에 동행하는 것은 무방하나 피고인의 동의를 얻지 않고 의사에 반하여 교도소로 연행하는 것은 헌법 제12조의 규정에 비추어 도저히 허용될 수 없다. [헌재 1997.12.24, 95헌마247] 10. 특채

2 석방절차 14. 경채

> **법 제123조【석방】** 소장은 사면·형기종료 또는 권한이 있는 사람의 명령에 따라 수용자를 석방한다.
>
> **법 제124조【석방시기】** ① 사면, 가석방, 형의 집행면제, 감형에 따른 석방은 그 서류가 교정시설에 도달한 후 12시간 이내에 하여야 한다. 다만, 그 서류에서 석방일시를 지정하고 있으면 그 일시에 한다. 20. 승진☆
> ② 형기종료에 따른 석방은 형기종료일에 하여야 한다. 19. 승진☆
> ③ 권한이 있는 사람의 명령(→ 보석, 구속 취소, 불기소, 구속 집행 정지, 형의 집행 정지 등)에 따른 석방은 서류가 도달한 후 5시간 이내에 하여야 한다. 20. 승진☆
>
> **법 제125조【피석방자의 일시수용】** 소장은 피석방자가 질병이나 그 밖에 피할 수 없는 사정으로 귀가하기 곤란한 경우에 본인의 신청이 있으면 일시적으로 교정시설에 수용할 수 있다. 20. 승진☆
>
> **법 제126조【귀가여비의 지급 등】** 소장은 피석방자에게 귀가에 필요한 여비 또는 의류가 없으면 법무부장관이 정하는 범위에서 이를 지급하거나 빌려줄 수 있다. 20. 승진☆
>
> **영 제145조【귀가여비 등의 회수】** 소장은 법 제126조에 따라 피석방자에게 귀가여비 또는 의류를 빌려준 경우에는 특별한 사유가 없으면 이를 회수한다. 20. 승진☆
>
> **영 제145조의2【증명서의 발급】** 소장은 다음 각 호에 해당하는 사람의 신청에 따라 교정시설에 수용된 사실 또는 수용되었다가 석방된 사실에 관한 증명서를 교부할 수 있다.
> 1. 수용자
> 2. 수용자가 지정한 사람
> 3. 피석방자
> 4. 피석방자가 지정한 사람
>
> **영 제145조의3【고유식별정보의 처리】** 소장은 제145조의2에 따른 사무를 수행하기 위하여 불가피한 경우「개인정보 보호법 시행령」제19조에 따른 주민등록번호, 여권번호, 운전면허의 면허번호 또는 외국인등록번호가 포함된 자료를 처리할 수 있다.

3 사회복귀 전 준비

1. 석방예정자 상담 등

> **영 제141조【석방예정자 상담 등】** 소장은 수형자의 건전한 사회복귀를 위하여 필요하다고 인정하면 석방 전 3일 이내의 범위에서 석방예정자를 별도의 거실에 수용하여 장래에 관한 상담과 지도를 할 수 있다. 20. 승진☆
>
> **영 제142조【형기종료 석방예정자의 사전조사】** 소장은 형기종료로 석방될 수형자에 대하여는 석방 10일 전까지 석방 후의 보호에 관한 사항을 조사하여야 한다. 18. 교정7

2. 석방예정자의 수용이력 등 통보 및 보호조치

법 제126조의2【석방예정자의 수용이력 등 통보】 ① 소장은 석방될 수형자의 재범방지, 자립지원 및 피해자 보호를 위하여 필요하다고 인정하면 해당 수형자의 <u>수용이력</u> 또는 사회복귀에 관한 의견을 그의 거주지를 관할하는 <u>경찰관서</u>나 자립을 지원할 법인 또는 개인에게 통보할 수 있다. 다만, 법인 또는 개인에게 통보하는 경우에는 해당 수형자의 <u>동의</u>를 받아야 한다.

② 제1항에 따라 통보하는 수용이력 또는 사회복귀에 관한 의견의 구체적인 사항은 <u>대통령령</u>으로 정한다.

영 제143조【석방예정자의 수용이력 등 통보】 ① 법 제126조의2 제1항 본문에 따라 통보하는 <u>수용이력</u>에는 다음 각 호의 사항이 포함되어야 한다.

1. 성명
2. 주민등록번호 또는 외국인등록번호
3. 주민등록 상 주소 및 석방 후 거주지 주소
4. 죄명
5. 범죄 횟수
6. 형명
7. 형기
8. 석방 종류
9. 최초입소일
10. 형기종료일
11. 출소일
12. 범죄개요
13. 그 밖에 수용 중 특이사항으로서 석방될 수형자의 재범방지나 관련된 피해자 보호를 위해 특히 알릴 필요가 있는 사항

② 법 제126조의2 제1항 본문에 따라 통보하는 <u>사회복귀에 관한 의견</u>에는 다음 각 호의 사항이 포함되어야 한다.

1. 성명
2. 생년월일
3. 주민등록 상 주소 및 석방 후 거주지 주소
4. 수용기간 중 받은 직업훈련에 관한 사항
5. 수용기간 중 수상이력
6. 수용기간 중 학력변동사항
7. 수용기간 중 자격증 취득에 관한 사항
8. 그 밖에 석방될 수형자의 자립지원을 위해 특히 알릴 필요가 있는 사항

④ 법 제126조의2 제1항 본문에 따라 석방될 수형자의 수용이력 또는 사회복귀에 관한 의견을 그의 거주지를 관할하는 경찰관서에 통보하는 경우에는 「형사사법절차 전자화 촉진법」 제2조 제4호에 따른 형사사법정보시스템을 통해 통보할 수 있다.

영 제144조【석방예정자의 보호조치】 소장은 수형자를 석방하는 경우 특히 필요하다고 인정하면 한국법무보호복지공단에 그에 대한 <u>보호</u>를 요청할 수 있다.

수용이력 등의 통보
교정기관의 장이 경찰관서에 석방예정자의 수용이력 등을 통보하는 경우 일반문서로 통보하는 방식에서 형사사법정보시스템을 이용한 전자적 통보방식으로 통보절차를 간소화하였다(영 제143조 제4항).

참고

「사면법」의 주요 내용

제2조【사면의 종류】 사면은 일반사면과 특별사면으로 구분한다.

제3조【사면 등의 대상】 사면, 감형 및 복권의 대상은 다음 각 호와 같다.

1. 일반사면: <u>죄를 범한 자</u> 08. 교정9
2. 특별사면 및 감형: <u>형을 선고받은 자</u> 08. 교정9
3. 복권: 형의 선고로 인하여 법령에 따른 자격이 상실되거나 정지된 자

제5조【사면 등의 효과】 ① 사면, 감형 및 복권의 효과는 다음 각 호와 같다.

1. 일반사면: <u>형 선고의 효력이 상실</u>되며, 형을 선고받지 아니한 자에 대하여는 <u>공소권이 상실</u>된다. 다만, 특별한 규정이 있을 때에는 예외로 한다.
2. 특별사면: <u>형의 집행이 면제</u>된다. 다만, 특별한 사정이 있을 때에는 이후 <u>형 선고의 효력을 상실</u>하게 할 수 있다. 08. 교정9
3. 일반에 대한 감형: 특별한 규정이 없는 경우에는 <u>형을 변경</u>한다.
4. 특정한 자에 대한 감형: <u>형의 집행을 경감</u>한다. 다만, 특별한 사정이 있을 때에는 <u>형을 변경</u>할 수 있다.
5. 복권: 형 선고의 효력으로 인하여 상실되거나 정지된 <u>자격을 회복</u>한다.

② 형의 선고에 따른 기성의 효과는 사면, 감형 및 복권으로 인하여 변경되지 아니한다.

제8조【일반사면 등의 실시】 일반사면, 죄 또는 형의 종류를 정하여 하는 감형 및 일반에 대한 복권은 대통령령으로 한다. 이 경우 일반사면은 죄의 종류를 정하여 한다.

제9조【특별사면 등의 실시】 특별사면, 특정한 자에 대한 감형 및 복권은 대통령이 한다.

제10조【특별사면 등의 상신】 ① <u>법무부장관</u>은 대통령에게 특별사면, 특정한 자에 대한 감형 및 복권을 상신한다.

② 법무부장관은 제1항에 따라 특별사면, 특정한 자에 대한 감형 및 복권을 상신할 때에는 제10조의2에 따른 <u>사면심사위원회의 심사를 거쳐야 한다.</u> 08. 교정9

제10조의2【사면심사위원회】 ① 제10조 제1항에 따른 특별사면, 특정한 자에 대한 감형 및 복권 상신의 적정성을 심사하기 위하여 <u>법무부장관 소속</u>으로 사면심사위원회를 둔다.

② 사면심사위원회는 위원장 1명을 포함한 9명의 위원으로 구성한다.

③ <u>위원장은 법무부장관</u>이 되고, 위원은 법무부장관이 임명하거나 위촉하되, <u>공무원이 아닌 위원을 4명 이상 위촉</u>하여야 한다.

⑤ 사면심사위원회의 심사 과정 및 심사내용의 공개범위와 공개시기는 다음 각 호와 같다. 다만, 제2호 및 제3호의 내용 중 <u>개인의 신상을 특정할 수 있는</u> 부분은 삭제하고 공개하되, <u>국민의 알 권리를 충족할 필요가 있는</u> 등의 사유가 있는 경우에는 사면심사위원회가 달리 의결할 수 있다.

1. 위원의 명단과 경력사항은 임명 또는 위촉한 즉시
2. 심의서는 해당 특별사면 등을 행한 후부터 즉시
3. <u>회의록은 해당 특별사면 등을 행한 후 5년이 경과한 때부터</u>

⑦ 위원은 「형법」이나 그 밖의 법률에 따른 벌칙을 적용할 때에는 공무원으로 본다.

제11조【특별사면 등 상신의 신청】 <u>검찰총장</u>은 <u>직권</u>으로 또는 형의 집행을 지휘한 검찰청 검사의 보고 또는 수형자가 수감되어 있는 <u>교정시설의 장의 보고</u>에 의하여 법무부장관에게 <u>특별사면</u> 또는 특정한 자에 대한 감형을 상신할 것을 신청할 수 있다. 08. 교정9

제12조 【특별사면 등의 제청】 ① 형의 집행을 지휘한 검찰청의 검사와 수형자가 수감되어 있는 교정시설의 장이 특별사면 또는 특정한 자에 대한 감형을 제청하려는 경우에는 제14조에 따른 서류를 첨부하고 제청사유를 기재한 보고서를 검찰총장에게 제출하여야 한다.
② 교정시설의 장이 제1항의 보고서를 제출하는 경우에는 형의 집행을 지휘한 검찰청의 검사를 거쳐야 한다.

⚖ 관련 판례 | **수형자의 형기종료일 24:00 이전에 석방을 요구할 권리 여부**

「형법」 및 「형의 집행 및 수용자의 처우에 관한 법률」의 관련 규정을 종합하여 볼 때 수형자가 형기종료일의 24:00 이전에 석방을 요구할 권리를 가진다고는 볼 수 없고, 위 법률조항 때문에 노역장유치명령을 받은 청구인이 원하는 특정한 시간에 석방되지 못하여 귀가에 어려움을 겪었다거나 추가 비용을 지출하는 등으로 경제적 불이익을 겪었다고 하더라도 이는 간접적·반사적 불이익에 불과하고 그로 인하여 청구인의 헌법상 기본권이 직접 침해될 여지가 있다고 보기 어렵다. 따라서 「형의 집행 및 수용자의 처우에 관한 법률」 제124조 제2항을 대상으로 한 이 사건 심판청구는 기본권 침해의 가능성을 인정할 수 없다. [헌재 2013.5.21, 2013헌마301] 19. 승진☆

---

4 사망

1 의의

사망은 인위적인 사형집행에 의한 사망과 교정사고의 일종인 자연사와 변사(자살·타살·사고사)를 포함하지만, 보통 전자를 사형집행이라 하고 후자를 사망이라 한다.

2 사망 후 절차

1. 사망 알림 및 기록

법 제127조 【사망 알림】 소장은 수용자가 사망한 경우에는 그 사실을 즉시 그 가족(가족이 없는 경우에는 다른 친족)에게 알려야 한다. 16. 교정7

영 제146조 【사망알림】 소장은 법 제127조에 따라 수용자의 사망사실을 알리는 경우에는 사망 일시·장소 및 사유도 같이 알려야 한다.

영 제147조 【검시】 소장은 수용자가 사망한 경우에는 그 시신을 검사하여야 한다.

영 제148조 【사망 등 기록】 ① 의무관은 수용자가 질병으로 사망한 경우에는 사망장에 그 병명·병력·사인 및 사망일시를 기록하고 서명하여야 한다.

검시

검시란 사체를 임상적으로 검사·확인하는 것으로서, 행정검시와 사법검시가 있다.
1. **행정검시**
   교정시설의 장이 행하는 검시이다(영 제147조).
2. **사법검시**
   수용자가 자살 기타 변사한 경우에 범죄로 인한 것인지를 판단하기 위해 검사가 행하는 검시이다.

🏛 **핵심 OX**

05 소장은 수용자가 사망한 경우에는 그 사실을 즉시 그 가족(가족이 없는 경우에는 다른 친족)에게 통지하여야 한다.
(○, ×)

05 ○

② 소장은 수용자가 자살이나 그 밖에 변사한 경우에는 그 사실을 검사에게 통보하고, 기소된 상태인 경우에는 법원에도 통보하여야 하며 검시가 끝난 후에는 검시자ㆍ참여자의 신분ㆍ성명과 검시 결과를 사망장에 기록하여야 한다.

③ 소장은 법 제128조에 따라 시신을 인도, 화장(火葬), 임시 매장, 집단 매장 또는 자연장(自然葬)을 한 경우에는 그 사실을 사망장에 기록하여야 한다.

2. 시신의 인도 등

법 제128조【시신의 인도 등】 ① 소장은 사망한 수용자의 <u>친족 또는 특별한 연고가 있는 사람</u>이 그 시신 또는 유골의 인도를 청구하는 경우에는 <u>인도하여야 한다.</u> 다만, 제3항에 따라 <u>자연장(自然葬)</u>을 하거나 집단으로 매장을 한 후에는 그러하지 아니하다.

② 소장은 제127조에 따라 수용자가 사망한 사실을 알게 된 사람이 다음 각 호의 어느 하나에 해당하는 <u>기간 이내에 그 시신을 인수하지 아니하거나 시신을 인수할 사람이 없으면 임시로 매장하거나 화장(火葬) 후 봉안하여야 한다.</u> 다만, 감염병 예방 등을 위하여 필요하면 <u>즉시 화장</u>하여야 하며, 그 밖에 필요한 조치를 할 수 있다. 16. 교정7

1. <u>임시로 매장</u>하려는 경우: 사망한 사실을 알게 된 날부터 <u>3일</u>
2. <u>화장하여 봉안</u>하려는 경우: 사망한 사실을 알게 된 날부터 <u>60일</u>

③ 소장은 제2항에 따라 시신을 임시로 매장하거나 화장하여 봉안한 후 2년이 지나도록 시신의 인도를 청구하는 사람이 없을 때에는 다음 각 호의 구분에 따른 방법으로 처리할 수 있다.

1. <u>임시로 매장한 경우</u>: 화장 후 자연장을 하거나 일정한 장소에 <u>집단으로 매장</u>
2. <u>화장하여 봉안한 경우</u>: <u>자연장</u>

④ 소장은 <u>병원이나 그 밖의 연구기관이 학술연구상의 필요에 따라 수용자의 시신 인도를 신청하면 본인의 유언 또는 상속인의 승낙이 있는 경우에 한하여 인도</u>할 수 있다. 16. 교정7

⑤ 소장은 수용자가 사망하면 법무부장관이 정하는 범위에서 <u>화장ㆍ시신인도 등에 필요한 비용을 인수자에게 지급할 수 있다.</u> 16. 교정7

영 제149조【화장한 유골의 처리】 삭제*

영 제150조【임시 매장지의 표지 등】 ① 소장은 시신을 <u>임시 매장하거나 봉안한 경우</u>에는 그 장소에 사망자의 성명을 적은 표지를 비치하고, 별도의 장부에 <u>가족관계등록기준지, 성명, 사망일시를 기록</u>하여 관리하여야 한다.

② 소장은 시신 또는 유골을 <u>집단 매장한 경우</u>에는 집단 매장된 사람의 <u>가족관계등록기준지, 성명, 사망일시를 집단 매장부에 기록하고 그 장소에 묘비</u>를 세워야 한다.

시신인수 관련 개정

수용자가 사망하였으나 가족 등이 시신을 인수하지 않거나 시신을 인수할 사람이 없는 경우에는 시신을 임시 매장하거나 화장한 후 봉안할 수 있게 하고, 임시 매장 또는 화장으로부터 2년이 지나도록 시신의 인도를 청구하는 사람이 없을 때에는 자연장을 할 수 있도록 개정하였다(법 제128조).

* 삭제 전에는 "소장은 법 제128조 제2항 단서에 따라 시신을 화장한 경우 그 유골을 인수할 사람이 없으면 임시 매장하여야 하고, 임시 매장 후 2년이 지나도 인도를 청구하는 사람이 없으면 합장할 수 있다(제1항). 소장은 법 제128조 제3항에 따라 시신을 화장한 경우에는 그 유골을 합장할 수 있다(제2항). 제1항과 제2항에 따라 유골을 합장한 후에는 누구든지 유골의 인도를 청구하지 못한다(제3항)."고 규정되어 있었다(영 제149조).

🏛 핵심OX

06 소장은 가족 등 수용자의 사망 통지를 받은 사람이 통지를 받은 날부터 법률이 정하는 소정의 기간 내에 그 시신을 인수하지 아니하거나 시신을 인수할 사람이 없으면 임시로 매장하거나 화장(火葬) 후 봉안하여야 한다. 다만, 감염병 예방 등을 위하여 필요하면 즉시 화장하여야 하며, 그 밖에 필요한 조치를 할 수 있다.

(O, ×)

07 소장은 병원이나 그 밖의 연구기관이 학술연구상의 필요에 따라 수용자의 시신 인도를 신청하면 본인의 유언 또는 상속인의 승낙이 있는 경우에 한하여 인도할 수 있다. (O, ×)

08 소장은 수용자가 사망하면 법무부장관이 정하는 범위에서 화장ㆍ시신인도 등에 필요한 비용을 인수자에게 지급하여야 한다. (O, ×)

06 ○
07 ○
08 ×

01 가석방의 적격 여부를 심사하기 위하여 법무부장관 소속으로 가석방심사위원회를 둔다. 23. 교정9 (　　)

02 가석방심사위원회는 위원장을 포함한 5명 이상 9명 이하의 위원으로 구성하며, 위원장은 법무부차관이 된다. 23. 교정9 (　　)

03 가석방심사위원회 위원은 판사, 검사, 변호사, 법무부 소속 공무원, 교정에 관한 학식과 경험이 풍부한 사람 중에서 법무부장관이 임명 또는 위촉한다. 23. 교정7 (　　)

04 가석방심사위원회의 심사와 관련하여 심의서와 회의록은 해당 가석방 결정 등을 한 후 5년이 경과한 때부터 공개한다. 23. 교정9 (　　)

05 소장은 「형법」 제72조 제1항의 기간을 경과한 수형자로서 교정성적이 우수하고 뉘우치는 빛이 뚜렷하여 재범의 위험성이 없다고 인정하는 경우에는 분류처우위원회의 의결을 거쳐 가석방 적격심사신청 대상자를 선정한다. 24. 교정9 (　　)

06 소장은 가석방 적격심사신청을 위하여 사전조사한 사항을 매월 분류처우위원회의 회의 개최일 전날까지 분류처우심사표에 기록하여야 하며, 이 분류처우심사표는 법무부장관이 정한다. 24. 교정9 (　　)

07 소장은 가석방 적격심사신청을 위한 사전조사에서 신원에 관한 사항의 조사는 수형자를 수용한 날부터 2개월 이내에 하고, 그 후 변경된 사항이 있는 경우에는 지체 없이 그 내용을 변경하여야 한다. 24. 교정9 (　　)

정답

01 ○ 법 제119조

02 ○ 법 제120조 제1항 · 제2항

03 ○ 법 제120조 제2항

04 X '심의서'는 해당 가석방 결정 등을 한 후부터 '즉시' 공개한다(법 제120조 제3항 제2호 · 제3호).

05 ○ 규칙 제245조 제1항

06 ○ 규칙 제248조 제1항 · 제2항

07 X 신원에 관한 사항의 조사는 수형자를 수용한 날부터 '1개월 이내'에 하고, 그 후 '변경할 필요가 있는 사항이 발견되거나 가석방 적격심사신청을 위하여 필요한 경우에 한다'(규칙 제249조 제1항). 보호에 관한 사항의 조사는 형기의 3분의 1이 지나기 전에 하여야 하고, 그 후 변경된 사항이 있는 경우에는 지체 없이 그 내용을 변경하여야 한다(규칙 제249조 제3항).

08 소장은 가석방이 허가되지 아니한 수형자에 대하여 그 후에 가석방을 허가하는 것이 적당하다고 인정하는 경우에는 다시 가석방 적격심사신청을 할 수 있다. 24. 교정9 ( )

09 가석방심사위원회는 가석방 적격결정을 하였으면 5일 이내에 법무부장관에게 가석방 허가를 신청하여야 한다. 23. 교정9 ( )

10 교정시설의 장은 가석방이 허가된 사람에게 가석방의 취소 및 실효사유와 가석방자로서 지켜야 할 사항 등을 알리고, 주거지에 도착할 기한 및 관할경찰서에 출석할 기한 등을 적은 가석방증을 발급하여야 한다. 22. 교정7 ( )

11 가석방자는 가석방증에 적힌 기한 내에 관할경찰서에 출석하여 출석확인과 동시에 종사할 직업 등 생활계획을 세워 이를 관할경찰서의 장에게 서면으로 신고하여야 한다. 22. 교정7 ( )

12 관할경찰서의 장은 변동사항이 없는 경우를 제외하고, 6개월마다 가석방자의 품행 등에 관하여 조사서를 작성하고 관할 지방검찰청의 장 및 가석방자를 수용하였다가 석방한 교정시설의 장에게 통보하여야 한다. 22. 교정7 ( )

13 가석방자가 1개월 이상 국내 및 국외 여행 후 귀국하여 주거지에 도착한 때에는 관할경찰서의 장에게 신고하여야 한다. 22. 교정7 ( )

정답

08 ○ 규칙 제251조

09 ○ 법 제122조 제1항

10 ○ 「가석방자관리규정」 제4조 제2항

11 ✕ 가석방자는 가석방증에 적힌 기한 내에 관할경찰서에 출석하여 가석방증에 출석확인을 받아야 하나(「가석방자관리규정」 제5조 참조), '주거지에 도착하였을 때 지체 없이' 종사할 직업 등 생활계획을 세우고 이를 관할경찰서의 장에게 서면으로 신고하여야 한다(「가석방자관리규정」 제6조 제1항 참조).

12 ○ 「가석방자관리규정」 제8조

13 ✕ 가석방자가 1개월 이상 국내여행이나 국외여행을 하려는 경우에는 관할경찰서의 장에게 신고하여야 하나(「가석방자관리규정」 제10조 제1항, 제13조 제1항 참조), 국외 여행을 한 가석방자는 귀국하여 주거지에 도착하였을 때에는 지체 없이 그 사실을 관할경찰서의 장에게 신고하여야 하는 것(제16조 참조)과 달리, 국내여행 후 주거지에 도착하였을 때 신고의무는 규정되어 있지 않다.

13 교정의 민간참여와 민영교도소

1 교정의 민간참여

1 의의

(1) 교정의 민간참여란 외부 자원을 수용자의 교정교화에 활용하고 교정행정의 투명성을 제고함으로써 교정의 발전을 도모하며 국민의 신뢰를 확보하기 위한 일련의 제도이다.
(2) 「형의 집행 및 수용자의 처우에 관한 법률」에는 교정자문위원회제도와 교정위원제도가 규정되어 있다.

2 교정자문위원회

1. 의의

형집행법에서는 외부 인사만으로 구성되는 교정자문위원회를 신설하여 외부 자원을 교정교화에 활용하고 교정행정의 투명성을 제고함으로써 교정의 발전을 도모하고 국민의 신뢰를 확보하고자 한다.

2. 현행법령상의 교정자문위원회

(1) 설치 및 기능

> **법 제129조 【교정자문위원회】** ① 수용자의 관리 · 교정교화 등 사무에 관한 지방교정청장의 자문에 응하기 위하여 지방교정청*에 교정자문위원회(이하 이 조에서 '위원회'라 한다)를 둔다. 21. 교정9
> ② 위원회는 10명 이상 15명 이하의 위원으로 성별을 고려하여 구성하고, 위원장은 위원 중에서 호선하며, 위원은 교정에 관한 학식과 경험이 풍부한 외부 인사 중에서 지방교정청장의 추천을 받아 법무부장관이 위촉한다. 21. 교정9☆
> ③ 이 법에 규정된 사항 외에 위원회에 관하여 필요한 사항은 법무부령으로 정한다.
>
> **규칙 제264조 【기능】** 법 제129조 제1항의 교정자문위원회(이하 이 편에서 '위원회'라 한다)의 기능은 다음 각 호와 같다. 18. 승진☆
> 1. 교정시설의 운영에 관한 자문에 대한 응답 및 조언
> 2. 수용자의 음식 · 의복 · 의료 · 교육 등 처우에 관한 자문에 대한 응답 및 조언

교정자문위원회

종래의 교정행정자문위원회, 교정시민옴부즈만, 교정시설성폭력감시단 등이 교정자문위원회로 통 · 폐합되었다.

* 종전에는 '교정시설'에 교정자문위원회를 설치하도록 하였으나, 법을 개정하여 '지방교정청'에 설치하여 수용자 관리 및 교정교화 사무에 대한 '지방교정청장의 자문'에 응하도록 하였다(법 제129조).

3. 노인·장애인수용자 등의 보호, 성차별 및 성폭력 예방정책에 관한 자문에 대한 응답 및 조언
4. 그 밖에 지방교정청장이 자문하는 사항에 대한 응답 및 조언

(2) 위원회의 구성 등

규칙 제265조【구성】 ① 위원회에 부위원장을 두며, 위원 중에서 호선한다. 18. 승진
② 위원 중 4명 이상은 여성으로 한다. 21. 교정9☆
③ 지방교정청장이 위원을 추천하는 경우에는 별지 제29호 서식의 교정자문위원회 위원 추천서를 법무부장관에게 제출하여야 한다. 다만, 재위촉의 경우에는 지방교정청장의 의견서로 추천서를 갈음한다.

규칙 제266조【임기】 ① 위원의 임기는 2년으로 하며, 연임할 수 있다.
② 지방교정청장은 위원의 결원이 생긴 경우에는 결원이 생긴 날부터 30일 이내에 후임자를 법무부장관에게 추천해야 한다.
③ 결원이 된 위원의 후임으로 위촉된 위원의 임기는 전임자 임기의 남은 기간으로 한다.

규칙 제267조【위원장의 직무】 ① 위원장은 위원회를 소집하고 위원회의 업무를 총괄한다.
② 위원장이 부득이한 사유로 직무를 수행할 수 없을 때에는 부위원장이 그 직무를 대행하고, 부위원장도 부득이한 사유로 직무를 수행할 수 없을 때에는 위원장이 미리 지명한 위원이 그 직무를 대행한다. 21. 교정9

규칙 제268조【회의】 ① 위원회의 회의는 위원 과반수의 요청이 있거나 지방교정청장이 필요하다고 인정하는 경우에 개최한다.* 12. 교정7
② 위원회는 재적위원 과반수의 출석으로 개의하고 출석위원 과반수의 찬성으로 의결한다.
③ 위원회의 회의는 공개하지 아니한다. 다만, 위원회의 의결을 거친 경우에는 공개할 수 있다. 12. 교정7

규칙 제269조【지켜야 할 사항】 ① 위원은 다음 사항을 지켜야 한다.
1. 직위를 이용하여 영리행위를 하거나 업무와 관련하여 금품·접대를 주고받지 아니할 것
2. 자신의 권한을 특정인이나 특정 단체의 이익을 위하여 행사하지 아니할 것
3. 업무 수행 중 알게 된 사실이나 개인 신상에 관한 정보를 누설하거나 개인의 이익을 위하여 이용하지 아니할 것

규칙 제270조【위원의 해촉】 법무부장관은 외부위원이 다음 각 호의 어느 하나에 해당하는 경우에는 지방교정청장의 건의를 받아 해당 위원을 해촉할 수 있다.
1. 심신장애로 직무수행이 불가능하거나 현저히 곤란하다고 인정되는 경우
2. 직무와 관련된 비위사실이 있는 경우
3. 제269에 따라 지켜야 할 사항을 위반하였을 경우
4. 직무태만, 품위 손상, 그 밖의 사유로 인하여 위원으로서 직무를 수행하기 적합하지 아니하다고 인정되는 경우
5. 위원 스스로 직무를 수행하는 것이 곤란하다고 의사를 밝히는 경우

* 개정 전에는 "위원회의 회의는 분기마다 개최한다. 다만, 위원 과반수의 요청이 있거나 지방교정청장이 필요하다고 인정하는 경우에는 임시회의를 개최할 수 있다."고 규정되어 있었다(규칙 제268조 제1항).

> **규칙 제271조【간사】** ① 위원회의 사무를 처리하기 위하여 위원회에 간사 1명을 둔다. 간사는 해당 지방교정청의 총무과장 또는 6급 이상의 교도관으로 한다.
>
> **규칙 제272조【수당】** 지방교정청장은 위원회의 회의에 참석한 위원에게는 예산의 범위에서 수당을 지급할 수 있다.

3 교정위원제도

1. 의의

(1) 교정위원이란 법무부장관의 위촉을 받아 수용자의 교육 및 교화활동에 참여하는 민간자원봉사자를 말한다.

(2) 수용자의 교정교화는 교정당국의 노력만으로는 많은 어려움이 있으므로, 교정에 관심이 있는 인사들을 교화위원, 종교위원, 교육위원, 의료위원, 취업·창업위원 등으로 위촉하여 다양한 교화활동을 전개하고 있다.

(3) 교정위원제도는 다양한 민간자원을 수용자의 **교정교화활동**에 참여시킴으로써 시설 내 처우의 한계를 극복하고 교정교화의 효율성을 기할 수 있다.

2. 연혁

(1) 1787년 필라델피아협회에서 구금으로 인한 수형자의 고통을 덜어주기 위한 독지방문제도에서 유래하였다.

(2) 우리나라는 1975년부터 독지방문제도를 운영하였고, 1983년에 교화협의회를 거쳐, 2000년부터는 교정협의회로 확대·개편하여 운영되고 있다.

(3) 현재 일선교정기관에는 교정협의회, 각 지방교정청별로는 교정연합회, 법무부에는 교정위원중앙협의회가 구성되어 있다. 현재 약 5천명 정도의 교정위원이 법무부장관의 위촉을 받아 활동하고 있다.

3. 현행법령상의 교정위원

> **법 제130조【교정위원】** ① 수용자의 교육·교화·의료, 그 밖에 수용자의 처우를 후원하기 위하여 교정시설에 교정위원을 둘 수 있다.
> ② 교정위원은 명예직으로 하며 소장의 추천을 받아 법무부장관이 위촉한다.
>
> **영 제151조【교정위원】** ① 소장은 법 제130조에 따라 교정위원을 두는 경우 수용자의 개선을 촉구하고 안정된 수용생활을 하게 하기 위하여 교정위원에게 수용자를 교화상담하게 할 수 있다.
> ② 교정위원은 수용자의 고충 해소 및 교정·교화를 위하여 필요한 의견을 소장에게 건의할 수 있다.
> ③ 교정위원의 임기, 위촉 및 해촉, 지켜야 할 사항 등에 관하여 필요한 사항은 법무부장관이 정한다.

영 제152조【외부 인사가 지켜야 할 사항】교정위원, 교정자문위원, 그 밖에 교정시설
에서 활동하는 외부 인사는 활동 중에 알게 된 교정시설의 안전과 질서 및 수용자
의 신상에 관한 사항을 외부에 누설하거나 공개해서는 안 된다.

4 기부금품의 접수

법 제131조【기부금품의 접수】소장은 기관·단체 또는 개인이 수용자의 교화 등을 위
하여 교정시설에 자발적으로 기탁하는 금품을 받을 수 있다.

영 제153조【기부금품의 접수 등】① 소장은 법 제131조의 기부금품을 접수하는 경우
에는 기부한 기관·단체 또는 개인(이하 이 장에서 '기부자'라 한다)에게 영수증을
발급하여야 한다. 다만, 익명으로 기부하거나 기부자를 알 수 없는 경우에는 그러
하지 아니하다.
② 소장은 기부자가 용도를 지정하여 금품을 기부한 경우에는 기부금품을 그 용도
에 사용하여야 한다. 다만, 지정한 용도로 사용하기 어려운 특별한 사유가 있는 경
우에는 기부자의 동의를 받아 다른 용도로 사용할 수 있다.
③ 교정시설의 기부금품 접수·사용 등에 관하여 필요한 사항은 법무부장관이 정
한다.

2 민영교도소

1 교정의 민영화

1. 의의

교정의 민영화란 교정시설이나 교정의 일부 프로그램을 개인이나 민간단체에서
운영하거나 지원하는 형태를 의미한다.

2. 배경

(1) **교정 수요의 증대**

과밀수용의 해소 및 전환 등으로 인한 지역사회교정의 필요성이 증대되었다.
08. 교정9

(2) **교정경비의 증대와 효율성의 추구**

국가재정의 압박으로 교정의 효율성 제고를 위한 경영마인드의 도입이 필요
하였다. 08. 교정9

(3) **공공교정행정의 실패**

기존의 국가 주도의 교정이 재범율을 낮추는 데 실패했다는 비판이 제기되었다.

(4) 지역사회교정과 재통합의 이념 강조

시설수용의 대안으로 지역사회교정 및 교정의 사회화가 강조되었다.

3. 교도소 민영화에 대한 찬반론 12. 보호7

찬성론	① 민간기업은 국가기관보다 부드럽고 인간적인 운영을 할 수 있다. ② 보다 적은 비용(국가예산의 절감)으로 양질의 서비스를 제공할 수 있고, 과밀수용의 해소에 기여한다. ③ 다양한 교정 프로그램의 신속한 추진, 탄력적인 운영을 추구할 수 있다. ④ 수용자의 관리와 처우에 있어 새로운 영역과 방법을 제공할 수 있다. ⑤ 효율적인 교도작업으로 이윤을 추구할 수 있는 프로그램의 개발이 가능하다.
반대론	① 범죄자의 처벌과 구금은 국가의 독점적 권한이다. 08. 교정9 ② 형벌집행이 이윤추구의 장으로 전환되어서는 아니 된다. ③ 법 집행의 공정성과 관리 · 감독상의 문제가 야기될 수 있다. ④ 노동 착취와 인권침해, 형사사법망의 확대의 우려가 있다. ⑤ 교도소 산업으로 인해 민간 산업에 피해가 야기될 수 있다. ⑥ 수용자의 관리와 교화개선에 대한 책임에 논란이 있다.

4. 문제점

법적 문제	범죄자의 처벌은 국가의 독점적 권한이므로 민영교도소에 범죄자를 수용하는 것이 타당한 것인가가 문제된다. 그러나 법률의 위임에 의해 그 운영만을 위탁하는 것이고 민영교도소의 활용도 교화개선을 위한 여러 방법 중 하나이므로, 국가의 형벌권 독점에 대한 예외라고 보지 않는다. 12. 보호7
비용의 문제	민영화가 반드시 경제적인 효율이 높다고 단언할 수 있는가의 문제가 제기된다.
책임성의 문제	범죄자처우 프로그램의 효율성이 낮다고 하여 국가가 교화개선의 책임을 포기할 수 있는가의 문제가 있다.
윤리적 문제	민간기업이 형벌집행을 통해 이윤추구를 할 수 있는가의 문제가 제기된다.
전문성의 문제	고도의 전문지식과 경험을 요구하는 교정 담당자를 양성할 수 있는가의 문제가 있다.

2 민영교도소

1. 의의

민영교도소란 개인 또는 민간단체가 교정업무를 전반적·부분적으로 위탁받아 경영하는 것을 말한다.

2. 연혁

(1) 1957년 미국 펜실베니아에서 RCA가 비행청소년을 대상으로 기숙사형 소년원인 집중처우소를 설치한 것이 시초이다.

(2) 현재 미국, 영국, 호주, 남아프리카공화국, 브라질, 뉴질랜드, 네덜란드, 캐나다, 일본 등에서 민영교도소를 실시하고 있다.

3. 우리나라의 민영교도소

(1) 1999년 제7차 행형법 개정 시에 민영교도소 설치의 근거를 신설하였다. 10. 교정9

(2) 2000년 「민영교도소 등의 설치·운영에 관한 법률」을 제정하였다. 17. 교정7

(3) 2010년 10월부터 경기도 여주에 소망교도소가 개소·운영되고 있다.

> 법 제7조【교정시설 설치·운영의 민간위탁】① 법무부장관은 교정시설의 설치 및 운영에 관한 업무의 일부를 법인 또는 개인에게 위탁할 수 있다. 18. 교정9☆
> ② 제1항에 따라 위탁을 받을 수 있는 법인 또는 개인의 자격요건, 교정시설의 시설 기준, 수용 대상자의 선정 기준, 수용자 처우의 기준, 위탁절차, 국가의 감독, 그 밖에 필요한 사항은 따로 법률(→ 「민영교도소 등의 설치·운영에 관한 법률」)로 정한다.

3 민영교도소 등의 설치·운영에 관한 법률

1 총칙

> 제1조【목적】 이 법은 「형의 집행 및 수용자의 처우에 관한 법률」 제7조에 따라 교도소 등의 설치·운영에 관한 업무의 일부를 민간에 위탁하는 데에 필요한 사항을 정함으로써 교도소 등의 운영의 효율성을 높이고 수용자의 처우 향상과 사회 복귀를 촉진함을 목적으로 한다.
>
> 제2조【정의】 이 법에서 사용하는 용어의 뜻은 다음과 같다.
> 1. '교정업무'란 「형의 집행 및 수용자의 처우에 관한 법률」 제2조 제4호에 따른 수용자(이하 '수용자'라 한다)의 수용·관리, 교정·교화, 직업교육, 교도작업, 분류·처우, 그 밖에 「형의 집행 및 수용자의 처우에 관한 법률」에서 정하는 업무를 말한다.

2. '수탁자'란 제3조에 따라 교정업무를 위탁받기로 선정된 자를 말한다.

3. '교정법인'이란 법무부장관으로부터 교정업무를 포괄적으로 위탁받아 교도소 · 소년교도소 또는 구치소 및 그 지소(이하 '교도소 등'이라 한다)를 설치 · 운영하는 법인을 말한다.

4. '민영교도소 등'이란 교정법인이 운영하는 교도소 등을 말한다.

제3조【교정업무의 민간 위탁】 ① 법무부장관은 필요하다고 인정하면 이 법에서 정하는 바에 따라 교정업무를 공공단체 외의 법인 · 단체 또는 그 기관이나 개인에게 위탁할 수 있다. 다만, 교정업무를 포괄적으로 위탁하여 한 개 또는 여러 개의 교도소 등을 설치 · 운영하도록 하는 경우에는 법인에만 위탁할 수 있다. 23. 교정7☆

제4조【위탁계약의 체결】 ① 법무부장관은 교정업무를 위탁하려면 수탁자와 대통령령으로 정하는 방법으로 계약(이하 '위탁계약'이라 한다)을 체결하여야 한다.

② 법무부장관은 필요하다고 인정하면 민영교도소 등의 직원이 담당할 업무와 민영교도소 등에 파견된 소속 공무원이 담당할 업무를 구분하여 위탁계약을 체결할 수 있다.

③ 법무부장관은 위탁계약을 체결하기 전에 계약내용을 기획재정부장관과 미리 협의하여야 한다. 23. 교정7

④ 위탁계약의 기간은 다음 각 호와 같이 하되, 그 기간은 갱신할 수 있다. 23. 교정7☆

1. 수탁자가 교도소 등의 설치비용을 부담하는 경우: 10년 이상 20년 이하

2. 그 밖의 경우: 1년 이상 5년 이하

제5조【위탁계약의 내용】 ① 위탁계약에는 다음 각 호의 사항이 포함되어야 한다.

1. 위탁업무를 수행할 때 수탁자가 제공하여야 하는 시설과 교정업무의 기준에 관한 사항

2. 수탁자에게 지급하는 위탁의 대가와 그 금액의 조정(調整) 및 지급방법에 관한 사항

3. 계약기간에 관한 사항과 계약기간의 수정 · 갱신 및 계약의 해지에 관한 사항

4. 교도작업에서의 작업장려금 · 위로금 및 조위금 지급에 관한 사항

5. 위탁업무를 재위탁할 수 있는 범위에 관한 사항

6. 위탁수용 대상자의 범위에 관한 사항

7. 그 밖에 법무부장관이 필요하다고 인정하는 사항

제6조【위탁업무의 정지】 ① 법무부장관은 수탁자가 이 법 또는 이 법에 따른 명령이나 처분을 위반하면 6개월 이내의 기간을 정하여 위탁업무의 전부 또는 일부의 정지를 명할 수 있다. 23. 교정7☆

② 법무부장관은 제1항에 따른 정지명령을 한 경우에는 소속 공무원에게 정지된 위탁업무를 처리하도록 하여야 한다.

③ 법무부장관은 제1항에 따른 정지명령을 할 때 제2항을 적용하기 어려운 사정이 있으면 그 사정이 해결되어 없어질 때까지 정지명령의 집행을 유예할 수 있다.

2 교정법인

제10조【교정법인의 정관 변경 등】 ① 제3조 제1항 단서에 따라 교정업무를 위탁받은 법인은 위탁계약을 이행하기 전에 법인의 목적사업에 민영교도소 등의 설치·운영이 포함되도록 정관을 변경하여야 한다.

② 제1항에 따른 정관 변경과 교정법인의 정관 변경은 법무부장관의 인가를 받아야 한다. 다만, 대통령령으로 정하는 경미한 사항의 변경은 법무부장관에게 신고하여야 한다. 11. 특채

제11조【임원】 ① 교정법인은 이사 중에서 위탁업무를 전담하는 자를 선임하여야 한다. 24. 교정9

② 교정법인의 대표자 및 감사와 제1항에 따라 위탁업무를 전담하는 이사(이하 '임원'이라 한다)는 법무부장관의 승인을 받아 취임한다. 24. 교정9

③ 교정법인 이사의 과반수는 대한민국 국민이어야 하며, 이사의 5분의 1 이상은 교정업무에 종사한 경력이 5년 이상이어야 한다. 19. 승진☆

제13조【임원 등의 겸직 금지】 ① 교정법인의 대표자는 그 교정법인이 운영하는 민영교도소 등의 장을 겸할 수 없다. 22. 교정7☆

② 이사는 감사나 해당 교정법인이 운영하는 민영교도소 등의 직원(민영교도소 등의 장은 제외한다)을 겸할 수 없다. 19. 승진

③ 감사는 교정법인의 대표자·이사 또는 직원(그 교정법인이 운영하는 민영교도소 등의 직원을 포함한다)을 겸할 수 없다. 19. 승진

제14조【재산】 ① 교정법인은 대통령령으로 정하는 기준에 따라 민영교도소 등의 운영에 필요한 기본재산을 갖추어야 한다.

② 교정법인은 기본재산에 대하여 다음 각 호의 행위를 하려면 법무부장관의 허가를 받아야 한다. 다만, 대통령령으로 정하는 경미한 사항은 법무부장관에게 신고하여야 한다. 20. 교정9

1. 매도·증여 또는 교환   2. 용도 변경
3. 담보 제공   4. 의무의 부담이나 권리의 포기

③ 교정법인의 재산 중 교도소 등 수용시설로 직접 사용되고 있는 것으로서 대통령령으로 정하는 것은 국가 또는 다른 교정법인 외의 자에게 매도·증여 또는 교환하거나 담보로 제공할 수 없다.

제15조【회계의 구분】 ① 교정법인의 회계는 그가 운영하는 민영교도소 등의 설치·운영에 관한 회계와 법인의 일반업무에 관한 회계로 구분한다.

② 제1항에 따른 민영교도소 등의 설치·운영에 관한 회계는 교도작업회계와 일반회계로 구분하며, 각 회계의 세입·세출에 관한 사항은 대통령령으로 정한다. 20. 교정9

④ 제2항에 따른 민영교도소 등의 설치·운영에 관한 회계의 예산은 민영교도소 등의 장이 편성하여 교정법인의 이사회가 심의·의결하고 민영교도소 등의 장이 집행한다.

제17조【합병 및 해산의 인가】 ① 교정법인이 다음 각 호의 어느 하나에 해당하는 행위를 하려면 법무부장관의 인가를 받아야 한다.

1. 다른 법인과의 합병
2. 회사인 경우 분할 또는 분할합병
3. 해산

제18조【잔여재산의 귀속】① 해산한 교정법인의 잔여재산 귀속은 합병하거나 파산한 경우가 아니면 정관으로 정하는 바에 따른다.

② 제1항에 따라 처분되지 아니한 교정법인의 재산은 국고에 귀속한다.

③ 국가는 제2항에 따라 국고에 귀속된 재산을 다른 민영교도소 등의 사업에 사용할 수 있다.

3 민영교도소 등의 설치·운영

제22조【민영교도소 등의 검사】① 교정법인은 민영교도소 등의 시설이 이 법과 이 법에 따른 명령 및 위탁계약의 내용에 적합한지에 관하여 법무부장관의 검사를 받아야 한다.

② 법무부장관은 제1항에 따른 검사를 한 결과 해당 시설이 이 법에 따른 수용시설로서 적당하지 아니하다고 인정되면 교정법인에 대하여 보정을 명할 수 있다.

제23조【운영 경비】① 법무부장관은 사전에 기획재정부장관과 협의하여 민영교도소 등을 운영하는 교정법인에 대하여 매년 그 교도소 등의 운영에 필요한 경비를 지급한다. 24. 교정9☆

제24조【수용 의제】민영교도소 등에 수용된 수용자는 「형의 집행 및 수용자의 처우에 관한 법률」에 따른 교도소 등에 수용된 것으로 본다.

제25조【수용자의 처우】① 교정법인은 위탁업무를 수행할 때 같은 유형의 수용자를 수용·관리하는 국가운영의 교도소 등과 동등한 수준 이상의 교정서비스를 제공하여야 한다. 18. 교정7

② 교정법인은 민영교도소 등에 수용되는 자에게 특별한 사유가 있다는 이유로 수용을 거절할 수 없다. 다만, 수용·작업·교화, 그 밖의 처우를 위하여 특별히 필요하다고 인정되는 경우에는 법무부장관에게 수용자의 이송을 신청할 수 있다. 20. 승진☆

③ 교정법인의 임직원과 민영교도소 등의 장 및 직원은 수용자에게 특정 종교나 사상을 강요하여서는 아니 된다.

제26조【작업 수입】민영교도소 등에 수용된 수용자가 작업하여 생긴 수입은 국고수입으로 한다. 22. 교정7☆

제27조【보호장비의 사용 등】① 민영교도소 등의 장은 제40조에 따라 준용되는 「형의 집행 및 수용자의 처우에 관한 법률」제37조 제1항·제2항(→ 외부 의료시설에서 진료·치료감호시설로 이송), 제63조 제3항(→ 외부 교육기관에 통학·위탁교육), 제68조 제1항(→ 외부 통근작업), 제77조 제1항(→ 일반귀휴), 제97조(→ 보호장비의 사용), 제100조부터 제102조까지(→ 강제력의 행사, 무기의 사용, 재난 시의 조치) 및 제107조부터 제109조까지(→ 징벌, 징벌의 종류, 징벌의 부과)의 규정에 따른 처분 등을 하려면 제33조 제2항에 따라 법무부장관이 민영교도소 등의 지도·감독을 위하여 파견한 소속 공무원(이하 이 조에서 '감독관'이라 한다)의 승인을 받아야 한다. 다만, 긴급한 상황으로 승인을 받을 만한 시간적 여유가 없을 때에는 그 처분 등을 한 후 즉시 감독관에게 알려서 승인을 받아야 한다.

② 민영교도소 등의 장은 제40조에 따라 준용되는 「형의 집행 및 수용자의 처우에 관한 법률」 제121조 제1항에 따른 가석방 적격심사를 신청하려면 감독관의 의견서를 첨부하여야 한다.

③ 민영교도소 등의 장은 제40조에 따라 준용되는 「형의 집행 및 수용자의 처우에 관한 법률」 제123조에 따른 석방을 하려면 관계 서류를 조사한 후 감독관의 확인을 받아 석방하여야 한다.

4 민영교도소 등의 직원

제28조 【결격사유】 다음 각 호의 어느 하나에 해당하는 자는 민영교도소 등의 직원으로 임용될 수 없으며, 임용 후 다음 각 호의 어느 하나에 해당하는 자가 되면 당연히 퇴직한다.

1. 대한민국 국민이 아닌 자 22. 교정7☆
2. 「국가공무원법」 제33조 각 호의 어느 하나에 해당하는 자
3. 제12조에 따라 임원취임 승인이 취소된 후 2년이 지나지 아니한 자
4. 제36조에 따른 해임 명령으로 해임된 후 2년이 지나지 아니한 자

제29조 【임면 등】 ① 교정법인의 대표자는 민영교도소 등의 직원을 임면한다. 다만, 민영교도소 등의 장 및 대통령령으로 정하는 직원을 임면할 때에는 미리 법무부장관의 승인을 받아야 한다. 16. 교정7☆

② 교정법인의 대표자는 민영교도소 등의 장 외의 직원을 임면할 권한을 민영교도소 등의 장에게 위임할 수 있다. 24. 교정9

③ 민영교도소 등의 직원의 임용자격, 임용방법, 교육 및 징계에 관하여는 대통령령으로 정한다.

제30조 【직원의 직무】 ① 민영교도소 등의 직원은 대통령령으로 정하는 바에 따라 「형의 집행 및 수용자의 처우에 관한 법률」에 따른 교도관의 직무를 수행한다.

제31조 【제복 착용과 무기 구입】 ① 민영교도소 등의 직원은 근무 중 법무부장관이 정하는 제복을 입어야 한다. 20. 교정9

② 민영교도소 등의 운영에 필요한 무기는 해당 교정법인의 부담으로 법무부장관이 구입하여 배정한다. 16. 교정7

🏛 **핵심 OX**

02 대한민국 국민이 아닌 자는 민영교도소의 직원으로 임용될 수 없다. (○, ×)

03 민영교도소의 운영에 있어 교정법인의 대표자는 민영교도소의 장 및 대통령령으로 정하는 직원을 임면할 때에는 미리 법무부장관의 승인을 받아야 한다. (○, ×)

04 민영교도소의 운영에 필요한 무기는 국가의 부담으로 법무부장관이 구입하여 배정한다. (○, ×)

02 ○
03 ○
04 ×

Ⅱ

시설 내 처우 해커스공무원 노신 교정학 기본서

13 교정의 민간참여와 민영교도소 **353**

5 지원 · 감독 등

제32조【지원】 <u>법무부장관</u>은 필요하다고 인정하면 직권으로 또는 해당 교정법인이나 민영교도소 등의 장의 신청을 받아 민영교도소 등에 <u>소속 공무원을 파견</u>하여 업무를 지원하게 할 수 있다.

제33조【감독 등】 ① <u>법무부장관은 민영교도소 등의 업무 및 그와 관련된 교정법인의 업무를 지도 · 감독</u>하며, 필요한 경우 지시나 명령을 할 수 있다. 다만, 수용자에 대한 <u>교육과 교화 프로그램에 관하여는 그 교정법인의 의견을 최대한 존중</u>하여야 한다. 22. 교정7☆

② 법무부장관은 제1항에 따른 지도 · 감독상 필요하다고 인정하면 민영교도소 등에 소속 공무원을 파견하여 그 민영교도소 등의 업무를 지도 · 감독하게 하여야 한다.

제34조【보고 · 검사】 ① 민영교도소 등의 장은 대통령령으로 정하는 바에 따라 <u>매월 또는 분기마다</u> 다음 각 호의 사항을 <u>법무부장관에게 보고</u>하여야 한다. 08. 교정7

1. 수용 현황
2. 교정 사고의 발생 현황 및 징벌 현황
3. 무기 등 보안장비의 보유 · 사용 현황
4. 보건의료서비스와 주식 · 부식의 제공 현황
5. 교육 · 직업훈련 등의 실시 현황
6. 외부 통학, 외부 출장 직업훈련, 귀휴, 사회 견학, 외부 통근작업 및 외부 병원 이송 등 수용자의 외부 출입 현황
7. 교도작업의 운영 현황
8. 직원의 인사 · 징계에 관한 사항
9. 그 밖에 법무부장관이 필요하다고 인정하는 사항

② 법무부장관은 필요하다고 인정하면 수시로 교정법인이나 민영교도소 등에 대하여 그 업무 · 회계 및 재산에 관한 사항을 보고하게 하거나, 소속 공무원에게 장부 · 서류 · 시설, 그 밖의 물건을 검사하게 할 수 있다. 이 경우 위법 또는 부당한 사실이 발견되면 이에 따른 필요한 조치를 명할 수 있다.

제35조【위탁업무의 감사】 ① <u>법무부장관</u>은 위탁업무의 처리 결과에 대하여 <u>매년 1회 이상</u> 감사를 하여야 한다.

② 법무부장관은 제1항에 따른 감사 결과 위탁업무의 처리가 위법 또는 부당하다고 인정되면 해당 교정법인이나 민영교도소 등에 대하여 적절한 시정조치를 명할 수 있으며, 관계 임직원에 대한 인사 조치를 요구할 수 있다.

제36조【징계처분명령 등】 ① <u>법무부장관</u>은 민영교도소 등의 직원이 위탁업무에 관하여 이 법 또는 이 법에 따른 명령이나 처분을 위반하면 그 직원의 임면권자에게 <u>해임이나 정직 · 감봉 등 징계처분</u>을 하도록 명할 수 있다. 20. 교정9

② 교정법인 또는 민영교도소 등의 장은 제1항에 따른 징계처분명령을 받으면 즉시 징계처분을 하고 법무부장관에게 보고하여야 한다.

6 보칙 및 벌칙

제37조【공무원 의제 등】 ① 민영교도소 등의 직원은 법령에 따라 공무에 종사하는 것으로 본다.

② 교정법인의 임직원 중 교정업무를 수행하는 자와 민영교도소 등의 직원은 「형법」이나 그 밖의 법률에 따른 벌칙을 적용할 때에는 공무원으로 본다.

③ 민영교도소 등의 장 및 직원은 「형사소송법」이나 「사법경찰관리의 직무를 수행할 자와 그 직무범위에 관한 법률」을 적용할 때에는 교도소장·구치소장 또는 교도관리로 본다.

제38조【손배해상】 ① 교정법인의 임직원과 민영교도소 등의 직원이 위탁업무를 수행할 때 고의 또는 과실로 법령을 위반하여 국가에 손해를 입힌 경우 그 교정법인은 손해를 배상하여야 한다.

제39조【권한의 위임】 법무부장관은 이 법에 따른 권한의 일부를 관할 지방교정청장에게 위임할 수 있다. 24. 교정9

제40조【「형의 집행 및 수용자의 처우에 관한 법률」의 준용】 민영교도소 등에 수용된 자에 관하여 성질상 허용되지 아니하는 경우와 이 법 및 위탁계약으로 달리 정한 경우 외에는 「형의 집행 및 수용자의 처우에 관한 법률」을 준용한다.

제41조【부분위탁】 국가가 운영하는 교도소 등의 업무 중 직업훈련·교도작업 등 일부 교정업무를 특정하여 위탁하는 경우 그 수탁자에 관하여는 성질상 허용되지 아니하는 경우와 위탁계약으로 달리 정한 경우 외에는 교정법인에 관한 규정을 준용한다.

제43조【양벌규정】 교정법인의 임직원(교정법인이 운영하는 민영교도소 등의 직원을 포함한다)이 그 법인의 업무에 관하여 제42조의 위반행위를 하면 그 행위자를 벌하는 외에 그 법인에도 해당 조문의 벌금형을 과한다. 다만, 법인이 그 위반행위를 방지하기 위하여 해당 업무에 관하여 상당한 주의와 감독을 게을리하지 아니한 경우에는 그러하지 아니하다.

01 수용자의 관리 · 교정교화 등 사무에 관한 소장의 자문에 응하기 위하여 교도소에 교정자문위원회를 둔다. 21. 교정9

( )

02 교정자문위원회는 5명 이상 7명 이하의 위원으로 성별을 고려하여 구성하고, 위원장은 위원 중에서 호선하며, 위원은 교정에 관한 학식과 경험이 풍부한 외부인사 중에서 소장의 추천을 받아 법무부장관이 위촉한다. 21. 교정9 ( )

03 교정자문위원회 위원 중 4명 이상은 여성으로 한다. 21. 교정9

( )

04 교정자문위원회 위원장이 부득이한 사유로 직무를 수행할 수 없을 때에는 부위원장이 그 직무를 대행하고, 부위원장도 부득이한 사유로 직무를 수행할 수 없을 때에는 위원 중 연장자인 위원이 그 직무를 대행한다. 21. 교정9 ( )

05 「민영교도소 등의 설치 · 운영에 관한 법률」상 법무부장관은 교정업무를 포괄적으로 위탁하여 교도소를 설치 · 운영하도록 하는 경우 개인에게 위탁할 수 있다. 23. 교정7

( )

06 「민영교도소 등의 설치 · 운영에 관한 법률」상 수탁자가 교도소의 설치비용을 부담하는 경우가 아니라면 위탁계약의 기간은 6년 이상 10년 이하로 하며, 그 기간은 갱신이 가능하다. 23. 교정7

( )

정답

01 X '지방교정청장'의 자문에 응하기 위하여 '지방교정청'에 교정자문위원회를 둔다(법 제129조 제1항).

02 X 교정자문위원회는 '10명 이상 15명 이하'의 위원으로 성별을 고려하여 구성하고, 위원장은 위원 중에서 호선하며, 위원은 교정에 관한 학식과 경험이 풍부한 외부인사 중에서 '지방교정청장'의 추천을 받아 법무부장관이 위촉한다(법 제129조 제2항).

03 ○ 규칙 제265조 제2항

04 X 부위원장도 부득이한 사유로 직무를 수행할 수 없을 때에는 '위원장이 미리 지명한 위원'이 그 직무를 대행한다(규칙 제267조 제2항).

05 X '법인'에만 위탁할 수 있다(민영교도소 등의 설치 · 운영에 관한 법률 제3조 제1항).

06 X '1년 이상 5년 이하'로 한다(민영교도소 등의 설치 · 운영에 관한 법률 제4조 제4항 제2호).

07 「민영교도소 등의 설치·운영에 관한 법률」상 법무부장관은 수탁자가 「민영교도소 등의 설차운영에 관한 법률」에 따른 처분을 위반한 경우 1년 동안 위탁업무 전부의 정지를 명할 수 있다. 23. 교정7   (   )

08 교정법인은 이사 중에서 위탁업무를 전담하는 자를 선임(選任)하여야 하며, 위탁업무를 전담하는 이사는 법무부장관의 승인을 받아 취임한다. 24. 교정9   (   )

09 법무부장관은 사전에 기획재정부장관과 협의하여 민영교도소를 운영하는 교정법인에 대하여 매년 그 교도소의 운영에 필요한 경비를 지급한다. 24. 교정9   (   )

10 대한민국의 국민이 아닌 자는 민영교도소의 직원으로 임용될 수 없다. 22. 교정7   (   )

11 교정법인의 대표자는 민영교도소의 장 외의 직원을 임면할 권한을 민영교도소의 장에게 위임할 수 있다. 24. 교정9   (   )

12 검찰총장은 민영교도소의 업무 및 그와 관련된 교정법인의 업무를 지도·감독하며, 필요한 경우 지시나 명령을 할 수 있지만, 수용자에 대한 교육과 교화프로그램에 관하여는 그 교정법인의 의견을 최대한 존중하여야 한다. 22. 교정7   (   )

13 법무부장관은 「민영교도소 등의 설치·운영에 관한 법률」에 따른 권한의 일부를 교정본부장에게 위임할 수 있다. 24. 교정9   (   )

정답

07 ✕ '6개월 이내의 기간'을 정하여 위탁업무의 전부 또는 일부의 정지를 명할 수 있다(민영교도소 등의 설치·운영에 관한 법률 제6조 제1항).
08 ○ 민영교도소 등의 설치·운영에 관한 법률 제11조 제1항·제2항
09 ○ 민영교도소 등의 설치·운영에 관한 법률 제23조 제1항
10 ○ 「민영교도소 등의 설치·운영에 관한 법률」제28조 제1호
11 ○ 민영교도소 등의 설치·운영에 관한 법률 제29조 제2항
12 ✕ '법무부장관'에게 업무를 지도·감독할 권한이 있다(「민영교도소 등의 설치·운영에 관한 법률」 제33조 제1항).
13 ✕ 관할 '지방교정청장'에게 위임할 수 있다(민영교도소 등의 설치·운영에 관한 법률 제39조).

단원별 출제비중 *최근 6개년 교정직 기출 분석

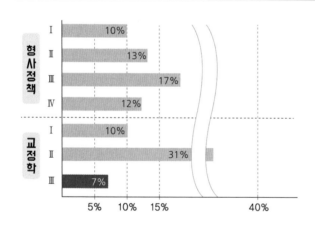

처우의 사회화는 시설 내 처우를 벗어난 사회적 처우(개방처우) 및 사회 내 처우 등을 다루는 단원입니다. 사회적 처우 및 사회 내 처우가 종래의 시설 내 처우와 다른 점과 그 등장이유를 학습하고, 각 처우에 속하는 구체적 제도와 현행법상 제도의 도입 여부 및 각 제도의 대상이 되기 위한 요건 등 주요 내용을 중심으로 학습하시기 바랍니다. 또한 사회적 처우와 사회 내 처우의 차이점 및 각 처우에 속하는 제도를 비교·구분하여 학습하면 좋습니다.

구분	2019 교정9	2019 교정7	2020 교정9	2020 교정7	2021 교정9	2021 교정7	2022 교정9	2022 교정7	2023 교정9	2023 교정7	2024 교정9
사회적 처우(개방처우)	1	2	1	3	1	1	1	1		2	
지역사회교정	1	1		1	1	1		1	1		1
협의의 사회 내 처우											

III

처우의 사회화

01 사회적 처우(개방처우)

02 지역사회교정

03 협의의 사회 내 처우

01 사회적 처우(개방처우)

1 서론

1 사회적 처우의 의의

(1) 사회적 처우(개방처우)란 시설 내 처우를 기반으로 격리와 계호를 완화하여 사회와 접촉하고 교류하는 것을 확대시켜 수형자의 사회복귀를 용이하게 하는 것으로, 시설 내 처우와 사회 내 처우의 결합형태로 볼 수 있다(개방처우 또는 중간처우). 19. 교정7

(2) 오늘날은 교정시설의 과밀수용, 시설 내 처우로 인한 악풍감염 및 사회적응의 곤란, 낙인효과 등으로 인해 시설 내 처우에서 사회 내 처우로 전환되는 추세이다. 이러한 시대적 요청에 의해 범죄자에 대한 처우도 시설 내 처우의 사회화를 추구하고 있다.

(3) 현재 우리나라에서 행해지는 사회적 처우에는 귀휴, 외부 통근작업, 외부 통학, 사회견학, 가족 만남의 집, 가족 만남의 날 등이 있다.

2 사회적 처우의 분류

1. 시설 내 처우와 사회 내 처우를 원칙으로 하는 사회적 처우

시설 내 처우를 원칙으로 하는 사회적 처우	시설 내 처우를 원칙으로 하면서 일반사회와 접촉하고 교류하는 것을 말한다. 16. 교정9☆ 예 개방교도소, 외부 통근제, 주말구금제, 귀휴제, 부부특별면회제 등
사회 내 처우를 원칙으로 하는 사회적 처우	출소가 임박한 수형자의 출소 및 신입자의 입소 준비를 위해 사회 내에 설치된 중간시설을 이용한 처우로서, 일반적으로 출소 및 입소 준비를 위한 사회적 처우를 '중간처우'라고 한다. 예 중간처우의 집, 석방 전 지도센터, 다목적센터, 집단처우센터 등

2. 협의 · 광의의 개방처우

협의의 개방처우	개방시설에 수용하여 사회생활에 근접된 수용생활을 할 수 있도록 처우하는 것을 말한다.
광의의 개방처우	개방시설에서의 처우와 폐쇄시설에서 실시하는 개방처우로서, 반자유 처우(주말구금제 등) 및 출소준비를 위한 중간처우를 모두 포함한다.

3 개방시설

1. 의의

(1) 개방시설에서의 처우는 유형적 · 물리적 도주방지장치가 전부 또는 일부가 없고 수용자의 자율 및 책임감에 기반을 둔 처우제도이다. 13. 교정7☆

(2) 「형의 집행 및 수용자의 처우에 관한 법률」에서는 개방시설을 '도주방지를 위한 통상적인 설비의 전부 또는 일부를 갖추지 아니하고 수형자의 자율적 활동이 가능하도록 통상적인 관리 · 감시의 전부 또는 일부를 하지 아니하는 교정시설'이라고 정의한다(법 제57조 제2항 제1호).

(3) 교정의 사회화와 수형자의 건전한 사회복귀가 개방시설의 목적에 해당한다.

2. 등장배경

(1) 종래의 교정시설의 문제점인 단기자유형의 폐단(악풍감염 · 낙인화 · 개선효과 미비), 과밀수용, 교정의 경제성, 처우의 효과 등이 부각되면서 수형자의 건전한 사회복귀라는 관점에서 구금제도를 완화 · 보완한 개방시설이 등장하였다.

(2) 19세기에 아일랜드의 크로프톤이 가석방 전단계에서 실시한 중간교도소제도가 개방시설의 시초로 평가된다.

3. 운영형태

처음부터 수형자를 개방시설에 수용하는 경우도 있으나, 일반적으로 시설 내 처우를 거친 수형자에 대해 석방 전 처우 또는 중간처우로서 활용되고 있다.

독립적으로 설치된 개방교도소	체계화된 운영으로 일관적인 개방처우가 가능하다. 현재 천안개방교도소가 이에 해당한다.
일반교도소에 부속된 개방시설	처우의 지속성을 유지할 수 있고, 사고 · 위험 등의 경우에 폐쇄시설로 복귀가 용이하다.

4 사회적 처우의 장 · 단점

장점	단점
① 형벌의 인도화, 사회복귀능력의 향상에 기여할 수 있다. 10. 교정7 ② 규율 위반에 따른 처벌의 필요성이 감소한다. ③ 구금의 완화로 단기자유형의 폐해를 일부 해소할 수 있다. ④ 교정비용의 절약의 효과가 있다. ⑤ 재범 방지, 갱생의욕의 고취, 처우의 다양화에 기여한다. ⑥ 가족과의 유대가 지속될 수 있다. 11. 교정9	① 일반국민의 법감정에 위배될 수 있다. ② 외부와의 부정한 접촉의 우려, 도주의 우려가 있다. ③ 사회의 안전을 강조하여 수용의 필요성이 없는 자를 대상자로 포함함으로써 형사사법망의 확대를 초래할 수 있다.

교정처우의 구분

구분	폐쇄적 처우	사회적 처우(광의)		사회 내 처우(광의)	
		사회적 처우 (협의)	중간처우(협의)	중간처벌	사회 내 처우 (협의)
의의	전통적 시설 내 처우	시설 내 처우를 전제로 하여 사회와 접촉·교류	입·출소의 전(前)단계에서 실시하는 지역사회에 기반을 둔 처우	구금형과 보호관찰 사이에 존재하는 대체처벌	석방자 등을 지도·보호하 기 위한 처우
종류	교정시설 내의 수용자에 대한 교육·훈련 등의 각종 처우	귀휴, 외부 통근, 외부 통학, 부부특별접견, 주말구금, 사회견학, 보스탈, 가족 만남의 날 등	중간처우소, 사회 내 처우센터 (다목적센터, 석방 전 지도센터, 호스텔, 개방센터 등)	전환, 벌금형, 집중감시 보호관찰, 사회봉사· 수강명령, 가택구금, 전자감시, 충격구금 등	가석방, 보호관찰, 갱생보호 등

2 사회적 처우의 종류

1 귀휴제도

1. 서론

(1) 의의

① 귀휴제도란 행형 성적이 양호하고 도주의 위험성이 없는 <u>수형자</u>(미결수용 자는 대상 아님)에게 기간과 행선지를 제한하여 <u>외출·외박</u>을 허용하는 제 도이다.

② 귀휴제도는 **장기수용의 부작용을 방지**하고 **사회적 연계의 유지 및 재사회 화의 보충**을 위해 실시한다.

③ 귀휴제도는 형의 집행을 정지시키지 않는 점에서(법 제77조 제4항), 형의 집행정지와 구별된다. 12. 교정7

(2) 연혁

① 1913년 미국 위스콘신주에서 제정된 **후버법**(Huber law)에서 규정하였다.

② 고려시대에는 죄수가 친상을 당했을 때 귀가시켜 상을 치르도록 하였고, 조선시대에는 휼수규정·보방규칙이 존재하였다.

③ 1961년 제1차 행형법 개정 시에 귀휴제도(일반귀휴)가 신설되었고, 1999년 제7차 행형법 개정 시에 특별귀휴가 신설되었다.

2. 목적

(1) 가족 간의 유대를 강화하고 지역사회와 연계로 사회적응력을 배양함에 도움이 된다.

(2) 가족 및 사회복귀에 대한 불안감을 제거하여 안정된 수용생활을 도모한다.

(3) 입소 전의 직업이나 사업에 대한 구제가 가능하고, 교화개선을 촉진한다.

(4) 귀휴를 통해 가석방 대상자를 선별하고 석방시기를 판단하는 자료를 획득할 수 있다.

3. 현행법령상 귀휴제도

(1) 귀휴의 요건

① 일반귀휴의 요건

> **법 제77조【귀휴】** ① 소장은 <u>6개월 이상 형을 집행받은 수형자</u>로서 그 형기의 <u>3분의 1(21년 이상의 유기형 또는 무기형의 경우에는 7년)</u>이 지나고 교정 성적이 우수한 사람이 다음 각 호의 어느 하나에 해당하면 <u>1년 중 20일 이 내의 귀휴(→ 일반귀휴)를 허가할 수 있다.</u> 21. 교정7☆
> 1. 가족 또는 배우자의 직계존속이 <u>위독한 때</u> 23. 교정7
> 2. 질병이나 사고로 외부 의료시설에의 <u>입원</u>이 필요한 때
> 3. 천재지변이나 그 밖의 재해로 가족, 배우자의 직계존속 또는 수형자 본 인에게 회복할 수 없는 <u>중대한 재산상의 손해</u>가 발생하였거나 발생할 우 려가 있는 때
> 4. 그 밖에 교화 또는 건전한 사회복귀를 위하여 <u>법무부령(→ 규칙 제129조 제3항)</u>으로 정하는 사유가 있는 때
>
> **규칙 제129조【귀휴 허가】** ② 소장은 <u>개방처우급·완화경비처우급</u> 수형자에게 법 제77조 제1항에 따른 귀휴를 허가할 수 있다. 다만, <u>교화 또는 사회복귀 준비 등을 위하여 특히 필요한 경우에는</u> 일반경비처우급 수형자에게도 이 를 허가할 수 있다. 19. 교정9☆
> ③ 법 제77조 제1항 제4호에 해당하는 귀휴사유는 다음 각 호와 같다. 21. 교정7☆
> 1. <u>직계존속, 배우자, 배우자의 직계존속 또는 본인의 회갑일이나 고희일</u> 인 때
> 2. <u>본인 또는 형제자매의 혼례</u>가 있는 때
> 3. <u>직계비속이 입대</u>하거나 <u>해외유학을 위하여 출국</u>하게 된 때
> 4. 직업훈련을 위하여 필요한 때
> 5. 「숙련기술장려법」 제20조 제2항에 따른 국내기능경기대회의 준비 및 참가를 위하여 필요한 때
> 6. <u>출소 전 취업 또는 창업 등 사회복귀 준비를 위하여 필요한 때</u>
> 7. 입학식·졸업식 또는 시상식에 참석하기 위하여 필요한 때
> 8. 출석수업을 위하여 필요한 때
> 9. 각종 시험에 응시하기 위하여 필요한 때
> 10. 그 밖에 <u>가족과의 유대 강화</u> 또는 <u>사회적응능력 향상</u>을 위하여 특히 필 요한 때

📖 핵심 OX

03 직계비속이 해외유학을 위하여 출국 하게 된 때에는 귀휴를 허가할 수 없다.

(○, ×)

03 ×

② 특별귀휴의 요건

> **법 제77조【귀휴】** ② 소장은 다음 각 호의 어느 하나에 해당하는 사유가 있는 수형자에 대하여는 제1항에도 불구하고 5일 이내의 특별귀휴를 허가할 수 있다. 21. 교정7☆
> 1. 가족 또는 배우자의 직계존속이 사망한 때
> 2. 직계비속의 혼례가 있는 때

(2) 귀휴의 허가 · 심사 및 형기 기준 15. 경채

> **규칙 제129조【귀휴 허가】** ① 소장은 법 제77조에 따른 귀휴(→ 일반귀휴, 특별귀휴)를 허가하는 경우에는 제131조의 귀휴심사위원회의 심사를 거쳐야 한다.
> **규칙 제130조【형기 기준 등】** ① 법 제77조 제1항의 형기를 계산할 때 부정기형은 단기를 기준으로 하고, 2개 이상의 징역 또는 금고의 형을 선고받은 수형자의 경우에는 그 형기를 합산한다. 21. 교정7☆
> ② 법 제77조 제1항의 '1년 중 20일 이내의 귀휴' 중 '1년'이란 매년 1월 1일부터 12월 31일까지를 말한다.

(3) 귀휴의 조건

> **법 제77조【귀휴】** ③ 소장은 귀휴를 허가하는 경우에 법무부령으로 정하는 바에 따라 거소의 제한이나 그 밖에 필요한 조건을 붙일 수 있다.
> **규칙 제140조【귀휴조건】** 귀휴를 허가하는 경우 법 제77조 제3항에 따라 붙일 수 있는 조건(이하 '귀휴조건'이라 한다)은 다음 각 호와 같다.
> 1. 귀휴지 외의 지역 여행 금지
> 2. 유흥업소, 도박장, 성매매업소 등 건전한 풍속을 해치거나 재범 우려가 있는 장소 출입 금지
> 3. 피해자 또는 공범 · 동종범죄자 등과의 접촉 금지
> 4. 귀휴지에서 매일 1회 이상 소장에게 전화보고[제141조 제1항에 따른 귀휴(→ 동행귀휴 등)는 제외한다] 19. 승진☆
> 5. 그 밖에 귀휴 중 탈선 방지 또는 귀휴 목적 달성을 위하여 필요한 사항

(4) 귀휴기간의 형기산입

> **법 제77조【귀휴】** ④ 제1항(→ 일반귀휴) 및 제2항(→ 특별귀휴)의 귀휴기간은 형집행기간에 포함한다. 23. 교정7☆

(5) 귀휴심사위원회

① 위원회의 구성 15. 경채

> **규칙 제131조【설치 및 구성】** ① 법 제77조에 따른 수형자의 귀휴허가에 관한
> 심사를 하기 위하여 <u>교정시설</u>에 귀휴심사위원회(이하 이 절에서 '위원회'라
> 한다)를 둔다. 17. 교정7☆
> ② 위원회는 위원장을 포함한 <u>6명 이상 8명 이하의 위원으로 구성</u>한다. 10. 교정9
> ③ <u>위원장은 소장</u>이 되며, 위원은 소장이 소속 기관의 부소장 · 과장(지소의
> 경우에는 7급 이상의 교도관) 및 교정에 관한 학식과 경험이 풍부한 외부 인사
> 중에서 임명 또는 위촉한다. 이 경우 <u>외부위원은 2명 이상</u>으로 한다. 19. 교정7☆
>
> **규칙 제132조【위원장의 직무】** ① 위원장은 위원회를 소집하고 위원회의 업무
> 를 총괄한다.
> ② 위원장이 부득이한 사유로 직무를 수행할 수 없을 때에는 <u>부소장인 위원</u>
> 이 그 직무를 대행하고, 부소장이 없거나 부소장인 위원이 사고가 있는 경
> 우에는 위원장이 <u>미리 지정한 위원</u>이 그 직무를 대행한다.
>
> **규칙 제133조【회의】** ① 위원회의 회의는 위원장이 수형자에게 법 제77조 제1
> 항 및 제2항에 따른 귀휴사유가 발생하여 귀휴심사가 필요하다고 인정하는
> 때에 개최한다.
> ② 위원회의 회의는 <u>재적위원 과반수의 출석으로 개의</u>하고, <u>출석위원 과반</u>
> <u>수의 찬성으로 의결</u>한다. 18. 승진
>
> **규칙 제136조【외부위원】** ① 외부위원의 임기는 2년으로 하며, 연임할 수 있다.
> ② 소장은 외부위원이 다음 각 호의 어느 하나에 해당하는 경우에는 해당
> 위원을 해촉할 수 있다.
> 1. 심신장애로 직무수행이 불가능하거나 현저히 곤란하다고 인정되는 경우
> 2. 직무와 관련된 비위사실이 있는 경우
> 3. 직무태만, 품위손상, 그 밖의 사유로 인하여 위원으로 적합하지 아니하
>   다고 인정되는 경우
> 4. 위원 스스로 직무를 수행하는 것이 곤란하다고 의사를 밝히는 경우
> ③ 외부위원에게는 예산의 범위에서 수당과 여비를 지급할 수 있다.

② 심사의 특례

> **규칙 제134조【심사의 특례】** ① 소장은 <u>토요일, 공휴일, 그 밖에 위원회의 소</u>
> <u>집이 매우 곤란한 때</u>에 법 제77조 제2항(→ 특별귀휴) 제1호(→ 가족 또는
> 배우자의 직계존속이 사망한 때)의 사유가 발생한 경우에는 제129조 제1항
> 에도 불구하고 <u>위원회의 심사를 거치지 아니하고 귀휴를 허가</u>할 수 있다.
> 다만, 이 경우 다음 각 호에 해당하는 <u>부서의 장의 의견을 들어야 한다.</u>
> 13. 경채☆
> 1. <u>수용관리</u>를 담당하고 있는 부서(→ 보안과)
> 2. <u>귀휴업무</u>를 담당하고 있는 부서(→ 사회복귀과)
> ② 제1항 각 호에 해당하는 부서의 장은 제137조 제3항의 서류를 검토하여
> 그 의견을 지체 없이 소장에게 보고하여야 한다.

외부위원의 위촉

징벌위원회의 외부위원과 귀휴심사위원
회의 외부위원은 소장이 위촉한다(법 제
111조 제2항, 규칙 제131조 제3항).

③ 귀휴 심사사항

> **규칙 제135조 【심사사항】** 위원회는 귀휴심사 대상자(이하 '심사 대상자'라 한다)에 대하여 다음 각 호의 사항을 심사해야 한다.
> 1. 수용관계
>   가. 건강상태
>   나. 징벌 유무 등 수용생활 태도
>   다. 작업·교육의 근면·성실 정도
>   라. 작업장려금 및 보관금
>   마. 사회적 처우의 시행 현황
>   바. 공범·동종범죄자 또는 심사 대상자가 속한 범죄단체 구성원과의 교류 정도
> 2. 범죄관계
>   가. 범행 시의 나이
>   나. 범죄의 성질 및 동기
>   다. 공범관계
>   라. 피해의 회복 여부 및 피해자의 감정
>   마. 피해자에 대한 보복범죄의 가능성
>   바. 범죄에 대한 사회의 감정
> 3. 환경관계
>   가. 가족 또는 보호자
>   나. 가족과의 결속 정도
>   다. 보호자의 생활상태
>   라. 접견·전화통화의 내용 및 횟수*
>   마. 귀휴예정지 및 교통·통신 관계
>   바. 공범·동종범죄자 또는 심사 대상자가 속한 범죄단체의 활동상태 및 이와 연계한 재범가능성

* '접견·서신·전화통화'에서 서신이 제외되었다(규칙 제135조 제3호 라목).

(6) 귀휴의 취소

> **법 제78조 【귀휴의 취소】** 소장은 귀휴 중인 수형자가 다음 각 호의 어느 하나에 해당하면 그 귀휴를 취소할 수 있다. 20. 승진☆
> 1. 귀휴의 허가사유가 존재하지 아니함이 밝혀진 때
> 2. 거소의 제한이나 그 밖에 귀휴허가에 붙인 조건을 위반한 때
>
> **규칙 제143조 【귀휴조건 위반에 대한 조치】** 소장은 귀휴자가 귀휴조건을 위반한 경우에는 법 제78조에 따라 귀휴를 취소하거나 이의 시정을 위하여 필요한 조치를 하여야 한다. 18. 교정7

(7) 기타 규정

> **영 제97조【귀휴자에 대한 조치】** ① 소장은 법 제77조에 따라 <u>2일 이상의 귀휴를</u> <u>허가한 경우</u>에는 귀휴를 허가받은 사람(이하 '귀휴자'라 한다)의 <u>귀휴지를 관할</u> <u>하는 경찰관서의 장에게 그 사실을 통보하여야 한다.</u> 18. 교정7
> ② 귀휴자는 귀휴 중 천재지변이나 그 밖의 사유로 자신의 신상에 중대한 사고 가 발생한 경우에는 가까운 교정시설이나 경찰관서에 신고하여야 하고 필요한 보호를 요청할 수 있다. 23. 교정7
> ③ 제2항의 보호 요청을 받은 교정시설이나 경찰관서의 장은 귀휴를 허가한 소 장에게 그 사실을 지체 없이 통보하고 적절한 보호조치를 하여야 한다.
>
> **규칙 제139조【귀휴허가증 발급 등】** 소장은 귀휴를 허가한 때에는 별지 제4호 서 식의 귀휴허가부에 기록하고 귀휴허가를 받은 수형자(이하 '귀휴자'라 한다)에 게 별지 제5호 서식의 귀휴허가증을 발급하여야 한다.
>
> **규칙 제141조【동행귀휴 등】** ① 소장은 수형자에게 귀휴를 허가한 경우 필요하다 고 인정하면 <u>교도관을 동행시킬 수 있다.</u> 18. 교정7☆
> ② 소장은 귀휴자의 가족 또는 보호관계에 있는 사람으로부터 별지 제6호 서식 의 <u>보호서약서</u>를 제출받아야 한다.
>
> **규칙 제142조【귀휴비용 등】** ① 귀휴자의 <u>여비</u>와 귀휴 중 착용할 <u>복장</u>은 <u>본인이 부담</u> 한다. 23. 교정7☆
> ② 소장은 <u>귀휴자가 신청할 경우</u> <u>작업장려금의 전부 또는 일부</u>를 <u>귀휴비용으로</u> <u>사용</u>하게 할 수 있다. 23. 교정7☆

★핵심POINT | 귀휴심사위원회와 징벌위원회의 구성 비교

구분	귀휴심사위원회	징벌위원회
설치	교정시설	교정시설
구성	위원장 포함, 6명 이상 8명 이하	위원장 포함, 5명 이상 7명 이하
위원장	소장	소장의 바로 다음 순위자
외부위원	2명 이상(임기 2년, 연임 가능), 소장 위촉	3명 이상(임기 2년, 연임 가능), 소장 위촉

2 외부 통근제도

1. 서론

(1) 의의

외부 통근제도란 교정 성적이 우수한 수형자를 대상으로 주간에는 교정시설 밖의 직장에 통근하게 하고, 야간과 휴일에는 교정시설 내에서 생활하게 하는 제도를 말한다(주간가석방제, 반자유제, 반구금제).

(2) 연혁

미국	① 1913년 미국 위스콘신주에서 제정된 <u>후버법(Huber Law)</u>에 규정하였다. ② 주로 경범죄자나 단기수형자를 대상으로 법원이 판결로서 외부 통근을 명하는 <u>사법형 외부 통근제</u>의 형태이다.
영국	① 1954년 개방시설인 <u>호스텔(Hostel)</u>을 설치하여 <u>행정형 외부 통근제</u>를 실시하였다. ② 호스텔에 6~9개월 동안 거주시키면서 장기수형자의 사회적응훈련을 촉진하는 형태로 시행되었다.

2. 유형 13. 교정7

(1) 사법형 외부 통근제

① **법원이 형벌의 일종으로 외부 통근형을 선고**하여 실시하는 제도이다.

② 미국에서 주로 직업이 있는 **경범죄자와 단기수형자를 대상**으로 하며, 본인이 희망하면 법원이 보호관찰관에게 조사하도록 하여 적합하다고 판단되면 통근형을 선고한다.

③ 형의 일종으로 판사가 외부 통근을 선고하고 수형생활 초기부터 시설 외의 작업장으로 통근하는 점에서, 누진처우의 일환으로 행해지는 행정형 외부 통근제와 차이가 존재한다.

(2) 행정형 외부 통근제

① **교도소 또는 가석방위원회** 등의 행정기관에 의해 석방 전 교육 및 사회복귀능력 향상의 일환으로 시행하는 제도이다.

② 유럽에서 주로 **장기수형자를 대상**으로 사회복귀준비의 일환으로 실시하였으며, 점차 적용 대상이 확대되어 단기수형자에게 수용 초기부터 실시하기도 하였다.

(3) 혼합형 외부 통근제

① 사법형 외부 통근제와 행정형 외부 통근제의 혼합형태이다.

② 법원이 통근형을 선고하고, 가석방위원회 등의 허가를 얻어 외부 통근을 실시하는 형태로 시행된다.

(4) 우리나라의 외부 통근제

① 우리나라에서는 **행정형 외부 통근제를 채택**하여 실시하고 있다(법 제68조 제1항). 11. 교정9☆

② 1995년 제5차 행형법 개정 시에 외부 통근작업의 근거를 신설하였다.

3. 현행법령상 외부 통근제도

(1) 원칙

> 법 제68조 【외부 통근작업 등】 ① 소장은 <u>수형자</u>의 건전한 사회복귀와 기술습득을 촉진하기 위하여 필요하면 <u>외부 기업체 등에 통근작업</u>하게 하거나 <u>교정시설의 안에 설치된 외부 기업체의 작업장에서 작업</u>하게 할 수 있다. 22. 교정9☆

(2) 외부 통근자 선정 기준

> **법 제68조 【외부 통근작업 등】** ② 외부 통근작업 대상자의 선정 기준 등에 관하여 필요한 사항은 법무부령으로 정한다.
>
> **규칙 제120조 【선정 기준】** ① 외부 기업체에 통근하며 작업하는 수형자는 다음 각 호의 요건을 갖춘 수형자 중에서 선정한다. 22. 교정7☆
> 1. 18세 이상 65세 미만일 것 19. 교정7
> 2. 해당 작업 수행에 건강상 장애가 없을 것
> 3. 개방처우급·완화경비처우급에 해당할 것 22. 교정9☆
> 4. 가족·친지 또는 법 제130조의 교정위원(이하 '교정위원'이라 한다) 등과 접견·편지수수·전화통화 등으로 연락하고 있을 것
> 5. 집행할 형기가 7년 미만이고 (→ and) 가석방이 제한되지 아니할 것
> 6. 삭제
>
> ② 교정시설 안에 설치된 외부 기업체의 작업장에 통근하며 작업하는 수형자는 제1항 제1호부터 제4호까지의 요건(같은 항 제3호의 요건의 경우에는 일반경비처우급에 해당하는 수형자도 포함한다)을 갖춘 수형자로서 집행할 형기가 10년 미만이거나 (→ or) 형기기산일부터 10년 이상이 지난 수형자 중에서 선정한다. 21. 교정7☆
>
> ③ 소장은 제1항 및 제2항에도 불구하고 작업 부과 또는 교화를 위하여 특히 필요하다고 인정하는 경우에는 제1항 및 제2항의 수형자 외의 수형자에 대하여도 외부 통근자로 선정할 수 있다. 22. 교정9☆

외부 통근의 대상자
1. 외부 통근의 대상자(규칙 제120조 제1항)와 외부 직업훈련의 대상자(규칙 제96조 제1항) 모두 개방처우급·완화경비처우급에 해당할 것을 요한다.
2. 종래 외부 통근의 대상자는 개방처우급·완화경비처우급·일반경비처우급에 해당할 것을 원칙으로 하였으나, 현재는 개방처우급·완화경비처우급에 해당할 것을 원칙(예외적으로 일반경비처우급도 포함)으로 하도록 개정되었다.

(3) 기타 관련 규정

> **규칙 제121조 【선정 취소】** 소장은 외부 통근자가 법령에 위반되는 행위를 하거나 법무부장관 또는 소장이 정하는 준수사항을 위반한 경우에는 외부 통근자 선정을 취소할 수 있다(→ 임의적). 22. 교정9☆
>
> **규칙 제122조 【외부 통근자 교육】** 소장은 외부 통근자로 선정된 수형자에 대하여는 자치활동·행동수칙·안전수칙·작업기술 및 현장적응훈련에 대한 교육을 하여야 한다. 19. 교정7
>
> **규칙 제123조 【자치활동】** 소장은 외부 통근자의 사회적응능력을 기르고 원활한 사회복귀를 촉진하기 위하여 필요하다고 인정하는 경우에는 수형자 자치에 의한 활동을 허가할 수 있다(→ 임의적). 22. 교정9☆

3 가족 만남의 집, 가족 만남의 날

1. 서론

(1) 의의

① 가족 만남의 집: 수형자와 그 가족이 숙식을 함께 할 수 있도록 교정시설에 수용사동과 별도로 설치된 일반주택 형태의 건축물을 말한다.

② 가족 만남의 날 행사: 수형자와 그 가족이 교정시설의 일정한 장소에서 보안시설물 없이 직접 대면하여 대화의 시간을 갖는 접견제도를 말한다.

(2) 연혁

① 1959년 미국 미시시피주의 레드 하우스에서 **부부특별면회제도**를 실시한 것이 시초가 되었다.

② 우리나라는 1996년부터 부부 만남의 집을 운영하다가, 2003년에 가족 만남의 집으로 확대·개편하여 운영하고 있다.

2. 장·단점

장점	단점
① 수형자의 동성애가 감소되고, 성적 긴장감을 해소할 수 있다. ② 혼인의 유지에 기여하고, 안정된 수형생활을 도모할 수 있다.	① 미혼자와의 공평성의 문제가 발생한다. ② 시설비용이 증대되고, 일반국민의 법감정에 부적합하다.

3. 현행법령상 가족 만남의 집, 가족 만남의 날

> 규칙 제89조 【가족 만남의 날 행사 등】 ① 소장은 개방처우급·완화경비처우급 수형자에 대하여 가족 만남의 날 행사에 참여하게 하거나 가족 만남의 집을 이용하게 할 수 있다. 이 경우 제87조의 접견 허용 횟수에는 포함되지 아니한다. 20. 교정7☆
> ② 제1항의 경우 소장은 가족이 없는 수형자에 대하여는 결연을 맺었거나 그 밖에 가족에 준하는 사람으로 하여금 그 가족을 대신하게 할 수 있다. 20. 교정7☆
> ③ 소장은 제1항에도 불구하고 교화를 위하여 특히 필요한 경우에는 일반경비처우급 수형자에 대하여도 가족 만남의 날 행사 참여 또는 가족 만남의 집 이용을 허가할 수 있다. 24. 교정9☆
> ④ 제1항 및 제3항에서 '가족 만남의 날 행사'란 수형자와 그 가족이 교정시설의 일정한 장소에서 다과와 음식을 함께 나누면서 대화의 시간을 갖는 행사를 말하며, '가족 만남의 집'이란 수형자와 그 가족이 숙식을 함께 할 수 있도록 교정시설에 수용사동과 별도로 설치된 일반주택 형태의 건축물을 말한다. 20. 교정7

4 주말구금제도

1. 서론

(1) 의의

① 주말구금제도란 **단기자유형의 분할집행방법**으로 평일에는 형을 집행하지 않고 주말(토·일요일)에만 형을 집행하는 것을 말한다.

② 주말구금제도는 단기자유형의 폐해를 제거하고 교정경제의 도모 및 과잉구금의 지양이라는 효과를 거둘 수 있다.

(2) 연혁

① 독일의 소년법원법에서 단기자유형의 폐해를 제거하기 위해 소년구금의 형태로 규정한 휴일구금에서 유래한다.

② 현재 프랑스·벨기에 등 일부 국가에서 실시하고 있으나, 우리나라에서는 주말구금제도를 시행하고 있지 않다. 13. 교정7

2. 주말구금제도의 유형과 집행방법

(1) 유형

주말구금	주말(토·일요일)에만 형을 집행하는 방법
휴일구금	주말 이외의 공휴일에도 형을 집행하는 방법
단속구금(계속구금)	주말 이외의 공휴일이나 장기의 휴가기간에 형을 집행하는 방법

(2) 집행방법

① 교도소의 독거실에 수용하여 엄격하게 집행함이 원칙이다.

② 주말에는 자발적으로 출석하여 구금에 응해야 한다.

③ 불출석 시에는 도주로 보아 구금형에 처하는 등의 강력한 조치를 행한다.

3. 장·단점

장점	단점
① 경범죄자의 명예 감정을 자각시켜 범행에 대한 반성을 촉구한다. ② 단기자유형의 폐해를 제거하고, 자유형의 순화에 기여한다. ③ 직장생활 및 가족과의 유대관계를 지속할 수 있다. ④ 경제활동을 통해 피해자에 대한 손해배상에 유리하다.	① 도주우려자 및 장기수형자에게 부적합하다. ② 구금 장소가 원거리인 경우 집행이 곤란하여 대상자의 범위가 한정된다. ③ 엄정한 법집행을 요구하는 일반국민의 법감정에 부적합하다.

5 기타 사회적 처우

1. 보스탈제도 20. 교정9

(1) 의의

보스탈제도(Borstal System)란 범죄소년을 구금하여 직업훈련, 학과교육, 개방처우, 수용자 간의 토의 등을 중시하여 시행한 소년교정시설(소년원·소년교도소)의 선구적 모델을 말한다.

(2) 연혁

① 1897년 영국의 브라이스(R. Brise)가 16~21세의 범죄소년을 보스탈교도소에 수용하면서 시작되었다.

② 1922년 피터슨(A. Peterson)이 보스탈교도소의 책임자가 되어 엄격한 군대식 훈련방법으로 소그룹(15명 정도)별로 개별 지도하는 방법으로 개선되었다.

2. 사회견학 등

(1) 의의

사회견학이란 장기수형자에게 사회의 급변하는 모습을 직접 체험하기 함으로써 수용생활에 활력을 불어넣고, 궁극적으로는 사회복귀를 용이하게 하기 위해 실시하는 제도이다.

(2) 현행법령상의 사회견학 등

> **법 제57조【처우】** ⑤ 수형자는 교화 또는 건전한 사회복귀를 위하여 교정시설 밖의 적당한 장소에서 봉사활동·견학, 그 밖에 사회적응에 필요한 처우를 받을 수 있다.
>
> **규칙 제92조【사회적 처우】** ① 소장은 개방처우급·완화경비처우급 수형자에 대하여 교정시설 밖에서 이루어지는 다음 각 호에 해당하는 활동을 허가할 수 있다. 다만, 처우상 특히 필요한 경우에는 일반경비처우급 수형자에게도 이를 허가할 수 있다. 18. 승진☆
> 1. 사회견학
> 2. 사회봉사
> 3. 자신이 신봉하는 종교행사 참석
> 4. 연극, 영화, 그 밖의 문화공연 관람
> ② 제1항 각 호의 활동을 허가하는 경우 소장은 별도의 수형자 의류를 지정하여 입게 한다. 다만, 처우상 필요한 경우에는 자비구매의류를 입게 할 수 있다. 14. 교정7
> ③ 제1항 제4호(→ 연극, 영화, 그 밖의 문화공연 관람)의 활동에 필요한 비용은 수형자가 부담한다. 다만, 처우상 필요한 경우에는 예산의 범위에서 그 비용을 지원할 수 있다. 23. 교정7☆

3. 외부 통학제도

(1) 의의 및 장점

① **의의**: 외부 통학제도란 수용자가 주간에 외부의 교육기관에서 교육을 받도록 하는 제도이다.

② **장점**: 외부 통학제도는 교육의 다양화, 교육의 수준향상 및 출소 후에도 지속적 교육이 가능하다.

(2) 현행법령상의 외부 통학

> **법 제63조【교육】** ③ 소장은 제1항 및 제2항에 따른 교육을 위하여 필요하면 수형자를 중간처우를 위한 전담교정시설에 수용하여 다음 각 호의 조치를 할 수 있다. 23. 교정7☆
> 1. 외부 교육기관에의 통학
> 2. 외부 교육기관에서의 위탁교육

외부 통근제도와 외부 통학제도의 신설

외부 통근제도는 1995년 제5차 행형법 개정 시에 신설되었고, 외부 통학제도는 1999년 제7차 행형법 개정 시에 신설되었다.

🏛 **핵심 OX**

13 사회견학, 사회봉사, 종교행사 참석, 연극, 영화, 그 밖의 문화공연 관람은 사회적 처우에 속한다. (○, ×)

14 연극이나 영화, 그 밖의 문화공연 관람에 필요한 비용은 수형자 부담이 원칙이며, 처우상 필요한 경우에는 예산의 범위에서 그 비용을 지원할 수 있다. (○, ×)

13 ○
14 ○

01 개방형(사회적)처우는 폐쇄형(시설내)처우의 폐해를 최소화하기 위한 것으로, 개방시설에 대한 논의가 1950년 네덜란드 헤이그에서 개최된 제12회 '국제형법 및 형무회의'에서 있었다. 19. 교정7 ( )

02 소장은 미결수용자의 신청이 있는 경우 필요하다고 인정하면 귀휴를 허가할 수 있다. 19. 교정7 ( )

03 소장은 6개월 이상 형을 집행받은 수형자로서 그 형기의 3분의 1이 지나고 교정성적이 우수한 사람이 가족 또는 배우자의 직계존속이 위독한 때에는 형기 중 20일 이내의 귀휴를 허가할 수 있다. 23. 교정7 ( )

04 소장은 교화 또는 사회복귀 준비 등을 위하여 특히 필요한 경우에는 일반경비처우급 수형자에게도 귀휴를 허가할 수 있다. 19. 교정9 ( )

05 소장은 수형자의 가족 또는 수형자 배우자의 직계존속이 사망하거나 위독한 때에는 수형자에게 5일 이내의 특별귀휴를 허가할 수 있다. 19. 교정9 ( )

정답

01 ○ 사회적 처우(개방처우)란 시설 내 처우를 기반으로 격리와 계호를 완화하여 사회와 접촉하고 교류하는 것을 확대시켜 수형자의 사회복귀를 용이하게 하는 제도이다.

02 ✕ 귀휴제도는 '수형자'를 대상으로 하는 것이며(법 제77조 참조), 미결수용자에게 귀휴를 인정하는 예외도 규정되어 있지 않다.

03 ✕ '1년' 중 20일 이내의 귀휴를 허가할 수 있다(법 제77조 제1항 제1호).

04 ○ 규칙 제129조 제2항 단서

05 ✕ 가족 또는 배우자의 직계존속이 '사망'한 때는 '특별귀휴사유'이나(법 제77조 제2항 제1호), 가족 또는 배우자의 직계존속이 '위독'한 때는 '일반귀휴사유'에 해당한다(법 제77조 제1항 제1호).

06 특별귀휴 기간은 1년 중 5일 이내이다. 19. 교정7 ( )

07 소장은 수형자의 가족 또는 배우자의 직계존속이 위독한 때 특별귀휴를 허가할 수 있다. 19. 교정7 ( )

08 20년 징역형을 받고 6년을 복역한 완화경비처우급 수형자 C가 장인의 위독함을 이유로 귀휴를 신청한 경우, 귀휴를 허가할 수 있다. 20. 교정7 ( )

09 징역 18년을 선고받고 현재 5년 동안 복역 중인 중(重)경비처우급 수형자 甲의 경우에, 소장은 甲의 딸의 혼례를 사유로 귀휴를 허가할 수 없다. 21. 교정7 ( )

10 귀휴기간은 형 집행 기간에 포함되나 특별귀휴기간은 형 집행 기간에 포함되지 않는다. 23. 교정7 ( )

11 귀휴심사위원회의 위원장은 소장의 바로 다음 순위자가 되고, 위원은 소장이 소속 기관의 과장(지소의 경우에는 7급 이상의 교도관) 및 교정에 관한 학식과 경험이 풍부한 외부인사 중에서 임명 또는 위촉한다. 19. 교정7 ( )

12 귀휴자는 귀휴 중 천재지변이나 그 밖의 사유로 자신의 신상에 중대한 사고가 발생한 경우에는 가까운 교정시설이나 경찰관서에 신고하여야 한다. 23. 교정7 ( )

정답

06 × 특별귀휴 기간은 '사유마다 5일 이내'이다(법 제77조 제2항 참조).

07 × 가족 또는 배우자의 직계존속이 '사망'한 때 특별귀휴를 허가할 수 있다(법 제77조 제2항 제1호). 가족 또는 배우자의 직계존속이 '위독'한 때는 일반귀휴사유에 해당한다(법 제77조 제1항 제1호).

08 × 장인의 위독은 '배우자의 직계존속이 위독한 때'에 해당하므로 '일반귀휴의 사유'가 된다(법 제77조 제1항 제1호). 수형자 C는 20년 징역형 중 6년을 복역하였고 완화경비처우급이므로 형기의 3분의 1이 경과되지 않아 일반귀휴의 요건을 충족하지 못하였다. 따라서 수형자 C에게 일반귀휴를 허가할 수 없다.

09 × 딸의 혼례는 '직계비속의 혼례가 있는 때'로서 특별귀휴사유에 해당한다(법 제77조 제2항 제2호). 따라서 甲이 일반귀휴의 요건(법 제77조 제1항)을 갖추지 못하였지만 소장은 특별귀휴를 허가할 수 있다.

10 × 일반귀휴기간 및 특별귀휴기간 모두 형 집행 기간에 포함한다(법 제77조 제4항).

11 × 귀휴심사위원회의 위원장은 '소장'이 된다(규칙 제131조 제3항).

12 ○ 영 제97조 제2항

13 귀휴자의 여비는 본인이 부담하지만, 귀휴자가 신청할 경우 소장은 예산의 범위 내에서 지원할 수 있다. 23. 교정7

( )

14 소장은 귀휴 중인 수형자가 귀휴의 허가사유가 존재하지 아니함이 밝혀진 때에는 그 귀휴를 취소하여야 한다. 19. 교정7

( )

15 외부 기업체에 통근하며 작업하는 수형자는 19세 이상 65세 미만일 것을 요한다. 21. 교정9 ( )

16 외부 기업체에 통근하며 작업하는 수형자는 해당 작업 수행에 건강상 장애가 없을 것을 요한다. 21. 교정9 ( )

17 외부 기업체에 통근하며 작업하는 수형자는 일반경비처우급에 해당할 것을 요한다. 21. 교정9 ( )

18 외부 기업체에 통근하며 작업하는 수형자는 집행할 형기가 7년 미만이고 직업훈련이 제한되지 아니할 것을 요한다. 21. 교정9

( )

19 소장은 작업 부과 또는 교화를 위하여 특히 필요하다고 인정하는 경우에는 만 65세의 수형자를 외부통근자로 선정할 수 있다. 21. 교정7

( )

정답

13 ✕ 소장은 귀휴자가 신청할 경우 '작업장려금의 전부 또는 일부를 귀휴비용으로 사용'하게 할 수 있다(규칙 제142조 제1항·제2항).

14 ✕ 귀휴를 취소'할 수 있다'(법 제78조 제1호).

15 ✕ '18세' 이상 65세 미만일 것이 옳은 표현이다(규칙 제120조 제1항 제1호).

16 ○ 규칙 제120조 제1항 제2호

17 ✕ '개방처우급·완화경비처우급'에 해당할 것이 옳은 표현이다(규칙 제120조 제1항 제3호).

18 ✕ 집행할 형기가 7년 미만이고 '가석방이 제한되지 아니할 것'이 옳은 표현이다(규칙 제120조 제1항 제5호).

19 ○ 작업부과 또는 교화를 위하여 특히 필요하다고 인정하는 경우에는 외부통근자 선정기준(규칙 제120조 제1항·제2항)에 해당하지 않는 수형자에 대하여도 외부통근자로 선정할 수 있다(규칙 제120조 제3항).

20 소장은 일반경비처우급에 해당하는 수형자를 외부기업체에 통근하며 작업하는 대상자로 선정할 수 없다. 22. 교정9

( )

21 소장은 외부통근자가 법령에 위반되는 행위를 하거나 법무부장관 또는 소장이 정하는 지켜야 할 사항을 위반한 경우에는 외부통근자 선정을 취소할 수 있다. 22. 교정9

( )

22 소장은 외부통근자로 선정된 수형자에 대하여는 자치활동 · 행동수칙 · 안전수칙 · 작업기술 및 현장적응훈련에 대한 교육을 하여야 한다. 19. 교정7

( )

23 소장은 외부통근자에게 수형자 자치에 의한 활동을 허가할 수 있다. 22. 교정9

( )

24 소장은 처우를 위하여 특히 필요한 경우에는 일반경비처우급 수형자에 대하여도 가족 만남의 날 행사 참여를 허가할 수 있다. 24. 교정9

( )

25 사회적 처우 활동 중 사회견학이나 사회봉사에 필요한 비용은 수형자가 부담한다. 23. 교정7

( )

26 보스탈 제도(Borstal system)는 '보호' 또는 '피난시설'이란 뜻을 갖고 있으며, 영국 켄트지방의 지역 이름을 따 시설을 운영했던 것에서 일반화되어 오늘날 소년원의 대명사로 사용되곤 한다. 주로 16세에서 21세까지의 범죄소년을 수용하여 직업훈련 및 학과교육 등을 실시함으로써 교정 · 교화하려는 제도이다. 20. 교정9

( )

정답

20 X 외부기업체에 통근하며 작업하는 수형자는 개방처우급 · 완화경비처우급에 해당할 것이 원칙이나(규칙 제120조 제1항 제3호), 작업 부과 또는 교화를 위하여 특히 필요하다고 인정하는 경우에는 그 외의 수형자(일반경비처우급 또는 중경비처우급)에 대하여도 외부통근자로 선정할 수 있다(동조 제3항).

21 ○ 규칙 제121조

22 ○ 규칙 제122조

23 ○ 규칙 제123조

24 X '교화'를 위하여 특히 필요한 경우에는 일반경비처우급 수형자에 대하여도 가족 만남의 날 행사 참여를 허가할 수 있다(규칙 제89조 제3항).

25 X '연극, 영화, 그 밖의 문화공연 관람'에 필요한 비용은 수형자가 부담함이 원칙이다(규칙 제92조 제1항 · 제3항).

26 ○ '보스탈 제도'는 범죄소년을 구금하여 직업훈련, 학과교육, 개방처우, 수용자 간의 토의 등을 중시하여 시행한 소년교정시설의 선구적 모델로서, 1897년 영국의 브라이스(R. Brise)가 16~21세의 범죄소년을 켄트 지방의 보스탈교도소에 수용하면서 시작되었다고 한다.

02 지역사회교정

1 서론

1 지역사회교정의 의의 및 등장배경

1. 의의

(1) 지역사회교정이란 지역사회에서 행해지는 범죄자에 대한 다양한 제재와 교정 프로그램을 의미한다.

(2) 지역사회교정을 광의로 이해하면 지역사회와 접촉 · 교류 및 사회 내에서 이루어지는 교정처우 전체를 의미하므로, 개방처우(사회적 처우) · 중간처우 · 중간처벌 · 사회 내 처우를 모두 포함하게 된다.

2. 등장배경

(1) 교정시설이 과밀수용 · 악풍감염 등으로 인해 오히려 범죄를 악화시키는 장소로 인식되고, 범죄문제의 해결은 범죄를 유발한 지역사회에서 시작해야 한다는 인식이 등장하였다(지역사회의 책임). 20. 교정7

(2) 사법제도에 대한 불신과 불만이 팽배(유전무죄)하고, 범죄자에게도 사회참여가 허용되어야 한다는 인식이 대두하였다.

(3) 범죄문제뿐만 아니라 사법 과정과 사법기관 간의 상호작용을 중시하는 형사사법의 시스템화 경향이 부각되었다.

(4) 낙인이론의 영향으로 지역사회와 유대관계를 지속하면서 범죄자를 교정하는 다양한 프로그램의 필요성이 강조된다.

(5) 구금과 보호관찰만으로는 범죄자에 대한 처우가 부적절하다는 인식과 범죄환경의 변화에 따른 다양한 처벌의 필요성이 대두하였다.

2 지역사회교정의 목표 12. 경채

지역사회의 보호	대상자를 과학적으로 선별하고 적절한 통제수단을 강구하여 범죄로부터 사회를 보호해야 한다. 19. 교정9
처벌의 연속성의 제공	범죄에 상응한 다양한 처벌과 연속적인 처벌이 가능한 프로그램의 개발이 필요하다. 24. 교정9

사회복귀와 재통합	범죄자의 사회적 유대관계의 지속과 사회복귀에 효과적인 프로그램을 모색할 필요가 있다. 24. 교정9☆
저렴한 비용	최소한의 비용으로 지역사회의 보호와 범죄자의 사회복귀를 달성하여야 한다. 19. 교정9
목표 간의 갈등해소	지역사회의 보호와 범죄자의 사회재통합 사이의 갈등을 해소해야 한다.

3 실현형태

1. 전환(Diversion) 21. 교정9☆

범죄자를 공식적 사법절차로부터 이탈시켜 형사사법절차의 개입을 최소화하는 방안이다.

경찰 단계	훈방, 경고, 통고처분 등
검찰 단계	기소유예, 불기소처분 등
법원 단계	선고유예, 집행유예 등
보호 단계	보호관찰, 사회봉사 · 수강명령, 전자감시 등
교정 단계	가석방, 개방처우 등

2. 옹호(Advocacy) 21. 교정9

범죄자의 변화보다 사회의 변화가 더 중요함을 강조하는 전제에서 범죄자를 사회에 복귀시킬 수 있는 사회 내 자원을 개발하고 보완하는 것을 의미한다.

3. 재통합(Reintegration) 21. 교정9☆

범죄자와 지역사회가 범죄자의 재범을 방지하기 위해서 공동으로 변화와 개선을 추구하는 것을 말한다.

4 지역사회교정의 장 · 단점

장점	단점
① 구금으로 인한 범죄배양효과 및 낙인효과를 회피할 수 있다. 13. 교정7☆	① 적합한 대상자 선정의 문제점과 형사사법망의 확대가 우려된다. 19. 교정9☆
② 인도적 처우 및 범죄 특성에 적합한 다양한 처우를 제공할 수 있다. 24. 교정9☆ 예 중독자, 경범죄자 등	② 지역이기주의의 야기가 우려된다.
③ 교정예산이 절감되고, 과밀수용이 완화되며 교화개선의 효과가 증대된다. 24. 교정9☆	③ 시설 내 처우에 처해지는 범죄자에 대한 낙인효과의 문제가 있다.

2 중간처우제도

1 서론

1. 의의

중간처우제도란 시설 내 처우와 사회 내 처우의 중간형태 내지 결합형태로서 교정시설과 사회의 중간에 있는 일정한 시설에서 주로 사회복귀능력의 향상을 목적으로 처우하는 것을 의미한다.

2. 중간처우의 구분

(1) **지역사회에 기반을 둔 중간처우(사회 내 중간처우, 협의의 중간처우)**

처우 장소를 교정시설에서 지역사회로 전환하여 중간시설에서 폭넓은 자유를 허용하는 방식이다.

[예] 중간처우의 집, 석방 전 지도센터, 호스텔, 다목적센터 등

구금 전 중간처우	보석 대상자 등을 중간처우시설에 단기간 강제로 거주시켜 처우하는 것
석방 전 중간처우	만기 · 가석방이 임박한 출소예정자를 시설 외에 거주시켜 처우하는 것

(2) **교정시설에 기반을 둔 중간처우(시설 내 중간처우)** 18. 교정7

수용자를 재사회화의 필요에 따라 통제를 완화하고 자율을 강조하는 개방처우를 포함하는 개념이다(협의의 사회적 처우).

[예] 귀휴, 외부 통근작업, 외부 통학, 부부특별면회 등

2 중간처우의 종류

1. 중간처우소(중간처우의 집, Halfway House)

(1) **의의**

교정시설 외부에 설치된 소규모 독립시설에서 출소자 · 입소자의 충격을 완화하는 처우를 행하는 시설로서, 영국의 호스텔제가 발전한 형태이다. 19. 교정7☆

(2) **종류** 21. 교정7

입소 전 중간처우의 집	① 일정기간 중간시설에 수용하여 충격을 완화한 후 교정시설에 수용(Halfway in House) ② 정신질환범죄자나 약물중독자에게 유용
석방 전 중간처우의 집	① 교도소와 사회의 중간에 설치하여 출소예정자들이 취업 시까지 거주(Halfway out House) ② 미국의 석방 전 지도센터, 영국의 호스텔 등

미국의 중간처우소

미국의 중간처우소는 가석방자가 교도소를 벗어나 지역사회에 정착하는 과도기에 이들에게 숙박, 음식, 의류, 직업 지원과 상담을 제공하기 위해 설계된 지역사회센터나 가정을 말한다(주거식 지역사회 치료센터). 최근에는 형기의 남은 부분을 지역사회에서 보내는 조기출소자나 가석방자를 중간처우의 집의 대상자로 삼는 경우가 많다고 한다. 21. 교정7

(3) 우리나라의 중간처우

① 중간처우의 집

ⓐ 2009년 1월부터 수형자의 사회복귀지원 및 재범방지대책의 일환으로, 석방을 3~6개월 앞둔 초범수형자 10여 명을 수용할 수 있는 중간처우의 집을 안양교도소 구외에 설치·운영하고 있다(소망의 집). 10. 특채

ⓑ 외부 통근작업과 개방처우를 내용으로 하며, 최소한의 보안설비와 최소한의 계호로 자치활동을 보장하고 있다.

ⓒ 이후 2009년 11월에는 춘천교도소, 마산교도소, 청주여자교도소, 순천교도소에도 중간처우의 집이 설치되었다.

② 천안개방교도소의 사회적응훈련원: 2009년 7월부터 천안개방교도소를 과실범 위주의 개방처우 중심에서 중·장기수형자의 사회적응훈련 중심으로 특성화하여 자치회 운영, 외부 통근작업, 취업·창업지원교육, 귀휴 등 다양한 사회생활체험훈련을 실시함으로써 중·장기수형자가 성공적으로 사회에 정착할 수 있도록 사회적응훈련원을 운영하고 있다.

③ 중간처우제도의 근거규정

> **법 제57조 【처우】** ④ 소장은 <u>가석방 또는 형기 종료를 앞둔 수형자</u> 중에서 법무부령으로 정하는 일정한 요건을 갖춘 사람에 대해서는 가석방 또는 형기 종료 전 일정기간 동안 <u>지역사회 또는 교정시설에 설치된 개방시설에 수용</u>하여 <u>사회적응에 필요한 교육, 취업지원 등의 적정한 처우(→ 중간처우)</u>를 할 수 있다.
>
> **규칙 제93조 【중간처우】** ① 소장은 개방처우급 혹은 완화경비처우급 수형자가 다음 각 호의 사유에 모두 해당하는 경우에는 <u>교정시설에 설치된 개방시설에 수용하여 사회 적응에 필요한 교육, 취업지원 등 적정한 처우를 할 수 있다.</u> 〈개정 2024.2.8.〉 24. 교정9☆
> 1. <u>형기가 2년(← 3년) 이상</u>인 사람
> 2. <u>범죄 횟수가 3회(← 2회) 이하</u>인 사람
> 3. 중간처우를 받는 날부터 가석방 또는 형기 종료 예정일까지 기간이 <u>3개월 이상 2년 6개월 미만(← 1년 6개월 이하)</u>인 사람
> ② 소장은 제1항에 따른 처우의 대상자 중 다음 각 호의 사유에 모두 해당하는 수형자에 대해서는 <u>지역사회에 설치된 개방시설에 수용</u>하여 제1항에 따른 처우를 할 수 있다. 〈개정 2024.2.8.〉 19. 교정7
> 1. 범죄 횟수가 1회인 사람
> 2. 중간처우를 받는 날부터 가석방 또는 형기 종료 예정일까지의 기간이 <u>1년 6개월 미만</u>인 사람
> ③ 제1항 및 제2항에 따른 <u>중간처우 대상자의 선발절차, 교정시설 또는 지역사회에 설치하는 개방시설의 종류 및 기준, 그 밖에 필요한 사항은 법무부장관이 정한다.</u> 〈개정 2024.2.8.〉 24. 교정9☆

밀양희망센터

국내 최초의 출소예정자 중간처우시설인 '밀양희망센터'에 수용된 모범수용자들은 사회견학, 봉사활동, 종교 활동 참여 등 다양한 사회생활 체험을 통해 실질적인 사회적응 능력을 기르게 되며, 주중에는 교도관의 감시를 받지 않고 희망센터에서 작업장으로 자유롭게 출·퇴근해 일하고, 일과 후 센터 내에서 여가시간을 보내거나 교화프로그램에 참여해 교육을 받게 된다. 21. 교정7

2. 사회 내 처우센터

다목적 센터	① 재정이 영세한 미국의 군정부(카운티)에서 여러 가지 목적에 부응하기 위해 설치 · 운영하는 시설이다. ② 주로 소년을 대상으로 소년법원에 조력하면서 보호관찰의 지도를 위한 보호시설로 운영되고 있어, 우리나라의 소년분류심사원과 유사한 업무도 수행한다.
석방 전 지도센터	수형자가 석방되기 이전에 준비 단계로서 상담 · 지도 · 보호 등을 통한 취업 · 직업훈련 등을 함으로써 행형시설과 일반사회생활의 중간적 처우를 하는 시설이다.
가석방 호스텔 18. 교정7	① 가석방되어 출소한 자를 보호하고 사회복귀를 돕는 것으로서, 우리나라의 한국법무보호복지공단과 유사한 시설이다. ② 보호관찰조건부 거주 호스텔(예 하이필드 계획)과 보호관찰조건부 비거주 호스텔(예 파인힐스 계획)로 구분된다.
석방 전 호스텔	영국에서 시작된 것으로, 주로 교도소의 외각 일부에 설치하여 수용자가 직장생활을 하면서 사회와 교류하는 등 석방 준비 및 재사회화에 기여하는 시설이다.
기타	엠마우스 하우스(여성수용자의 사회복귀 원조), 개방센터(취업알선) 등

3 중간처벌제도

1 서론

1. 의의

(1) 중간처벌제도란 **보호관찰의 무용론과 구금형의 유용론**이 결합하여 탄생한 것으로, **보호관찰과 구금형 사이의 처벌형태**로서 일종의 대체처벌을 의미한다. 10. 특채

(2) 사회 내에서 범죄자에게 처벌에 상응하는 처우를 하면서 범죄자를 통제하는 방식이다.

(3) 중간처우는 사회복귀에 중점을 둔 제도이고, 중간처벌은 **제재에 중점**을 둔 제도이다. 19. 교정7☆

2. 등장배경과 특징

(1) 1980년대 이후 과밀수용의 문제와 보호관찰 대상자의 높은 재범율을 해결하기 위해 새로운 대체처벌방안이 요구되었다.

(2) 범죄자를 구금하는 것이 사회복귀에 효과적이지 못하고 오히려 범죄학습과 낙인이라는 폐해를 초래한다고 보아 전통적인 구금형에 대한 변화가 요구되었다.

(3) 처벌은 주로 사회 내에서 이루어지며, 범죄자에 대한 통제를 강화시킨 것이다.

(4) 중간처벌은 통상적으로 하나의 처벌형태만 사용되기보다는 둘 이상의 처벌형태가 혼합되어 사용된다.

  예 가택구금과 전자감시의 결합, 사회봉사명령과 보호관찰의 결합 등

3. 장·단점

장점	단점
① 구금형과 보호관찰 사이의 단계적 제재 수단을 제공하여 형벌의 적정성과 비례성을 달성할 수 있다. ② 다양한 중간처벌을 활용함으로써 효과적인 교화개선 프로그램을 개발할 수 있다. ③ 형사제재의 연속성에 기여한다. ④ 시설수용을 대체하여 교정경비를 절감할 수 있다. ⑤ 지역사회교정의 활성화에 기여한다.	① 중간처벌의 형태에 적합한 대상자의 선정이 문제가 된다. ② 범죄자를 사회 내에서 처우하여 사회보호에 부담이 될 우려가 있다. ③ 형사사법망의 확대가 우려된다.

2 중간처벌의 종류

1. 중간처벌의 구분

재판 단계	벌금형, 전환 등 10. 특채
보호관찰 단계	집중감시보호관찰, 배상명령제도, 사회봉사·수강명령, 전자감시 가택구금 등
교정 관련	충격구금, 병영식 캠프 등

2. 전환제도

(1) 전환제도(Diversion)란 범죄자를 공식적인 형사사법절차로부터 이탈시켜 사회 내 처우를 하는 것을 말한다.

(2) 전환제도는 범죄자에게 반성과 변화의 기회를 부여하고, 지역사회에서 범죄자를 처우함으로써 재사회화에 도움이 되며, 형사절차를 최소화할 수 있는 제도이다.

3. 집중감시(감독) 보호관찰 17. 교정9

(1) 집중감시(감독) 보호관찰(Intensive Supervision Probation)이란 지역사회에서 집중적인 감시와 지도를 하는 보다 강화된 보호관찰제도이다. 감독의 강도가 일반보호관찰보다 높고, 구금보다는 낮다. 20. 승진

(2) 범죄의 위험성이 높은 자를 대상자로 선정한다. 일반적인 보호관찰은 주로 경범죄자·초범자·석방자를 대상으로 하나, 집중감시 보호관찰은 갱집단·약물중독범죄자 등 일부 강력범죄자까지를 대상으로 한다. 20. 승진☆

(3) 범죄인의 위험성을 기준으로 약물남용경험, 소년비행경력, 가해자와 피해자의 관계, 피해자에 대한 배상, 과거 보호관찰 파기 여부, 초범 당시의 나이 등을 고려하여 위험성이 높은 보호관찰 대상자를 대상자로 정한다. 20. 승진

(4) 집중감시 보호관찰의 특징에는 주중 수차례 대상자 및 친지와 접촉 가능, 야간·주말에 무작위 방문, 약물복용 여부 불시검사, 야간 통행 금지, 규칙의 엄격한 적용 등이 있으며, 사회봉사명령과 전자감시를 수반하기도 한다.

(5) 교정시설의 과밀수용의 문제를 해결할 수 있고, 일반보호관찰보다는 비용이 많이 들지만 구금형보다 비용이 적게 든다. 대상자의 욕구와 문제점을 보다 정확히 파악하여 알맞은 지도·감독 및 원호를 실시함으로써 재범률의 감소에 효과가 있다고 평가된다(구금형과 일반보호관찰에 대한 대안). 20. 승진

4. 보상제도(배상명령) 19. 교정7☆

(1) 범죄자로 하여금 피해자에게 범죄로 인한 피해를 금전적으로 보상(배상)하게 하는 제도로서, 지역사회에 무임금으로 봉사하게 하는 상징적인 보상을 포함하기도 한다.

(2) 주로 경범죄자나 소년범죄자를 대상으로 하며, 보호관찰에 부가시킬 수 있다.

(3) 범죄자에 대한 처벌의 기능과 더불어 범죄자에게 속죄의 기회를 부여하고 사회복귀를 도모하며, 피해자에 대한 배려를 고려한다는 장점이 있다.

5. 사회봉사·수강명령

사회봉사명령	유죄가 확정된 범죄자 또는 비행소년을 시설에 구금하는 대신에 정상적인 사회생활을 유지하게 하면서 일정기간 내에 지정된 시간 동안 무보수로 근로에 종사하도록 하는 제도이다.
수강명령	유죄가 확정된 범죄자 또는 비행소년을 교화개선하기 위해 강의·교육을 받도록 하는 제도이다.

6. 충격구금

(1) 의의
① 충격구금(Shock Incarceration)이란 단기구금의 효과와 형의 유예제도 및 보호관찰의 효과를 결합한 혼합적 처벌형태이다. 15. 교정7☆
② 단기간 구금하여 수용의 고통을 경험하게 한 후 석방하여 보호관찰을 실시하면 범죄억지력을 발휘할 수 있다는 전제에서 실시한다. 19. 교정7

③ 구금의 고통은 수용 후 6~8개월에 이르면 최고조에 달하다가 그 후 급격히 축소된다는 논리를 바탕으로 그 기간 동안만 구금하여 범죄억제 효과를 극대화하자는 취지이다. 15. 교정7☆

④ 장기구금에 따른 악풍감염의 폐해 등의 부정적 요소를 해소하면서, **단기구금이 가지는 긍정적 측면을 강조한다.** 15. 교정7

⑤ 단기간 구금되더라도 대상자가 악풍에 감염될 우려가 있다는 비판이 제기된다. 15. 교정7

(2) 종류

충격가석방 (Shock Parole)	단기간 구금을 경험하게 한 후 가석방을 실시하면서 보호관찰에 회부하는 제도이다.
분할구금 (Split Sentence)	충격구금과 보호관찰을 동시에 부과하는 처벌형태로서(혼합형), 과밀수용의 문제를 해소하기 위해 고안되었다.
충격보호관찰 (Shock Probation)	병영식 캠프의 전신으로, 구금경력이 없는 청소년을 대상으로 단기간 구금 후 보호관찰조건부로 석방하는 제도이다.
병영식 캠프 (Boot Camp)	청소년을 대상으로 수용자의 자원에 의해 단기간의 엄격한 군대식 훈련 등을 실시하는 것으로서, 과밀수용의 해소와 형기감소에 기여하는 것으로 평가된다.

7. 가택구금

(1) 의의

가택구금(Home Confinement)은 범죄자를 교정시설에 수용하는 대신 자택에 구금하여 자유형을 집행하는 제도로서, 통상적으로 대상자의 유무를 확인하기 위하여 전자감시제도와 결합하여 시행된다.

(2) 운영형태

① 주로 **재범위험성이 높지 않은 범죄자**(예 재산범·음주운전자 등)가 대상이고, 폭력범죄자, 중독자 및 성범죄자는 제외된다.

② 가택구금은 원상회복명령·사회봉사명령 등과 결합하여 시행되기도 하고, 감시비용을 부담할 것을 조건으로 하는 경우도 있다.

③ 직장, 학교, 종교활동, 치료 등 일정한 활동은 허용된다.

(3) 장·단점

장점	단점
① 교정시설의 과밀수용을 해소하고, 교정경비를 절감할 수 있다. ② 적절한 감시·감독을 통해 사회안전을 확보할 수 있다. ③ 구금·억제 기능의 효과를 달성할 수 있다.	① 형벌의 엄격성이 약화되고, 사회안전이 위협받을 우려가 있다. ② 프라이버시 등 인권 침해의 우려가 있다. ③ 형사사법망이 확대될 우려가 있다.

8. 전자감시(감독)제도

(1) 의의

전자감시(감독)제도(Electronic Monitoring System)란 일정한 조건으로 석방 또는 가석방된 범죄자가 지정된 시간에 지정된 장소에 있는지 여부를 확인하기 위해서, 범죄자의 손목 또는 발목에 전자감응장치를 부착한 후 유선전화기 또는 무선장비를 이용하여 원격 감시하는 새로운 제도를 말한다.

(2) 연혁

① 미국에서 최초 시행된 전자감시제도는 1983년 러브(J. Love) 판사가 사회 내 처우 결정을 받은 보호관찰 대상자에게 전자팔찌를 착용시켜 준수사항의 이행 여부를 감독하는 방식으로 실시되었다.

② 초기에는 교도소 수용자를 가석방하면서 가택구금의 수단으로 전자감시를 활용하였으며, 이후에는 점차 자유형을 선고하여야 할 피고인에 대하여 보호관찰을 선고하면서 전자감시를 준수사항으로 부과하는 형태로 발전해 왔다.

(3) 장·단점 23. 교정9☆

장점	단점
① 보호관찰관의 감시업무를 경감시켜 원조활동에 전념할 수 있게 한다.	① 대상자의 소재만 파악할 뿐, 어떤 행동을 하는지는 파악할 수 없다.
② 교정시설의 경비절감 및 과밀수용의 해소에 기여한다.	② 사회의 안전이 위협받을 수 있으며, 국민의 법감정에 부합하지 않는다.
③ 사회생활을 유지할 수 있어 생계유지와 피해자 배상에 유리하다.	③ 인간의 존엄성이 침해되며, 사생활 침해의 측면이 있다.
④ 교정시설에 구금하지 않으면서 자유형의 집행효과를 거둘 수 있다.	④ 재범 방지의 효과가 불분명하다.
⑤ 낙인효과와 단기자유형의 폐해를 방지할 수 있다. 17. 교정9	⑤ 사법통제망이 확대될 우려가 있다.

(4) 우리나라의 전자감시제도

① 원래 전자감시제도는 자유형의 대체방안 또는 과밀수용의 해소방안으로 도입된 것이지만, 우리나라의 전자감시제도는 자유형의 집행이 종료된 자 등을 대상으로 하는 **보안처분**으로 시행되고 있다.

② 종래 「특정 범죄자에 대한 보호관찰 및 전자장치 부착 등에 관한 법률」이 「전자장치 부착 등에 관한 법률」로 개정되어, 특정 범죄자로 한정하고 있는 전자장치의 부착제도를 특정 범죄 이외의 범죄로 가석방되는 사람에 대해서도 적용되도록 함으로써 출소자 관리감독의 사각지대를 해소하고, 보석 허가자의 도주 방지와 출석 담보를 위하여 주거 제한 등의 조치와 함께 전자장치 부착을 보석조건으로 부과할 수 있도록 하였다.

01 전통적 교정에 대한 새로운 대안의 모색으로 지역사회의 책임이 요구되면서 지역사회교정이 등장하게 되었다.
20. 교정7 ( )

02 지역사회교정의 측면에서 교정의 목표는 사회가 범죄자에게 교육과 취업기회를 제공해주고 사회적 유대를 구축 또는 재구축하는 것이다. 20. 교정7 ( )

03 지역사회교정은 교정개혁에 초점을 둔 인간적 처우를 증진하며 범죄자의 책임을 경감시키는 시도이다. 20. 교정7 ( )

04 지역사회교정은 범죄자에 대한 인도주의적 처우, 사회복귀의 긍정적 효과 그리고 교정경비의 절감과 재소자관리상 이익의 필요성 등의 요청에 의해 대두되었다. 19. 교정9 ( )

05 지역사회교정은 사회 내 재범가능자들을 감시하고 지도함으로써 지역사회의 안전과 보호에 기여하고, 사법통제망을 축소시키는 효과를 기대할 수 있다. 19. 교정9 ( )

06 지역사회교정은 통상의 형사재판절차에 처해질 알코올중독자, 마약사용자, 경범죄자 등의 범죄인에 대한 전환(diversion) 방안으로 활용할 수 있다. 19. 교정9 ( )

정답
01 ○ 지역사회교정은 범죄를 유발한 지역사회에서 범죄문제의 해결이 시작되어야 한다는 인식에서 출발하였다.
02 ○ 지역사회교정은 범죄자의 사회적 유대관계의 지속과 사회복귀에 효과적인 프로그램을 모색할 필요에서 범죄자의 사회복귀와 재통합을 목표로 한다.
03 ✕ 지역사회교정은 범죄자의 책임을 경감시키는 것과는 관련이 없다.
04 ○ 지역사회교정은 인도적 처우, 사회복귀, 경비절감, 과밀수용완화 등의 장점이 있다고 평가된다.
05 ✕ 지역사회교정에 대해서는 '형사사법망의 확대'가 우려된다는 비판이 제기된다.
06 ○ 범죄자를 공식적 사법절차로부터 이탈시켜 형사사법절차의 개입을 최소화하는 '전환'도 지역사회교정의 실현형태로 분류된다.

07 지역사회 교정은 교정시설의 과밀수용 문제를 해소하기 위한 방안 중 하나이다. 24. 교정9   (   )

08 지역사회 교정은 범죄자의 처벌ㆍ처우에 대한 인도주의적 관점이 반영된 것이다. 24. 교정9   (   )

09 지역사회 교정은 형사제재의 단절을 통해 범죄자의 빠른 사회복귀와 재통합을 실현하고자 한다. 24. 교정9   (   )

10 지역사회 교정이 실제로는 범죄자에 대한 통제를 증대시켰다는 비판이 있다. 24. 교정9   (   )

11 사회형(사회내)처우의 유형으로는 민영교도소, 보호관찰제도, 중간처우소 등을 들 수 있다. 19. 교정7   (   )

12 교정의 이념으로서 재통합(reintegration)을 채택할 때에는 중간처우소의 신설과 같은 변화가 요청된다. 20. 승진

(   )

정답

07 ○ 지역사회 교정이란 지역사회에서 행해지는 범죄자에 대한 다양한 제재와 교정프로그램을 의미한다. 지역사회 교정은 교정예산이 절감되고, 과밀수용이 완화되며 교화개선의 효과가 증대된다는 장점이 있다고 평가된다.

08 ○ 지역사회 교정은 종래의 시설 내 처우(폐쇄형 처우)에 비하여 인도적 처우 및 범죄의 특성에 적합한 다양한 처우를 제공할 수 있다는 장점이 있다고 평가된다.

09 ✕ 지역사회 교정은 범죄에 상응한 다양한 처벌과 연속적인 처벌이 가능한 프로그램의 개발이 필요하고(처벌의 연속성의 제공), 범죄자의 사회적 유대관계의 지속과 사회복귀에 효과적인 프로그램을 모색할 필요가 있다는(사회복귀와 재통합) 목표를 달성하고자 하는 것이다.

10 ○ 지역사회 교정에 대해서는 형사사법망의 확대가 우려된다는 단점이 지적된다.

11 ✕ 민영교도소는 교정의 민영화 측면에서 제시되는 방안으로 사회 내 처우에 해당하지 않는다. 중간처우소는 일반적으로 사회적 처우 또는 중간처우에 해당한다.

12 ○ 재통합(reintegration)이란 범죄자와 지역사회가 범죄자의 재범을 방지하기 위하여 공동으로 변화와 개선을 추구하는 것을 말한다. 이를 위해서는 지역사회교정이 강조되는데, 중간처우소(Halfway house)는 지역사회교정을 위한 대표적 시설이다.

13 석방 전 중간처우소는 교도소에서 지역사회로 전환하는 데 필요한 도움과 지도를 제공한다. 21. 교정7 ( )

14 석방 전 중간처우소는 정신질환 범죄자나 마약중독자에 유용하며 석방의 충격을 완화해주는 역할을 한다. 21. 교정7

( )

15 완화경비처우급 수형자에 대한 중간처우 대상자의 선발절차는 법무부장관이 정한다. 24. 교정9

16 중간처벌은 중간처우에 비해 사회복귀에 더욱 중점을 둔 제도이다. 19. 교정7 ( )

17 충격구금은 보호관찰의 집행 중에 실시하는 것으로, 일시적인 구금을 통한 고통의 경험이 미래 범죄행위에 대한 억지력을 발휘할 것이라는 가정을 전제로 한다. 19. 교정7 ( )

18 집중감독보호관찰(intensive supervision probation)은 주로 경미범죄자나 초범자에게 실시하는 것으로, 일반보호관찰에 비해 많은 수의 사람을 대상으로 한다. 19. 교정7 ( )

정답

13 ○ 석방 전 중간처우소는 교도소와 사회의 중간에 설치하여 출소예정자들이 취업 시까지 거주하는 시설이다(Halfway out House).

14 ✕ '입소 전 중간처우소'는 일정기간 중간시설에 수용하여 충격을 완화한 후 교정시설에 수용하는 시설로서(Halfway in House), 정신질환범죄자나 약물중독자에게 유용하다고 평가된다.

15 ○ 개방처우급 혹은 완화경비처우급 수형자가 일정한 사유에 모두 해당하는 경우에는 중간처우의 대상자가 될 수 있고(규칙 제93조 제1항·제2항), 중간처우 대상자의 선발절차 등에 필요한 사항은 법무부장관이 정한다(규칙 제93조 제3항).

16 ✕ 중간처벌은 '제재에 중점'을 둔 제도이고, 중간처우는 '사회복귀에 중점'을 둔 제도이다.

17 ✕ 충격구금은 단기구금의 효과와 형의 유예제도 및 보호관찰의 효과를 결합한 혼합적 처벌형태이다. 단기간 구금하여 수용의 고통을 경험하게 한 후 석방하여 보호관찰을 실시하면 범죄억지력을 발휘할 수 있다는 전제에서 실시한다.

18 ✕ 일반보호관찰은 주로 경범죄자·초범자 등을 대상으로 하나, 집중감시 보호관찰은 갱집단·약물중독범죄자 등 범죄의 위험성이 높은 일부 강력범죄자를 대상으로 한다.

03 협의의 사회 내 처우

1 가석방

1. 의의

가석방이란 징역형 또는 금고형의 집행 중에 있는 자가 교정성적이 양호하고 개전의 정이 현저한 경우에 형기종료일 이전에 석방하는 행정처분을 말한다.

2. 법적 성격

「형법」에서 가석방은 **행정처분**이라고 규정하고 있고(제72조), 헌법재판소도 가석방은 행형기관의 교정정책 또는 형사정책적 판단에 따라 수형자에게 주는 **은혜적 조치**이지 수형자의 권리가 아니라고 본다. [헌재 2002.4.25, 98헌마425 등]

3. 연혁

(1) 외국

① 호주의 필립(A. Phillip) 주지사가 조건부 사면 형태의 가석방제도를 최초로 실시하였다.

② 잉글랜드제의 마코노키(A. Machonochi)가 이를 개선하고, 아일랜드제의 크로프톤(W. Crofton)이 경찰감시를 수반하는 보호관찰부 가석방으로 발전시켰다.

③ 미국에서는 1876년 엘마이라 감화원에서 실시되었다.

(2) 우리나라

① 조선시대에는 휼형제도 중 보방제도가 있었고, 1908년 형법대전의 보방(가방)규칙에서는 사형수를 제외한 모든 수형자를 대상으로 가석방의 시행을 규정하였다.

② 1953년 「형법」 제정으로 우량수형자석방령을 폐지하고 가석방제도를 도입하였으며, 1997년부터 소년수형자 외에 성인수형자의 가석방에도 보호관찰을 실시하였다.

4. 장·단점

장점	단점
① 수형자에게 희망을 갖게 하고, <u>교화개선을 촉진하는</u> 효과가 있다.	① 행정처분의 성격을 가지므로, <u>재량권 남용</u>의 우려가 있다.
② 교정시설 내의 질서유지에 유용하고, <u>교정경비를 절감</u>할 수 있다.	② 재범의 위험성이 없는 대상자를 선정하는 것이 쉽지 않다.
③ 수용인원을 조절할 수 있고, <u>과밀수용</u>을 해소할 수 있다.	③ 제도상 단기수형자가 가석방의 혜택을 받기 어렵다.
④ <u>선고형량의 불균형을 간접적으로 시정</u>할 수 있다(정기형제도의 결함을 보완).	④ 가석방기간이 짧아 사회에 제대로 적응하기 어렵다.
⑤ <u>사회복귀에 용이</u>하고, 재범 방지에 기여한다.	

2 보호관찰

1. 의의

(1) 보호관찰이란 범죄자에 대한 사회 내 처우의 일종으로서, 유죄가 인정된 범죄자를 구금시설 안에서 수용·처벌하는 대신에 일정기간 범행하지 않는 것을 조건으로 형의 선고 또는 집행을 유예하여 사회에서 자유로운 활동을 할 수 있도록 허용하면서, 동시에 보호관찰관의 개별적 지도·감독을 받아 사회복귀가 용이하도록 도와주는 제도를 말한다.

(2) 보호관찰의 법적 성격에 대해서는 여러 견해의 대립이 있으나, 통설 및 판례에 의하면 보호관찰은 응보나 일반예방을 목적으로 하지 않고 특별예방을 고려하여 장래의 범죄를 예방하기 위한 수단으로서 보안처분의 일종이라고 본다(보안처분설).

2. 우리나라 보호관찰의 역사

(1) 1988년 「보호관찰법」을 통해 소년범에 대한 보호관찰이 실시되었다. 1994년 「성폭력범죄의 처벌 및 피해자보호 등에 관한 법률」의 시행으로 성인·소년 구분 없이 선고유예·집행유예 또는 가석방된 성폭력사범에 대하여 보호관찰을 실시하였다.

(2) 1995년 「형법」 개정으로 선고유예·집행유예·가석방의 경우에 보호관찰을 명할 수 있도록 규정하여 성인범에 대한 전면적인 보호관찰이 시작되었다. 이에 따라서 「보호관찰법」을 「보호관찰 등에 관한 법률」로 전부개정하여 소년범뿐만 아니라 성인범에 대한 보호관찰, 사회봉사·수강명령 등을 전부 포함시켜 통일적인 절차를 규정하는 법률로 만들었다.

(3) 현행법상 보호관찰을 규정하고 있는 법률에는 「형법」, 「치료감호 등에 관한 법률」, 「성폭력범죄의 처벌 등에 관한 특례법」, 「소년법」, 「가정폭력범죄의 처벌 등에 관한 특례법」, 「성매매알선 등 행위의 처벌에 대한 법률」, 「아동·청소년의 성보호에 관한 법률」 등이 있다. 13. 교정7

3. 장·단점

장점	단점
① 시설 내 처우가 갖는 비효율성·비인도성·낙인효과를 회피할 수 있다. ② 사회적 접촉과 유대를 지속시킴으로써 범죄자의 효과적 사회복귀를 촉진할 수 있다. ③ 구금비용의 절감으로 국가의 재정부담을 경감시킬 수 있다. ④ 사회를 보호하면서 동시에 범죄자의 자유를 극대화할 수 있다. ⑤ 범죄자의 책임의식을 촉진·강화하여 자발적인 자기변화를 추구할 수 있다.	① 보호관찰이 범죄의 사회적 원인인 사회환경을 변화시킬 수는 없다. ② 보호관찰의 보호는 강제성이 있으므로, 강제성과 범죄자의 자발성 사이에 모순이 야기된다. ③ 보호관찰에 필요한 재원과 전문인력을 확보하기 어렵다. ④ 재범 방지의 실증적 효과에 대해서도 의문이 제기된다. ⑤ 보호관찰은 사회통제를 강화하는 수단이 될 수 있다(형사사법망의 확대). ⑥ 범죄의 심각성에 비해 범죄자에게 너무 관대하고, 범죄자를 사회에 방치함으로써 공공의 안전을 해할 우려가 있다. ⑦ 대상자가 너무 많아 충분한 지도·원호·감시·통제가 유명무실하게 된다.

4. 실시방법

집중감시 보호관찰	갱집단·약물중독자 등에 대하여 주 5회 이상의 집중적인 접촉관찰과 병행하여 대상자에게 전자추적장치를 부착하여 제한구역을 이탈하면 즉시 감응장치가 작동되도록 하는 등의 추적관찰을 실시한다.
충격 보호관찰	형의 유예처분을 받은 초범자에 대해 3~6개월간 병영식 캠프(Boot Camp)에 수감하여 군대식 훈련 및 준법교육을 실시한 후 일반보호관찰로 전환한다.
음주운전 보호관찰	음주운전자의 차량에 감시용 잠금장치를 부착하거나 수시 소변검사 등을 통하여 대상자의 음주운전을 억제하게 하고 금주교육을 실시한다.
교통사범 보호관찰	교통범죄자에 대하여 3~4개월간에 걸쳐 운전교습과 안전운전·운전자의 사회적 책임 및 교통사고 사례 등에 관한 집단교육 등을 실시한다.

3 갱생보호

1. 의의

갱생보호란 출소자들의 사회적응을 보다 용이하게 함으로써 범죄의 위협으로부터 사회를 보호하고 재범을 방지하며 범죄자 개인의 복리도 증진시키는 '사회 내 처우'이다. 11. 교정9

2. 연혁

미국	1776년 리차드 위스터(R. Wister)가 '불행한 수형자를 돕기 위한 필라델피아협회'를 결성하여 출소자 보호활동을 전개하였다.
영국	보호관찰부 유예제도(Probation) 및 보호관찰부 가석방제도(Parole)와 결부된 유권적 갱생보호의 형태로 발전하였다.
우리나라	① 1961년 「갱생보호법」을 제정하고, 갱생보호회·갱생보호소를 설립하였다. ② 1996년 「보호관찰 등에 관한 법률」을 제정하고, 한국갱생보호공단을 설립하였다. ③ 2008년 한국갱생보호공단을 한국법무보호복지공단으로 전환하였다.

3. 임의적 갱생보호와 강제적 갱생보호의 구분

임의적 갱생보호	① 출소자의 동의·신청을 전제로 물질적·정신적 원조를 제공하는 것이다. ② 우리나라는 신청을 전제로 하는 임의적 갱생보호를 원칙으로 한다.
강제적 갱생보호	① 국가가 출소자를 강제적으로 일정기간 보호하는 것이다. ② 보호관찰부 유예제도 및 보호관찰부 가석방제도가 이에 해당한다.

4. 현행 갱생보호제도의 문제점과 개선방안

(1) 문제점
① 임의적 갱생보호를 원칙으로 하므로, 제대로 실효성을 거두기 어렵다.
② 갱생보호에 대한 국가적 관심과 재정지원이 미약하다.
③ 갱생보호의 전문인력이 절대적으로 부족하다.
④ 갱생보호가 중간처우 및 사회 내 처우와 제대로 연결되지 못하고 있다.

(2) 개선방안
① 강제적 갱생보호제도를 도입·확대할 필요가 있다.
② 갱생보호를 중간처우 및 사회 내 처우와 연계하여 확대실시해야 한다.
③ 전문인력의 양성을 통해 갱생보호활동을 전문화해야 한다.
④ 복지시설을 늘리고 직업훈련 및 취업알선을 확대해야 한다.
⑤ 교정기관과의 긴밀한 협력을 통해 대상자를 확대해야 한다.

01 사회 내 처우에는 귀휴, 사회봉사명령, 병영훈련 등이 있다. 15. 교정7 (   )

02 사회 내 처우에는 주말구금, 단기보호관찰, 외부 통근 등이 있다. 15. 교정7 (   )

03 교정처우 중 사회 내 처우에는 ㉠ 가택구금, ㉡ 수강명령, ㉢ 개방교도소, ㉣ 집중감시 보호관찰(ISP), ㉤ 외부 통근 등이 해당된다. 16. 보호7 (   )

04 사회 내 처우에는 가택구금, 사회견학, 집중 보호관찰 등이 있다. 15. 교정7 (   )

05 사회 내 처우에는 수강명령, 전자발찌, 외출제한명령 등이 있다. 15. 교정7 (   )

정답

01 × 사회봉사명령과 병영훈련은 사회 내 처우에 해당하지만, '귀휴'는 '사회적 처우'에 해당한다.

02 × 단기보호관찰은 사회 내 처우에 해당하지만, 외부 통근과 주말구금은 '사회적 처우'에 해당한다.

03 × 문제에서 제시된 '사회 내 처우'라는 표현은 '시설 내 처우'와 대비되는 개념으로 보아야 한다. 따라서 개방교도소(㉢)와 외부 통근(㉤)은 시설 내 처우를 전제로 하는 것(사회적 처우)이므로 사회 내 처우에 해당하지 않는다.

04 × 사회견학은 사회적 처우에 해당한다.

05 ○ 수강명령, 전자발찌, 외출제한명령 모두 사회 내 처우에 해당한다.

MEMO

MEMO

2025 대비 최신개정판

해커스공무원
노신
교정학 기본서

개정 8판 1쇄 발행 2024년 6월 3일

지은이	노신 편저
펴낸곳	해커스패스
펴낸이	해커스공무원 출판팀

주소	서울특별시 강남구 강남대로 428 해커스공무원
고객센터	1588-4055
교재 관련 문의	gosi@hackerspass.com
	해커스공무원 사이트(gosi.Hackers.com) 교재 Q&A 게시판
	카카오톡 플러스 친구 [해커스공무원 노량진캠퍼스]
학원 강의 및 동영상강의	gosi.Hackers.com

ISBN	979-11-7244-112-8 (13360)
Serial Number	08-01-01

공무원 교육 1위,
해커스공무원 **gosi.Hackers.com**

해커스공무원

· **해커스공무원 학원 및 인강**(교재 내 인강 할인쿠폰 수록)
· '회독'의 방법과 공부 습관을 제시하는 **해커스 회독증강 콘텐츠**(교재 내 할인쿠폰 수록)
· 정확한 성적 분석으로 약점 극복이 가능한 **합격예측 온라인 모의고사**(교재 내 응시권 및 해설강의 수강권 수록)
· 해커스 스타강사의 **공무원 교정학 무료 특강**

한경비즈니스 2024 한국품질만족도 교육(온·오프라인 공무원학원) 1위